A Bibliography of Latin American Bibliographies Published in Periodicals

by

ARTHUR E. GROPP

Volume I: A-D

The Scarecrow Press, Inc.
Metuchen, N.J.   1976

Library of Congress Cataloging in Publication Data

Gropp, Arthur Eric, 1902-
    A bibliography of Latin American bibliographies published in periodicals.

       Includes index.
       1. Bibliography--Bibliography--Latin America.
I. Title.
Z1601.A2G76   1975   [F1408]   016.01698
ISBN 0-8108-0838-2   75-32552

Copyright © 1976 by Arthur E. Gropp

Manufactured in the United States of America

This volume is
dedicated
with affection to
DOROTHY M. GROPP
and
ANNE L. MEGLIS

TABLE OF CONTENTS*

Volume I

Introduction	vii
Abbreviations	x
Key to Periodical Abbreviations	xii
General Works	1
Agriculture	11
Anthropology	30
Archaeology	79
Architecture	120
Archival and Manuscript Collections	124
Art	150
Astronomy	156
Bibliography	157
Bibliography of Bibliographies	157
Bibliography--National	161
Bibliography--Procedure	170
Biography (Collective)	171
Biography (Individual)	188
Biology	397
Books	402
Booksellers and Publishers	407
Botany	409
Catalogs--Library	428
Chemistry	435
Commerce and Trade	436
Communications	438
Defense	440
Domestic Science	441

Volume II

Earth Sciences	443
Economics	469
Economics--Land Tenure and Reform	481
Education	485
Education (Theses)	499
Engineering	505
Exhibitions	505
Finance	507
Folklore	513
Genealogy and Heraldry	529
Geography	532
Government Publications	564
History	565
Housing and Planning	599
Indexes	603

*Note that most of these main subjects are given further specific country and region subdivisions; a summary of subdivisions other than geographical will appear immediately after each main heading where applicable.

Industry and Technology	635
Institutions, Museums, Societies, etc.	643
International Relations	651
Journalism	661
Labor and Laboring Classes	664
Languages (Non-Indigenous)	669
Languages, Indian (Individual)	670
Languages, Indian (Geographical)	676
Languages, Portuguese and Spanish	681
Languages--Provincialisms, etc.	686
Law	688
Libraries	701
Library Science	708
Literature	712
Maps	728
Mathematics	732
Medicine	733
Meteorology	751
Music	755
Natural History	759
Numismatics	760
Periodicals	760
Philosophy	772
Physics	775
Political Science	776
Printing	784
Public Administration	792
Recreation	798
Religion	799
Science	807
Social Sciences	809
Sociology	839
Statistics	842
Theater	845
Transportation	850
Veterinary Science	853
Zoology	853
Index	871

INTRODUCTION

The aim of this compilation is to present bibliographical information published in Latin American periodicals, and in periodicals published elsewhere with specific reference to Latin America through 1965. It will serve as a companion work to A Bibliography of Latin American Bibliographies, published in 1968, and its Supplement, published in 1971. The 1968 compilation repeats most of the entries of A Bibliography of Latin American Bibliographies compiled by Cecil Knight Jones, published in 1942 by the Library of Congress. It contains also references to bibliographies which appeared in monographic form through 1964. The Supplement brings the references to bibliographies published as monographs through 1969.

While compiling the main 1968 volume, I became aware of the great need for a compilation of bibliographies published in periodicals, particularly in Latin American periodicals which, in general, are not readily accessible through available indexes. I made plans at that time for such an undertaking in the firm belief that the student and the scholar in his pursuance of Latin American studies would welcome such a reference tool. Consequently, on completion of the work devoted to bibliographies published as monographs, I turned my attention in early 1971 to examining periodical literature. Initial searching began by consulting the following indexes:

> Index to Latin American periodical literature, 1929-1960. Boston: G. K. Hall, 1962. 8v.
>
> _____. Supplement, 1961-1965. Boston: G. K. Hall, 1968. 2v.
>
> Index to Latin American periodicals; humanities and social sciences. Editor: Jorge Grossmann. Boston: G. K. Hall, 1963-1964 (v. 1-2, 1961-1962); Metuchen, N.J.: Scarecrow Press, 1965- (v. 3- , 1963-).

The references chosen from these sources were checked against the holdings at the Columbus Memorial Library of the General Secretariat of the Organization of American States and at the Library of Congress. During the checking process well over 1,200 periodical sets were examined further for additional references, resulting in 9,715 numbered items, taken from 1,044 periodicals. Subsequent to the numbering, omissions and insertions increased the actual number of references in the present compilation to 9,729.

In general, references were taken from periodicals dated 1929 through 1965. However, a considerable number are from periodicals published prior to 1929. These periodicals are identified by an asterisk (*) in the Key to Periodical Abbreviations.

The periodical has served the Latin American author as a major medium for the publication of writings which otherwise might never have appeared in print. Single issues usually suffice for most contributions, although it is not unusual to find the work of an author extended through many issues which, if published in a single separate, would constitute a substantial monograph.

In the same way that articles in periodicals tend to be specific and topical in relation to subjects treated, a bibliography accompanying an article tends to be equally circumscribed and specific. For this reason the compiler has included not only references to articles which in themselves are bibliographies but also articles which are accompanied by pertinent bibliographies.

Citations to periodicals are abbreviated, but enough of the elements of the title are preserved to permit the reader to identify the title without having to consult constantly the key to periodical citations. For example: "BOL (Mus Nac Hist Nat) Santiago," is identified as the Boletin del Museo Nacional de Historia Natural, Santiago, and "HISP AM HIST REV, Durham" is identified as Hispanic American historical review, Durham, North Carolina. In cases when the title is made up of a single word, the word is used as the citation. Abbreviations used in citing titles of periodicals are uniform throughout. (Some exceptions have been made, as for example: Bibl is equivalent to Biblioteca and to Bibliotecario.)

The bibliography is accompanied by an index in single alphabet to names of persons, corporate bodies, government offices, titles of series and of periodicals, subjects, and geographical names. The main subject groups of the bibliography are identified in the index by an asterisk (*).

With these three compilations, I bring to a conclusion my personal participation in this endeavor. But continuation of the reporting of Latin American bibliographical information is assured by the Committee on Bibliography of the Seminar on the Acquisition of Latin American Library Materials. The Committee, under the chairmanship of Daniel Raposo Cordeiro, Bibliographer of Area Studies at the Library of Syracuse University, has assumed responsibility for compilation of information in this field.

I gratefully acknowledge the many courtesies extended to me by the Stack and Reader Division, the General Reference and Bibliography Division, the Law Library, the Music Division, and the Latin American, Spanish and Portuguese Division of the Library of Congress; the National Library of Agriculture; and the Columbus

Memorial Library of the General Secretariat of the Organization of American States.

Arthur E. Gropp,
former Librarian,
Columbus Memorial Library,
Pan American Union

Greenbelt, Maryland
September 1974

GENERAL ABBREVIATIONS
(for abbreviations of periodicals,
see Key to Periodical Abbreviations, following)

abr.	abril	fev.	fevreiro
ag.	agosto	ff.	(and) following
ALEC	Atlas Lingüístico Etnográfico Colombiano	GAEA	Sociedad Argentina de Estudios Geográficos
Aug.	August	IANSA	Industria Azucarera Nacional, S. A.
avr.	avril		
BBB	Boletim bibliográfico brasileiro	Ib.	Ibid.
		IBBD	Instituto Brasileiro de Bibliografia e Documentação
bibliogr.	bibliografía, bibliográfico, bibliography		
		ICACH	Instituto de Ciencias y Artes de Chiapas
C. B. P. E.	Centro Brasileiro de Pesquisas Educacionais		
		I. E. S.	Instituto de Estudios Superiores
CEPAL	Comisión Económica para América Latina		
		I. G. G.	Instituto Geográfico e Geológico
cic.	ciclo	I. H. G. B.	Instituto Histórico e Geográfico Brasileiro
C. I. S. S.	Conferencia Interamericana de Seguridad Social		
		illus.	illustrations
C. N. G.	Conselho Nacional de Geografia	IRB	Instituto de Resseguros do Brasil
cuatrim.	cuatrimestre	ISBO	Instituto de Sociología Boliviana
C. V. F.	Corporación Venezolana de Fomento		
		ISOP	Instituto de Seleção e Orientação Profissional
D. A. S. P.	Departamento Administrativo do Serviço Público		
		jan.	janeiro
Dec.	December	Jan.	January
Depto.	Departamento	jr.	junior
dez.	dezembro	jul.	julio, julho
D. F.	Distrito Federal	Jul.	July
Edo.	Estado	jun.	junio, junho
en.	enero	Jun.	June
ép.	época	mar.	marzo
extraord.	extraordinario	Mar.	March
feb.	febrero	MEC	Mercado Común Europeu
Feb.	February		

n. d.	no date
M. J. N. I.	Ministério da Justiça e Negocios Interiores
no.	number, número
nov.	noviembre, novembro
Nov.	November
n. s.	new series, novo serie, nouvelle serie, nueva serie
OAS	Organization of American States
oct.	octubre
Oct.	October
OEA	Organización de los Estados Americanos
out.	outubro
p.	page, página
port.	portrait (portraits)
(ports.)	
post.	póstumo
Prov.	Provincia, Province
pt. (pts.)	part (parts)
pte.	parte
quart.	quarter
SCIPA	Servicio Cooperativo Interamericano de Producción de Alimentos
sem.	semestre
sept.	septiembre
Sept.	September
SESI	Serviço Social da Industria
set.	setembro
S. P.	São Paulo
supl.	suplemento
suppl.	supplement
trans.	translated, translation
trim.	trimestre
UNAM	Universidad Nacional Autónoma de Mexico
U. N. M. de S. M.	Universidad Nacional Mayor de San Marcos
v.	volume, volúmen

KEY TO PERIODICAL ABBREVIATIONS
(*indicates a periodical published prior to 1929
from which references were taken)

ABA (Asoc Bibl Antioq) Medellín --- ABA; Asociación de Bibliotecarios de Antioquia, Medellín, Colombia

ABSIDE, Méx --- Abside, México, D. F.

ACADEMUS, S Paulo --- Academus, São Paulo

ACAIACA, Belo Horiz --- Acaiaca, Belo Horizonte, Brazil

ACCION INDIG, Méx --- Acción indigenista, México, D. F.

ACONCAGUA, Madrid --- Aconcagua, Madrid

ACTA AM, Los Angeles; Méx --- Acta americana; revista de la Sociedad Interamericana de Antropología y Geografía, Los Angeles, Calif.; México, D. F.

ACTA ANTHROP, Méx -- Acta anthropológica, México, D. F.

ACTA CIENTIF VENEZ, Caracas --- Acta científica venezolana, Caracas

ACTA VENEZ, Caracas --- Acta venezolana, Caracas

ACTA ZOOL LILLOANA, Tucumán --- Acta zoológica lilloana, Tucumán, Argentina

AGONIA, Hav --- Agonía, La Habana

AGR AM, Wash --- Agriculture in the Americas, Washington, D. C.

AGRO, Caracas --- Agro; revista del Centro de Estudiantes de Ingeniería Agronómica, Caracas

AGRONOMIA, Lima --- Agronomía; órgano del Centro de Estudiantes de Agronomía, Lima

ALCOR, Asunción --- Alcor, Asunción

AM, Quito --- América, Quito

AM (OAS) Wash --- Americas; Organization of American States, Washington, D. C.

AM (OEA, Span) Wash --- Américas; Organización de los Estados Americanos, Washington, D. C.

*AM ANTHROP --- American anthropologist, Andover, Mass.; Beloit, Wisconsin

xiii PERIODICAL ABBREVIATIONS

AM ANTIQ --- American antiquity, Salt Lake City

AM INDIG, Méx --- América indígena; órgano oficial del Instituto Indigenista Interamericana, México, D. F.

AM JOUR TROP MED, Baltimore --- American journal of tropical medicine, Baltimore

AM LAT, Rio --- América latina; Centro Latinoamericano de Pesquisas em Ciências Sociais, Rio de Janeiro

AMAZON COL AM, Sibundoy --- Amazonia colombiana americanista, Cibundoy, Colombia

AMERINDIA, Monte --- Amerindia, Montevideo

AMS, Wash --- The Americas, Washington, D. C.

AN (Acad Arg Geogr) B A --- Anales de la Academia Argentina de Geografía, Buenos Aires

AN (Acad Bras Ciên) Rio --- Anais da Academia Brasileira da Ciências, Rio de Janeiro

AN (Acad Cien Méd Fís Nat) Hav --- Anales de la Academia de Ciencias Médicas, Físicas y Naturales, La Habana

AN (Acad Geogr Hist) S José, see MEM (Acad Geogr Hist) S José

*AN (Acad Hist Cuba) Hav --- Anales de la Academia de la Historia de Cuba, La Habana

AN (Am Acad Pol Soc Sc) Phila --- Annals of the American Academy of Political and Social Science) Philadelphia

AN (Asoc Quím Arg) B A --- Anales de la Asociación Química Argentina, Buenos Aires

AN (Escuela Nac Cien Biol) Méx --- Anales de la Escuela Nacional de Ciencias Biológicas, México, D. F.

AN (Fac Cien Jur Soc) La Plata --- Anales de la Facultad de Ciencias Jurídicas y Sociales de la Universidad de La Plata, La Plata, Argentina

AN (Fac Cien Méd) Asunción --- Anales de la Facultad de Ciencias Médicas, Asunción

AN (Inst Art Am Invest Estét) B A --- Anales del Instituto de Arte Americano e Investigaciones Estéticas, Buenos Aires

AN (Inst Biol) Méx --- Anales del Instituto de Biología, México, D. F.

AN (Inst Invest Científ) Monterrey --- Anales del Instituto de Investigaciones Científicas, Monterrey, Mexico

AN (Inst Invest Estét) Méx --- Anales del Instituto de Investigaciones Estéticas, México, D. F.

AN (Inst Nac Antrop Hist) Méx --- Anales del Instituto Nacional de Antropología e Historia, México, D. F.

*AN (Mus Nac Arqueol Hist Etnogr) Méx --- Anales del Museo

Nacional de Historia y Etnografía, México, D. F.

AN (Mus Nac Guzmán) S Salvador --- Anales del Museo Nacional "David J. Gusmán," San Salvador

AN (Prov Francis S Evan Méx) Méx --- Anales de la Provincia Franciscana del Santo Evangelio de México, México, D. F.

AN (Soc Bras Filos) Rio --- Anais da Sociedade Brasileira de Filosofia, Rio de Janeiro

AN (Soc Científ Arg) B A --- Anales de la Sociedad Científica Argentina, Buenos Aires

*AN (Soc Geogr Hist) Guat --- Anales de la Sociedad de Geografía e Historia de Guatemala, Guatemala

AN (Univ) Cuenca --- Anales de la Universidad de Cuenca, Cuenca, Ecuador

AN (Univ Bras) Rio --- Anais da Universidade do Brasil, Rio de Janeiro

AN (Univ Cent) Caracas --- Anales de la Universidad Central de Venezuela, Caracas

AN (Univ Cent) Quito --- Anales de la Universidad Central del Ecuador, Quito

*AN (Univ Chile) Santiago --- Anales de la Universidad de Chile, Santiago

AN (Univ Nariño) Pasto --- Anales de la Universidad de Nariño, Pasto, Colombia

AN (Univ Norte) Antofagasta --- Anales de la Universidad del Norte, Antofagasta

AN (Univ S Dom) C Trujillo; S Domingo --- Anales de la Universidad de Santo Domingo, Ciudad Trujillo; Santo Domingo

AN (Univ S Marcos) Lima --- Anales de la Universidad Mayor de San Marcos, Lima

AN ANTROP, Méx --- Anales de antropología; Instituto de Investigaciones Históricas, Universidad Nacional Autónoma, México, D. F.

AN ARQUEOL ETNOL, Mendoza --- Anales de arqueología y etnología; Universidad de Cuyo, Mendoza, Argentina

AN ECON ESTAD, Bogotá --- Anales de economía y estadística, Bogotá
    Title varies: 1938-1952: Anales de economía y estadística; 1953- : Economía y estadística.

AN GRAF, B A --- Anales gráficos, Buenos Aires

AN INSTR PRIM, Monte --- Anales de la instrucción primaria; Consejo Nacional de Enseñanza Primaria y Normal, Montevideo

AN JUR SOC, Santiago --- Anales jurídico-sociales; Universidad Católica de Chile, Santiago

xv PERIODICAL ABBREVIATIONS

ANAQUEL, S Salvador --- Anaqueles, San Salvador

ANDEAN QUART, Santiago --- Andean quarterly, Santiago

ANHEMBI, S Paulo --- Anhembi, São Paulo

ANTARTICA, Santiago --- Antártica; publicada por la Dirección General de Informaciones y Cultura, Santiago

ANTORCHA, Camagüey --- Antorcha, Camagüey, Cuba

ANTROP, Caracas --- Antropológica; Sociedad de Ciencias Naturales La Salle, Caracas

ANTROP, Santiago --- Antropología, Santiago

ANTROP HIST GUAT, Guat --- Antropología e historia de Guatemala, Guatemala

ANUAR (Escuela Bibl Arch) Caracas --- Anuario de la Escuela de Biblioteconomía y Archivos, Universidad Central, Caracas

ANUAR (Inst Antrop Hist) Caracas --- Anuario del Instituto de Antropología e Historia, Caracas

ANUAR (Inter-Am Inst Music Res) New Orleans --- Anuario; Inter-American Instituto for Musical Research, Tulane University of Louisiana, New Orleans

ANUAR BIBLIOTEC ARCHIVON, Méx --- Anuario de biblioteconomía y archivonomía, México, D. F.

ANUAR COL HIST SOC CULT, Bogotá --- Anuario colombiano de historia social y de la cultura, Bogotá

ANUAR ESTUD AM, Sevilla --- Anuario de estudios americanos; Escuela de Estudios Hispano-Americanos, Sevilla

ANUAR FILOL, Maracaibo --- Anuario de filología de la Facultad de Humanidades y Educación, Universidad del Zulia, Maracaibo

ANUAR GEOGR, Méx --- Anuario de geografía; Facultad de Filosofía y Letras, Universidad Nacional Autónoma, México, D. F.

ANUAR HIST, Méx --- Anuario de historia, México, D. F.

ANUAR INDIG, Méx --- Anuario indigenista; Instituto Indigenista Interamericano, México, D. F.
    Continues the Boletín indigenista.

ANUAR LETR, Méx --- Anuario de letras; Facultad de Filosofía y Letras, Universidad Nacional Autónoma, México, D. F.

PERIODICAL ABBREVIATIONS   xvi

ANUAR PSICOL, Guat --- Anuario de psicología, Guatemala

ARBOR, Madrid --- Arbor; revista general de investigación y cultura, Madrid

ARCH FOLK CHIL, Santiago --- Archivos del folklore chileno, Santiago

ARCH IBERO-AM, Madrid --- Archivo Ibero-Americano, Madrid

ARCH J MARTI, Hav --- Archivo José Martí, La Habana

ARCH VENEZ FOLK, Caracas --- Archivos venezolanos de folklore, Caracas

ARCH VENEZ NUTR, Caracas --- Archivos venezolanos de nutrición, Caracas

ARCO, Bogotá --- Arco; revista de las áreas culturales bolivarianas, Bogotá

ARG AUSTRAL, B A --- Argentina austral, Buenos Aires

ARIZ QUART, Tucson --- Arizona quarterly, Tucson, Arizona

ARMAS LETR, Monterrey --- Armas y letras, Monterrey, Mexico

ARQUITEC, Hav --- Arquitectura, La Habana

ARQUITET, Rio --- Arquitetura, Rio de Janeiro

ARQUIV, Rio --- Arquivos; revista bimestral, Serviço de Documentação, Ministério da Educação e Saúde, Rio de Janeiro

ARQUIV (Inst Antrop, Univ R Grande Norte) Natal --- Arquivos do Instituto de Antropologia, Universidad do Rio Grande do Norte, Natal, Brazil

ARQUIV (Inst Direit Soc) S Paulo --- Arquivos do Instituto de Direito Social, São Paulo

ARQUIV (Univ Bahia) Salvador --- Arquivos da Universidade da Bahia, Salvador, Brazil

ARQUIV BRAS PSICOTEC, Rio --- Arquivos brasileiros de psicotécnica, Rio de Janeiro

ARQUIV ECON, Brasília --- Arquivos econômicos; Banco do Brasil, Brasília

ART PLAST, Hav --- Artes plásticas, La Habana

ARTES GRAF, B A --- Artes gráficas, Buenos Aires

ARTIG-WASH, Monte --- Artigas-Washington; boletín de la Biblioteca Artigas-Washington, Montevideo

ASISTENCIA, Méx --- Asistencia, México, D. F.

ASOMANTE, S Juan --- Asomante, San Juan, Puerto Rico

ATENEA, Concepción --- Atenea; Universidad de Concepción, Concepción, Chile

ATENEO, S Salvador --- Ateneo; revista del Ateneo de El Salvador, El Salvador

AULAS, Bogotá ---Aulas, Bogotá

AUTO TURISMO, Lima --- Auto movilismo y turismo, Lima

AUTOR LIVR, Rio --- Autores e livros; suplemento literario de "A Manhã," Rio de Janeiro

BIBL, Mérida --- Bibliotheca, Mérida, Venezuela

BIBL, Rio --- A Biblioteca; publicação da Biblioteca do D.A.S.P., Rio de Janeiro

BIBLIO, Paris --- Biblio, Paris

BIBLIOGR, Méx --- La Bibliografía; publicación mensual de la Librería Porrúa Hermanos, México, D. F.

BIBLIOGR ARG ART LETR, B A --- Bibliografía argentina de artes y letras, Buenos Aires

BIBLIOGR DOC, Caracas --- Bibliografía y documentatión; Facultad de Ciencias Económicas y Sociales, Universidad Central de Venezuela, Caracas

BIBLIOGR ECON MEX, Méx --- Bibliografía económica de México, México, D. F.

BIBLIOS, B A --- Biblios; órgano oficial de la Cámara Argentina del Libro, Buenos Aires

BIBLIOTEC, B A --- Bibliotecología, Buenos Aires

BKS ABRD, Norman --- Books abroad, Norman, Oklahoma

BOL (Acad Arg Letr) B A --- Boletín de la Academia Argentina de Letras, Buenos Aires

*BOL (Acad Chil) Santiago --- Boletín de la Academia Chilena, Santiago

PERIODICAL ABBREVIATIONS xviii

BOL (Acad Chil Hist) Santiago --- Boletín de la Academia Chilena de Historia, Santiago

BOL (Acad Cien Fís Mat Nat) Caracas --- Boletín de la Academia de Ciencias Físicas, Matemáticas y Naturales, Caracas

BOL (Acad Col) Bogotá --- Boletín de la Academia Colombiana, Bogotá

BOL (Acad Cubana Leng) Hav --- Boletín de la Academia Cubana de la Lengua, La Habana

BOL (Acad Hist Valle Cauca) Cali --- Boletín de la Academia de Historia del Valle del Cauca, Cali, Colombia

*BOL (Acad Nac Cien) Córdoba --- Boletín de la Academia Nacional de Ciencias, Córdoba, Argentina

*BOL (Acad Nac Hist) Caracas --- Boletín de la Academia Nacional de la Historia, Caracas

BOL (Acad Nac Hist) Quito --- Boletín de la Academia Nacional de Historia, Quito

BOL (Acad Panameña Hist) Panama --- Boletín de la Academia Panameña de la Historia, Panama

BOL (Acad Venez corr Española) Caracas --- Boletín de la Academia Venezolana, correspondiente de la Española, Caracas
    Title change: Boletín de la Academia Venezolana de la Lengua, correspondiente de la Española

BOL (Anuar Bibliogr Cubano) Hav --- Boletín del Anuario Bibliográfico Cubano, La Habana

BOL (Arch Gen Gob) Guat --- Boletín del Archivo General del Gobierno, Guatemala

BOL (Arch Gen Nac) Caracas --- Boletín del Archivo General de la Nación, Caracas

BOL (Arch Gen Nac) C Trujillo; S Domingo --- Boletín del Archivo General de la Nación, Ciudad Trujillo; Santo Domingo

BOL (Arch Gen Nac) Méx --- Boletín del Archivo General de la Nación, México, D. F.

*BOL (Arch Nac) Hav --- Boletín del Archivo Nacional, La Habana

BOL (Arch Nac Hist) Quito --- Boletín del Archivo Nacional de Historia, Quito

PERIODICAL ABBREVIATIONS

BOL (Asoc Col Bibl) Bogotá --- Boletín de la Asociación Colombiana de Bibliotecarios, Bogotá

BOL (Asoc Costa Bibl) S José --- Boletín de la Asociación Costarricense de Bibliotecarios, San José

BOL (Asoc Cubana Bibl) Hav --- Boletín de la Asociación Cubana de Bibliotecarios, La Habana

BOL (Asoc Filat) Bahía Blanca --- Boletín de la Asociación Filatélica, Bahía Blanca, Argentina

BOL (Asoc Mex Bibl) Méx --- Boletín de la Asociación Mexicana de Bibliotecarios, México, D. F.

BOL (Asoc Peruana Bibl) Lima --- Boletín de la Asociación Peruana de Bibliotecarios, Lima

BOL (Assoc Bras Normas Téc) Rio --- Boletim da Associação Brasileira de Normas Técnicas, Rio de Janeiro

BOL (Banco Cent Venez) Caracas --- Boletín del Banco Central de Venezuela, Caracas

BOL (Bibl, Câm Deputados) Rio; Brasília --- Boletim da Biblioteca da Câmara dos Deputados, Rio de Janeiro; Brasília

BOL (Bibl, Col Abogad) Lima --- Boletín de la Biblioteca del Colegio de Abogados, Lima

BOL (Bibl, Trib D F) Caracas --- Boletín de la Biblioteca de los Tribunales del Distrito Federal (Fundación Rojas Astudillo) Caracas

BOL (Bibl Cent, Univ Catól) Santiago --- Boletín de la Biblioteca Central y de las bibliotecas departamentales, Universidad Católica de Chile, Santiago

BOL (Bibl Gen) Maracaibo --- Boletín de la Biblioteca General, Universidad del Zulia, Maracaibo, Venezuela

BOL (Bibl Ibero Am Bellas Art) Méx --- Boletín de la Biblioteca Ibero Americana de Bellas Artes, México, D. F.

BOL (Bibl Nac) Caracas --- Boletín de la Biblioteca Nacional, Caracas

BOL (Bibl Nac) Guat --- Boletín de la Biblioteca Nacional, Guatemala

*BOL (Bibl Nac) Lima --- Boletín de la Biblioteca Nacional, Lima

BOL (Bibl Nac) Méx --- Boletín de la Biblioteca Nacional, México, D. F.

*BOL (Bibl Nac) Quito --- Boletín de la Biblioteca Nacional, Quito

BOL (Bibl Nac) S Salvador --- Boletín de la Biblioteca Nacional, San Salvador

BOL (Bibl Nac) Santiago --- Boletín de la Biblioteca Nacional, Santiago

BOL (Cent Coop Científ) Monte --- Boletín del Centro de Cooperación Científica, Montevideo

BOL (Cent Estudiant Der) Sucre --- Boletín del Centro de Estudiantes de Derecho, Sucre

BOL (Cent Hist Larense) Barquisimeto --- Boletín del Centro de Historia Larense, Barquisimeto, Venezuela

BOL (Cent Invest Antrop) Méx --- Boletín del Centro de Investigaciones Antropológicas de México, México, D. F.

BOL (Cent Invest Hist) Guayaquil --- Boletín del Centro de Investigaciones Históricas, Guayaquil

BOL (Cent Lat Am Pesq Ciên Soc) Rio --- Boletim do Centro Latinoamericano de Pesquisas em Ciências Sociais, Rio de Janeiro

BOL (Com Arch) Hav --- Boletín del Comité de Archivos, La Habana

BOL (Comis Nac Panamá, Unesco) Panama --- Boletín de la Comisión Nacional de Panamá (Unesco), Panama

BOL (Dept Estradas Rodagem) S Paulo --- Boletim do Departamento de Estradas de Rodagem, São Paulo

BOL (Dir Gen Arch Bibl) Madrid --- Boletín de la Dirección General de Archivos y Bibliotecas, Madrid

BOL (Dir Gen Forest Caza) Méx --- Boletín de la Dirección General Forestal y de Caza, México, D. F.

BOL (Escuela Nac Bibl Arch) Méx --- Boletín de la Escuela Nacional de Bibliotecarios y Archivistas, México, D. F.
    Title change: Boletín bibliográfico

BOL (Fac Der Cien Soc) Córdoba --- Boletín de la Facultad de Derecho y Ciencias Sociales, Universidad Nacional de Córdoba, Córdoba, Argentina

BOL (Fed Bras Assoc Bibl) S Paulo --- Boletim da Federacão

Brasileira de Associações de Bibliotecários, São Paulo

BOL (Inst Antrop) Medellín --- Boletín del Instituto de Antropología, Medellín, Colombia

BOL (Inst Caro Cuervo) Bogotá --- Boletín del Instituto Caro y Cuervo, Bogotá
Changed title to Thesaurus

BOL (Inst Der Comp) Méx --- Boletín del Instituto de Derecho Comparado de México, México, D. F.

BOL (Inst Der Comp) Quito --- Boletín del Instituto de Derecho Comparado, Quito

BOL (Inst Estud Econ Finan) La Plata --- Boletín del Instituto de Estudios Económicos y Financieros, La Plata, Argentina

BOL (Inst Folk) Caracas --- Boletín del Instituto de Folklore, Caracas

BOL (Inst Forest Latinoam Invest Capacit) Mérida --- Boletín del Instituto Forestal Latino Americano de Investigación y Capacitación, Mérida, Venezuela

BOL (Inst Geogr) Lima --- Boletín del Instituto de Geografía, Lima

BOL (Inst Hist Arg) B A --- Boletín del Instituto de Historia Argentina "Doctor Emilio Ravignani," Buenos Aires

BOL (Inst Indig Nac) Guat --- Boletín del Instituto Indigenista Nacional, Guatemala

BOL (Inst Invest Hist) B A --- Boletín del Instituto de Investigaciones Históricas, Buenos Aires

BOL (Inst Invest Soc Econ) Panama --- Boletín del Instituto de Investigaciones Sociales y Económicas, Panama

BOL (Inst J Nabuco Pesq Soc) Recife --- Boletim do Instituto Joaquim Nabuco de Pesquisas Sociais, Recife, Brazil

BOL (Inst Legis Comp Der Intern) Panama --- Boletín del Instituto de Legislación Comparada y Derecho Internacional, Panama

BOL (Inst Lit Chil) Santiago --- Boletín del Instituto de Literatura Chilena, Santiago

BOL (Inst M F Suárez) Medellín --- Boletín del Instituto Marco Fidel Suárez, Medellín, Colombia

BOL (Inst Nac Antrop Hist) Méx --- Boletín del Instituto Nacional de Antropología e Historia, México, D. F.

PERIODICAL ABBREVIATIONS xxii

BOL (Inst Nac Mejía) Quito --- Boletín del Instituto Nacional "Mejía," Quito

BOL (Inst Nac Prev Soc) B A --- Boletín del Instituto Nacional de Previsión Social, Buenos Aires

BOL (Inst Psicopedagóg Nac) Lima --- Boletín del Instituto Psicopedagógico Nacional, Lima

BOL (Inst Sociol) B A --- Boletín del Instituto de Sociología, Buenos Aires

BOL (Inst Sudam Petról) Monte --- Boletín del Instituto Sudamericano del Petróleo, Montevideo

*BOL (Inter-Am Child Inst) Monte --- Boletín del Instituto Interamericano del Niño, Montevideo
Previous to 1957: Boletín del Instituto Internacional Americano de Protección a la Infancia; 1957- : Boletín del Instituto Interamericana del Niño

BOL (Junt Aux, Soc Mex Geogr Estad) Guadalajara --- Boletín de la Junta Auxiliar de la Sociedad Mexicana de Geografía y Estadística, Guadalajara, México

BOL (Min Agr) Rio --- Boletim do Ministério da Agricultura, Rio de Janeiro

BOL (Min Agr Indús Com) Rio --- Boletim do Ministério da Agricultura, Indústria e Commércio, Rio de Janeiro

BOL (Min Rel Ext) Monte --- Boletín del Ministerio de Relaciones Exteriores, Montevideo

BOL (Min Trab Indús Com) Rio --- Boletim do Ministério do Trabalho, Indústria e Commércio, Rio de Janeiro

BOL (Mus Arte Colonial) Bogotá --- Boletín del Museo de Arte Colonial, Bogotá

BOL (Mus Bolivar) Lima --- Boletín del Museo Bolivariano, Lima

BOL (Mus Cien Nat) Caracas --- Boletín del Museo de Ciencias Naturales, Caracas

BOL (Mus Hist Nat "J Prado") Lima --- Boletín del Museo de Historia Natural "Javier Prado," Lima

BOL (Mus Nac) Rio --- Boletim do Museu Nacional, Rio de Janeiro

BOL (Mus Nac; Antrop) Rio --- Boletim do Museu Nacional; Antropologia, Rio de Janeiro

BOL (Mus Nac; Geol) Rio --- Boletim do Museo Nacional; Geologia, Rio de Janeiro

BOL (Mus Nac; Zool) Rio --- Boletim do Museu Nacional; Zoologia, Rio de Janeiro

BOL (Mus Nac Hist Nat) Santiago --- Boletín del Museo Nacional de Historia Natural, Santiago

*BOL (Mus Paraense E Goeldi) Belém --- Boletim do Museu Paraense Emilio Goeldi, Belém, Brazil

BOL (Mus Paraense E Goeldi; n. s., Antrop) Belém --- Boletim del Museu Paraense Emilio Goeldi; nova série, Antropologia) Belém

BOL (Of Sanit Panam) Wash --- Boletín de la Oficina Sanitaria Panamericana, Washington, D. C.

BOL (Sec Indus Com) B A --- Boletín de la Secretaría de Industria y Comercio, Buenos Aires

BOL (Semin Cult Mex) Méx --- Boletín del Seminario de Cultura Mexicano, México, D. F.

BOL (Semin Der Públ) Santiago --- Boletín del Seminario de Derecho Público, Santiago

BOL (Serv Geol Nac) Managua --- Boletín del Servicio Geológico Nacional de Nicaragua, Managua

BOL (Soc Arg Botán) La Plata; B A --- Boletín de la Sociedad Argentina de Botánica, La Plata; Buenos Aires

BOL (Soc Arg Estud Geogr) B A --- Boletín de la Sociedad Argentina de Estudios Geográficos GAEA, Buenos Aires

BOL (Soc Bibl Puerto Rico) S Juan --- Boletín de la Sociedad de Bibliotecarios de Puerto Rico, San Juan

BOL (Soc Botán Méx) Méx --- Boletín de la Sociedad Botánica de México, México, D. F.

BOL (Soc Bras Direito Intern) Rio --- Boletim da Sociedade Brasileira de Direito Internacional, Rio de Janeiro

BOL (Soc Bras Geogr) Rio --- Boletim da Sociedade Brasileira de Geografia, Rio de Janeiro

BOL (Soc Chil Quím) Concepción --- Boletín de la Sociedad Chilena de Química, Concepción, Chile

*BOL (Soc Geogr) Bogotá --- Boletín de la Sociedad Geográfica de Colombia, Bogotá

*BOL (Soc Geogr) La Paz --- Boletín de la Sociedad Geográfica, La Paz

BOL (Soc Geogr) Lima --- Boletín de la Sociedad Geográfica de Lima, Lima

BOL (Soc Geogr) Sucre --- Boletín de la Sociedad Geográfica de Sucre, Sucre, Bolivia

BOL (Soc Geogr Hist) Sucre --- Boletín de la Sociedad Geográfica e Histórica, Sucre, Bolivia

*BOL (Soc Mex Geogr Estad) Méx --- Boletín de la Sociedad Mexicana de Geografía y Estadística, México, D. F.

BOL (Soc Nac Minería) Lima --- Boletín de la Sociedad Nacional de Minería del Perú, Lima

BOL (Soc Venez Cien Nat) Caracas --- Boletín de la Sociedad Venezolana de Ciencias Naturales, Caracas

BOL (Superin Serv Café) S Paulo --- Boletim da Superintendência dos Serviços do Café, São Paulo

BOL (Un Pan, Span) Wash --- Boletín de la Unión Panamericana, Washington, D. C.

BOL (Univ Chile) Santiago --- Boletín de la Universidad de Chile, Santiago

BOL (Univ Nac Ing) Lima --- Boletín de la Universidad Nacional de Ingeniería, Lima

BOL AGR, S Paulo --- Boletim de agricultura; Secretaria da Agricultura, São Paulo

BOL AM, Barcelona --- Boletín americanista, Barcelona

BOL ANTROP, Fortaleza --- Boletim de antropologia; Instituto de Antropologia, Universidade do Ceará, Fortaleza, Brazil

BOL ANTROP, Sucre --- Boletín antropológico; publicación del Museo de Arqueología, Etnografía y Folklore, Sucre

BOL ARQUEOL, Bogotá --- Boletín de arqueología, Bogotá

BOL BIBLIOGR, Bahia Blanca --- Boletín bibliográfico, Bahía Blanca, Argentina

BOL BIBLIOGR, S Paulo --- Boletim bibliográfico; Biblioteca
    Pública Municipal, São Paulo

BOL BIBLIOGR (Bibl, Cám Diputados) Lima --- Boletín bibliográfico
    de la Biblioteca de la Cámara de Diputados, Lima

BOL BIBLIOGR (Bibl, Fac Cien Jur Soc) La Plata --- Boletín
    bibliográfico de la Facultad de Ciencias Jurídicas y Sociales,
    Universidad Nacional de La Plata, La Plata, Argentina

*BOL BIBLIOGR (Bibl, Univ S Marcos) Lima --- Boletín bibliográfico
    de la Biblioteca de la Universidad Mayor de San Marcos,
    Lima

BOL BIBLIOGR (Bibl Cent, Min Trab Asunt Indíg) Lima --- Boletín
    bibliográfico de la Biblioteca Central, Ministerio de Trabajo
    y Asuntos Indígenas, Lima

BOL BIBLIOGR (Dept Bibl, Min Agr) B A --- Boletín bibliográfico;
    Departamento de Bibliotecas, Ministerio de Agricultura,
    Buenos Aires

BOL BIBLIOGR (Sec Hac Créd Públ) Méx --- Boletín bibliográfico
    de la Secretaría de Hacienda y Crédito Público, México,
    D. F.

BOL BIBLIOGR AGRIC, Turrialba --- Boletín bibliográfico agrícola,
    Turrialba, Costa Rica

BOL BIBLIOGR AGROP, Pasto --- Boletín bibliográfico agropecuario;
    Universidad de Nariño, Pasto, Colombia

BOL BIBLIOGR ANTIOQ, Medellín --- Boletín de bibliografía antioqueña, Medellín, Colombia

BOL BIBLIOGR ANTROP AM, Méx --- Boletín bibliográfico de
    antropología americana, México, D. F.

BOL BIBLIOGR BRAS, Rio --- Boletim bibliográfico brasileiro,
    Rio de Janeiro
        Title varies: BBB, boletim bibliográfico brasileiro; BBB,
    revista dos editôres.

BOL BIBLIOGR DOM, C Trujillo --- Boletín bibliográfico dominicano, Ciudad Trujillo

BOL BIBLIOGR GEOFIS OCEANO AM, Méx --- Boletín bibliográfico
    de geofísica y oceanografía americanas, México, D. F.

BOL BIBLIOGR MEX, Méx --- Boletín bibliográfico mexicano; Instituto Panamericana de Bibliografía y Documentación, México,
    D. F. [after Feb. 28, 1944, the name of the Instituto no

longer appeared in the heading; this periodical is the house organ of the Librería de Porrúa Hermanos]

BOL BIBLIOGR SEMES, Guat --- Boletín bibliográfico semestral; publicación del Banco de Guatemala, Guatemala

BOL BIBLIOGR YUCAT, Mérida --- Boletín de bibliografía yucateca, Mérida, Yucatan

BOL CIENTIF, LIMA --- Boletín científico de la Compañía Administradora del Guano, Lima

BOL COMUNIC, Hav --- Boletín de comunicaciones; Ministerio de Comunicaciones, La Habana

BOL CPE, Salvador --- Boletim da Comissão de Planejamento Econômico, Salvador, Brazil

BOL CULT BIBLIOGR, Bogotá --- Boletín cultural y bibliográfico; Biblioteca "Luis-Angel Arango," Banco de la República, Bogotá

BOL EDUC PARAGUAY, Asunción --- Boletín de educación paraguaya, Asunción

BOL ESTUD GEOGR, Mendoza --- Boletín de estudios geográficos, Mendoza, Argentina

BOL ESTUD HIST, Pasto --- Boletín de estudios históricos, Pasto, Colombia

BOL ESTUD OAXAQUEÑOS, Oaxaca --- Boletín de estudios oaxaqueños; bulletin of the Centro de Estudios Regionales (Oaxaca, Mexico) a facility of Mexico City College, Oaxaca, Mexico

BOL ESTUD POL, Mendoza --- Boletín de estudios políticos, Mendoza, Argentina

BOL ESTUD TEATRO, B A --- Boletín de estudios de teatro; Instituto Nacional de Estudios de Teatro, Buenos Aires

BOL FILOL, Monte --- Boletín de filología; Instituto de Estudios Superiores, Montevideo

BOL FILOL, Santiago --- Boletín de filología, Santiago

BOL GEOGR, Rio --- Boletim geográfico; Instituto Brasileiro de Geografia e Estatística, Rio de Janeiro
    Title varies: Boletim do Consejo Nacional de Geografia, 1(1-4), abr.-jul, 1943.

xxvii PERIODICAL ABBREVIATIONS

BOL GEOL, Bogotá --- Boletín geológico; Instituto Geológico Nacional, Bogotá

BOL GEOL, Caracas --- Boletín de geología, Caracas

BOL HIST, Caracas --- Boletín histórico; Fundación John Boulton, Caracas

BOL HIST, Cartagena --- Boletín historial; Academia de la Historia de Cartagena de Indias, Cartagena, Colombia

BOL HIST, Monte --- Boletín histórico; Estado Mayor del Ejército, Montevideo

BOL HIST ANTIG, Bogotá --- Boletín de historia y antigüedades; órgano de la Academia Colombia de Historia, Bogotá

BOL HIST NAT (Soc F Poey) Hav --- Boletín de historia natural de la Sociedad "Felipe Poey," La Habana

BOL HIST VALLE, Cali --- Boletín histórico del Valle; órgano del Centro Vallecaucano de Historia y Antigüedades, Cali, Colombia

BOL INDIG, Méx --- Boletín indigenista; Instituto Indigenista Interamericano, México, D. F.

BOL INDIG VENEZ, Caracas --- Boletín indigenista venezolano; Comisión Indigenista, Ministerio de Justicia, Caracas

BOL INFORM, Santiago --- Boletín informativo; Universidad de Chile, Santiago

BOL INFORM (Bibl, Fac Filos Letr) Tucumán --- Boletín informativo de la Biblioteca de la Facultad de Filosofía y Letras, Universidad Nacional de Tucumán, Tucumán, Argentina

BOL INFORM (Inst Bras Bibliogr Doc) Rio --- Boletim informativo do Instituto Brasileiro de Bibliografia e Documentação (IBBD), Rio de Janeiro

BOL INFORM (Min Rel Ext) Quito --- Boletín informativo del Ministerio de Relaciones Exteriores, Quito

BOL INFORM CIENTIF NAC, Quito --- Boletín de informaciones científicas nacionales; Casa de Cultura Ecuatoriana, Quito

BOL INFORM PETROL, B A --- Boletín de informaciones petroleras; Dirección General de Yacimientos Petrolíferos Fiscales, Buenos Aires
    Previous title: Boletín de informaciones petrolíferas, yacimientos e industrias

PERIODICAL ABBREVIATIONS   xxviii

BOL INFORM PETROL YAC INDUS, B A --- Boletín de informaciones petrolíferas, yacimientos e industrias; Dirección General de Yacimientos Petrolíferos Fiscales, Buenos Aires
Became: Boletín de informaciones petroleras

BOL INTERAM MUSIC, Wash --- Boletín interamericano de música; Organización de los Estados Americanos, Washington, D. C.

BOL LIT HISP, Santa Fe --- Boletín de literaturas hispánicas, Santa Fe, Argentina

BOL MED SOC, Santiago --- Boletín médico social, Santiago

BOL MINERO, Santiago --- Boletín minero, Santiago

BOL MUS BIBL, Guat --- Boletín de museos y bibliotecas de Guatemala, Guatemala

BOL MUSIC ART VIS, Wash --- Boletín de música y artes visuales (OEA), Washington, D. C.

BOL OF (Dir Min Indus) Lima --- Boletín oficial de la Dirección de Minas e Industrias, Lima

BOL PAULISTA GEOGR, S Paulo --- Boletim paulista de geografia; Associação dos Geógrafos Brasileiros, São Paulo

BOL PRODUC FOM AGRI, B A --- Boletín de producción y fomento agrícola, Buenos Aires

BOL PROY BIBLIOGR, Lima --- Boletín del Proyecto Bibliográfico del Sur, Lima

BOL SEMIN, Santa Fe --- Boletín del Seminario, Santa Fe, Argentina

BOL TEC, S José --- Boletín técnico, San José, Costa Rica

BOL TRIM ESTAD MUNICI, Caracas --- Boletín trimestral de estadística municipal, Caracas

BOLIVAR, Bogotá --- Bolívar, Bogotá
Changed title to: Revista Bolívar

BOSTON PUBL LIBR QUART --- Boston Public Library quarterly, Boston

BRAGANTIA, Campinas --- Bragantia; boletim técnico do Instituto Agronômico, Campinas, São Paulo, Brazil

BRAS AÇUC, Rio --- Brasil açucareiro; Instituto do Açucar e do Alcool, Rio de Janeiro

PERIODICAL ABBREVIATIONS

BRASILIA, Brasília --- Brasília, Brasília

BRASILIA, Coimbra --- Brasília, Coimbra, Portugal

BRAZ AM SURV, Rio --- Brazilian American survey, Rio de Janeiro

BRAZIL, N Y --- Brazil, New York

BUENOS AIRES, B A --- Buenos Aires; revista de humanidades, Buenos Aires

BULL (Bur Ethnol) Port-au-Prince --- Bulletin du Bureau d'Ethnologie, Port-au-Prince

BULL (Intern Com Anthrop Ethnol Res) Vienna --- Bulletin of the International Committee on Urgent Anthropological Research, Vienna

BULL (La Libr Assoc) New Orleans --- Bulletin of the Louisiana Library Association, New Orleans

*BULL (Pan Am Un) Wash --- Bulletin of the Pan American Union, Washington, D. C.

*BULL (Publ Libr) N Y --- Bulletin of the New York Public Library, New York

BULL (Soc Suisse Am) Geneva --- Bulletin de la Société Suisse des Americanistes, Geneva

BULL BIBLIOGR, Boston --- Bulletin of bibliography, Boston

CAD BRAS, Rio --- Cadernos brasileiros, Rio de Janeiro

CAFE SALVADOR, S Salvador --- Café de El Salvador; revista de la Asociación Cafetalera de El Salvador, San Salvador

CAHIERS HIST MOND, Paris --- Cahiers d'histoire mondiale, Paris

CALDASIA, Bogotá --- Caldasia; boletín del Instituto de Ciencias Naturales de la Universidad Nacional de Colombia, Bogotá

CANNING H LIBR BULL, London --- Canning House Library bulletin, London

CARIB FOREST, Río Piedras --- Caribbean forester, Río Piedras, Puerto Rico

CARIB JOUR SC, Mayagüez --- Caribbean journal of sciences, Mayagüez, Puerto Rico

PERIODICAL ABBREVIATIONS   xxx

CARIB QUART, Kingston; Port of Spain --- Caribbean quarterly, Kingston, Jamaica; Port of Spain, Trinidad

CARIB STUD, Rio Piedras --- Caribbean studies; Institute of Caribbean Studies, University of Puerto Rico, Río Piedras

CARNET MUSIC, Méx --- Carnet musical, México, D. F.

CARTA MENS, Rio --- Carta mensal; Conselho Técnico da Confederação Nacional do Comércio, Rio de Janeiro

CARTA SEM, Méx --- Carta semanal; órgano oficial de la Confederación de Cámaras Nacionales de Comercio, México, D. F.

CASA AM, Hav --- Casa de las Américas, La Habana

CASA CULT ECUAT, Quito --- Casa de la cultura ecuatoriana, Quito

CATHOL LIBR WORLD, Glen Ellyn --- Catholic library world, Glen Ellyn, Ill.

CEIBA, Tegucigalpa --- Ceiba; a scientific journal issued by the Escuela Agrícola Panamericana, Tegucigalpa

CENT, B A --- Centro; revista del Centro de Estudiantes de Filosofía y Letras, Buenos Aires

CENT, S L Potosí --- Centro; órgano de la Universidad Autónoma, San Luis Potosí, México

CHIMOR, Trujillo --- Chimor; boletín del Museo de Arqueología de la Universidad de Trujillo, Trujillo, Peru

CIEN, Méx --- Ciencia, México, D. F.

CIEN ADMIN, La Plata --- Ciencias administrativas; revista del Instituto Superior de Ciencias Administrativas, Universidad Nacional de La Plata, La Plata, Argentina

CIEN CULT, Maracaibo --- Ciencia y cultura, Maracaibo, Venezuela

CIEN ECON, Medellín --- Ciencias económicas de la Facultad de Ciencias Económicas, Universidad de Antioquia, Medellín, Colombia

CIEN FE, S Miguel --- Ciencia y fé, San Miguel, Argentina
Changed title to Stromata

CIEN INVEST, B A --- Ciencia e investigación, Buenos Aires

CIEN NATUR, Quito --- Ciencia y naturaleza, Quito

xxxi PERIODICAL ABBREVIATIONS

CIEN NUEVA, Cochabamba --- Ciencia nueva; revista de etnología y arqueología, Cochabamba, Bolivia

CIEN POL SOC, Méx --- Ciencias políticas y sociales, México, D. F.

CIEN SOC, Cumaná --- Ciencias sociales, Cumaná, Venezuela

CIEN SOC, Wash --- Ciencias sociales; Organización de los Estados Americanos, Washington, D. C.

CLÃ, Fortaleza --- Clã, Fortaleza, Brazil

CLI O, C Trujillo; S Domingo --- Clío; órgano de la Academia Dominicana de la Historia, Ciudad Trujillo; Santo Domingo

COLEGIO BIBL COL, Medellín --- Colegio de Bibliotecarios Colombianos, Medellín, Colombia

COLOMBIA, Bogotá --- Colombia, Bogotá

COMBATE, S José --- Combate, San José, Costa Rica

COMER EXT, Méx --- Comercio exterior; Banco Nacional de Comercio Exterior, México, D. F.

COMMER PAN AM, Wash --- Commercial Pan America; Pan American Union, Washington, D. C.

COMUNIC, S Salvador --- Comunicaciones del Instituto Tropical de Investigaciones Científicas, San Salvador

CONJONCTION, Port-au-Prince --- Conjonction, Port-au-Prince

CONSULTOR BIBLIOGR, Méx --- Consultor bibliográfico, México, D. F.

COOP, Bogotá --- Cooperativa, Bogotá

CORDILLERA, La Paz --- Cordillera; revista boliviana de cultura, La Paz

CORREO HOND, Tegucigalpa --- Correo de Honduras; Dirección General de Correos, Tegucigalpa

CRIMINAL, Méx --- Criminalía; órgano de la Academia Mexicana de Ciencias Penales, México, D. F.

CRIT CONTEM, Caracas --- Crítica contemporánea, Caracas

CRITERIO, B A --- Criterio, Buenos Aires

CRONICA CARACAS, Caracas --- Crónica de Caracas; Consejo Municipal de Caracas, Caracas

CRUZ SUR, Caracas --- Cruz del sur, Caracas

CUAD, Lima --- Cuadernos del Centro de Estudiantes de Antropología, Universidad Mayor de San Marcos, Lima

CUAD, Paris --- Cuadernos, Paris

CUAD (Inst Nac Antrop) B A --- Cuadernos del Instituto Nacional de Antropología, Buenos Aires

CUAD (Inst Nac Invest Folk) B A --- Cuadernos del Instituto Nacional de Investigaciones Folklóricas, Buenos Aires

CUAD (Seminario Hist) Lima --- Cuadernos del Seminario de Historia, Lima

CUAD AM, Méx --- Cuadernos americanos, México, D. F.

CUAD ANTROP, Guat --- Cuadernos de antropología, Guatemala

CUAD ART POESIA, Quito --- Cuadernos de arte y poesía, Quito

CUAD BELL ART, Méx --- Cuadernos de bellas artes, México, D. F.

CUAD ESTUD YUCAT, Mérida --- Cuadernos de estudios yucatecos, Mérida, Yucatan

CUAD FAC, Panama --- Cuadernos de las facultades; Universidad de Panamá, Panama

CUAD GEOGR COL, Bogotá --- Cuadernos de Geografía de Colombia, Bogotá

CUAD HISP, Madrid --- Cuadernos hispanoamericanos, Madrid

CUAD HIST ART, Mendoza --- Cuadernos de historia del arte, Mendoza, Argentina

CUAD HIST ARQUEOL, Guayaquil --- Cuadernos de historia y arqueología; Casa de la Cultura Ecuatoriana, Guayaquil

CUAD IDIOMA, B A --- Cuadernos del idioma, Buenos Aires

CUAD INFORM ECON, Caracas --- Cuadernos de información económica; Corporación Venezolana de Fomento, Caracas

CUAD LATINOAM ECON HUMANA, Monte --- Cuadernos latinoamericanos de economía humana, Montevideo

xxxiii PERIODICAL ABBREVIATIONS

CUAD UNIV, León --- Cuadernos universitarios; Universidad Nacional de Nicaragua, León, Nicaragua

CUADRANTE, S Luis Potosí --- Cuadrante, San Luis Potosí, Mexico

CUBA BIBLIOTEC, Hav --- Cuba bibliotecológica, La Habana

CULT, S Salvador --- Cultura; Ministerio de Cultura, San Salvador

CULT, Tunja --- Cultura, Tunja, Colombia

CULT BOLIVIANA, Oruro --- Cultura boliviana, Oruro, Bolivia

CULT MEX, Méx --- Cultura México; boletín de la Comisión Mexicana de Cooperación Intelectual, México, D. F.

CULT POL, Rio --- Cultura política, Rio de Janeiro

CULT UNIV, Caracas --- Cultura universitaria; Dirección de Cultura, Universidad Central de Venezuela, Caracas

CULTIV INDUS, La Plata --- Cultivos industriales, La Plata, Argentina

CUR CARIB BIBLIOGR, Port of Spain --- Current Caribbean bibliography, Port of Spain, Trinidad

CUR HIST, Phila --- Current history, Philadelphia

CURSOS CONF, B A --- Cursos y conferencias, Buenos Aires

DEFESA NAC, Rio --- A Defesa nacional, Rio de Janeiro

DESENVOL CONJUN, Rio --- Desenvolvimento e conjuntura, Rio de Janeiro

DIANOIA, Méx --- Dianoia, México, D. F.

DIARIO OF, Méx --- Diario oficial, México, D. F.

DIARIO OF, Rio --- Diário oficial, Rio de Janeiro

DIVUL AGRI, Lima --- Divulgaciones agrícolas; Estación Experimental Agrícola de "La Molina," Lima

DIVUL ETNOL, Barranquilla --- Divulgaciones etnológicas, Barranquilla, Colombia

DIVUL HIST, Méx --- Divulgación histórica, México, D. F.

DOC CRIT IBEROAM, Sevilla --- Documentación crítica iberoamericana, Sevilla

DOCUMENTA, Lima --- Documenta, Lima

DOORS LAT AM, Gainesville --- Doors to Latin America, Gainesville, Florida

ECA, La Plata --- ECA; revista de la Escuela Superior de Ciencias Administrativas, La Plata, Argentina

ECA, S Salvador --- ECA; estudios centro americanos, Colegio Externado de San José, San Salvador

ECO, Bogotá --- ECO; revista de la cultura de Occidente, Bogotá

ECOL MONOGR, Durham --- Ecological monographs, Durham, North Carolina

ECON, La Plata --- Económica; revista de la Facultad de Ciencias Económicas, Universidad Nacional de La Plata, La Plata, Argentina

ECON, Quito --- Economía; Facultad de Ciencias Económicos Universidad Central del Ecuador, Quito

ECON, Santiago --- Economía; revista de la Facultad de Ciencias Económicas, Universidad de Chile, Santiago

ECON BRAS, Rio --- Econômia brasileira; revista trimestral patrocinada pelo Clube de Economistas, Rio de Janeiro

ECON CIEN SOC, Caracas --- Economía y ciencias sociales, Caracas

ECON COL, Bogotá --- Economía colombiana; Contraloría General de la República, Bogotá

ECON ESTAD, Bogotá --- Economía y estadística; Departamento Administrativo Nacional de Estadística, Bogotá
    Formerly: Anales de economía y estadística

ECON GRANCOL, Bogotá --- Economía grancolombiana, Bogotá

ECON SAL, S Salvador --- Economía salvadoreña; Facultad de Economía, Universidad de El Salvador, San Salvador

EDIC BIBLIOGR, B A --- Ediciones bibliográficas; Biblioteca, Instituto Nacional de Previsión Social, Buenos Aires

EDUC, Caracas --- Educación; revista para el magisterio, Consejo

Técnico de Educación Nacional, Ministerio de Educación, Caracas

EDUC, Lima --- Educación; órgano de la Facultad de Educación, Lima

EDUC, Méx --- Educación; revista de orientación pedagógica, México, D. F.

EDUC, S José --- Educación; Ministerio de Educación Pública, San José, Costa Rica

EDUC, Wash --- La Educación; Organización de los Estados Americanos, Washington, D. C.

EDUC CIEN HUMANAS, Lima --- Educación y ciencias humanas, Lima

EDUC CIÊN SOC, Rio --- Educação e ciências sociais; boletim do Centro Brasileiro de Pesquisas Educacionais, Rio de Janeiro

EDUC RURAL, Rubio --- Educación rural; Organización de los Estados Americanos, Rubio, Táchira, Venezuela

ENCIC EDUC, Monte --- Enciclopedia de educación; Consejo Nacional de Enseñanza Primaria y Normal, Montevideo

ENGEN MINER METAL, Rio --- Engenharia, mineração e metalurgia, Rio de Janeiro

ESCOLA SECUND, Rio --- Escola secundaria; Diretoria do Ensino Secundário, Ministerio da Educação e Cultura, Rio de Janeiro

ESCRITURA, Monte --- Escritura, Montevideo

ESTAD, Méx; Wash --- Estadística; journal of the Inter-American Statistical Institute, México, D. F.; Washington, D. C.

ESTAD PERU, Lima --- Estadística peruana, Lima

ESTE OESTE, Caracas --- Este & oeste, Caracas

ESTILO, S Luis Potosí --- Estilo; revista de cultura, San Luis Potosí, Mexico

ESTUD, B A --- Estudios de la Academia Literaria del Plata, Buenos Aires

ESTUD, Bucaramanga --- Estudio; órgano del Centro de Historia de Santander, Bucaramanga, Colombia

ESTUD, Panama --- Estudios; Instituto Nacional de Panamá, Panama

ESTUD AM, Sevilla --- Estudios americanos, Sevilla

ESTUD ARQUEOL, Antofagasta --- Estudios arqueológicos; publicación científica de la Universidad de Chile, Antofagasta, Chile

ESTUD BRAS, Rio --- Estudos brasileiros; Instituto de Estudos Brasileiros, Rio de Janeiro

ESTUD COMUNISMO, Santiago --- Estudios sobre el comunismo, Santiago

ESTUD DER, Medellín --- Estudios de derecho; Facultad de Derecho y Ciencias Políticas, Universidad de Antioquia, Medellín, Colombia

ESTUD FILOL, Valdivia --- Estudios filológicos, Valdivia, Chile

ESTUD HIST, Guadalajara --- Estudios históricos, Guadalajara, Mexico

ESTUD HIST, Marília --- Estudos históricos, Marília, Brazil

ESTUD SOC, Rio --- Estudos sociais, Rio de Janeiro

ET CAETERA, Guadalajara --- Et caetera, Guadalajara, Mexico

ETNIA, B A --- Etnia, Buenos Aires

EURINDIA, Méx --- Eurindia; revista de asuntos sociales y política continental, México, D. F.

EXPLOR JOUR, N Y --- Explorers journal, New York

FANAL, Lima --- Fanal, Lima

FARO COLON, C Trujillo --- El Faro a Colón, Ciudad Trujillo

FAROL, Caracas --- El Farol; Creole Petroleum Corporation, Caracas

FENIX, Lima --- Fénix; Biblioteca Nacional, Lima

FICCION, B A --- Ficción, Buenos Aires

FICHAS BIBLIOGR POTOS, S Luis Potosí --- Fichas de bibliografía potosina; Biblioteca, Universidad Autónoma de San Luis Potosí, San Luis Potosí

FILOL, B A --- Filología; Facultad de Filosofía y Letras, Universidad Nacional de Buenos Aires, Buenos Aires

FILOS LETR, Méx --- Filosofía y letras; Facultad de Filosofía y Letras, Universidad Nacional Autónoma de México, México, D. F.

FILOS LETR CIEN EDUC, Quito --- Filosofía, letras y ciencias de la educación, Facultad de Filosofía, Letras y Ciencias de la Educación, Universidad Central del Educador, Quito

FINIS TERR, Santiago --- Finis terrae; Universidad Católica de Chile, Santiago

FOLK AM, Coral Gables --- Folklore Americas, Coral Gables, Florida

FOLK AM, Lima --- Folklore americano; Comité Interamericano de Folklore, Instituto Panamericano de Geografía e Historia, Lima

FOR AGR, Wash --- Foreign agriculture, Washington, D. C.

FORMAÇÃO, Rio --- Formação; revista brasileira de educação, Rio de Janeiro

FORO, Méx --- El Foro; órgano de la Barra Mexicana, México, D. F.

FORO INTERN, Méx --- Foro internacional, México, D. F.

GACETA OF, Caracas --- Gaceta oficial, Caracas

GEOGR JOUR, London --- Geographical journal, London

GEOGR REV, N Y --- Geographical review, New York

GRACE LOG, N Y --- Grace log, New York

GRAFICO, Bogotá --- El Gráfico, Bogotá

GUARANIA, Asunción --- Guaranía, Asunción

GUAT INDIG, Guat --- Guatemala indígena; Instituto Indigenista Nacional, Guatemala

GUIA QUIN, B A --- Guía quincenal; Comisión Nacional de Cultura, Buenos Aires

HAC, Lockport --- La Hacienda, Lockport, New York

PERIODICAL ABBREVIATIONS xxxviii

HAC PUBL, Asunción --- Hacienda pública; órgano oficial del Ministerio de Hacienda, Asunción

HEMISFERIO, Méx --- Hemisfero; la revista de América, México, D. F.

*HISP AM HIST REV, Durham --- Hispanic American historical review; Duke University, Durham, North Carolina

HISP AM REPT, Stanford --- Hispanic American report; Stanford University, Stanford, California

HISP REV, Phila --- Hispanic review, Philadelphia

*HISPANIA --- Hispania, Washington, D. C.; Baltimore, etc.

HIST, B A --- Historia, Buenos Aires

HIST, Bogotá --- Historia; Instituto Colombiano de Estudios Históricos, Bogotá

HIST, Río Piedras --- Historia, Río Piedras, Puerto Rico

HIST, Santiago --- Historia del Instituto de Historia, Universidad Católica de Chile, Santiago

HIST MEX, Méx --- Historia mexicana, Colegio de México, México, D. F.

HIST PARAGUAYA, Asunción --- Historia paraguaya; anuario del Instituto Paraguayo de Investigaciones Históricas, Asunción

HISTONIUM, B A --- Historium, Buenos Aires

HOMBRE CULT, Panama --- Hombre y cultura; revista del Centro de Investigaciones Antropológicas de la Universidad Nacional, Panama

HOND LIT, Tegucigalpa --- Honduras literaria, Tegucigalpa

HOND ROTAR, Tegucigalpa --- Honduras rotaria, Tegucigalpa

HORIZON, Ponce --- Horizontes; revista de la Universidad Católica de Puerto Rico, Ponce, Puerto Rico

HORIZON ECON, B A --- Horizontes económicos; Centro de Estudios Económicos, Buenos Aires

HUMAN, Guat --- Humanidades; Facultad de Humanidades, Universidad de San Carlós, Guatemala

HUMAN, Mérida --- Humanidades de la Facultad de Humanidades, Universidad de los Andes, Mérida, Venezuela

HUMAN, Méx --- Humanidades; órgano de los alumnos de la Facultad de Filosofía y Letras, Universidad Nacional Autónoma de México, México, D. F.

HUMAN ORGAN, Ithaca --- Human organization, Ithaca, New York

HUMANISMO, Hav --- Humanismo, México, D. F.; La Habana

HUMANITAS, Monterrey --- Humanitas; anuario del Centro de Estudios Humanísticos, Monterrey, Mexico

HUMANITAS, Quito --- Humanitas; boletín ecuatoriano de arqueología, Quito

HUMANITAS, Tucumán --- Humanitas; revista de la Facultad de Filosofía y Letras, Tucumán, Argentina

HUMBOLDT, Hamburg --- Humboldt, Hamburg, Germany

IBBD, see BOL INFORM (Inst Bras Bibliogr Doc) Rio

*IBERO-AM ARCH, Berlin --- Ibero-Amerikanische Archiv, Berlin

ICACH, Tuxtla Gutiérrez --- ICACH; órgano del Instituto de Ciencias y Artes de Chiapas, Tuxtla Gutiérrez, Chiapas, Mexico

IDEA, Lima --- Idea; artes y letras, Lima

I.G.G., S Paulo, see REV (Inst Geogr Geol) S Paulo

INDIA RUB WORLD, N Y --- India rubber world, New York

INDIAN NOTES, N Y --- Indian notes; Museum of the American Indian, Heye Foundation, New York

INDUSTRIARIOS, Rio --- Industriários, Rio de Janeiro

INFAN ADOL, Caracas --- Infancia y adolescencia; Consejo Venezolano del Niño, Caracas

INFORM BIBLIOGR, B A --- Información bibliográfica; Caja Nacional de Ahorro Postal, Buenos Aires

INFORM GEOGR, Santiago --- Informaciones geográficas, Santiago

INFORM SOC, Lima --- Informaciones sociales; publicación trimestral de la Caja Nacional de Seguro Social, Lima

INFORMATIVO BIBLIOGR, Rosario --- Informativo bibliográfico; Biblioteca "Estanislao S. Zeballos, Universidad Nacional del Litoral, Rosario, Argentina

INFORME (Est Exper "La Molina") Lima --- Informe de la Estación Experimental Agrícola "La Molina," Lima

ING, Méx --- Ingeniería; Escuela Nacional de Ingenieros, México, D. F.

ING ARQUITEC, Bogotá --- Ingeniería y arquitectura; órgano de las Facultades de Ingenieros y Arquitectura y de la Asociación de Ingenieros, Universidad Nacional de Colombia, Bogotá

ING CIVIL, Hav --- Ingeniería civil; Colegio de Ingenieros Civiles de Cuba, La Habana

ING HIDRAUL, Méx --- Ingeniería hidraúlica en México, México, D. F.

INTER-AM BIBLIOGR REV, Wash --- Inter-American bibliographical review, Washington, D. C.

INTER-AM ECON AFF, Wash --- Inter-American economic affairs, Washington, D. C.

INTER-AM MUSIC BULL, Wash --- Inter-American music bulletin; Pan American Union, Washington, D. C.

INTER-AM QUART, Wash --- Inter-American quarterly, Washington, D. C.

INTER-AM REV BIBLIOGR, Wash --- Inter-American review of bibliography; Revista interamericana de bibliografía; Organización de los Estados Americanos, Washington, D. C.

INTERN ORGAN, Boston --- International organization, Boston

INTERN SOC SC BULL, Paris --- International social science bulletin; UNESCO, Paris
    Changed title to: International social science journal

INTERN SOC SC JOUR, Paris --- International social science journal; UNESCO, Paris
    Continues: International social science bulletin

INVEST, S Paulo --- Investigações, São Paulo

INVEST ECON, Méx --- Investigación económica; Escuela Nacional de Economía, México, D. F.

PERIODICAL ABBREVIATIONS

INVEST HIST, Méx --- Investigaciones históricas, Centro de Estudios Históricos "Genaro Estrada," México, D. F.

INVEST ZOOL CHIL, Santiago --- Investigaciones zoológicos chilenas; Universidad de Chile, Dirección General de Agricultura, Museo de Historia Natural, Santiago

IRRIGACION, Méx --- Irrigación en México; Comisión Nacional de Irrigación, México, D. F.

ISLAS, S Clara --- Islas; revista de la Universidad Central de Las Villas, Santa Clara, Cuba

ITALIA-AM LAT, Napoli --- Italia-América Latina, Naples

JORNADAS LITORAL, Santa Fe --- Jornadas del litoral, Santa Fe, Argentina

*JOUR (Soc Am) Paris --- Journal de la Société des Americanistes, Paris

JOUR AGR (Univ P R) Río Piedras --- Journal of agriculture of the University of Puerto Rico, Río Piedras

JOUR GEOGR, Chicago --- Journal of geography, Chicago

JOUR INTER-AM STUD, Gainesville; Coral Gables --- Journal of Inter-American studies, Gainesville, Florida; Coral Gables, Florida

JOUR MAMMAL --- Journal of mammalogy, Baltimore

JOUR SOC ISSUES, N Y --- Journal of social issues, New York

JUS, Méx --- Jus; revista de derecho y ciencias sociales, México, D. F.

JUS DOC, Rio --- Jus documentação; Serviço de Documentação, Ministério de Justiça e Negócios Interiores, Rio de Janeiro

JUSTICIA, Méx --- La Justicia, México, D. F.

JUSTITIA, S Paulo --- Justitia; Associação Paulista do Ministério Público, São Paulo

KATUNOB, Magnolia; Oshkosh --- Katunob; a newsletter bulletin on Meso-American anthropology, Magnolia, Arkansas; Oshkosh, Wisconsin

KENTUCKY FOR LANG JOUR, Lexington --- Kentucky foreign language journal, Lexington

PERIODICAL ABBREVIATIONS   xlii

KHANA, La Paz --- Khana; revista municipal de artes y letras, La Paz

KOLLAS, La Paz --- Kollasuyo; revista mensual de estudios bolivianos, La Paz

KRITERION, Belo Horizonte --- Kriterion; Faculdade de Filosofia e Letras da Universidade de Minas Gerais, Belo Horizonte, Brazil

LAT AM RES REV, Austin --- Latin American research review, Austin, Texas

LAVOURA, Rio --- Lavoura; Sociedade Nacional de Agricultura, Rio de Janeiro

LECTURA, Méx --- Lectura; revista crítica de ideas y libros, México, D. F.

LEIT LIVR, Rio --- Leitores e livros, Rio de Janeiro

LETR, Curitiba --- Letras; Faculdade de Filosofia, Universidade do Paraná, Curitiba, Brazil

LETR, Lima --- Letras; órgano de la Facultad de Letras de la Universidad Nacional Mayor de San Marcos, Lima

LETR ART, Maracaibo --- Letras y artes; Universidad del Zulia, Maracaibo

LETR MEX, Méx --- Letras de México; gaceta literaria y artística, México, D. F.

LETR NAC, Bogotá --- Letras nacionales, Bogotá

LIBERALIS, B A --- Liberalis, Buenos Aires

LIBR JOUR, N Y --- Library journal, New York

LIBR TRENDS, Urbana --- Library trends, Urbana, Illinois

LIBRI, Copenhagen --- Libri, Copenhagen

*LIBRO PUEBLO, Méx --- El Libro y el pueblo; Departamento de Bibliotecas, Secretaría de Educación Pública, México, D. F.

LIST BKS ACCESS PD ART INDEX, Wash --- List of books accessioned and periodical articles indexed; Columbus Memorial Library, Pan American Union, Washington, D. C.

LIT ARG, B A --- La Literatura argentina; revista bibliográfica, Buenos Aires

xliii PERIODICAL ABBREVIATIONS

LLACTA, Quito --- Llacta, Quito

LOTERIA, Panama --- Lotería; Lotería Nacional de Beneficencia, Panama

LUSO-BRAZ REV, Madison --- Luso-Brazilian review, Madison, Wisconsin

MAES RURAL, Méx --- El Maestro rural; Secretaría de Educación Pública, México, D. F.

MAG ART, N Y --- Magazine of art, New York

MAPOCHO, Santiago --- Mapocho; Biblioteca Nacional, Santiago

MAR, Valparaíso --- Mar; órgano oficial de la Liga Marítima de Chile, Valparaíso

MAR SUR, Lima --- Mar del Sur, Lima

MARIS AESTUS, Lima --- Maris aestus; órgano de la Biblioteca del Ministerio de Relaciones Exteriores, Lima

MAS CAMINOS, Méx --- Más caminos; Asociación Mexicana de Caminos, México, D. F.

MAYA RES, New Orleans --- Maya research, New Orleans

MEM (Acad Geogr Hist) S José --- Memoria de la Academia de Geografía e Historia de Costa Rica, San José
    Title varies: Revista de la Academia Costarricense de la Historia; Anales de la Academia Costarricense de la Historia

MEM (Acad Nac Hist Geogr) Méx --- Memoria de la Academia Nacional de Historia y Geografía, México, D. F.

MEM (Col Nac) Méx --- Memoria de El Colegio Nacional, México, D. F.

MEM (Soc Cien Nat La Salle) Caracas --- Memoria de la Sociedad de Ciencias Naturales La Salle, Caracas

MEM (Soc Cubana Hist Nat F Poey) Hav --- Memorias de la Sociedad Cubana de Historia Natural "Felipe Poey," La Habana

*MEM REV (Acad Nac Cien) Méx --- Memorias y revista de la Academia Nacional de Ciencias, México, D. F.
    Formerly: Memorias y revista de la Sociedad Científica "Antonio Alzate"

PERIODICAL ABBREVIATIONS xliv

MERCUR PERU, Lima --- Mercurio peruano; revista mensual de ciencias sociales y letras, Lima

MESOAM NOTES, Méx --- Mesoamerican notes; Department of Anthropology, Mexico City College, México, D. F.

MEX ART LIFE, Méx --- Mexican art and life, México, D. F.

MEX EN ARTE, Méx --- México en el arte, México, D. F.

MEX REV, N Y --- Mexicana review, New York

MID AM RES REC, New Orleans --- Middle American research records; Tulane University of Louisiana, New Orleans

MINER BOLIVIANA, La Paz --- Minería boliviana; publicación oficial de la Cámara Nacional de Minería, La Paz

MINER METALUR, Rio --- Mineração e metalurgia, Rio de Janeiro

MISSION HISP, Madrid --- Missionalia hispánica, Madrid

MOD LANG JOUR - Modern language journal, Ann Arbor, Michigan; St. Louis, Missouri, etc.

MONIT EDUC COMUN, B A --- El Monitor de la educación común; Consejo Nacional de Educación, Buenos Aires

MONTEMAR, Valparaíso --- Montemar; Estación de Biología Marina, Universidad de Chile, Montemar, Chile

MUS HIST, Quito --- Museo histórico; órgano del Museo de Historia, Quito

MUSEO, S José --- Museo; boletín informativo del Museo Nacional de Costa Rica, San José, Costa Rica

NAT GEOGR MAG, Wash --- National geographic magazine, Washington, D. C.

ÑAWPA PACHA, Berkeley --- Ñawpa Pacha, Berkeley, California

NEA JOUR, N Y --- Journal of the National Education Association, New York

NEW MEX ANTHROP, Albuquerque --- New Mexico anthropologist, Albuquerque, New Mexico

NEW WORLD ANTIQ, London --- New World antiquity, London

PERIODICAL ABBREVIATIONS

NICA INDIG, Managua --- Nicaragua indígena; Instituto Indigenista Nacional, Managua

NOESIS, La Paz --- Noesis (Pensamiento); revista de la Universidad de La Paz, La Paz

NORDESTE, Resistencia --- Nordeste; revista de la Facultad de Humanidades, Universidad Nacional del Nordeste, Resistencia, Argentina

NORTE, Tucumán --- Norte; revista argentina de cultura, Comisión Provincial de Cultura, Tucumán, Argentina

NOSOTROS, B A --- Nosotros, Buenos Aires
Former sub-title: Revista de letras, arte, historia, filosofía y ciencias sociales

NOTICIARIO MENS, Santiago --- Noticiario mensual del Museo Nacional de Historial Natural, Santiago

NOTICIAS CULT, Bogotá --- Noticias culturales, Bogotá

NOTICIAS MUNICI, Rio --- Noticias municipais; Instituto Brasileiro de Administração Municipal, Rio de Janeiro

NOVERIM, Hav --- Noverim; Universidad de Santo Tomás de Villanueva, Marianao, Cuba

NOVO MUNDO, Guiratinga --- Novo Mundo, Guiratinga, Brazil

NUESTRA ARQUIT, B A --- Nuestra arquitectura, Buenos Aires

NUESTRA MUSICA, Méx --- Nuestra música, México, D. F.

NUEVE CORONICA, Lima --- Nueva Corónica, Lima

NUEVA DEM, N Y --- Nueva democracia, New York

NUEVA ERA, Quito --- Nueva era; revista interamericana de educación y cultura, Quito

NUEVA REV FILOL HISP, Méx --- Nueva revista de filología hispánica; Colegio de México, México, D. F.

OBSERV ECON FINAN, Rio --- Observador econômico e financiero, Rio de Janeiro

OCCAS CONTR (Libr, Univ Kentucky) Lexington --- Occasional contributions; Library, University of Kentucky, Lexington

OCIDENTE, Lisbon --- Ocidente, Lisbon

PERIODICAL ABBREVIATIONS xlvi

OPTIQUE, Port-au-Prince --- Optique, Port-au-Prince

ORGANON, P Alegre --- Organon; revista da Faculdade de Filosofia, Universidade do Rio Grande do Sul, Pôrto Alegre, Brazil

ORIENT ECON, Caracas --- Orientación económica; Instituto Venezolano de Análisis Económico y Social, Caracas

PAIDEUMA, Frankfurt --- Paideuma, Frankfurt, Germany

PAJARITA PAPEL, Tegucigalpa --- La Pajarita de papel; órgano del Pen Club de Honduras, Tegucigalpa

PALABRA HOMBRE, Xalapa --- La Palabra y el hombre; Universidad Veracruzana, Xalapa, Mexico

PALACIO, Santa Fe --- El Palacio, Santa Fe, New Mexico

PAN-AM, Tegucigalpa --- Pan-América, Tegucigalpa

PAN AM MAG, Wash --- Pan American magazine, Washington, D. C.

PAN AMERICAN, N Y --- Pan American, New York

PANAM COMER, Wash --- Panamericana comercial; Pan American Union, Washington, D. C.

PANAMA MONTH, Panama --- Panama this month, Panama

PANORAMA (PAU) Wash --- Panorama; Pan American Union, Washington, D. C.

PANORAMAS, Méx --- Panoramas; Centro de Estudios y Documentación Sociales, México, D. F.

PARAGUAY INDUS COMER, Asunción --- Paraguay industrial y comercial, Asunción

PERIODISMO, Caracas --- Periodismo; boletín para los alumnos de la Escuela de Periodismo de la Universidad Central, Caracas

PERISCOPIO, Caracas --- Periscopio, Caracas

PERU INDIG, Lima --- Perú indígena; órgano del Instituto Indigenista Peruano, Lima

PESQUISAS, P Alegre --- Pesquisas; órgão do Instituto Anchietano de Pesquisas, Pôrto Alegre, Brazil

PLANALTO, S Paulo --- Planalto, São Paulo

PERIODICAL ABBREVIATIONS

PMLA --- PMLA; publications of the Modern Language Association, Menasha, Wisconsin; etc.

POLIFON, B A --- Polifonía; revista musical argentina, Buenos Aires

POLIT, Caracas --- Política, Caracas

PRENSA, S Juan --- Prensa; órgano de la Sociedad Puertorriqueña de Periodistas y Escritores, San Juan, Puerto Rico

PRESEN POESIA CUENCANA, Cuenca --- Presencia de la poesía cuencana, Cuenca, Ecuador

PREV SOC, Santiago --- Previsión social; Ministerio de Salubridad, Previsión y Asistencia Social, Santiago

PROBL AGR INDUS MEX, Méx --- Problemas agrícolas e industriales de México, México, D. F.

PRODUCCION, Caracas --- Producción; Cámara de Industriales de Caracas, Caracas

PROV S PEDRO, P Alegre --- Provincia de São Pedro, Pôrto Alegre

PROY PRIN EDUC (Unesco) Hav; Santiago --- Proyecto principal de educación Unesco-América Latina, La Habana; Santiago, Chile

PUBL (Mus Hist Nat "J. Prado") Lima --- Publicaciones del Museo de Historia Natural "Javier Prado," Universidad Mayor de San Marcos, Lima

QUART JOUR CUR ACQ, Wash --- Quarterly journal of current acquisitions; Library of Congress, Washington, D. C.

RECORD, Wash --- The Record; Interdepartmental Committee on Scientific and Cultural Cooperation, Washington, D. C.

RENOVACION, C Trujillo --- Renovación, Ciudad Trujillo

REPER AM, S José --- Repertorio americano, San José, Costa Rica

REPER BOYACENSE, Tunja --- Repertorio boyacense; órgano del Centro de Historia de Tunja, Tunja, Boyacá, Colombia

REPRODUC CAMPECH, Campeche --- Reproducción campechano; órgano del Departamento de Extension Cultural, Campeche, Mexico

RESEARCH STUD, Pullman --- Research studies, Washington State University, Pullman, Washington

*REV (Acad Bras Letr) Rio --- Revista da Academia Brasileira de Letras, Rio de Janeiro

REV (Acad Col Cien Exact Fís Nat) Bogotá --- Revista de la Academia Colombiana de Ciencias Exactas, Físicas y Naturales, Bogotá

REV (Acad Costarricense Hist) S José --- Revista de la Academia Costarricense de Historia, San José, Costa Rica

REV (Acad Geogr Hist) S José, see MEM (Acad Geogr Hist) S José

REV (Acad Letr) Rio --- Revista das Academias de Letras; orgão da Federação das Academias das Letras do Brasil, Rio de Janeiro

REV (Acad Letr Bahia) Salvador --- Revista da Academia de Letras da Bahia, Salvador, Brazil

REV (Acad Paulista Letr) S Paulo --- Revista da Academia Paulista de Letras, São Paulo

REV (Arch Bibl Nac) Tegucigalpa --- Revista del Archivo y Biblioteca Nacionales, Tegucigalpa
    Became: Revista de la Sociedad de Geografía e Historia de Honduras

REV (Arch Hist) Cuzco --- Revista del Archivo Histórico del Cuzco, Cuzco, Peru

REV (Arch Nac) Bogotá --- Revista del Archivo Nacional, Bogotá

REV (Arch Nac) Lima --- Revista del Archivo Nacional, Lima

REV (Arch Nac) S José --- Revista de los Archivos Nacionales, San José, Costa Rica

REV (Arquiv Munici) S Paulo --- Revista do Arquivo Municipal, São Paulo

REV (Banco Repub) Bogotá --- Revista del Banco de la República, Bogotá

REV (Bibl Nac) B A --- Revista de la Biblioteca Nacional, Buenos Aires

REV (Bibl Nac) Guat --- Revista de la Biblioteca Nacional, Guatemala

xlix PERIODICAL ABBREVIATIONS

*REV (Bibl Nac) Hav --- Revista de la Biblioteca Nacional, La Habana

REV (Bibl Nac) S Salvador --- Revista de la Biblioteca Nacional, San Salvador

REV (Caja Jubil Pension) Monte --- Revista de la Caja de Jubilaciones y Pensiones de la Industria y Comercio, Montevideo

REV (Cent Letr) Curitiba --- Revista do Centro de Letras, Curitiba, Brazil

REV (Col Abogad) Caracas --- Revista del Colegio de Abogados del Distrito Federal, Caracas

REV (Col Abogad) Hav --- Revista del Colegio de Abogados, La Habana

REV (Col Abogad) Rosario --- Revista del Colegio de Abogados, Rosario, Argentina

REV (Col Abogad) S José --- Revista del Colegio de Abogados "Francisco Echeverría García," San José. Costa Rica

REV (Col Boyacá) Tunja --- Revista del Colegio de Boyacá, Tunja, Colombia

REV (Col Ing) Caracas --- Revista del Colegio de Ingenieros de Venezuela, Caracas

REV (Col Mayor Nues Sra Rosario) Bogotá --- Revista de Colegio Mayor de Nuestra Señora del Rosario, Bogotá

REV (Col Nac V Rocafuerte) Guayaquil --- Revista del Colegio Nacional Vicente Rocafuerte, Guayaquil

REV (Escola Belas Art Pernam) Recife --- Revista da Escola de Belas Artes de Pernambuco, Recife, Brazil

REV (Escuela Contab Econ Adm) Monterrey --- Revista de la Escuela de Contabilidad, Economía y Administración del Instituto Tecnológico y de Estudios Superiores, Monterrey, Mexico

REV (Escuela Militar) Chorillos --- Revista de la Escuela Militar, Chorillos, Peru

REV (Fac Agron) La Plata --- Revista de la Facultad de Agronomía, Universidad Nacional de La Plata, La Plata, Argentina

REV (Fac Agron) Monte --- Revista de la Facultad de Agronomía, Universidad de la República, Montevideo

PERIODICAL ABBREVIATIONS   1

REV (Fac Arquit) Monte --- Revista de la Facultad de Arquitectura, Universidad de la República, Montevideo

REV (Fac Cien Econ) B A --- Revista de la Facultad de Ciencias Económicas, Universidad Nacional de Buenos Aires, Buenos Aires

REV (Fac Cien Econ) Cochabamba --- Revista de la Facultad de Ciencias Económicas, Universidad Mayor de San Simón, Cochabamba, Bolivia

REV (Fac Cien Econ) Córdoba --- Revista de la Facultad de Ciencias Económicas, Universidad de Córdoba, Córdoba, Argentina

REV (Fac Cien Econ) Lima --- Revista de la Facultad de Ciencias Económicas, Universidad Mayor de San Marcos, Lima
    Changed title to: Revista de la Facultad de Ciencias Económicas y Comerciales

REV (Fac Cien Econ Admin) Monte --- Revista de la Facultad de Ciencias Económicas y de Administración, Universidad de la República, Montevideo

REV (Fac Cien Econ Comer) Lima --- Revista de la Facultad de Ciencias Económicas y Comerciales, Universidad Mayor de San Marcos, Lima
    See also: REV (Fac Cien Econ) Lima

REV (Fac Cien Econ Comer Pol) Rosario --- Revista de la Facultad de Ciencias Económicas, Comerciales y Políticas, Universidad Nacional del Litoral, Rosario, Argentina

REV (Fac Cien Exact Fís Nat) Córdoba --- Revista de la Facultad de Ciencias Exactas, Físicas y Naturales, Córdoba, Argentina

REV (Fac Cien Jur Soc) Guat --- Revista de la Facultad de Ciencias Jurídicas y Sociales, Universidad de San Carlos, Guatemala

REV (Fac Der) Caracas --- Revista de la Facultad de Derecho, Universidad Central de Venezuela, Caracas

REV (Fac Der) Maracaibo --- Revista de la Facultad de Derecho, Universidad del Zulia, Maracaibo

REV (Fac Der) Méx --- Revista de la Facultad de Derecho, Universidad Nacional Autónoma de México, México, D. F.

REV (Fac Der Cien Soc) Monte --- Revista de la Facultad de Derecho y Ciencias Sociales, Universidad de la República, Montevideo

PERIODICAL ABBREVIATIONS

REV (Fac Direit) S Paulo --- Revista da Faculdade de Direito, Universidade de São Paulo, São Paulo

REV (Fac Educ, Univ Catól) Lima --- Revista de la Facultad de Educación, Universidad Católica del Perú, Lima

REV (Fac Human Cien) Monte --- Revista de la Facultad de Humanidades y Ciencias, Universidad de la República, Montevideo

REV (Fac Nac Agron) Medellín --- Revista de la Facultad Nacional de Agronomía, Medellín, Colombia

REV (Inst Am Arte) Cuzco --- Revista del Instituto Americano de Arte, Cuzco, Peru

REV (Inst Antrop) Córdoba --- Revista del Instituto de Antropología, Córdoba, Argentina

REV (Inst Antrop) Tucumán --- Revista del Instituto de Antropología, Universidad Nacional de Tucumán, Tucumán, Argentina

REV (Inst Bras-Estad Unidos) Rio --- Revista do Instituto Brasil-Estados Unidos, Rio de Janeiro

REV (Inst Ceará) Fortaleza --- Revista do Instituto do Ceará, Fortaleza, Brazil

REV (Inst Cult Puertorriq) S Juan --- Revista del Instituto de Cultura Puertorriqueña, San Juan, Puerto Rico

REV (Inst Defensa Café) S José --- Revista del Instituto de Defensa del Café de Costa Rica, San José, Costa Rica

REV (Inst Der Trab Invest Soc) Quito --- Revista del Instituto de Derecho del Trabajo y de Investigaciones Sociales, Quito

REV (Inst Estud Super) Monte --- Revista del Instituto de Estudios Superiores (I.E.S.), Montevideo

REV (Inst Etnol Nac) Bogotá --- Revista del Instituto Etnológico Nacional, Bogotá

REV (Inst Geogr Geol) S Paulo --- Revista do Instituto Geográfico e Geológico, São Paulo

REV (Inst Hist Der) B A --- Revista del Instituto de Historia del Derecho, Universidad Nacional de Buenos Aires, Buenos Aires

REV (Inst Hist Geogr) Aracajú --- Revista do Instituto Histórico e Geográfico de Sergipe, Aracajú, Brazil

PERIODICAL ABBREVIATIONS   lii

REV (Inst Hist Geogr) S Paulo --- Revista do Instituto Histórico e
    Geográfico de São Paulo, São Paulo

*REV (Inst Hist Geogr Bras) Rio --- Revista do Instituto Histórico
    e Geográfico Brasileiro, Rio de Janeiro

REV (Inst Invest Econ) Rosario --- Revista del Instituto de Investigaciones Económicas, Rosario, Argentina

REV (Inst Invest Hist, Univ T Frías) Potosí --- Revista del Instituto de Investigaciones Históricas, Universidad Tomás Frías, Potosí, Bolivia

REV (Inst Invest Tecnol) Bogotá --- Revista del Instituto de Investigaciones Tecnológicas, Bogotá

REV (Inst Nac "Gen Frco Menéndez") S Salvador --- Revista del Instituto Nacional "General Francisco Menéndez," San Salvador

REV (Inst Nac Tradición) B A --- Revista del Instituto Nacional de la Tradición, Buenos Aires

REV (Inst Pedag Nac) Caracas --- Revista del Instituto Pedagógico Nacional, Caracas

REV (Inst Sociol Boliv) Sucre --- Revista del Instituto de Sociología, Boliviana (ISBO), Sucre

REV (Inst Tec Admin Trab) Méx --- Revista del Instituto Ténico Administrativo del Trabajo (I.T.A.T.), México, D. F.

REV (Junt Estud Hist) Mendoza --- Revista de la Junta de Estudios Históricos, Mendoza, Argentina

REV (Junt Hist Letr) La Rioja --- Revista de la Junta de Historia y Letras, La Rioja, Argentina

REV (Min Jus) Caracas --- Revista del Ministerio de Justicia, Caracas

*REV (Mus) La Plata --- Revista del Museo de La Plata, La Plata, Argentina

REV (Mus Atlántico) Barranquilla --- Revista del Museo del Atlántico, Barranquilla, Colombia

REV (Mus Hist) Quito, see MUS HIST, Quito

REV (Mus Hist Nac) Santiago --- Revista del Museo Histórico Nacional de Chile, Santiago

PERIODICAL ABBREVIATIONS

REV (Mus Inst Arqueol) Cuzco --- Revista del Museo e Instituto
   Arqueológico, Cuzco, Peru

REV (Mus J Castilhos Arquiv Hist) P Alegre --- Revista do Museu
   Júlio de Castilhos e Arquivo Histórico do Rio Grande do Sul,
   Pôrto Alegre, Brazil

REV (Mus Nac) Lima --- Revista del Museo Nacional, Lima

REV (Mus Nac Antrop Arqueol) Lima --- Revista del Museo Nacional de Antropología y Arqueología, Lima

REV (Mus Paulista) S Paulo --- Revista do Museu Paulista, São
   Paulo

REV (Nucl Azuay, Casa Cult Ecuat) Cuenca --- Revista del Núcleo
   del Azuay de la Casa de la Cultura Ecuatoriana, Cuenca

REV (Núcl Guayas, Casa Cult Ecuat) Guayaquil --- Revista del
   Núcleo Guayas, Casa de la Cultura Ecuatoriana, Guayaquil

REV (Patrim Hist Artíst Nac) Rio --- Revista do patrimônio histórico e artístico nacional, Rio de Janeiro

REV (Serv Nac Salud) Santiago --- Revista del Servicio Nacional de
   Salud, Santiago

REV (Soc Amig Arqueol) Monte --- Revista de la Sociedad "Amigos
   de la Arqueología," Montevideo

REV (Soc Bolivar Venez) Caracas --- Revista de la Sociedad
   Bolivariana de Venezuela, Caracas

REV (Soc Cubana Ing) Hav --- Revista de la Sociedad Cubana de
   Ingenieros, La Habana

REV (Soc Geogr Hist) Tegucigalpa --- Revista de la Sociedad de
   Geografía e Historia de Honduras, Tegucigalpa
   Previous title: Revista del Archivo y Biblioteca Nacionales

REV (Soc Hait Hist Geogr Geol) Port-au-Prince --- Revue de la
   Société Haitienne d'Histoire, de Géographie et de Géologie,
   Port-au-Prince
   Previous title: Revue de la Société d'Histoire et de
   Geographie d'Haiti

REV (Soc Hist Geogr) Port-au-Prince --- Revue de la Société
   d'Histoire et Géographie d'Haiti, Port-au-Prince
   Succeeded by: Revue de la Société d'Histoire, de Géographie et de Géologie

REV (Soc Mex Hist Nat) Méx --- Revista de la Sociedad Mexicana
   de Historia Natural, México, D. F.

PERIODICAL ABBREVIATIONS   liv

REV (Unión Indus Arg) B A --- Revista de la Unión Industrial Argentina, Buenos Aires

REV (Univ) Arequipa --- Revista de la Universidad de Arequipa, Peru
   See also REV (Univ S Augustín) Arequipa

*REV (Univ) B A --- Revista de la Universidad de Buenos Aires, Buenos Aires

*Rev (Univ) Córdoba --- Revista de la Universidad Nacional de Córdoba, Córdoba, Argentina

REV (Univ) La Plata --- Revista de la Universidad, La Plata, Argentina

REV (Univ) Méx --- Revista de la Universidad de México, México, D. F.

REV (Univ) Puebla --- Revista de la Universidad de Puebla, Puebla, Mexico

REV (Univ) Puno --- Revista de la Universidad, Puno, Peru

REV (Univ) S José --- Revista de la Universidad de Costa Rica, San José, Costa Rica

REV (Univ Andes) Bogotá --- Revista de la Universidad de los Andes, Bogotá

REV (Univ Caldas) Manizales --- Revista de la Universidad de Caldas, Caldas, Colombia

REV (Univ Catól) Lima --- Revista de la Universidad Católica del Perú, Lima

REV (Univ Catól) S Paulo --- Revista da Universidade Católica de São Paulo, São Paulo

REV (Univ Cauca) Popayán --- Revista de la Universidad del Cauca, Popayán, Colombia

REV (Univ G René Moreno) Santa Cruz --- Revista de la Universidad Autónoma "Gabriel René Moreno," Santa Cruz de la Sierra, Bolivia

REV (Univ Guayaquil) Guayaquil --- Revista de la Universidad de Guayaquil, Guayaquil, Ecuador

REV (Univ Hond) Tegucigalpa --- Revista de la Universidad, Tegucigalpa

REV (Univ Indus Santander) Bucaramanga --- Revista de la Uni-

lv   PERIODICAL ABBREVIATIONS

versidad Industrial de Santander, Bucaramanga, Colombia

REV (Univ Minas Gerais) Belo Horizonte --- Revista da Universidade de Minas Gerais, Belo Horizonte, Brazil

REV (Univ S Augustín) Arequipa --- Revista de la Universidad Nacional de San Agustín, Arequipa, Peru
See also REV (Univ) Arequipa

REV (Univ Sonora) Hermosillo --- Revista; Universidad de Sonora, Hermosillo, Mexico

REV (Univ Yucatán) Mérida --- Revista de la Universidad de Yucatán, Mérida, Yucatan

REV (Univ Zulia) Maracaibo --- Revista de la Universidad del Zulia, Maracaibo, Venezuela

REV ADMIN, S Paulo --- Revista de administração; Universidade de São Paulo, São Paulo

REV ADMIN MUNICI, Rio --- Revista de administração municipal, Rio de Janeiro
Formerly: Notícias municipais.

REV ADMIN PUBL, B A --- Revista de administración pública; Instituto de la Superintendencia de Administración Pública, Buenos Aires

REV ADMIN PUBL, Madrid --- Revista de administración pública, Madrid

REV ADMIN PUBL, Méx --- Revista de administración pública, México, D. F.

REV AGR GANAD, Hav --- Revista de agricultura y ganadería; Departamento de Agricultura, La Habana

REV AGRICO, Port-au-Prince --- Revue agricole d'Haiti, Port-au-Prince

REV ANAL EDUC, Paris --- Revista analítica de educación, Paris

REV ANTROP, S Paulo --- Revista de antropologia; Associação Brasileira de Antropologia; Universidade de São Paulo, São Paulo

REV ARCH BIBL MUS, Madrid --- Revista de archivos, bibliotecas y museos, Madrid

REV ARG DER INTERN, B A --- Revista argentina de derecho internacional; Instituto Argentino de Derecho Internacional, Buenos Aires

PERIODICAL ABBREVIATIONS   lvi

REV ARQUEOL ETNOL, Hav --- Revista de arqueología y etnología; Junta Nacional de Arqueología, La Habana

REV BIBLIOGR CUBANA, Hav --- Revista bibliográfica cubana, La Habana

*REV BIMES CUBANA, Hav --- Revista bimestre cubana; Sociedad Económica de Amigos del País, La Habana

REV BIOL MAR, Valparaíso --- Revista de biología marina, Estación de Biología Marina, Universidad de Chile, Viña del Mar, Valparaíso, Chile

REV BOLIVAR, Bogotá --- Revista bolivariana; Sociedad Bolivariana de Colombia, Bogotá

REV BRAS, Rio --- Revista brasileira, Rio de Janeiro

REV BRAS, S Paulo --- Revista brasiliense, São Paulo

REV BRAS CIÊN SOC, Belo Horizonte --- Revista brasileira de ciências sociais, Faculdade de Ciências Econômicas, Universidade Federal do Minas Gerais, Belo Horizonte, Brazil

REV BRAS ECON, Rio --- Revista brasileira de economia; órgano do Instituto Brasileiro de Economia, Rio de Janeiro

REV BRAS ESTAT, Rio --- Revista brasileira de estatística; Conselho Nacional de Estatística e da Instituto Brasileiro de Geografia e Estatística, Rio de Janeiro

REV BRAS ESTUD PEDAG, Rio --- Revista brasileira de estudos pedagógicos; Instituto Nacional de Estudos Pedagógicos, Rio de Janeiro

REV BRAS ESTUD POL, Belo Horizonte --- Revista brasileira de estudos políticos, Belo Horizonte, Brazil

REV BRAS FILOS, S Paulo --- Revista brasileira de filosofia; Instituto Brasileiro de Filosofia, São Paulo

REV BRAS FOLK, Rio --- Revista brasileira de folclore, Rio de Janeiro

REV BRAS GEOGR, Rio --- Revista brasileira de geografia; Instituto Brasileiro de Geografia, Conselho Nacional de Geografia, Rio de Janeiro

REV BRAS MUNICI, Rio --- Revista brasileira dos municípios; Conselho Nacional de Estatística; órgano da Associação Brasileira dos Municípios, Rio de Janeiro

REV BRAS POL INTERN, Rio --- Revista brasileira de política internacional, Rio de Janeiro

REV CAFE COL, Bogotá --- Revista cafetera de Colombia; Federación Nacional de Cafeteros, Bogotá

REV CART, B A --- Revista cartográfica; Instituto Panamericano de Geografía e Historia, Buenos Aires

REV CHIL EDUC FISIC, Santiago --- Revista chilena de educación física; Instituto de Educación Física y Ténica, Universidad de Chile, Santiago

REV CHIL HIG MED PREV, Santiago --- Revista chilena de higiene y medicina preventiva; Servicio Nacional de Salubridad, Santiago

*REV CHIL HIST GEOGR, Santiago --- Revista chilena de historia y geografía; Sociedad Chilena de Historia y Geografía, Santiago

REV CHIL HIST NAT, Santiago --- Revista chilena de historia natural, Santiago

REV CIEN, Lima --- Revista de ciencias; Facultad de Ciencias, Universidad Mayor de San Marcos, Lima

REV CIEN ECON, B A --- Revista de ciencias económicas; Colegio de Graduados en Ciencias Económicas y Centro de Estudiantes de Ciencias Económicas, Buenos Aires

REV CIEN JUR, S José --- Revista de ciencias jurídicas; Escuela de Derecho, Universidad de Costa Rica, San José, Costa Rica

REV CIEN JUR-SOC, S José --- Revista de ciencias jurídico-sociales; Universidad de Costa Rica, S José

REV CIEN JUR SOC, Santa Fé---- Revista de ciencias jurídicas y sociales; Facultad de Ciencias Jurídicas y Sociales, Universidad Nacional del Litoral, Santa Fé, Argentina

REV CIEN PENAL, Santiago --- Revista de ciencias penales; Dirección General de Prisiones, Ministerio de Justicia, Santiago

REV CIEN SOC, Río Piedras --- Revista de ciencias sociales; Universidad de Puerto Rico, Río Piedras

REV COL ANTROP, Bogotá --- Revista colombiana de antropología; órgano del Instituto Colombiano de Antropología, Bogotá

REV COL FOLK, Bogotá --- Revista colombiana de folklore Instituto Colombiana de Antropología, Bogotá
Became Revista colombiana de folclor

PERIODICAL ABBREVIATIONS   lviii

REV COMUNIC, B A --- Revista de comunicaciones, Buenos Aires

REV CONSERV PENS CENTROAM, Managua --- Revista conservadora del pensamiento centroamericano, Managua

REV CORREOS TELEGR, B A --- Revista de correos y telégrafos; Dirección General de Correos y Telégrafos, Buenos Aires

REV CUBANA, Hav --- Revista cubana; Dirección de Cultura, Ministerio de Educación, La Habana

REV CUBANA DER, Hav --- Revista cubana de derecho, La Habana

REV CULT, Rio --- Revista de cultura, Rio de Janeiro

REV CULT BRAS, Madrid --- Revista de cultura brasileña, Madrid

REV DER, La Paz --- Revista de derecho; Facultad de Derecho, Universidad Mayor de San Andrés, La Paz, Bolivia

REV DER, Quito --- Revista de Derecho, Quito

REV DER CIEN POL, Lima --- Revista de derecho y ciencias políticas; Facultad de Derecho, Universidad Mayor de San Marcos, Lima

REV DER CIEN SOC, Quito --- Revista de derecho y ciencias sociales; Universidad Central del Ecuador, Quito

REV DER ESPAÑOL AM, Madrid --- Revista de derecho español y americano, Madrid

REV DER INTERN, Hav --- Revista de derecho internacional; órgano del Instituto Americano de Derecho Internacional, La Habana

REV DER INTERN CIEN DIPLOM, Rosario --- Revista de derecho internacional y ciencias diplomáticas; Instituto de Derecho Internacional, Universidad Nacional del Litoral, Rosario, Argentina

REV DER JURIS ADMIN, Monte --- Revista de derecho, jurisprudencia, y administración, Montevideo

REV DER LEGIS, Caracas --- Revista de derecho y legislación, Caracas

REV DER PENAL, B A --- Revista de derecho penal, Buenos Aires

REV DER SOC ECUAT, Quito --- Revista de derecho social ecuatoriano; Universidad Central del Ecuador, Quito

REV DIREIT PUBL CIÊN POL, Rio --- Revista de direito público e ciência política; Fundação Getuilo Vargas, Rio de Janeiro

PERIODICAL ABBREVIATIONS

REV DOM CULT, C Trujillo --- Revista dominicana de cultura, Ciudad Trujillo

REV ECLES BRAS, Petrópolis --- Revista eclesiástica brasileira, Petrópolis, Brazil

REV ECON, Córdoba --- Revista de economía; órgano oficial del Banco de la Provincia de Córdoba

REV ECON, Méx --- Revista de economía, México, D. F.

REV ECON, S Salvador --- Revista de economía de El Salvador; Instituto de Estudios Económicos, Ministerio de Economía, San Salvador

REV ECON CONT, Méx --- Revista de economía continental, México, D. F.

REV ECON ESTAD, Córdoba --- Revista de economía y estadística, Córdoba, Argentina

REV ECON LATINOAM, Caracas --- Revista de economía latinoamericana; Banco Central de Venezuela, Caracas

REV ECUAT EDUC, Quito --- Revista ecuatoriana de educación; Casa de la Cultura Ecuatoriana, Quito

REV EDUC, Asunción --- Revista de educación; Ministerio de Justicia, Culto e Instrucción Pública, Asunción

REV EDUC, C Trujillo; S Domingo --- Revista de educación; órgano de la Secretaría de Estado de Educación Pública y Bellas Artes, Ciudad Trujillo; Santo Domingo

REV EDUC, La Plata --- Revista de educación; Ministerio de Educación, La Plata, Argentina

REV EDUC, Santiago --- Revista de educación; Ministerio de Educación Pública, Santiago

REV EDUC PUBL, Rio --- Revista de educação pública; órgão da Secretaria Geral de Educação e Cultura, Rio de Janeiro

REV ENGEN, Rio --- Revista de engenharia do estado da Guanabara, Rio de Janeiro

REV ESTUD JUR POL SOC, Sucre --- Revista de estudios jurídicos, políticos y sociales, Sucre, Bolivia

REV ESTUD MUSIC, Mendoza --- Revista de estudios musicales, Mendoza, Argentina

PERIODICAL ABBREVIATIONS   lx

REV ESTUD POL, Madrid --- Revista de estudios políticos, Madrid

REV ESTUD TEATRO, B A --- Revista de estudios de teatro;
    Instituto Nacional de Estudios de Teatro, Buenos Aires

REV ESTUD YUCAT, Mérida --- Revista de estudios yucatecos,
    Mérida, Yucatan

REV ETUD CALAMITES, Geneva --- Revue pour l'étude des
    calamités, Geneva

REV FILOS, Méx --- Revista de filosofía de la Escuela Nacional
    Preparatoria, México, D. F.

REV FILOS, S José --- Revista de filosofía de la Universidad de
    Costa Rica, San José, Costa Rica

REV FINAN PUBL, Rio --- Revista de finanças públicas; Conselho
    Técnico de Economia e Finanças, Ministério da Fazenda,
    Rio de Janeiro

REV FOMEN, Caracas --- Revista de fomento; Ministerio de
    Fomento, Caracas

REV FORO, Lima --- Revista del foro; órgano del Colegio de
    Abogados, Lima

REV GENEAL LAT, S Paulo --- Revista genealógica latina; Federação dos Institutos Genealógicos Latinos, São Paulo

REV GEODESIA, La Plata --- Revista de geodesia; Dirección de
    Geodesia, Ministerio de Obras Públicas, Provincia de Buenos
    Aires, La Plata

REV GEOGR, Hav --- Revista geográfica; Sociedad Geográfica de
    Cuba, La Habana

REV GEOGR, Mérida --- Revista geográfica; Instituto de Geografía
    y Conservacion de Recursos Naturales, Universidad de los
    Andes, Mérida, Venezuela

REV GEOGR, Tacubaya; Rio --- Revista geográfica; Instituto Panamericano de Geografía e Historia, Tacubaya, Mexico; Rio
    de Janeiro

REV GEOGR AM, B A --- Revista geográfica americana, Buenos
    Aires

REV GEOGR CHILE, Santiago --- Revista geográfica de Chile Terra
    Australis; Comité Nacional de Geografía, Geodesia y Geofísica, y Instituto Geográfico Militar, Santiago

REV GUAT, Guat --- Revista de Guatemala, Guatemala

REV HABANA, Hav --- Revista de La Habana; Universidad de La Habana, La Habana

REV HAC, Caracas --- Revista de hacienda; Ministerio de Hacienda, Caracas

REV HAC, Lima --- Revista de hacienda; Ministerio de Hacienda Pública, Lima

REV HAC, Méx --- Revista de hacienda; Secretaría de Hacienda, México, D. F.

REV HISP MOD, N Y --- Revista hispánica moderna, New York

REV HIST, B A --- Revista de historia, Buenos Aires

REV HIST, Caracas --- Revista de historia; Centro de Estudios Históricos, Caracas

REV HIST, Lima --- Revista histórica; órgano del Instituto Histórico del Perú, Lima

REV HIST, Mendoza --- Revista de historia; Instituto de Historia, Universidad Nacional de Cuyo, Mendoza

REV HIST, Monte --- Revista histórica; publicación del Museo Histórico Nacional, Montevideo

REV HIST, Pasto --- Revista de historia; órgano del Centro de Historia; Academia Narinense de Historia, Pasto, Colombia

REV HIST, S Juan --- Revista de historia; Museo y Archivo Histórico de San Juan, San Juan, Argentina

REV HIST, S Paulo --- Revista de história, São Paulo

REV HIST AM, Méx --- Revista de historia de América; Instituto Panamericano de Geografía e Historia, México, D. F.

REV HIST AM ARG, Mendoza --- Revista de historia americana y argentina, Mendoza, Argentina

REV HIST IDEA, Quito --- Revista de historia de las ideas, Quito

REV HUMAN, Córdoba --- Revista de humanidades; Facultad de Filosofía y Humanidades, Universidad Nacional de Córdoba, Córdoba, Argentina

REV IBEROAM --- Revista iberoamericana; órgano del Instituto Internacional de Literatura Iberoamericana, Albuquerque, New Mexico; México, D. F., etc.

REV IBEROAM LIT, Monte --- Revista iberoamericana de literatura, Montevideo

PERIODICAL ABBREVIATIONS   lxii

REV IBEROAM SEGUR SOC, Madrid --- Revista iberamericana de seguridad social, Madrid

REV IMIGR COLONIZ, Rio --- Revista de imigração e colonização; Instituto de Imigração e Colonização, Rio de Janeiro

REV INDIAS, Bogotá --- Revista de las Indias, Bogotá

REV INDIAS, Madrid --- Revista de Indias, Madrid

REV INDUS AGRI, Tucumán --- Revista industrial y agrícola de Tucumán; Estación Experimental Agrícola de la Provincia de Tucumán, Tucumán, Argentina

REV INFORM LEGIS, Brasília --- Revista de informação legislativa; Senado Federal, Brasília

REV INFORM MUNICI, B A --- Revista de información municipal, Buenos Aires

REV INTERAM (Min Públ) S Paulo --- Revista interamericana do Ministério Público, São Paulo

REV INTERAM CIEN SOC, Wash --- Revista interamericana de ciencias sociales; Organización de los Estados Americanos, Washington, D. C.

REV INTERAM EDUC, Bogotá --- Revista interamericana de educación; Confederación Interamericana de Educación Católica, Bogotá

REV INTERN TRAB --- Revista internacional del trabajo, Madrid; Geneva, etc.

REV INVEST AGRIC, B A --- Revista de investigaciones agrícolas; Ministerio de Agricultura y Ganadería, Buenos Aires

REV IRB, Rio --- Revista do I.R.B.; Instituto de Resseguros do Brasil, Ministério da Indústria e Comércio, Rio de Janeiro

REV JAVER, Bogotá --- Revista javeriana; Pontífica Universidad Católica Javeriana, Bogotá

REV JUR, B A --- Revista jurídica de Buenos Aires; Facultad de Derecho y Ciencias Sociales, Universidad de Buenos Aires, Buenos Aires
    Formerly: Revista de la Facultad de Derecho y Ciencias Sociales

REV JUR, Cochabamba --- Revista jurídica; Facultad de Derecho, Universidad Mayor de San Simón, Cochabamba, Bolivia

lxiii PERIODICAL ABBREVIATIONS

REV JUR, Río Piedras --- Revista jurídica; Universidad de Puerto Rico, Río Piedras, Puerto Rico

REV JUR, Tucumán --- Revista jurídica; Facultad de Derecho y Ciencias Sociales, Universidad Nacional de Tucumán, Tucumán, Argentina

REV JUR ARG, B A --- Revista jurídica argentina, Buenos Aires

REV JUR DOM, C Trujillo --- Revista jurídica dominicana; Secretaría de Estado de Justicia y Trabajo, Ciudad Trujillo

REV LATINOAM SOCIOL, B A --- Revista latinoamericana de sociología; Centro de Investigaciones Sociales, Instituto Di Tella, Buenos Aires

REV LIT, Madrid --- Revista de literatura, Madrid

REV LIT ARG IBEROAM, Mendoza --- Revista de literatura argentina e iberoamericana, Mendoza, Argentina

REV LIVRO, Rio --- Revista do livro; Instituto Nacional do Livro, Rio de Janeiro

REV LYCEUM, Hav --- Revista Lyceum; órgano oficial del Lyceum and Lawn Tennis Club, La Habana

REV MAESTRO, Guat --- Revista del maestro; Ministerio de Educación Pública, Guatemala

REV MARINA, Callao --- Revista de marina; Escuela Naval del Perú, Callao, Peru

REV MARIT BRAS, Rio --- Revista marítima brasileira; Ministério da Marinha, Rio de Janeiro

*REV MEX ESTUD ANTROP, Méx --- Revista mexicana de estudios antropológicos; Sociedad Mexicana de Antropología, México, D. F.
    1927-1928: Revista mexicana de Estudios Históricos

REV MEX ESTUD HIST, Méx, see REV MEX ESTUD ANTROP, Méx

REV MEX GEOGR, Méx --- Revista mexicana de geografía; Instituto de Geografía, Universidad Nacional Autónoma de México, México, D. F.

REV MEX ING ARQUITEC, Méx --- Revista mexicana de ingeniería y arquitectura; órgano de la Asociación de Ingenieros y Arquitectos de México, México, D. F.

PERIODICAL ABBREVIATIONS   lxiv

REV MEX SOCIOL, Méx --- Revista mexicana de sociología; Instituto de Investigaciones Sociales, Universidad Nacional Autónoma, México, D. F.

REV MEX TRAB, Méx --- Revista mexicana del trabajo; Secretaría del Trabajo y Previsión Social, México, D. F.
   Formerly: Revista del trabajo

REV MINERA, B A --- Revista minera; Sociedad Argentina de Minería y Geología, Buenos Aires
   Became: Revista minera, geología y minerología

REV MINERA GEOL MINERAL, B A --- Revista minera, geología y mineralogía; Sociedad Argentina de Minería y Geología, Buenos Aires
   Previously: Revista minera

REV MUNICI, S José --- Revista municipal de Costa Rica, San José, Costa Rica

REV MUNICI ENGEN, Rio --- Revista municipal de engenharia; Secretaria Geral de Viação e Obras, Departamento de Estradas de Rodagem, D. F., Rio de Janeiro

REV MUSIC CHIL, Santiago --- Revista musical chilena; Instituto de Extensión Musical, Universidad de Chile, Santiago

REV NAC, Monte --- Revista nacional; Academia Nacional de Letras, Montevideo

REV NAC CULT, Caracas --- Revista nacional de cultura; Dirección de Cultura y Bellas Artes, Ministerio de Educación, Caracas

REV PARAGUAYA SOCIOL, Asunción --- Revista paraguaya de sociología; Centro Paraguayo de Estudios Sociológicos, Asunción

REV PEDAG, S Paulo --- Revista de pedagogia, São Paulo

REV PENAL PENITEN, B A --- Revista penal y penitenciaria; Dirección General de Institutos Penales, Ministerio de Justicia e Instrucción Pública, Buenos Aires

REV PERNAM DIR PENAL CRIMIN, Recife --- Revista pernambucana de direito penal e criminologia, Pernambuco, Brazil

REV PERUANA CULT, Lima --- Revista peruana de cultura; Casa de la Cultura del Perú, Lima

REV PETROL, Bogotá --- Revista del petroleo, Bogotá

REV QUIM INDUS, Rio --- Revista de química industrial, Rio de Janeiro

REV SALVADOR CIEN SOC, S Salvador --- Revista salvadoreña de ciencias sociales; órgano de la Asociación Salvadoreña de Sociología, Facultad de Humanidades, San Salvador

REV SAN MARTIN, B A, see SAN MARTIN, B A

REV SANID ASIST SOC, Caracas --- Revista de sanidad y asistencia social; Ministerio de Sanidad y Asistencia Social, Caracas
    Changed title: Revista venezolana de sanidad y asistencia social

REV SANID MIL ARG, B A --- Revista de sanidad militar argentina, Buenos Aires

REV SANIT MILIT, Asunción --- Revista sanitaria militar; Dirección General de Sanidad, Asunción

REV SERV PUBL, Rio --- Revista do serviço público; Departamento Administrativo do Serviço Público, Rio de Janeiro

REV SERV SOC, S Juan --- Revista de servicio social; Colegio de Trabajadores Sociales, San Juan, Puerto Rico

REV SHELL, Caracas --- Revista Shell, Caracas

REV TEATRO, Rio --- Revista de teatro; Sociedade Brasileira de Autores Teatrais, Rio de Janeiro

REV TRAB, Caracas --- Revista del trabajo; Ministerio de Trabajo, Caracas

REV TRAB, S Salvador --- Revista de trabajo; Ministerio de Trabajo y Previsión Social, San Salvador

*REV UNIV, Cuzco --- Revista universitaria; órgano de la Universidad Nacional del Cuzco, Cuzco, Peru

REV UNIV, Guadalajara --- Revista universitaria; Asociación de Post-Graduados y Ex-Alumnos, Universidad Autónoma de Guadalajara, Guadalajara, Mexico

REV UNIV, Trujillo --- Revista universitaria; Universidad Nacional de Trujillo, Trujillo, Peru

REV UNIV (Univ Catól) Santiago --- Revista universitaria; Universidad Católica de Chile, Santiago

REV URUG GEOGR, Monte --- Revista uruguaya de geografía; órgano de la Asociación de Geógrafos del Uruguay, Montevideo

PERIODICAL ABBREVIATIONS   lxvi

REV VENEZ SANID ASIST SOC, Caracas --- Revista venezolana de asistencia social; Ministerio de Sanidad y Asistencia Social, Caracas

REVISION HIST, Tucumán --- Revisión histórica; ógano del Instituto de Estudios Históricos y Sociales Argentinos "Alejandro Heredia," Tucumán, Argentina

RODOVIA, Rio --- Rodovia; Departamento Nacional de Estradas de Rodagem, Rio de Janeiro

RODRIGUÊSIA, Rio --- Rodriguêsia; revista do Jardim Botânico, Rio de Janeiro

ROND-POINT, Port-au-Prince --- Rond-point, Port-au-Prince

RUNA, B A --- Runa; archivo para las ciencias del hombre, Universidad de Buenos Aires, Buenos Aires

RURAL SOCIOL, Raleigh; Lexington --- Rural sociology, Raleigh, North Carolina; Lexington, Kentucky

SALUB ASIST, Méx --- Salubridad y asistencia; órgano de la Secretaría de Salubridad y Asistencia, México, D. F.

SALUB ASIST SOC, Hav --- Salubridad y asistencia social; Biblioteca, Instituto Finlay, La Habana

SAN MARTIN, B A --- San Martín; revista del Instituto Nacional Sanmartiano, Buenos Aires

SEGUR SOC, B A --- Seguridad social; Consejo Federal de Seguridad Social, Buenos Aires

SEGUR SOC, Méx --- Seguridad social; Asociación Internacional de la Seguridad Social; Conferencia Interamericana de Seguridad Social, México, D. F.

SEGUROS, Caracas --- Seguros; revista de la Cámara de Aseguradores de Venezuela, Caracas

SEGUROS, Monte --- Seguros; revista del Banco de Seguros del Estado, Montevideo

SENDEROS, Bogotá --- Senderos; órgano de la Biblioteca Nacional, Bogotá
    Became: Revista de las Indias

SER SLANTS, Chicago --- Serial slants; Serials Round Table, American Library Association, Chicago

lxvii PERIODICAL ABBREVIATIONS

SERV SOC, Lima --- Servicio social; Escuela de Servicio Social del Peru, Lima

SERV SOC, S Paulo --- Serviço social; revista de cultura social, São Paulo

*SERV SOC, Santiago --- Servicio social; Escuela de Servicio Social Dr. Alejandro del Río, Santiago

SINT POL ECON SOC, Rio --- Síntese política, econômica, social, Rio de Janeiro

SINTESIS, S Salvador --- Síntesis; revista cultural de El Salvador, San Salvador

SOC ECON STUD, Kingston --- Social and economic studies, Kingston, Jamaica

SOC SCIEN MEX, Méx --- Social sciences in Mexico, México, D. F.

SOCIOLOGIA, Caracas --- Sociología; Asociación Venezolana de Sociología, Caracas

SOCIOLOGIA, S Paulo --- Sociologia; Escola de Sociologia e Política, São Paulo

SOLIDAR RACIONAL, S José --- Solidarismo y racionalización, San José, Costa Rica

SOUTH FOLK QUART, Gainesville --- Southern folklore quarterly, Gainesville, Florida

SOUTHWEST JOUR ANTHROP, Albuquerque --- Southwest journal of anthropology, Albuquerque, New Mexico; Santa Fe, New Mexico

SPHINX, Lima --- Sphinx; Instituto Superior de Lingüística y Filología, Universidad Mayor de San Marcos, Lima

STROMATA, S Miguel --- Stromata; ciencia y fe, Facultad de Filosofía y Teología, Colegio Máximo, San Miguel, Argentina

STUD PHILOL, Chapel Hill --- Studies in philology; University of North Carolina, Chapel Hill, North Carolina

STUDIA, Barranquilla --- Studia; revista de la Universidad del Atlántico, Barranquilla, Colombia

STUDIUM, Bogotá --- Studium; Facultad de Filosofía, Universidad de Colombia, Bogotá

SUELO TICO, S Jose --- Suelo tico; Ministerio de Agricultura e Industrias, San José, Costa Rica

PERIODICAL ABBREVIATIONS   lxviii

SUR, B A --- Sur, Buenos Aires

SUR, Potosí --- Sur; boletín oficial de la Sociedad Geográfica y de Historia, Potosí, Bolivia

SUSTANCIA, Tucumán --- Sustancia; revista de cultura superior, Sociedad Sarmiento, Tucumán, Argentina

TECNICA, Salvador --- Técnica; órgão da Fundação para o Desenvolvimento da Ciência na Bahia, Salvador, Brazil

TEMAS BIBLIOTEC, Caracas --- Temas biblioteconómicos; órgano de los estudiantes de la Escuela de Biblioteconomía y Archivos, Universidad Central de Venezuela, Caracas

TEMAS ECON, Caracas --- Temas económicos, Caracas

TEMAS SOC, S José --- Temas sociales; Ministerio de Trabajo y Previsión Social, San José, Costa Rica

THESAURUS, Bogotá --- Thesaurus; boletín del Instituto Caro y Cuervo, Bogotá

TLALOCAN, Sacramento; Méx --- Tlalocán, Sacramento, Calif.; México, D. F.

TLATOANI, Méx --- Tlatoani, México, D. F.

TORRE, Río Piedras --- La Torre; revista general de la Universidad de Puerto Rico, Río Piedras

TRAB COMUNIC, La Plata --- Trabajos y comunicaciones; Universidad Nacional de La Plata, La Plata, Argentina

TRAB PREV SOC, Méx --- Trabajo y previsión social; Secretaría del Trabajo y Previsión Social, México, D. F.

TRAB SEGUR SOC, Rio --- Trabalho e seguro social, Rio de Janeiro

TRADICION, Cuzco --- Tradición; revista peruana de cultura, Cuzco, Peru

TRAVAUX (Inst Etud Lat-Am, Univ) Strasbourg --- Travaux de l'Institut d' Etudes Latino-Americaines de l'Universite de Strasbourg, Strasbourg, France

TRAVAUX (Inst Fran Etud Andines) Paris --- Travaux de l'Institut Français d'Etudes Andines, Paris

TRIM ECON, Méx --- El Trimestre económico; Fondo de Cultura Económico, México, D. F.

lxix PERIODICAL ABBREVIATIONS

TRIM ESTADIS, Quito --- El Trimestre estadístico del Ecuador; Dirección General de Estadística y Censos, Ministerio de Economía, Quito

TROP WOODS, N Haven --- Tropical woods, New Haven, Conn.

TROPICO, S Paulo --- Trópico; revista de cultura e turismo, Prefeitura do Município de São Paulo, São Paulo

TURISMO, Lima --- Turismo; Touring y Automóvil Club del Perú, Lima

TURRIALBA --- Turrialba; revista interamericana de ciencias agrícolas, Instituto Interamericana de Ciencias Agrícolas, Turrialba, Costa Rica

TURRIALBA SUPL --- Suplemento bibliográfico de Turrialba; Instituto Interamericano de Ciencias Agrícolas, Turrialba, Costa Rica

TZUNPANE, S Salvador --- Tzunpane; órgano del Museo Nacional "David J. Guzmán," San Salvador

UMBRAL, Guanajuato --- Umbral; órgano de la Dirección General de Estudios Superiores en el Estado de Guanajuato, Guanajuato, Mexico

UNIV, Méx --- Universidad; mensual de cultura popular, Universidad Nacional Autónoma, México, D. F.

UNIV, Monterrey --- Universidad; órgano de la Universidad de Nuevo León, Monterrey, Mexico

UNIV, Panama --- Universidad; órgano de la Universidad de Panamá, Panama

UNIV, Potosí --- Universidad; Universidad Autónoma "Tomás Frías," Potosí, Bolivia

UNIV, S Salvador --- La Universidad; Universidad de El Salvador, San Salvador

UNIV, Santa Fe --- Universidad; Universidad Nacional del Litoral, Santa Fe, Argentina

UNIV, Tarija --- Universidad; Universidad "Juan Misael Saracho," Tarija, Bolivia

UNIV ANTIOQ, Medellín --- Universidad de Antioquia; Universidad de Antioquia, Medellín, Colombia

UNIV CATOL BOLIVAR, Medellín, see UNIV PONTIF BOLIVAR, Medellín

UNIV EMERIT, Mérida --- Universitas emeritensis; Universidad de los Andes, Mérida, Venezuela

UNIV HABANA, Hav --- Universidad de La Habana; Universidad de La Habana, La Habana

UNIV HOND, Tegucigalpa --- Universidad de Honduras; Universidad Nacional Autónoma, Tegucigalpa

UNIV LIBRE, Bogotá --- Universidad libre; revista de la Universidad Libre, Bogotá

UNIV MEX, Méx --- Universidad de México; revista mensual, Universidad Nacional Autónoma, México, D. F.

UNIV MICHOAC, Morelia --- Universidad michoacana; Universidad Michoacana de San Nicolás de Hidalgo, Morelia, Mexico

UNIV NAC COL, Bogotá --- Universidad Nacional de Colombia; órgano trimestral de la Institución, Bogotá

UNIV PONTIF BOLIVAR, Medellín --- Universidad Pontificia Bolivariana; Universidad Pontificia Bolivariana, Medellín Formerly: Universidad Católica Bolivariana.

UNIV S CARLOS, Guat --- Universidad de San Carlos; Universidad de San Carlos, Guatemala

UNIV S FRAN XAVIER, Sucre --- Universidad de San Francisco Xavier; Universidad de San Francisco Xavier, Sucre

UNIV VERACRUZ, Xalapa --- Universidad veracruzana; Universidad Veracruzana, Xalapa, Mexico

UNIVERS, B A; Méx --- Universidades; Unión de Universidades de América Latina, Buenos Aires; México, D. F.

UNIVERSITAS, Bogotá --- Universitas; ciencias jurídico-sociales y letras, Universidad Católica Javeriana, Bogotá

22 DE JUN, S Salvador --- 22 de junio, San Salvador

VENEZ MISION, Caracas --- Venezuela misionera; Padres Capuchinos, Caracas

VENEZ UP-TO-DATE, Wash --- Venezuela up-to-date, Washington, D. C.

VERBUM, Rio --- Verbum; Universidade Católica, Rio de Janeiro

VERITAS, B A --- Veritas; publicación mensual argentina económico-financiera más importante y completa, Buenos Aires

VERITAS, P Alegre --- Veritas; Universidade Católica, Pôrto Alegre, Brazil

VERSION, Mendoza --- Versión (de ideas y libros), Mendoza, Argentina

VIAJES, Bogotá --- Viajes, Bogotá

VIDA, Méx --- Vida; revista de orientación, México, D. F.

VIDA AGRIC, Lima --- La Vida agrícola; revista peruana de agricultura y ganadería, Lima

VIEJO RARO, Caracas --- Viejo y raro; revista para bibliografía y coleccionistas, Librería Viejo y Raro, Caracas

VIVIENDA PLANIF, Wash --- Vivienda y planificación; Organización de los Estados Americanos, Washington, D. C.

VOZES, Petrópolis --- Vozes; revista católica de cultura, Petrópolis, Brazil

WAMAN PUMA, Cuzco --- Waman Puma; revista mensual de cultura y folklore, Cuzco

WEST IND REV, Kingston --- West Indian review, Kingston, Jamaica

WORLD AFF, Wash --- World affairs, Washington, D. C.

YAN, Méx --- Yan; ciencias antropológicas, Centro de Investigaciones Antropológicas de México, México, D. F.

ZONA FRAN, Caracas --- Zona Franca, Caracas

THE BIBLIOGRAPHY: VOLUME I

GENERAL WORKS

GENERAL

1   AABYE, Lorenzo.   Publicaciones danesas sobre América Latina: 1949-1951.   INTER-AM REV BIBLIOGR, Wash., D.C., 3(1):11-4, Jan./Apr. 1953.   Bibliogr.: p. 13-4.

2   AITON, Arthur Scott.   Biblioteca popular de cultura colombiana. HISP AM HIST REV, Durham, 28(1):160-62, Feb. 1948. Titles of the series in italics.

3   ALCINA FRANCH, José.   El americanismo en España, 1951-1953.   BOL BIBLIOGR ANTROP AM, Méx, 15/16 (pte. 2a.): 346-64, 1952/1953.   Bibliogr.: p. 350-64.

4   ALDERSON, Donald J.   Spain, Portugal, and Latin American republics; an introductory bibliography.   HISPANIA, 40(3): 395-402, Sept. 1957.

5   AMERICA en la bibliografía española (reseñas informativas). ANUAR ESTUD AM, Sevilla, 11:565-85, 1954- .   Section arranged by subject.

6   THE AMERICAS, Washington, D.C.   Publications for sale. AMS, Wash., D.C., 5(3):8p. ff. p. 377, Jan. 1949.   Reprints of articles, 107 items; of documents, 19 items.

7   BALLESTEROS-GAIBROIS, Manuel.   La moderna ciencia americanista española (1938-1950).   REV INDIAS, Madrid, 9(37/ 38):579-95, jul./dic. 1949.   Includes listing of investigations published by the Instituto "Fernández de Oviedo"; Escuela de Estudios Hispanoamericanos, Sevilla; and the Instituto "Santo Toribio Mogrovejo."

8   BIBLIOGRAFIA.   BOL (Acad Arg Letr) B A, 2(7/8:307-13, jul./dic. 1934-7(25/26):en./jun. 1939.   Abbreviations used in citations in 3(9): unnumbered leaf (in later issues at end of listing).   References are to books and articles, numbered continuously through 4,027.

9 BIBLIOGRAFIA. NUEVA REV FILOL HISP, Méx, 1(1):96-110, jul./sept. 1947- . Section published in each issue. By 1962, a total of 49,998 items had been listed. Beginning 1963, numbering of items from 1 in each volume. Most entries refer to Spain. Many concern Latin America.

10 BIBLIOGRAFIA. REV CHIL HIST GEOGR, Santiago, 1(1):135-60, lo. trim. 1911- . Section of the Revista. Contains an annotated listing of treatises on history, geography and related subjects.

11 BIBLIOGRAFIA hispanoamericana. REV HISP MOD, N Y, 1(1):51-65, oct. 1934- . Section appearing in each issue covering all subjects. At the end of 1964 the bibliography had reached 73,306 items.

12 BIBLIOGRAFIA sobre España (a partir de 1950); ensayos y libros histórico-políticos. CIEN POL SOC, Méx, 8(30):689-91, oct./dic. 1962.

13 BIBLIOGRAFIA Sul-Americana (Argentina-Brasil). PLANALTO, S Paulo, 1(9):23, sept. 15, 1941. Listing of publications issued in Argentina and Brazil, among them a number of translations.

14 BROWN, Paul A., and others. American bibliography for 1955. PMLA, N Y, 71(2):101-245, Apr. 1956. Literature in Spanish America: p. 218-22; Brazil: p. 222.

15 CAMARA Argentina del Libro, Buenos Aires. Biblioteca Social. Bibliografía. BIBLIOS, BA, 1(1):27-37, jun. 1941- . A section continued in most issues. Last issue examined: (111):28-39, 1963.

16 CESPEDES, Guillermo. La producción bibliográfica americanista en España. ESTUD AM, Sevilla, 1(1):156-93, sept. 1948- 1(3):539-72, mayo 1949.

17 CONOVER, Helen Field. The bibliography of newly developed areas. LIBR TRENDS, Urbana, 8(2):322-41, Oct. 1959. References: p. 338-41; Latin America: p. 341.

18 CURRENT research inventory. LAT AM RES REV, Austin, 1(1):123-72, Fall 1965- . Published in each issue. Compiler: Mary M. Pulver.

19 HABERLAND, Wolfgang. Hamburgo y las investigaciones americanistas. ECO, Bogotá, 5(30):634-47, oct. 1962. Research listed in footnotes.

20 HARTMAN, Hans W. Recent German literature on Hispanic America. HISP AM HIST REV, Durham, 14(1):101-07, Feb. 1934; 16(3):410-13, Aug. 1936. Title varies.

21 HEDBERG, Nils. Books of 1952. INTER-AM REV BIBLIOGR, Wash., D C, 3(3):366-67, Sept./Dec. 1953. Publications issued in Sweden.

22 _____. Sweden's Latin American publications: 1950. Ib., 1(3/4):182-86, Jul./Dec. 1951.

23 HUBER, Conrad. Bibliografía suiza sobre América Latina (1947-1951). Ib., 3(3):264-69, Sept./Dec. 1953. Bibliogr.: p. 267-69.

24 THE "INDISPENSABLE" Spanish-American books; a symposium. BKS ABRD, Norman, 16(1):23-8, Winter 1942. Based on list submitted by Madeline W. Nichols.

25 INFORMACION bibliográfica. BOL BIBLIOGR (Sec Hac Créd Públ) Méx, (167, supl. A-B), nov. 20, 1959.

25a INFORMACION bibliográfica del extranjero. BOL BIBLIOGR (Sec Hac Créd Públ) Méx, (157):8, jun. 15, 1959; (159):8, jul. 15, 1959; (161):6, ag 15, 1959; (162):6 sept. 1, 1959.

26 INFORMACIONES bibliográficas americanas (1954)- . ANUAR ESTUD AM, Sevilla, 11:591-700, 1954- . Section contains summaries of recent publications published in various countries. This issue covers the French West Indies, Argentina, Bolivia, Colombia, Mexico, Peru, Sweden and Venezuela, each summary by a national contributor.

27 JONES, Phyllis Mander. Publications on Latin America, 1925-1950: a preliminary bibliography. INTER-AM REV BIBLIOGR, Wash, D C, 1(2):132-33, Apr./Jun. 1951. Publications issued in Australia and New Zealand.

28 LEONARD, Irving Albert, and HAMILL, Hugh M. A select list of paperbacks on Latin America. HISPANIA, 47(114-17, Mar. 1964.

29 LIBROS alemanes en 1952 y 1953. INTER-AM REV BIBLIOGR, Wash, D C, 3(2):223-24, May/Aug. 1953.

30 MARTIN, Percy Alvin. Notes on recent publications and other items. HISP AM HIST REV, Durham, 14(3):364-77, Aug. 1934.

31 _____. Recent publications in Hispanic America and Europe. Ib., 15(1):114-25, Feb. 1935.

32 _____. Some recent publications in Hispanic America. Ib., 14(2):254-61, May 1934. Section with varying titles appearing in succeeding issues.

33 OBSERVANCE of Pan American Day on April 14. HISPANIA,

18(1):124-26, Feb. 1935. Materials available at the Pan American Union: p. 124-26.

34   PAN American bookshelf. PAN AM, N Y, 9(10):25-6, Mar. 1949. Recent articles on Argentina and Uruguay.

35   PAN American Union. Exhibit material available at the Pan American Union. BULL (Pan Am Un) Wash, D C, 81: 507-10, Sept. 1947. tables.

36   PATTEE, Richard. Some recent publications in Hispanic America. HISP AM HIST REV, Durham, 16(3):414-18, Aug. 1936.

37   PHELAN, John Leddy. Hispanic American studies in France since the War. Ib., 33(2):300-06, May 1953.

38   PRO, Diego F. Problemas de la cultura en la América Latina. HUMANITAS, Tucumán, 2(4):221-37, 1954. Bibliogr. notes: p. 237.

39   RATHBERT, Gisela, Alemania. ANUAR ESTUD AM, Sevilla, 14:451-71, 1957. Latin Americana published in Germany: p. 464-69.

40   RECENT books. INTER-AM REV BIBLIOGR, Wash, D.C, 8(1): 75-91, Jan./Mar. 1958- . Numbering of items began with this issue. At the end of 1965, numbering had reached 11,355. Title of section, 1951-1956, Libros y folletos; 1957, Recent books and pamphlets.

41   REID, John T. Spanish American books. MOD LANG JOUR, 31(5):289-93, May 1947; 32(4):269-78, Apr. 1948; 33(4): 274-86, Apr. 1949; 34(5):360-67, May 1950; 35(8):609-15, Dec. 1951. Annual reporting of publications. Period covered: 1946-1950.

42   RIVERA, Rodolfo Osvaldo. Books about Latin America for college libraries; a list of 300 books in English. BULL (Assoc Am Coll), 27(2):327-46, May 1941.

43   RIVET, Paul. Bibliographie americaniste. JOUR (Soc Am) Paris, n.s. (2):677-739, 1919- . Section began with coverage 1914-1919, and continued in each issue, listing current publications in fields of Americanist studies, mainly anthropology, history and geography. Compilers vary.

44   SHELBY, Charmion Clair. The Handbook of Latin American studies: its first fifteen years. INTER-AM REV BIBLIOGR, Wash, D C, 1(2):89-94, Apr./Jun. 1951. Special articles listed: p. 92-4.

45 [No entry.]

46 VASQUEZ VARELA, Mario C. Bibliografía americanista.
BOL (Bibl Nac) Lima, 5(11):93-158, dic. 1948-8(14):375-424,
dic. 1951. Contains 3,685 items.

47 VOLLMER, Günther. Alemania, Austria, Suiza. ANUAR
ESTUD AM, Sevilla, (22):977-1016, 1965. Recent publications relative to Latin America.

48 WILGUS, Alva Curtis. Bibliography of works in English on
Hispanic American civilization. PAN AM MAG, Wash,
D C, 44(3):208-10, Mar. 1931.

49 ———. Books on Latin America. Ib., 7(1):22, Apr. 1946.

50 ———. Doors to Latin America. WORLD AFF, Wash, D C,
96(1):47-50, Mar. 1933- . Bibliographical section appearing in each issue through 1953. Title varies.

51 ———. Pan American books. PAN AM, N Y, 6(9):14-5,
Feb. 1946.

52 ZULETA ALVAREZ, Enrique. Contribución a una bibliografía
sobre cultura hispanoamericana. VERSION, Mendoza, (1):
97-124, otoño 1958.

ARGENTINA

53 ALVAREZ, Héctor. Bibliografía argentina. TORRE, Río
Piedras, 3(9):217-20, en./mar. 1955.

54 APUNTES para una bibliografía riojana. REV (Junt Estud
Letr) La Rioja, 6(1/4):83-102, 1947. This issue contains
entries Dávila through Gómez.

55 GUATEMALA. Biblioteca Nacional. Lista de obras obsequiadas
por el gobierno argentino, la Universidad de Córdoba, la
Institución Mitre, la Comisión de la Biblioteca Popular y
algunos centros culturales más ... BOL (Bibl Nac) Guat,
9(3):119-23 oct. 1940.

56 KEIPER, Wilhelm. Argentinien in der deutschen literatur.
IBERO-AM ARCHIV, Berlin, 14(4):256-99, Jan. 1941.
Bibliogr.: p. 297-99.

57 LIBROS argentinos. BOL (Acad Nac Hist) Caracas, 10(38):
173-77, abr./jun. 1927; (39):251-52, jul./sept. 1927.
Donation of books by the Comisión Protectora de Bibliotecas Populares, Buenos Aires, to the Academia Nacional
de la Historia, Caracas.

58 LA SECCION argentina en la Biblioteca Nacional de México. LIBRO PUEBLO, Méx, 5(7/12):18-25, jul./dic. 1926.

59 TORRE, Guillermo de. Bibliografía argentina. TORRE, Río Piedras, 6(21):219-29, en./feb. 1958- . Continued in nearly every issue.

BRAZIL

60 Bibliografia estrangeira sôbre o Brasil (1508-1649). BOL GEOGR, Rio, 1(1):133-36, abr. 1943-2(15):366-68, jun. 1944. Series of articles cover publications: 1508-1910.

61 BOOKS about Brazil. BRAZIL, N Y, 31(1):13, 15, 1st quart. 1957. Includes imprints: 1810-1956. Also translations into English of books on Brazil and Brazilian novels.

62 BRÉSIL; quelques ouvrages. BIBLIO, Paris, 28(6):10-1, juin/ juil. 1960.

63 EÇA, Raul d'. Some recent Brazilian and Portuguese publications. HISP AM HIST REV, Durham, 18(3):426-32, Aug. 1938.

64 FERRAZ, Terezine Arantes. Bibliografia especializada no Brasil. BOL INFORM (Inst Bras Bibliogr Doc) Rio, 4(3/6):129-39, maio/dez. 1958. Bibliogr.: p. 137-39.

65 FIALHO, Adalardo. Bibliografia de "Problemas do Brasil." DEFESA NAC, Rio, 37(430):71-80, maio 1950-39(447): 129-30, out. 1951.

66 PEDROSA, Carlos. Bibliografia estrangeira sôbre o Brasil (1937-1941). CULT POL, Rio, 1(7):330-48, set. 1941-2 (19):232-36, set. 1942. Compilation begins with fourth installment. Pt. VI, began in issue, 2(12):268-77, fev. 1942. Previous issues not examined.

67 RAEDERS, Georges. Ouvrages français sur le Brésil au début du XIXe. siècle. REV (Univ Catól) S Paulo, 10(18/19): 226-40, jun./set. 1956. Authors and titles cited in text. References in notes.

68 SILVA, Fernando Altenfelder, and MEGGERS, Betty J. Desenvolvimento cultural no Brasil. REV ANTROP, S Paulo, 12(1/2):11-21, jun./dez. 1964. Bibliogr.: p. 20-1.

69 SOME books on Brazil. BRAZIL, N Y, 20(5):18, May 1946; 20(11):19, Nov. 1946.

70 VALLE, Rafael Heliodoro. Bibliografía del Brasil en Mesoamérica. BOL (Bibl Nac) Méx, 2a. ép., 3(3):17-21, jul./ sept. 1952.

71 WILGUS, Alva Curtis. Brazilian reading. PAN AM, N Y, 9(9):44-5, Feb. 1949.

CARIBBEAN AREA

72 CARIBBEAN bookshelf. CARIB QUART, Kingston, 1(4):45-7, [Jan. /Mar. 1950].

73 CURRENT [Caribbean] bibliography. CARIB STUD, Río Piedras, 1(1):36-53, Apr. 1961- . Section of journal.

74 DEBIEN, Gabriel. Antillas de lengua francesa. ANUAR ESTUD AM, Sevilla, 11:593-98, 1954. Listing of publications.

75 EASTON, David K. A bibliography of the Federation of the British West Indies. CUR CARIB BIBLIOGR, Port of Spain, 5:1-14, 1955.

76 KRAAL, Joanna Felhoen. Antillas nederlandesas y Suriname. ANUAR ESTUD AM, Sevilla, 12:675-734, 1955. Bibliogr. notes: p. 717-34.

77 _____. Netherlands Antilles and Surinam; developments 1946-1956 as reflected in publications of those countries. CUR CARIB BIBLIOGR, Port of Spain, 6:1-49, 1956.

78 _____. _____. REV GEOGR, Rio, 24(50):129-60, 1o. sem. 1959.

79 SMITH, M. G. West Indian culture. CARIB QUART, Port of Spain, 7(3):112-19, Dec. 1961. References: p. 119.

80 TRELLES Y GOVIN, Carlos Manuel. Bibliografía antillana. HISP AM HIST REV, Durham, 4(2):324-30, May 1921. English translation of text: p. 328-30.

CENTRAL AMERICA

81 TERMER, Franz. La investigación americanista en la América Central. COMUNIC, S Salvador, 3(2/3):59-76, abr./sept. 1954. Bibliogr.: p. 72-6.

82 VALLE, Rafael Heliodoro. Central American bibliographical output for 1922. HISP AM HIST REV, Durham, 8(1): 125-30, Feb. 1928.

CHILE

83 FUENZALIDA PEREYRA, Jorge. "Atenea" en su trayectoria de cuarenta años. ATENA, Concepción, 154(404):31-68, abr. / jun. 1964. List of authors and titles of books awarded the "Premio Atenea," 1929-1962: p. 64-6.

GENERAL WORKS 8

84 WILGUS, Alva Curtis. Bibliography of references in English on Chile since independence. PAN AM MAG, Wash, D C, 44(2):126-27, Feb. 1931.

COLOMBIA

85 GIRALDO JARAMILLO, Gabriel. Colombia [bibliografía] ANUAR ESTUD AM, Sevilla, 11:629-45, 1954.

86 TORRES LEON, Fernán. La cultura en Colombia, 1963-1964. BOL CULT BIBLIOGR, Bogotá, 7(7):1239-1338, 1964. Bibliogr.: p. 1318, 1320, 1328.

87 WILGUS, Alva Curtis. Books on Colombia and Venezuela. PAN AM, N Y, 9(8):50-1, Jan. 1949.

CUBA

88 GONZALEZ, Manuel Pedro. En torno a una bibliografía cubana. REV BIMES CUBANA, Hav, 33(3):410-18, mayo/jun. 1934.

89 REID, John T. El conocimiento de Cuba a través de los libros. INFORM CULT, Hav, 1(1):18-23, en./feb. 1947. Trans. by Asela Gutiérrez. Bibliogr.: p. 20-3.

90 _____. Knowing Cuba through books. HISPANIA, 29(4):494-99, Nov. 1946. Bibliogr.: p. 496-99.

ECUADOR

91 ROJAS, Wilson José. Presencia del equinoccio, la fecundidad mental de un pueblo. CULT UNIV, Caracas, (14/15):66-82, jul./oct. 1949. Works published in Ecuador summarized: p. 70-9.

GUATEMALA

92 ERICKSON, Martin E. Some little-known Guatemalan publications. HISPANIA, 28(4):499-504, Nov. 1945. Titles, with emphasis on periodical publications, cited in italics throughout text.

93 PAYNE, Walter A. A brief bibliography on contemporary Guatemala. DOORS LAT AM, Gainesville, 1(3):8, Jul. 1954.

HONDURAS

94 PATTEE, Richard. Recent publications in Honduras. HISP AM HIST REV, Durham, 17(3):354-55, Aug. 1937.

95 SANZ Y DIAZ, José. Bibliografía que me interesa para que Honduras esté debidamente representada en los libros y

ensayos que preparo. REV (Arch Bibl Nac) Tegucigalpa, 27(11/12):564-65, mayo/jun. 1948.

MEXICO

96 ALGUNOS trabajos recientes sobre México, publicados en Norteamérica. TRIM ECON, Méx, 8(4):779-800, en./mar. 1942.

97 ARAI, Alberto T. Bibliografía del Japón en México. BOL (Bibl Nac) Méx, 2a. ép., 8(1):24-35, en./mar. 1957.

98 UNA BIBLIOGRAFIA mexicana en inglés. LIBRO PUEBLO, Méx, 11(5):192-95, mayo 1933. Taken from "Selected list of recent books in English on Latin America" published by the Pan American Union, Mar. 1933.

99 BOOKS of Mexico. BULL (Pan Am Un) Wash, D C, 80:415-16, Jul. 1946.

100 DOSSICK, Jesse J. Bibliografía norteamericana de artículos de revista y notas sobre México. BOL BIBLIOGR MEX, Méx, 2(23/24):13, nov. 30/dic. 31, 1941. Reprinted from Mexican review, N Y, 2(1): Winter 1941.

101 _____. Bibliography of Mexicana written in English during the year 1939. MEX REV, N Y, 1(1):7-34, Jun. 1940; (2):3-40, Mar. 1941.

102 _____, and RICHTER, Amy. Bibliografía de artículos de revistas y monografías sobre México (1941). BOL BIBLIOGR MEX, Méx, 5(50):15, feb. 29, 1944.

103 ESPINA, Antonio. Bibliografía mexicana. TORRE, Río Piedras, 2(6):213-14, abr./jun. 1954- . Continued in nearly every issue through 5(17):en./mar. 1957.

104 MEXICAN show window. NEA JOUR, N Y, 35(4):168-71, Apr. 1946. illus., map. Suggested reading: p. 171.

105 PADDOCK, John. El México de Oscar Lewis. BOL BIBLIOGR ANTROP AM, Méx, 21/22(pte. 1a.):181-205, 1958/1959. Bibliogr.: p. 203-05.

106 _____. Some recent publications about Oaxaca. BOL ESTUD OAXAQUEÑOS, Oaxaca, (12):1-12, jul. 15, 1959. Annotated.

107 POMPA Y POMPA, Antonio. México [bibliografía]. ANUAR ESTUD AM, Sevilla, 11:647-57, 1954.

108 VALLE, Rafael Heliodoro. Bibliografía de la historia de la cultura en México. BOL (Bibl Nac) Méx, 2a. ép., 6(3): 16-31, jul./sept. 1955.

GENERAL WORKS 10

109 _____. Bibliografía del Japón en México. Ib., 2a. ép. 7(1):26-37, en. /mar. 1956.

110 _____. Mexican books and pamphlets of 1922. HISP AM HIST REV, Durham, 6(4):276-87, Nov. 1926.

111 _____. México en la prensa de habla inglesa. LIBRO PUEBLO, Méx, 13(2):55-68, oct. 1935; (3):134-39, nov. 1935. To have been continued.

112 WHITAKER, Arthur Preston. Mexico today; a general picture of the objectives and the achievements of our southern neighbor. AN (Am Acad Pol Soc Sc) Phila, 208:1-186, Mar. 1940. Brief lists: p. 181-86.

NICARAGUA

113 APUNTES para la formación de una biblioteca nicaragüense. REV CONSERV PENS CENTROAM, Managua, 13(63): 179-94, dic. 1965. Catalog of materials for the formation of a library on Nicaragua, p. 281-94.

PERU

114 CONGRESO Internacional de Peruanistas, la., Lima. Trabajos presentados. LETR, Lima, (49):23-9,[1], 1o. sem. 1953. Additions: Inserted leaf after p. 29.

115 SCHWAB, Federico. Los almanaques peruanos y guías de forasteros ¿1680?-1874. BOL BIBLIOGR (Bibl, Univ S Marcos) Lima, 18(1/2):78-125, jun. 1948.

116 ZELA KOORT, Juan Guillermo. Cincuentisiete años de bibliografía alemana referente al Perú. Ib., 18(3/4):194-208, dic. 1948. Period covered: 1882-1939.

PUERTO RICO

117 GATELL, Frank Otto. From problem children to Wunderkinder: Some new books on Puerto Rico. HISP AM HIST REV, Durham, 41(1):114-19, Feb. 1961.

118 KIDDER, Frederick Elwyn. Puerto Rico al día: a brief bibliography. DOORS LAT AM, Gainesville, 3(4):12, Oct. 1956.

SOUTH AMERICA

119 CONNOR, Dorcas Worsley. An annotated bibliography of books on Spanish South America and the West Indies. HISPANIA, 20(4): 313-26, Dec. 1937.

VENEZUELA

120 GUATEMALA. Biblioteca Nacional. Lista de las obras de
     bibliografía venezolana, que la Legación de Venezuela
     donó a la Biblioteca Nacional. BOL (Bibl Nac) Guat,
     8(2):59, jul. 1939.

121 REID, John T. Knowing Venezuela through books. HISPANIA,
     36(3):289-90. Aug. 1953. Eleven references with comment.

122 VENEZUELA. Embajada. U.S. Books on Venezuela offer
     wide variety of reading. VENEZ UP-TO-DATE, Wash,
     D C, 2(4):19, Mar. 1951.

AGRICULTURE

(General; Animal Husbandry; Cacao; Coffee; Corn;
Cotton; Economic Aspects; Extension; Fiber Plants;
Forestry; Horticulture; Irrigation; Potatoes; Quinua; Rice; Rubber; Soils; Soybeans; Sugar-cane;
Tobacco; Wheat; Other Products; [countries and
regions alphabetically])

GENERAL

123 BLAUT, James M. The ecology of tropical farming systems.
     REV GEOGR, Rio, 28(54):47-67, jan./jun. 1961. Bibliogr.: p. 65-7.

124 CHAVES VARGAS, Luis Fernando. Manual de geografía
     agraria; para uso de los técnicos de conservación de
     suelos y aguas. REV GEOGR, Rio, 31(57):81-109, jul./
     dez. 1962. illus. Bibliogr.: p. 108.

125 COMAS, Juan. Las culturas agrícolas de América y sus
     relaciones con el Viejo Mundo. CUAD AM, Méx, 114(1):
     169-79, en./feb. 1961. Bibliogr.: p. 177-78.

126 CUADERNOS verdes. BIBLIOGR DOC, Caracas, 2(3):i-xxxii,
     mar. 1952. Listing of two series: Nacional and Internacional, pertaining to agriculture, edited by the Tercera
     Conferencia Interamericana de Agricultura, Caracas, 1945.

127 DUMOND, D. E. Swidden agriculture and the rise of the
     Maya civilization. SOUTHWEST JOUR ANTHROP, Albuquerque, 17(4): 301-16, Winter 1961. Bibliogr.: p.
     313-16.

ANIMAL HUSBANDRY

128   ALBA, Jorge de, and DAVIS, George K.   Minerales en la nutrición animal en la América Latina.   TURRIALBA, 6(4):16-33, oct. /dic. 1956.   Bibliogr.:   p. 30-3.

129   AMORIM, Luiz de Mélo, and COÊLHO, Antônio de Andrade. Contribuição a integração da pecuária na agro-indústria canavieira.   BOL (Inst J. Nabuco Pesq Soc) Recife, (11):133-55, 1962.   Bibliogr.:   p. 153-55.

130   ANDRADE, Manoel Correia de.   Evolução e características da pecuária nordestina.   Ib., 8:39-63, 1959.   Bibliogr.: p. 60-3.

131   BENEZRA REVENGA, Manuel V.   El cebú.   Discusión de sus características y aptitudes como factor básico de nuestra futura ganadería de carne y su importancia en la ganadería lechera de Venezuela.   AGRO, Caracas, 6(17):39-69, mar. /abr. 1951; (18):47-84, mayo/jun. 1951; (19): 93-120, jul. /dic. 1951.   Thesis--Universidad Central de Venezuela.   Bibliogr.:   6(19):116-20.

132   CAMPOS, Maria de Glória de Carvalho.   Notas para um estudo da distribuição do rebanho bovino no Brasil meridional. REV BRAS GEOGR, Rio, 17(3):331-42, jul. /set. 1955. Bibliogr.:   p. 341-42.

133   CARVALHO, Ana Dias da Silva.   Feira de Santana o comércio do gado.   BOL PAULISTA GEOGR, S Paulo, (28):14-36, mar. 1958.   Bibliogr.:   p. 35-6.

134   CORDOVA BELLO, Eleazar.   Aspectos históricos de la ganadería en el Oriente venezolano y Guayana.   REV HIST, Caracas, 3(12):33-84, jul. 1962.   Bibliogr.:   p. 81-4.

135   GARCIA LLOSA, Hernán, and ALBA, Jorge de.   Valor comparativo de las hojas de banana, puntas de caña de azúcar y pasto elefante para producción de leche.   TURRIALBA, 1(2):78-85, oct. 1950.   Bibliogr.:   p. 84-5.

136   GOULART, José Alípio.   A formação da zona pecuaria nordestina.   REV (Inst Hist Geogr Bras) Rio, 259:16-26, abr. / jun. 1963.   Bibliogr.:   p. 26.

137   GUERRA, Antônio Teixeira.   Notas sobre a pecuária nos campos do Rio Branco.   BOL GEOGR, Rio, 112(123):422-34, nov. /dez. 1954.   Bibliogr.:   p. 433-34.

138   LANE, Frederico.   Notas sôbre o uso do barbilho.   REV (Mus Paulista) S Paulo, n. s., 2:287-93, 1948.   plates.   Bibliogr.:   p. 292.

139 MESQUITA, Myriam Gomes Coelho. Distribuição do gado
bovino no sudeste de Planalto Central. REV BRAS
GEOGR, Rio, 14(1):113-19, jan./mar. 1952. map.
Bibliogr.: p. 18-9.

140 SANTIAGO, Alberto Alves. O zebu, sua história e evolução
no Brasil. BOL AGR, S Paulo, 54:111-79, 1953. Bibliogr.: p. 178-79.

141 SOUSA, Agnaldo José de. Colonização e introdução de
animais domésticos no Ceará. REV IMIGR COLONIZ,
Rio, 6(4):433-44, dez. 1945. Bibliogr.: p. 443-44.

142 URBINA S., Oscar. Importancia de los minerales en la
nutrición del ganado de carne. SUELO TICO, S José,
9(36):183-88, abr./jun. 1956. Bibliogr.: p. 187-88.

143 VEYRET, Paul. A pecuária na zona tropical. BOL GEOGR,
Rio, 14(130):5-28, jan./fev. 1956. Bibliogr.: p. 27-28.

144 VILA, Pablo. La iniciación de la ganadería llanera. FAROL,
Caracas, 22(194):2-8, mayo/jun. 1961. illus. Bibliogr.
notes: p. 8.

CACAO

145 DIAS, Manuel Nunes. As frotas do cacau da Amazônia
(1756-1777). Subsídios para o estudo do fomento ultramarino português no século XVIII. REV HIST, S Paulo,
24(50):363-77, abr./jun. 1962. Bibliogr.: p. 377.

146 GUERRA, Inês Amélia Leal Teixeira. O cacau na Bahia.
REV BRAS GEOGR, Rio, 14(1):81-100, jan./mar. 1952.
Bibliogr.: p. 97-8.

147 MORA URPI, Jorge. Notas sobre el posible origen y la
variabilidad del cacao cultivado en la América tropical.
TURRIALBA, 8(1):34-43, en./mar. 1958. illus., map.
Bibliogr.: p. 41-3.

COFFEE

148 ARAUJO, José Ribeiro de. O café, riqueza paulista. BOL
PAULISTA GEOGR, S Paulo, (23):78-135, jul. 1956.
Bibliogr.: p. 128-35.

149 CARRASCO PUENTE, Rafael. El café en México; fichas
hemero-bibliografías. BOL BIBLIOGR (Sec Hac Créd
Públ) Méx, (190-208, supl.):i-xxvii, nov. 20-dic. 8, 1960.

150 GUTIERREZ Z., Alberto. Propagación por semillas y establecimiento de un cafetal. SUELO TICO, S José, 11(44):
3-24, oct./dic. 1959. Bibliogr.: p. 24.

151 LÜTZELBURG, Ph. von. Die wege des kaffees in die welt.
     IBEROAM ARCH, Berlin, 13(2):106-34, Jul. 1939.
     Bibliogr.: p. 131-34.

152 MENDES, J. E. Teixeira. A cafeicultura na América. BOL
     (Superin Serv Café) S Paulo, 22(249):768-72, nov. 1947;
     (250):842-46, dez. 1947. Literature: 22(249):772; (250):
     846.

153 MONTEALEGRE, Mariano R. Bibliografía del café de Costa
     Rica. REV (Inst Defensa Café) S José, 14(109/110):57-9,
     nov./dic. 1943-14(114):318-20, mayo 1944.

154 PEREZ DE LA RIVA, Francisco. Artículos publicados en
     revistas y publicaciones periódicas cubanas y extranjeras
     que tratan sobre el café en Cuba. REV (Bibl Nac) Hav,
     2a. ser., 9(1):239-58, oct./dic. 1958.

155 _____. Bibliografía cafetaera cubana. Ib., 3(4):99-321,
     oct./dic. 1952. Listed: 1,142 items.

156 SIMONSEN, Roberto. Aspectos da história econômica do café.
     REV (Arquiv Munici) S Paulo, 65:149-226, mar. 1940.
     Bibliogr.: p. 221-23.

157 TRICART, Jean. O café na costa do Marfim. BOL PAULISTA
     GEOGR, S Paulo, (26):50-79, jul. 1957. Bibliogr.: p. 79.

158 UPHOF, Johannes Cornelis Theodorus. Una referencia a todas
     las especies de coffea conocidas, su distribución geográ-
     fica y su literatura original. CAFE SALVADOR, S Sal-
     vador, 11(129):604-13, sept. 1941.

159 WELLMAN, Frederick L. Dissemination of Omphalia leaf
     spot of coffee. TURRIALBA, 1(1):12-27, jul. 1950.
     Bibliogr.: p. 27.

CORN (Maize)

160 ANDERSON, Edgar. Races of Zea Mays II: a general survey
     of the problem. ACTA AM, Los Angeles, 1(1):58-68, en./
     mar. 1943. Bibliogr.: p. 66-68.

161 MANGELSDORF, P. C., and REEVES, R. G. The origin of
     maize: present status of the problem. AM ANTHROP,
     n. s. 47(2):235-43, Apr./Jun. 1945. Bibliogr.: p. 243.

161a MEADE, Joaquín. Iziz-Centli. El maíz (datos complemen-
     tarios). MEM (Acad Mex Hist corres Real Madrid) Méx,
     14(1):49-77, en./mar. 1955. Bibliogr. p. 76-7.

161b MESA BERNAL, Daniel. Historia natural del maíz. REV

(Acad Col Cien Exáct Fís Nat) Bogotá, 10(39):13-106, oct. 1957. Bibliogr.: p. 104-06.

162 PATIÑO, Víctor Manuel. El maíz chococito. REV INTERAM CIEN SOC, Wash, D C, 2a. ép., 1(3):359-88, 1962. Bibliogr.: p. 386-88.

163 _____. El maíz matambre de la planicie de Popayán. REV COL ANTROP, Bogotá, 10:121-47, 1961. illus. Bibliogr.: p. 145-47.

164 PETTEI, Beatriz Célia Corrêa de Mello. Produção de milho e suínos no Brasil meridional. REV BRAS GEOGR, Rio, 16(3):329-66, jul./set. 1954. Bibliogr.: p. 362-64.

165 PLATONE PIU, Ernesto. El maíz y su importancia económica y social para el pueblo venezolano. TEMAS ECON, Caracas, 3(25):1-27, en. 1953; (26):1-22, feb. 1953. tables. Bibliogr.: (26):20-2.

166 RIOS, Pompeyo. Desarrollo del maíz en nuestra economía. REV SHELL, Caracas, 11(45):56-63, 1962. illus. Bibliogr.: p. 63.

167 STONE, Doris Zemurray. Data of maize in Talamanca, Costa Rica: an hypothesis. JOUR (Soc Am) Paris, n.s., 45:189-94, 1956. Bibliogr.: p. 194.

168 WELLHAUSEN, E. J. El mejoramiento del maíz en México-- avances actuales y proyección hacia el futuro. REV (Soc Mex Hist Nat) Méx, 21(2):435-62, dic. 1960. Bibliogr.: p. 461-62.

169 WHITING, Alfred F. The origin of corn: an evaluation of fact and theory. AM ANTHROP, n.s., 46(4):500-15, Oct./Dec. 1944. Bibliogr.: p. 513-15.

COTTON

170 BAZAN DE SEGURA, Consuelo. Problemas fitopatológicos del algodón en Latinoamérica. TURRIALBA, 12(4):173-94, oct./dic. 1962. Bibliogr.: p. 191-94.

171 BOZA BARDUCCI, Teodoro. La producción de algodón en el Perú. AGRONOMIA, Lima, 18(74):9-23, jun./ag. 1953. References: p. 22-3.

172 MESQUITA, Myriam Gomes Coelho. Interpretação do mapa da produção de algodão no sudeste do Planalto Central. BOL GEOGR, Rio, 10(106):84-8, jan./fev. 1952. Bibliogr.: p. 87-8.

173 ROSA JIBAJA, Jorge. El Algodón en el Perú. (Curso de geografía económica general y del Perú). REV (Fac Cien Econ Comer) Lima, (34):144-70, dic. 1945. Bibliogr.: p. 169-70.

ECONOMIC ASPECTS

174 CAJUEIRO, Ivan Turguaneff. As mudanças technológicas nas emprêsas rurais. SOCIOLOGIA, S Paulo, 24(4):291-315, dez. 1962. Bibliogr.: p. 314-15.

175 JOHNSTON, Bruce F., and MELLOR, John W. El papel de la agricultura en el desarrollo económico. TRIM ECON, Méx, 29(114):279-307, abr./jun. 1962. Bibliogr.: p. 305-07.

EXTENSION

176 MYREN, Delbert T. Training for extension work in Latin America. AM LAT, Rio, 7(2):75-86, abr./jun. 1964. Bibliogr.: p. 83-5.

177 OLIVEIRA, João Bertoldo de. Aspectos físicos da área abrangida pela seção de extensão agrícola de São João da Boa Vista. BOL PAULISTA GEOGR, S Paulo, (40):15-62, jun. 1964. illus., maps. Bibliogr.: p. 61-2.

FIBER PLANTS

178 ACOSTA SOLIS, Misael. Las fibras y lanas vegetales en el Ecuador. BOL INFORM CIENTIF NAC, Quito, 5(48):27-101, jun./jul. 1952. Bibliogr.: p. 99-101.

179 LUNA ERCILLA, César Augusto. Las cabuyas; importancia económica de estas textiles y otras fibras duras de América. BOL PRODUC FOM AGRI, B A, 2(10):2-12, abr. 1950. illus. Bibliogr.: p. 11-2.

180 MEDINA, J. C. A experimentação do sisal. BRAGANTIA, Campinas, 8(1/12):91-108, jan./dez. 1948. Literature: p. 107-08.

181 PRIEGO DE ARJONA, Mireya. Indice de las obras que tratan sobre el henequén, existentes en la Biblioteca "Crescencio Carrillo y Ancona." BOL BIBLIOGR YUCAT, Mérida, (18):1-24, jul./sept. 1943.

182 REYES CAJA, Carlos. El abaca. REV (Inst Defensa Café) S José, 16(134):161-74, en. 1946; (135):235-53, feb. 1946. Bibliogr.: 16(135):253.

FORESTRY

183 ACOSTA SOLIS, Misael. Los bambúes y pseudobambúes

económicos del Ecuador. CIEN NATUR, Quito, 3(1):7-24, mayo 1960. Bibliogr.: p. 24.

184 ALVAREZ DE ARAYA, G., and MATTE H., Ventura. Contribución al estudio de la palma chilena. BOL (Univ Chile) Santiago, (53/54):40-3, nov./dic. 1964. Bibliogr.: p. 43.

185 BASCOPE VARGAS, Federico. Clave de identificación macroscópica de algunas maderas dicotiledoneas de Latinoamérica. BOL (Inst Forest Latinoam Invest Capacit) Mérida, (9):1 leaf, 16-101, mar. 1962. plates. Bibliogr.: p. 100-01.

186 BERNARDI, A. Luciano. El género Astronium Jacquin. BOL (Soc Venez Cien Nat) Caracas, 20(94):348-59, jul. 1959. Bibliogr.: p. 358-59.

187 BIBLIOGRAFIA sobre el eucalipto. BOL BIBLIOGR (Dept Bibl, Min Agr) B A, 21(2):52-69, mar./abr. 1954.

188 BUDOWSKI, Gerardo. Tropical savannas, a sequence of forest felling and repeated burnings. BOL (Mus Cien Nat) Caracas, 6/7 (1/4):63-87, dic. 1960. Bibliogr.: p. 84-7.

189 DAMPF T., Alfonso. La importancia de la entomología y de la fitopatología forestales para la protección de nuestros bosques. BOL (Dir Gen Forest Caza) Méx, unnumb.: 35-45, en./dic. 1949. Bibliogr. of Mexican publications on pests and diseases of trees and wood: p. 42-5.

190 DICKINSON, Fred E., HESS, Robert William, and others. Properties and uses of tropical woods. TROP WOODS, N Haven, (95):1-134, Jun. 1, 1949; (97):1-132, Nov. 1, 1950; (98):1-190, Jun. 1, 1952; (99):1-187, Apr. 1, 1954; (103):1-139, Dec. 15, 1955. illus., plates. Bibliogr.: (95):134-40; (97):124-32; (98):188-89; (99):176-82; (103): 117-22.

191 DUGAND, Armando. Las palmeras y la tierra. CALDASIA, Bogotá, 9(43):187-217, jul. 3, 1965. To be continued. Bibliogr.: p. 215-17.

192 FAHNESTOCK, George R., and GARRAT, George A. Nicaraguan pine (Pinus Caribaea Mor.). TROP WOODS, N Haven (55):1-16, Sept. 1, 1938. Bibliogr.: p. 15-6.

193 FANSHAWE, D. B. Studies of the trees of British Guiana. Ib., (90):30-40, Jun. 1, 1947; (92):25-40, Dec. 1, 1947; (93):1-28, Mar. 1, 1948. Bibliogr.: (90):40; (92):39-40; (93):28.

194 FOLDATS, Ernesto. El bosque y la conservación del agua en

el trópico. BOL (Soc Venez Cien Nat) Caracas, 21(97): 307-22, oct. 1960. illus. Bibliogr.: p. 320-22.

195 GODOY, M. P. de. Antique forest and primitive and civilized men at Pirassununga county, S. Paulo State, Brazil. AN (Acad Bras Ciên) Rio, 35(1):83-101, mar. 1963. Bibliogr.: p. 100-01.

196 GUERRA, Antônio Teixeira. Notas sôbre o palmito em Iguape e Cananéia. REV BRAS GEOGR, Rio, 19(3):345-55, jul. / set. 1957. Bibliogr.: p. 355.

197 HAGGETT, Peter. Regional and local components in the distribution of forested areas in South East Brazil: a multivariate approach. GEOGR JOUR, London, 130(pt.3):365-80, Sept. 1964. Illus. Bibliogr.: p. 376-78.

198 HUECK, Kurt. Los bosques de polylepis sericea en los Andes venezolanos. BOL (Inst Forest Latinoam Invest Capacit) Mérida, (6):1-33, jun. 1960. Bibliogr.: p. 33.

199 _____. Bosques secos de la zona tropical y subtropical de la América del Sur. Ib., (4):1-49, oct. 1959. illus. Bibliogr.: p. 43-9.

200 HUNT, Ian S. La protección de la madera contra el ataque de insectos y hongos en Venezuela. Ib., (14):43-81, abr. 1964. Bibliogr. p. 70-1.

201 LAMB, F. Bruce. The coastal swamp forests of Nariño, Colombia. CARIB FOREST, Río Piedras, 20(3/4):79-89, Jul./Dec. 1959. illus., map. Bibliogr.: p. 89.

202 _____. Primavera, important furniture wood of Central America. Ib., 12(2):75-91, Apr. 1951. illus., tables. Bibliogr.: p. 91.

203 _____. Prospects for forest land management. TROP WOODS, N Haven, (110):16-28, Apr. 1959. Bibliogr.: p. 27-8.

204 _____. A selected annotated bibliography on mahogany. CARIB FOREST, Río Piedras, 20(1/2):17-37, Jan./Jun. 1959.

205 LAMPRECHT, Hans, and FINOL, Herman. Programa de estudios sobre coníferas exóticas de los Andes venezolanos, primeros resultados de los experimentos. BOL (Inst Forest Latinoam Invest Capacit) Mérida, (4): 1 leaf, 50-79, oct. 1959. Bibliogr.: p. 78-9.

206 LITTLE, Elbert L. Clave con fichas perforados de las familias de los árboles tropicales americanos. Ib., (11): 39-58, en. 1963. illus. Bibliogr.: p. 55.

207 MARTINI, José A., AH CHU, Ricardo, and others. Forest soils of Darien Province, Panama. TROP WOODS, N Haven, (112):28-39, Apr. 1960. illus., map. Literature: p. 39.

208 MATTE H., Ventura, and CORTS, Hernán. El peumo, importante especie forestal de la zona central. BOL (Univ Chile) Santiago, (30):59-61, jun. 1962. Bibliogr.: p. 61.

209 MILANEZ, F. R. Anatomia das principais madeiras brasileiras das Rutaceae. RODRIGUÊSIA, Rio, 7(16):5-22, set. / dez. 1943. plates. References: p. 22.

210 MOLINA R., Antonio. Coníferas de Honduras. CEIBA, Tegucigalpa, 10(1):5-21, mar. 1964. illus. Bibliogr.: p. 21.

211 MOULDS, Frank R. Eucalypts and their use in semi-tropical plantings. TROP WOODS, N Haven, (91):1-16, Sept. 1, 1947. Bibliogr.: p. 14-5. References to Latin American sources included.

212 PARODI, Lorenzo R. Las regiones fitogeográficas argentinas y sus relaciones con la industria forestal. REV URUG GEOGR, Monte, 2(5):89-100, mayo/ag. 1951. Bibliogr.: p. 98-100.

213 PATIÑO, Víctor Manuel. Historia colonial y nombres indígenas de la palma pijibay (Guiliema Gasipaes (HBK) Bailey). REV COL ANTROP, Bogotá, 9:23-72, 1960. illus. Bibliogr.: p. 65-72.

214 RAGONESE, Arturo Enrique, and RIAL ALBERTI, Florentino. Mejoramiento de sauces en la República Argentina. REV INVEST AGR, B A, 12(2):225-46, 1958. plates. Bibliogr.: p. 242-46.

215 RIZZINI, Carlos Toledo. Sôbre a distinção e a distribuição da duas espécies de babaçu (Orbignya). REV BRAS GEOGR, Rio, 25(3):313-26, jul./set. 1963. illus. Bibliogr.: p. 324.

216 RODRIGUEZ MARCANO, Avelino. Discusión de algunas experiencias relativas a ensayos de crecimiento con las espécies cedro (Cefrela Mexicana Roem) y caoba (Swietenia Macrophylla King) BOL (Inst Forest Latinoam Invest Capacit) Mérida, (13):38-50, dic. 1963. Bibliogr.: p. 50.

217 ROUMAIN, Pierre. La mort de nos cocotiers et le probleme de la quarantaine. REV AGRICO, Port-au-Prince, 1(2): 75-82, déc 1945. References: p. 82.

218 SCHLEGEL, Friederich. Hallazgo de un bosque de cipreses cordilleranos en la provincia de Aconcagua. BOL (Univ

Chile) Santiago, (32):43-6, ag. 1962. illus. Bibliogr.: p. 46.

219 TILLMANNS, H. J. Apuntes bibliográficos sobre Hypsipyla grandella Zeller; bibliographical notes on Hypsipla grandella Zeller. BOL (Inst Forest Latinoam Invest Capacit) Mérida, (14):82-92, abr. 1964. Bibliogr.: p. 90-2.

220 VEILLON, Juan Pedro. Bases económicas y ecológicas para la introducción de coníferas tropicales centroamericanas. Ib., (5):1 leaf, 49-94, en. 1960. Bibliogr.: p. 93-4.

221 VIDELA PILASI, Enrique Oswaldo. Los niveles biológicos de las masas forestales naturales de Chile y Argentina y los principios fitosociológicos para una silvicultura intensa. CIEN INVEST, B A, 19(11):409-15, nov. 1963.

HORTICULTURE

222 GALVÃO, Eduardo. Elementos básicos da horticultura de subsistência indígena. REV (Mus Paulista) S Paulo, n. s., (14):120-44, 1963. illus. Bibliogr.: p. 138-44.

IRRIGATION

223 TOVAR ANDRADE, Arcesio. Problemas agronómicos de los distritos de riego y su posible solución. ECON GRANCOL, Bogotá, 6(17):211-25, 1962; (18):346-59, 1962. Bibliogr.: 6(17):225; (18):359.

224 VALLE HUAITA, Carlos. La irrigación en la provincia de Parinacochas. REV (Fac Cien Econ) Lima, (30):96-121, ag. 1944. Bibliogr.: p. 120-21.

225 WOLF, Eric R., and PALERM, Angel. Irrigation in the old Acolhua Domain, Mexico. SOUTHWEST JOUR ANTHROP, Albuquerque, 11(3):265-81, Autumn 1955. Bibliogr.: p. 279-81.

POTATOES

226 CARVALHO, Eloísa de. A produção de batata inglêsa no sul do país. REV BRAS GEOGR, Rio, 14(3):355-62, jul./set. 1952. Bibliogr.: p. 361-62.

227 CASTRONOVO, Alfonso. Papas chilotas; descripciones y clave para el reconocimiento de muestras de papa recogidas en una excursión al sur de Chile. REV INVEST AGR, B A, 3(3):209-45, jul. 1949. plates. Bibliogr.: p. 243-45.

228 VARGAS C., César. Las papas sudperuanas. REV UNIV, Cuzco, 44(108):175-40, lo. sem. 1955. Bibliogr.: p. 240.

229 _____. El solanum tuberosum a través del desenvolvimiento de las actividades humanas. REV (Mus Nac) Lima, 5(1):193-248, lo. sem. 1936. Bibliogr.: p. 243-44.

230 _____. _____. REV UNIV, Cuzco, 25(70):139-223, lo. sem. 1936. Bibliogr.: p. 220-23.

QUINUA

231 BARAONA, Rafael. La quinoa en Chile. INFORM GEOGR, Santiago, 3(3/4):58-67, dic. 1953. Bibliogr.: p. 67.

232 CARDOZA, Armando, and BATEMAN, J. V. La quinua en la alimentación animal. TURRIALBA, 11(2):72-7, abr./jun. 1961. Bibliogr.: p. 77.

233 SOCARRAS, José Francisco. La quinoa, un grano olvidado. COLOMBIA, Bogotá, 91-5, ag./sept. 1944. Bibliogr.: p. 95.

234 ZAFERSON MACEDO, Socrates. La quinua, el alimento de los Incas. REV (Fac Cien Econ) Lima, (28):70-114, dic. 1943. Bibliogr.: p. 114.

RICE

235 BERNARDES, Lysia Maria Cavalcanti. Cultura e produção do arroz no sul do Brasil. REV BRAS GEOGR, Rio, 16(4): 403-38, out./dez. 1954. Bibliogr.: p. 435.

236 CRUZ, Péricles Santos. Arroz, alimento básico do Brasil. BOL GEOGR, Rio, 24(186):440-44, maio/jun. 1965. illus. Bibliogr.: p. 444.

237 SIMÕES, Ruth Matos Almeida. Distribuição da produção do arroz no sudoeste do Planalto Central. REV BRAS GEOGR, Rio, 12(2):269-84, abr./jun. 1950. illus., map. Bibliogr.: p. 282-83.

RUBBER

238 BEKKEDAHL, Norman. Rubber research in tropical Brazil. INDIA RUB WORLD, N Y, 112(4):451-54, Jul. 1945. illus. Bibliogr.: p. 454.

239 ORIA, Jorge L. Guayule y caucho de guayule. REV UNIV, Guadalajara, 1(4):50-5, abr./jun. 1944. References: p. 55.

240 VELOSO, Marília Gosling. A explotação da borracha na região dos formadores dos rios Arinos e Teles Pires (norte de Mato Grosso). REV BRAS GEOGR, Rio, 14(4): 377-408, out./dez. 1952. Bibliogr.: p. 403.

SOILS

241 AB'SÁBER, Aziz Nacib. Aptidões agrárias do solo maranhense. BOL PAULISTA GEOGR, S Paulo, (30):31-7, out. 1958. Bibliogr.: p. 36-7.

242 ALVAREZ LIEVANO, Joaquín, and SUAREZ FAJARDO, Hernando. Contribución al estudio de la geografía de los suelos de Colombia, triángulo: Casuarito--Puerto Carreño --San Rafael de Murillo. BOL (Soc Geogr) Bogota, 23 (85/86):9-80, lo. /2o. trim. 1965. Bibliogr.: p. 79.

243 ALVIM, Paulo de T., and ARAUJO, Wilson A. El suelo como factor ecológico en el desarrollo de la vegetación en el centro-oeste del Brasil. TURRIALBA, 2(4):153-60, oct. / dic. 1952. Bibliogr.: p. 160.

244 ARENA, Antonio. El suelo agrícola en el planeamiento de los recursos argentinos. CIEN INVEST, B A, 6(8):354-63, ag. 1950; (9):397-408, sept. 1950. Bibliogr.: 6(9):407-08.

245 BONAZZI, Augusto. La salinación de los suelos del Valle de Aragua. FAROL, Caracas, 23(199):2-8, mar. /abr. 1962. Bibliogr.: p. 8.

246 BRAUN, Eitel H. Gross. Observações sôbre a erosão dos solos em Brasília. REV BRAS GEOGR, Rio, 23(1):217-34, jan. /mar. 1961. illus. Bibliogr.: p. 223.

247 _____. Os solos de Brasília e suas possibilidades de aprovéitamento agrícola. Ib., 24(1):43-78, jan. /mar. 1962. Bibliogr.: p. 76.

248 CASTRI, Francesco di. Significado biológico y económico de la fauna del suelo. BOL (Univ Chile) Santiago, (37):25-31, abr. 1963. Bibliogr.: p. 31.

249 CUNHA, Thiago Ferreira da. Observações gerais acêrca da morfologia dos solos da zona da Mata. REV BRAS GEOGR, Rio, 20(2):225-29, abr. /jun. 1958. Bibliogr.: p. 228-29.

250 DIAZ, Severo. El suelo de Jalisco. BOL (Junt Aux, Soc Mex Geogr Estad) Guadalajara, (3):37-67, jun. 18, 1933; (4):71-110, ag. 18, 1933. Bibliogr.: (4):110.

251 EXPLORAÇÃO do solo e subsolo. JUS DOC, Rio, 4(10):33-59, out. 1951. References in 3 pts.: Legislativa, documentária, bibliográfica.

252 FRANCO, Alcides. Contribuição ao estudo da genese do solo. RODRIGUÊSIA, Rio, 4(12):3-13, set. /dez. 1939. Bibliogr.: p. 12-3.

253 GOES, Campos. Experimento agronômico e solo heterogeneo.
Ib., 2(6):239-46, Primavera 1936. Bibliogr.: p. 246.

254 GUERRA, Antônio Teixeira. Geografia dos solos. BOL GEOGR,
Rio, 11(113):189-207, mar./abr. 1953. Bibliogr.: p.
205-07.

255 KUON CABELLO, Jorge. El pH de los suelos de cultivo del
Cuzco. REV UNIV, Cuzco, 47(114):188-264, lo. sem.,
1957. Bibliogr.: p. 262-64.

256 MAIO, Celeste Rodrigues. Sepetiba--Contribuição ao estudo
dos níveis de erosão do Brasil. REV BRAS GEOGR,
Rio, 20(2):203-20, abr./jun. 1958. illus., maps. Bibliogr.: p. 219-20.

257 MARRONE, Félix. La erosión del suelo; generalidades. REV
(Univ) Córdoba, 2a. ser., 3(4/5):1117-35, sept./dic.
1962. Bibliogr.: p. 1134-35.

258 PAVAGEAU, Moacir. Estudo comparativo de alguns solos
típicos de Planalto Central brasileiro. REV BRAS GEOGR,
Rio, 14(2):127-80, abr./jun. 1952. illus., tables. Bibliogr.: p. 175-76.

259 QUEIROZ, José Pereira de. O estado atual dos estudos dos
solos brasileiros. BOL PAULISTA GEOGR, S Paulo,
(41):3-22, out. 1964. Bibliogr.: p. 19-22.

260 ROMANELLA, Carlos A. Los suelos de la región del Río
Mendoza. BOL ESTUD GEOGR, Mendoza, 4(14):1-55,
en./mar. 1957. Bibliogr.: p. 55-7.

261 ROSS CORNETT, Gordon B. El uso del suelo de la región
central de Campeche. BOL (Soc Mex Geogr Estad) Méx,
85(1/3):5-156, en./jun. 1958. illus., facsims. Bibliogr.: p. 145-48.

262 SAMANO PINEDA, Carmen. Los suelos de México. ANUAR
GEOGR, Méx, 5:65-125, 1965. Bibliogr.: p. 122-23.

263 SETZER, José. O estado atual dos solos do município de
Itapecerica, S. P. REV BRAS GEOGR, Rio, 13(4):515-44,
out./dez. 1951. Bibliogr.: p. 540-41.

264 _____. Natureza e as possibilidades do solo no vale do rio
Pardo entre os municípios de Caconde, S. P. e Poços de
Caldas, M. G. Ib., 18(3):287-321, jul./set. 1956. Bibliogr.: p. 316.

265 _____. Os solos do município de São Paulo. BOL PAULISTA
GEOGR, S Paulo, (20):3-30, jul. 1955; (22):26-54, mar.
1956; (24):35-56, out. 1956. Bibliogr.: (24):55-6.

266 STEPANOV, Igor S.   Clasificación preliminar de los suelos
de Cuba.   UNIV HABANA, Hav, 166/167:85-94, mar. /
jun. 1964.   Bibliogr.: p. 94.

267 VALENZUELA C., José Luis. El efecto de las quemas
sobre el suelo.   SUELO TICO, S José, 11(41):1-22, dic.
[1958]/mar. 1959.   Bibliogr.: p. 21-2.

SOYBEANS

268 GILARDI, César Augusto. La soya (su importancia agrícola e
industrial).   DIVUL AGRI, Lima, (6):1-9, oct. 1946.
Bibliogr.: p. 11.

SUGAR-CANE

269 ADUBOS e fertilizantes da cana-de-açúcar [bibliografia]. BRAS
AÇUC, Rio, 66(5):37-40, nov. 1965.

270 BIBLIOGRAFIA: variedades de cana-de-açúcar. Ib., 66(4):
62-6, out. 1965.

271 CANA-de-açúcar--pragas e moléstias. Ib., 66(2):49-53, ag.
1965.

272 SIMÕES, Ruth Mattos Almeida. Interpretação do mapa de
produção da cana de açúcar no sudeste do Planalto Central.   REV BRAS GEOGR, Rio, 12(3):371-82, jul./set.
1950. illus., maps.   Bibliogr.: p. 378-79.

TOBACCO

273 ALONSO, Delinda Martínez. Aspectos geográficos da cultura
fumageira no estado do Rio Grande do Sul (Brasil). REV
BRAS GEOGR, Rio, 20(3):295-313, jul./set. 1958. Bibliogr.: p. 310-13.

274 ANDRADE, Manuel Correia de. Considerações geo-ecônomicas
sôbre a cultura do fumo no Brasil.   BOL GEOGR, Rio,
21(173):181-84, mar./abr. 1963.   Bibliogr.: p. 183-84.

275 DUPOUY, Walter. El tabaco de Barinas en la cerámica de
Delft.   REV SHELL, Caracas, 11(42):42-50, mar. 1962.
illus.   Bibliogr.: p. 50.

276 RIVERO MUÑIZ, José. Tobaco, ensayo de una bibliografía
tabacalera en español. REV (Bibl Nac) Hav, 2a. ser.,
2(1):23-271, en./mar. 1951.

WHEAT

277 ARANHA, L. F. Souza. Estudo comparativo entre a

geoeconomia do trigo e do mate. REV ADMIN, S Paulo, (32):55-101, jul. 1965. Bibliogr.: p. 76-80.

278 BOERGER, Alberto. A cultura do trigo no Brasil. BOL (Min Trab Indus Com) Rio, 8(93):81-114, maio 1942. Bibliogr.: 112-14.

279 CARVALHO, Eloísa de. O trigo no Brasil. REV BRAS GEOGR, Rio, 13(4):591-608, out./dez. 1951. illus., maps. Bibliogr.: p. 602-04.

280 CENOZ, Hugo P. Resistencia al carbón volador del trigo. REV INVEST AGR, B A, 6(1):29-87, en. 1952. Bibliogr.: p. 86-7.

281 MELENDEZ CHAVERRI, Carlos. Aspectos sobre la historia del cultivo del trigo en Costa Rica durante la época colonial. MUSEO, S José, 3(1):1-30, oct. 1958. Bibliogr.: p. 29-30.

282 ORJUELA NAVARRETE, Juan. Las royas del trigo en Colombia. REV (Acad Col Cien Exáct Fís Nat) Bogotá, 8(31): 380-83, dic. 1951. Bibliogr.: p. 383.

283 RISSO PATRON, Roberto. Descripción de 35 variedades de trigo del país. REV (Fac Agron) La Plata, 3a. ép., 24:57-233, 1939. plates. Bibliogr.: p. 228-31.

284 SEPULVEDA GARCES, Sergio. El trigo chileno en el mercado mundial. Ensayo de geografía histórica. INFORM GEOGR, Santiago, 6(no. único):7-133, 1956. maps. Sources: p. 132-33.

OTHER PRODUCTS

285 BIBLIOGRAFIA sobre el almendro. BOL BIBLIOGR (Dept Bibl, Min Agr) B A, 20(5):41-58, sept./oct. 1953.

286 CAMPOS, Maria da Glória de Carvalho. Produção de feijão no Brasil meridional. BOL GEOGR, Rio, 12(118):50-8, jan./fev. 1954. Bibliogr.: p. 57-8.

287 DIAS, Catharina Vergolino. Aspectos geográficos do comércio da castanha ao Médio Tocantins. REV BRAS GEOGR, Rio, 21(4):517-31, out./dez. 1959. illus. Bibliogr.: p. 530.

288 GARCIA SANCHEZ, Alfredo ALBA, Jorge de, and NARVAIZ, Guillermo I. El valor alimenticio del sotol. TURRIALBA, 3(1/2):23-31, en./jun. 1953. Bibliogr.: p. 31.

289 GONSALVES, Alpheu Diniz. Babassú. BOL (Min Agr) Rio, 23(7/9):13-36, jul./sept. 1934. Bibliogr.: p. 26-9.

290 MASSUKADO, Tomotoshi. A cânfora: uma nova cultura introducida no litoral sul do estado de São Paulo. BOL PAULISTA GEOGR, S Paulo, (41):95-108, out. 1964. illus., maps. Bibliogr.: p. 107-08.

291 PACCA, D. W. Contribuição ao estudo das doenças da mandioca. RODRIGUÉSIA, Rio, 3(10):171-78, set./dez. 1937. Bibliogr.: p. 178.

292 PATIÑO, Víctor Manuel. Plátanos y bananos en América equinoccial. REV COL ANTHROP, Bogotá, 7:295-37, 1958. References: 329-32; bibliogr.: p. 332-37.

293 SCHRADER, Otto Lyra. Contribuição ao estudo da tamareira no Brasil (Phoenix dactylifera L.). BOL (Min Agr) Rio, 43(3):1-101, mar. 1945. Bibliogr.: p. 94-8.

294 SIMÕES, Ruth Mattos Almeida. Produção de uva no Rio Grande do Sul. REV BRAS GEOGR, Rio, 14(4):472-85, out./dez. 1952. Bibliogr.: p. 485.

295 STERN, Jeannot. Bibliografía de las enfermedades de los citrus. AN (Inst Invest Cientíí) Monterrey, 1(2):159-240, 1945.

296 VALLEGA, José. Herencia de la resistencia a "Puccinia coronata avenae" y "P. Graminis avenae." REV INVEST AGR, B A, 5(4):523-39, oct. 1951. Bibliogr.: p. 538-39.

297 WHITMORE, Helen B. Vanilla-bean production and trade. FOR AGR, Wash, D C, 10(1):11-6, Jan. 1946. Literature: p. 16.

298 WOOSTER, Julia L. Tung growing in Latin America. AGR AM, Wash, D C, 3(2):29-33, Feb. 1943. Bibliogr.: p. 33.

ARGENTINA

299 KATSUDA, Eduardo. La exposición nacional en Córdoba, 1870-1871 y las máquinas para la agricultura. REV (Univ) Córdoba, 2a. ser., 6(3/5):587-647, jul./dic. 1965. Bibliogr.: p. 647.

300 ROCCA, Manuel María. Tipos de arado de palo en la Argentina. CUAD (Inst Nac Antrop) B A, (5):101-14, 1964/1965. illus. Bibliogr.: p. 114.

301 ROIG, Fidel Antonio. Las gramíneas mendocinas del género Stipa. III, el Coironal, (Contribución preliminar al conocimiento de las pasturas de los Andes cuyanos). BOL ESTUD GEOGR, Mendoza, 12(46):1-73, en./mar. 1965. illus., map. Bibliogr.: p. 71-3.

BRAZIL

302 BERNARDES, Nilo. Características gerais da agricultura brasileira em meados do século XX. REV BRAS GEOGR, Rio, 23(2):363-420, abr./jun. 1961. illus. Bibliogr.: p. 414-19.

303 BRAUN, Eitel H. Gross, and RAMOS, J. R. de Andrade. Estudo agrogeológico dos campos Puciari--Humaitá-- estado do Amazonas e território federal de Rondônia. REV BRAS GEOGR, Rio, 21(4):443-97, out./dez. 1959. Bibliogr.: p. 494-96.

304 CORRÊA, Roberto Lobato. Regime de explotação da terra no Nordeste. Uma tentativa de expressão cartográfica. Ib., 25(3):343-72, jul./set. 1963. Bibliogr.: p. 369-71.

305 DIEGUES, Manoel. Propriedade e uso da terra na "plantation" brasileira. REV GEOGR, Rio, 22(48):66-100, jan./jun. 1958. illus. Bibliogr;: p. 98-100.

306 FAISSOL, Speridião. O problema do desenvolvimento agrícola do Sudeste do Planalto Central do Brasil. REV BRAS GEOGR, Rio, 19(1):3-66, jan./mar. 1957. Bibliogr.: p. 63-5.

307 FARIA, Oswaldo Lamartine de. Conservação de alimentos nos sertões do Seridó. BOL (Inst J Nabuco Pesq Soc) Recife, (12):83-152, 1963. illus. Bibliogr.: p. 149-52.

308 FRANK, Andrew Gunder. A agricultura brasileira: capitalismo e o mito do feudalismo. REV BRAS, S Paulo, (51): 45-70, jan./fev. 1964. Bibliogr.: p. 68-70.

309 MELLO, Mário Lacerda de. A colonização e os problemas agrários do Nordeste. BOL (Inst J Nabuco Pesq Soc) Recife, (10):5-37, 1961. map. Bibliogr.: p. 37.

310 NEME, Mário. Um município agrícola; aspectos sociais e econômicos da organização agrária de Piracicaba. REV (Arquiv Munici) S Paulo, 57:5-96, maio 1939. Bibliogr.: p. 90-4.

311 PINTO, João Bosco. Alfabetização e desenvolvimento econômico da agricultura brasileira. SOCIOLOGIA, S Paulo, 25(1):49-63, mar. 1963. Bibliogr.: p. 63.

312 SILVA, Geraldo J. da Rosa e. Alimentação e subdesenvolvimento no Brasil. REV BRAS GEOGR, Rio, 26(3):291- 457, jul./sept. 1964. illus. Bibliogr.: p. 299-300, 321-23, 337-39, 347-48, 355-56, 362, 368-69, 378, 384- 85, 413-15, 441-42, 456.

313 SILVA, Hilda da. Uma zona agrícola do Distrito Federal--O Mendanha. Ib., 20(4):429-61, out./dez 1958. Bibliogr.: p. 459-60.

CARIBBEAN AREA

314 CAMPBELL, Lewis. Production methods in West Indies agriculture. CARIB QUART, Port of Spain, 8(2):94-104, Jun. 1962. References: p. 104.

315 PEREZ DE LA RIVA, Francisco. La agricultura indoantillana, su aporte a los cultivos y alimentación del hombre. REV ARQUEOL ETNOL, Hav, 2a. ép., 7(13/14):228-86, en./ dic. 1951. illus. Bibliogr.: p. 273.

CHILE

316 CORTES P., Raúl, and ISLA M., Ricardo. Estudio analítico de las plagas entomológicas de la agricultura en Chile. REV UNIV, (Univ Catól) Santiago, 49:113-19, 1964. Bibliogr.: p. 119.

COLOMBIA

317 BELTRAN GALINDO, Gregorio. Economía de producción agrícola en Colombia. REV (Fac Nac Agron) Medellín, 13(43):1-197, ag. 1953. Thesis--Facultad Nacional de Agronomía, Medellín, 1952. Contains bibliogr.

318 TRUJILLO PALACIO, Enrique. Política agraria en Colombia. ESTUD DER, Medellín, 2a. ép., 22(64):217-22, sept. 1963. Bibliogr.: p. 222.

ECUADOR

319 CASALS M., Juan F. La estructura agraria del Ecuador. REV INTERAM CIEN SOC, Wash, D C, 2a. ép., 2(1): 40-61, 1963. Bibliogr.: p. 60-1.

GUATEMALA

320 FLETES G., Gonzalo Armando. Monografía agronómica de la Finca "La Pradera." UNIV S CARLOS, Guat, (40):253-300, en./mar. 1957. illus. Bibliogr.: p. 288.

MEXICO

321 GUERRERO G., Manuel Antonio. Cultivos de cereales, leguminosas y tubérculos en México. ANUAR GEOGR, Méx, 5:127-48, 1965. Bibliogr.: p. 146-47.

322 HERNANDEZ SILVA, Gilberto. Los cultivos de regiones

tropicales en México. Ib., 5:149-78, 1965. Bibliogr.: p. 176-77.

323 MINVIELLE PORTE PETIT, Jorge. El seguro agrícola; necesidad de su expansión y sus repercusiones sobre la agricultura. BOL (Soc Mex Geogr Estad) Méx, 96:62-116, jul. 1964. Bibliogr.: p. 115-16.

324 PALERM, Angel. La distribución del regadio en el area central de Mesoamérica. CIEN SOC, Wash, D C, 5(25): 2-15, feb. 1954; (26):64-74, abr. 1954. Bibliogr.: (26): 74.

325 PARKS, Richard W. The role of agriculture in Mexican economic development. INTER-AM ECON AFF, Wash, D C, 18(1):3-27, Summer 1964. Bibliogr.: p. 26-7.

326 STRICKON, Arnold. Hacienda and plantation in Yucatán. AM INDIG, Méx, 25(1):35-63, en. 1965. Bibliogr.: p. 61-3.

MIDDLE AMERICA

327 PALERM, Angel, and WOLF, Eric R. La agricultura y el desarrollo de la civilización en Mesoamérica. REV INTERAM CIEN SOC, Wash, D C, 2a. ép., 1(2):223-345, 1961. Introductory text: 5 preliminary leaves. Bibliogr.: p. 344-45.

PANAMA

328 RUBIO Y MUÑOZ BOCANEGRO, Angel. Las plantaciones en Panamá. REV GEOGR, Rio, 23(49):5-30, jul./dez. 1958. map. Bibliogr.: p. 29-30.

PERU

329 GONZALEZ BRAVO, Jorge. Estadística agrícola del Perú. (Datos fundamentales para organizar nuestra estadística agrícola). REV (Fac Cien Econ Comer) Lima, (59):153-95, jul./dic. 1958. Bibliogr.: p. 194-95.

330 LOAYZA, Moisés C. El guano de islas y la agricultura nacional. AGRONOMIA, Lima, 8(33):5-24, oct./nov. 1943-9 (37):5-14, ag. 1944. Bibliogr.: 9(37):12-4.

331 LOS PROGRAMAS zootécnicos de la Escuela Nacional de Agricultura. VIDA AGRIC, Lima, 28(328):189-202, mar. 1951. illus. Bibliogr.: p. 201-02.

SOUTH AMERICA

332 BOERGER, Alberto. Cooperación científica internacional al

servicio de la agricultura sudamericana. BOL (Cent Coop Científ) Monte, (9):14-20, nov. /dic. 1953. Bibliogr.: p. 20.

333 ENJALBERT, Henri. A agricultura européia na América do Sul. BOL GEOGR, Rio, 13(128):483-502, set. /out. 1955. Continuation of article entitled, Problemas de ocupação do solo em país novo (Ib., 13(127):371-91, jul. /ag. 1955). Bibliogr.: p. 501-02.

VENEZUELA

334 ARISTEGUIETA, Leandro. Frutos comestibles de Venezuela. BOL (Soc Venez Cien Nat) Caracas, 13(76):57-104, en. / jul. 1950. Bibliogr.: p. 104.

335 AYALA, Manuel, and LOZADA, Antonio S de. Lista de bibliografía agropecuaria referente al sur oriente venezolano. CUAD INFORM ECON, Caracas 10(5):93-6, sept. /oct. 1958.

336 LABRADOR S., José R. Contribución al conocimiento de insectos perjudiciales a la agricultura del Edo. Zulia. REV (Univ Zulia) Maracaibo, 2a. ép., 4(19/20):137-54, jul. /dic. 1962. illus. Bibliogr.: p. 153-54.

ANTHROPOLOGY

GENERAL

337 ACOSTA SAIGNES, Miguel. ¿Cual es el verdadero significado de los elementos melanesios señalados en América? ANUAR (Inst Antrop Hist) Caracas, 2:17-34, 1965. Bibliogr.: p. 31-4.

338 AGUIRRE BELTRAN, Gonzalo. Indigenismo y mestisaje: una polaridad bio-cultural. CAHIERS HIST MOND, Paris, 6(1):158-71, 1960. Bibliogr.: p. 171.

339 BAUDIN, Louis. Los orígenes del indio americano. AN (Univ Cent) Quito, 57(298):527-47, oct. /dic. 1936. Bibliogr.: p. 541-47.

340 BOGRAND, Ricardo. Posibles relaciones entre culturas prehistóricas de América y Asia. UNIV, S Salvador, 89 (1/2):113-26, en. /jun. 1964. Bibliogr.: p. 125-26.

341 BONFIL BATALLA, Guillermo. ¿Es aplicable la antropología "aplicada"? AM LAT, Rio, 6(1):29-52, jan. /mar. 1963. Bibliogr.: p. 49-50.

342 BRÜNING, Walther. La antropología filosófica actual en Iberoamérica. REV (Univ) Córdoba, 40(3/5):935-65, jul./dic. 1953. Bibliogr.: p. 962-65.

343 CABRERO, Leoncio. Visión del indio americano en tiempos de Carlos V. CUAD HISP, Madrid, (107/108):168-80, nov./dic. 1958. port. Bibliogr.: p. 180.

344 CAMARA BARBACHANO, Fernando. Aspectos sociales y culturales de la América indígena. AM INDIG, Méx, 14(2): 127-55, abr. 1954. Bibliogr.: p. 153-55.

345 CARRERA STAMPA, Manuel. Fuentes para el estudio del mundo indígena; culturas del suroeste. MEM (Acad Mex Hist corres Real Madrid, 21(3):261-312, jul./sept. 1962.

346 CARVALHO, Paulo de (Neto). El indigenismo y el niño. AM INDIG, Méx, 19(3):219-23, jul. 1959. Bibliogr.: p. 222-23.

347 CENTRO de Estudios y Documentación Sociales, México, D. F. La cuestión indígena. PANORAMAS, Méx, 3(17):237-318, sept./oct. 1965. Readings: p. 316-17.

348 COMAS, Juan. Principales contribuciones indígenas precolombinas a la cultura universal. CAHIERS HIST MOND, Paris, 3(1):196-230, 1956. Bibliogr.: p. 228-30.

349 _____. _____. AM INDIG, Méx, 17(1):39-85, en. 1957, illus. Bibliogr.: p. 83-5.

350 _____. Significado de la presencia del antígeno Diego entre los amerindios. AN ANTROP, Méx, (2):89-112, 1965. Bibliogr.: p. 104-12, with numerous references relative to Latin America.

351 DELGADO, Jaime. La estética de los pueblos amerindios. BOL AM, Barcelona, 1(1):23-31, 1959. Bibliogr.: p. 30-1.

352 _____. El horizonte formativo en las culturas amerindias. Ib., 2(4):5-48, 1960. illus. Bibliogr.: p. 43-8.

353 DEMBO, Adolfo. La población indígena americana y sus grupos morfológicos; síntesis de la tabla clasificatoria de Imbelloni. REV GEOGR AM, B A, 28(169):161-76, oct. 1947. Bibliogr.: p. 175-76.

354 DIAZ DE KRUG, María Inés, and FERRANDO DE VARGAS R., Nella M. Antropología--bibliografía, 1950-1961. SERV SOC, Santiago, 35(1/2):83-5, en./ag. 1961. Material available in the Library of the Escuela de Servicio Social "Dr. Alejandro del Río."

355 DUPOUY, Walter. El indio y la agricultura. BOL INDIG VENEZ, Caracas, 7(1/4):71-84, en./dic. 1959. Bibliogr.: p. 84.

356 ERNALSTEEN, Edg. Bibliografía de etnología. (Métodos de investigar. Bibliografía especial del folklore andino). REV JUR, Cochabamba, 7(30):30-76, mar. 1945.

357 FALKENBURGER, Frédéric. Recherches anthropologiques sur la déformation artificielle du crane. JOUR (Soc Am) Paris, n.s., 30(1):1-69, 1938. plates. Bibliogr.: p. 37-41.

358 FURST, Peter T. West Mexico, the Caribbean and northern South America: some problems in New World inter-relationships. ANTROP, Caracas, (14):1-37, jun. 1965. Bibliogr.: p. 34-7.

359 GAINES, Ruth. Books on Indians--1929. INDIAN NOTES, N Y, 7(2):207-36, Apr. 1930. America south of the U.S.: p. 234-36.

360 GALIMBERTI MIRANDA, Carlos A. Las armas de guerra i su evolución. REV (Mus Inst Arqueol) Cuzco, 8(13/14): 87-137, dic. 1951. illus. Bibliogr.: p. 136-37.

361 GALVÃO, Eduardo. O cavalo na América indígena; nota prévia a um estudo da mudança cultural. REV (Mus Paulista) S Paulo, n.s., 14:221-32, 1963. Bibliogr.: p. 231-32.

362 GENOVES, Santiago. Problemas relativos al origen del hombre en América. AN ANTROP, Méx, (2):121-29, 1965. Bibliogr.: p. 127-29.

363 GIRALDO JARAMILLO, Gabriel. Clasificación del hombre americano. BOL HIST ANTIG, Bogotá, 26(291/292): en./feb. 1939. Bibliogr.: p. 214-15.

364 HANKE, Lewis. Aristóteles e os índios americanos: um estudo do preconceito de raça no mundo moderno. REV HIST, S Paulo, 18(37):15-43, jan./mar. 1959-19(40):325-52, out./dez. 1959. Bibliogr.: 19(40):351-52.

365 IMBELLONI, José. El poblamiento de América. REV (Univ) B A, 4a. ép., 1(1):9-35, en./mar. 1947. diagrs., maps. Writings of the author: p. 34-5.

366 JAEN ESQUIVEL, María Teresa. Comparación de los métodos para estimar la capacidad craneana. AN (Inst Nac Antrop Hist) Méx, 15(44):203-27, 1962. Bibliogr.: p. 226-27.

367 JIMENEZ MORENO, Wigberto. Materiales para una bibliografía

etnográfica de la América Latina. BOL BIBLIOGR ANTROP AM, Méx, 1(1/2):47-77, en. /jun. 1937; (3):167-97, jul. / sept. 1937; 2(1/3):289-421, en. /sept. 1938. Arranged geographically, Mexico, Central America, South America.

368 LEON PORTILLA, Miguel. El legado intelectual y literario de las culturas indígenas americanas; su estudio y difusión. NICA INDIG, Managua, 2a. ép., (32):15-9, en. /jun. 1961. Bibliogr. in notes, no. 1-6, and on p. 17-9.

369 LEWIS, Gilbert N. The beginning of civilization in America. AM ANTHROP, n. s., 49(1):1-24, Jan. /Mar. 1947. Bibliogr.: p. 22-4.

370 LOOSER, Gualterio. Publicaciones chilenas sobre antropología, etnología, folklore, arqueología y lingüística, año 1938. BOL BIBLIOGR ANTROP AM, Méx, 3(3):228-30, sept. / dic. 1939.

371 MALDONADO KOERDELL, Manuel. Estudios etnobiológicos. REV MEX ESTUD ANTROP, Méx, 4(3):195-202, sept. / dic. 1940. Bibliogr.: p. 201-02.

372 MARINO FLORES, Anselmo. Revista de libros. BOL BIBLIOGR ANTROP AM, Méx, 19/20(pte. 2a.):205-70, 1956/1957. Includes publications issued in 1956 and 1957.

373 ———. ———. Ib., 21/22(pte. 2a.):115-213, 1958/1959. Includes publications issued in 1958 and 1959.

374 ———. ———. Ib., 23/25(pte. 2a.):141-277, 1960/1962. Includes publications issued in 1960, 1961, 1962, 1963.

375 ———. ———. Ib., 26/28(pte. 2a.):3-164, 1963/1965. Publications listed: 1,839 items.

376 MARTINEZ SOLER, Benigno. Una interesante discusión sobre escrituras americanas debatida en los últimos años. Ib., 9:114-19, 1946. Annotated list of 25 publications.

377 MENGHIN, Osvaldo Francisco Ambrosio. El hombre del paleotítico, con referencias a América. AN ARQUEOL ETNOL, Mendoza, 10:11-74, 1949. Bibliogr.: p. 70-4.

378 MONGE MEDRANO, Carlos, and VAZQUEZ, Mario C. Antropología y medicina. PERU INDIG, Lima, 6(14/15):19-33, jul. 1957. Bibliogr.: p. 33.

379 NAROLL, Raoul. Sobre el método comparativo de la antropología cultural. CIEN POL SOC, Méx, 10(38):681-732, oct. / dic. 1964. Bibliogr.: p. 723-32.

380 NICHOLSON, H. B. Interrelationships of New World cultures.

KATUNOB, Magnolia, 4(1):39-51, Mar. 1963. map.
Bibliogr.: p. 48-9, 51.

381 O'GORMAN, Edmundo. Sobre la naturaleza bestial del indio americano. FILOS LETR, Méx, 1(1):141-58, en. /mar. 1941; (2):305-15, abr. /jun. 1941. Bibliogr.: p. 314-15.

382 PALACIOS, Enrique Juan. Antigüedad del hombre americano a la luz de hallazgos fósiles realizados en México y otras partes del continente. AN (Soc Geogr Hist) Guat, 11(1): 50-65, sept. 1934. Bibliogr.: p. 64-5.

383 PIERSON, Donald, and CUNHA, Mário Wagner Vieira da. Research and research possibilities with particular reference to culture and cultural change. ACTA AM, Los Angeles, 5(1/2):18-82, en. /jun. 1947. Bibliogr.: p. 74-82.

384 POSADA DELGADO, Ernesto. Cuestiones de prehistoria americana: la dolicocefalia en los muiscas [sic]. BOL CULT BIBLIOGR, Bogotá, 5(7):831-34, jul. 1962. Bibliogr.: p. 834.

385 PUBLICACIONES recientes--recent publications. BOL BIBLIOGR ANTROP AM, Méx, 12(pte. 2a.):3-18, 1949; 13(pte. 2a.): 3-17, 1950; 14(pte. 2a.):3-16, en. /dic. 1951; 15/16(pte. 2a.):3-35, 1952/1953; 17(pte. 2a.):3-32, 1954; 18(pte. 2a.): 3-33, 1955.

386 ROBERTS, Frank H. H. Evidence for a Paleo-Indian in the New World. ACTA AM, Méx, 1(2):171-201, abr. /jun. 1943. Bibliogr.: p. 198-201.

387 RONDON, Cândido Mariano da Silva. Etnografía. REV BRAS GEOGR, Rio, 2(4):594-621, out. 1940. Bibliogr.: p. 616-21.

388 SALZANO, Francisco Antonio. A origem do homen americano. REV ANTROP, S Paulo, 11(1/2):3-8, jun. /dez. 1963. Bibliogr.: p. 6.

389 SANTIANA, Antonio. La pilosidad en los indios y mestizos americanos. Desarrollo y modalidades de su distribución. HUMANITAS, Quito, 1(1):9-75, 1958. illus., maps. Bibliogr.: p. 74-5.

390 SCHEDL, Armando. La cuerda con nudos o quipu. REV GEOGR AM, B A, 15(88):17-20, en. 1941. Bibliogr.: p. 20.

391 STEWART, Thomas Dale. Physical anthropology in Latin America; a bibliographical survey. INTER-AM REV

BIBLIOGR, Wash, D C, 2(1/2):15-9, Jan./Aug. 1952. Bibliogr.: p. 18-9.

392 TUDISCO, Anthony. Hipotesis españoles en el siglo XVIII sobre el origen de los indios. CIEN SOC, Wash, D C, 5(28):146-51, ag. 1954. Bibliogr.: p. 151.

393 URBANSKI, Edmund Stephen. Where is the cradle of indo-American civilization? AM INDIG, Méx, 22(2):143-54, abr. 1962. Bibliogr.: p. 154.

394 VALLE, Rafael Heliodoro. Bibliografía antropológica americana. BOL BIBLIOGR ANTROP AM, Méx, 1(4):267-87, oct./dic. 1937; 2(4):161-91, oct./dic. 1938; 3(2):195-219, mayo/ag. 1939; 4(2):165-215, mayo/ag. 1940. Years covered: 1936-1937 in 1(4); 1937-1938 in 2(4); 1937-1939 in 3(2); and 1938-1940 in 4(2).

395 VIVANTE, Armando. La gallina americana precolombina. RUNA, B A, 6(1a./2a. pte.):210-15, 1953/1954. Bibliogr.: p. 215.

396 VIVO, Jorge Abilio. El método conexivo-dialéctico en la investigación de la antropogeografía. REV GEOGR, Tacubaya, 1(2/3):203-19, mayo/sept. 1941. Bibliogr.: p. 216-19.

397 WAGLEY, Charles, and HARRIS, Marvin. A typology of Latin American subcultures. AM ANTHROP, 57(3, pt.1):428-51, Jun. 1955. Bibliogr.: p. 449-51.

398 WILLEY, Gordon Randolph. Estimated correlations and dating of South and Central American cultural sequences. AM ANTIQ, 23(4, pt. 1):353-78, Apr. 1958. Bibliogr.: p. 372-78.

ARGENTINA

399 BENEDETTO, Antonio di. Bibliografía antropológica argentina: 1948. BOL BIBLIOGR ANTROP AM, Méx, 11:62-6, en./dic. 1948.

400 BIANCHI, Mabel R. de, BORRUAT DE BUN, Martha, and MARISCOTTI, Ana María. Las parcialidades araucanas del Neuquén Meridional; contribución a la etnografía de los mapuche argentinos. CUAD (Inst Nac Invest Folk) B A, (2):199-234, 1961. illus. Bibliogr.: p. 234.

401 BÖHM DE SAURINA, Betty. Punta del Agua (provincia de Mendoza); estudio antropológico-social preliminar. AN ARQUEOL ETNOL, Mendoza, 16:181-99, 1961. illus. Bibliogr.: p. 199.

402 BORMIDA, Marcelo, and CASAMIQUELA, Rodolfo. Etnografía Gününa-këna; testimonio del último de los tehuelches septentrionales. RUNA, B A, 9(pte. 1a. /2a.):153-93, 1958/1959. Bibliogr.: p. 193.

403 BRACCO, Jorge Aníbal. Contribución al estudio de los árboles sagrados del Neuquén. RUNA, B A, 10:427-40, 1960/1965. Bibliogr.: 438-40.

404 CACERES FREYRE, Julián B. Bibliografía antropológica argentina correspondiente al año 1938. BOL BIBLIOGR ANTROP AM, Méx, 3(2):119-25, mayo/ag. 1939.

405 _____. _____, 1939. Ib., 4(3):236-44, sept./dic. 1940.

406 _____. _____, 1940. Ib., 5(1/3):19-34, en./dic. 1941.

407 CONSTANZO, María de las Mercedes. Antropología Calchaqui. La Colección Zavaleta del Museo Argentina de Ciencias Naturales "Bernardino Rivadavia." REV (Inst Antrop) Tucumán, 2(9):213-303, 1942. tables, diagrs., map, plates. Bibliogr.: p. 304-08.

408 DAVALOS HURTADO, Eusebio. Datos antropológico-físicos de la región de Icaño de Snatiago del Estero. JOUR (Soc Am) Paris, n.s., 39:59-71, 1950. Bibliogr.: p. 70-1.

409 DILLENIUS, Juiliane A. de Lehmann-Nietsche. Craneometría comparativa de los antiguos habitantes de la Isla y del Pukurá de Tilcara (Provincia de Jujuy). REV (Univ) B A, 21(94):301-41, jun. 1913; (95):402-49, jul. 1913. Bibliogr.: p. 433-34.

410 FRENGUELLI, Joaquín. Nuevos datos acerca de los "hornos" indígenas. AN ARQUEOL ETNOL, Mendoza, 2:189-206, 1941. Bibliogr.: p. 205-06.

411 GASPARY, Fernando. Las campanas Chanátimbúes. REV GEOGR AM, B A, 26(154):279-82, mayo 1945. illus. Bibliogr.: p. 282.

412 LAFON, Ciro René. Ensayo sobre cronología e integración de la cultura Humahuaca. RUNA, B A, 9(1a./2a. pte.):217-30, 1958/1959. Bibliogr.: p. 228-30.

413 _____. Un estudio sobre la funebría Humahuaca. Ib., 10:195-255, 1960/1965. Bibliogr.: p. 254-55.

414 LAVAL M., Enrique, and RODRIGUEZ G., Sergio. Orllie Antoine de Tounens. Rey de la Araucanía y de la Patagonia. BOL (Acad Chil Hist) Santiago, 26(60):49-100, 1o. sem. 1959. Bibliogr.: p. 99-100.

415 LEHMANN-NITSCHE, Robert. Relevamiento antropológico de una india guayaquí. REV (Mus) La Plata, 15:91-101, 1908. Bibliogr.: p. 100-01.

416 MARTINEZ SOLER, Benigno. Bibliografía antropológica argentina: 1946-1947. BOL BIBLIOGR ANTROP AM, Méx, 11:55-62, en./dic. 1948.

417 _____. Conchyliología; el uso ornamental y ceremonial de algunas especies de moluscos en territorio argentino, en relación con los desplazamientos étnicos y el comercio indígena prehispánico. RUNA, B A, 9(1a./2a. pte.): 267-322, 1958/1959. illus., maps. Bibliogr.: p. 315-22.

418 PAULOTTI, Osvaldo L. Bibliografía antropológica argentina, 1941-42. BOL BIBLIOGR ANTROP AM, Méx, 7(1/3): 32-40, en. 1943/dic. 1944.

419 _____. _____, 1945. Ib., 8(1/3):18-21, en./dic. 1945.

420 REICHLEN-BARRET, Paulette. Un crâne du sud de la Patagonia. JOUR (Soc Am) Paris, n.s., 44:205-43, 1955. plates. Bibliogr.: p. 240-43.

421 SCHOBINGER, Juan. Otra vez el "hombre fósil" de la Argentina. AN ARQUEOL ETNOL, Mendoza, 16:61-102, 1961. Bibliogr.: p. 99-102.

422 SERRANO, Antonio. El problema étnico de Córdoba. CIEN INVEST, B A, 1(1):6-12, en. 1945. illus., maps. Bibliogr.: p. 12.

423 VIGNATI, Milcíades Alejo. Comentarios etnográficos: "Diario" del marinero que en 1798 viajó por tierra desde Puerto Deseado a Río Negro. BUENOS AIRES, B A, 2(2):23-46, jul. 1962. Bibliogr.: p. 44-6.

424 VIVANTE, Armando. Panorama étnico de la Argentina. REV GEOGR AM, B A, 35(208):1-10, en. 1953. tables, maps. Bibliogr.: p. 8.

425 _____. Paráfrasis a un tema decorativo mochica. RUNA, B A, 9(1a./2a. pte.):345-77, 1958/1959. illus. Bibliogr.: p. 371-77.

BOLIVIA

426 BUORONCLE CARREON, Alfonso. Contribución al estudio de los aymaras. AM INDIG, Méx, 24(2):129-69, abr. 1964; (3):233-69, jul. 1964. Bibliogr.: 24(3):269.

427 HANKE, Wanda. Los indios Chacobo del río Benisito.
    KHANA, La Paz, 5/6(27/30):39-55, oct. 1957/mar. 1958.
    Bibliogr.: p. 55.

428 IBARRA GRASSO, Dick Edgar. Origen de los indios americanos
    con especial referencia a Bolivia. Ib., 4(11/12):94-121,
    1955. Bibliogr. notes: p. 119-21.

429 JAUREGUI ROSQUELLAS, Alfredo. Los indios quechuas de
    las faldas del sur. BOL (Soc Geogr) La Paz, 16(47):
    86-136, jul. 1918. Bibliogr.: p. 136.

430 MENDOZA L., Gunnar. Bibliografía guaraya preliminar. REV
    (Inst Sociol Boliv) Sucre, 17(5):45-98, 1957.

431 METRAUX, Alfred. Estudios de etnolografía chaquense. AN
    ARQUEOL ETNOL, Mendoza, 5:263-314, 1944. Bibliogr.:
    p. 313-14.

432 _____. Les indiens Uro-Cipaya de Carangas. JOUR (Soc
    Am) Paris, n.s., 27(1):111-28, 1935-28(2):339-94, 1936.
    plates, maps. Bibliogr.: 28(2):393-94.

433 _____. Los indios Chapakura del oriente boliviano. AN
    ARQUEOL ETNOL, Mendoza, 1:117-27, 1940. Bibliogr.:
    127.

434 SORIA LENS, Luis. El monoteismo de los Aymaras. COR-
    DILLERA, La Paz, 1(1):33-7, jul./ag. 1956. Bibliogr.:
    notes.: p. 36-7.

435 _____. Origen, lugar de origen de los Aymaras y su proba-
    ble expansión de las tres Américas, dinastias Aymaras.
    KHANA, La Paz, 1(3/4):33-52, jul. 1954. Bibliogr. and
    notes: p. 51-2.

BRAZIL

436 ALVIM, Clóvis de Faria. Nivel mental e personalidade dos
    indios pre-colombianos do vale do Rio das Velhas. REV
    (Univ Minas Gerais) Belo Horizonte, (14):131-61, set.
    1964. Bibliogr.: p. 160-61.

437 ARNAUD, Expedito. Breve informação sôbre os indios Asurini
    e Parakanan; rio Tocantins, Pará. BOL (Mus Paraense
    E Goeldi) Belém, n.s. (Antrop), (11):1-22, jul. 1961.
    Bibliogr.: p. 22.

438 _____. Notícia sôbre os indios Gaviões de Oeste, Rio Tocan-
    tins, Pará. Ib., n.s. (Antrop), (20):1-35, maio 28, 1964.
    Bibliogr.: p. 34-5.

439 BALDUS, Herbert. Breve notícia sôbre os Mbyá-Guaraní de
Guarita. REV (Mus Paulista) S Paulo, n. s., 6:479-88,
1952. Bibliogr.: p. 488.

440 ———. Os carimbos dos índios do Brasil. Ib., n. s., 13:7-
74, 1961/1962. illus. Bibliogr.: p. 70-1.

441 ———. O conceito do tempo entre os indios do Brasil. REV
(Arquiv Munici) S Paulo, 71:87-94, out. 1940. Bibliogr.:
p. 93-4.

442 ———. O estudo etnográfico do índio no Brasil. REV (Mus
Paulista) S Paulo, n. s., 9:247-59, 1955. Bibliogr.: p.
255-59.

443 ———. Método e resultado da ação indigenista no Brasil.
REV ANTROP, S Paulo, 10(1/2):27-42, jun./dez. 1962.
Bibliogr.: p. 40-2.

444 ———. Métodos y resultados de la acción indigenista en el
Brasil. CUAD AM, Méx, 125(6):191-207, nov./dic. 1962.
Bibliogr.: p. 206-07.

445 ———. Os Oti. REV (Mus Paulista) S Paulo, n. s., 8:79-92,
1954. Bibliogr.: p. 91-2.

446 ———. Publicações sôbre os índios do Brasil nos últimos
quinze anos (1939-1953). SOCIOLOGIA, S. Paulo, 16(1):
56-62, mar. 1954.

447 BECHER, Hans. Algumas notas sôbre a religião e a mitologia
dos Surára. REV (Mus Paulista) S Paulo, n. s., 11:99-
107, 1959. Bibliogr.: p. 106-07.

448 ———. Dringende ethnologische forschungsaufgaben in Nord-
westbrasilien. BULL (Intern Com Anthrop Ethnol Res)
Vienna, (5):117-25, 1962. Bibliogr.: p. 122-25.

449 BEIGUELMAN, Bernardo. Estudo genético e antropológico de
imigrantes japonêses e seus descendentes não miscigena-
dos. REV ANTROP, S Paulo, 10(1/2):109-42, jun./dez.
1962. Bibliogr. includes some references to Brazilian
publications.

450 BIGARELLA, João José. O Sambaqui da Ilha dos Ratos.
ANHEMBI, S Paulo, 33(99):483-90, feb. 1959. Bibliogr.:
p. 490.

451 ———. Os Sambaquis na evolução da paisagem litorânia Sul-
brasileira. BOL GEOGR, Rio, 20(171):648-63, nov./dez.
1962. Bibliogr.: p. 662-63.

452 BIOCCA, Ettore, HOGE, Afonso, and SCHREIBER, Giorgio. Contribuções ao estudo de alguns Sambaquis da Ilha de Santo Amaro (estado de São Paulo). REV (Mus Paulista) S Paulo, n.s., 1:153-70, 1947. plates, map. Bibliogr.: p. 171.

453 BORMIDA, Marcelo. Los Ge; panorama etnológico. REV (Inst Antrop) Córdoba, 2/3:135-76, 1961/1964. Bibliogr.: p. 175-76.

454 BRAND, Donald Dilworth. A brief history of anthropology in Brazil. NEW MEX ANTHROP, Albuquerque, 5(4):99-150, Oct./Dec. 1941. Table of workers in, and writers on Brazil: p. 116-17, 122-24. Bibliogr. notes: p. 124-50.

455 BRASIL, Thomas Pompeu de Sousa. Pre-história cearense. REV (Inst Ceará) Fortaleza, 66:36-181, 1952. Bibliogr.: p. 166-81.

456 CANABRAVA, A. P. Documentos sôbre os índios do Rio Juquiá. REV (Mus Paulista) S Paulo, n.s., 3:391-404, 1949. Review of 17 documents.

457 CARNEIRO, Roberto, and DOLE, Gertrudis E. La cultura de los indios Kuikurus del Brasil central. RUNA, B A, 8 (2a. pte.):169-202, 1956/1957. Bibliogr.: p. 202.

458 CHEBATAROFF, Jorge, and TADDEY, Antonio. En tierra de indios Bororos. REV URUG GEOGR, Monte, 1(2):7-30, jun./sept. 1950. Bibliogr.: p. 29-30.

459 COSTA, Angyone. O sentimento do pudor entre os índios do Brasil e da América. REV BRAS, Rio, 3(7):74-83, set. 1943. Bibliogr.: p. 83.

460 CUNHA, Ernesto de Mello Salles. Afecções alvéolo-dentárias de população do Sambaqui de Cabeçuda. REV (Mus Paulista) S Paulo, n.s., 14:523-29, 1963. Bibliogr.: p. 529.

461 _____. Sambaquis do litoral carioca. REV BRAS GEOGR, Rio, 27(1):3-69, jan./mar. 1965. illus. Bibliogr.: p. 66-8.

462 DIEGUES, Manoel. Pluralismo étnico e cultural no Brasil contemporâneo. REV INTERAM CIEN SOC, Wash, D C, 2a. ép., 1(3):389-97, 1962. Bibliogr.: p. 396-97.

463 FARIA, Luis de Castro. Pesquisas de antropologia física no Brasil. BOL (Mus Nac Antrop) Rio, (13):1-106, abr. 20, 1952. Bibliogr.: p. 63-99.

464 FAUTEREAU, Éric de. Études d'ecologie humaine dans l'aire amazonienne. JOUR (Soc Am) Paris, n. s., 44:99-130, 1955. Bibliogr.: p. 129-30.

465 FERNANDES, Florestan. A análise funcionalista da guerra: possibilidades de aplicação a sociedade Tupinambá. REV (Mus Paulista) S Paulo, n. s., 3:7-128, 1949. plates, tables. Bibliogr.: p. 117-28.

466 _____. A economia Tupinambá. (Ensayo de interpretação sociológica do sistema econômico de uma sociedade tribal). REV (Arquiv Munici) S Paulo, 122:7-77, fev. 1949. plates. Bibliogr.: p. 71-7.

467 _____. A função social da guerra na sociedade Tupinambá. REV (Mus Paulista) S Paulo, n. s., 6:7-425, 1952. Bibliogr.: p. 398-401, 402-23.

468 FERRARI, Alfonso Trujillo. Atividades extrativas dos povos primitivos a pré-letrados. REV (Univ Catól) S Paulo, 8(15):39-51, set. 1955; 12(21/22):54-71, mar./jun. 1957. Bibliogr.: 8(15):49-51; 12(21/22):70-1.

469 FIGUEIREDO, Napoleão. Os Aramagóto do Parú Oeste; seus primeiros contactos com a sociedade nacional. AM INDIG, Méx, 23(4):309-16, oct. 1963. Bibliogr.: p. 315-16.

470 FRIKEL, Protásio. Morí--A festa do rapé. Indios Kachúyana, Rio Trombeas. BOL (Mus Paraense E Goeldi) Belem, n. s. (Antrop), (12):1-34, jul. 1961. illus. Bibliogr.: p. 33-4.

471 _____. Notas sôbre a situação atual dos índios Xikrin do Rio Caeteté. REV (Mus Paulista) S Paulo, n. s., 14:146-58, 1963. Bibliogr.: p. 158.

472 GABARAIN, María Teresa. Los Mundurucu. REV INDIAS, Madrid, 22(89/90):321-40, jul./dic. 1962. Bibliogr.: p. 329-40.

473 GALVÃO, Eduardo. Aculturação indígena no Rio Negro. BOL (Mus Paraense E Goeldi) Belem, n. s. (Antrop), 1-60, set. 1959. Bibliogr.: p. 59-60.

474 [No entry]

475 _____. Breve notícia sôbre os índios Juruna. REV (Mus Paulista) S Paulo, n. s., 6:469-77, 1952. Bibliogr.: p. 477.

476 _____. Vida religiosa do Caboclo da Amazonia. BOL (Mus

Nac, Antrop) Rio, (15):1-18, abr. 29, 1953. illus. Bibliogr.: p. 13-4.

477 THE GENERAL characteristics of Indian culture in the São Francisco valley. REV (Mus Paulista) S Paulo, n.s., 12:73-86, 1960. illus., map. Bibliogr.: p. 85-6.

478 GODOI, Manuel Pereira de. Los extintos Painguas de la cascada de Emas. REV (Univ) Córdoba, 33(2):441-515, mayo/jun. 1946. Bibliogr.: p. 511-15. Translation from Portuguese.

479 HERRMANN, Lucila. A organização social dos Vapidiana do território de Rio Branco. SOCIOLOGIA, S Paulo, 8(2): 119-34, 1946; (3):203-15, 1946; (4):282-304, 1946; 9(1): 54-84, 1947. Bibliogr.: 9(1):84.

480 HOHENTHAL, W. D. Little known groups of Indians reported in 1696 on the Rio São Francisco, in northeastern Brazil. JOUR (Soc Am) Paris, n.s., 41(1):31-7, 1952. Bibliogr.: p. 36-7.

481 _____. Notes on the Shucurú Indians of Serra de Ararobá, Pernambuco, Brazil. REV (Mus Paulista) S Paulo, n.s., 8:93-164, 1954. Bibliogr.: p. 161-64.

482 _____. As tribos indígenas do médio e baixo São Francisco. Ib., n.s., 12:37-71, 1960. Bibliogr.: p. 67-71.

483 INDIOS. JUS DOC, Rio, 6(5):27-42, maio 1953. References in 3 pts.: Legislativa, documentária, bibliográfica.

484 KOEHLER-ASSEBURG, Iris. O problema do Muiraquitá. REV (Mus Paulista) S Paulo, n.s., 5:199-20, 1951. plates. Bibliogr.: p. 220.

485 KRAUSE, Fritz. Máscaras grandes no Alto Xingu. Ib., n.s., 12:87-124, 1960. illus., plates. Bibliogr.: p. 124.

486 LANE, Frederico. Cachimbos dos índios Karajá. Ib., n.s., 4:381-88, 1950. illus. Bibliogr.: p. 387-88.

487 LAYTANO, Dante de. Populações indígenas; estudo histórico de suas condições atuais no Rio Grande do Sul--Caingang. REV Mus J Castilhos Arquiv Hist) P Alegre, 5(5):149-209, 1955; (6):201-46, 1956; 6(7):151-213, 1957; (8):49-131, 1957. Bibliogr.: 5(6):236-46.

488 LIMA, Gastão C. Bierrenbach. A origem do homem e tribos indígenas do Brasil. REV (Arquiv Munici) S Paulo, 135: 2-36, set. 1950. maps. Bibliogr.: p. 36.

489 LIMA, Pedro Estevam de. A canoa de casca de jatobá entre

los indios do Xingu. REV (Mus Paulista) S Paulo, n. s., 4:369-80, 1950. plates. Bibliogr.: p. 379-80.

490 ———. Grupos sangíneos dos índios do Xingu. BOL (Mus Nac; Antrop) Rio, (11):1-4, dez. 20, 1950. tables. Bibliogr.: p. 4.

491 LOUKOTKA, Chestmír. Nouvelle contribution a l'étude de la vie et du langage des Kaduveo. JOUR (Soc Am) Paris, n. s., 25(2):251-77, 1933. illus. Bibliogr.: p. 277.

492 MacDONALD, J. Frederick. Some considerations about Tupi-Guarani kinship structure. BOL (Mus Paraense E Goeldi) Belem, n. s. (Antrop), (26):1-20, maio 24, 1965. Bibliogr.: p. 19-20.

493 MAGALHÃES, Amilcar Armando Botelho. Indios do Brasil. AM INDIG, Méx, 5(4):309-15, oct. 1945-7(3):261-68, jul. 1947. illus. Publications: 6(3):275-83.

494 MENGHIN, Osvaldo Francisco Ambrosio. Los Sambaquís de la Costa Atlántica del Brasil meridional. AMERINDIA, Monte, (1):51-81, 1962. illus. Bibliogr.: p. 78-81.

495 ———. Die Sambaquis der Atlantikküste südbrasilens. PAIDAUMA, Frankfort, 7(7):377-94, Juni 1961. Bibliogr.: p. 392-94.

496 METRAUX, Alfred. Los indios Manao. AN ARQUEOL ETNOL, Mendoza, 1:235-44, 1940. Bibliogr.: p. 244.

497 MIGLIAZZA, Ernesto. Notas sôbre a organização social dos Xiriâna do Rio Uraricaá. BOL (Mus Paraense E Goeldi) Belem, n. s. (Antrop), (22):1-19, jun. 30, 1964. illus., map. Bibliogr.: p. 19.

498 MONTENEGRO, Luiz. Algumas características antropológicas em uma amostra da população de Manaus. REV ANTROP, S Paulo, 12 (1/2):1-9, jun. /dez. 1964. Bibliogr. p. 9.

499 MOREIRA, Carlos de Araujo. A cultura pastoril de Páu d'Arco. BOL (Mus Paraense E Goeldi) Belem, n. s. (Antrop), (10): 1-112, mar. 1960. illus., maps. Bibliogr.: p. 109-12.

500 ———. O estado de Rop-Dróre kam aibān entre os indios Kayapó. AM INDIG, Méx, 25(4):393-408, oct. 1965. Bibliogr.: p. 407-08.

501 MUSSOLINI, Gioconda. Os meios de defesa contra a moléstia e a morte em duas tribos brasileiras: Kiangang de Duque de Caxias e Boróro oriental. REV (Arquiv Munici) S Paulo, 110:7-152, set. /out. 1946. References: p. 150-52. Thesis--Escola Livre de Sociologia e Política de São Paulo.

502 NIMUENDAJU, Curt. Os Apinayé. BOL (Mus Paraense E Goeldi) Belem, 12:iii-xiii, 1-150, 1956. map. Bibliogr.: p. 143-46.

503 _____. Os Tapajó. REV ANTROP, S Paulo, 1(1):53-61, jun. 1953. Bibliogr.: p. 61.

504 OLIVEIRA, Roberto Cardoso de. Aliança interclânica na sociedade Tukúna. Ib., 9(1/2):15-32, jun./dez. 1961. illus. Bibliogr.: p. 31-2.

505 _____. Marriage and Terena tribal solidarity: an essay in structural analysis. AM INDIG, Méx, 21(3):233-52, jul. 1961. Bibliogr.: p. 251-52.

506 _____. Matrimônio e solidariedade tribal Terêna; uma tentativa de análise estructural. REV ANTROP, S Paulo, 7(1/2):31-48, jun./dez. 1959. Bibliogr.: p. 47-8.

507 _____. Preliminares de uma pesquisa sôbre a assimilação de los Terêna. Ib., 5(2):173-88, dez. 1957. map. Bibliogr.: p. 184-88.

508 OTTENSOOSER, F. Grupos sangüíneos e raça. Ib., 3(1):45-63, jun. 1955. Bibliogr.: p. 60-3.

509 PAIVA, Tancredo de Barros. Raça brasílica. Usos, costumes, linguagem--Ethnographia e anthropologia. Bibliographia. BOL (Min Agr Indus Com) Rio, 1(2):255-71, fev. 1930. To have been continued. In this issue: 381 items.

510 POURCHET, María Júlia. Aspectos genético-antropológicos de uma comunidade Kaingang. AM INDIG, Méx, 23(2):141-47, abr. 1963. Bibliogr.: p. 146-47.

511 PRADO, Ruth Alcantara de Almeida. Contribuição para o estudo do "tembetá." REV (Arquiv Munici) S Paulo, 84:139-54, jul./ag. 1944. Bibliogr.: p. 153-54.

512 PUBLICAÇÕES brasileiras recomendáveis para familiarizar-se com os índios do Brasil. Ib., 142:137-38, ag. 1951.

513 QUEIROZ, Maurício Vinhas de. "Cargo cult" na Amazônia; observações sôbre o milenarismo Tukúna. AM LAT, Rio, 6(4):43-61, out./dez. 1963. Bibliogr.: p. 59-60.

514 REIS, Paulo Pereira dos. Os Puri de Guapacaré e algumas achegas a história de Queluz. REV HIST, S Paulo, 30(61):117-58, jan./mar. 1965. Bibliogr.: p. 156-58.

515 RIBEIRO, René. Situação étnica no Nordeste. SOCIOLOGIA, S Paulo, 15(3):210-59, ag. 1953. Bibliogr.: p. 259.

516 RODRIGUES, Arion Dall'Igna. Notas sôbre o sistema de parentesco dos índios Kiriri. REV (Mus Paulista) S Paulo, n.s., 2:193-205, 1948. tables. Bibliogr.: p. 205.

517 SALDANHA, P. H. Estudo genético e antropológico de uma colónia de holandeses do Brasil. REV ANTROP, S Paulo, 8(1):1-42, jun. 1960. Bibliogr.: p. 40-2.

518 SCHADEN, Egon. Aculturação indígena; ensaio sôbre fatôres e tendências da mudança cultural de tribos índias em contacto com o mundo dos brancos. Ib., 13(1/2):3-315, jun./dez. 1965. Bibliogr.: p. 303-15.

519 _____. Ensaio etno-sociológico sôbre a mitologia heróica de algumas tribos indígenas do Brasil. SOCIOLOGIA, S Paulo, 7(4):1-164, 1945. Bibliogr.: p. 165-72.

520 _____. Os primitivos habitantes do território paulista. REV HIST, S Paulo, 8(18):385-406, abr./jun. 1954. Bibliogr.: p. 403-06.

521 SCHADEN, Francisco S. G. Apontamentos bibliográficos para o estudo dos índios Kaingang. BOL BIBLIOGR, S Paulo, 2:23-32, jan./mar. 1944.

522 _____. Apontamentos bibliográficos para o estudo dos índios Xokléng. Ib., 12:113-19, 1949.

523 SCHMIDT, Max. Los Payaguá. REV (Mus Paulista) S Paulo, n.s., 3:129-269, 1949. plates. Bibliogr.: p. 267-69.

524 SCHMITZ, Inácio. Um paradeiro guarani do Alto-Uruguai. PESQUISAS, P Alegre, 1:122-42, 1957. illus. Bibliogr. notes: p. 141-42.

525 SCHULTZ, Harald. Informações etnográficas sôbre os Umutina. REV (Mus Paulista) S Paulo, n.s., 13:75-313, 1961/1962. Bibliogr.: p. 312-13.

526 SCOLNIK, Rosa. Observaciones sobre el estado sanitario de algunas tribus indígenas del Brasil central. AM INDIG, Méx, 15(2):89-96, abr. 1955. Bibliogr.: p. 96.

527 SERRANO, Antonio. Los Sambaquís o concheros brasileños. REV (Inst Antrop) Tucumán, 1(3):43-89, 1938. illus., plates. Bibliogr.: p. 86-9.

528 SILVA, E. M. da Castro e. Grupos sanguíneos comuns e fatores M e N em índios Canela (Ramkókamkra) do Maranhão. REV (Mus Paulista) S Paulo, n.s., 2:271-74, 1948. tables, plates. Bibliogr.: p. 274.

529 SILVA, Fernando Altenfelder. O estado de Uanki entre os Bakairé. SOCIOLOGIA, S Paulo, 12(3):259-71, ag. 1950. Bibliogr.: p. 271.

530 ———. Mudança cultural dos Terena. REV (Mus Paulista) S Paulo, n.s., 3:271-379, 1949. diagrs. Bibliogr.: p. 377-79.

531 SILVA, Maurice Paranhos da. Essai bibliographique sur les indiens du Brésil. BULL (Soc Suisse Am) Geneva, (2): 14-9, mars 1951; (3):21-9, sept. 1951.

532 SILVER, Richard T. Medical adventures in the Upper Xingu. EXPLOR JOUR, N Y, 43(2):106-14, Jun. 1965. illus., ports. Bibliogr.: p. 114.

533 SIMÕES, Mário F. Os "Txikão" e outras tribus marginais do Alto Xingu. REV (Mus Paulista) S Paulo, n.s., 14:76-104, 1963. plates, map. Bibliogr.: p. 102-04.

534 SOUSA, Cicero Christiano de. O método de Rorschach aplicado a um grupo de índios Kaingang. Ib., n.s., 7:311-41, 1953. Bibliogr.: p. 339.

535 TEVES, Angelina Cabral de. Notas sôbre o estado atual das tribos da região do Xingu. REV BRAS, S Paulo, (31): 134-64, set./out. 1960. Bibliogr.: p. 163-64.

536 TRUJILLO FERRARI, Alfonso. Análisis del comportamiento económico de los Kashibo frente a los efectos aculturativos. REV (Mus Paulista) S Paulo, n.s., 12:199-309, 1960. illus. Bibliogr.: p. 303-07.

537 ———. Os Kariri de Porto Real do Colégio. Um grupo tribal abrasileirado. SOCIOLOGIA, S Paulo, 18(3):233-51, ag. 1956; (4):279-310, out. 1956; 19(1):17-35, mar. 1957. map. Bibliogr.: 19(1):32-5.

538 WAGLEY, Charles. Cultural influences on population: a comparison of two Tupí tribes. REV (Mus Paulista) S Paulo, n.s., 5:95-104, 1951. Bibliogr.: p. 103-04.

539 WATSON, James B. Cayuá culture change; a study in acculturation and methodology. AM ANTHROP, 54(2, pt. 2): 1-144, Apr. 1952. map. Part 2 published as Memoir, no. 73. Bibliogr.: p. 133-44.

540 WILLEMS, Emílio and SCHADEN, Egon. On Sambaqui skulls, REV (Mus Paulista) S Paulo, n.s., 5:141-81, 1951. Bibliogr.: p. 175-78.

541 ZERRIES, Otto. Die tanzmasken der Tukuna- und Juri-Taboca Indianer der sammlung Spix und Martius im Staatlichen Museum für Völkerkunde zu München aus dem Jahre 1820

und ihre bedeutung im lichte neuer ethnologischer forschung. PAIDEUM, Frankfurt, 7(7):362-76, Juni 1961. plates. Bibliogr.: p. 376.

CARIBBEAN AREA

542　HOETINK, Harry. Diferencias en relaciones raciales entre Curazao y Surinam. REV CIEN SOC, Río Piedras, 5(4): 498-514, dic. 1961. Bibliogr.: p. 514.

543　ROYO GUARDIA, Fernando. El culto de cráneos y los cemies de algodón entre los antillanos precolombianos. REV ARQUEOL ETNOL, Hav, 2a. ép., 2(4/5):143-60, en./dic. 1947. plates, ports. Bibliogr.: p. 155.

544　SOLIEN, Nancie L. The nonunilineal descent group in the Caribbean and Central America. AM ANTHROP, 61(4): 578-83, Aug. 1959. Bibliogr.: p. 582-83.

CENTRAL AMERICA

545　BECKER-DONNER, Etta. Zentralamerikanische studie. KATUNOB, Oshkosh, 4(2):37-41, Jun. 1963. Bibliogr.: p. 41.

546　BORHEGYI, Stephan F. de. Pottery mask tradition in Mesoamerica. SOUTHWEST JOUR ANTHROP, Santa Fe, 11(3): 205-13, Autumn 1955. illus., map. Bibliogr.: p. 212-13.

547　COMAS, Juan. Recopilación bibliográfica de antropología física sobre America Central. BOL BIBLIOGR ANTROP AM, Méx, 21/22 (pte. 2a.):138-49, 1958/1959.

548　GAMIO DE ALBA, Margarita. La mujer indígena de Centro América. NICA INDIG, Managua, 2a. ép., (19/20):31-50, mar./jun. 1958. Bibliogr. notes: p. 49-50.

549　STONE, Doris Zemurray. Los grupos mexicanos en la América Central y su importancia. ANTROP HIST GUAT, Guat, 1(1):43-7, en. 1949. References: p. 47.

550　_____. Urgent tasks of research concerning the cultures and languages of Central American Indian tribes. BULL (Intern Com Anthrop Ethnol Res) Vienna, (5):65-9, 1962. Bibliogr.: p. 68-9.

551　_____. _____. KATUNOB, Oshkosh, 3(4):8-12, Dec. 1962. Bibliogr.: p. 11-2.

CHILE

552　BRAND, Donald Dilworth. A brief history of Araucanian

studies. NEW MEX ANTHROP, Albuquerque, 5(2):19-35, Apr./June 1941. Bibliogr.: p. 20-2, 27-9, 30-3, 34.

553 ———. The status of anthropology in Chile. Ib., 5(3):55-71, Jul./Sept. 1941. Bibliogr.: p. 58-9, 61-5, 68-71.

554 BUNSTER, Ximena. Una experiencia de antropología aplicada entre los araucanos. AN (Univ Chile) Santiago, 122(130): 94-128, abr./jun. 1964. illus. Bibliogr.: p. 127-28.

555 CUATRO conferencias sobre los indios fueguinos. REV GEOGR, Santiago, 3(3):13-60, jul. 1950; (4):43-86, oct. 1950. Lectures by Alejandro Lipschutz, Greta Mostny and Ramón Cañas Montalva. Publications of Chilean Scientific Mission: 3(3):17.

556 HENCKEL CH., Carlos. Antropología física de los Mapuches. REV UNIV (Univ Catól) Santiago, 43:13-22, 1958. Bibliogr.: p. 21-2.

557 ———. Cráneos de paredes gruesas. Ib., 42(2):15-7, 1957. Bibliogr.: p. 17.

558 ———. Estudios somatológicos en indios Mapuches de la provincia de Cautín (Chile). ACTA AM, Méx, 6(1/2): 60-77, en./jun. 1948. plates, tables, diagrs. Bibliogr.: p. 76-7.

559 IRIBARREN CHARLIN, Jorge. Ensayo de interpretación del arte indígena Diaguita-chileno. REV UNIV (Univ Catól) Santiago, 46:91-6, 1961. plates. Bibliogr.: p. 96.

560 LATCHAM, Ricardo Eduardo. Antropología chilena. REV (Mus) La Plata, 16:241-318, 1909. Bibliogr.: 315-19.

561 LEON PORTILLA, Miguel. The Indian problem in Chile. AM INDIG, Méx, 17(3):246-59, jul. 1957. Article outlined. Bibliogr. under no. 3, 4 and 7 of outline.

562 LINDBERG, Ingebord, and NUÑEZ ATENCIO, Lautaro. Algunos aspectos de la vida material y espiritual de los Araucanos del Lago Budi. FINIS TERR, Santiago, 7(28): 58-83, 4o. trim. 1960. illus. Bibliogr.: p. 82-3.

563 LOOSER, Gualterio. Las balsas de cueros de lobo inflados de la costa de Chile. Adiciones. REV UNIV (Univ Catól) Santiago, 44/45:247-73, 1959/1960. Bibliogr.: p. 271-73.

564 METRAUX, Alfred. La shamanisme Araucán. REV (Inst Antrop) Tucumán, 2(10):309-60, 1942. Bibliogr.: p. 361-62.

565 MOSTNY, Greta. Bibliografía de antropología chilena. BOL

(Mus Nac de Hist Nat) Santiago, 8(92):5-7, mar. 1964; 9(99):5-8, oct. 1964.

566 ———. Los estudios antropológicos en Chile: 1954-55. RUNA, B A, 7(pte. 1a.): 147-49, 1956. Publications: p. 149.

567 ———, and NAVILLE, René. Le complexe de "chullpas" de Toconce (Chili). BULL (Soc Suisse Am) Geneva, (13):1-5, mars 1957. Bibliogr.: p. 4-5.

568 MUNIZAGA, Juan R. Deformación cefálica intencional (análisis de algunas poblaciones precolombianos en el Norte de Chile. ANTROP, Santiago, 2(2):5-18, 2o. sem. 1964. illus. Bibliogr.: p. 17-8.

569 MUNIZAGA AGUIRRE, Carlos, MUJICA, Gustavo, and GONZALEZ, Manuel. Enfoque antropológico-psiquiátrico de indígenas mapuches alienados. Ib., 3(no. único):65-80, 1965. Bibliogr.: p. 79-80.

COLOMBIA

570 ARBOLEDA, José Rafael. La historia y la antropología del negro en Colombia. UNIV ANTIOQ, Medellín, 41(157): 233-48, abr./jun. 1964. Bibliogr.: p. 248.

571 ARCILA VELEZ, Graciliano. Antropometría comparada de los indios Katio de Dalbeiba y un grupo de blancos antioqueños. BOL (Inst Antrop) Medellín, 2(6):3-159, sept. 1958. Bibliogr.: p. 154-56.

572 ———. Grupos sanguíneos de los indios Katios de Antioquia. Ib., 1(1):65-79, nov. 1953. Bibliogr.: p. 78-9.

573 ———. Plan de investigación universitaria en Urabá. Ib., 3(9):3-26, oct. 1965. map. Bibliogr.: p. 26.

574 ARIZA, Alberto E. Itinerario cronológico y geográfico de la expedición de Jiménez de Quesada al Reino Chibcha. BOL CULT BIBLIOGR, Bogotá, 6(7):984-97, 1963. Bibliogr.: p. 996-97.

575 ARRUBULA, Gerardo. Ensayo sobre los aborígenes de Colombia. BOL HIST ANTIG, Bogotá, 21(237/238):60-117, feb./mar. 1934. Bibliogr.: p. 116-17.

576 BERNAL VILLA, Segundo. Aspectos de la cultura Páez; mitología y cuentos de la parcialidad de Calderas, Tierradentro. REV COL ANTROP, Bogotá, 1(1):279-309, jun. 1953. Bibliogr.: p. 309.

577 ———. Organización social de los Páez, un pueblo del

Suroeste de Colombia. UNIV LIBRE, Bogotá, 4(12):22-34, jul. 1961. Bibliogr.: p. 34.

578 CHAVES CH., Milciades. Contribución a la antropología física de los Chimila. BOL ARQUEOL, Bogotá, 2(2): 157-77, abr./jun. 1946. illus., plates. Bibliogr.: p. 177.

579 ———. Mitología Kágaba. Ib., 2(5/6):423-520, en./dic. 1947. plates, tables. Bibliogr.: p. 519-20.

580 CUBILLOS CHAPARRO, Julio César. Apuntes para el estudio de la cultura Pijao. Ib., 2(1):47-81, en./mar. 1946. map. Bibliogr.: p. 80-1.

581 DUQUE GOMEZ, Luis. Apuntes sobre el comercio entre los indios pre-colombianas. Ib., 1(1):31-5, feb. 1945. Bibliogr.: p. 35.

582 ———. Grupos sanguíneos entre los indígenas del departamento de Caldas. REV (Inst Etnol Nac) Bogotá, 1(2): 623-53, 1944. ports. Bibliogr.: p. 649-50.

583 ECKERT, Georg. El culto a los muertos y la concepción de la vida en el valle del Cauca. REV INDIAS, Madrid, 6(19):73-122, en./mar. 1945. Bibliogr.: p. 119-22.

584 ESTRADA, Leonel. "Nuevo aporte al estudio odontológico de los indios Katio." BOL (Inst Antrop) Medellín, 2(7):59-73, mayo 1960. plates. Bibliogr.: p. 62-3.

585 FRIEDE, Juan. Aportación documental al estudio de la demografía precolombiana: los Quimbayas. REV COL ANTROP, Bogotá, 11:301-18, 1962. Bibliogr. notes: p. 317-18.

586 ———. Reseña etnográfica de los Macaguajes de San Joaquín sobre el Putumayo. BOL ARQUEOL, Bogotá, 1(6):553-66, nov./dic. 1945. Bibliogr.: p. 555-56.

587 GIRALDO JARAMILLO, Gabriel. El cementerio indígena de Los Santos. BOL HIST ANTIG, Bogotá, 28(317/318):308-22, mar./abr. 1941. Bibliogr.: p. 321-22.

588 GUHL, Ernesto. El Macizo colombiano. (Informe preliminar sobre un ensayo etno-geográfico). BOL ARQUEOL, Bogotá, 1(3):257-65, mayo/jun. 1945-(5):435-43, sept./oct. 1945. maps. Bibliogr.: 1(4):337; (5):450-51.

589 HERRERA, Francisco A., and GONZALEZ, Raúl. Informe sobre una investigación etnográfica entre los indios Bogotá de Bocas del Toro (1964). HOMBRE CULT, Panamá, 1(3):56-81, dic. 1964. illus. map. Bibliogr.: p. 81.

590 JIMENEZ ARBELAEZ, Edith. Los Guane. Lecciones de prehistoria para primeros conocimientos. BOL ARQUEOL, Bogotá, 1(3):249-55, mayo/jun. 1945. plates. Bibliogr.: p. 255.

591 LEHMANN, Henri. Bibliografía antropológica colombiana. BOL BIBLIOGR ANTROP AM, Méx, 6(1/3):42-6, en. / dic. 1942.

592 _____, CEBALLOS ARAUJO, Alberto, and CHAVES CH., Milciades. Grupos sanguíneos entre los indios "Kwaiker," BOL ARQUEOL, Bogotá, 2(3):227-53, jul./sept. 1946. Bibliogr.: p. 252-53.

593 LUCENA SALMORAL, Manuel. Datos antropológicos sobre los Pijao. REV COL ANTROP, Bogotá, 12:357-87, 1963. Sources and notes: p. 384-86.

594 LUNA TOBAR, Alfredo. Las tribus de los Aucas. ARCO, Bogotá, 3(12):18-24, en./feb. 1961. Bibliogr.: p. 24.

595 MEZEY, Kalman. Venenos de flecha de Colombia. REV (Acad Col Cien Exact Fís Nat) Bogotá, 7(27):319-23, jul. 1947. Bibliogr.: p. 323.

596 MOSER, Brian, and TAYLER, Donald. Tribes of the Piraparaná. GEOGR JOUR, London, 129(4):437-49, Dec. 1963. plates, maps. Bibliogr.: p. 448-49.

597 OCHOA SIERRA, Blanca. Los Panche (Lecciones para primeros conocimientos). BOL ARQUEOL, Bogotá, 1(4): 299-306, jul./ag. 1945. plates, map. Bibliogr.: p. 308.

598 PINEDA GIRALDO, Roberto. Los Motilones. Ib., 1(4):349-67, jul./ag. 1945. Bibliogr.: p. 366-67.

599 REICHEL DOLMATOFF, Alicia, and REICHEL DOLMATOFF, Gerardo. Grupos sanguíneos entre los indios Pijao del Tolima. REV (Inst Etnol Nac) Bogotá, 1(2):507-20, 1944. Bibliogr.: p. 519-20.

600 REICHEL DOLMATOFF, Gerardo. Apuntes etnográficos sobre los indios del Alto Río Sinú. REV (Acad Col Cien Exact Fís Nat) Bogotá, 12(45):29-40, nov. 1963. plates. Bibliogr.: p. 39-40.

601 _____. Bibliografía de la Guajira. Ib., 12(45):47-56, nov. 1963.

602 _____. Contactos y cambios culturales en la Sierra Nevada de Santa María. REV COL ANTROP, Bogotá, 1(1):15-122, jun. 1953. illus., maps. Bibliogr.: p. 119-22.

603 _____. Contribuciones a la etnografía de los indios del Chocó. Ib., 11:169-88, 1962. illus. Bibliogr.: p. 185.

604 _____. Contribuciones al conocimiento de los tribus de la región de Perijá. Ib., 9:159-98, 1960. illus., map. Bibliogr.: p. 187-89.

605 _____. La cultura material de los indios Guahibo. REV (Inst Etnol Nac) Bogotá, 1(2):437-506, 1944. Bibliogr.: p. 503-06.

606 _____. Etnografía Chimila. BOL ARQUEOL, Bogotá, 2(2): 95-155, abr./jun. 1946. illus., plates. Bibliogr.: p. 149-55.

607 _____. Indígenas de Colombia. AM INDIG, Méx, 19(4): 245-53, oct. 1959. Bibliogr.: p. 253.

608 _____. Los indios Motilones (etnografía y lingüística). REV (Inst Etnol Nac) Bogotá, 2(1):15-115, 1945. illus. Bibliogr.: p. 113-15.

609 _____. Notas etnográficas sobre los indios del Chocó. REV COL ANTROP, Bogotá, 9:73-158, 1960. plates. Bibliogr.: p. 157-58.

610 _____, and CLARK, Alexander L. Parentesco, parentela y agresión entre los Iroka. JOUR (Soc Am) Paris, 39:97-109, 1950. Bibliogr.: p. 109.

611 RESTREPO GALLEGO, Darío. Generalidades de antropología dentaria y aspectos odontológicos de los indios Katio de Antioquia, Colombia. BOL (Inst Antrop) Medellín, 2(7): 75-117, mayo 1960. plates, map. Bibliogr.: p. 101-03.

612 RESTREPO M., Alberto, PALACIO R., Sigifredo, and FORERO, José María. Frecuencia de los grupos sanguíneos ABO y RHO en población mixta de la ciudad de Medellín (Antioquia) y, en negros de la ciudad de Quibdó (Chocó) y revisión de la literatura colombiana. Ib., 3(9):53-62, oct. 1965. Bibliogr.: p. 61-2.

613 RIVET, Paul. Le groupe Kokonuko. JOUR (Soc Am) Paris, n.s., 33:1-61, 1941. Bibliogr.: p. 58-61.

614 _____. Los indiens Malibú. Ib., 36:139-44, 1947. map. Bibliogr.: p. 144.

615 _____. La influencia Karib en Colombia. REV (Inst Etnol Nac) Bogotá, 1:55-93, 283-95, 1943. Bibliogr.: p. 88-90, 292-95.

616 _____. Nouvelle contribution a l'étude de l'ethnologie

précolombienne de Colombie. JOUR (Soc Am) Paris, n.s., 35:25-39, 1943/1946. Bibliogr.: p. 38-9.

617 ROBLEDO, Emilio. Migraciones oceánicas en el poblamiento de Colombia. BOL (Inst Antrop) Medellín, 1(3):215-34, mar. 1955. References: p. 233-34.

618 _____. _____. BOL (Soc Geogr) Bogotá, 15(54/55):96-112, 2o./3o. trim. 1957. References: p. 112.

619 ROMOLI, Kathleen. Apuntes sobre los pueblos autóctonos del litoral colombiano del Pacífico en la época de la conquista española. REV COL ANTROP, Bogotá, 12:259-92, 1963. Bibliogr.: 289-90.

620 _____. El suroeste del Cauca y sus indios al tiempo de la conquista española; según documentos contemporáneos del distrito de Almaguer. Ib., 11:239-99, 1962. illus., plates, maps. Bibliogr. and documentary sources: p. 293-97.

621 SILVA CELIS, Eliécer. Algunos aspectos de la etnografía antigua de los Chibchas. AULAS, Bogotá, 1(4):2-4, jun./jul. 1952. illus. Bibliogr.: p. 4.

622 _____. La antigua civilización Lache. COLOMBIA, Bogotá, 1(5):82-90, mayo 1944. illus., port. Bibliogr. notes: p. 90.

623 TRIANA Y ANTORVEZA, Humberto. Materiales de antroponimia colombiana, Sabana de Bogotá (Cundinamarca). BOL CULT BIBLIOGR, Bogotá, 4(6):503-10, jun. 1961; (7):625-36, jul. 1961. Bibliogr. and notes: 4(7):633-36.

624 TRIMBORN, Hermann. Tres estudios para la etnografía y arqueología de Colombia. REV INDIAS, Madrid, 4(11):43-91, en./mar. 1943-5(16):199-226, abr./jun. 1944. Bibliogr.: 4(14):677-81; 5(16):223-26.

625 USCATEGUI MENDOZA, Néstor. Algunos colorantes vegetales usados por las tribus indígenas de Colombia. REV COL ANTROP, Bogotá, 10:331-40, 1961. illus. Bibliogr.: p. 339-40.

COSTA RICA

626 AGUILAR P., Carlos H. El complejo de las cabezas trofeo en la etnología costarricense. REV (Univ) S José, (7): 39-59, oct. 1952. illus. Bibliogr.: p. 58-9.

627 BALSER, Carlos. Los "baby faces" Olmecas de Costa Rica. NICA INDIG, Managua, 2a. ép., (33):29-34, jul./dic. 1961. Bibliogr.: p. 33-4.

628 MORALES, Raúl. Los pueblos aborígenes de Costa Rica en el presente. EDUC, S José, 7(28):12-6, sept./dic. 1961. illus. Bibliogr.: p. 16.

CUBA

629 FEBRES CORDERO, Julio. Balance del indigenismo en Cuba. REV (Bibl Nac) Hav. 2a. ser., 1(4):61-204, ag. 1950. Bibliogr.: p. 113-204.

630 GARCIA VALDES, Pedro. En vueltabajo sí hubo civilización Taina. REV CUBANA, Hav. 8(22/24):187-203, abr./jun. 1937-10(28/30):256-68, oct./dic. 1937. Bibliogr.: 10 (28/30):265-68.

631 MORALES COELLO, Julio. Las ciencias antropológicas en Cuba (1925-1940). REV AGR GANAD, Hav, 8(2):163-86, feb. 1943. Bibliogr.: p. 185-86.

ECUADOR

632 BARRERA B., Jaime. Bibliografía para el estudio de la prehistoria ecuatoriana. AN (Univ Cent) Quito, 58(299):99-149, en./mar. 1937. From Louis Baudin, L'Empire socialiste des Inka.

633 BECERRIL S., Víctor M. Sobre la autenticidad de algunas cabezas reducidas de los Jíbaros. AN (Inst Nac Antrop Hist) Méx, 18(47):41-50, 1965. Bibliogr.: p. 50.

634 CARLUCI, María Angélica. Puntas de proyectil, tipos, técnica y áreas de distribución en el Ecuador andino. HUMANITAS, Quito, 4(1):5-56, 1963. illus. Bibliogr.: p. 53-6.

635 CASTRO, Víctor Manuel. Sobre antecedentes y etnología de los indios Magdalena. FILOS LETR EDUC, Quito, 1(3): 144-66, jul./sept. 1948. Bibliogr.: p. 166.

636 FERDON, Edwin N. Notes to accompany a present day ethnic map of Ecuador. PALACIO, Santa Fe, 54(7):155-69, Jul. 1947. Bibliogr.: p. 169.

637 FUENTES ROLDAN, Alfredo. Programas indigenistas ecuatorianos, 1954-1958. AM INDIG, Méx, 19(4):275-304, oct. 1959. Bibliogr.: p. 303-04.

638 LARA, Jorge Salvador. Nuevos datos sobre el problema de la antigüedad del hombre en el Ecuador. BOL (Acad Nac Hist) Quito 45(102):239-44, jul./dic. 1963. Bibliogr.: p. 243-44.

639 PEÑAHERRERA DE COSTALES, Piedad, and COSTALES

SAMANIEGO, Alfredo. Llacta Runa. LLACTA, Quito, (12):3-244, 1961. plates. Bibliogr.: p. 241-44.

640 PEREZ T., Aquiles R. Contribución al mejor conocimiento de los Cañaris. Ib., (3):45-67, mayo 1957. Bibliogr.: p. 66-7.

641 RUBIO ORBE, Gonzalo. Nuestros indios. AN (Univ Cent) Quito, 73(322):105-271, en./dic. 1945; 74(323-324):127-262, en./dic. 1946. illus., tables. Thesis. Bibliogr. at end of chapters.

642 SANTIANA, Antonio. Antropología morfológica de los órganos internos en las razas del Ecuador. HUMANITAS, Quito, 5(1):5-49, 1964. Bibliogr.: p. 32-3.

643 _____. Los cráneos de Punín y Paltacalo. Ib., 3(2):29-45, 1962. illus. Bibliogr.: p. 40-2.

644 _____. Deformaciones del cuerpo, de carácter étnico, practicadas por los aborígenes del Ecuador. AN (Univ Cent) Quito, 87(342):291-323, mar. 18, 1958. illus., map. Bibliogr.: p. 321-23.

645 _____. Los grupos sanguíneos de los indios del Ecuador. Ib., 75(325/326):5-50, en./dic. 1947. plates, tables, maps. Bibliogr.: p. 47-50.

646 _____. Los indios de Imbabura; su craneología. Ib., 72(321):123-279, en./dic. 1944. Bibliogr.: p. 277-79.

647 _____, and CARLUCI, María Angélica. El paleoindio en el Ecuador. HUMANITAS, Quito, 3(2):5-28, 1962. illus. Bibliogr.: p. 24-5.

648 _____, and PALTAN, José D. Contribuciones al estudio de la antropología ecuatoriana; la dentadura en los indios de Imbabura y Chimborazo. AN (Univ Cent) Quito, 67/68 (314/315):575-641, abr./sept. 1942. Bibliogr.: p. 640-41.

649 SAVILLE, Marshall Howard. Precolumbian decoration of the teeth in Ecuador, with some account of the occurrence of the custom in other parts of North and South America. AM ANTHROP, n.s., 15(3):377-94, Jul./Sept. 1913. Bibliogr.: p. 391-94.

650 UHLE, Max. Bibliografía sobre etnología y arqueología del Ecuador. BOL (Bibl Nac) Quito, n.s., (7):435-46, nov./dic. 1926.

EL SALVADOR

651 BARATTA, Augusto. La unidad de medida en nuestra raza aborigen. TZUNPAME, S Salvador, 3(1):89-103, oct. 9, 1943. plates. Bibliogr.: p. 102-03.

GUATEMALA

652 BORHEGYI, Stephan F. de. Ofrendas al dios de la lluvia. ANTROP HIST GUAT, Guat, 16(2):38-41, dic. 1964. illus. Bibliogr.: p. 41.

653 BREMME DE SANTOS, Ida. Aspectos hispánicos e indígenas de la cultura Cakchiquel. AN (Soc Geogr Hist) Guat, 36(1/4):517-63, en./dic. 1963. Bibliogr.: p. 559-63.

654 BULLARD, William R. Maya settlement pattern in northeastern Petén, Guatemala. AM ANTIQ, 25(3):355-72, Jan. 1960. Bibliogr.: p. 371-72.

655 CONTRERAS R., J. Daniel. El último cacique de la casa de Cavec. CUAD ANTROP, Guat, (5):37-48, abr./sept. 1965. Bibliogr.: p. 48.

656 GALL, Francis. Quezaltenango Quiché. AN (Soc Geogr Hist) Guat 34(1/4):175-200, en./dic. 1961. Bibliogr.: p. 199-200.

657 GOUBAUD CARRERA, Antonio. Del conocimiento del indio guatemalteco. REV GUAT, Guat, 1(1):86-104, jul./sept. 1945. Bibliogr. notes: p. 101-04.

658 _____. Problemas etnológicos del Popul Vuh: I. Procedencia y lenguaje de los Quichés. ANTROP HIST GUAT, Guat, 1(1):35-42, en. 1949. Bibliogr.: p. 42.

659 JONGH OSBORNE, Lilly de. Breves apuntes de la indumentaria indígena de Guatemala. FOLK AM, Lima 11/12 (11/12):22-57, 1963/1964. illus. Bibliogr.: p. 57.

660 REINA, Rubén E. Chinautla, comunidad indígena guatemalteca. GUAT INDIG, Guat, 3(1):31-150, en./mar. 1963. Bibliogr.: p. 149-50.

661 _____. Los Itzaes de San José, Guatemala y Socotz, Belice, abandonan las primicias. Ib., 1(2):57-74, abr./jun. 1961. Bibliogr.: p. 73-4.

662 _____. Significado cultural de tres calaveras en San José, Petén. Ib., 2(4):21-46, oct./dic. 1962. illus. Bibliogr.: p. 45-6.

663 ROSALES, Juan de Dios. Indígenas de Guatemala. AM

INDIG, Méx, 19(2):115-24, abr. 1959. plates. Bibliogr.: p. 120-24.

664 SOLANO PEREZ-LILA, Francisco de. Los mayas del siglo XVIII; creencias y supervivencias prehispánicas en la Guatemala dieciochesca. ANTROP HIST GUAT, Guat, 15(2):3-34, dic. 1963. Bibliogr.: p. 33-4.

665 STEWART, Thomas Dale. Notas sobre esqueletos humanos prehistóricos hallados en Guatemala. Ib., 1(1):23-34, en. 1949. Bibliogr.: p. 33-4.

666 VIRKKI, Niilo. Comentarios sobre el baño de vapor entre los indígenas de Guatemala. GUAT INDIG, Guat, 2(2): 71-85, abr./jun. 1962. illus. Bibliogr.: p. 85.

HAITI

667 BUTTERLIN, Jacques. Activités anthropologiques en Haiti (1954). BOL BIBLIOGR ANTHROP AM, Méx, 17(pte. 1a.)137-40, 1954. Bibliogr.: p. 138-40.

HONDURAS

668 STONE, Doris Zemurray. El papel de los Tula-Toltecas en Honduras precolombiana. REV CONSERV PENS CENTRO-AM, Managua, 10(52):54-5, en. 1965. Bibliogr.: p. 55.

MEXICO

669 ACOSTA SAIGNES, Miguel. Los Teopixque. REV MEX ESTUD ANTROP, Méx, 8(1/3):147-205, en./dic. 1946. Bibliogr.: p. 203-05.

670 AGRINIER, Pierre. Nuevos casos de mutilaciones dentarias procedentes de Chiapas, México. AN (Inst Nac Antrop Hist) Méx, 15(44):229-43, 1962. illus. Bibliogr.: p. 242-43.

670a ALCINA FRANCH, José. Etnohistoria del norte de Méjico: Un proyecto en marcha. RUNA, B A, 10:98-222, 1960/ 1965. Bibliogr.: p. 120-22.

671 _____. Fuentes indígenas de Méjico. Ensayo de sistematización bibliográfica. REV INDIAS, Madrid, 15(61/62): 421-521, jul./dic. 1955. Bibliogr.: p. 511-21.

672 ANDERSON, Arthur J. O. The earliest literate Indians of Mexico. PALACIO, Santa Fe, 53(6):143-51, Jun. 1946. Bibliogr.: p. 150-51.

673 ARMILLAS, Pedro. Oxtuma, Gro., fortaleza de los mexicanos en la frontera de Michoacán. REV MEX ESTUD

ANTROP, Méx, 6(3):165-74, sept. 1942/dic. 1944. illus., diagrs. Bibliogr.: p. 175.

674 BARLOW, Robert Hayward. Some remarks on the term "Aztec Empire." AMS, Wash, D C, 1(3):345-49, Jan. 1945. Bibliogr.: p. 349.

674a BIBLIOGRAFIA paleoantropológica de México. BOL BIBLIOGR (Sec Hac Créd Públ) Méx, (43):3-6, sept. 15, 1955; (44): 3-4, oct. 1, 1955; (45):5-6, oct. 15, 1955; (48):5, dic. 1, 1955.

675 BIBLIOGRAFIA sobre los indios mexicanos. LIBRO PUEBLO, Méx, 11(9):326, sept. 1933.

676 BLOM, Frans Ferdinand. Etnohistoria: La Gran Laguna de los Lacandones. TLATLOANI, Méx, 2(10):4-9, jun. 1956. illus. Bibliogr.: p. 9.

677 BOOS, Frank H. El dios mariposa en la cultura de Oaxaca. AN (Inst Nac Antrop Hist) Méx, 16(45):77-97, 1963. illus. Bibliogr.: p. 97.

678 BORGONIO G., Guadalupe. La organización militar de los Tenochcas. ANUAR HIST, Méx, 2:37-46, 1962. Bibliogr.: p. 46.

679 BRAINERD, Charles Walton. Changing living patterns of the Yucatan Maya. AM ANTIQ, 22 (2, pt. 1):162-64, Oct. 1956. Contains bibliogr.

680 CAMPO, Martín del. Contribución a la etnozoología mixteca y zapoteca. MEM REV (Acad Nac Cien) Méx, 59(1/2): 53-88, 1960. Bibliogr.: p. 88.

681 CARMICHAEL, James H. Balsalobre on idolatry in Oaxaca. BOL ESTUD OAXAQUEÑOS, Oaxaca, (13):1-13, sept. 1, 1959. Bibliogr. notes: p. 13.

682 CASO, Alfonso. ¿Existió un imperio olmeca? MEM (Col Nac) Méx, 5(3):11-60, 1964. illus. Bibliogr.: p. 57-60.

683 _____. Fragmento de genealogía de los príncipes mexicanos. JOUR (Soc Am) Paris, n.s., 47:21-31, 1958. illus. Bibliogr.: p. 31.

684 CERDA SILVA, Roberto de la. Los Coras. REV MEX SOCIOL, Méx, 5(1):88-117, 1o. trim. 1943. Bibliogr.: p. 117.

685 _____. Los Cuicatecos. Ib., 4(4):99-127, 4o. trim. 1942. Bibliogr.: p. 126-27.

686 _____. Los Huave. Ib., 3(1):81-111, 1o. sem. 1941. Bibliogr.: p. 109-11.

687 _____. Los Mame. Ib., 2(3):61-100, 3o. trim. 1940. Bibliogr.: p. 98-100.

688 _____. Los Mixes. Ib., 2(2):63-113, 2o. trim. 1940. Bibliogr.: p. 112-13.

689 _____. Los Tarahumaras. Ib., 5(3):403-36, 3o. trim. 1943. Bibliogr.: p. 436.

690 _____. Los Tepehuanes. Ib., 5(4):541-67, 4o. trim. 1943. Bibliogr.: p. 567.

691 _____. Los Zoque. Ib., 2(4):61-96, 4o. trim. 1940. Bibliogr.: p. 95-6.

692 COMAS, Juan. Bosquejo histórico de la antropología en México. REV MEX ESTUD ANTROP, Méx, 11:97-192, 1950. Bibliogr.: p. 142-91.

693 _____. Datos para la historia de la deformación craneal en México. HIST MEX, Méx, 9(4):509-20, abr./jun. 1960. Bibliogr. and notes: p. 518-20.

694 CORDAN, Wolfgang. Reconstrucción del proto Maya y de macro Maya. REV (Univ Yucatán) Mérida, 5(29):71-100, sept./oct. 1963. chart. Bibliogr.: p. 95-100.

695 CORONA NUÑEZ, José. Cuitzeo; estudio antropogeográfico. ACTA ANTHROP, Méx, 2(1):5-71, sept. 1946. Bibliogr.: p. 69.

696 DARK, Philip. Speculations on the course of Mixtec history prior to the conquest. BOL ESTUD OAXAQUEÑOS, Oaxaca, (10):1-14, nov. 15, 1958. References: p. 12-4.

697 DAVALOS HURTADO, Eusebio. La alimentación entre los Mexicas. REV MEX ESTUD ANTROP, Méx, 14(1a. pte.): 103-18, 1954/1955. Bibliogr.: p. 117-18.

698 DIAZ BOLIO, José. Origen del Nahui Olin. REV (Univ Yucatán) Mérida, 1(1):64-86, en./feb. 1959. Bibliogr.: p. 86.

699 DIBBLE, Charles A. El antiguo sistema de escritura en México. REV MEX ESTUD ANTROP, Méx, 4(1/2): 105-28, en./ag. 1940. Bibliogr.: p. 113.

700 DUBY, Gertrude. Estado actual de los Lacandones de Chiapas, Méx. AM INDIG, Méx, 19(4):255-67, oct. 1959. plates. Bibliogr.: p. 264-67.

701 DUTTON, Bertha P. The Chinanyec Indians of Mexico. PALACIO, Santa Fe, 50(5):93-109, May 1943. map. Bibliogr.: p. 109.

702 EZELL, Paul H. The conditions of Hispanic-Piman contacts on the Gila River. AM INDIG, Méx, 17(2):163-91, abr. 1957. Portion of dissertation, University of Arizona. Bibliogr.: p. 185-91.

703 _____. Indians under the law. Mexico, 1821-1847. Ib., 15(3):199-214, jul. 1955. Bibliogr.: p. 213-14.

704 FAULHABER, Johanna. Un estudio longitudinal de crecimiento en México. AN (Inst Nac Antrop Hist) Méx, 17(46):141-50, 1964. Bibliogr.: p. 150.

705 FORBES, Jack D. The appearance of the mounted Indian in Northern Mexico and Southwest, to 1680. SOUTHWEST JOUR ANTHROP, Albuquerque, 15(2):189-212, Summer 1959. Bibliogr.: p. 208-12.

706 FOSTER, George McClelland. The Coyotepec molds and some associated problems of the potter's wheel. Ib., 15(1):53-63, Spring 1959. illus. Bibliogr.: p. 63.

707 GALARZA, Joaquín. Liste-catalogue des sources pour l'étude de l'ethnologie dans l'ancien Mexique (Mayas exceptés) au Musée de l'Homme. JOUR (Soc Am) Paris, n.s., 49:69-113, 1960.

708 GARIBAY KINTANA, Angel María. Un cuadro real de la infiltración del hispanismo en el alma india en el llamado "Códice de Juan Bautista." FILOS LETR, Méx, 9(18):213-41, abr./jun. 1945. Notes and references: p. 239-41.

709 _____. El enigma Otomí. Abside, Méx, 2(3):3-14, mar. 1938. Bibliogr. notes: p. 13-4.

710 GIBSON, Charles. The transformation of the Indian community in New Spain, 1500-1810. CAHIERS HIST MOND, Paris, 2(3):581-607, 1955. Bibliogr.: p. 603-07.

711 GONZALEZ, Luis. Bibliografía etnográfica. ACCION INDIG, Méx, (92):2-4, feb. 1961. illus.

712 GONZALEZ NAVARRO, Moisés. Indio y propiedad en Oaxaca. HIST MEX, 8(2):175-91, oct./dic. 1958. Bibliogr. notes: p. 189-91.

713 GOULD, Harley N. Anthropometry of the Chol Indians of Chiapas, Mexico. MID AM RES REC, 1(9):91-122, Feb. 15, 1946. Bibliogr.: p. 110.

714 GRIMES, Joseph E. Huichol economics. AM INDIG, Méx, 21(4):281-306, oct. 1961. Bibliogr.: p. 306.

715 HINTON, Thomas B., and OWEN, Roger C. Some surviving Yuman groups in Northern Baja California. Ib., 17(1): 87-101, en. 1957. Bibliogr.: p. 101.

716 HOLLAND, William R. Conceptos cosmológicos tzotziles como una base para interpretar la civilización Maya prehispánica. Ib., 24(1):11-28, en. 1964. Bibliogr.: p. 26-8.

717 _____. Contemporary Tzotzil cosmological concepts as a basis for interpreting prehistoric Maya civilization. AM ANTIQ, 29(3):301-06, Jan. 1964. Bibliogr.: p. 306.

718 JOHNSON, Jean Basset. Some notes on the Mazatec. REV MEX ESTUD ANTROP, Méx, 3(2):142-56, mayo/ag. 1939. Bibliogr.: p. 156.

719 _____, JOHNSON, Irmgard Weitlaner, and BEARDSLEY, Grace C. Industrias y tejidos de Tuxpán, Jalisco, México. AN (Inst Nac Antrop Hist) Méx, 14(43):149-217, 1961. illus. Bibliogr.: p. 216-17.

720 LECHE, Stella M., GOULD, Harley N., and THARP, Dixie. Dermatoglyphics and functional lateral dominance in Mexican Indians. MID AM RES REC, New Orleans, 1(6):21-83, Aug. 1, 1944. Bibliogr.: p. 63-4.

721 LENZ DEL RIO, Alberto. Culturas prehispánicas en México. REV EDUC, Santiago, 9(54):49-63, nov. 1949. Bibliogr.: p. 63.

722 LEON, Nicolás. La antropología física y la antropometría en México. AN (Mus Nac Arqueol Hist Etnogr) Méx, 4a. ép., 1:99-136, mar./abr. 1922. Bibliogr.: p. 118-36.

723 LEON PORTILLA, Miguel. Panorama de la población indígena de México. AM INDIG, Méx, 19(1):43-73, en. 1959. Bibliogr.: p. 66-73.

724 LIZARDI RAMOS, César. Sincronología Azteca-Europea. REV MEX ESTUD ANTROP, Méx, 14(1a. pte.):237-55, 1954/1955. Bibliogr.: p. 254-55.

725 LOPEZ ALONSO, Sergio. Cinco cráneos procedentes de Tanquián, S. L. P. AN (Inst Nac Antrop Hist) Méx, 17(46):181-97, 1964. illus. Bibliogr.: p. 197.

726 _____, LAGUNAS RODRIGUEZ, Zaid, and SERRANO SÁNCHEZ, Carlos. Datos sobre los ángulos de torsión

y retroversión en restos prehispánicos del norte de México. Ib., 16(45):101-21, 1963. illus. Bibliogr.: p. 726.

727 LOPEZ SARRELANGUE, Delfina. Los tributos de la parcialidad de Santiago Tlatelolco. MEM (Acad Mex Hist corres Real Madrid) Méx, 15(2):129-224, abr./jun. 1956. Bibliogr.: p. 220-21.

728 MARINO FLORES, Anselmo. Bibliografía antropológica del estado de Guerrero. BOL BIBLIOGR ANTROP AM, Méx, 15/16 (pte. 1a.):233-89, 1952/1953.

729 _____. Contribución a una bibliografía antropológica sobre los Tarascos. -- Mexico. Ib., 8(1/3):80-100, en./dic. 1945.

730 _____, and SERRANO SANCHEZ, Carlos. Craneología y criminología. AN (Inst Nac Antrop Hist) Méx, 16(45): 123-46, 1963. Bibliogr.: p. 146.

731 MARTINEZ G., Raúl. Los Aztecas; breve estudio histórico-social. REV MEX SOCIOL, Méx, 1(3):41-63, jul./ag. 1939. Bibliogr.: p. 63.

732 MARTINEZ PAREDES, Domingo. Bibliografía antropológica chiapaneca. BOL BIBLIOGR (Sec Hac Créd Públ) Méx, (68):4, oct. 1, 1956.

733 MARTINEZ RIOS, Jorge. Los estudios etnográficos, etnológicos y de antropología aplicada en el estado de Oaxaca, México. REV MEX SOCIOL, Méx, 23(1):91-132, en./ abr. 1961. Bibliogr.: p. 113-32.

734 MASON, John Alden. Notes and observations on the Tepehuán. AM INDIG, Méx, 12(1):33-54, en. 1952. illus. Bibliogr.: p. 52-3.

735 _____. The Tepehuan, and the other aborigines of the Mexican Sierra Madre Occidental. Ib., 8(4):289-300, oct. 1948. Bibliogr.: p. 300.

736 MASSEY, William C. The survival of the dart-thrower on the peninsula of Baja California. SOUTHWEST JOUR ANTHROP, Albuquerque, 17(1):81-93, Spring 1961. Bibliogr.: p. 91-3.

737 MEADE, Joaquín. La Huasteca poblana. MEM (Acad Mex Hist corr Real Madrid) Méx, 10(3):316-55, jul./sept. 1951; (4):379-506, oct./dic. 1951. illus., port., maps. Bibliogr.: 10(3):344-48; 10(4):454-58.

738 _____. La Huasteca queretana. Ib., 10(4):379-458, 497-506, oct./dic. 1951. Bibliogr.: p. 454-58.

739 MÜLLERRIED, Federico Karl Gustav. ¿Existe actualmente un tribu de Lacandones en el centro de la selva de oriente de Chiapas? AN (Escuela Nac Cien Biol) Méx, 4(2/3):289-308, jun. 15, 1946. illus., maps. Bibliogr.: p. 306-08.

740 NEWMAN, R. E. La técnica de Rorschach applicada a un grupo Otomí. AM INDIG, Méx, 15(1):57-68, en. 1955. Bibliogr.: p. 67-8.

741 NOGUERA, Eduardo. La conferencia de Tuxtla. ACTA AM, Los Angeles, 1(1):50-7, en./mar. 1943. Bibliogr.: p. 56-7.

742 _____. Resultado y consecuencias de la conferencia de Tuxtla. ACTA AM, Méx, 1(1):50-7, en./mar. 1943. Bibliogr.: p. 56-7.

743 NOLASCO ARMAS, Margarita. Los Otomíes; análises de un grupo marginal. AN (Inst Nac Antrop Hist) Méx, 15(44):153-85, 1962. illus. Bibliogr.: p. 184-85.

744 _____. Los Pápagos, habitantes del desierto. Ib., 17(46):375-448, 1964. illus. Bibliogr.: p. 446-47.

745 _____. Los Seris, desierto y mar. Ib., 18(47):125-94, 1965. illus. Bibliogr.: p. 193-94.

746 OLMEDO, Daniel. ¿Indiofilia mitomana o credulidad excesiva? Estudio crítico sobre el catálogo de "Indios célebres" de Antonio Carrión. BOL (Bibl Nac) Méx, 2a. ép., 4(1):9-29, en./mar. 1953. Sources: p. 27-9.

747 RILEY, Carroll L. Color-direction symbolism. An example of Mexican-South-Western contacts. AM INDIG, Méx, 23(1):49-60, en. 1963. Bibliogr.: p. 55-8.

748 _____, and WINTERS, Howard D. The prehistoric Tepehuan of northern Mexico. SOUTHWEST JOUR ANTHROP, Albuquerque, 19(2):177-85, Summer 1963. Bibliogr.: p. 185.

749 RIOS HERNANDEZ, Onésimo. Teoría y realidad del indigenismo en México. BOL (Soc Mex Geogr Estad) Méx, 94:53-75, dic. 1963. Bibliogr.: p. 74-5.

750 ROJAS GONZALEZ, Francisco, and CERDA SILVA, Roberto de la. Los Tzotziles. REV MEX SOCIOL, Méx, 3(3):113-42, 3o. trim. 1941. Bibliogr.: p. 141-42.

751 ROYS, Ralph Loveland. The ritual of the chiefs of Yucatan. AM ANTHROP, n.s., 25(4):472-84, Oct./Dec. 1923. Contains bibliogr.

752 RUBEL, Arthur J. Ritual relationships in Ojitlán, Mexico. Ib., 57(5):1038-40, Oct. 1955. Bibliogr.: p. 1040.

753 RUBIN DE LA BORBOLLA, Daniel Fernando. Antropología Tzinzuntzan--Ihuatzio. REV MEX ESTUD ANTROP, Méx, 3(2):99-121, mayo/ag. 1939. Bibliogr.: p. 121.

754 SALAZAR MALLEN, M., and ARTEAGA, Consuelo. Estudio de los grupos sanguíneos de los mexicanos. Consecuencias desde el punto de vista etnológico. Ib., 12:9-29, 1951. Bibliogr.: p. 27-9.

755 SOLIER, W. du. Sistema de entierros entre los Huaxtecos prehispanicos. JOUR (Soc Am) Paris, n.s., 36:195-214, 1947. Bibliogr.: p. 212-13.

756 SOUSTELLE, Georgette. Observaciones sobre la religión de los Lacandones del sur de México. GUAT INDIG, Guat, 1(1):31-105, en./mar. 1961. Bibliogr.: p. 97-105.

757 _____. Observations sur la religion des Lacandons du Mexique Meridional. JOUR (Soc Am) Paris, n.s., 48: 141-96, 1959. Bibliogr.: p. 190-96.

758 SWADESH, Mauricio. Algunas fechas glotocronológicos importantes para la prehistoria Nahua. REV MEX ESTUD ANTROP, Mex, 14(1a. pte.):173-92, 1954/1955. Bibliogr.: p. 192.

759 TERMER, Franz. Observaciones etnológicas acerca de los ojos entre los antiguos Mexicanos y los Mayas. ANTROP HIST GUAT, Guat, 14(1):18-31, en. 1962. Bibliogr.: p. 29-30.

760 VIAL CORREA, Gonzalo. Decadencia y ruina de los Aztecas. HIST, Santiago, 1:95-151, 1961. Bibliogr.: p. 149-51.

761 VILLA ROJAS, Alfonso. Los Chontales de Tabasco, México. AM INDIG, Méx, 24(1):29-48, en. 1964. Bibliogr.: p. 47-8.

762 _____. Notas sobre la distribución y estado actual de la población indígena de la Península de Yucatán. Ib., 22(3):209-40, jul. 1962. illus. Bibliogr.: p. 240.

763 VOGT, Evon Z. Cosmología Maya antigua y Tzotzil contemporánea. Ib., 24(3):211-19, jul. 1964. Bibliogr.: p. 218-19.

764 WEITLANER, Robert J., and WEITLANER, Irmgard. The Mazatec calendar. AM ANTIQ, 11(3):194-97, Jan. 1946. Bibliogr.: p. 197.

765 _____, VELASQUEZ, Pablo, and CARRASCO, Pedro. Huitziltepec, Gro. REV MEX ESTUD ANTROP, Méx, 9(1/3): 47-77, en./dic. 1947. Bibliogr.: p. 77.

MIDDLE AMERICA

766 ACUÑA, René. Concepto Maya de número. PALABRA HOMBRE, Xalapa, (36):607-26, oct./dic. 1965. Bibliogr.: p. 622-26.

767 ALTSCHULER, Milton. On the environmental limitations of Mayan cultural development. SOUTHWEST JOUR ANTHROP, Albuquerque, 14(2):189-98, Summer 1958. Bibliogr.: p. 196-98.

768 BEESLEY, Claude A. The religion of the Maya. PALACIO, Santa Fe, 50(1):8-21, Jan. 1943. References: p. 20-1.

769 BORHEGYI, Stephan F. de. The development of folk and complex cultures in the southern Maya area. AM ANTIQ, 21(4):343-56, Apr. 1956. Bibliogr.: p. 355-56.

770 COE, William R. Environmental limitations on Maya culture: a re-examination. AM ANTHROP, 59(2):328-35, Apr. 1957. Bibliogr.: p. 334-35.

771 CUMMINS, Harold, and STEGGERDA, Morris. Plantar dermotoglyphics in Maya Indians. MAYA RES, New Orleans, 3(3/4):277-86, Jul./Oct. 1936. Bibliogr.: p. 285-86.

772 GENOVES, Santiago. Introducción al estudio de la proporción entre los huesos largos y la reconstrucción de la estatura en restos mesoamericanos. AN ANTROP, Méx, (1):47-62, 1964. Bibliogr.: p. 59-62.

773 GRIEDER, Terence. Representation of space and form in Maya painting on pottery. AM ANTIQ, 29(4):442-48, Apr. 1964. Bibliogr.: p. 448.

774 GROPP, Arthur Eric. Maya collections in libraries in the United States. MAYA RES, New Orleans, 2(1):77-86, Jan. 1935.

775 _____. Notice of new books and articles. Ib., 1(1):56-60, Jul. 1934-3(3/4):336-42, Jul./Oct. 1936.

776 HASLER, Juan A. Dos capas de elementos paleotíticos entre los cazadores de Mesoamerica. PALABRE HOMBRE,

Xalapa, 2a. ép., (27):403-10, jul./sept. 1963. Bibliogr.: p. 410.

777 HEDRICK, Basil C. A brief anthropological and archaeological bibliography of Middle America. DOORS LAT AM, Gainesville, 4(1):12, Jan. 1957.

778 HERRERA, Horacio. Consideraciones generales sobre el calendario Maya. AN (Soc Geogr Hist) Guat, 19(3):196-221, mar. 1964. Bibliogr.: p. 221.

779 LOTHROP, Samuel Kirkland. A chronological link between the Maya and Olmeca art. AM ANTHROP, n.s., 43(3): 419-21, Jul./Sept. 1941. Bibliogr.: p. 421.

780 ———. The southern frontier of the Maya. Ib., n.s., 41 (1):42-54, Jan./Mar. 1939. Bibliogr.: p. 53-4.

781 MORALES PATIÑO, Oswaldo. Los Mayas de Honduras y los indígenas antillanos precolombinos. TZUNPANE, S Salvador, 7(6):9-38, 1947/1948. References: p. 38-40.

782 NOYES, Ernest. Notes on the Maya day-count. MAYA RES, New Orleans, 2(4):383-93, Oct. 1935. Bibliogr.: p. 390-93.

783 RUZ LHUILLIER, Alberto. ¿Aristocracia o democracia entre los antiguos Mayas? AN ANTROP, Méx, (1):63-75, 1964. Bibliogr.: p. 72-5.

784 SALER, Benson. Migration and ceremonial ties among the Maya. SOUTHWEST JOUR ANTHROP, Albuquerque, 18(4): 336-40, Winter 1962. Bibliogr.: p. 340.

785 SOME recent publications on Mesoamerican anthropology. KATUNOB, Magnolia, 2(1):unpaged, Jul. 1960- . Published in each issue.

786 STARR, Betty. The Chorti and problem of the survival of Maya culture. AM ANTHROP, 53(3):355-69, Jul./Sept. 1951. Commentary on treatise by Rafael Girard. Bibliogr.: p. 369.

787 THURBER, Floyd, and THURBER, Valerie. Itzamna Cocahmut, the possible "spark-bird" God of the Mayas. SOUTHWEST JOUR ANTHROP, Albuquerque, 15(2):185-88, Summer 1959. illus. Bibliogr.: p. 188.

788 VALLE, Rafael Heliodoro. Bibliografía Maya. BOL BIBLIOGR ANTROP AM, Méx, 1(1/2, append.):3-22, en./jun. 1937-5(1/3, append.):287-404, en./dic. 1941. Pagination continuous, published as an appendix to the journal.

789 VILLA ROJAS, Alfonso. Notas sobre la etnografía de los Mayas de Quintana Roo. REV MEX ESTUD ANTROP, Méx, 3(3):227-41, sept. /dic. 1939. plates. Bibliogr.: p. 241.

NICARAGUA

790 MEJIA SANCHEZ, Ernesto. La mujer nicaragüense en los cronistas y viajeros. NICA INDIG, Managua, 2a. ép., 2(39):11-52, jul. /dic. 1964. Bibliogr.: p. 51-2.

791 PEREZ-VALLE, Eduardo. Tras la huella de los Nahuas. Ib., (36):5-12, en. /jun. 1963. Bibliogr.: p. 12.

792 PIJOAN, Michel. Estado sanitario y costumbres de los indios Mosquitos del norte de Nicaragua: como se relacionan esos aspectos en un programa médico. Ib., (16):15-28, sept. /oct. 1957. Bibliogr.: p. 24-8.

PANAMA

793 LOMBARDO VEGA, Abel. Breve noticia del Guaymí. LOTERIA, Panamá, 2a. ép., 5(56):59-72, jul. 1960. Bibliogr.: p. 72.

794 TORRES DE ARAUZ, Reina. Aspectos culturales de los indios Cuna. ANUAR ESTUD AM, Sevilla, 15:515-47, 1958. Bibliogr.: p. 545-47.

795 _____. El chamanismo entre los indios Chocoes. HOMBRE CULT, Panamá, 1(1):16-43, ag. 1962. illus. Bibliogr.: p. 42-3.

796 _____. Fred McKim y los indios Cunas. LOTERIA, Panamá, 2a. ép, 7(77):24-36, abr. 1962. illus., ports.

797 _____. Los indios Cuna de Tierra Firme. Ib., 2a. ép., 5(58):60-73, sept. 1960. illus. Bibliogr.: p. 73.

798 _____. Los indios Teribe de Panamá: un ensayo etnográfico e histórico. HOMBRE CULT, Panamá, 1(3):16-37, dic. 1964. Bibliogr.: p. 36-7.

799 _____. El mito de los indios blancos del Darién y su creador Richard O. Marsh. CUAD FAC, Panamá, (1):31-64, ag. 1960. Bibliogr.: p. 63-4.

800 _____. El mundo espiritual del indio Chocó. HOMBRE CULT, Panamá, 1(2):22-41, dic. 1963. Bibliogr.: p. 39-41.

801 _____. Nexos de los Guaymíes con los pueblos talamanqueños.

LOTERIA, Panamá, 2a. ép. 10(115):34-41, jun. 1965. Bibliogr.: p. 41.

802 _____. Vestidos y adornos de los indios Chocoes. Ib., 2a. ép. 6(73):45-55, dic. 1961. illus. Bibliogr.: p. 54-5.

803 WASSEN, S. Henry. Algunas observaciones sobre la división de los indios Guaymíes. Ib., 2a. ép., 8(86):86-94, en. 1963. Bibliogr.: p. 94.

804 _____. Apuntes etnohistóricos Chocoanos. HOMBRE CULT, Panamá, 1(2):5-21, dic. 1963. map. Bibliogr.: p. 19-21.

805 _____. De la identificación de los indios Paparos del Darién. Ib., 1(1):5-15, ag. 1962. Bibliogr.: p. 14-5.

PARAGUAY

806 BALDUS, Herbert. Ligeiras notas sobre duas tribus Tupis da margem paraguaya do Alto Paraná (Guayaki e Chiripá). REV (Mus Paulista) S Paulo, 20:749-56, 1936. Bibliogr.: p. 755-56.

807 BRUXEL, Arnaldo. O sistema de propriedades das reduções guaraníticas. PESQUISAS, P Alegre, (3):29-198, 1959. Bibliogr.: p. 182-91.

808 CADOGAN, León. Aporte a la etnografia de los Guaraní del Amambái, Alto Ypané. REV ANTROP, S Paulo, 10(1/2): 43-91, jun./dez. 1962. Bibliogr.: p. 52.

809 _____. Especulaciones en torno al bai ate ri va Guayaki. AM INDIG, Méx, 25(3):303-19, jul. 1965. Bibliogr.: p. 318-19.

810 CARVALHO, Paulo de (Neto). Bases bibliográficas para el estudio sistemático de la antropología paraguaya. BOL BIBLIOGR ANTROP AM, Méx, 13(pte. 1a.):179-210, en./ dic. 1950. Bibliogr.: p. 188-210.

PERU

811 ALBARRACIN SARMIENTO, Carlos, and SOUZA, María Estela de. Contribuciones al estudio de la influencia peruana en las crencias Mapuches. REV (Mus Nac) Lima, 30:214-23, 1961. Bibliogr.: p. 222-23.

812 BARRA, Felipe de la. Comprobaciones del arte militar incaico y características principales. REV (Mus Inst Arqueol) Cuzco, 11(18):31-40, nov. 1959. Bibliogr.: p. 40.

813 BASCUÑAN VALDES, Aníbal. Indicaciones al investigador.
Papeletas para una bibliografía sobre el Tahuantinsuyo
(Perú colonial). BOL (Semin Der Públ) Santiago, (2):
99-107, 1933.

814 BERNEDO Málaga, Leonidas. La cultura Aymara del Collao
en el Valle de Arequipa. REV (Univ S Augustín) Arequipa, 24(35):72-85, 1o. sem. 1952. Bibliogr.: p. 85.

815 BIBLIOGRAFIA indianista peruana. BOL BIBLIOGR (Bibl,
Univ S Marcos) Lima, 16(3/4):283-308, dic. 1946.
tables.

816 BIBLIOGRAFIA relacionada con el problema indígena peruano:
obras existentes en la Biblioteca de la Universidad Católica
del Perú. PERU INDIG, Lima, 2(4):108-13, en. 1952.

817 CARNEIRO, Robert L. Little-known tribes of the Peruvian
Montaña. BULL (Intern Com Anthrop Ethnol Res) Vienna,
(5):80-5, 1962. Bibliogr.: p. 84-5.

818 CARRION CACHOT DE GIRARD, Rebeca. El culto al agua
en el antiguo Perú. REV (Mus Nac Antrop Arqueol) Lima,
2(2):50-140, 1o. sem. 1955. plates. Bibliogr.: p.
137-40.

819 COLLIER, Donald. El desarrollo de la civilización peruana.
REV COL ANTROP, Bogotá, 7:271-87, 1958. maps.
Trans. into Spanish by Gerardo Reichel-Dolmatoff. Bibliogr.: p. 286-87.

820 COMAS, Juan. El centenario de las primeras instrucciones
para la investigación antropológica en el Perú: 1861.
REV (Mus Nac) Lima, 30:331-62, 1961. Bibliogr.: p.
362.

821 GHERSI BARRERA, Humberto. El indígena y el mestizo en
la comunidad de Marcará. Ib., 28:118-89, 1959; 30:95-
176, 1961. Bibliogr.: 30:173-76.

822 KAUFFMANN DOIG, Federico. La cultura Chimú en la bibliografía. BOL (Bibl Nac) Lima, 17(29):3-15, 1o. trim.
1964. Bibliogr.: p. 7-15.

823 KUBLER, George. Los pueblos clásicos Mochica. AN (Inst
Art Am Invest Estét) B A, (12):9-23, 1959. plates.
Bibliogr. notes: p. 21-3.

824 LASTRES, Juan B. El culto de los muertos entre los aborígenes peruanos. PERU INDIG, Lima, 4(10/11):63-74,
sept. 1953. Bibliogr.: p. 73-4.

825 _____. Dioses y templos incanos protectores de la salud. REV (Mus Inst Arqueol) Cuzco, 9(15):80-94, sept. 1953. Bibliogr.: p. 93-4.

826 _____. _____. REV (Mus Nac) Lima, 16:3-16, 1947. Bibliogr.: p. 15-6.

827 _____. La trepanación del cráneo en el antigo Perú. REV UNIV, Cuzco, 40(101):283-317, 2o. sem., 1951. Bibliogr.: p. 316-17.

828 LATCHAM, Ricardo Eduardo. Las creencias religiosas de los antiguos peruanos. AN (Univ Chile) Santiago, 2a. ser., 7:243-334, 1o. trim. 1929-8:1661-1751, 4o. trim. 1930. Bibliogr.: 8:1747-51.

829 _____. Los Incas, sus orígenes y sus ayllus. Ib., 2a. ser., 5:1017-54, 4o. trim. 1927; 6:925-64, 4o. trim. 1928. Bibliogr.: 6:951-64.

830 MARROQUIN, José. El cráneo deformado de los antiguos Aimares. REV (Mus Nac) Lima, 13:15-40, 1944. Bibliogr.: p. 40.

831 MATOS MAR, José. Yauyos, Tupe y el idioma Kauke. Ib., 25:140-83, 1956. Bibliogr.: p. 182-83.

832 MENDIZABAL LOSACK, Emilio. Paracas: una comunidad en la parte alta del Valle de Chanay. Ib., 33:12-127, 1964. Bibliogr.: p. 124-27.

833 MENZEL, Dorothy. The Inca occupation of the south coast of Peru. SOUTHWEST JOUR ANTHROP, Albuquerque, 15(2):125-42, Summer 1959. Bibliogr.: p. 141-42.

834 MONGE MEDRANO, Carlos. La vida en las altiplanicies andinas; procesos ecológicos. PERU INDIG, Lima, 10(24/25):9-21, 1963. Bibliogr.: p. 20-1.

835 MORANTE, José María. La ascendencia pre-histórica de los pescadores del litoral de Arequipa: Los Changos. REV (Univ S Agustín) Arequipa, 30(47/48):53-62, 1o./ 2o. sem. 1958. Bibliogr.: p. 61-2.

836 MOSCOSO, J. Maximiliano. Los Ayllus Reales de San Sebastián. REV UNIV, Cuzco, 39(99):151-70, 2o. sem. 1950. Bibliogr. notes: p. 169-70.

837 MUELLE, Jorge C. Bibliografía antropológica del Perú, 1943-45. BOL BIBLIOGR ANTROP AM, Méx, 8(1/3): 48-64, en./dic. 1945.

838 MUNIZAGA, Juan R. Región supraobitaria; rasgos

morfológicos de variación discontinua. ANTROP,
Santiago, 1(1):43-54, 2o. sem. 1963. Bibliogr.: p. 54.

839 NACHTIGALL, Horst. El estado estamental de los Incas
peruanos. AM INDIG, Méx, 24(2):93-110, abr. 1964.
Bibliogr.: p. 109-10.

840 OBRAS que posee la Biblioteca Central de la Universidad
Nacional de Trujillo relacionado al problema indígena en
sus aspectos: social, histórico y folklórico. PERU
INDIG, Lima, 5(12):178-80, dic. 1953.

841 OCHOA SIERRA, Blanca. El indígena en el Perú. BOL
ARQUEOL, Bogotá, 1(3):267-79, mayo/jun. 1945. Bibliogr.: p. 279.

842 PETERSEN, Georg. Adorno labial de oro usado por los
Tallanes. REV (Mus Nac Antrop Arqueol) Lima, 2(2):
161-68, 1o. sem. 1955. Bibliogr.: p. 168.

843 PROBLEMA del indio peruano; bibliografía de obras existentes
en la Biblioteca Nacional del Perú. PERU INDIG, Lima,
1(2):101-14, sept. 1949.

844 _____. Bibliografía relacionada con el problema indígena--
obras existentes en la Biblioteca de la Cámara de Diputados del Perú. Ib., 1(3):76-142, oct. 1951.

845 PULGAR VIDAL, Carmela. Los indios operarios de Huánuco--
Los indígenas de Muquiyauyo y los clientes del dispensario de San Sebastián. BOL (Soc Geogr) Lima, 61:16-45,
1o./4o. trim. 1944; 62:24-82, 1o./4o. trim. 1945.
plans. Bibliogr.: 62:78-82.

846 QUEVEDO A., Sergio A. La trepanación incana en la región
del Cuzco. REV (Mus Nac) Lima, 12(1):8-13, 1o. sem.
1943-14:82-123, 1945. Bibliogr.: 14:123.

847 _____. _____. REV UNIV, Cuzco, 32(84):1-197, 2o. sem.
1943. illus. Bibliogr.: p. 190-91.

848 REGAL, Alberto. Política hidráulica del imperio incaico.
REV (Univ Catól) Lima, 13(3/4):75-110, mayo/jun. 1945.
Bibliogr.: p. 108-10.

849 REICHLEN-BARRET, Paulette. La déformation de la tête au
moyen d'appareils de type "vuita-nete" au Pérou et en
Malaisie. TRAVAUX (Inst Fran Etud Andines) Paris, 8:
59-82, 1961. Bibliogr.: p. 79-81.

850 RICHARDSON, Francis B., and KIDDER, Alfred Vincent.
Publicaciones estadunidenses y británicas sobre la

antropología peruana. BOL BIBLIOGR (Bibl, Univ S Marcos) Lima, 10(1/2):13-9, jun. 1940.

851 ROSTWOROWSKI DE DIEZ CANSECO, María. Succession coöption to kinship and royal incest among the Inca. SOUTHWEST JOUR ANTHROP, Albuquerque, 16(4):417-27, Winter 1960. Bibliogr.: p. 426-27.

852 [no entry]

853 ROWE, John Howland. El movimiento nacional Inca del siglo XVIII. REV UNIV, Cuzco, 43(107):17-47, 2o. sem. 1954. Bibliogr.: p. 43-7.

854 SCHEDL, Armando. El quipo peruano, según Martín de Morua. REV GEOGR AM, B A, 20(118):37-42, jul. 1943. illus. Bibliogr.: p. 42.

855 SCHWAB, Federico. Bibliografía de antropología peruana, 1936-1937. BOL BIBLIOGR (Bibl, Univ S Marcos) Lima, 8(1):48-85, abr. 1938.

856 _____. Bibliografía de etnología peruana. Ib., 6(1):1-26, en. 1936; (2):4-27, jun. 1936; (3/4):101-14, dic. 1936.

857 _____. Bibliografía etnológica de la Amazonia peruana. Ib., 12(3/4):205-71, dic. 1942.

858 STUMER, Louis Michael. Antiquos centros de población en el valle del Rimac. REV (Mus Nac) Lima, 23:212-40, 1954. Bibliogr.: p. 239-40.

858a _____. Population centers of the Rimac Valley of Peru. AM ANTIQ, 20(2):130-48, Oct. 1954.

859 TELLO, Julio César. El país de los Inkas. REV (Mus Nac Antrop Arqueol) Lima, 2(2):24-45, 1o. sem. 1955. Bibliogr.: p. 45.

860 UHLE, Max. Las antiguas civilizaciones del Perú frente a la arqueología e historia del continente americano. BOL (Acad Nac Hist) Quito, 35(85):5-42, en./jun. 1955. Bibliogr.: p. 40-2.

861 _____. _____. REV (Mus Nac) Lima, 25:33-72, 1956. Bibliogr.: p. 70-2.

862 VALCARCEL ESPARZA, Carlos Daniel. Conato indígena en el obraje de Pichuichuro. PERU INDIG, Lima, 1(3):31-4, oct. 1951. Bibliogr. summary: p. 33-4.

863 VASQUEZ VARELA, Mario C. La antropología cultural y

nuestro problema del indio. Ib., 2(5/6):7-157, jun. 1952.
Doctoral dissertation. Bibliogr.: p. 152-57.

864 VELASCO NUÑEZ, Manuel D. Indígenas del Perú. AM INDIG, Méx, 19(3):209-18, jul. 1959. plates.

865 VELLARD, Jehan. Notes et documents bibliographiques sur les Ourous. TRAVAUX (Inst Fran Etud Andines) Paris, 7:29-41, 1959/1960. Bibliogr.: p. 40-1.

866 VIVANTE, Armando. La escritura de los Mochica sobre porotos. REV GEOGR AM, B A, 15(92):296-310, mayo 1941. Bibliogr.: p. 310.

867 WEISS, Pedro. Casos peruanos prehistóricos de cauterizaciones craneanas. REV (Mus Nac Antrop Arqueol) Lima, 2(2):3-23, 1o. sem. 1955. Bibliogr.: p. 23.

868 _____. Los comedores peruanos de tierras. PERU INDIG, Lima, 5(12):12-21, dic. 1953. Bibliogr.: p. 21.

869 _____. Estudio sobre los Lamistas.--Su grupo sanguíneo.--Algunas pruebas psicotécnicas. REV (Mus Nac) Lima, 18:19-41, 1949. illus., tables. Bibliogr.: p. 41.

870 _____. Tipología de las deformaciones cefálicas de los antiguos peruanos según la osteología cultural. Ib., 31: 15-42, 1962. illus. Bibliogr.: p. 41-2.

871 _____. Las trepanaciones peruanas estudiados como técnica y en sus relaciones con la cultura. Ib., 22:17-34, 1953. Bibliogr.: p. 33-4.

SOUTH AMERICA

872 ARGUMOSA, Juan Angel de. La circuncisión femenina en los aborígenes de la región neotropical. NICA INDIG, Managua, 2a. ép., 6(40):3-10, 1965. Bibliogr.: p. 8-10.

873 BARTH, Fredrik. Cultural development in southern South America: Yahgan and Alakaluf vs. Ona and Tehuelche. ACTA AM, Los Angeles, 8(3/4):192-99, jul./dic. 1948. Bibliogr.: p. 199.

874 BECHER, Hans. Cintos e cordões de cintura dos índios sulamericanos (não-andinos). REV (Mus Paulista) S Paulo, n.s., 9:7-179, 1955. plates. Translation by Frei Joaquim da Silva. Bibliogr.: p. 165-79.

875 BOSSIO, Nélida. La indagación serológica en Sudamérica. BOL BIBLIOGR ANTROP AM, Méx, 9:71-7, en./dic. 1946.

876 BREMME DE SANTOS, Ida. La medicina por succión en las culturas indígenas sudamericanas. UNIV S CARLOS, Guat, (60):165-92, mayo/ag. 1963. Bibliogr.: p. 189-92.

877 CADOGAN, León. Baiō kará wachú y otros mitos Guayakíes. AM INDIG, Méx, 22(1):39-82, en. 1962. Bibliogr.: p. 81-2.

878 CARIDE, V. P., and VIVANTE, Armando. Las comunicaciones entre los Tupi-Guaraní. REV GEOGR AM, B A, 17(101): 72-81, feb. 1942. Bibliogr.: p. 81.

879 FERNANDES, Florestan. La guerre et le sacrifice humain chez les Tupinamba. JOUR (Soc Am) Paris, n.s., 41(1): 139-220, 1952. Trans. from the Portuguese by Suzanne Lussagnet. Bibliogr.: p. 216-20.

880 LUMBRERAS S., Luis Guillermo. Espacio y cultura en los Andes. REV (Mus Nac) Lima, 29:222-46, 1960. illus. Bibliogr.: p. 238-39.

881 MEGGERS, Betty J., and EVANS, Clifford. Especulaciones sobre rutas tempranas de difusión de la cerámica entre Sur y Mesoamérica. HOMBRE CULT, Panamá, 1(3):1-15, dic. 1964. Bibliogr.: p. 14-5.

882 MENGHIN, Osvaldo Francisco Ambrosio. Industrias de morfología protolítico en Suramérica. AN (Univ Norte) Antofagasta, (2):67-77, 1963. Bibliogr.: p. 76-7.

883 METRAUX, Alfred. Mourning rites and burial forms of the South American Indians. AM INDIG, Méx, 7(1):7-44, en. 1947. Bibliogr.: p. 41-4.

884 _____. Le shamanisme chez les indiens du Gran Chaco. SOCIOLOGIA, S Paulo, 7(3):157-68, 1945. Bibliogr.: p. 168.

885 MONGE MEDRANO, Carlos, CONTRERAS, Leoncio, and others. Antropología fisiológica; adaptaciones del hombre andino en relación con los cambios de altitud. PERU INDIG, Lima, 1(2):9-19, sept. 1949. tables, diagrs. Bibliogr.: p. 19.

886 _____, VELLARD, Jehan, and others. Aclimatación en los Andes. Antropología fisiológica comparada del hombre del altiplano. Ib., 5(13):9-21, dic. 1954. Bibliogr.: p. 21.

887 NORDENSKIÖLD, Erland. Origen de las civilizaciones indígenas de Sud América. REV CHIL HIST GEOGR, Santiago, 84(92):232-63, en./jun. 1938; 85(93):280-318, jul./dic. 1938. Bibliogr.: 85(93):315-18.

888 ORTIZ, Sergio Elías. El Kechua y su expansión hacia el norte del imperio incaico. (Suroeste del que fué Nuevo Reyno de Granada, hoy República de Colombia). REV (Mus Nac) Lima, 22:35-51, 1953. Bibliogr.: p. 48-50.

889 RYDEN, Stig. A study of South American Indian hunting traps. REV (Mus Paulista) S Paulo, n.s., 4:247-352, 1950. illus. Bibliogr.: p. 346-51.

890 SACCHETTI, Alfredo. Aspectos psicológicos de evolución cíclica de la civilización andina. REV ANTROP, S Paulo, 2(2):107-19, dez. 1954. Bibliogr. notes: p. 117-19.

891 SANOJA OBEDIENTE, Mario. La agricultura y el desarrollo de comunidades agrícolas estables entre los grupos aborígenes prehispánicos del Norte de Sur América. HUMAN, Mérida, 5/6(11/12):187-98, 1963/1964. Bibliogr.: p. 197-98.

892 SANTIANA, Antonio. Antropología fueguina. AN (Univ Cent) Quito, 91(346):193-218, 1962. illus. Bibliogr.: p. 217-18.

893 _____. _____. HUMANITAS, Quito, 3(1):7-84, 1962. illus. Bibliogr.: p. 22, 38-9, 50-1, 55-6, 64-5, 76-7.

894 _____. Los fueginos. AN (Univ Cent) Quito, 73(322):273-341, en./dic. 1945. plates, tables, maps. Bibliogr.: p. 339-41.

895 SAVILLE, Marshall Howard. Bibliographic notes on the shrinking of human heads in South America. INDIAN NOTES, N Y, 6(1):56-74, Jan. 1929.

896 SELER, Eduard. Las tribus entre los ríos Branco, Orinoco, Río Negro y Yapura, según Tehodor [sic] Kock Grunberg. BOL ARQUEOL, Bogotá, 1(2):171-84, mar./abr. 1945. map. Bibliogr.: p. 183-84.

897 VELLARD, Jehan. Les indiens Guayakí. JOUR (Soc Am) Paris, n.s., 26(2):223-92, 1934; 27(1):175-244, 1935. Bibliogr.: 27(1):196-98.

898 WILBERT, Johannes. Problemática de algunos métodos de pesca de los indios suramericanos. MEM (Soc Cien Nat La Salle) Caracas, 15(41):114-31, mayo/ag. 1955. illus. Bibliogr.: p. 128-31.

899 YDE, Jens. Britisch-Guiana und Nord-Pará. BULL (Intern Com Anthrop Ethnol Res) Vienna, (5):112-16, 1962. Bibliogr.: p. 115-16.

900 _____. The regional distribution of South American blowgun

types. JOUR (Soc Am) Paris, n.s., 37:275-317, 1948.
Literature: p. 313-17.

901 ZERRIES, Otto. El endocanibalismo en la América del Sur.
REV (Mus Paulista) S Paulo, n.s., 12:125-75, 1960.
illus. Bibliogr.: p. 171-75.

902 _____. A representação de um ser supremo entre os povos
primitivos da América do Sul. REV ANTROP, S Paulo,
12(1/2):35-49, jun./dez. 1964. Bibliogr.: p. 47-9.

903 _____. Sternbilder als ausdruck jägerischer Geisteschaltung
in Südamerika. PAIDEUMA, Frankfurt, 5(5):220-35, Dez.
1952. Bibliogr.: p. 234-35.

904 _____. Das tier und seine hautmusterung als vorbild das
körperbemalung in Südamerika. BULL (Soc Suisse Am)
Geneva, (29):45-69, 1965. illus., map. Bibliogr.: p.
68-9.

URUGUAY

905 ACOSTA Y LARA, Eduardo F. Los Charrúas y Artigas.
REV (Soc Amig Arqueol) Monte, 11:103-48, 1951. illus.,
ports. Bibliogr.: p. 147-48.

VENEZUELA

906 LE BESNERAIS, Henry. Contribution a l'étude des indiens
Yaruro et Otomaco (Venezuela). BULL (Soc Suisse Am)
Geneva, 13(24):7-25, sept. 1962. Bibliogr. and notes:
p. 16-25.

907 BRITO FIGUEROA, Federico. Población y economía en el
pasado indígena venezolano. REV HIST, Caracas, 3(13):
41-59, oct. 1962; (14):31-54, dic. 1962. Bibliogr.: (14):
53-4.

908 CIVRIEUX, Marc de. Datos antropológicos de los indios Kunuhana. ANTROP, Caracas, (8):85-146, sept. 30, 1959.
Bibliogr.: p. 145-46.

909 CRUXENT, José María. Descubrimiento del primer cráneo
con deformación intencional tabular-erecta en la zona del
Tacaringua (Aragua--Venezuela). BOL (Soc Venez Cien
Nat) Caracas, 10(69):335-61, oct./dic. 1946. Bibliogr.:
p. 360-61.

910 DUPOUY, Walter. Algunos casos de postura nilótica (nilotenstellung) entre indios de Venezuela. BOL INDIG VENEZ,
Caracas, 1(2):289-97, abr./jun. 1953. plates, map.
Bibliogr.: p. 296-97.

911 _____. Noticia sobre una curiosa postura sentada de los Guaika. Ib., 1(3/4):491-99, jul./dic. 1953. plates. Bibliogr.: p. 499.

912 _____. Noticias de los indios Japreria. ANTROP, Caracas, (4):1-16, en. 31, 1958. Bibliogr.: p. 16.

913 _____. Noticias preliminares sobre la comunidad indígena de San Joaquín de Parire, estado de Anzoátegui. BOL INDIG VENEZ, Caracas, 1(1):91-125, en./mar. 1953. plates. Bibliogr.: p. 95-6.

914 EMMER, F. Guajiros; aplicación del tetraedro facial a los Guajiros. Ib., 1(2):207-52, abr./jun. 1953. Literature: p. 52.

915 EMPAIRE, Oswaldo d'. Introducción al estudio de la cultura Bari. REV (Univ Zulia) Maracaibo, 9(32):233-457, oct./ dic. 1965. illus. Thesis--Univ. Católica Andrés Bello, 1965. Bibliogr. cited in table of contents, p. 253, but does not appear in issue.

916 FEBRES CORDERO, Julio. Tribus independientes. REV NAC CULT, Caracas, 7(49):52-69, mar./abr. 1945. Bibliogr.: p. 66-9.

917 FLEURY CUELLO, Eduardo. Guajiro; estudio craneométrico. AN (Univ Cent) Caracas, 34:137-206, jun. 1953. Bibliogr.: p. 205-06.

918 _____. Indios petroleros. BOL INDIG VENEZ, Caracas, 1(1):67-89, en./mar. 1953. plates. Bibliogr.: p. 89.

919 FUCHS, Helmut. La estructura residencial de los Maquitare de "El Corobal" y "Las Ceibas," Territorio Federal Amazonas, Venezuela. AM INDIG, Méx, 22(2):169-90, abr. 1962. Bibliogr.: p. 189-90.

920 _____. El sistema de cultivo de los Deukwhuana (Maquiritare) del Alto Río Ventuari, Territorio Federal Amazonas, Venezuela. Ib., 24(2):171-95, abr. 1964. Bibliogr.: p. 195.

921 GINES (hermano), and WILBERT, Johannes. Una corta expedición a tierras Motilonas. MEM (Soc Cien Nat La Salle) Caracas, 20(57):159-74, sept./dic. 1960. illus. Bibliogr.: p. 173-4.

922 LAYRISSE, Miguel, and ARENDS, Tulio. Estado actual de las investigaciones sobre el factor Diego. ANTROP, Caracas, (4):17-26, en. 31, 1958. Bibliogr.: p. 24-6.

923 _____, LAYRISSE, Zulay, and WILBERT, Johannes. Blood

group Antigen tests of the Waica Indians of Venezuela. SOUTHWEST JOUR ANTHROP, Albuquerque, 18(1):78-93, Spring 1962. Bibliogr.: p. 90-3.

924 LEEDS, Anthony. The ideology of the Yaruro Indians in relation to socio-economic organization. Ib., (9):1-10, en. 31, 1960. Bibliogr.: p. 10.

925 MAZZEI UZCATEGUI, Mario. Heridas por flechas. REV (Univ Zulia) Maracaibo, 2a. ép., 8(26):51-78, abr./jun. 1964. Bibliogr.: p. 75-8.

926 MENDEZ AROCHA, Alberto. Curvas de construcción en flechas indígenas. ANTROP, Caracas, (10):53-60, ag. 31, 1960. Bibliogr.: p. 60.

927 PONS, Adolfo R., VILLAMAÑAN, Adolfo de, and others. Los Motilones. REV (Univ Zulia) Maracaibo, 2a, ép., 4(18): 85-141, abr./jun. 1962. illus. Bibliogr.: p. 139-41.

928 QUINTERO, Rodolfo. Por qué predominaron los Caribes en la Venezuela indígena. ACTA CIENTIF VENEZ, Caracas, 10(4):97-102, sept./oct. 1959. Bibliogr.: p. 102.

929 RIVET, Paul, and ARMELLADA, Cesareo de. Los indios Motilones. ANUAR (Inst Antrop Hist) Caracas, 2:309-54, 1965. Bibliogr.: p. 351-54.

930 ROSENBLAT, Angel. Los Otomacos y Taparitas de los llanos de Venezuela. Ib., 1:227-377, 1964. illus., plates, maps. Abbreviations of citations in text, expanded to full bibliographic information: p. 374-77.

931 SANTA CRUZ, Antonio. Ciertos aspectos del avunculado en la cultura Guajira. BOL INDIG VENEZ, Caracas, 7(1/4): 127-46, en./dic. 1959. Bibliogr.: p. 146.

932 SCHAD, Werner. Apuntes sobre los Guarao. Ib., 1(3/4): 399-422, jul./dic. 1953. plates, map. Bibliogr.: p. 422.

933 LA SOCIEDAD de Ciencias Naturales La Salle en la región de Perijá. MEM (Soc Cien Nat La Salle) Caracas, 12(33):221-348, sept./dic. 1952. illus., diagrs., map. Bibliogr.: p. 348.

934 WILBERT, Johannes. Datos antropológicos de los indios Piaroa. Ib., 18(51):155-83, sept./dic. 1958. illus. Bibliogr.: p. 180-83.

935 _____. Dringliche forschungsaufgaben in Venezuela. BULL (Intern Com Anthrop Ethnol Res) Vienna, (5):86-96, 1962. Bibliogr.: p. 93-6.

936 _____. Identificación etno-lingüística de las tribus indígenas del occidente de Venezuela. MEM (Soc Cien Nat La Salle) Caracas, 21(58):5-27, en./mar. 1961. illus., maps. Bibliogr.: p. 27.

937 _____. Rasgos culturales circuncaribes en los Warrau y sus inferencias. Ib., 16(45):237-57, sept./dic. 1956. illus. Bibliogr.: p. 254-57.

938 _____. Zur sozialstruktur der Tunebo. ANTROP, Caracas, (10):39-53, ag. 31, 1960. Bibliogr.: p. 32-3.

939 ZERRIES, Otto. Los indios Guaika y su situación cultural. Informe preliminar de la expedición Frobenius al Alto Orinoco. BOL INDIG VENEZ, Caracas, 2(1/4):61-76, en./dic. 1954. plates, maps. Bibliogr.: p. 76.

940 _____. Die völkerkundliche forschungssituation in südost-Venezuela. BULL (Intern Com Anthrop Ethnol Res) Vienna, (5):97-111, 1962. Bibliogr.: p. 110-11.

ARCHAEOLOGY

GENERAL

941 ACHEGAS para uma bibliografia sôbre inscrições rupestres. BOL GEOGR, Rio, 1(5):208-11, ag. 1943; (6):128-31, set. 1943; (7):155-57, out. 1943.

942 BOSCH Y GIMPERA, Pedro. El arte rupestre de América. AN ANTROP, Méx, (1):29-45, 1964. illus. Bibliogr.: p. 40-5.

943 _____. La prehistoria del Nuevo Mundo y Centro América. ANTROP HIST GUAT, Guat, 12(1):25-34, en. 1960. Bibliogr.: p. 31-4.

944 CASO, Alfonso. Relaciones entre el Viejo y el Nuevo Mundo. Una observación metodológica. CUAD AM, Méx, 125(6):160-75, nov./dic. 1962. illus. Bibliogr.: p. 173-75.

945 CLÉMENT, André. Contribution a l'étude de la metallurgie precolombienne. JOUR (Soc Am) Paris, n.s., 27(2):417-58, 1935. illus., plates. Bibliogr.: p. 454-58.

946 FUNG DE LANNING, Rosa. Las ideas evolucionistas en las interpretaciones arqueológicas. REV (Mus Nac) Lima, 32:203-28, 1963. Bibliogr.: p. 225-28.

947 MEGGERS, Betty J., and EVANS, Clifford. O emprêgo do

método comparativo na interpretação arqueológica. SOCIOLOGIA, S Paulo, 20(3):397-409, ag. 1958. Bibliogr.: p. 409.

948 MILLER, Tom O. Algumas técnicas estatísticas na pesquisa arqueológica. Ib., 27(2):105-19, jun. 1965. Bibliogr.: p. 117-19.

949 SCHOBINGER, Juan. Sobre los antecedentes morfológicos de las clavas semilunares oceánico-americanas. RUNA, B A, 8(pte. 2a.):270-76, 1957. Bibliogr.: p. 276.

950 SCHUSTER, Carl. Genealogical patterns in the Old and New Worlds. REV (Mus Paulista) S Paulo, n.s., 10:7-123/ 1956/1958. Bibliogr.: p. 115-23.

951 UHLE, Max. Las antiguas civilizaciones del Perú a la arqueología e historia del continente americano. REV (Mus Nac) Lima, 25:33-72, 1956. Bibliogr.: p. 70-2.

ARGENTINA

952 AGÜERO BLANCH, Vicente Orlando. Una placa grabada de Pampa Vieja, provincia de San Juan. AN ARQUEOL ETNOL, Mendoza, 16:235-41, 1961. Bibliogr.: p. 241.

953 BENITO, Juan Ignacio. Sobre dos instrumentos enmangados de Chos-Malal. RUNA, B A, 9(pte. 1a. /2a.):323-32, 1958/ 1959. illus. Chos-Malal is the pre-colonial name of the province of Neuquén. Bibliogr.: p. 331-32.

954 BRUCH, Carlos. Exploraciones arqueológicas en las provincias de Tucumán y Catamarca. REV (Museo) La Plata, 19:1-204, 1913. Bibliogr.: p. 201-02.

955 CACERES FREYRE, Julián. La cerámica de los Diaguitas protohistóricas. CUAD (Inst Nac Antrop) B A, (4):161-83, 1963. illus., map. Bibliogr.: p. 182-83.

956 CIGLIANO, Eduardo Mario. Un hallazgo en "Barranca Larga." El yacimiento arqueológico del Mojón 747 de la ruta Tinogasta-Belén (provincia de Catamarca). AN ARQUEOL ETNOL, Mendoza, 20:31-48, 1965. illus. Bibliogr.: p. 48.

957 _____. Investigaciones arqueológicas en la zona de Famabalasto (provincia de Catamarca). RUNA, B A, 8(2a. pte.): 241-69, 1956/1957. plates. Bibliogr.: p. 268-69.

958 _____. Práctica funeraria en los distintos entierros del yacimiento arqueológico de Jüella (provincia de Jujuy). REV (Inst Antrop) Córdoba, 2/3:263-72, 1961/1964. illus. Bibliogr.: p. 272.

959 GAJARDO, Carlos Reyes M. Grabados rupestres de San Lucas (San Carlos Salta). REV (Inst Antrop) Tucumán, 5/6:139-71, 1950/1951. Bibliogr.: p. 171.

960 GARDNER, G. A. The use of textiles in the manufacture of prehispanic pottery in the province of Córdoba (Argentine Republic). REV (Mus) La Plata, 24:128-68, 1916. Text in Spanish and English on opposite pages. Bibliogr.: p. 165-68.

961 GASPARY, Fernando. Orejeras de barro procedentes del Arroyo Leyes. UNIV, Santa Fe, (29):167-81, dic. 1954. Bibliogr.: p. 180-81.

962 GONZALEZ, Alberto Rex. Antiguo horizonte precerámico en las Sierras Centrales de la Argentina. RUNA, B A, 5 (1a./2a. pte.):110-33, 1952. illus. Bibliogr.: p. 130-33.

963 _____. Contextos culturales y cronología relativa en el area central del N. O. Argentino. AN ARQUEOL ETNOL, Mendoza, 11:7-32, 1950. plates. Bibliogr.: p. 30-2.

964 _____. La cultura Condorhuasi del nordoeste argentino. (Apuntes preliminares para su estudio). RUNA, B A, 7(1a. pte.):37-85, 1956. illus., maps. Bibliogr.: p. 81-5.

965 _____. La cultura de La Aguada del N. O. argentino. REV (Inst Antrop) Córdoba, 2/3:205-53, 1961/1964. illus., map. Bibliogr.: p. 251-53.

966 _____. La estratigrafía de la gruta de Intihuasi (prov. de San Luis, R. A.) y sus relaciones con otros sitios precerámicos de Sudamérica. Ib., 1:5-302, 1960. illus., plates, map. Appendix I, by Junius Bird; Appendix II, by Rosendo Pascual. Bibliogr.: p. 281-90, 300, 302.

967 _____. La fotografía y el reconocimiento aéreo en las investigaciones arqueológicas del N. O. Argentino. AN ARQUEOL ETNOL, Mendoza, 12:41-62, 1956. Bibliogr.: p. 60-2.

968 _____. Nuevas fechas de la cronología argentina obtenidas por el método de radiocarbón. REV (Inst Antrop) Córdoba, 1:303-31, 1960; 2/3:289-97, 1961/1964. Bibliogr.: 1:328-31, 2/3:297.

969 _____. Reconocimiento arqueológico de la zona de Copacabana (Córdoba). REV (Mus Paulista) S Paulo, n.s., 10:173-223, 1956/1958. illus., plates, maps.

970 _____. Las tradiciones alfareras del período temprano del N. O. Argentino y sus relaciones con las de las áreas

aledañas. AN (Univ Norte) Antofagasta, (2):47-65, 1963. Bibliogr.: p. 63-5.

971 _____, and NUÑEZ REGUEIRO, Víctor A. Apuntes preliminares sobre la arqueología del Campo del Pucará y alrededores (Dto. de Andalgalá, Catamarca). AN ARQUEOL ETNOL, Mendoza, 14/15:115-62, 1958/1959. illus., map. Bibliogr.: p. 162.

972 HAUENSCHILD, Jorge von. Ensayo de clasificación de la documentación arqueológica de Santiago del Estero. REV (Univ) Córdoba, 36(1):19-94, mar./abr. 1947. maps. Bibliogr.: p. 89-94.

973 KRAPOVICKAS, Pedro. Arqueología de la Puna, Argentina. AN ARQUEOL ETNOL, Mendoza, 14/15:53-113, 1958/1959. illus. Bibliogr.: p. 111-13.

974 _____. El arte rupestre del Noroeste argentino y sus paralelismos en el Nuevo y Viejo Mundo. NORDESTE, Resistencia, (3):7-26, dic. 1961. illus. Bibliogr.: p. 25-6.

975 _____. Breve visión y comentario de la arqueología del noroeste argentino. UNIV, Santa Fe, (62):107-37, oct./dic. 1964. Bibliogr.: p. 135-37.

976 _____. Noticia sobre el arte rupestre de Yavi, provincia de Jujuy, República Argentina. AN ARQUEOL ETNOL, Mendoza, 16:135-67, 1961. illus. Bibliogr.: p. 167.

977 _____. Vasos de cerámica antropomorfos de la cultura Condorhuasi. REV (Inst Antrop) Córdoba, 2/3:273-87, 1961/1964. Bibliogr.: p. 287.

978 _____, and CIGLIANO, Eduardo Mario. Investigaciones arqueológicas en el valle del Río Grande de San Juan (Puna, Argentina). AN ARQUEOL ETNOL, Mendoza, 17/18:71-118, 1962/1963. Bibliogr.: p. 118.

979 LAFON, Ciro René. El horizonte incaico en Humanhuaca. Ib., 12:63-74, 1956. Bibliogr.: p. 72-4.

980 _____. Introducción a la arqueología Humahuaca. RUNA, B A, 9(pte. 1a./2a.):231-66, 1958/1959. Bibliogr.: p. 262-66.

981 _____. Sobre algunos artefactos de hueso de la quebrada de Humahuaca. Ib., 8(2a. pte.):203-31, 1956/1957. illus. Bibliogr.: p. 229-31.

982 _____. Tiempo y cultura en la provincia de Jujuy. ETNIA, B A, (2):1-5, jul./dic. 1965. Bibliogr.: p. 4-5.

983 LAGIGLIA, Humberto A. Dos tabletas de piedra del Sur
Mendocino. AN ARQUEOL ETNOL, Mendoza, 14/15:253-
63, 1958/1959. Bibliogr.: p. 260-61.

984 ———. Estudios arqueológicos en el rincón del Atuel (Depto.
San Rafael, Mendoza). Ib., 12:229-88, 1956. Bibliogr.:
p. 287-88.

985 ———. Una flauta de Pan lítica nueva para la arqueología
de Mendoza (Argentina). Ib., 17/18:179-82, 1962/1963.
illus. Bibliogr.: p. 182.

986 ———. Presencia del "Phaseolus vulgaris, var. oblongus
Alef." En las excavaciones arqueológicas del Rincón del
Atuel, Depto. de San Rafael (Mendoza) Argentina. REV
UNIV (Univ Catól) Santiago, 48:235-42, 1963. illus.
Bibliogr.: p. 242.

987 LARIA, Salvador Carlos. Contribución al estudio de la arqueología de la región este de Río Negro. AN ARQUEOL
ETNOL, Mendoza, 16:247-57, 1961. illus. Bibliogr.:
p. 256-57.

988 LAURI, Yole Beatriz. Los frescos rupestres del S. E. de
Córdoba. HISTONIUM, B A, 7(81):59-102, feb. 1946.
Bibliogr.: p. 102.

989 LEHMANN-NITSCHE, Robert. Hachas y placas para ceremonias. REV (Mus) La Plata, 16:204-40, 1909. Bibliogr.: p. 239-40.

990 ———. Nuevos objetos de industria humana encontrados en
la caverna Eberhardt en Ultima Esperanza. Ib., 11:55-69,
1904. illus. Bibliogr.: p. 67-9.

991 LOBET DE TABBUSH, Bertha J. Figuritas humanas en terracota del territorio argentino. AN ARQUEOL ETNOL,
Mendoza, 4:249-343, 1943. illus., plates. Bibliogr.:
p. 338-43.

992 MADRAZO, Guillermo B., and LAGUZZI RUEDA, Juan Carlos.
Un viaje arqueológico a la provincia de Misiones. RUNA
10:371-82, 1960/1965. Bibliogr.: p. 381-82.

993 ———, and OTTONELLO DE GARCIA REINOSO, Marta.
Arqueología del noroeste argentino. ETNIA, B A, (2):
17-9, jul./dic. 1965. Bibliogr.: p. 19.

994 MONTES, Aníbal. Historia de Ongamira. REV (Univ)
Córdoba, 43(1/3):113-50, feb./jul. 1956. Bibliogr.:
p. 150.

995 NUÑEZ REGUEIRO, Víctor A. Posibilidades y necesidad de

aplicación de un método cuantitativa para obtener cronología cultural. REV (Inst Antrop) Córdoba, 2/3:255-62, 1961/1964. Bibliogr.: p. 260-62.

996 OLIVA, Manuel G. Contribución al estudio de la arqueología del norte de la provincia de Córdoba. (Los paraderos de pozo de las ollas y laguna de la sal). REV (Univ) Córdoba, 34(1):139-65, en./abr. 1947. Bibliogr.: p. 165.

997 PEDERSEN, Asbjorn. I. Representaciones de carácter mágico-religioso de origen amazónico en las pinturas rupestres de las Sierras de Córdoba. II. Nuevo método para fechar su antigüedad (ensayo). AN ARQUEOL ETNOL, Mendoza, 16:227-34, 1961. Bibliogr.: p. 233-34.

998 REICHLEN, Henry. Recherches archéologiques dans la province de Santiago del Estero (Rep. Argentine). JOUR (Soc Am) Paris, n.s., 32(1):133-225, 1940. plates. Bibliogr.: p. 221-25.

999 RUSCONI, Carlos. Más restos óseos de los túmulos prehispánicos de Santiago del Estero. AN (Soc Científ Arg) B A, 144(3):379-405, sept. 1947. illus., tables. Bibliogr.: p. 405-06.

1000 SANCHEZ ALBORNOZ, Nicholás. Hachas y placas de San Antonio del Este (Río Negro). RUNA, B A, 10:455-64, 1960/1965. Bibliogr.: p. 464.

1001 _____. Pictografías de la Península de San Pedro (Nahuel Huapí). Ib., 9(1a./2a. pte.):99-106, 1958/1959. illus. Bibliogr.: p. 106.

1002 SANGUINETTI DE BORMIDA, Amalia C. Dispersión y características de las principales industrias precerámicas del territorio argentino. ETNIA, B A, (1):6-20, en. 1965. illus., map. Bibliogr.: p. 10, 20.

1003 _____. La industria del yacimiento de Laguna Colorada (Pcia. de Jujuy). Ib., (2):10-6, jul./dic. 1965. illus. Bibliogr.: p. 16.

1004 SCHOBINGER, Juan. Arqueología de la provincia del Neuquén; estudio de hallazgos mobiliares. AN ARQUEOL ETNOL, Mendoza, 13:7-233, 1957. illus. Bibliogr.: p. 219-33.

1005 _____. El arte rupestre de la provincia del Neuquén. Ib., 12:115-227, 1956. Bibliogr.: p. 223-27.

1006 _____. Las "clavas insignias" de Argentina y Chile.

Descripción de nuevos ejemplares procedentes de las provincias del Neuquén y Mendoza, y análisis de conjunto. RUNA, B A, 7(2a. pte.):252-80, 1955/1956. plates. Bibliogr.: p. 279-80.

1007 _____. Un notable cántero de la zona cordillerana del Neuquén. AN ARQUEOL ETNOL, Mendoza, 17/18:173-78, 1962/1963. Bibliogr.: p. 178.

1008 _____. Nuevos petroglifos de la provincia del Neuquén. Ib., 17/18:151-71, 1962/1963. illus., map. Bibliogr.: p. 171.

1009 SERRANO, Antonio. Arqueología del Arroyo Las Mulas en el noroeste de Entre Ríos. REV (Univ) Córdoba, 33(1): 25-140, mar./abr. 1946. illus. Bibliogr.: 137-40.

1010 _____. Contenido e interpretación de la arqueología Argentina. El area litoral. UNIV, Santa Fe, (29):39-71, dic. 1954. Bibliogr.: p. 66-71.

1011 _____. Las estatuitas de arcilla de Córdoba y su significado arqueológico. REV (Univ) Córdoba, 31(1):19-99, mar. / abr. 1944. illus., plates. Bibliogr.: p. 47-9.

1012 URIONDO, Mario Ernesto, and RIVADENEIRA, Irma. Metalurgia del noroeste Argentino. REV (Inst Antrop) Tucumán, 7(3):5-40, 1952/1954. illus., plates, map. Bibliogr.: p. 39-40.

BOLIVIA

1013 GALLO, Abelardo. Las ruinas de Tiahuanaco. REV (Univ) B A, 2a. ser., 1(3):45-152, abr. 1925. Bibliogr.: p. 147-50.

1014 GASPARINI, Graziano. Visión arquitectónica Tiwanaku. REV SHELL, Caracas, 11(44):4-24, sept. 1962. illus. Notes and bibliogr.: p. 24.

1015 IBARRA GRASSO, Dick Edgar. La arqueología boliviana. CIEN NUEVA, Cochabamba, 1(4):7-20, jul. 1952. illus.

1016 _____. Comparación de las culturas pre-cerámicas de Bolivia y el norte de Chile. AN (Univ Norte) Antofagasta, (2):79-96, 1963. Bibliogr.: p. 96.

1017 IMBELLONI, José. La extraña terracota de Rurrenabaque (noreste de Bolivia) en la arqueología de Sudamérica. RUNA, B A, 3 (pte. 1/2):71-169, 1950. Bibliogr.: p. 162-69.

1018 KAUFFMANN DOIG, Federico. La cultura Tiahuanaco vista a la luz de la arqueología contemporánea. LETR, Lima, 36(72/73):123-55, 1o./2o. sem. 1964. illus., map. Bibliogr.: p. 152-55.

1019 MÉTRAUX, Alfred. Contribution à l'archéologie bolivienne. JOUR (Soc Am) Paris, n.s., 25(2):279-91, 1933. Bibliogr.: p. 291.

1020 PATTERSON, Thomas Carl, and HEIZER, Robert F. A preceramic stone tool collection from Viscachani, Bolivia. ÑAWPA PACHA, Berkeley, (3):107-13, 1965. plates, map. Bibliogr.: p. 112-13.

1021 PONCE SANGINES, Carlos. Cerámica Tiwanacota. REV GEOGR AM, B A, 28(169):207-14, oct. 1947. Bibliogr.: p. 214.

1022 ———. Investigaciones arqueológicas en Salla. KHANA, La Paz, 3/4(27/30):6-32, oct./dic. 1957-mar. 1958. illus., maps. Bibliogr.: p. 29-32.

1023 PUCHER DE KROLL, Leo. Thiahuanako y el hombre amerasiano. UNIV, Potosí, 13(30/31):135-41, abr./dic. 1950. Bibliogr.: p. 140-41.

BRAZIL

1024 BALDUS, Herbert. Almofariz de pedra encontrado no município de Cunha, estado de S. Paulo. REV (Arquiv Munici) S Paulo, 107:31-5, mar./abr. 1946. Bibliogr.: p. 34-5.

1025 BECKER, Maria da Conceição de, and MELLO, Denizart P. de. Ensaio de tipologia lítica brasileira. REV (Mus Paulista) S Paulo, n.s., 14:439-53, 1963. Bibliogr.: p. 448-53.

1026 CHMYZ, Igor. Nota prévia sôbre a jazida PR UV A-1(663): Kavales; dados arqueológicos parciais do vale do Rio Vermelho. Ib., 14:493-512, 1963. illus. Bibliogr.: p. 511-12.

1027 CRUXENT, José María. Noticia sôbre litos de sílex del Brasil. BOL (Mus Cien Nat) Caracas, 4/5(1/4):7-47, dic. 1959. Bibliogr.: p. 25-6.

1028 DOLE, Gertrude E. A preliminary consideration of the Upper Xingú basin. REV (Mus Paulista) S Paulo, n.s., 13:399-423, 1961/1962. illus. Bibliogr.: p. 422-23.

1029 DREYFUS, Jenny. Das relações entre a cerámica indígena brasileira e a Sul-Americana. REV (Arquiv Munici) S Paulo, 59:83-110, jul. 1939. illus. Bibliogr.: p. 109-10.

1030 FIGUEIREDO, Napoleão. A cerámica arqueológica do Rio Itacaiúnas. BOL (Mus Paraense E Goeldi) Belem, n.s. (Antrop), (27):1-17, jul. 22, 1965. illus., maps. Bibliogr.: p. 16-7.

1031 _____, and SIMÕES, Mário F. Contribuição a arqueologia da fase marajoara. REV (Mus Paulista) S Paulo, n.s., 14:455-70, 1963. plates. Bibliogr.: p. 470.

1032 HILBERT, Peter Paul. Contribuição a arqueologia do Amapá. BOL (Mus Paranese E Goeldi) Belem, n.s. (Antrop), (1):1-37, set. 1957. illus., map. Bibliogr.: p. 37.

1033 _____. Urnas funerárias do Rio Cururú, Alta Tapajós. Ib., n.s. (Antrop), (6):1-13, ag. 1958. illus. Bibliogr.: p. 13.

1034 HURT, Wesley R. The cultural complexes from the Lagoa Santa region, Brazil. KRITERION, Belo Horizonte, 14(57/58):501-20, jul./dez. 1961. Bibliogr.: p. 519-20.

1035 _____. Recent radiocarbon dates for central and southern Brazil. AM ANTIQ, 30(1):25-33, Jul. 1964. Bibliogr.: p. 32-3.

1036 MÖRNER, Aare. Catalogue of the Silva Castro collection. REV (Mus Paulista) S Paulo, n.s., 11:133-76, 1959. Bibliogr.: p. 174-76.

1037 PEREIRA, José Antero. A propósito dos "alinhamentos" de Monte Alto. REV (Arquiv Munici) S Paulo, 97:55-61, jul./ag. 1944. Bibliogr.: p. 60-1.

1038 _____. Notas sôbre inscrições lapidares. Ib., 78:195-214, ag./set. 1941. illus. Bibliogr.: p. 207-10.

1039 SCHMITZ, Inácio. A cerámica guaraní da ilha de Santa Catarina e a cerâmica da Base Aérea. PESQUISAS, P Alegre, (3):267-324, 1959. illus. Bibliogr.: p. 303-04.

1040 SILVA, Fernando Altenfelder. Considerações sôbre a arqueologia brasileira. REV (Mus Paulista) S Paulo, n.s., 14:431-38, 1963. Bibliogr.: p. 437-38.

1041 _____. Considerações sôbre alguns sítios Tupí-Guaraní no sul do Brasil. Ib., n.s., 13:377-97, 1961/1962. Bibliogr.: p. 396-97.

1042 SILVA, Maurício Paranhos da. Archéologie de la Guyane brésilienne. BULL (Soc Suisse Am) Geneva, (9):1-16, mars 1955. Bibliogr.: p. 15-6.

1043 TIBURTIUS, Guilherme, and BIGARELLA, Iris Koehler. Nota sôbre os anzóis de osso da jazida paleo-etnográfica de Itacoara, Santa Catarina. REV (Mus Paulista) S Paulo, n.s., 7:381-87, 1953. Bibliogr.: p. 387.

1044 TOLEDO, Lourdes de Andrade. Notas sôbre algumas peças arqueológicas do Rio Trombeta. REV (Arquiv Munici) S Paulo, 87:147-70, dez 1942. illus. Bibliogr.: p. 156-57.

1045 VASCONCELLOS, Marina. Cerámica de Marajó. Ib., 56: 171-88, abr. 1939. illus., plate. Bibliogr.: p. 188.

1046 WATSON, Virginia Drew. Ciudad Real; a Guaraní-Spanish site on the Alto Paraná river. AM ANTIQ 13(2):163-76, Oct. 1947. Bibliogr.: p. 175-76.

BRITISH HONDURAS

1047 WILLEY, Gordon Randolph, and BULLARD, William R. The Melhado site, a house mound group in British Honduras. Ib., 22(1):29-44, Jul. 1956. Bibliogr.: p. 44.

CARIBBEAN AREA

1048 GRANBERRY, Julian. An anthropological reconnaissance of Bimini, Bahamas. Ib., 22(4):378-81, Jan. 1957. Bibliogr.: p. 380-81.

1049 _____. The cultural position of the Bahamas en Caribbean archaeology. Ib., 22(2, pt.1):128-34, Oct. 1956. Bibliogr.: p. 133-34.

1050 HERRERA FRITOT, René. Arqueotipos zoomorfos en las Antillas Mayores. REV ARQUEOL ETNOL, Hav, 2a. ép., 7(15/16):215-26, en./dic. 1952. Bibliogr.: p. 225.

1051 PINCHON, Robert. Introduction a l'archéologie martiniquiaise. JOUR (Soc Am) Paris, n.s., 41(2):305-52, 1952. illus. Bibliogr.: p. 349-50.

1052 ROUSE, Irving. Alguna evidencia acerca de los orígenes de la alfarería antillana. REV ARQUEOL ETNOL, Hav, 2a. ép., 3(6/7):196-229, en./dic. 1948. illus., maps. From AM ANTHROP, 42(1), 1940. Bibliogr.: p. 227-29.

CENTRAL AMERICA

1053 DUTTON, Bertha P. A history of plumbate ware. PALACIO, Santa Fe, 49(10):205-19, Oct. 1942-(12):257-71, Dec. 1942. Bibliogr.: (12):268-71.

1054 STONE, Doris Zemurray. La posición de los Chorotegas en la arqueología centroamericana. REV MEX ESTUD ANTROP, Méx, 8(1/3):121-31, en./dic. 1946. Bibliogr.: p. 130-31.

1055 YDE, Jens. A preliminary report of the Tulane University-Danish National Museum Expedition to Central America, 1935. MAYA RES, New Orleans, 3(1):25-37, Jan. 1936. Bibliogr.: p. 37.

CHILE

1056 BERDICHEWSKY SCHER, Bernardo. Culturas precolombinas de la costa central de Chile. ANTROP, Santiago, 1(1): 17-33, 2o. sem. 1963. illus., maps. Bibliogr.: p. 32-3.

1057 _____. Exploración arqueológica en la costa de la provincia de Antofogasta. Ib, Santiago, 3(no. único):3-30, 1965. Bibliogr.: p. 30.

1058 _____. Informe preliminar de las excavaciones arqueológicas en Concón. Ib., 2(1):65-95, 1o. sem. 1964. Bibliogr.: p. 95.

1059 CZAJKA, Guillermo O. J. Un establecimiento aborigen en la parte desértica de la Puna. Estudio antropogeográfico realizado a orillas del Salar de Arizaro. HUMANITAS, Tucumán, 2(4):115-29, 1954. plates, map. Bibliogr. notes: p. 129.

1060 FRIANT, M., and REICHLEN, Henry. Deux chiens préhispaniques du désert d'Atacama; recherches anatomiques sur le chien des Incas. TRAVAUX (Inst Fran Estud Andines) Paris, 2:1-18, 1950. Bibliogr.: p. 17-8.

1061 GAJARDO TOBAR, Roberto. Clava cefalomoría de Petorca. REV UNIV (Univ Catól) Santiago, 43:129-31, 1958. illus. Bibliogr.: p. 131.

1062 _____. Investigaciones acerca de las "piedras con tacitas" en la zona Central de Chile. AN ARQUEOL ETNOL, Mendoza, 14/15:163-204, 1958/1959. illus., maps. Bibliogr.: p. 204.

1063 _____. Investigaciones arqueológicas en la desembocadura del Río Choapa (Prov. Coquimbo, Chile). La cultura de Huentelauquen. Ib., 17/18:7-70, 1962/1963. illus., map. Bibliogr.: p. 70.

1064 HEINE-GELDERN, Robert. La escritura de la Isla de Pascua y sus relaciones con otras escrituras. RUNA, B A, 8(pte. 1a.):5-27, 1956/1957. Bibliogr.: p. 26-7.

1065 IMBELLONI, José. Las 'Tabletas Parlantes' de Pascua, monumentos de un sistema gráfica indo-oceánico. Ib., 4(pte. 1a. /2a.):89-177, 1951. illus.

1066 IRIBARREN CHARLIN, Jorge. Arqueología en el valle de Copiapó. REV UNIV (Univ Catól) Santiago, 43:167-95, 1958. illus. Bibliogr.: p. 194-95.

1067 ———. Nuevos aportes sobre la arqueología de la cultura de el Molle. Ib., 42(2):175-87, 1957. plates. Bibliogr.: p. 187.

1068 ———. Revisión de los petroglifos del valle del Río Hurtado. Ib., 38(1):189-94, 1953-40/41:53-7, 1955/1956; 42(2):13-7, 1957; 44/45:5-11, 1959/1960; 47:117-25, 1962. plates. Bibliogr.: 44/45:11; 47:125.

1069 KALTWASSER PASSIG, Jorge. Artefactos líticos de Coyo. ANTROP, Santiago, 2(1):105-13, 1o. sem. 1964. illus.

1070 ———. Artefactos líticos de Sólor. Ib., 2(2):77-86, 2o. sem. 1964. illus. Bibliogr.: p. 86.

1071 ———. Artefactos líticos de Tambillo. Ib., 1(1):55-71, 2o. sem. 1963. illus. Bibliogr.: p. 71.

1072 ———. Descripción de artefactos líticos de "Tambillo," región del Salar de Atacama. AN (Univ Norte) Antofagasta, (2):133-45, 1963. illus. Bibliogr.: p. 144-45.

1073 LINDBERG, Ingeborg. Tejidos y adornos de los cementerios Quitor 2, 5 y 6 de San Pedro de Atacama. REV UNIV (Univ Catól) Santiago, 48:195-202, 1963. illus. Bibliogr.: p. 202.

1074 MARTINEZ BAEZA, Sergio, and MUNIZAGA AGUIRRE, Carlos. La colección arqueológica A. Nielsen, de Iquique. REV CHIL HIST GEOGR, Santiago, (129):232-46, en./dic. 1961. illus. Bibliogr.: p. 246.

1075 MONTANE M., Julio C. Figurillas de arcilla chilenas, su ubicación y correlaciones culturales. AN ARQUEOL ETNOL, Mendoza, 16:103-33, 1961. illus. Bibliogr.: p. 131-33.

1076 MOSTNY, Greta. Arqueología del norte de Chile. CIEN INVEST, B A, 2(1):13-5, en. 1946. Bibliogr.: p. 15.

1077 MULLOY, William, and FIGUEROA, Gonzalo. Excavación de una cueva en las proximidades de Ahu-Akivi, Isla de Pascua. ANTROP, Santiago, 1(1):34-42, 2o. sem. 1963. map. Bibliogr.: p. 42.

1078 MUNIZAGA AGUIRRE, Carlos. Nota sobre una estólica y una estatuilla antropomorfa, supuestamente vinculadas al complejo precerámica de la costa de Arica (Chile). REV UNIV (Univ Catól) Santiago, 49:169-72, 1964. illus. Bibliogr.: p. 172.

1079 _____. Tipos cerámicas del sitio Coyo en la región de San Pedro de Atacama. AN (Univ Norte) Antofagasta, (2): 97-131, 1963. Bibliogr.: p. 131.

1080 NIEMEYER F., Hans. Excavación de un cementerio incaico en la Hacienda Camarones (Prov. de Tarapacá). REV UNIV (Univ Catól) Santiago, 48:207-33, 1963. illus. Bibliogr.: p. 223-24, 233.

1081 _____. Investigaciones arqueológicas en las terrazas de Conanoxa, Valle de Camarones (provincia de Tarapacá). Ib., 48:101-66, 1963. plates. Bibliogr.: p. 152-53.

1082 _____. Una pequeña colección alfarera de la Hacienda Curacavi, Prov. de Santiago. Ib., 49:173-77, 1964. illus. Bibliogr.: p. 177.

1083 _____. Tambo incaico en el Valle de Collacagua (Prov. de Tarapacá). Apendice por Mary Frances Ericksen. Ib., 47:127-49, 1962. plates. Bibliogr.: p. 141, 149.

1084 NUÑEZ ATENCIO, Lautaro. Contactos culturales prehispánicos entre la costa y la subcordillera andina. BOL (Univ Chile) Santiago, (31):42-7, jul. 1962. illus. Bibliogr.: p. 47.

1085 _____. Desarrollo cultural prehispánico del norte de Chile. ESTUD ARQUEOL, Antofagasta, (1):37-115, 1965. plates, map. Notes and bibliogr.: p. 99-106, 115.

1086 _____. En torno a los propulsores prehispánicos del norte de Chile. BOL (Univ Chile) Santiago, (44):4-8, nov. 1963. Bibliogr.: p. 7.

1087 _____. Influencia de Tiahuanaco en la talla en madera del norte de Chile. Ib., (50):51-6, ag. 1964. illus. Bibliogr.: p. 56.

1088 _____. Los keros del norte de Chile. ANTROP, Santiago, 1(1):72-88, 2o. sem. 1963. illus. Bibliogr.: p. 87-8.

1089 _____. Problemas en torno a la tableta Rapé. AN (Univ Norte) Antofagasta, (2):147-68, 1963. illus. Bibliogr.: p. 167-68.

1090 _____, and VARELA B., Juan. Un complejo pre-agrícola

en el salar del Soronal (Cordillera de la Costa, norte de Chile). REV (Inst Antrop) Córdoba, 2/3:189-204, 1961/1964. illus. Bibliogr.: p. 203-04.

1091 ORELLANA RODRIGUEZ, Mario. Acerca de la arqueología del desierto de Atacama. BOL (Univ Chile) Santiago, (27):41-3, dic. 1961. illus. Bibliogr.: p. 43.

1092 _____. Acerca de la cronología del complejo cultural San Pedro de Atacama. ANTROP, Santiago, 2(1):96-104, 1o. sem. 1964. Bibliogr.: p. 104.

1093 _____. Informe de la primera fase del proyecto arqueológico Río Salado. Ib., 3(no. único):81-117, 1965. illus. Bibliogr.: p. 117.

1094 _____. Problemas de la arqueología de San Pedro de Atacama y sus alrededores. AN (Univ Norte) Antofagasta, (2):27-39, 1963. illus. Bibliogr.: p. 38-9.

1095 _____, and KALTWASSER PASSIG, Jorge. Las industrias líticas del Departamento de El Loa (Chile). ANTROP, Santiago, 2(2):37-76, 2o. sem. 1964. illus. Bibliogr.: p. 75-6.

1096 ORTIZ, Omar. El matá, instrumento lítico pascuense y sus problemas. BOL (Univ Chile) Santiago, (53/54): 101-07, nov./dic. 1964. illus. Bibliogr.: p. 106-07.

1097 PAIGE, Gustavo le. El precerámico en la cordillera atacameña y los cementerios del período agro-alfarero de Atacama. AN (Univ Norte) Antofagasta, (3):3-275, 1964. Bibliogr.: p. 259-67.

COLOMBIA

1098 ANGULO VALDES, Carlos. Evidencias de la serie barrancoide en el norte de Colombia. REV COL ANTROP, Bogotá, 11:73-88, 1962. plates, map. Bibliogr.: p. 87.

1099 ARCILA VELEZ, Graciliano. Arqueología de Mutatá. BOL (Inst Antrop) Medellín, 1(1):7-50, nov. 1953. plates, map. Bibliogr.: p. 50.

1100 _____. Estudio preliminar de la cultura rupestre en Antioquia. -- Tamesis. Ib., 2(5):5-22, 1956. plates, map. Bibliogr.: p. 22.

1101 BROADBENT, Sylvia M. Stone-roofed chambers in Chibcha territory Colombia. ÑAWPA PACHA, Berkeley, (3):93-106, 1964. diagrs., maps. Bibliogr.: p. 105-06.

1102 BÜRGL, Hans. Artefactos paleolíticos de una tumba en Garzón, Huila. REV COL ANTROP, Bogotá, 6:5-24, 1957. plates. Bibliogr.: p. 22.

1103 CABRERA ORTIZ, Wenceslao. Pictógrafos y petroglifos. BOL ARQUEOL, Bogotá, 2(3):231-53, sept. 1946. illus., tables. Bibliogr.: p. 252-53.

1104 _____. _____. REV JAVERIANA, Bogotá, 28(136):24-41, jul. 1947. tables, diagrs. Bibliogr.: p. 40-1.

1105 CUBILLOS CHAPARRO, Julio César. El Morro de Tulcán (pirámide prehispánica). Arqueología de Popayán, Cauca--Colombia. REV COL ANTROP, Bogotá, 8:215-357, 1959. plates. Bibliogr.: p. 357.

1106 DUQUE GOMEZ, Luis. Colombia y la orfebrería prehistórica. REV INDIAS, Bogotá, 2a. ép., 24(76):45-64, abr. 1945. plates. Bibliogr.: p. 63-4.

1107 _____. Los últimos hallazgos arqueológicos de San Agustín. REV (Inst Etnol Nac) Bogota, 2(2):5-41, 1946. plates. Bibliogr.: p. 41.

1108 _____. _____. REV INDIAS, Bogotá, 2a. ép., 30(96):387-418, mayo 1947. Bibliogr.: p. 418.

1109 HERNANDEZ DE ALBA, Gregorio. Nouvelles découvertes archéologiques a San Agustín et a Tierradentro (Colombie). JOUR (Soc Am) Paris, n. s., 32(1):57-68, 1940. Bibliogr.: p. 66-8.

1110 MEJIA A., Félix. Manifestaciones artísticas de los indígenas de Colombia. UNIV ANTIOQ, Medellín, 20:413-43, sept./nov. 1946. illus. Bibliogr.: p. 427.

1111 NUÑEZ JIMENEZ, Antonio. Facatativá, santuario de la rana. Andes orientales de Colombia. ISLAS, S Clara, 1(3): 665-757, mayo/ag. 1959. illus., maps. Bibliogr.: p. 749-57.

1112 PATTERSON, Thomas Carl. Ceramic sequences at Tierradentro and San Agustín, Colombia. AM ANTIQ: 31(1): 66-73, jul. 1965. Bibliogr.: p. 72-3.

1113 RECASENS, Josep de. Las esculturas de piedra blanda de "La Belleza." REV (Inst Etnol Nac) Bogotá, 2(1):117-52, 1945. Bibliogr.: p. 151-52.

1114 REICHEL DOLMATOFF, Gerardo. Excavaciones en los conchales de la costa de Barlovento. REV COL ANTROP, Bogotá, 4:247-72, 1955. plates, map. Bibliogr.: p. 271-72.

1115 _____. Investigaciones arqueológicas en la Sierra Nevada de Santa Marta. Ib., 2(2):145-206, 1954-4:189-245, 1955. Co-author v.4: Alicia Reichel Dolmatoff. Bibliogr.: 2(2):206; 3:170; 4:245.

1116 _____. Momíl: a formative sequence from the Sinú Valley, Colombia. AM ANTIQ, 22(3):226-34, Jan. 1957. Bibliogr.: p. 234.

1117 _____. Puerto Hormiga y los comienzos de la cerámica en Colombia. REV (Mus Nac) Lima, 34:14-9, 1965/1966. Bibliogr.: p. 18-9.

1118 _____, and REICHEL DOLMATOFF, Alicia. Investigaciones arqueológicas en el dept. del Magdalena, Colombia, 1946-1950. BOL ARQUEOL, Bogotá, 3(1/6):7-[332] 1951. tables, plates, map. Bibliogr.: p. 323-24. Pt. III appeared in: DIVUL ETNOL, Barranquilla, 3(4): 11-95, dic. 1953.

1119 _____, and _____. Investigaciones arqueológicas en la costa Pacífica de Colombia. REV COL ANTROP, Bogotá, 10:237-30, 1961; 11:9-71, 1962. illus. Bibliogr.: 10:314-15; 11:60.

1120 _____, and _____. La Mesa. Un complejo arqueológico en la Sierra Nevada de Santa Marta. Ib., 8:159-213, 1959. plates, maps. Bibliogr.: p. 209-12.

1121 _____, and _____. Momíl; excavaciones en el Sinú. Ib., 5:109-333, 1956. illus., plates, plan, map. Bibliogr.: p. 310-13.

1122 _____, and _____. Reconocimiento arqueológico de la hoya del Río Sinú. Ib., 6:29-149, 1957. illus., plates. Bibliogr.: p. 140-41.

1123 _____, and _____. Las urnas funerarias en la cuenca del Río Magdalena. REV (Inst Etnol Nac) Bogotá, 1(1):209-81, 1943. Bibliogr.: p. 260.

1124 RIVAS PUTNAM, Ignacio. El sueño del pasade o la arqueología del Alto Magdalena, cumbre de la civilización precolombina. BOL HIST ANTIG, Bogotá, 31(357/358): 675-708, jul./ag. 1944. Bibliogr.: p. 706-08.

1125 SILVA CELIS, Eliecer. Los petroglifos de "El Encanto." REV COL ANTROP, Bogotá, 12:9-77, 1963. illus., plates. Bibliogr.: p. 73-7.

1126 _____. Pinturas rupestres precolombinas de Sáchica--Valle de Leiva. CULT, Tunja, 2(111):59-81, dic. 1961. plates. Bibliogr.: p. 80-1.

1127 _____. _____. REV COL ANTROP, Bogotá, 10:9-36, 1961. Bibliogr.: p. 33-4.

1128 WARWICK, Bray. Investigaciones arqueológicas en el Valle de Calima. Ib., 11:319-29, 1962. illus. Bibliogr.: p. 327-28.

COSTA RICA

1129 COE, Michael D. Costa Rican archaeology and Mesoamerica. SOUTHWEST JOUR ANTHROP, Albuquerque, 18(2):170-83, Summer, 1962. Bibliogr.: p. 181-83.

1130 LOTHROP, Samuel Kirkland. Jade and string sawing in northeastern Costa Rica. AM ANTIQ, 21(1):43-51, Jul. 1955. Bibliogr.: p. 50-1.

1131 MELENDEZ CHAVERRI, Carlos. Arqueología: una posible representación de Huracán. TLALOANI, Méx, 2(11): 38-42, oct. 1957. illus. Bibliogr.: p. 42.

1132 _____. Un jarrón representativo de la "Guerra sagrade" en Costa Rica. EDUC, S José, 8(32):18-22, jul./ag. 1962. Bibliogr.: p. 21-2.

1133 STONE, Doris Zemurray. Apuntes sobre un jade y dos colgantes de esteatita del norte de Costa Rica. HOMBRE CULT, Panamá, 1(2):47-54, dic. 1963. illus., map. Bibliogr.: p. 51-2.

1134 _____. A preliminary investigation of the flood plain of the Río Grande de Térraba, Costa Rica. AM ANTIQ, 9(1):74-88, Jul. 1943. illus., plates, maps. Bibliogr.: p. 85-8.

1135 _____, and BALSER, Carlos. Grinding stones and mullers of Costa Rica. JOUR (Soc Am) Paris, n.s., 46:165-79, 1957. plates. Bibliogr.: p. 178-79.

1136 _____. _____. Incised slate disks from the Atlantic watershed of Costa Rica. AM ANTIQ, 30(3):310-29, Jan. 1965. Bibliogr.: p. 327-29.

CUBA

1137 "CAYO OCAMPO"; historia de un cayo. Estudio de una de las isletas de la bahía de Cienfuegos, determinando el emplazamiento del poblado indio que encontraron los españoles. REV ARQUEOL ETNOL, Hav, 2a. ép., 2(4/5):55-123, en./dic. 1947. plates, map.

1138 COSCULLUELA, J. A. Prehistoric cultures in Cuba. AM ANTIQ, 12(1):10-8, Jul. 1946. Bibliogr.: p. 17-8.

1139 MORALES PATIÑO, Oswaldo. Guamuhaya; estudio arqueológico de esta región indocubana. Revisión del llamado "Hombre del Plurial." REV ARQUEOL ETNOL, Hav, 2a. ép., 4(8/9):111-74, en./dic. 1949. illus. Bibliogr.: p. 149-51. Writings of Louis Montané, p. 152-54; Laudelino Trelles Duelo, p. 154-55; Florentino Ameghino, p. 155; and Ales Hrdlicka, p. 155.

1140 _____, and PEREZ DE ACEVEDO, Roberto. El interesantísimo período de trasculturación indo-hispánico en Cuba. Ib., 2a. ép., 1(1):5-36, en. 1946. illus., plates. Bibliogr.: p. 19-20.

1141 RIVERO DE LA CALLE, Manuel. Caguanes: nueva zona arqueológica de Cuba. ISLAS, S Clara, 2(2/3):727-807, en./ag. 1960. illus. Bibliogr.: p. 806-07.

1142 _____, and NUÑEZ JIMENEZ, Antonio. Excursiones arqueológicas a Camaguay; estudio de la pictografía del Cerro de Tabaquey y descubrimiento del montículo representativo de Guaney. Ib., 1(1):90-147, sept./dic. 1958. illus., ports., map. Bibliogr.: p. 122-3.

DOMINICAN REPUBLIC

1143 HERRERA FRITOT, René. Tres tipos de objetos indo-arqueológicos de Santo Domingo. REV ARQUEOL ETNOL, Hav, 2a. ép., 2(4/5):127-35, en./dic. 1947. plates. Bibliogr.: p. 135.

ECUADOR

1144 CLÉMENT, André. Note sur la dureté des haches précolombiennes de l'Equateur et du Mexique. JOUR (Soc Am) Paris, n.s., 24(1):85-91, 1932. Bibliogr.: p. 91.

1145 ESTRADA, Emilio. Correlaciones entre la arqueología de la costa del Ecuador y Perú. HUMANITAS, Quito, 2(2):31-61, 1961. Bibliogr.: p. 53-6.

1146 EVANS, Clifford, and MEGGERS, Betty J. Formative period cultures in the Guayas Basin, coastal Ecuador. AM ANTIQ, 22(3):235-47, Jan. 1957. Bibliogr.: p. 246-47.

1147 _____, and _____. Informe preliminar sobre las investigaciones arqueológicas realizadas en la cuenca del Guayas, Ecuador. CUAD HIST ARQUEOL, Guayaquil, 4(12):307-36, dic. 1954. plates. Text also in English. Bibliogr.: at end of English version, p. 328, 330; and of Spanish version, p. 335-36.

1148 FERDON, Edwin N. Characteristic figurines from Esmeraldas.

PALACIO, Santa Fe, 52(11):221-45, Nov. 1945. Bibliogr.: p. 244-45.

1149 HARCOURT, Raoul d'. Archeologie de la province d'Esmeraldas (Equateur). JOUR (Soc Am) Paris, n.s., 34:61-200, 1942. Bibliogr.: p. 194-98.

1150 HOLM, Olaf. El cucharón, un utensilo doméstico de la cultura Manteña, Ecuador. CUAD HIST ARQUEOL, Guayaquil, 9(25/26):121-45, en. 1959/dic. 1960. illus. Bibliogr.: p. 137-39.

1151 ———. Las Islas Galápagos en la prehistoria ecuatoriana. REV (Núcl Guayas, Casa Cult Ecuat) Guayaquil, 1(2):25-39, en./mar. 1964. illus. Bibliogr.: p. 33-4.

1152 ———. Técnica alfarera del sur-andino del Ecuador. REV (Mus Nac) Lima, 34:44-53, 1965/1966. Bibliogr.: p. 51-3.

1153 MANSER, J. G. Prehistoric dental inlays from Ecuador. PALACIO, Santa Fe, 53(5):111-15, May 1946. Bibliogr.: p. 115.

1154 MARGAIN, Carlos R. Informe sobre la expedición arqueológica a Esmeraldas, agosto de 1945. CASA CULT ECUAT, Quito, 12(22):262-89, en./dic. 1960. illus. Bibliogr.: p. 281.

1155 REICHLIN, Henry. Contribution a l'étude de la métallurgie précolombienne de la province d'Esmeraldas (Equateur). JOUR (Soc Am) Paris, n.s., 34:201-28, 1942. plates. Bibliogr.: p. 227-28.

1156 SANTIANA, Antonio. Sepulturas precolombinas del Ecuador. CIEN Nat, Quito, 8(1):2-7, dic. 1965. illus. Bibliogr.: p. 7.

1157 ———, and CARLUCI, María Angélica. Dos horizontes nuevos en la prehistoria ecuatoriana. HUMANITAS, Quito, 2(1):85-93, 1960. Bibliogr.: p. 93.

1158 ZEVALLOS MENENDEZ, Carlos. Estudio regional de la orfebrería precolombina de Ecuador y su posible relación con las áreas vecinas. REV (Mus Nac) Lima, 34:68-81, 1965/1966. Bibliogr.: p. 80-1.

EL SALVADOR

1159 BOGGS, Stanley H. Comentarios sobre una estatua de barro hallada en la zona arqueológica de Chalchuapa. TZUNPAME, S Salvador, 5(4):26-32, ag. 1945. References: p. 31-2.

1160 _____. Informe sobre la tercera temporada de excavaciones en las ruinas de "Tatzumal." Ib., 5(4):33-45, ag. 1945. References: p. 44-5.

1161 _____. Notas sobre las excavaciones en la Hacienda "San Andrés," Departamento de La Libertad. Ib., 3(1):104-26, oct. 1943. Bibliogr.: p. 126.

1162 FIDIAS JIMENEZ, Tomás. Piedras de tacitas en El Salvador. AN (Mus Nac Guzmán) S Salvador, 10(35/36):13-20, 1961/1962. plates. Bibliogr.: p. 20.

GUATEMALA

1163 ADAMS, Richard E. W. Seibal, Petén: una secuencia cerámica preliminar y un nuevo mapa. ANTROP HIST GUAT, Guat, 16(2):3-12, dic. 1964. illus., plan.

1164 _____, and GATLING, John L. Noreste del Petén: un nuevo sitio y un mapa arqueológico regional. Ib., 17(1):47-61, en. 1965. illus., plans. Bibliogr.: p. 61.

1165 BERLIN, Heinrich. Breves estudios arqueológicos: El Petén, Guatemala. Ib., 3(2):1-8, jun. 1951. plates. Bibliogr.: p. 8.

1166 _____. Excavaciones en Kaminal Juyú, Montículo D-III-13. Ib., 4(1):3-18, en. 1952. plates. Bibliogr.: p. 18.

1167 _____. El templo de las inscripciones de Tikal. Ib., 3(1): 33-54, en. 1951. plates, diagrs. Bibliogr.: p. 54.

1168 BOGGS, Stanley H. Apuntes sobre varios objetos de barro procedentes de Los Guapotes, en el Lago de Güija. Ib., 15(1):15-27, en. 1963. illus. Bibliogr.: p. 20-1.

1169 BORHEGYI, Stephan F. de. Estudio arqueológico en la falda norte del Volcán de Agua. ANTROP HIST GUAT, Guat, 2(1):3-22, en. 1950. Bibliogr.: p. 21-2.

1170 _____. Hallazgos arqueológicos en aguas del Lago de Amatitlán. Ib., 10(1):5-12, en. 1958. illus. Bibliogr.: p. 11-12.

1171 _____. El incensario de Guayasco recientemente donado al Museo Nacional de Arqueología y Etnología. Ib., 3(2): 41-4, jun. 1951. Bibliogr.: p. 43-4.

1172 _____. Notas sobre sellos de barro existentes en el Museo Nacional de Arqueología y Etnología de Guatemala. Ib., 2(2):16-26, jun. 1950. plates. Bibliogr.: p. 25-6.

1173 COE, Michael D. Una investigación arqueológica en la costa del Pacífico de Guatemala. Ib., 11(1):5-11, en. 1959. Bibliogr.: p. 11.

1174 _____, and FLANNERY, Kent V. The pre-Columbian obsidian industry of El Chayal, Guatemala. AM ANTIQ, 30(1): 43-9, Jul. 1964. Bibliogr.: p. 48-9.

1175 COE, William R. A summary of excavation and research at Tikal, Guatemala, 1956-61. Ib., 27(4):479-507, Apr. 1962. Bibliogr.: p. 506-07.

1176 GRIEDER, Terrence. Manifestaciones de arte Maya en la religión de Petexbatún. ANTROP HIST GUAT, Guat, 12(2):10-24, jul. 1960. plates. Bibliogr.: p. 17.

1177 GUILLEMIN, Jorge F. Iximche. Ib., 11(2):22-42, jul. 1959. Bibliogr.: p. 41-2.

1178 _____. _____. BULL (Soc Suisse Am) Geneva, (29):23-33, 1965. maps. Bibliogr.: p. 33.

1179 MATA AMADO Guillermo. Apuntes arqueológicos sobre el Lago de Amatitlán. ANTROP HIST GUAT, Guat, 16(1): 63-77, en. 1964. illus., map. Bibliogr.: p. 77.

1180 _____. _____. UNIV S CARLOS, Guat, (59):33-45, en. / abr. 1963. Bibliogr.: p. 45.

1181 MOHOLY-NAGY, Hattula. A bibliography of Tikal Project publications (as of December, 1964); Tikal bibliography: staff 1956-1964. KATUNOB, Oshkosh, 5(1):28-36, Mar. 1965.

1182 MORALES FERNANDEZ, Rafael. Apuntes para la protección de las zonas arqueológicas en el Petén. ANTROP HIST GUAT, Guat, 17(1):15-29, en. 1965. Bibliogr.: p. 28-9.

1183 NAVARRETE C., Carlos. La cerámica de Mixco Viejo. CUAD ANTROP, Guat, (1):1-50, mayo 1962. plates. Bibliogr.: p. 49-50.

1184 _____. _____. HUMAN, Guat, 3(1/7):1-50, sept. 1961. Bibliogr.: p. 49-50.

1185 PARSONS, Lee A., BORHEGYI, Stephan F. de, and others. Excavaciones en Bilbao, Santa Lucía Cotzumalguapa, Guatemala. Informe preliminar. ANTROP HIST GUAT, Guat, 15(1):3-13, en. 1963. illus. Bibliogr.: p. 8.

1186 PROSKOURIAKOFF, Tatiana. Historical implications of a pattern of dates at Piedras Negras, Guatemala. AM ANTIQ, 25(4):454-75, Apr. 1960. Bibliogr.: p. 474-75.

ARCHAEOLOGY

1187 RALPH, Elizabeth K. Review of radiocarbon dates from Tikal and the Maya calendar correlation problem. Ib., 30(4):421-27, Apr. 1965. Bibliogr.: p. 427.

1188 SAMAYOA CHINCHILLA, Carlos. Orfebres y lapidarios precolombinos. ANTROP HIST GUAT, Guat, 11(2):15-21, jul. 1959. Bibliogr.: p. 21.

1189 _____. _____. UNIV S CARLOS, Guat., (44):145-33, en. / abr. 1958. Bibliogr.: p. 153.

1190 SHOOK, Edwin M. Historia arqueológica del puerto de San José, Guatemala. ANTROP HIST GUAT, Guat, 1(2):3-22, jun. 1949. plates, map. Bibliogr.: p. 21-2.

1191 _____. Investigaciones arqueológicas en las ruinas de Tikal, Departamento de El Petén, Guatemala. Ib., 3(1):9-32, en. 1951. plates, maps.

1192 _____. Lugares arqueológicos del Altiplano meridional central de Guatemala. Ib., 4(2):3-40, jun. 1952. map. Bibliogr.: p. 39-40.

1193 _____, and SMITH, Robert Eliot. Descubrimientos arqueológicos en Poptún. Ib., 2(2):3-15, jun. 1950. plates, map. Bibliogr.: p. 15.

1194 SMITH, A. Ledyard, WILLEY Gordon Randolph, and ADAMS, Richard E. W. Altar de sacrificios; cuarto informe preliminar 1962. ANTROP HIST GUAT, Guat, 14(2):5-37, jul. 1962. illus. Excavations at the "Altar de Sacrificios" in the Petén. References: p. 30.

1195 SMITH, Robert Sidney. Cerámica elaborada sin torno, Chinautla, Guatemala, Ib., 1(2):58-61, jun. 1949. Bibliogr.: p. 61.

1196 STROMSVIK, Gustavo. Las ruinas de Asunción Mita, informe de su reconocimiento. Ib., 2(1):23-9, en. 1950. plates. Bibliogr.: p. 29.

1197 WAUCHOPE, Robert. Las edades de Utatlán e Iximche. Ib., 1(1):10-22, en. 1949. References: p. 22.

1198 _____. Surface collection at Chiche, Guatemala. MID AM RES REC, New Orleans, 1(10):123-50, Jun. 25, 1948.

GUYANA

1199 CARTER, George F. An account of some recent excavations at Seba, British Guiana. AM ANTIQ, 9(1):89-99, Jul. 1943. illus, plates, map. Bibliogr.: p. 99.

ARCHAEOLOGY

HAITI

1200 BARKER, Paul. Les cultures Cadet et Manigat. BULL (Bur Ethnol) Port-au-Prince, 3(26):1-70, jan. 1961. illus., port. Bibliogr.: p. 70.

1201 ———, and GAYOT, Gerard G. Le Chien de Pierre de Chansolme. Ib., 4(30):9-45, juil. 1964. illus. Bibliogr.: p. 45.

HONDURAS

1202 GUILBERT, Henry D. The Mayan skulls of Copán. HOND ROTAR, Tegucigalpa, 2(23):4-5, 30, feb. 1945. Bibliogr.: p. 30.

1203 STONE, Doris Zemurray. A delimitation of the area and some of the archaeology of the Sula-Jicaque Indians of Honduras. AM ANTIQ, 7(4):376-88, Apr. 1942. Bibliogr.: p. 387-88.

1204 ———, and TURNBULL, Conchita. A Sula-Ulúa pottery kiln. Ib., 7(1):39-47, Jul. 1941. Bibliogr.: p. 46-7.

1205 VAILLANT, George Clapp. The archaeological setting of the Playa de los Muertos culture. MAYA RES, New Orleans, 1(2):87-100, Oct. 1934. Bibliogr.: p. 97-100.

JAMAICA

1206 DeWOLF, Marian. Excavations in Jamaica. AM ANTIQ, 18(3):230-38, Jan. 1953. Bibliogr.: p. 238.

1207 HOWARD, Robert R. The archaeology of Jamaica: a preliminary survey. Ib., 22(1):45-59, Jul. 1956. Bibliogr.: p. 58-9.

MEXICO

1208 ACOSTA, Jorge R. Exploraciones arqueológicas realizadadas en el estado de Michoacán durante los años de 1937 y 1938. REV MEX ESTUD ANTROP, Méx, 3(2):85-98, mayo/ag. 1939. illus. Bibliogr.: p. 98.

1209 ALCINA FRANCH, José. Pequeñas esculturas antropomorfas de Guerrero (Méjico). REV INDIAS, Madrid, 21(84): 295-349, abr./jun. 1961. illus. Bibliogr.: p. 347-49.

1210 ———. Sonajas rituales en la cerámica mejicana. Ib., 13(54):527-38, oct./dic. 1953. Bibliogr.: p. 538.

1211 ARMILLAS, Pedro. Exploraciones recientes en Teotihuacán,

México. CUAD AM, Méx, 16(4):121-36, jul./ag. 1944. plates. Bibliogr.: p. 135-36.

1212 AVELEYRA ARROYO DE ANDA, Luis. Estudio de los artifactos asociados. REV MEX ESTUD ANTROP, Méx, 13(1):17-30, 1952. Bibliogr.: p. 28-9.

1213 _____. The Pleistocene carved bone from Tequixquiac, Mexico: a reappraisal. AM ANTIQ, 30(3):261-77, Jan. 1965. Bibliogr.: p. 274-75.

1214 _____. Reconocimiento arqueológico en la zona de la presa internacional Falcón, Tamaulipas y Texas. REV MEX ESTUD ANTROP, Méx, 12:31-59, 1951. Bibliogr.: p. 58-9.

1215 _____. The second mammoth and associated artifacts at Santa Isabel Iztapán, Mexico. AM ANTIQ, 22(1):12-28, Jul. 1956. Bibliogr.: p. 27-8.

1216 _____. Sobre dos fechas de radiocarbono 14 para la cueva de La Candelaria, Coahuila. AN ANTROP, Méx, (1): 125-30, 1964. Bibliogr.: p. 130.

1217 _____, and MALDONADO KOERDELL, Manuel. Association of artifacts with mammoth in the Valley of Mexico. AM ANTIQ, 18(4):332-40, Apr. 1953. Bibliogr.: p. 340.

1218 BARLOW, Robert Hayward. Lista razonada de los trabajos publicados en Tlatelolco a través de los tiempos, nos. I-XI inclusive. MEM (Acad Mex Hist corr Real Madrid) Méx, 3(1):201-73, abr./jun. 1944-9(2):199-250, abr./jun. 1950. Collection of articles by various authors, many supplied with bibliographies.

1219 BERLIN, Heinrich. Archaeological excavations in Chiapas. AM ANTIQ, 12(1):19-28, Jul. 1946. plate. Bibliogr.: p. 28.

1220 _____. Glifos nominales en el sarcófago de Palenque. HUMAN, Guat, 2(10):1-8, 1959. Bibliogr.: p. 8.

1221 _____. The inscription of the Temple of the Cross at Palenque. AM ANTIQ, 30(3):330-42, Jan. 1965. Bibliogr.: p. 341-42.

1222 BERNAL, Ignacio. Teotihuacán: nuevas fechas de radiocarbono y su posible significado. AN ANTROP, Méx, (2):27-35, 1965. Bibliogr.: p. 35.

1223 BEYER, Hermann. A discussion of J. Eric Thompson's interpretations of Chichén Itzá hieroglyphs. AM ANTIQ, 6(4):327-38, Apr. 1941. illus. Bibliogr.: p. 338.

1224 BOOS, Frank H. Una nueva categoría de urnas "Acompañantes." AN (Inst Nac Antrop Hist) Méx, 14(43): 129-35, 1961. Bibliogr.: p. 35.

1225 BORHEGYI, Stephan F. de. Shark teeth, stingray spines and shark fishing in ancient Mexico and Central America. SOUTHWEST JOUR ANTHROP, Albuquerque, 17(3):273-96, Autumn 1961. Bibliogr.: p. 293-96.

1226 BRAINERD, George W. Fine orange pottery in Yucatan. REV MEX ESTUD ANTROP, Méx, 5(2):163-83, mayo/dic. 1941. Bibliogr.: p. 182-83.

1227 CAREY, Henry A. An analysis of the northwestern Chihuahua culture. AM ANTHROP, n.s., 33(3):325-74, Jul. /Sept. 1931. Bibliogr.: p. 373-74.

1228 CASO, Alfonso. El calendario mexicano. MEM (Acad Mex Hist corr Real Madrid) Méx, 17(1):41-96, en. /mar. 1958. Bibliogr.: p. 86-96.

1229 CASTAÑEDA, José Luis. Descifración jeroglífica azteca. DIVUL HIST, Méx, 1(8):319-27, jun. 15, 1940. Bibliogr.: p. 327.

1230 CHRISTENSEN, Bodil. El Teponaztli de Xicotepec. REV MEX ESTUD ANTROP, Méx, 3(3):177-84, sept. /dic. 1939. Bibliogr.: p. 184.

1231 CLINE, Howard Francis. The Chinantla of northeastern Oaxaca, México; bibliographical notes on modern investigations. BOL (Cent Invest Antrop) Méx, 1(2):11-7, nov. 1956.

1232 CRUZ, Felipe G. Teotihuacán. REV GEOGR AM, B A, 31 (187):161-68, abr. 1949. Bibliogr.: p. 168.

1233 DEEVEY, Edward S. Pollen analysis and Mexican archaeology: an attempt to apply the method. AM ANTIQ, 10(2):135-49, Oct. 1944. Bibliogr.: p. 146-49.

1234 DELGADO, Agustín. Investigaciones arqueológicas en las cuevas del sur de Tehuacán, Pue. y sur de Córdoba, Ver. AN (Inst Nac Antrop Hist) Méx, 17(46):75-107, 1964. illus. Bibliogr.: p. 107.

1235 DRUCKER, Philip. Preliminary notes on an archaeological survey of the Chiapas coast. MID AM RES REC, New Orleans, 1(11):151-69, Dec. 1, 1948. Bibliogr.: p. 168-69.

1236 DU SOLIER, Wilfrido. Una representación pictórica de

Quetzalcoatl en una cueva. REV MEX ESTUD ANTROP, Méx, 3(2):129-41, mayo/ag. 1939. illus., plates, map. Bibliogr.: p. 141.

1237 DUTTON, Bertha P. A brief discussion of Chichén Itzá. PALACIO, Santa Fe, 63(7/8):203-32, Jul./Aug. 1956. Bibliogr.: p. 227-30.

1238 ———. Tula of the Toltecs. Ib., 62(6/7):195-251, Jul./Aug. 1955. Bibliogr.: p. 250-51.

1239 EKHOLM, Gordon Frederick. Prehistoric "lacquer" from Sinaloa. REV MEX ESTUD ANTROP, Méx, 4(1/2):10-5, en./ag. 1940. Bibliogr.: p. 15.

1240 ———. Wheeled toys in Mexico. AM ANTIQ, 11(4):222-28, Apr. 1946. Bibliogr.: p. 228.

1241 ESPEJO, Antonieta. Nomenclatura de alfarerías Lago de Texcoco. MEM (Acad Mex Hist corres Real Madrid) Méx, 15(2):117-26, abr./jun. 1956. Pt. XII of Tlatelolco a través de los tiempos. See also Item 1218. Bibliogr.: p. 125-26.

1242 FASTLICHT, Samuel. Falsificaciones o mixtificaciones de mutilaciones dentarias prehispánicas. YAN, Méx, (3): 119-22, 1954. illus. Bibliogr.: p. 122.

1243 FURST, Peter T. West Mexican tomb sculpture as evidence for shamanism in prehispanic Mesoamerica. ANTROP, Caracas, (15):29-80, dic. 1965. Bibliogr.: p. 76-80.

1244 GARCIA, Rubén. Bibliografía razonada del calendario azteca. AN (Mus Nac Arqueol Hist Etnol) Méx, 5a. ép., 1:113-48, en./mar. 1934. illus.

1245 GARCIA PAYON, José. La pirámide del Tajín; estudio analítico. CUAD AM, Méx, 60(6):153-77, nov./dic. 1951. plates, diagrs. Bibliogr.: p. 176-77.

1246 ———. Quienes construyeron el Tajín y resultados de las últimas exploraciones de la temporada, 1961-1962. PALABRA HOMBRE, Xalapa, 2a. ép., (26):243-52, abr./jul. 1963. illus. Bibliogr.: p. 250-52.

1247 ———. "El Tajín" description et comentaires. UNIV VERACRUZ, Xalapa, 3(4):44-63, oct./dic. 1954. Bibliogr.: p. 60-3.

1248 ———. Totonacas y Olmecas; un ensayo de correlación histórico-arqueológica. Ib., 1(4):27-52, oct./dic. 1952. illus. Bibliogr.: p. 49-52.

1249 GIFFORD, E. W. Archaeology in the Punta Peñasco region, Sonora. AM ANTIQ, 11(4):215-21, Apr. 1946.

1250 GOGGIN, John M. An archaeological survey of the Rio Tepalcatepec basin, Michoacán, México. Ib., 9(1): 44-58, Jul. 1943. illus., map. Bibliogr.: p. 58.

1251 GONZALEZ RUL, Francisco. Tocititlán. AN (Inst Nac Antrop Hist) Méx, 15(44):67-73, 1962. illus. Bibliogr.: p. 73.

1252 _____, and MOOSER, Federico. La calzada de Iztapalpa. Ib., 14(43):113-19, 1961. illus. Bibliogr.: p. 119.

1253 GRIFFIN, James B., and ESPEJO, Antonieta. La alfarería correspondiente al último período de ocupación Nahua del Valle de México. Alfarería lago de Texcoco negro-sobre-anaranjado. MEM (Acad Mex Hist corr Real Madrid) Méx, 6(2):131-47, abr./jun. 1947. plates. Bibliogr.: p. 144-47.

1254 _____, and KRIEGER, Alex D. Notes on some ceramic techniques and intrusions in Central Mexico. AM ANTIQ, 12(3, pt.1):157-73, Jan. 1947. plates. Bibliogr.: p. 172-73.

1255 JAEN ESQUIVEL, María Teresa. Cálculo de la estatura e índices cnémico, mérico y lénico en restos óseos de dos cuevas de Coahuila. AN (Inst Nac Antrop Hist) Méx, 17(46):151-59, 1964. illus. Bibliogr.: p. 159.

1256 JOHNSON, Alfred E. The Trincheras culture of northern Sonora. AM ANTIQ, 29(2):174-86, Oct. 1963. Bibliogr.: p. 185-86.

1257 KELLEY, J. Charles. Notes on Julimes, Chihuahua. PALACIO, Santa Fe, 56(12):358-61, Dec. 1949. Bibliogr.: p. 361.

1258 _____, and WINTERS, Howard D. A revision of the archaeological sequence in Sinaloa, Mexico. AM ANTIQ, 25(4): 547-61, Apr. 1960. Bibliogr.: p. 561.

1259 LEONARD, Carmen Cook de. Dos extraorinarias vasijas del Museo de Villahermosa (Tabasco). YAN, Méx, (3):83-104, 1954. Bibliogr.: p. 103-04.

1260 LISTER, Robert H., and HOWARD, Agnes M. The Chalchihuites culture of northwestern Mexico. AM ANTIQ, 21(2):122-29, Oct. 1955. Bibliogr.: p. 129.

1261 LIZARDI RAMOS, César. El Chacmool mexicano. CUAD AM,

Méx, 14(2):137-48, mar./abr. 1944. plates. Bibliogr.: p. 147-48.

1262 LORENZO, José Luis. Dos puntas acanaladas en la región de Chapala, México. BOL (Inst Nac Antrop Hist) Méx, (18):1-6, dic. 1964. illus., maps. Bibliogr.: p. 6.

1263 MacNEISH, Richard S. A synopsis of the archaeological sequence in the Sierra de Tamaulipas. REV MEX ESTUD ANTROP, Méx, 11:79-96, 1950. Bibliogr.: p. 96.

1264 MARTINEZ ESPINOSA, Eduardo. Una nueva escultura Olmeca de Tonalá, Chiapas. ICACH, Tuxtla Gutiérrez, (1):79-81, dic. 1959. Bibliogr.: p. 81.

1265 MATOS MOCTEZUMA, Eduardo. El adoratorio decorado de las calles de Argentina. AN (Inst Nac Antrop Hist) Méx, 17(46):127-38, 1964. Bibliogr.: p. 138.

1266 MELGAREJO VIVANCO, José Luis. La Estela 1 de Piedra Labrada, Ver. PALABRA HOMBRE, Xalapa, (16):27-36, oct./dic. 1960. illus. Bibliogr.: p. 35-6.

1267 _____. Los petroglifos de Atzalan. Ib., (23):351-67, jul./sept. 1962. illus. Bibliogr.: p. 367.

1268 MEXICO City College, México, D. F. Anthropology Department. Excavations at Yagul. MESOAM NOTES, Méx, (4):vii-92, 1955; (5):7-104, 1957. illus., plates, maps, charts. Bibliogr.: (4):91-2; (5):75-6, 96.

1269 MILLION, René. The beginnings of Teotihuacán. AM ANTIQ, 26(1):1-10, Jul. 1960. Bibliogr.: p. 9-10.

1270 MOEDANO, Hugo. Estudio preliminar de la cerámica de Tzintzuntzan. Temporada III, 1939-1940. REV MEX ESTUD ANTROP, Méx, 5(1):21-42, en./abr. 1941. illus. Bibliogr.: p. 42.

1271 MÜLLER JACOBS, Florencia. Exploración arqueológica en Huapalcalco, Hgo. Quinta temporada, 1959. AN (Inst Nac Antrop Hist) Méx, 15(44):75-97, 1962. illus. Bibliogr.: p. 97.

1272 NAVARRETE C., Carlos. Exploraciones arqueológicas en la Hacienda Las Palmas, Tecpatán, Chis. ICACH, Tuxtla Gutiérrez, 1(3):68-78, dic. 1959. illus. Bibliogr.: p. 78.

1273 _____. Notas de la arqueología chiapaneca. Ib., (14):93-104, en./jun. 1965. illus. Bibliogr.: p. 97.

1274 NOGUERA, Eduardo. Correlación de la arqueología y la historia en la porción norte del Valle de México. AN (Inst Nac Antrop Hist) Méx, 15(44):39-65, 1962. illus. Bibliogr.: p. 64-5.

1275 _____. Exploraciones en Xochicalco. CUAD AM, Méx, 19(1): 119-57, en./feb. 1945. plates, plans. Bibliogr.: p. 155-57.

1276 _____. El monolito de Coatlichan. AN ANTROP, Méx, (1): 131-43, 1964. illus. Bibliogr.: p. 142-43.

1277 _____. Los monumentos arqueológicos y la cerámica de Zacatepec. REV MEX ESTUD ANTROP, Méx, 4(1/2): 16-42, en./ag. 1940. plates. Bibliogr.: p. 41-2.

1278 _____. Nueva clasificación de figurillas del horizonte clásico. CUAD AM, Méx, 124(5):127-36, sept./oct. 1962. illus. Bibliogr.: p. 136.

1279 _____. El sarcófago de Tlalancaleca. Ib., 134(3):139-48, mayo/jun. 1964. Bibliogr.: p. 148.

1280 _____. Totomihuacán, famosa zona arqueológica del estado de Puebla. AN ANTROP, Méx, (2):137-51, 1965. illus. Bibliogr.: p. 150-51.

1281 OSBORNE, Douglas. An archaeologic reconnaissance in southeastern Michoacán, México. AM ANTIQ, 9(1):59-73, Jul. 1943. illus., map, plate. Bibliogr.: p. 73.

1282 PADDOCK, John. Excavations in the Mixteca Alta. MESOAM NOTES, Méx, 3:iii-50, 1953. illus., maps. Bibliogr.: p. 35-6.

1283 PALACIOS, Enrique Juan. Lápida número dos con relieves (creación o fuego nuevo) descubierto en Palenque. AN (Soc Geogr Hist) Guat, 13(4):431-46, jun. 1937. Bibliogr.: p. 446.

1284 RANDS, Robert L., and RANDS, Barbara C. The ceramic position of Palenque, Chiapas. AM ANTIQ, 23(2, pt. 1): 140-50, Oct. 1957. Bibliogr.: p. 149-50.

1285 _____, and _____. The incensario complex of Palenque, Chiapas. Ib, 25(2):225-36, Oct. 1959. Bibliogr.: p. 234-36.

1286 RENDON, Silvia. Modern pottery of Riotenco San Lorenzo, Cuauhtitlán. MID AM RES REC, New Orleans, 1(15): 251-67, Dec. 30, 1950. illus., map. Trans. from the Spanish by Robert Wauchope. References: p. 265-67.

1287 ROMANO, Arturo. Breve informe de los hallazgos de San Vicente Chicoloapan, Méx. AN (Inst Nac Antrop Hist) Méx, 15(44):245-59, 1962. illus. Bibliogr.: p. 259.

1288 RUZ LHUILLIER, Alberto. Campeche en la arqueología Maya. ACTA ANTHROP, Méx, 1(2/3):1-128, sept./dic. 1945. plates, map. Bibliogr.: p. 111-23.

1289 SALMERON, Francisco. Huistán: su plaza ceremonial. PALABRA HOMBRE, Veracruz, 2(30):195-202, abr./jun. 1964. Bibliogr.: p. 201-02.

1290 SAVILLE, Marshall Howard. Votive axes from ancient Mexico. INDIAN NOTES, N Y, 6(3):266-99, Jul. 1929; (4):335-42, Oct. 1929. Bibliogr.: 6(3):297-99.

1291 STIRLING, Matthew William. Wheeled toys from Tres Zapotes, Veracruz. AMERINDIA, Monte, (1):41-9, 1962. Bibliogr.: p. 49.

1292 THOMPSON, John Eric. A coordination of the history of Chichén Itzá with ceramic sequences in Central Mexico. REV MEX ESTUD ANTROP, Méx, 5(2/3):97-111, mayo/ dic. 1941. Bibliogr.: p. 110-11.

1293 THOMSEN, Harriette H. Occurrence of fired bricks in preconquest Mexico. SOUTHWEST JOUR ANTHROP, Albuquerque, 16(4):428-41, Winter 1960. Bibliogr.: p. 439-41.

1294 VAILLANT, George Clapp. A correlation of archaeological and historical sequences in the Valley of Mexico. AM ANTHROP, n.s., 40(4, pt.1):535-73, Oct./Dec. 1938. Bibliogr.: p. 568-73.

1295 VILLEGAS, Carlos. Teotihuacán, la metrópoli religiosa del Valle de México. UNIV, Monterrey, (7):49-73, ag. 1947. Bibliogr.: p. 72-3.

1296 WEST, Michael. Transition from preclassic to classic at Teotihuacán. AM ANTIQ, 31(2, pt. 1):193-202, Oct. 1965. Bibliogr.: p. 201-02.

1297 WHITAKER, Thomas W., CUTLER, Hugh C., and MacNEISH, Richard S. Cucurbit materials from three caves near Ocampo, Tamaulipas. Ib., 22(4):352-58, Apr. 1947.

1298 WINNING, Hasso von. A decorated bone rattle from Culhuacán, Mexico. Ib., 25(1):86-93, Jul. 1959. Bibliogr.: p. 93.

1299 _____. Figurillas de barro sobre ruedas procedentes de

México y el Viejo Mundo. AMERINDIA, Monte, (1):9-39, 1962. Bibliogr.: p. 16-7.

MIDDLE AMERICA

1300 BELMONT, G. E. The secondary series as a lunar count eclipse count. MAYA RES, New Orleans, 2(2):144-54, Apr. 1935. Bibliogr.: p. 154.

1301 BERLIN, Heinrich. Estudios epigráficos. ANTHROP HIST GUAT, Guat, 17(2):3-12, dic. 1965. illus. Bibliogr.: p. 11-2.

1302 _____. El glifo "emblema" en las inscripciones Mayas. Ib., 13(2):14-20, jul. 1961. Bibliogr.: p. 20.

1303 _____. _____. JOUR (Soc Am) Paris, n.s., 47:111-19, 1958. illus. Bibliogr.: p. 119.

1304 _____. El glifo "Zotz invertido." ANTROP HIST GUAT, Guat, 16(1):3-7, en. 1964. Bibliogr.: p. 5-6.

1305 _____. Más casos del glifo lunar en números de distancia. ANTROP HIST GUAT, Guat, 12(2):25-34, jul. 1961. illus. Bibliogr.: p. 27.

1306 BEYER, Hermann. An incised Maya inscription in the Metropolitan Museum of Art, New York. MID AM RES REC, New Orleans, 1(7):85-8, Oct. 1, 1945. illus. Bibliogr.: p. 88.

1307 BOEKELMAN, Henry J. Ethno- and archeo-conchological notes on four Middle American shells. MAYA RES, New Orleans, 2(3):257-77, Jul. 1935. Bibliogr.: p. 275-77.

1308 BORHEGYI, Stephan F. de. Jointed figurines in Mesoamerica and their cultural implication. SOUTHWEST JOUR ANTHROP, Albuquerque, 10(3):268-77, Autumn 1954. Bibliogr.: p. 276-77.

1309 _____, and PARSONS, Lee A. Pares de vasijas gemelas policromadas con figuras pintadas, del área Maya. ANTHROP HIST GUAT, Guat, 16(1):13-22, en. 1964. illus. Bibliogr.: p. 22.

1310 BRITO SANSORES, William. Sistema de Mérida para el desciframiento de los jeroglíficos Mayas. REV (Univ Yucatán) Mérida, 4(24):74-85, nov./dic. 1962. Bibliogr.: p. 84-5.

1311 COE, Michael D. Cycle 7 monuments in Middle America: a reconsideration. AM ANTHROP, 59(4):597-611, Aug. 1957. Bibliogr.: p. 610-11.

ARCHAEOLOGY

1312 _____. The funerary temple among the classic Maya. SOUTHWEST JOUR ANTHROP, Albuquerque, 12(4):387-94, Winter 1956. Bibliogr.: p. 393-94.

1313 COWGILL, George L. The end of the Maya culture: a review of recent evidence. Ib., 20(2):145-59, Spring 1964. Bibliogr.: p. 157-59.

1314 COWGILL, Ursula M., and HUTCHINSON, G. E. Ecological and geochemical archaeology in southern Maya lowlands. Ib., 19(3):267-86, Autumn 1963. Bibliogr.: p. 283-86.

1315 HABERLAND, Wolfgang. Pinturas en figuras de monumentos Mayas clásicos. AN (Soc Geogr Hist) Guat, 30(1/4): 155-68, en./dic. 1957. Literature: p. 168.

1316 IRVING, Thomas Ballantine. Los clásicos Mayas. UNIV S CARLOS, Guat, (44):127-36, en./abr. 1958. Bibliogr.: p. 136.

1317 _____. _____. REV (Soc Geogr Hist) Tegucigalpa, 38(7/9): 49-56, en./mar. 1959. Bibliogr.: p. 55-6.

1318 KNOROZOV, Y. V. The problem of the study of the Maya hieroglypic writing. AM ANTIQ, 23(3):284-91, Jan. 1958. Bibliogr.: p. 291.

1319 LAFARGE, Oliver. Post-Columbian dates and the Mayan correlation problem. MAYA RES, New Orleans, 1(2):109-24, Oct. 1934. table. Bibliogr.: p. 122-24.

1320 LOTHROP, Samuel Kirkland. Sculptured pottery of the Southern Maya and Pipil. Ib., 3(2):140-52, Apr. 1936. Bibliogr.: p. 150.

1321 MASON, John Alden. Observations on the present status and problems of Middle American archaeology. AM ANTIQ, 3(3):206-23, Jan. 1938; (4):300-17, Apr. 1938. Bibliogr.: 3(3):220-23; (4):315-17.

1322 MENENDEZ V., Miguel Angel. La civilización Maya y sus vestigios en Centro América. AN (Soc Geogr Hist) Guat, 11(3):313-33, mar. 1935. Bibliogr.: p. 333. Thesis--Instituto Nacional Central de Varones, 1934.

1323 SATTERTHWAITE, Linton. Maya dating by hieroglyph styles. AM ANTHROP, n.s., 40(3):416-28, Jul./Sept. 1938. Bibliogr.: p. 428.

1324 SMITH, Robert Eliot. Importancia de la cerámica de Uaxactun en la reconstrucción de la historia Maya. REV GUAT, Guat, 2(2):158-70, oct./dic. 1945. plates. Bibliogr.: p. 169-70.

1325 _____, WILLEY, Gordon Randolph, and GIFFORD, James C. The type-variety concept as a basis for the analysis of Maya pottery. AM ANTIQ, 25(3):330-40, Jan. 1960. Bibliogr.: p. 339-40.

1326 THOMPSON, John Eric. El area Maya norte. YAN, Méx, (3):3-35, 1954. illus., map. Bibliogr.: p. 33-5.

1327 _____. Investigaciones en la escritura jeroglífica Maya. BOL (Cent Invest Antrop) Méx, (11):3-12, jul. 1961. Bibliogr.: p. 11-2.

1328 _____. A survey of the northern Maya area. AM ANTIQ, 11(1):2-24, Jul. 1945. illus., plates. Bibliogr.: p. 23-4.

1329 _____. Symbols, glyphs, and divinatory almanacs for diseases in the Maya Dresden and Madrid codices. Ib., 23(3):297-08, Jan. 1958. Bibliogr.: p. 307-08.

1330 _____. Tentativa de reonocimiento en el area Maya meridional. ANTROP HIST GUAT, 1(2):23-48, jun. 1949. plates. Bibliogr.: p. 46-8.

1331 _____. A trial survey of the southern Maya area. AM ANTIQ, 9(1):106-34, Jul. 1943. plates. Bibliogr.: p. 132-34.

1332 _____. Yokes or ball game belts. Ib., 6(4):320-26, Apr. 1941. illus. Bibliogr.: p. 325-26.

1333 THURBER, Floyd, and THURBER, Valerie. A Maya hieroglyph possibly symbolizing abundance. SOUTHWEST JOUR ANTHROP, Albuquerque, 16(2):225-29, Summer 1960. Bibliogr.: p. 229.

1334 VAILLANT, George Clapp. Chronology and stratigraphy in the Maya area. MAYA RES, New Orleans, 2(2):119-43, Apr. 1935. Bibliogr.: p. 139-43.

1335 WAUCHOPE, Robert. A tentative sequence of preclassic ceramics. MID AM RES REC, New Orleans, 1(14):211-50, Mar. 1, 1950. Bibliogr.: p. 247-50.

1336 WEITZEL, Robert Boland. Chichén Itzá inscriptions and the Maya correlation problem. AM ANTIQ, 11(1):27-31, Jul. 1945. Bibliogr.: p. 31.

PANAMA

1337 BIESE, Leo P. Arqueología de Panamá; bibliografía de trabajos publicados (1859-1961). LOTERIA, Panamá, 2a. ép, 7(77):70-84, abr. 1962.

ARCHAEOLOGY

1338 CRUXENT, José María. Informe sobre un reconocimiento arqueológico en el Darién (Panamá). BOL (Mus Cien Nat) Caracas, 2/3(1/4):103-95, 1956/1957. plates, maps. Bibliogr.: p. 185-95.

1339 _____. _____. LOTERIA, Panamá, 2a. ép, 4(45):1-32, ag. 1959; (46):33-64, sept. 1959; (47):65-103, oct. 1959. illus. Article separately paged at end of issues. Bibliogr.: (47):92-103.

1340 LADD, John. A stratigraphic trench at Sitio Conte, Panama. AM ANTIQ, 22(3):265-71, Jan. 1957. Bibliogr.: p. 271.

1341 McGIMSEY, Charles R. Cerro Mangote; a preceramic site in Panama. Ib., 22(2, pt. 1):151-61, Oct. 1956. Bibliogr.: p. 161.

1341a MARSHALL, Donald S. Archaeology of Far Fan Beach, Panama Canal Zone. Ib., 15(2):124-32, Oct. 1949. Bibliogr.: p. 132.

1342 MITCHELL, Russel H. Máscara de piedra encontrade en Panamá. PANAMA MONTH, Panamá, 7(8):20-1, Aug. / Sept. 1965. Bibliogr.: p. 21.

1343 RUBIO Y MUÑOZ BOCANEGRA, Angel. Monumentos históricos y arqueológicos de Panamá. LOTERIA, 2a. ép., 2(15):34-48, feb. 1957; (16):68-84, mar. 1957; (17):36-43, abr. 1957. Bibliogr.: (16):79-84; (17):43.

PERU

1344 ALCINA FRANCH, José. Acerca de una colección de objetos del Usayali. REV INDIAS, Madrid, 12(48):307-20, abr. / jun. 1952. Bibliogr.: p. 319-20.

1345 _____. El "asa estribo" en la cerámica americana. Ib., 12(50):745-60, oct./dic. 1952. illus., map. Bibliogr.: p. 758-60.

1346 BIBLIOGRAFIA de arqueología peruana (1953-1954). REV (Mus Nac) Lima, 23:313-14, 1954. Further bibliography under Espejo Núñez.

1347 BIRD, Junius Bouton. El arte precerámico de Huaca Prieta. REV PERUANA CULT, Lima, (3):121-29, oct. 1964. illus. Bibliogr.: p. 128-29.

1348 _____. Pre-ceramic art Huaca Prieta, Chicama Valley. ÑAWPA PACHA, Berkeley, (1):29-34, 1963. illus. Bibliogr.: p. 33.

1349 BONAVIA, Duccio. Sobre el estilo teatino. REV (Mus Nac) Lima, 31:43-94, 1962. illus. Bibliogr.: p. 93-4.

1350 CARDICH, Augusto. La prehistoria peruana y su profundidad cronológica. BOL (Soc Geogr) Lima, 80:10-24, en. /abr. 1963. Bibliogr.: p. 23-4.

1351 CARTER, George F. Some archaeologic Cucurbit seed from Peru. ACTA AM, Los Angeles, 3(3):163-72, jul. /sept. 1945. Bibliogr.: p. 172.

1352 CORNEJO BOURONCLE, Jorge. El templo del sol. Rev GEOGR AM, B A, 20(119):81-8, ag. 1943. Bibliogr.: p. 88.

1353 DAWSON, Lawrence E. Slip casting: a ceramic technique invented in ancient Peru. ÑAWPA PACHA, Berkeley, (2):107-11, 1964. plate. Bibliogr.: p. 110.

1354 DONNAN, Christopher B. Moche ceramic technology. Ib., (3):115-34, 1965. plates. Bibliogr.: p. 130.

1355 ENGEL, Frédéric. Notes relatives a des explorations archéologiques a Paracas et sur la côte sud du Pérou. TRAVAUX (Inst Fran Etud Andines) Paris, 9:1-72, 1963. plates, maps. Bibliogr.: p. 71-2.

1356 ———. Sites et établissements sans céramique de la côte peruvienne. JOUR (Soc Am) Paris, n. s., 46:67-155, 1957. Bibliogr.: p. 151-52.

1357 ESPEJO NUÑEZ, Julio. Bibliografía arqueológica de Chavín. BOL BIBLIOGR (Bibl, Univ S Marcos) Lima, 36(1/2): 13-40, en. /jun. 1964.

1358 ———. Bibliografía básica de arqueología andina. Ib., 22 (1/4):6-12, 1952-27(1/4):42-8, dic. 1957.

1359 ———. Bibliografía de arqueología peruana, 1956-1961. Ib., 32(1/2):137-86, en. /jun. 1962.

1360 ———. Bibliografía de arqueología peruana, 1958-1959. BOL BIBLIOGR ANTROP AM, Méx, 21/22 (pte. 1a.): 150-62, 1958/1959.

1361 ———. Publicaciones arqueológicas sobre el Perú en 1957. Ib., 19/20(Pte. 1a.):192-94, 1956/1957.

1362 ———. Rumi Chaka de Chavín. (Pesquisa bibliográfica). CHIMOR, Trujillo, 5/6(no. único):32-8, 1957/1958. illus. Bibliogr.: p. 38.

1363 _____. _____. REV ANTROP, S Paulo, 6(1):63-9, jun. 1958. Bibliogr.: p. 68-9.

1364 GALIMBERTI MIRANDA, Carlos A. La cadena de oro de Huáscar. REV (Mus Inst Arqueol) Cuzco, 11(18):71-92, nov. 1959. Bibliogr.: p. 92.

1365 GAYTON, A. H. A new type of ancient Peruvian shirt. AM ANTIQ, 20(3):263-70, Jan. 1959. Bibliogr.: p. 270.

1366 HARTH-TERRE, Emilio. La estela de Pucurá. UNIV S CARLOS, Guat, (56):93-111, en./abr. 1962. illus. Bibliogr.: p. 111.

1367 _____. Un mapa regional en litoescultura; examen estético de la estela de Pukará. REV UNIV, Cuzco, 49(119):239-58, 2o. sem. 1960. illus. Bibliogr.: p. 258.

1368 _____. Piki-Llaccta, ciudad de pósitos y bastimentos. REV (Mus Inst Arqueol) Cuzco, 11(18):41-56, nov. 1959. plates. Bibliogr.: p. 56.

1369 _____. El urbanismo en el antiguo Perú; Machu-Picchu, ciudad autárquica. Ib., 12(19):166-77, jul. 1961. Bibliogr.: p. 177.

1370 HEREDIA, Florencio Daniel. El Paititi; su posible existencia i su probable ubicación. Ib., 8(13/14):55-85, dic. 1951. Bibliogr.: p. 85.

1371 HISSINK, Karin. Motive der Mochica-Keramik, PAIDEUMA, Frankfurt, 5(3):115-35, Jul. 1951. illus. Bibliogr.: p. 134-35.

1372 HORKHEIMER, Hans. Guía bibliográfica de los principales sitios del Perú. BOL BIBLIOGR (Bibl, Univ S Marcos) Lima, 20(3/4):181-234, dic. 1950.

1373 KAUFFMANN DOIG, Federico. Balance y bibliografía de la arqueología Chavín. FENIX, Lima, 11:248-70, 1955.

1374 _____. Churajón y Chuquibamba; panorama de la arqueología de la costa Extremo Sur. LETR, Lima, (68/69):252-66, 1o./2o. sem. 1962. Bibliogr.: p. 264-66.

1375 _____. La cultura Chimu en la bibliografía. BOL (Bibl Nac) Lima, 17(29):3-15, 1o. trim. 1964.

1376 _____. Los estudios de Chavín (1553-1919). FENIX, Lima, (14):147-249, 1964. Bibliogr.: p. 233-49.

1377 _____. Los señores de Huarco y Chincha a través de su

arqueología e historia. EDUC CIEN HUMANAS, Lima [v. and no. not given]:29-46, 1964/1965. Bibliogr.: p. 43-6.

1378 KROEBER, Alfred Louis. Paracas cavernas and Chavín. LETR, Lima, (49):49-71, 1o. sem. 1953. Bibliogr.: p. 68-9.

1379 LANNING, Edward P. Cerámica pintada pre-Chavín de la costa central del Perú. REV (Mus Nac) Lima, 30:78-83, 1961. illus. Bibliogr.: p. 83.

1380 _____. Las culturas preceramicas de la costa central del Perú. LETR, Lima, (70/71):168-76, 1o. /2o. sem. 1963. Bibliogr.: p. 176.

1381 _____. An early ceramic style from Ancón central coast of Perú. ÑAWPA PACHA, Berkeley, (1):47-60, 1963. illus., map. Bibliogr.: p. 57-9.

1382 LARCO HOYLE, Rafael. La escritura peruana sobre pallares. REV GEOGR AM, B A, 20(122):277-92, nov. 1943; (123): 345-54, dic. 1943. Bibliogr.: (123):354.

1383 LATHRAP, Donald W. The cultural sequence at Yarinacocha, eastern Peru. AM ANTIQ, 23(4, pt. 1):379-88, Apr. 1958. Bibliogr.: p. 387-88.

1384 LAVALLEE, Daniele. Una colección de cerámica de Pachacamac. REV (Mus Nac) Lima, 34:220-45, 1965/1966. Bibliogr.: p. 245-46.

1385 LEHMANN-NITSCHE, Robert. Patología en la alfarería peruana. REV (Mus) La Plata, 11:29-35, 1904. illus., plates. Bibliogr.: p. 35.

1386 LOOSER, Gualterio. Esculturas de piedra de aspecto "chileno" halladas en el Cuzco. REV UNIV (Univ Catól) Santiago, 44/45:181-86, 1959/1960. plates. Bibliogr.: p. 186.

1387 LUMBRERAS S., Luis Guillermo. Esquema arqueológico de la Sierra Central del Perú. REV (Mus Nac) Lima, 28:64-117, 1959. Bibliogr.: p. 115-17.

1388 _____. Exploraciones arqueológicas en Ayacucho. CUAD, Lima, 2(1):6-21, mar. 1960. Bibliogr.: p. 19-21.

1389 _____, and AMAT OLAZABAL, Hernán. Informe preliminar sobre las galerías interiores de Chavín. REV (Mus Nac) Lima, 34:143-97, 1965/1966. Bibliogr.: p. 197.

1390 MATOS MENDIETA, Ramiro. Algunas consideraciones sobre

el estilo de Vicús. Ib., 34:89-130, 1965/1966. Bibliogr.: 4p. unnumbered after p. 130.

1391 MEJIA XESSPE, M. Toribio. Chullpas pre-colombinas en el área andina. REV (Univ) La Plata, (2):101-08, oct./dic. 1957. illus. Bibliogr.: p. 107-08.

1392 MENZEL, Dorothy. Style and time in the middle horizon. ÑAWPA PACHA, Berkeley, (2):1-105, 1964. plates.

1393 MUELLE, Jorge C. Restos hallados en una tumba en Nievería. REV (Mus Nac) Lima, 4(1):135-52, 1o. sem. 1935. Bibliogr.: p. 152.

1394 NAVARRO DEL AGUILA, Víctor. Los pukullos de Huayanay. Ib., 12(1):97-108, 1o. sem 1943. Bibliogr.: p. 107-08.

1395 NAVILLE, René, and SILVA, Marg. Paranhos da. La céramique Nazca du Musée d'Ethnographie de Genève. BULL (Soc Suisse Am) Geneva, 10(18):14-31, sept. 1959.

1396 OBEREM, Udo. La obra del Obispo Don Baltazar Jaime Martínez Compañón como fuente para la arqueología del Perú septentrional. REV INDIAS, Madrid, 14(52/53): 233-75, abr./sept. 1953. plates. Bibliogr.: p. 272-75.

1397 PATTERSON, Thomas Carl, and LANNING, Edward P. Changing settlement patterns on the central Peruvian coast. ÑAWPA PACHA, Berkeley, (2):113-23, 1964. Bibliogr.: p. 121-23.

1398 REGAL, Alberto. Los puentes del antiguo Perú. REV (Univ Catól) Lima, 12(6/7):140-53, sept./oct. 1944; (8/9): 317-35, nov./dic. 1944. Bibliogr. note on "Puentes colgantes dobles": p. 334-35.

1399 REICHLEN, Henry. Étude technologique de quelques objets d'or de Lambayeque, Perou. JOUR (Soc Am) Paris, n.s., 33:119-54, 1941. Bibliogr.: p. 152-54.

1400 _____, and REICHLEN, Paule. Recherches archéologiques dans les Andes de Cajamarca. Premier rapport de la Mission Ethnologique Française au Pérou septentrional. Ib., n.s., 38:137-74, 1949. plates, map. Bibliogr.: p. 173-74.

1401 _____, and _____. Recherches archéologiques dans les Andes du Haut Utcubamba. Ib., n.s., 39:219-46, 1950. plates. Bibliogr.: p. 245-46.

1402 ROARK, Richard Paul. From monumental to proliferous Nasca pottery. ÑAWPA PACHA, Berkeley, (3):1-92, 1965. plates. Bibliogr.: p. 86-7.

1402a ROOT, William C. The metallurgy of the Southern coast of
Peru. AM ANTIQ, 15(1):10-37, Jul. 1949. Bibliogr.:
p. 37.

1403 ROWE, John Howland. Archaeological explorations in
Southern Peru, 1954-1955; preliminary report of the
Fourth University of California Archaeological Expedition to Peru. Ib., 22(2, pt. 1):135-51, Oct. 1956.
Bibliogr.: p. 150-51.

1404 _____. La arqueología del Cuzco como historia cultural.
REV (Mus Inst Arqueol) Cuzco, 10(16/17):34-48, dic. 1957.
Bibliogr.: p. 48.

1405 _____. Tiempo, estilo y proceso cultural en la arqueología
peruana. REV UNIV, Cuzco, 47(115):79-96, 2o. sem.
1958. Bibliogr.: p. 95-6.

1406 STUMER, Louis Michael. Cerámica negra de estilo Maranga.
REV (Mus Nac) Lima, 26:272-89, 1957. Bibliogr.: p.
289.

1407 _____. Desarrollo de los estilos Tiahuanacoides costeños.
Ib., 25:73-88, 1956. Bibliogr.: p. 87-8.

1408 _____. Development of Peruvian costal Tiahuancoid styles.
AM ANTIQ, 22(1):59-69, Jul. 1956. Bibliogr.: p. 68-9.

1409 THOMPSON, Donald E. Postclassic innovations in architecture and settlement patterns in the Casma Valley, Peru.
SOUTHWEST JOUR ANTHROP, Albuquerque, 20(1):91-105,
Spring 1964.

1410 _____. The problem of dating certain stone-faced, stepped
pyramids on the north coast of Peru. Ib., 18(4):291-301,
Winter 1962. Bibliogr.: p. 300-01.

1411 VALCARCEL, Luis Eduardo. El gato de agua. REV (Mus
Nac) Lima, (2):3-27, 1932. Bibliogr.: p. 27.

1412 _____. Sinópsis de Machu Picchu. REV (Mus Inst Arqueol)
Cuzco, 12(19):122-35, jul. 1961. Bibliogr.: p. 135.

1413 _____. Vasos de madera del Cuzco. El personaje mítico
de Pukara. REV (Mus Nac) Lima, (1):7-32, 1932. Bibliogr.: p. 30.

1414 VAN STAN, Ina. A Peruvian ikat from Pachacamac. AM
ANTIQ, 23(2, pt. 1):150-59, Oct. 1957. Bibliogr.: p.
159.

1415 VESCELIUS, Bary S. Some new finds at San Nicolás. ÑAWPA
PACHA, Berkeley, (1):43-5, 1963. illus. Bibliogr.: p. 45.

1416 WASSEN, S. Henry. Un museo sueco ante las culturas peruanas. DOCUMENTA, Lima, 4:316-22, 1965. Bibliogr.: p. 319-22.

1417 WEISS, Pedro. La asociación de la uta y verruga peruana en los mitos de la papa, figurados en la cerámica Moshica y Shimu. REV (Mus Nac) Lima, 30:65-77, 1961. illus. Bibliogr.: p. 76-7.

1418 WILLEY, Gordon Randolph. Horizon styles and pottery traditions in Peruvian archaeology. AM ANTIQ, 11(1):49-56, Jul. 1945.

SOUTH AMERICA

1419 BENNETT, Wendell Clark. Archaeological work in South America, 1934 to 1936. AM ANTIQ, 2(4):248-59, Apr. 1937. Bibliogr.: p. 255-59.

1420 _____. _____, supplement. Ib., 2(3):256-59, Jan. 1938. Bibliogr.: p. 257-59.

1421 GONZALEZ, Alberto Rex. Mazas líticas del Uruguay y Patagonia. REV (Mus Paulista) S Paulo, n.s., 8:261-80, 1954. plates. Bibliogr.: p. 279-80.

1422 HEINE-GELDERN, Robert. Die Asiatische herkunft der Südamerikanischen metalltechnik, PAIDEUMA, Frankfurt, 5(7/8):347-423, Apr. 1954. Bibliogr.: p. 416-23.

1423 MÉTRAUX, Alfred. Contribution à l'étude de l'archéologie du cours supérior et moyen l'Amazone. REV (Mus) La Plata, 32:145-85, 1930. illus., plates. Bibliogr.: p. 183-85.

1424 NUÑEZ ATENCIO, Lautaro. El Sacrificador, un elemento cotradicional andino. BOL (Mus Nac Hist Nat) Santiago, 8(96):1-7, jul. 1964. illus. Bibliogr.: p. 7.

1425 ROWE, John Howland. Absolute chronology in the Andean area. AM ANTIQ, 10(3):265-84, Jan. 1945. map. Bibliogr.: p. 282-84.

1426 RYDEN, Stig. Drinking tubes on archaeological vessels from western South America. AM ANTIQ, 20(2):149-53, Oct. 1954. Bibliogr.: At end of article.

1427 _____. "Tubos para beber" en los vasos arqueológicos de Suramérica occidental. KHANA, La Paz, 4(13/14):90-6,

dic. 1955. illus. Trans. by Carlos Ponce Sangines.
Bibliogr.: p. 95-6.

URUGUAY

1428 FIGUEIRA, José Joaquín. Una excursión arqueológica al
Cerro Tupambay realizada en los comienzos de 1881.
REV NAC, Monte, 2o. cic., 3(195):111-26, en./mar.
1958.

1429 FONTANY COMPANY, Mario A. Arqueología del Uruguay.
Alfarería prehispánica de los paraderos de Nueva
Palmira (Depto. de Colonia). Arqueología descriptiva.
REV (Soc Amig Arqueol) Monte, 11:153-222, 1951.
illus. Bibliogr.: p. 217-22.

1430 FREITAS, Carlos de. Alfarería del Delta del Río Negro
(Paradero "La Blanqueada"). REV HIST, Monte, 13(38/
39):363-418, dic. 1942. illus., plates, maps.

1430a _____, and FIGUEIRA, José Joaquín. Pictografías en el
territorio uruguayo. REV (Soc Amig Arqueol) Monte,
12:189-213, 1953. illus. Bibliogr.: p. 212-13.

1431 MUÑOA, Juan Ignacio. Los pueblos prehistóricos del territorio uruguayo. AMERINDIA, Monte, (3):9-70, 1965.
illus. Bibliogr.: p. 65-70.

1432 ROSELLI, F. Lucas. Una cerámica prehispánica, ornitomorfa
y ceremonial del Uruguay. Ib., (2):37-56, 1964. Bibliogr.: p. 16-8.

VENEZUELA

1433 CRUXENT, José María. Descripción de una colección de
muestras de alfarería arqueológica del Caño del Oso,
Hato de la Calzada, edo. Barinas--Venezuela. BOL
(Mus Cien Nat) Caracas, 1(1):89-110, en./mar. 1955.
Bibliogr.: p. 109-10.

1434 _____. Supervivencias de técnica alfarera aborigen en Venezuela. ACTA AM, Los Angeles, 5(4):267-77, oct./dic.
1947. illus., map. Bibliogr.: p. 277.

1435 DUPOUY, Walter. Arqueología venezolana. REV NAC CULT,
Caracas, 6(46):135-40, sept./oct. 1944. Bibliogr.: p.
135.

1436 _____. Dos piezas de tipo paleolítico de la Gran Sabana, Venezuela. BOL (Mus Cien Nat) Caracas, 2/3(1/4):95-102, 1956/1957. Bibliogr.: p. 102.

1437 _____, and CRUXENT, José María. Reconocimiento arqueológico de El Topo de Tacagua, Distrito Federal, Venezuela. MEM (Soc Cien Nat La Salle) Caracas, 6(16): 121-52, mayo/ag. 1946. illus. Bibliogr.: p. 152.

1438 _____, REQUENA, Antonio, and CRUXENT, José María. La estación arqueológica del Río Memo, estado Guarico, Venezuela. ACTA VENEZ, Caracas, 3(1/4):29-62, jul. 1947/jun. 1948. illus. References: p. 61-2.

1439 NOMLAND, Gladys Ayer. Archaeological site of Hato Viejo, Venezuela. AM ANTHROP, n.s., 35(4):718-41, Oct./Dec. 1933. Bibliogr.: p. 741.

1440 SOCIEDAD de Ciencias Naturales La Salle, Caracas. Comisión de Arqueología. Breve reconocimiento arqueológico en Tocorón, estado Aragua. MEM (Soc Cien Nat La Salle) Caracas, 6(15):23-41, en./abr. 1946. illus. Bibliogr.: p. 40-1.

ARCHITECTURE

GENERAL

1441 NAVARRO, José Gabriel. Las formas arquitectónicas europeas en la arquitectura hispano-americana. BOL (Acad Nac Hist) Quito, 41(95):30-80, en./jun. 1960; 42(96):175-218, jul/dic. 1960. Bibliogr.: 42(96):204-18.

1442 PALM, Erwin Walter. Las capillas abiertas americanas y sus antecedentes en el occidente cristiano. AN (Inst Art Am Invest Estét) B A, (6):45-64, 1953. plates. Bibliogr. notes: p. 60-4.

1443 TORRE REVELLO, José. Tratados de arquitectura utilizados en Hispanoamérica (siglos XVI a XVIII). INTER-AM REV BIBLIOGR, Wash, D C, 6(1):3-24, Jan./Mar. 1956. Bibliogr.: p. 16-23.

ARGENTINA

1444 BUSCHIAZZO, Mario José. Arquitectura colonial Santafecina.

AN (Inst Art Am Invest Estét) B A, (11):75-85, 1958. Bibliogr. notes: p. 84-5.

1445 _____. La architectura de las misiones de Mojos y Chiquitos. Ib., (5):23-40, 1951. illus. Bibliogr. notes: p. 39-40.

1446 _____. La construcción del colegio e iglesia de San Ignacio de Buenos Aires. Ib., (13):41-62, 1960. plates, plan. Bibliogr. notes: p. 60-2.

1447 _____. Dos monasterios de clausura en Córdoba. Ib., (3): 26-37, 1950. Bibliogr. notes: p. 37.

1448 _____. En el siglo XIX en Argentina: el Pabellón Argentino, París, 1889. NUESTRA ARQUIT, B A, (420):36-9, nov. 1964. illus. Bibliogr.: p. 39.

1449 _____. El "Pabellón Argentino." CUAD HIST ART, Mendoza, (3):9-18, 1963. Article relates to the Paris Exposition, 1889. Bibliogr.: p. 18.

1450 _____. El templo y convento de Santo Domingo de Buenos Aires. AN (Inst Art Am Invest Estét) B A, (4):47-59, 1951. illus. Bibliogr. notes: p. 58-9.

1451 IGLESIA, Rafael. La Capilla de Santa Gertrudis en Candonga, Córdoba, Argentina. NUESTRA ARQUIT, B A, (402): 33-40, 1963. illus. Bibliogr. notes: p. 38.

1452 _____, and ORTIZ, Federico F. La Iglesia del Pilar en Buenos Aires. Ib., (404):25-32, jul. 1963; (405):41-4, ag. 1963. illus., plans. Bibliogr. notes: (404):32.

1453 LUQUE COLOMBRES, Carlos A. Solares históricos cordobeses. Notas para la historia de la casa de Sobre Monte. AN (Inst Art Am Invest Estét) B A, (12):35-44, 1959. plans. Bibliogr. notes: p. 43-4.

1454 MASSINI CORREAS, Carlos. Origen y desenvolvimiento de las reparticiones de arquitectura en la Argentina. Ib., (18): 100-21, 1965. Bibliogr.: p. 121.

1455 ORTIZ, Federico F. Alrededores de la Quiaca, Jujuy, Argentina. NUESTRA ARQUIT, B A, (400):31-6, mar. 1963. illus. Bibliogr.: p. 36.

1456 PANDO, Horacio J. Palermo de San Benito. AN (Inst Art Am Invest Estét) B A, (17):51-63, 1964. illus. Bibliogr.: p. 63.

1457 PAULA, Alberto S. J. de. La iglesia catedral de Lomas de Zamora y la iglesia matriz de Almirante Brown

ARCHITECTURE

Ib., (14):99-109, 1961. plates, plans, Bibliogr. notes: p. 108-09.

1458 _____. Templos rioplatenses no católicos. Ib., (15):42-52, 1962; (16):69-85, 1963; (17):36-50, 1964. plates, plans. Bibliogr.: (15):52; (16):85.

1459 _____, and TAIT, Teófilo Víctor. La capilla de ejercicios espirituales del Colegio de Belén en Buenos Aires. Ib., (13):83-90, 1960. illus. Bibliogr. notes: p. 90.

BOLIVIA

1460 GIURIA, Juan. Organización estructural de las iglesias coloniales de La Paz y Potosí. AN (Inst Art Am Invest Estét) B A, (2):79-103, 1949. plates. Bibliogr. notes: p. 101-03.

BRAZIL

1461 FALÇÃO, Edgard de Cerqueira. Arquitetura religiosa colonial do Brasil. REV HIST, S Paulo, 30(61):3-10, jan./mar. 1965. Bibliogr.: p. 8-10.

1462 REIS, José de Souza. Arcuatum opus: arcos de carioca. REV (Patrim Hist Artíst Nac) Rio, (12):9-108, 1955. plates. Bibliogr.: p. 103-08.

1463 WILLEKE, Venâncio. Convento de Santo Antônio de Ipojuca. Ib., (13):255-353, 1956. plates. Bibliogr.: p. 351-53.

CARIBBEAN AREA

1464 KUBLER, George. Arquitectura colonial del Caribe. ART PLAST, Hav, (1):6-11, 1960. illus. Bibliogr. notes: p. 11.

CUBA

1465 MARTI DEL CASTILLO, José A. Arcadas de piedra y luz de faros. REV (Bibl Nac) Hav, 2a.ser., 3(2):33-57, abr./jun. 1952. Bibliogr.: p. 57.

1466 MAZA Y SANTOS, Aquiles. La iglesia parroquial mayor de San Juan Bautista de Remedios. Indicaciones sobre su valor artístico e histórico y la necesidad de conservación. REV ARQUEOL ETNOL, Hav, 2a. ép., 7(13/14): 287-331, en./dic. 1951. plates. Bibliogr.: p. 312-16.

DOMINICAN REPUBLIC

1467 PALM, Erwin Walter. Sobre un aspecto determinante de la

arquitectura colonial dominicana. ARQUITEC, Hav, 13
(146):310-14, sept. 1945. illus. Bibliogr.: p. 312, 314.

GUATEMALA

1468 CAAL CHAMPNEY, Ricardo. La catedral de Santo Domingo
de Cobán. UNIV S CARLOS, Guat, (57):75-92, mayo/ag.
1962. illus. Bibliogr.: p. 91-2.

1469 LUJAN MUÑOZ, Luis. Noticia breve sobre la segunda Catedral de Guatemala. AN (Soc Geogr Hist) Guat, 34(1/4):
61-82, en./dic. 1961. illus. Bibliogr.: p. 76.

1470 TOLEDO PALOMO, Ricardo. La fuente de la Plaza Mayor
de la nueva Guatemala. ANTROP HIST GUAT, Guat,
8(1):32-46, en. 1956.

MEXICO

1471 FERNANDEZ, Justino. Arquitectura contemporánea. UNIV,
Méx, 5(26):unpaged, abr. 1938. Ser.: Cuadernos de
arte, no. 4, bound at end of issue. Contains bibliogr.

1472 GONZALEZ GALVAN, Manuel. Modalidades del barroco mexicano. AN (Inst Invest Estét) Méx, 8(30):39-68, 1961.
illus. Bibliogr. notes: p. 64-8.

1472a IRIGOYEN, Renán. El palacio municipal de Mérida. REV
(Univ Yucatán) Mérida, 1(6):30-55, nov./dic. 1959.
Bibliogr.: p. 54-5.

1473 RODRIGUEZ FAMILIAR, José. La iglesia de Jesús. DIVUL
HIST, Méx, 4(7):351-63, mayo 1943. illus. Bibliogr.:
p. 362.

1474 ROMERO DE TERREROS Y VINENT, Manuel. El convento
franciscono de Ozumba y las pinturas de su portaría.
AN (Inst Invest Estét) Méx, 6(24):9-21, 1956. References:
p. 21.

1475 TOUSSAINT, Manuel. La catedral de Puebla. MEM (Col
Nac) Méx, 4(4):81-100, 1949. illus.

PERU

1476 CASTRO, Martha de. La arquitectura barroca del Virreinato
del Perú. UNIV HABANA, Hav, 16(50/51):145-76, sept./
dic. 1943; 17(52/54):188-213, en./jun. 1944; 18(56/57):
118-44, jul/dic. 1944. plates. Bibliogr.: (56/57):142-
44.

1477 HARTH-TERRE, Emilio. Las tres fundaciones de la catedral del Cuzco. AN (Inst Art Am Invest Estét) B A, (2): 29-69, 1949. plates. Bibliogr. notes: p. 66-8.

1478 _____. Hospitales mayores, en Lima, en el primer siglo de su fundación. Ib., (16):34-47, 1963. plans. Bibliogr. and notes: p. 47.

1479 SMITH, Robert Chester. El palacio de los gobernadores de Gran-Perú. Ib., (4):9-26, 1951. plates. Bibliogr. notes: p. 22-6.

1480 STUMER, Louis Michael. Contactos foráneos en la arquitectura de la costa central. REV (Mus Nac) Lima, 27:11-30, 1958. illus. Bibliogr.: p. 28-30.

1481 ULRIKSEN, Guillermo. El barroco tardío y el neoclásico romántico en la arquitectura de Arequipa. (Estado de los monumentos en febrero de 1962). BOL (Univ Chile) Santiage, (32):4-17, ag. 1962. illus. Bibliogr.: p. 17.

1482 _____. Hallazgo de 40 esculturas "Plateresques" en la antigua contrasacristía Agustiniana de Lima. Ib., (43):47-54, oct. 1963; (45):4-12, dic. 1963. illus. Bibliogr.: (45): 12.

PUERTO RICO

1483 MARCO DORTA, Enrique. La catedral de Puerto Rico; un plano de 1684. AN (Inst Art Am Invest Estét) B A, (13):27-34, 1960. illus. Bibliogr. notes: p. 33-4.

URUGUAY

1484 DOCUMENTOS para la historia de la arquitectura nacional; el barrio Peñarol. REV (Fac Arquit) Monte, (4):94-102, feb. 1963. illus., plans. Bibliogr.: p. 102.

1485 LUCCHINI, Aurelio. Un aspecto histórico del problema de la autenticidad en la arquitectura nacional: la reacción anticolonialista. Ib., (4):19-24, feb. 1963. Bibliogr.: p. 24.

ARCHIVAL AND MANUSCRIPT COLLECTIONS

GENERAL

1486 GOMEZ CANEDO, Lino. Some Franciscan sources in the archives and libraries of America. AMS, Wash, D C, 13(2):141-74, Oct. 1956. General description.

1487 GROPP, Arthur Eric. Bibliografía de fuentes archivistas relacionadas con Iberoamérica. ANUAR ESTUD AM, Sevilla, (22):919-73, 1965.

1488 HILL, Roscoe R. Impressions of Hispanic American archives. HISP AM HIST REV, Durham, 17(4):538-45, Nov. 1937.

1489 _____. Latin American archivology. Ib., 30(1):115-37, Feb. 1950; 31(1):152-76, Feb. 1951; 32(3):459-82, Aug. 1952; 34(2):256-79, May 1954. Covers: 1948-1953.

1490 _____. Latin American archivology, 1953-1954. AMS, Wash, D C, 12(1):51-75, Jul. 1955.

1491 MILLARES CARLO, Agustín. Notas bibliográficas acerca de archivos municipales, ediciones de libros de acuerdos y colecciones de documentos concejiles; adiciones y rectificaciones. REV HIST AM, Méx, (35/36):175-208, en. / dic. 1953.

1492 _____. ; nuevas adiciones y rectificaciones. Ib., (44):393-428, dic. 1957.

1493 RODRIGUES, José Honório. Uma viagem de pesquisas históricas. REV (Inst Hist Geogr Bras) Rio, 188:14-29, jul. /set. 1945. List of documents ordered microfilmed from the Bibliotéque Nacionale, Archivo General de Indias, Archivo General de Simancas, John Carter Brown Library, Library of Congress and other depositories.

GENERAL--Codices and manuscripts

1494 BARLOW, Robert Hayward. El códice Azcatitlán. JOUR (Soc Am) Paris, n.s., 38:101-35, 1949. plates. Reproduction of Códice: plates 1-29.

1495 _____. La crónica X: versiones coloniales de la historia de los Mexica Tenocha. REV MEX ESTUD ANTROP, Méx, 7(1/3):65-87, en. /dic. 1945. Bibliogr.: p. 87.

1496 _____. The Techialoyan codices: Codex J (Codex of Santa Cecelia Acatítlan). TLALOCAN, Sacramento, 1(3):232-34, 1944.

1497 BARRERA VASQUEZ, Alfredo. El Códice Pérez. REV MEX ESTUD ANTROP, Méx, 3(1):69-83, en. /abr. 1939.

1498 BLOM, Frans Ferdinand. A checklist of falsified Maya codices. MAYA RES, New Orleans, 2(3):251-52, Jul. 1935. A listing of 10 spurious codices.

1499 CAPDEVILA, Arturo. Historia patética del Popol Vuh. AN

(Soc Geogr Hist) Guat, 11(2):186-90, dic. 1934. List of editions compiled by J. M. González de Mendoza: p. 190.

1500 _____. _____. LIBRO PUEBLO, Méx, 12(7):315-20, jul. 1934. port. Reference, p. 320, is made to bibliography of the Popol Vuh by J. M. González de Mendoza, published in: Ib., 10(6):51, ag. 1932.

1501 CASO, Alfonso. Explicación del reverso del Codex Vindobonensis. MEM (Col Nac) Méx, 5(5):9-46, 1950. illus. Bibliogr.: p. 45-6.

1502 _____. The historical value of the Mixtec codices. BOL ESTUD OAXAQUEÑOS, Oaxaca, (16):1-7, jun. 1, 1960. Bibliogr.: p. 7.

1503 _____. El mapa de Tecozacoalco. CUAD AM, Méx, 47(5): 145-81, sept./oct. 1949. Bibliogr. notes: p. 180-81.

1504 _____. Valor histórico de los códices Mixtecos. Ib., 109 (2):139-47, mar./abr. 1960. Bibliogr.: p. 146-47.

1505 CODICE Troano. An (Soc Geogr Hist) Guat, 11(4):435-37, jun. 1935. Bibliogr.: p. 437.

1506 GALARZA, Joaquín. Le Codex Santa Anita Zacatlalmanco. Manuscrito pictographique du Musée de l'Homme de Paris. JOUR (Soc Am) Paris, n.s., 51:7-33. illus., plates. Bibliogr.: p. 31-3.

1507 GOMEZ DE OROZCO, Federico. La pintura indoeuropea de los códices Techialoyán. AN (Inst Invest Estét) Méx, 4(16):57-67, 1948. facsims. List of codices: after Robert H. Barlow, p. 65-7.

1508 GONZALEZ DE MENDOZA, José María. Traducciones del "Popol-Vuh." LIBRO PUEBLO, Méx, 10(6):51, ag. 1932.

1509 LEAL, Luis. El Códice Ramírez. HIST MEX, Méx, 3(1): 11-33, jul./ag. 1953.

1510 LIZARDI RAMOS, César. Acerca del fraude con el manuscrito pictórico de la cultura Maya sobre piel de mamífero. BOL BIBLIOGR ANTROP AM, Méx, 19/20 (pte. 1a.):160-75, 1956/1957. Bibliogr.: p. 173-75.

1511 LOPEZ AUSTIN, Alfredo. Descripción de estupefacientes en el Códice Florentino. REV (Univ) Méx, 19(5):17-8, en. 1965. Bibliogr. notes: p. 18.

1512 McPHEETERS, D. W. An unknown early seventeenth-century

codex of the Crónica Mexicana of Hernando Alvarado
Tezozomoc. HISP AM HIST REV, Durham, 34(4):506-12,
Nov. 1954. Numerous sources cited in text relative to
the Crónica.

1513 MATEOS HIGUERA, Salvador. Colección de estudios sumarios
de los códices pictóricos indígenas. TLALOCAN, Méx,
1(4):352-58, 1944; 2(1):35-6, 1945; (2):175-79, 1946; (3):
255-57, 1947; (4):374-75, 1948; 3(1):22-8, 1949. tables.
Bibliogr: under each codex described.

1514 MOLINS FABREGA, N. El Códice Mendocino y la economía
de Tenochtitlán. REV MEX ESTUD ANTROP, Méx, 14
(1a. pte.):303-35, 1954/1955. Bibliogr.: p. 335.

1515 NOGUERA, Eduardo. Bibliografía de los códices precolombinos y documentos indígenas posteriores a la conquista.
AN (Mus Nac Arqueol Hist Etnogr) Méx, 4a. ép., 8(4):
583-602, 1933.

1516 _____. _____. AN (Soc Geogr Hist) Guat, 14(2):230-40,
dic. 1937; (3):341-51, mar. 1938.

1517 NUÑEZ CHINCHILLA, Jesús. Breve estudio de los códices
Mayas. REV (Soc Geogr Hist) Tegucigalpa, 36(4/6):83-
90, 1957. Description of three codices.

1518 RODRIGUEZ, Antonio. El códice mural que se pliega y se
despliega. BOL BIBLIOGR (Sec Hac Créd Públ) Méx,
8(256):10-3, oct. 1, 1962. illus. Bibliogr.: p. 13.

1519 SAVILLE, Marshall Howard. Mexican codices: a list of
recent reproductions. AM ANTHROP, n.s., 3(3):532-41.
Jul./Sept. 1901. References to Mexican and Mayan
codices.

1520 SCHULLER, Rudolph R. An unknown Matlatsinka manuscript
vocabulary of 1555-1557. INDIAN NOTES, N Y, 7(2):
175-94, Apr. 1930. Scarce Mexican imprints referred
to: p. 178-81. Text also lists references to other
Matlatsinka manuscripts and codices.

1521 SPARN, Enrique. Las mayores colecciones de manuscritos
orientales existentes en las bibliotecas del mundo. REV
(Univ) Córdoba, 22(1/2):219-41, mar./abr. 1935. Bibliogr.: 114 entries.

1522 SPORES, Ronald. The genealogy of Tlazultepec: a sixteenth
century Mixtec manuscript. SOUTHWEST JOUR ANTHROP,
Albuquerque, 20(1):15-31, Spring 1964. fold chart. Bibliogr.: p. 29-31.

1523 TOSCANO, Salvador. Los códices Tlapances de Azoyu.
CUAD AM, Méx, 10(4):127-36, jul./ag. 1943. plates.
Bibliogr.: p. 136.

1524 WEITLANER, Roberto J., and CASTRO, Carlo Antonio. El
lienzo de Tlacoatzintepec. YAN, Méx, (2):109-13, 1953.
map.

1525 WEITZEL, Roberto Boland. Mexican manuscripts and solar
eclipse. REV MEX ESTUD ANTROP, Méx, 11:5-13,
1950. tables. Bibliogr.: p. 13.

1526 ZIMMERMAN, Günter. Notas para la historia de los manuscritos Mayas. YAN, Méx, (3):62-4, 1954. Two Maya
codices described. Sources cited.

ARGENTINA

1527 ALGUNOS documentos peruanos en el Archivo General de la
Nación de Buenos Aires. MERCUR PERU, Lima, 37
(353):451-53, sept. 1956.

1528 CORDOBA. Universidad Nacional. Archivo General. Documentos del Archivo General de la Universidad, índice
general de 1611 al presente. REV (Univ) Córdoba,
26(1/2):227-44, mar./abr. 1939-30(5/6):705-26, jul./ag.
1943.

1529 _____. _____. Documentos del Archivo General de la Universidad. Indice general desde el año 1880-1889 y 1890-
1891. Ib., 30(9/10):1405-25, nov./dic. 1943.

1530 _____. _____. _____, 1892/1893. Ib., 31(1):185-200,
mar./abr. 1944.

1531 _____. _____. _____, 1886/1893. Ib., 31(3):915-38, jul./
ag. 1944.

1532 _____. _____. _____, 1886-1895. Ib., 31(4):1333-52,
sept./oct. 1944.

1533 _____. _____. _____, 1883-1896. Ib., 31(5):1717-42,
nov./dic. 1944.

1534 _____. _____. _____, 1880 y 1889, y 1890-1891. Ib.,
32(1):157-82, mar./abr. 1945. Title taken from table
of contents. Listing, however, is for 1897.

1534a _____. _____. _____, 1883-1899. Ib., 32(2):449-93,
1945.

1535 DRAGHI LUCERO, Juan. La biblioteca de los jesuitas de

Mendoza durante la época colonial. REV HIST, Mendoza, 1(1):95-165, 1949. Inventories of archival materials and books: p. 112-65.

1536 ETCHEPAREBORDA, Roberto. Actividades del Archivo General de la Nación en la República Argentina. BOL (Com Arch) Hav, 1(2):7-16, abr. 1958. General description of holdings, references to rarities in the Library.

1537 MOLINA, Raúl Alejandro. El archivo del Arzobispo de Buenos Aires (ex-curia eclesiástica). Copia de su primer legajo. HIST, B A, 1(4):163-80, abr./jun. 1956. Summaries: 120 documents.

1538 _____. El Capitán Simón de Valdez, tesorero de la Hacienda Real de Buenos Aires, 1606-1615, 1619-1620. Ib., 9(37):3-47, oct./dic. 1964. Books in the Archivo General de la Nación of which Simón de Valdez had charge: p. 27-33.

1539 PUENTE CANDAMO, José Augustín de la. Papeles peruanos en el archivo de Guido. MERCUR PERU, Lima, 34(321: 544-58, dic. 1953. Papers in the Tomás Guido collection of the Archivo General de la Nación, Buenos Aires.

1540 SHAPIRO, Samuel. Northern Argentina documents. INTER-AM REV BIBLIOGR, Wash, D C, 11(2):145-47, Apr./Jun. 1961. Description of manuscripts in the Archivo Histórico de Tucumán.

1541 TORRE REVELLO, José. El Archivo General de la Nación Argentina. REV HIST AM, Méx, (1):41-52, mar. 1938. Bibliogr. and list of publications: p. 49-52.

AUSTRIA

1542 QUELLE, Otto. Die Ibero-Amerikanischen länder in manuskript-Atlanten der 16. und 17. jahrhunderts der Wiener Nationalbibliothek. IBERO-AM ARCH, Berlin, 13(2): 135-47, Jul. 1939.

1543 VELAZQUEZ, María del Carmen. Documentos mexicanos en Austria; Haus, Hof- und Staats Archiv. HIST MEX, Méx, 10(3):509-26, en./mar. 1961.

BOLIVIA

1544 ALBA, Armando. Archivo de documentos de la Casa Real de Moneda; índice analítica, parte primera: Siglo XVII. SUR, Potosí, 2a. ép., (1):167-203, dic. 1943.

1545 ZENGOTITA, Juan de. The National Archive and the National

Library of Bolivia at Sucre. HISP AM HIST REV, Durham, 29(4):649-76, Nov. 1949.

BRAZIL

1546 O ARQUIVO Nacional. REV HIST, S Paulo, 1(2):241-51, abr. / jun. 1950. "Livros provenientes da Delegacia Fiscal do Tesouro Nacional em São Paulo--1912."

1547 BOXER, Charles R. Catálogo das cartas dirigidas a Manoel de Sousa, oficial das casas da moeda do Brasil, 1695-1721. REV (Inst Hist Geogr Bras) Rio, 266:3-40, jan. / mar. 1965.

1548 DO ARQUIVO de Alfonso Arinos. REV LIVRO, Rio, 4(16): 141-79, dez. 1959. plates, ports.

1549 ELLIS, Myriam. Catálogo da miscelânea e dos manuscritos da coleção Lamego. REV HIST, S Paulo, 22(46):521-42, abr. /jun. 1961; 23(47):157-68, jul. /set. 1961; 24(50): 435-48, abr. /jun. 1962; 25(51):241-63, jul. /set. 1962; 29(59):179-200, jul. /set. 1964. To be continued.

1550 GANNS, Cláudio. Archivo do Instituto Histórico. REV (Inst Hist Geogr Bras) Rio, 250:38-117, jan. /mar. 1961. Catalog of manuscripts.

1551 A HISTORIA do Brasil no Arquivo do I. H. G. B.; século XVIII, documentos do Conselho Ultramarino. REV (Inst Hist Geogr Bras) Rio, 259:218-364, abr. /jun. 1963.

1552 INSTITUTO Histórico e Geográfico Brasileira, Rio de Janeiro. Catálogo de documentos sôbre a historia de S. Paulo, existentes no Arquivo Histórico Ultramarino de Lisboa (Elaborado por ordem do govêrno português e publicado pelo Instituto Histórico e Geográfico Brasileiro em comemoração ao IV centenário da fundação de São Paulo). REV (Inst Hist Geogr Bras) Rio, 1(especial):461 p., 1956; 2(especial):434 p., 1956; 3(especial):362 p., 1956; 4(especial):427 p., 1957; 5(especial):432 p., 1957; 6(especial):320 p., 1957; 7(especial):439 p., 1957; 8(especial): 399 p., 1958; 9(especial):400 p., 1958; 10(especial):443 p., 1958; 11(especial):415 p., 1958; 12(especial):518 p., 1958; 13(especial):484 p., 1958; Indice I (A-L):484 p., 1959; Indice II (M-Z):555 p., 1959.

1553 LAYTANO, Dante de. Fichário da Biblioteca Nacional, Seção de Manuscritos. PROV S PEDRO, P Alegre, (21):209-13, 1957. Items in National Library's manuscript collection referring to Rio Grande Sul.

1554 MANUSCRITOS da Biblioteca Municipal de São Paulo. REV HIST, S Paulo, 2(5):165-82, jan. /mar. 1951.

1555 NOGUEIRA, João. Indice dos documentos da Coleção Studart. REV (Inst Ceará) Fortaleza, 75:298-304, jan. /dez. 1961. Continuation of compilation by José Bonifácio de Sousa. List contains references to 182 documents.

1556 RODRIGUES, Maria Regina da Cunha. Relação de 134 códices valiosos para uma eventual história local de Santana do Parnaíba (1600-1632). REV HIST, S Paulo, 23(48):379-92, out. /dez. 1961.

1557 SCHUBERT, Guilherme. Relação dos livros do Arquivo do Câmara Eclesiástica de Ilhéus. REV GENEAL LAT, S Paulo, (1):51-9, 1949.

1558 SOUSA, José Bonifácio de. Indice dos documentos da Coleção Studart. REV (Inst Ceará) Fortaleza, 72:257-71, 1958; 76:124-39, 1962; 78:78-88, 1964. List contains: 161 in v. 72; 204 in v. 76; and 115 in v. 78. Compilation continued by João Nogueira (see item 1555).

1559 TAUNAY, Afonso d'Escragnolle. Documentos inéditos, preciosos, da Biblioteca Pública Municipal de São Paulo (Coleção Félix Pacheco). REV (Inst Hist Geogr) S Paulo, 44 (1a. pte.):353-66, 1948.

CANADA

1560 PARMENTER, Ross. 20th century adventures of a 16th century sheet: the literature of the Mixtec lienzo in the Royal Ontario Museum. BOL ESTUD OAXAQUEÑOS, Oaxaca, (20):1-13, nov. 15, 1961. Bibliogr. notes: p. 13.

CARIBBEAN AREA

1561 CHANDLER, Michael John. The records of the Windward Islands. CARIB STUD, Río Piedras, 4(1):38-9, Apr. 1964. General description.

CHILE

1562 DONOSO, Ricardo. El Archivo Nacional de Chile. REV HIST AM, Méx, (11):47-78, abr. 1941.

1563 INDICE de veinte volúmenes del Archivo de la Capitanía General de Chile. REV CHIL HIST GEOGR, Santiago, 59(63):300-28, oct. /dic. 1928.

1564 INDICE del Archivo Hidrográfico "Vidal Gormaz." Ib., 83 (91):282-316, jul. /dic. 1937.

1565 QUILES, Ismael. Manuscritos filosóficos de la época colonial en Chile. CIEN FE, S Miguel, 9(34):39-61, abr./jun. 1953.

1566 SANHUEZA, Jorge. La colección de manuscritos de la Biblioteca Central de la Universidad. BOL (Univ Chile) Santiago, (12):5-13, jun. 1960. illus.

1567 THAYER OJEDA, Tomás. La Sección de Manuscritos de la Biblioteca Nacional de Chile. HISP AM HIST REV, Durham, 4(1):156-97, Feb. 1921. Trans. into English: p. 176-97.

COLOMBIA

1568 ARBOLEDA LLORENTE, José María. Organización del Archivo Central del Cauca. BOL (Com Arch) Hav, 1(1): 65-85, en. 1958. Catálogo general: p. 83-5.

1569 CORTES, Vicenta. El Archivo de San Agustín de Santa Fe de Bogotá (1554-1945). REV ARCH BIBL MUS, Madrid, 69(1):19-40, en./jun. 1961. facsims.

1570 _____. La sección de la colonia del Archivo Nacional de Colombia. STUDIUM, Bogotá, 2(6):183-218, oct./dic. 1958. Series of documents: p. 190-208.

1571 ELOY DE LA ROSA, Andrés. Indice de la correspondencia del Gran Mariscal de Ayacucho Antonio José de Sucre, copiada de los Archivos Nacionales de Bogotá y que no aparece en la obra de O'Leary ni en los documentos para la vida pública del Libertador. BOL (Acad Nac Hist) Caracas, 32(125):53-7, en./mar. 1949.

1572 ESCOBAR ESCOBAR, Hernán. Origen e historia de los archivos. BOL CULT BIBLIOGR, Bogotá, 5(4):440-50, abr. 1962. "Indice de las secciones de la colonia en el Archivo Histórico de Antioquia de 1575 a 1810": p. 448-49.

1573 FONDOS del Archivo Nacional de Bogotá. MUS HIST, Quito, 1(3):132-38, dic. 1949. General summary of 2,683 volumes in 58 groups.

1574 GIL, Carlos. Indices testamentarias de Antioquia. REV (Arch Nac) Bogotá, 3(23):47-88, feb. 1939.

1575 HERNANDEZ DE ALBA, Guillermo. El cedulario del Cabildo de Bogotá. BOL HIST ANTIG, Bogotá, 30(342/343):367-85, abr./mayo 1943. Contains index to the "Cédulas reales."

1576 INDICE de la Sección Venezolana del Archivo de la Gran

Colombia. BOL HIST, Caracas, (1):71-8, dic. 1962- .
Taken from microfilm copy to documents in the Archivo
Nacional de Colombia.

1577 INDICE de reales cédulas y breves pontificios que reposan
en el Archivo Arzobispal de Bogotá. BOL HIST ANTIG,
Bogotá, 28(317/318):217-85, mar./abr. 1941.

1578 LISTA parcial de documentos que sobre el Ecuador se hallan
en el Archivo Nacional de Bogotá. MUS HIST, Quito,
2(4):193-208, feb. 1950.

1579 PALOMINO URBANO, Delia. Archivística y su importancia
en Colombia. BOL CULT BIBLIOGR, Bogotá, 6(3):372-
79, 1963. Bibliogr.: p. 379.

1580 UBIDIA RUBIO, Luis E. Resumen general de los documentos
que se refieren a la época colonial de la República del
Ecuador tomados del catálogo general del Archivo Central,
anexo a la Universidad del Cauca. BOL (Acad Nac Hist)
Quito, 46(103):87-107, en./jun. 1964-48(106):281-85, jul./
dic. 1965. Concluded in subsequent issue.

COSTA RICA

1581 COSTA RICA. Archivos Nacionales. Indice de documentos
del período federal e independiente existentes en los
Archivos Nacionales. REV (Arch Nac) S José, 8(7/8):
647-62, jul./ag. 1944-23(1/6):1209-17, en./jun. 1959.
Published with separate and continuous paging, bound at
end of issues.

1582 _____. _____. Indice de la Sección Colonial. Ib., 1(1):
1-12, nov./dic. 1936-8(5/6):633-46, mayo/jun. 1944;
23(1/6):1218-24, en./jun. 1959. Published with separate
and continuous paging, bound at end of issues. Pages,
647-1217 contain: Indice de documentos del período
federal e independiente.

CUBA

1583 ACADEMIA de la Historia de Cuba, Havana. Catálogo del
donativo hecho a la corporación de los papeles del ex-
celente cubano, Salvador Cisneros Betancourt, compuesto
por el archivero Joaquín Llaverías. AN (Acad Hist) Hav,
21:65-116, en./dic. 1939.

1584 CUBA. Archivo Nacional. Catálogo de los documentos con-
tenidos en el archivo del Dr. Alfredo Zayas y Alfonso;
donativo de la Sra. María Jaén, viuda de Zayas. BOL
(Arch Nac) Hav, 56:198-206, en./dic. 1957.

1585 _____. _____. Documentos pertenecientes al Museo Nacional en depósito en el Archivo Nacional. Ib., 57: 12-27, en./dic. 1958.

1586 _____. _____. Indice de la documentación de la Sociedad "Liceo Artístico y Literario de La Habana." Ib., 12 (5/6):335-46, sept./dic. 1913-13(5/6):334-62, sept./dic. 1914.

1587 _____. _____. Indice de los documentos de la extinguida "Sección de Atrasos." Ib., 6(2):31-9, mar./abr. 1907-8(4):137-46, jul./ag. 1909.

1588 _____. _____. Indice de los documentos del antiguo Consejo de Administración. Ib., 1(4):12-4, sept./oct. 1902-2(8):3-17, mayo/jun. 1903.

1589 _____. _____. Indice de los documentos del extinguido Gobierno Superior Civil. BOL (Arch Nac) Hav, 2(9): 11-5, jul./ag. 1903-4(3):50-2, mayo/jun. 1905.

1590 _____. _____. Indice de los documentos del Real Consulado de Agricultura, Industria y Comercio de la isla de Cuba y de los de la Real Junta de Fomento. Ib., 1(1): 3-10, mar./abr. 1902-(4):3-6, sept./oct. 1902.

1591 _____. _____. Indice de los documentos sobre Realengos. Ib., 8(5):177-83, sept./oct. 1909-12(4):186-200, jul./ag. 1913.

1592 _____. _____. Indice de protocolos; escribanías de la isla de Cuba, 1842-1890. Ib., 8(1):31-6, en./feb. 1909-11 (4/5):280-309, jul./oct. 1912.

1593 _____. _____. Indice del Archivo de la Junta Superior de Sanidad. Ib., 4(3):54-60, mayo/jun. 1905-(5):90-6, sept./oct. 1905.

1594 _____. _____. Indice ... reales ordenes. BOL (Arch Nac) Hav, 14(1):55-60, en./feb. 1915-57:171-95, en./dic. 1958. Includes listing in "Libros, primero" through "veinte-tres."

1595 _____. _____. Inventario general del Archivo de la Delegación del Partido Revolucionario Cubano en Nueva York (1892-1898). Ib., 16(4):293-308, jul./ag. 1917-49(1/6): 244-53, en./dic. 1950. Contains 17,910 items and 91 lots of documents, miscellaneous documents, photos, objects and maps.

1596 _____. Biblioteca Nacional. Indice de los manuscritos de Anselmo Súarez y Romero que se conservan en la

Biblioteca Nacional. REV (Bibl Nac) Hav, 2a ser.,
1(2):73-121, feb. 1950.

1597 QUINTANA, Jorge. Algunas noticias del Tribunal de Cuentas en el Archivo Nacional. BOL (Arch Nac) Hav, 50 (1/6):40-341, en. /dic. 1951.

1598 TEJERA, Berta de la. El archivo del Dr. Rafael Montoro en la Sociedad Económica. REV BIMES CUBANA, Hav, 69:208-41, 1952/1954.

DOMINICAN REPUBLIC

1599 DOMINICAN REPUBLIC. Archivo General de la Nación. Fondos de la anexión a España, 1861-1865; catálogo. BOL (Arch Gen Nac) C Trujillo, 19(88/89):162-39, en. / jun. 1956; (90/91):260-337, jul. /dic. 1956.

1600 _____. _____. Fondos del Archivo Real de Bayaguana, 1607-1920. Ib., 20(93):156-74, abr. /jun. 1957-24(104): 234-38, en. /dic. 1962.

1601 _____. _____. Indice general de los libros copiadores de la Sección de Relaciones Exteriores. Ib., 1(1):65-84, mar. 1938-24(104):224-33, en. /dic. 1962. Covers period: 1844-1879.

1602 _____. _____. Registros del estado civil, 1807-1923. Ib., 20(96):237-42, abr. /jun. 1958.

1603 SEVILLANO COLOM, Francisco. El Archivo General de la Nación y el servico de microfilm de la Unesco. Ib., 22(101/102):205-25, jul. /dic. 1959. Material microfilmed: p. 217-25.

ECUADOR

1604 ARCHIVO "Luis Felipe Borja"; documentos donados a la Academia Nacional de Historia por la señorita doña Sofía Borja del Alcázar. BOL (Acad Nac Hist) Quito, 38(92):229-34, jul. /dic. 1958.

1605 EL ARCHIVO Luis Felipe Borja Pérez. Ib., 35(86):249-55, jul. /dic. 1955; 37(89):106-08, en. /jun. 1957. Inventory (152 items listed in 35(86) and 41 in 37(89)) of archive materials willed to the Academia Nacional de Historia.

1606 CASA de la Cultura Ecuatoriana, Quito. Indice--extractos de los documentos ... del Archivo Nacional de Historia--Ecuador. Ib., 1(1):22-176, en./jun. 1950-6(11):68-107, dic. 1961. Contents of each document summarized. Index to persons cited published at end of each issue. Total documents summarized: 809.

1607 ECUADOR. Archivo Nacional de Historia. Indice extracto de 444 cédulas reales del primer volúmen, años de 1563 a 1612, contenida en 28 títulos según sus diversas materiales. BOL (Arch Nac Hist) Quito, (13):46-50, ag. 1964- .

1608 ROBLES Y CHAMBERS, Pedro. Cedulario de la Santa Iglesia Catedral de Riobamba. BOL (Cent Invest Hist) Guayaquil, 10(23/24):263-93, 1955.

1609 _____. Cedulario del Archivo de la Catedral de Guayaquil. Ib., 8(18/20):63-73, 1950.

1610 ROMERO ARTETA, Oswaldo. El índice del archivo de la antigua provincia de Quito de la Compañía de Jesús. BOL (Arch Nac Hist) Quito, 7(12):60-110, ag. 1963; 8(13):107-11, ag. 1964; 9(14/15):180-91, ag. 1965. Documents listed: 1,271, covering period, 1543-1759. Introduction to the "Indice" mentions a total of 1,585 documents in 32 "legajos."

1611 VARGAS, José María. Fuentes documentales para la historia del Ecuador. Ib., 9(14/15)3-179, ag. 1965. Contents: --Indice de documentos, 1741-1753.

EUROPE

1612 ALTAMIRA Y CREVA, Rafael. Los cedularios como fuente histórica de legislación indiana. REV HIST AM, Méx, (10):5-86, dic. 1940; (19):61-129, jun. 1945. Descriptive of sources in European archives and libraries, principally Spanish.

1613 BRUXEL, Arnaldo. A filmoteca histórica do Instituto Anchietano de Pesquisas, Sección de Historia. PESQUISAS, P Alegre, 1:14-67, 1957. General description of documentation filmed in various national and European depositories.

1614 CALDERON QUIJANO, José Antonio, and NAVARRO GARCIA, Luis. Guía de los documentos, mapas y planos sobre historia de América y España moderna en la Biblioteca Nacional de Paris, Museo Británico y Public Record Office de Londres. ANUAR ESTUD AM, Sevilla, 18:549-614, 1961.

1615 CORRÊA, Virgílio, filho. Missões brasileiras nos arquivos europeus. REV (Inst Hist Geogr Bras) Rio, 213:133-75, out. /dez. 1951. Listing of maps: p. 160-75.

1616 POSADA MEJIA, Germán. Misiones colombianas en archivos europeos. BOL HIST ANTIG, Bogotá, 39(447/448):30-48, en. /feb. 1952. List of 89 documents which were transscribed.: p. 38-48.

FRANCE

1617 FALCAO ESPALTER, Mario. La historia uruguaya en los archivos de Francia. REV NAC, Monte, 2(21):403-10, sept. 1939. List: p. 410.

1618 LOHMANN VILLENA, Guillermo. Un cedulario peruano inédito. REV INDIAS, Madrid, 7(26):803-26, oct. /dic. 1946. List of documents in the Manuscript Section, Bibliothéque Nationale, Paris, contained in the "cedulario": p. 807-26.

1619 WECKMANN, Luis. Un gran archivo histórico mexicano en Paris. HIST MEX, Méx, 8(1):81-94, jul. /sept. 1958.

GREAT BRITAIN

1620 GRAJALES, Gloria. La Alianza Tripartita en el "Public Record Office" de Londres. Ib., 11(4):633-46, abr. / jun. 1962. List of records covers the period: 1861-1867.

1621 _____. Intervención francesa y segundo imperio. Ib., 13(2): 284-316, oct. /dic. 1963. Documents at the Public Records Office in London. List arranged chronologically, 1862-1867.

1622 THORNTON, A. P. The G. R. G. Conway MS. collection in the Library of the University of Aberdeen. HISP AM HIST REV, Durham, 36(3):345-47, Aug. 1956.

GUATEMALA

1623 GUATEMALA. Archivo General del Gobierno. Indice de los documentos existentes en el Archivo General del Gobierno. BOL (Arch Gen Gob) Guat, 1(1):64-76, oct. 1935- .

1624 HILL, Roscoe R. A sixteenth-century manuscript visits Washington. AMS, Wash, D C, 8(2):219-20, Oct. 1951. The manuscript is the Historia verdadera de la conquista de la Nueva España, by Bernal Díaz del Castillo, at the Archivo General del Gobierno of Guatemala.

1625 INDICE de documentos sobre Costa Rica. REV (Arch Nac)

S José, 28(1/6):155-89, en./jun. 1964. Listing of documents in the national archives of Guatemala, which were donated to the Archivos Nacionales of Costa Rica.

ITALY

1626 BURRUS, Ernest J. Research opportunities in Italian archives and manuscript collections for students of Hispanic American history. HISP AM HIST REV, Durham, 39(3): 428-63, Aug. 1959.

1627 DUCCESCHI, Virgilio. Entre bibliotecas y archivos. REV (Univ) Córdoba, 1(1):66-72, ag. 1914. References to materials on the Americas in Italian archives and libraries.

MEXICO

1628 ACADEMIA Mexicana de la Historia, México, D.F. Inventario general de los libros y papeles del excelentísimo Ayuntamiento de Durango. MEM (Acad Mex Hist corr Real Madrid) Méx, 7(1, folletín):1-16, en./mar. 1948; 7(2, folletín):17-32, abr./jun. 1948. Published as v.4 of the series, Biblioteca de la Academia Mexicana de Historia.

1629 ARCHIVO de la antigua Universidad de Mexico. BOL (Arch Gen Nac) Méx, 1(1):119-44, sept./oct. 1930.

1630 BORAH, Woodrow Wilson. The Cathedral archive of Oaxaca. HISP AM HIST REV, Durham, 28(4):640-45, Nov. 1948.

1631 _____. Notes on civil archives in the city of Oaxaca. Ib., 31(4):723-49, Nov. 1951.

1632 CARREÑO, Alberto María. El Archivo Municipal de la capital de Nueva España y su salvador Don Carlos de Sigüenza y Góngora. MEM (Acad Mex Hist Corr Real Madrid) Méx, 8(4):321-52, oct./dic. 1949. plates. General description.

1633 CARRERA STAMPA, Manuel. El Archivo del ex Ayuntamiento de México. HIST MEX, Méx, 12(4):621-32, abr./jun. 1963. Descriptive of 10 groups of records.

1634 CATALOGO sucinto de los manuscritos que posee la Biblioteca Nacional de México. LIBRO PUEBLO, Méx, 4(4/6): 4-13, abr./jun. 1925.

1635 COOPER, Donald B. A selective list of the manuscripts (1564-1800) in the archives of the Department of Health and Welfare, Mexico City: a newly discovered source

for religious and architectural history. HISP AM HIST
REV, Durham, 42(3):385-414, Aug. 1962.

1636 COSTELOE, Michael P. Guide to the Chapter Archives of
the Archbishopric of Mexico. Ib., 45(1):53-63, Feb.
1965.

1637 FERNANDEZ DE CORDOBA, Joaquín. Manuscritos inéditos
en lengua tarasca. UNIV MICHOAC, Morelia, (27):80-4,
abr./jun. 1951. illus.

1638 GAMONEDA, Francisco. El Archivo Municipal de la ciudad
de México, hoy del Departamento del Distrito Federal.
REV HIST AM, Méx, (13):101-28, dic. 1941.

1639 GOMEZ CANEDO, Lino. Sección de manuscritos de la Biblioteca Nacional de Méjico. BOL (Bibl Nac) Méx, 2a.
ép., 13(1/2):3-6, en./jun. 1962.

1640 HILL, Roscoe R. The odyssey of some Mexican records.
HISP AM HIST REV, Durham, 24(1):39-60, Feb. 1944.

1641 INVENTARIO de los papeles que me ha entregado mi antecesor D. Francisco Crespo. BOL (Arch Gen Nac) Méx,
30(2):221-29, 1959. Continued from previous issue.

1642 INVENTARIO del Archivo del Hospital de Jesús. Ib., 7(2):
273-99, abr./jun. 1936-8(3):406-71, jul./sept. 1937.
Compiler: C. Emilio Quintanar.

1643 LEMOINE VILLICAÑA, Ernesto. Secciones documentales del
Archivo General de la Nación, en México, D.F. Ib.,
2a. ser., 2(4):599-605, oct./dic. 1961. Number given
of the volumes in each section.

1644 MENDIRICHAGA Y CUEVA, Tomás. Breve reseña del Archivo
Parroquial de la Catedral de Monterrey. HUMANITAS,
Monterrey, (3):377-88, 1962. General description.

1645 MEXICO. Archivo General de la Nación. Guía del Ramo de
"Desagüe." BOL (Arch Gen Nac) Méx, 16(2):291-323,
abr./jun. 1945-17(2):247-98, abr./jun. 1946.

1646 _____. _____. Indice de la Geografía Descripción. Ib.,
17(4):separately paged, 1-31, oct./dic. 1946.

1647 _____. _____. Indice de la Palestra Historial. Ib., 17
(4):separately paged, 1-13, oct./dic. 1946. Compiler:
Grace Metcalfe.

1648 _____. _____. Indice del Ramo Criminal. Ib., 16(4):
separately paged, 1-16, oct./dic. 1945-21(3):separately
paged, 145-60, jul./sept. 1950.

ARCHIVES 140

1649 _____. _____. Indice del Ramo de Ordenanzas. Ib.,
11(2):303-43, abr./jun. 1940-13(1):161-92, en./mar. 1942.

1650 _____. _____. Indice del Ramo de Reales Cédulas. BOL
(Arch Gen Nac) Méx, 2a. ser., 1(1):135-48, en./mar.
1960-6(4):861-78, oct./dic. 1965.

1651 _____. _____. Indice del Ramo de Tierras. Ib., 2(3):
321-26, mayo/jun. 1931-2a. ser., 6(4):879-88, oct./dic.
1965.

1652 _____. _____. Indice del Ramo Industria y Comercio. Ib.,
22(2):217-50, abr./jun. 1951. To have been concluded.

1653 _____. _____. Indice del Ramo Inquisición. Ib., 16(4):
separately paged, 1-16, oct./dic. 1945-20(4):
separately paged, 81-96, oct./dic. 1949.

1654 _____. _____. Indice general del Ramo Provincias Internas,
existentes en el Archivo General de la Nación. Ib., 17
(1):separately paged, 1-16, en./mar. 1946-2a. ser., 6
(4):separately paged, 847-60, oct./dic. 1965. Compiler:
Joaquín Meade.

1655 _____. _____. Indice del Ramo Universidad. BOL (Arch
Gen Nac) Méx, 17(1):separately paged, 1-16, en./mar.
1946-21(3):separately paged, 145-60, jul./ag. 1950.

1656 _____. _____. Libros de la contabilidad de la Real Hacienda. Ib., 21(3):377-413, jul./sept. 1950.

1657 _____. _____. Lista de los ramos que comprenden el
Archivo General de la Nación. 1(1):113-18, sept./oct.
1930. General description with list of sections and
number of volumes contained in each.

1658 _____. _____. Ramo de Bandos y Ordenanzas, siglo XVIII.
Ib., 1(2):288-303, nov./dic. 1930-3(2):203-64, mar./abr.
1932.

1659 _____. _____. Las relaciones geográficas de la diócesis
de Oaxaca. -- Siglo XVI (Indices). Ib., 19(1):71-129,
en./mar. 1948.

1660 _____. Museo Nacional. Archivo. El Archivo del Museo
Nacional de México. AN (Mus Nac Arqueol Hist Etnogr)
Méx, 4a. ép., 5(2):377-79, en./dic. 1928.

1661 _____. _____. Biblioteca. Indice de la colección de documentos de D. José Fernando Ramírez. Ib., 4a. ép.,
7(2):435-53, en./dic. 1932.

1662 _____. _____. _____. Indice del tomo I [y II] de

"Manuscritos varios" existentes en la Biblioteca del Museo Nacional. Ib., 5(2):539-68, en. /dic. 1928.

1663 _____. Museo Nacional de Historia. Catálogo de los fondos del Centro de Documentación en el Castillo de Chapultepec. MEM (Acad Mex Hist corr Real Madrid) Méx, 10 (4):459-95, oct. /dic. 1951.

1664 _____. Secretaría de Relaciones Exteriores. Archivo Histórico. Indice del importante Archivo Histórico formado por la Secretaría de Relaciones Exteriores. MEM (Acad Nac Hist Geogr) Méx, 2a. ép., 16(7):5-10, 1960.

1665 MILLARES CARLO, Augustín, and MANTECON, José Ignacio. El Archivo de Notarías del Departamento del Distrito Federal (México, D. F.). REV HIST AM, Méx, (17): 69-118, jun. 1944. Detailed description of holdings, supplied with list of 17th-19th century notaries, and name index.

1666 MILLER, Walter S. Algunos manuscritos y libros Mixes del Museo Nacional. TLALOCAN, Méx, 3(2):179-83, 1952. Description of eight manuscripts.

1667 MONTEJANO Y AGUIÑAGA, Rafael. Archivalia potosina. FICHAS BIBLIOGR POTOS, S Luis Potosí, 2(6):115-22, nov. /dic. 1955-3(3/4):155-57, jul. /dic. 1956. Inventories: --Archivo parroquial de San Miguel Mexquitic. -- Archivo de la parroquia de Venado. --Archivo parroquial de Río Verde. --Archivo de la parroquia de San Jerónimo de Moctezuma. --Archivo de la parroquia de Huehuetlán.

1668 _____. Catálogo de los manuscritos de la Biblioteca Pública de la Universidad Autónoma de San Luis Potosí. Ib., 4(4):84-118, oct. /dic. 1957.

1669 NIETO Y CORTADELLAS, Rafael. Catálogo de los documentos del Ramo de Inquisición relativos a Cuba existentes en el Archivo General de la Nación, México, D. F. AN (Acad Hist Cuba) Hav, 29:90-105, en. /dic. 1947.

1670 RIOS, Eduardo Enrique. Indice geográfico de manuscritos que se conservan en la Biblioteca Nacional. INVEST HIST, Méx, 1(2):211-40, en. 1939; (3):349-60, abr. 1939.

1671 ROMERO DE TERREROS Y VINENT, Manuel. Indice del nobiliario del Ayuntamiento de Mexico. AN (Mus Nac Arqueol Hist Etnogr) Méx, 4a. ép., 5(1):17-52, en. /dic. 1927. Index to manuscripts in the collection "Nobiliario" of the Archivo del Ayuntamiento de México.

1672 RUBIO MAÑE, Jorge Ignacio. El Archivo General de la Nación. REV HIST AM, Méx, (9):63-169, ag. 1940.

1673 ULLOA ORTIZ, Berta. La revolución en Relaciones. HIST MEX, Méx, 10(2):526-32, en./mar. 1961. Listed: 107 groups of documents of the Secretaría de Relaciones Exteriores.

1674 ZAIDE, Gregorio F. Tesoros filipinos en los archivos de México. BOL BIBLIOGR (Sec Hac Créd Públ) Méx, (147):3, 5, en. 15, 1959. General description. Trans by Eduardo Sierra of Filipiniana treasures in Mexico's archives.

1675 ZAVALA, Silvio Arturo. Catálogo de los fondos del Centro de Documentación del Museo Nacional de Historia, en el Castillo de Chapultepec. MEM (Acad Mex Hist corr Real Madrid) Méx, 10(4):459-95, oct./dic. 1951; 11(2): 173-230, abr./jun. 1952; 12(2):117-44, abr./jun. 1953. Installments 1, 3-4 of the Catálogo. See following item for installment 2.

1676 _____._____. AN (Inst Nac Antrop Hist) Méx, 4:289-322, 1949/1950. Installment 2 of the Catálogo cited in Item 1675.

PANAMA

1677 SEVILLANO COLOM, Francisco. Materiales microfilmados en la Biblioteca Nacional de Panamá, en el Archivo Nacional de Panamá y en la Biblioteca de la Universidad. BOL (Com Arch) Hav, 1(3):7-59, jul./sept. 1958. Mission of Unesco in Panama.

1678 SOSA, Enrique J. Sobre el Archivo Nacional de Panamá. ¿Donde está el Archivo Nacional de Panamá? LOTERIA, Panamá, 2a. ép., 9(105):33-41, ag. 1964. Fourteen groups of documents described.

PARAGUAY

1679 BAREIRO, José Doroteo. Catálogo de los documentos de la sección histórica de los años 1534-1871 del Archivo Nacional de Asunción. GUARANIA, Asunción, 2(17):23-5, mar. 20, 1935-4(37):34-5, nov. 20, 1936. Continued in nearly every issue.

1680 SEVILLANO COLOM, Francisco. Lista del contenido de los volúmenes microfilmados del Archivo Nacional de Asunción. HISP AM HIST REV, Durham, 38(1):60-120, Feb. 1958. Index: p. 113-20.

PERU

1681 EL ARCHIVO Paz Soldán. BOL (Bibl Nac) Lima, 1(1):8-18,

en. 1919; (2):4-20, feb. 1919; (3):6-14, mar. 1919; (4): 5-12, abr. 1919; (5/6):16-24, mayo/jun. 1919; (7/8): 3-13, jul. /ag. 1919.

1682 ARCHIVOS del Colegio Nacional de Ciencias. REV (Arch Hist) Cuzco, 1(1):429-34, 1950- .

1683 BASTO GIRON, Luis J. Los legajos de visitas del Arzobispal de Lima (Siglo XVII). DOCUMENTA, Lima, 3(1): 349-425, 1951/1955. Documents listed: 665 of 21 "legajos."

1684 CASTELO DE ZAVALA, María. El Archivo Nacional del Perú; antecedentes. REV HIST AM, Méx, (20):371-86, dic. 1945.

1685 INDICE de escrituras públicas del Cuzco, año 1560. REV (Arch Hist) Cuzco, 4(4):5-58, 1953.

1686 INVENTARIO cronológico de bulas, breves y edictos pontificios, que existen en el Archivo Histórico de la Universidad de Cuzco. Ib., 1(1):17-9, 1950.

1687 INVENTARIO cronológico del I. Legajo de las cédulas reales dirigidas por los Reyes de España a los dominios de las Américas, en la segunda mitad del siglo XVIII, documentos que existen en el Archivo Histórico de la Universidad del Cuzco. Ib., 1(1):20-43, 1950.

1688 INVENTARIO de los expedientes civiles, criminales, administrativos, notariales y comunicaciones oficiales, comprados por la Universidad Nacional del Cuzco, con un contenido de 15 legajos y un total de 208 expedientes correspondientes a los años 1603 a 1916. Ib., 1(1):191-96, 1950.

1689 INVENTARIO del Archivo de la Real Audiencia del Cuzco que se encuentra en el Archivo Histórico de la Universidad, Sección Expedientes Administrativos, con 23 legajos y un total de 522 expedientes, de los años 1788 a 1820. REV (Arch Hist) Cuzco, 1(1):175-78, 1950.

1690 ———. Sección Expedientes Civiles, 39 legajos y un total de 995 expedientes de los años de 1683 a 1835. Ib., 1(1): 179-84, 1950.

1691 ———. Sección Expedientes Eclesiásticos, con 14 legajos y un total de 38 expedientes de los años 1800 a 1818. Ib., 1(1):189-90, 1950.

1692 ———. Sección Expedientes Criminales, con un contenido de 28 legajos y un total de 543 expedientes de los años de 1773 a 1824. Ib., 1(1):185-89, 1950.

1693 PACHECO, José. Libros de cabildos del Cuzco. Relación de los libros de Cabildo del Cuzco, que se envían del Ministerio de Relaciones Exteriores. REV (Arch Hist) Cuzco, 9(9):5-12, 1958.

1694 PERU. Archivo Nacional. Indice. REV (Arch Nac) Lima, 2(1):155-93, 1921-17(2):193-209, jul./dic. 1944. Compiler: Domingo Angulo.

1695 _____. _____. Indice o catálogo del Archivo Nacional del Perú. Ib., 20(2):483-511, jul./dic. 1956- . Published as a section of the Revista. Continuation of the Indice which lapsed in 1944 (see previous item).

1696 _____. Biblioteca Nacional. Inventario de los libros y manuscritos existentes en la Dirección de la Biblioteca Nacional después del incendio. BOL (Bibl Nac) Lima, 1(1):29-49, oct. 1943; (2):117-41, en. 1944. Compiler: Ella Dunbar Temple.

1697 _____. Ministerio de Hacienda y Comercio. Catálogo del Archivo Colonial del Ministerio de Hacienda, años 1602-1650. REV HAC, Lima, (14):187-204, 2o. trim. 1943.

1698 _____. _____, 1650-1700. Ib., (15):355-78, 3o. trim. 1943.

1699 _____. _____, 1700-1789. Ib., (16):535-630, 4o. trim. 1943.

1700 PINTO, Ismael. Los documentos del Museo Arqueológico de Magdalena. NUEVA CORONICA, Lima, (1):240-44, 1963.

1701 RIVERA SERNA, Raúl. Indice de los manuscritos existentes en la Biblioteca Nacional. BOL (Bibl Nac) Lima, 6(12): 242-83, dic. 1949-11/12(17/18):41-102, 1954/1955; 15(23): 48-66, 3o. trim. 1962-(26):48-59, 2o. trim. 1963; 17(28): 30-41, 4o. trim. 1963-17(30):108-20, 2o. trim. 1964; 17/18(33/34):15-27, 1o./2o. trim. 1965.

1702 SCHWAB, Federico. El Archivo Histórico del Ministerio de Hacienda y Comercio del Peru. REV HIST AM, Méx, (21):29-44, jun. 1946. Descriptive of holdings and publications.

1703 SILVA SANTISTEBAN, Fernando. Algunos archivos históricos y repositorios de Lima. FENIX, Lima, 12:145-82, 1956/1957. Groups and extent of records described under each archival deposit.

1704 VALDERRAMA, Lucila. Squier manuscripts in the Biblioteca

Nacional del Perú. HISP AM HIST REV, Durham, 36(3): 338-41, Aug. 1956.

PORTUGAL

1705 MONUMENTOS construídos pelos portugêses no Brasil. REV (Patrim Hist Artist Nac) Rio, (15):231-72, 1961. List of documents microfilmed for the Directória do Patrimonio Histórico Artístico Nacional.

1706 PAULA, E. Simões de. Inventário de documentos inéditos de interêsse para a história de São Paulo. (Biblioteca Nacional de Lisboa--Fundo geral). REV HIST, S Paulo, 4(9):195-223, jan. /mar. 1952; (10):477-506, abr. /jun. 1952; 5(11):213-44, jul. /set. 1952; 5(12):475-509, out. / dez. 1952.

SPAIN

1707 AITON, Arthur Scott, and MECHAM, John Lloyd. The Archivo General de Indias. HISP AM HIST REV, Durham, 4(3): 553-67, Aug. 1921.

1708 BURRUS, Ernest J. An introduction to bibliographical tools in Spanish archives and manuscript collections relating to Hispanic America. Ib., 35(4):443-83, Nov. 1955.

1709 CHAPMAN, Charles Edward. A description of certain legajos in the Archivo General de Indias. Ib., 1(2):209-30, May 1918; (3):352-71, Aug. 1918.

1710 ESTEVE BARBA, Francisco. Los papeles varios de interés americano en la Colección Borbón Lorenzana de la Biblioteca Pública de Toledo. REV INDIAS, Madrid, 19 (77/78):321-71, jul. /dic. 1959.

1711 FRIEDE, Juan. The Catálogo de pasajeros and Spanish emigration to América to 1550. HISP AM HIST REV, Durham, 31(2):333-48, May 1951. tables.

1712 GOMEZ CANEDO, Lino. Archivos y bibliotecas de España que interesan a la historia de México. ANUAR BIBLIOTEC ARCHIVON, Méx, 3:9-42, 1963. General description of archival and library collections in Spain.

1713 GREENLEAF, Richard E. Mexican inquisition materials in Spanish archives. AMS, Wash, D C, 20(4):416-20, Apr. 1964. General description.

1714 HELMER, Marie. Documentos americanistes en el Archivo de Barbastro. ANUAR ESTUD AM, Sevilla, 8:543-67, 1951. Catalog of papers of Fr. Iñigo Abbad y Lasierra: p. 551-67.

1715 INCHAUSTEGUI CABRAL, Joaquín Marino. Catálogo de pasajeros a Santo Domingo (Isla Española) años 1509-1534. BOL (Arch Gen Nac) C Trujillo, 14(69):249-61, abr./jun. 1951; (70):366-81, jul./sept. 1951; (71): 460-73, oct./dic. 1951. Reference to sources under each entry. Compilation based on original register at the Archivo General de Indias, published in 2d. ed., 1940.

1716 INDICE de documentos existentes en el Archivo de Indias de Sevilla, que tienen interés para Guatemala. AN (Soc Geogr Hist) Guat, 16(5):401-24, sept. 1940.

1717 LOHMANN VILLENA, Guillermo. El "Indice general de los papeles del Consejo de Indias." REV HIST AM, Méx, (51):137-62, jun. 1961.

1718 MARTIN, Thomas P. Spanish archive materials and related materials in other national archives copied for the Library of Congress by the Rockefeller Project "A" gift fund, 1927-1929. HISP AM HIST REV, Durham, 10(1): 95-8, Feb. 1930. Descriptive of documents selected and copied.

1719 MATEOS, Francisco. La colección Bravo de documentos jesuíticos sobre América. MISSION HISP, Madrid, 20 (59):129-76, mayo/ag. 1963. General description.

1720 MORENO VILLA, José. Nota sobre algunos documentos referentes a México y otras repúblicas americanas del tiempo de Fernando VII existentes en el Archivo del Palacio Nacional de Madrid. REV HIST AM, Méx, (1): 57-8, mar. 1938.

1721 MURO OREJON, Antonio. Antonio de León Pinelo. "Libros reales de gobierno y gracia"; contribución al conocimiento de los cedularios del Archivo de Indias (1492-1650). ANUAR ESTUD AM, Sevilla, 17:539-602, 1960. facsims. List of cedularios: p. 570-602.

1722 NIETO Y CORTADELLAS, Rafael. Algunos papeles cubanos del Archivo General de Indias. BOL (Arch Nac) Hav, 49(1/6):51-157, en./dic. 1950. illus., ports. Compilation contains 634 entries.

1723 QUELLE, Otto. Studien aus dem Indienarchiv in Sevilla. IBERO-AM ARCHIV, Berlin, 10(2):171-87, Jul. 1936.

1724 RODRIGUEZ MOÑINO, Antonio. Los manuscritos americanos en bibliotecas madrileñas. REV CHIL HIST GEOGR, Santiago, (124):237-68, 1956.

1725 SANTISTEBAN OCHOA, Julián. Documentos para la historia

del Cuzco existentes en el Archivo General de Indias de Sevilla. REV (Arch Hist) Cuzco, (11):1-9, 1963.

1726 SPAIN. Archivo General de Indias, Sevilla. Inventario de los documentos que componen la Colección Lugo. BOL (Arch Gen Nac) C Trujillo, 1(1):41-64, mar. 1938- . Earlier issues mainly listed documents, whereas later ones contained transcriptions of documents. Last issue of transcriptions: 20(97/98):375-84, jul. /dic. 1959.

1727 VELA, V. V. Expedición de Malaspina. REV INDIAS, Madrid, 11(43/44):193-218, en./jun. 1951. List of letters relative to the expedition: p. 213-18.

1728 VERDAGUER, José Aníbal. El Archivo General de Indias de Sevilla. REV (Junt Estud Hist) Mendoza, 1(1):55-112, sept. 1934.

UNITED STATES

1729 CORTES, Vicenta. Manuscripts concerning Mexico and Central America in the Library of Congress, Washington, D. C. AMS, Wash, D C, 18(3):255-96, Jan. 1962. Description of 145 manuscripts.

1730 EYNDE, Damian Van den. Calendar of Spanish documents in John Carter Brown Library. HISP AM HIST REV, Durham, 16(4):564-607, Nov. 1936. Mexican and Spanish State archives.

1731 GAINES, Jacquelyn M. Three centuries of Mexican documents; a partial calendar of the Regla papers in the Library of Washington State University. RESEARCH STUD, Pullman, 30(3):115-38, Sept. 1962; (4):174-98, Dec. 1962; 31(1): 43-64, Mar. 1963; (2):82-109, Jun. 1963; (3):111-38, Sept. 1963.

1732 HAGGARD, John V. El Archivo de Béxar. HIST MEX, Méx, 5(3):431-32, en./mar. 1956.

1733 HARRISON, John Parker. The archives of United States diplomatic and consular posts in Latin America. HISP AM HIST REV, Durham, 33(1):168-83, Feb. 1953. maps.

1734 HUSSEY, Roland Dennis. Manuscript Hispanic Americana in the Ayer Collection of the Newberry Library, Chicago. Ib., 10(1):113-18, Feb. 1930.

1735 _____. Manuscript Hispanic Americana in the Harvard College Library. Ib., 17(3):259-77, May 1937.

1736 LIEBMAN, Seymour B. The Abecdario and a check-list of

Mexican inquisition documents at the Henry E. Huntington Library. Ib., 44(4):554-67, Nov. 1964.

1737 LIMA, Manoel de Oliveira. The Portuguese manuscripts in the Ibero-American Library at Catholic University of America. HISP AM HIST REV, Durham, 8(2):261-80, May 1928. India and Brazil: p. 274-80.

1738 McDANIEL, Jane G. Julius A. Skilton papers. Ib., 36(3): 342-44, Aug. 1956. A collection of Cornell University.

1739 MARTIN, Thomas P. Transcripts, facsimiles, and manuscripts in the Spanish language in the Library of Congress, 1929. Ib., 9(2):243-46, May 1929. Copies made from manuscripts in Spanish, Cuban, Mexican and other archives.

1740 NACHBIN, Jac. Descriptive calendar of South American manuscripts. Ib., 12(2):242-59, May 1932-13(4):524-42, Nov. 1933. Manuscripts at Northwestern University Library.

1741 NARANJO MARTINEZ, Enrique. El Archivo Sucre. BOL HIST ANTIG, Bogotá, 27(308/309):504-23, jun./jul. 1940. Summary of records of Hiram Bingham at Yale University.

1742 NUNEMAKER, J. Horace. Manuscript papers of the condes de Regla. HISP AM HIST REV, Durham, 25(3):409, Aug. 1945. Collection of papers at the State College of Washington, Pullman.

1743 PATRIZI, Luis Gonzalo. Documentos relativos a Venezuela que se conservan en The National Archives de Washington (1835-1906). BOL (Acad Nac Hist) Caracas, 32(125): 81-98, en./mar. 1949.

1744 PATTERSON, Jerry E. Manuscripts relating to Peru in the Yale University Library. HISP AM HIST REV, Durham, 36(2):243-62, May 1956.

1745 _____. Manuscritos mexicanos en la Biblioteca de la Universidad de Yale. HIST MEX, Méx, 9(3):448-79, en./mar. 1960.

1746 _____. South America in the national period: manuscripts in the Yale Library. INTER-AM REV BIBLIOGR, Wash, D C, 8(2):135-40, Apr./Jun. 1958.

1747 POMRENZE, Seymour Jacob. Materiales relativos a Cuba en los Archivos Nacionales de Estados Unidos. REV BIMES CUBANA, Hav, 62(4/6):5-22, jul./dic. 1948.

1748 RODRIGUEZ CRUZ, Juan. Documentos sobre Puerto Rico que se encuentran en los Archivos Nacionales de los Estados Unidos. CARIB STUD, Río Piedras, 5(3):32-50, Oct. 1965.

1749 SPELL, Lota M. The Mier archives. HISP AM HIST REV, Durham, 12(3):359-75, Aug. 1932. The Mier collection is at the University of Texas.

1750 THOMPSON, Nora Belle. Algunos manuscritos guatemaltecos en Filadelfia. AN (Soc Geogr Hist) Guat, 23(1/2):3-10, mar./jun. 1948. illus. Eleven manuscripts described.

1751 U. S. National archives. Material relating to Brazil in the National Archives. HISP AM HIST REV, Durham, 22(3): 521-28, Aug. 1942.

1752 WRIGHT, Almon Robert. Archival sources for the study of war-time relations of Latin America with the United States, 1917-1920: Illustrations of their use. INTER-AM BIBLIOGR REV, Wash, D C, 1(1):23-35, Spring 1941.

1753 YNSFRAN, Pablo Max. Catálogo del archivo de Don Lucas Alamán que se conserva en la Universidad de Texas, Austin. HIST MEX, Méx, 4(2):281-316, oct./dic. 1954; (3):431-76, en./mar. 1955. Index: 4(3):454-76.

URUGUAY

1754 PIVEL DEVOTO, Juan E. Libro de acuerdos e instrucciones del Ministerio de Relaciones Exteriores (1846-1852). BOL (Min Rel Ext) Monte, [?]:277-301, mar. 31, 1939.

1755 SCARONE, Arturo. Los manuscritos de la Biblioteca Nacional. REV NAC, Monte, 1(11):236-76, nov. 1938.

1756 URUGUAY. Museo Histórico Nacional. Catálogo. REV HIST, Monte, 15(43/45):85-806, dic. 1944. illus., ports, plates. Catalog includes references to objects, portraits, paintings, documents and books.

1757 ———. ———. Catálogo descriptivo de la Colección de Manuscritos. Ib., 27(79/81):395-538, mar. 1957. Descriptive of the Pablo Blanco Acevedo collection, and of manuscripts acquired, 1940-1957.

VENEZUELA

1758 ARANGUREN G., Enrique. Relación de los libros de registro civil de la Parroquia "El Recreo" (1873-1961). CRONICA, Caracas, 10(51/54):141-44, en./dic. 1962.

1759 BRICEÑO PEROZO, Mario, PERAZZO, Nicholás, and MARTINEZ MENDOZA, Jerónimo. Fichas del Archivo Arquidiocesano de Caracas. BOL (Acad Nac Hist) Caracas, 47(185):127-44, en. /mar. 1964-48(192):614-18, oct. /dic. 1965. To be continued.

1760 MILLARES CARLO, Agustín. Noticias acerca de documentos del siglo XVI referentes a Venezuela. BOL (Bibl Gen) Maracaibo, 3(4):53-7, en. /jun. 1963. Descriptive of the Archivo Histórico de la provincia de Mérida.

1761 OVIEDO Y BAÑOS, Joseph de. Tesoro de noticias y índice general de las cosas más particulares que se continenen en los libros capitulares de esta ciudad de Caracas desde su fundación. CRONICA CARACAS, Caracas, 11(59):51-75, en. /mar. 1964; (60/61):241-82, abr. /sept. 1964; (63/64):58-79, nov. /dic. 1964-en. 1965; (65):52-77, feb. / abr. 1965.

1762 VENEZUELA. Archivo General de la Nación. Archivo de Aragua. BOL (Arch Gen Nac) Caracas, 42(168):406-22, abr. /jun. 1955-46(182):138-153, oct. /dic. 1958. Note in last issue examined: To be continued.

1763 _____. _____. Archivo Histórico de la Grita. Ib., 46 (184):526-43, abr. /jun. 1959-50(189):445-69, abr. /jun. 1960. Index to 72 v. of the Archivo Histórico de la Grita.

1764 _____. _____. Indices. Ib., (117):10-61, jul. /ag. 1943-. Previous issues not examined. Contents: Encomiendas. - Gobernación y Capitanía General. - Reales Provisiones. - Intendencia de Ejército y Real Hacienda. - Hojas Militares. - República de Venezuela, Secretaría del Interior y Justicia. - Gobernación de Guayana. Section appearing in each issue.

ART

GENERAL

1765 ANGULO IÑIGUES, Diego. Características generales de el arte hispano-americana. CAHIERS HIST MOND, Paris, 4(1):59-82, 1957. Bibliogr.: p. 81-2.

1766 BIBLIOGRAFIA de arte: Secção de arte da Biblioteca Municipal. TROPICO, S Paulo, 1(3/4):48-52, jun. /jul. 1950.

1767 EASBY, Dudley T. Orfebrería y orfebres precolombianos.

AN (Inst Art Am Invest Estét) B A, (9):21-35, 1956.
Bibliogr. notes: p. 31-5.

1768 NOVOA, Rosario. Bibliografía mínima de arte. REV
LYCEUM, Hav, 8(31):79-83, ag. 1952.

1769 PALM, Erwin Walter. Estilo y época en el arte colonial.
AN (Inst Art Am Invest Estét) B A, (2):7-24, 1949.
plates. Bibliogr. notes: p. 18-22.

1770 RUBIN DE LA BORBOLLA, Daniel Fernando. Las artes
populares indígenas de América, supervivencia y fomento.
AM INDIG, Méx, 19(1):5-42, en. 1959. illus. Bibliogr.: p. 37-42.

ARGENTINA

1771 ALTAMIRA, Luis Roberto. Córdoba, sus pintores y sus
pinturas (siglos XVII y XVIII). REV (Univ) Córdoba,
40(2):417-551, mayo/jun. 1953; 40(3/5):759-882, jul. /
dic. 1953. illus. Bibliogr.: 40(3/5):880-82.

1772 BORGHINI, Federico. Arte y artistas en la Argentina.
JOUR INTER-AM STUD, Gainesville, 1(2):141-51, Apr.
1951. Bibliogr.: p. 151.

1773 LOPEZ CORREA, Ilda. Aporte a la historia del grabado en
Cuyo. CUAD HIST ART, Mendoza, (5):79-86, 1965.
Bibliogr.: p. 83, 86.

1774 _____. Aporte a la historia del grabado en Mendoza. Ib.,
(4):81-90, 1964. Bibliogr.: p. 90.

1775 MASSINI CORREAS, Carlos. El monumento a la bandera.
Ib., (4):19-44, 1964. Bibliogr.: p. 44.

1776 RIBERA, Adolfo Luis. Los pintores del Buenos Aires
virreinal. AN (Inst Art Am Inves Estét) B A, (1):97-108, 1948. Bibliogr. notes: p. 106-08.

1777 _____. La platería en el Río de La Plata. Ib., (7):12-117,
1954. plates. Bibliogr. notes: p. 103-17.

1778 SCHENONE, Héctor H. Tallistas portugueses en el Rio de
La Plata. Ib., (8):40-56, 1955. Bibliogr. notes: p.
55-6.

1779 SERRANO, Antonio. El arte decorativo de los Diaguitas.
REV (Univ) Córdoba, 29(7/8):1091-1224, sept./oct. 1942.
Bibliogr.: p. 1127-31.

1780 _____. El arte plástico de los ribereños paranaenses.

NORDESTE, Resistencia, (2):73-86, jun. 1961. illus.
Bibliogr.: p. 86.

BOLIVIA

1781 CHACON TORRES, Mario. Documentos sobre arte colonial en Potosí. REV (Inst Invest Hist, Univ T Frías) Potosí 1(1):73-111, 1959/1960. Bibliogr.: p. 110-11.

1782 _____. Notas sobre arte republicano en Potosí. Ib., 1(2): 185-213, 1962. Bibliogr.: p. 199-210.

1783 _____. La pintura boliviana del siglo XIX: los pintores chuquisaqueños. AN (Inst Art Am Invest Estét) B A, (11):65-74, 1958. plates. Bibliogr. notes: p. 73.

1784 _____. Retablos y otras obras en las iglesias de Potosí. Ib., (14):78-96, 1961. plates. Bibliogr. notes: p. 93-6.

1785 COSTAS ARGUEDAS, José Felipe. Planteamiento de nuestro arte popular. BOL ANTROP, Sucre, 1(1):3-23, mar. 27, 1960. Bibliogr.: p. 22-3.

1786 HELMER, Marie. Apuntes para la historia del arte en la Villa Imperial de Potosí. Documentos del Archivo de la Moneda 1605-1797). REV INDIAS, Madrid, 22(89/90): 305-19, jul./dic. 1962. Documents cited: p. 315-19.

1787 MESA, José de, and GISBERT, Teresa. La escultura en la Audiencia de Charcas (1600-1650). AN (Inst Art Am Invest Estét) B A, (11):43-51, 1958. plates. Bibliogr. notes: p. 50-1.

1788 SCHENONE, Héctor H. Pinturas de las Mónicas de Potosí, Bolivia. Ib., (5):51-6, 1952. plates. Bibliogr. notes: p. 56.

1789 _____. Pinturas surbaranescas y esculturas de escuela sevillana en Sucre, Bolivia. Ib., (4):61-8, 1951. plates. Bibliogr. notes: p. 67-8.

1790 _____. Notas sobre el arte renacentista en Sucre, Bolivia. Ib., (3):44-65, 1950. illus., plates. Bibliogr. notes: p. 62-5.

BRAZIL

1791 BARATA, Frederico. A arte oleira dos Tapajó. REV (Mus Paulista) S Paulo, n.s., 5:183-97, 1951. plates. Bibliogr.: p. 196-97.

1792 BRITO, Mário da Silva. A idéia da semana de arte moderna. REV BRAS, S Paulo, (22):77-84, mar./abr. 1959. Bibliogr.: p. 83-4.

1793 MARSON, Fernando, and SELTZER, Norma. O ensino artístico no curso seundário. REV PEDAG, S Paulo, 9(16):77-116, jan./jun. 1963. Bibliogr. and notes: p. 104-08.

1794 PINTO, Odorico Pires. Arte primitiva brasileira. REV (Arquiv Munici) S Paulo, 108:7-246, jan. 1954/jun. 1955. Bibliogr.: p. 229-38.

1795 RIOS, Adolfo Morales de los. O ensino artístico. REV (Inst Hist Geogr Bras) Rio, 258:17-113, jan./mar. 1963; 265:3-152, out./dez. 1964. Bibliogr.: 265:133-52.

1796 SANCHEZ MARIN, Venancio. Artistas gráficos actuales del Brazil. REV CULT BRAS, Madrid, 2(4):31-7, mar. 1963. illus. Bibliogr.: p. 79.

1797 SANTOS, Noronha. Fontes e chafarizes do Rio de Janeiro. REV (Patrim Hist Artist Nac) Rio, (10):7-133, 1946. illus. Bibliogr.: p. 126-33.

1798 STERN, Ana Biró de. Manifestações gráficas dos primitivos e das crianças. REV (Arquiv Munici) S Paulo, 60:137-54, ag. 1939. illus. Bibliogr.: p. 53-4.

1799 WILLEKE, Venâncio. Escolas franciscanas do Brazil. REV (Escola Belas Art Pernam) Recife, 5(1):87-109, 1961. Notes and bibliogr.: p. 107-09.

CENTRAL AMERICA

1799a EASBY, Elizabeth Kennedy, and EASBY, Dudley T. Apuntes sobre la técnica de tallar jade en Mesoamérica. AN (Inst Art Am Invest Estét) B A, (6):9-38, 1953. plates. Bibliogr. notes: p. 36-8.

CHILE

1800 ROBLES RIVERA, Armando. La pintura en Chile. AN (Univ Chile) Santiago, 147:335-62, 1920. Bibliogr.: p. 359-62.

COLOMBIA

1801 LA BIBLIOGRAFIA artística colombiana durante 1955. BOL (Mus Arte Colonial) Bogotá, 1(3):16-7, en. 1956. Titles cited in text.

1802 GIRALDO JARAMILLO, Gabriel. La escultura colonial neogranadina. Ib., 1(4):3-8, jun. 1956. Bibliogr.: p. 8.

1803 ORTEGA RICAURTE, Carmen. Contribución a la bibliografía del arte colombiano. ANUAR COL HIST SOC CULT, Bogotá, 2(2):333-404, 1964.

1804 TRIANA Y ANTORVEZA, Humberto. Regulación del noble arte de la platería en el Nuevo Reino de Granada. BOL CULT BIBLIOGR, Bogotá, 5(12):1551-55, 1962. Bibliogr. notes: p. 1555.

ECUADOR

1805 ESTRADA, Emilio. Arte aborigen del Ecuador. Sellos o pintaderas. HUMANITAS, Quito, 1(2):7-19, 1959. plates. Bibliogr.: p. 16-7.

GUATEMALA

1806 TOLEDO PALOMO, Ricardo. Apuntes en torno al barroco guatemalteco. UNIV S CARLOS, Guat, (63):91-137, mayo/ag. 1965. Bibliogr.: p. 135-37.

MEXICO

1807 AGUILAR P., Carlos H. La orfebrería en el México precortesiano. ACTA ANTHROP, Méx, 2(2):5-142, dic. 1946. References: 123-29; bibliogr.: p. 137-39.

1808 LA CARICATURA en México; fichas hemero-bibliográficas. BOL (Escuela Nac Bibl Arch) Méx, 3(9/10):25-31, mar. / abr. 1958. To have been continued.

1809 CARRASCO PUENTE, Rafael. La caricatura en México; fichas hemero-bibliográficas. BOL BIBLIOGR (Sec Hac Créd Públ) Méx, (217, supl.):1-4, feb. 1, 1961.

1810 CARRERA STAMPA, Manuel. Fuentes o pilas "económicas" del México colonial. AN (Inst Invest Estét) Méx, 2(8): 61-74, 1942. Bibliogr.: p. 65.

1811 CHINCHILLA AGUILAR, Ernesto. Ordenanzas de escultura; carpinteros, escultores, entalladores, ensambladores y violeros de la ciudad de México. ANTROP HIST GUAT, Guat, 5(1):29-52, en. 1953. Bibliogr.: p. 52.

1812 DATSHKOVSKY, Raisa Bardaj. Nómina bibliográfica de la pintura mexicana desde la época colonial hasta nuestro tiempo. LIBRO PUEBLO, Méx, 4a. ép., (1):23-4, mayo 1963-(9):26-8, en. 1964.

1813 DERR, Virginia B. The rise of a middle-class tradition in Mexican art. JOUR INTER-AM STUD, Gainesville, 3(3): 385-409, Jul. 1961. Bibliogr.: p. 408-09.

1814 FERNANDEZ, Justino. El grabado en lámina en la Academia de San Carlos de México durante el siglo XIX. UNIV HABANA, Hav, 6(16):69-111, en./feb. 1938. Bibliogr.: p. 109-11.

1815 ———. Libros de arte mexicano aparecidos en 1950. BOL BIBLIOGR MEX, Méx, 11(131/132):18-21, nov./dic. 1950.

1816 GRAJALES RAMOS, Gloria. Influencia indígena en las artes plásticas del México colonial. AN (Inst Art Am Invest Estét) B A, (6):75-100, 1953. plates. Bibliogr. notes: p. 98-100.

1817 MANRIQUE, Jorge Alberto. Historia de las artes plásticas. HIST MEX, Méx, 15(2/3):229-68, oct. 1965/mar. 1966. Bibliogr. of works published in Mexico: p. 238-68.

1818 MOYSSEN ECHEVERRIA, Xavier. Las cruces de Toluca. AN (Inst Invest Estét) Méx, 7(27):33-46, 1958. illus. Bibliogr. notes: p. 46.

1819 ———. Un traslado de monjas. AN (Inst Art Am Invest Estét) B A, (14):9-17, 1961. plates. Article is on an anonymous painter from Morelia, Mexico. Bibliogr. notes: p. 16-7.

1820 SAYLES, E. B. Three Mexican crafts. AM ANTHROP, 57 (5):953-73, Oct. 1955. Bibliogr.: p. 972-73.

1821 TOUSSAINT, Manuel. La escultura funeraria en la Nueva España. AN (Inst Invest Estét) Méx, 3(11):41-58, 1944. illus. Bibliogr.: p. 58.

1822 ———. Las pinturas murales de Atotonilco. HIST MEX, Méx, 1(2):173-84, oct./dic. 1951. Bibliogr.: p. 183-84.

PARAGUAY

1823 PLA, Josefina. El grabado en el Paraguay. ALCOR, Asunción, 14:1, 9, sept./oct. 1961-17:6-9, mar./abr. 1962. Notes and bibliogr.: 17:8-9.

PERU

1824 HARTH-TERRE, Emilio. El indígena peruano en las bellas artes virreinales. REV UNIV, Cuzco, 49(118):46-95, 1o. trim. 1960. Index of artisans: p. 63-95. Bibliogr.: p. 62.

1825 MENDIZABAL LOSACK, Emilio. La difusión, aculturación y reinterpretación a través de las cajas de imaginero ayachuchanas. FOLK AM, Lima, 11/12(11/12):115-334, 1963/1964. illus. Bibliogr.: p. 325-34.

1826 MESA, José de, and GISBERT, Teresa. Nuevas obras y nuevos maestros en la pintura del Alto Perú. AN (Inst Art Am Invest Estét) B A, (10):9-46, 1957. plates. Bibliogr. notes: p. 46.

1827 SCHENONE, Héctor H. Esculturas españoles en el Perú, siglo XVI. Ib., (14):58-72, 1961. plates. Bibliogr. notes: p. 71-2.

1828 SORIA, Martín Sebastián. La pintura en el Cuzco y el Alto Perú, 1550-1700. Rectificaciones y fuentes. Ib., (12):24-34, 1959. plates. Bibliogr. notes: p. 33-4.

1829 ULRIKSEN, Guillermo. Hallazgo de 40 esculturas "plateres-cas" en la antigua contrasacristía agustiniana de Lima. BOL (Univ Chile) Santiago, (43):47-54, oct. 1963; (45): 4-12, dic. 1963. illus. Bibliogr.: (45):12.

PUERTO RICO

1830 BUSCHIAZZO, Mario José. Los monumentos históricos de Puerto Rico. AN (Inst Art Am Invest Estét) B A, (8): 57-114, 1955. Bibliogr.: p. 113-14.

VENEZUELA

1831 MÖLLER, Carlos Manuel. Artesanía Mudéjar en Venezuela. Ib., (4):69-74, 1951. plates. Sources: p. 73-4.

ASTRONOMY

1832 HERNANDEZ CORZO, Gilberto. Las auroras polares observadas en México. ANUAR GEOGR, Méx, 1:73-7, 1961. Bibliogr.: p. 77.

1833 SEARA VAZQUEZ, Modesto. Guía bibliográfica sobre el espacio cósmico. CIEN POL SOC, Méx, 6(22):577-87, oct./dic. 1960.

1834 STIRLING, Matthew William. Indonesia and the Middle American calendar. AM ANTHROP, n. s., 25(2):228-46, Apr./Jun. 1923. Bibliogr.: p. 245-46.

BIBLIOGRAPHY

1835 ARBULU VARGAS, Ricardo. Prontuario de técnica bibliográfica. FENIX, Lima, 7:26-108, 1950. Bibliogr.: p. 106-08.

1836 ARIOSA MORALES, Olinta. El ex libris y su historia. UNIV HABANA, Hav, (148/150);119-27, en./jun. 1961. plates. Bibliogr.: p. 127.

1837 BIBLIOGRAFIA brasileira de documentação. BOL INFORM (Inst Bras Bibliogr Doc) Rio, 2(3):119-34, maio/jun. 1956- . Compiler: Edson Nery da Fonseca. Continued as a section.

1838 FERNANDEZ DE CORDOBA, Joaquín. Nuestros tesoros bibliográficos en los Estados Unidos. HIST MEX, Méx, 5(1):124-60, jul./sept. 1955; 6(1):129-60, jul./sept. 1956.

1839 GROPP, Arthur Eric. La bibliografía en América. BOL (Bibl Gen) Maracaibo, 3(4):23-40, en./jun. 1963.

1840 ORTIZ, Raquel, and CAPO, Rosa María. Posibilidades que ofrecen los países en desarrollo en materia de documentación. BOL BIBLIOGR AGRIC, Turrialba, 2(4):8-19, oct./dic. 1965. Bibliogr.: p. 17-9.

1841 RIBEIRO, Fernando Leite. Trabalhos e estudos realizados com auxilio do Conselho Nacional de Pesquisas. Bibliografia. BOL INFORM (Inst Bras Bibliogr Doc) Rio, 1(3):97-118, maio/jun. 1955-2(5):309-12, set./out. 1956.

1842 RENGIFO, Pedro M. Venezuela bibliográfica. TEMAS BIBLIOTEC, Caracas, 1(1):25-30, 33, jul. 1956. Additionally a corrected copy of article inserted.

1843 SABOR, Josefa Emilia. La información bibliográfica. Posibilidades de las bibliotecas argentinas. REV (Univ) B A, 4a. ép., 2(6):319-50, abr./jun. 1948. Bibliogr.: Apéndice, p. 342-50.

1844 ZAMORA, Pedro. Importancia de la documentación en el desarrollo de la ciencia y la técnica. ANUAR BIBLIOTEC ARCHIVON, Méx, 2:69-84, 1962. Bibliogr.: p. 83-4.

BIBLIOGRAPHY OF BIBLIOGRAPHIES

GENERAL

1845 BIBLIOGRAPHICAL articles. INTER-AM REV BIBLIOGR,

Wash, D C, 3(3):370-77, Sept./Dec. 1953- . Section published in the last issue of each year.

1846 BORELLO, Rodolfo A. Las guías bibliográficas del Instituto de Literatura Argentina "Ricardo Rojas." REV LIT ARG IBEROAM, Mendoza, 2(2):97-8, 1960. Titles cited in text.

1847 CACERES RAMOS, Hugo. Estado actual de la bibliografía agrícola latinoamericana. BOL BIBLIOGR AGRIC, Turrialba, 2(3):1-28, jul./sept. 1965. Bibliogr of agricultural bibliographies: p. 4-25. Bibliogr. consulted: p. 26-8.

1848 CURRENT national bibliographies. QUART JOUR CUR ACQ, Wash, D C, 7(2):11-3, Feb. 1950; 9(3):128-32, May 1952. Article began in Aug. 1949 and continued through Aug. 1953. The present item refers to the 3d of 5 installments and two supplements, and carries information relative to the Latin American countries.

1849 FONSECA, Edson Nery da. Bibliografia de bibliografias. BOL INFORM (Inst Bras Bibliogr Doc) Rio, 1(2):57-8, mar./abr. 1955- . Section of the Boletim informativo. Last issue examined 3(3/6):maio/dez. 1958.

1850 GROPP, Arthur Eric. La bibliografía de bibliografías. ANUAR BIBLIOTEC ARCHIVON, Méx, 4:9-15, 1964. List: p. 11-3.

1851 JONES, Cecil Knight. Hispanic American bibliographies. HISP AM HIST REV, Durham, 3(3):414-42, Aug 1920; (4):603-34, Nov. 1920; 4(1):126-56, Feb. 1921; (2):297-324, May 1921; (3):522-52, Aug. 1921; (4):783-813, Nov. 1921. Critical notes on sources by José Toribio Medina: 4(4):783-99; Index: 4(4):800-13. These bibliographies supplement the 1922 edition of Jones.

1852 ———. ———. Ib., 6(1/3):100-33, Feb./Aug. 1926; 9(3): 390-409, Aug. 1929. Additions to the bibliographies published in the 1922 edition and to the 1,281 bibliographies published in v.3-4 of the HISP AM HIST REV, noted in the preceding item.

1853 ———. ———. Ib., 14(4):531-44, Nov. 1934. Fifth supplement.

1854 ———. Recent contributions to Hispanic American bibliography. Ib., 13(3):380-402, Aug. 1933. Fourth supplement.

1855 ———. ———. Ib., 17(1):111-38, Feb. 1937. Sixth supplement.

1856 _____._____. Ib., 18(3):403-23, Aug. 1938. Seventh supplement.

1857 _____. Some recent contributions to Hispanic American bibliographies. Ib., 11(3):397-410, Aug. 1931.

1858 LINCOLN, J. N. Guide to bibliographies of Spanish literature. HISPANIA, 22(4):391-405, Dec. 1939. Although emphasis is on Spain, list also serves for Latin American studies.

1859 MILLARES CARLO, Agustín. La bibliografía y las bibliografías. CUAD AM, Méx, 79(1):176-94, en./feb. 1955.

1860 PERAZA SARAUSA, Fermín. Bibliografía corrientes de la América Latina. UNIV, Santa Fe, (52):185-221, abr./jun. 1962.

1861 WILGUS, Alva Curtis. Some bibliographies in English dealing with Hispanic America. PAN AM MAG, Wash, D C, 43(3):162-64, Sept. 1930.

1862 UNITED NATIONS Educational, Scientific and Cultural Organization. Some bibliographical publications on Latin America. INTERN SOC SC BULL, Paris, 4(3):548-51, 1952.

ARGENTINA

1862a BINAYAN, Narciso. Bibliografía de bibliografías argentinas. REV (Univ) B A, 43:114-49, 1919.

COSTA RICA

1863 HISTORIA de la bibliografía costarricense. BOL (Asoc Costa Bibl) S José, 1(9):27-40, mar. 1958.

CUBA

1864 CUBAN books and libraries. BULL (Pan Am Un) Wash, D C, 64:451-60, May 1930. Report prepared by the National Technical Cooperating Committee on Bibliography of Cuba. Bibliography of bibliographies: p. 453-55.

ECUADOR

1865 CHAVES, Alfredo. Fuentes principales de bibliografía ecuatoriana. CASA CULT ECUAT, Quit, 10(19):291-308, jul./dic. 1957. illus.

MEXICO

1866 BIBLIOGRAFIA de bibliografías. Literatos, historiadores, filósofos y científicos mexicanos. BOL BIBLIOGR (Sec Hac Créd Púbi) Méx, (112):4-7, jul. 1, 1957; (113)5-6, jul. 15, 1957. ports.

1867 BOOKS and libraries in Mexico. BULL (Pan Am Un) Wash, D C, 64:134-47, Feb. 1930. illus. Report prepared by the National Technical Cooperating Committee on Bibliography of Mexico. Bibliography of bibliographies: p. 135-37. Also published in the Spanish edition of the Bulletin: 64:1180-96, nov. 1930.

1868 GORDILLO, Roberto A. La bibliografía mexicana del siglo XX; posibilidades de mejorar su compilación. BOL (Asoc Mex Bibl) Méx, 1(2/3):61-6, en./jun. 1958. Titles cited in text.

1869 HAGEN, Hermann B. Eine sammlung mexikanischer bibliographischer monographien. IBER-AM ARCH, Berlin, 3(2/4):227-33, Mär. 1930.

1870 IGUINIZ, Juan Bautista. Algunas bibliografías bibliográficas mexicanas. LIBRO PUEBLO, Méx, 11(8):300-05, ag. 1933; (9):338-41, sept. 1933; (11):416-21, nov. 1933; (12):456-63, dic. 1933.

1871 MOORE, Ernest Richard. Mexican bibliographies. INTER-AM BIBLIOGR REV, Wash, D C, 2(2):73-9, Summer 1942.

1872 PERALES DE MERCADO, Alicia. Apuntes de bibliografía mexicana (Siglos XVI-XIX). ANUAR BIBLIOTEC ARCHIVON, Méx, 1:99-124, 1961. plates. Titles cited in text and in footnotes.

1873 RAMOS, Roberto. Estado actual de la bibliografía en México. BOL BIBLIOGR (Sec Hac Créd Públ) Méx, (90):3, 7, dic. 9, 1956.

1874 _____. _____. BOL (Bibl Nac) Méx, 2a. ép. 8(1):16-23, en./mar. 1957. Bibliographies: 17-22.

1875 [No entry]

1876 VALLE, Rafael Heliodoro. Historia de la bibliografía en México. Ib., 2a. ép., 7(3):3-22, jul./sept. 1956.

1877 VELDE, Paul Van de. Breves apuntes sobre la bibliografía mexicana. LIBRO PUEBLO, Méx, 11(6):217-22, jun. 1933.

1878 _____. _____. MEM REV (Acad Nac Cien) Méx, 51(3/4): 89-97, 1929/1930.

PERU

1879 BENAVIDES BALBIN, Alberto. Bibliografía de bibliografías y biblioteconomía, 1936-1948. BOL BIBLIOGR (Bibl, Univ S Marcos) Lima, 19(1/2):3-28, jul. 1949. References are to Peruvian publications.

1880 BIBLIOGRAFIAS publicadas en volúmenes anteriores del Boletín. Ib., 12(3/4):333-36, dic. 1939.

PUERTO RICO

1881 PEREZ DE ROSA, Albertina. Las bibliografías puertorriqueñas. BOL (Soc Bibl Puerto Rico) S Juan, 3(1):7-17, en./abr. 1964. Titles cited in italics in text.

URUGUAY

1882 SPERONI VENER, Julio. La bibliografía en el Uruguay. INTER-AM REV BIBLIOGR, Wash, D C, 4(1/2):35-42, Jan./Jun. 1954. Titles cited in text. [Name of author in publication: José Speroni Vener.]

VENEZUELA

1883 SANCHEZ, Manuel Segundo. Bibliografía de índices bibliográficos relativos a Venezuela. VIEJO RARO, Caracas, (1):19-23, mar. 1955; (2):21-8, mayo 1955; (3):37-46, jul. 1955.

BIBLIOGRAPHY--NATIONAL

ARGENTINA

1884 BIBLIOGRAFIA argentina. REV (Univ) B A, 5a. ép., 6(1): en./mar. 1961- . Section appearing in each issue. Compiler: Grupo Bibliográfico Argentino.

1885 MENDILAHARZU, Fortunato. Bibliografía general argentina. LIT ARG, B A, 2(13):1-16, separately paged, sept. 1929-8(96):697-704, separately paged, dic. 1936. Continuous paging. Listing to have been continued. Not in 1937 issues.

1886 MURENA, H. A. Bibliografía argentina. TORRE, Río

Piedras, 2(5):193-201, en. /mar. 1954- . Section appearing in nearly every issue.

1887 LA PRODUCCION bibliográfica argentina del último quinquenio (1927-1932). LIT ARG, B A, 5(49/50):3-73, sept. /oct. 1932.

1888 _____, 1932. Ib., 5(53):142-66, en. 1933.

1889 _____, 1933. Ib., 6(65):133-66, en. 1934.

1890 _____, 1934. Ib., 7(77):123-42, en. 1935.

1891 [No entry]

BRAZIL

1892 BIBLIOGRAFIA brasileira. CULT POL, Rio, 3(27):171-79, maio 1943- . Continuation of Moviemento bibliográfico brasileiro, by Antônio Simões dos Reis. (See item 1895).

1893 BIBLIOGRAFIA brasileira corrente. REV LIVRO, Rio, 1(1): 228-80, jun. 1956- . Compiler: Aureo Ottoni.

1894 BRODBECK, Sully. Bibliografia riograndense. BOL INFORM (Inst Bras Bibliogr Doc) Rio, 2(4):167-84, jul. /ag. 1956.

1895 REIS, Antônio Simões dos. Movimento bibliográfico brasileiro. CULT POL, Rio, 1(1?): mar. 1942-3(26):184-90, abr. 1943. Issues examined: 1(7):set. 1942-3(26):abr. 1943.

1896 RESENHA da bibliografia brasileira. BOL BIBLIOGR BRAS, Rio, 1(1):3-13, nov. 1952/fev. 1953- . Section appearing in each issue.

1897 SOUSA, José Galante de. A Biblioteca brasileira e a sua história. REV LIVRO, Rio, 1(1/2):221-27, jun. 1956. Publications contained in the series, Biblioteca brasileira, with contents under each.

CHILE

1898 BIBLIOGRAFIA chilena, en. /jun. 1962- . MAPOCHO, Santiago, 1(1):293-308, mar. 1963- . Section containing a selection of books and pamphlets added to the Biblioteca Nacional.

1899 EDICIONES nacionales recientes. ATENEA, Concepción, 108(353/354):182-87, nov. /dic. 1954-146(396):223-27, abr. /jun. 1962.

1900 LASTRA SALAZAR, Pedro. Publicaciones de autores

chilenos. BOL (Inst Lit Chil) Santiago, 1(1):sept.
1961- . Section published in each issue.

1901 MONTT, Luis. Bibliografía chilena, 1780-1807. REV
CHIL HIST GEOGR, 26(30):420-53, 2o. trim. 1918-39
(43):423-73, 3o. trim. 1921; 41(45):416-55, 1o. trim.
1922. To have been continued. Contains 246 entries
through 1818 with ample description and transcription of
texts.

1902 SILVA CASTRO, Raúl. Ensayo de una lista de libros selectos
chilenos. Apuntaciones bibliográficas. BOL (Bibl Nac)
Santiago, 3(14):178-96, ag. 1932.

COLOMBIA

1903 LUCENA, Inés de. Bibliografía colombiana, 1962. BOL CULT
BIBLIOGR, Bogotá, 5(10):1367-70, 1962-6(4):573-76, 1963.

1904 _____._____, 1963. Ib., 6(7):1105-08, 1963-(8):1259-62,
1963.

1905 PELAEZ V., Alfonso. Bibliografía colombiana. ABA (Asoc
Bibl Antioq) Medellín, 1(1):24-31, mayo 1955-2(5):23-7,
jul. 1956.

1906 POSADA, Eduardo, and OTERO MUÑOZ, Gustavo. Bibliografía bogotana. BOL HIST ANTIG, Bogotá, 37(423/425):
125-49, en./mar. 1950-37(429/431):505-19, jul./sept.
1950; 38(435/437):133-57, en./mar. 1951. Continues
Bibliografía bogotana (2v., 1917-1925). The continuation
is incomplete because of the death of Eduardo Posada
and the absence from Bogotá of Otero Muñoz. Items
are numbered, 1411-1716.

1907 RIASCOS GRUESO, Eduardo. Bibliografía colombiana. BOL
(Acad Hist Valle Cauca) Cali, 32(134):342-44, jun. 1964.
port.

1908 TORRES LEON, Fernán. Libros de autores colombianos publicados en enero 1964- . BOL CULT BIBLIOGR, Bogotá, 7(1):187, 1964. Continued in each issue.

CUBA

1909 LE RIVEREND BRUSONE, Julio J. Notas para una bibliografía cubana de los siglos XVII y XVIII. UNIV
HABANA, Hav, (88/90):128-231, en./jun. 1950.

1910 PEREZ, Luis Marino. Labor bibliográfico. REV BIMES
CUBANA, Hav, 6(3):239-48, mayo/jun. 1911-(5):429-
39, sept./oct. 1911. Additions and corrections to
Bibliografía cubana del siglo XIX, by Carlos M. Trelles.

1911 PEREZ BEATO, Manuel. Bibliografía cubana del siglo
XVIII. REV BIBLIOGR CUBANA, Hav, 2(7):41-51,
en. /feb. 1938; (8):120-27, mar. /abr. 1938.

1912 RODRIGUEZ FUENTES, Lorenzo. Bibliografía cubana, 1(3):
176-84, mayo/jun. 1936- . Section published in each
issue. Last issue examined: 3(17/18):211-30, sept. /
dic. 1938.

DOMINICAN REPUBLIC

1913 ALFAU DURAN, Vetilio. 100 notículas de bibliografía
dominicana. AN (Univ S Dom) S Domingo, 20(73/76):
237-55, en. /dic. 1955; 21(77/78):21-43, en. /jun. 1956.

1914 _____. Bibliografía dominicana. Hojas sueltas. Ib.,
19(71/72):i-xxxvii, jul. /dic. 1954.

1915 LA COLECCION Trujillo. BOL BIBLIOGR DOM. C Trujillo,
1(1):7-14, jul. /ag. 1945.

1916 FLOREN LOZANO, Luis. Algunas obras de importancia publicadas en 1951. INTER-AM REV BIBLIOGR, Wash,
D C, 2(1/2):108-09, Jan. /Aug. 1952. Publications issued in the Dominican Republic.

1917 _____. Bibliografía dominicana. Obras de referencia. AN
(Univ S Dom) S Domingo, 19(69/70):i-xv, en. /jun. 1954.

1918 _____. _____. UNIV PONTIF BOLIVAR, Medellín, 20(74):
1-16, suppl. pages, mayo/sept. 1955. Series: Repertorio bibliográfico, 1(1).

1919 _____. Contribuciones a la bibliografía dominicana. REV
EDUC, C Trujillo, 19(91):35-72, jul. /sept. 1948-20(93):
39-55, en. /dic. 1949.

1920 MELLA CHAVIER, Próspero. Bibliografía dominicana, año
1955. AN (Univ S Dom) S Domingo, 21(79-80):i-xxxvi,
suppl. pages, jul. /dic. 1956.

1921 _____. _____, año 1956. Ib., 23(85/86):i-xxxi, suppl.
pages, en. /jun. 1958.

1922 _____. _____, año 1957. Ib., 23(87/88):i-xxiii, suppl.
pages, jul. /dic. 1958.

EL SALVADOR

1923 EL SALVADOR. Biblioteca Nacional. Anuario bibliográfico
salvadoreño, año 1950. ANAQUEL, S Salvador, 5a. ép.,
(2):77-100, mayo 1951.

1924 _____. _____, año 1951. Ib., 5a. ép., (3):89-107, mayo 1952/abr. 1953.

1925 _____. _____. Obras impresas en El Salvador durante el año de 1949. Ib., 5a. ép., (1):149-68, en./abr. 1951.

1926 _____. _____. Publicaciones impresas en El Salvador durante los años 1945- . REV (Bibl Nac) S Salvador, 4a. ép., 1:183-95, en./abr. 1947; 2:173-207, mayo/ag. 1948; 5a. ép., 4:155-84, mayo/ag. 1949. Years covered: 1945-1948.

GUATEMALA

1927 OBRAS guatemaltecas ultimamente publicadas. BOL (Bibl Nac) Guat, 1(1):6-7, mayo 1932- . Section continued with variations in title.

1928 POLONSKY CELCER, Enrique. Anuario bibliográfico guatemalteco 1960 (por autores). REV (Bibl Nac) Guat, 4a. ép., 1(1):137-67, 1962.

1929 PUBLICACIONES guatemaltecas. BOL MUS BIBL, Guat, 2a. ép., 2(1):22-4, abr. 1942- . Guatemalan imprints received in the National Library. Section of the periodical.

1930 PUBLICACIONES guatemaltecas recibidas ..., enviadas por la Tipografía Nacional de Guatemala, de conformidad con el artículo 10 de la ley de imprenta, decreto legislativo 2158. Ib., 2a. ép., 1(2):66-72, jul. 1941- . Section published in each issue.

HAITI

1931 BISSAINTHE, Max. Bibliographie haitienne, 1950-51. CONJONCTION, Port-au-Prince, (81/82):61-75, 1961.

1932 _____. _____, année 1952. Ib., (77/78):90-6, août/nov. 1959.

1933 _____. _____, année 1953. Ib., (76):68-77, avr./juin 1959.

1934 _____. _____, année 1954. Ib., (73/74):39-50, nov./dic. 1958.

1935 _____. _____, 1955. Ib., (72):47-57, [1958].

1936 _____. _____, année 1956. Ib., (67/68):50-6, [1957].

1937 _____. _____, année 1957. Ib., (70/71):75-87, [1957].

1938 _____. _____, 1958. Ib., (75):48-60, jan./mars 1959.

1939 _____._____, pour 1959. Ib., (79/80):77-84, fev. /mai 1960.

1940 _____._____, 1960-1961. Ib., (94/95):67-73, 1964.

1941 _____._____, 1962-1963. Ib., (98):91-104, mai 1965.

1942 LUBIN, Maurice. Publications haitiennes récentes (1950 à 1955). OPTIQUE, Port-au-Prince, 19:31-43, sept. 1955.

1943 MARCELIN, Milo. Bibliographie haitienne: romans, récits, nouvelles, chroniques, souvenirs documentaires. Ib., (35):69-79, jan. /mars 1957.

HONDURAS

1944 DURON, Jorge Fidel. Actualidad bibliográfica hondureña. HONDUR ROTAR, Tegucigalpa, 11(126):1, 15-6, sept. 1953. Publications with 1952 imprint.

1945 _____. Libros y folletos publicados en 1951. INTER-AM REV BIBLIOGR, Wash, D C, 2(1/2):103-04, Jan. /Aug. 1952. Publications issued in Honduras.

1946 _____. Los libros y publicaciones hondureñas de 1951. HOND ROTAR, Tegucigalpa, 9(107):3, 20-3, feb. 1952. illus. Titles cited in text, print in bold-face type.

1947 _____._____. REV (Univ Hond) Tegucigalpa, 15(8):83-6, en. /mar. 1952.

MEXICO

1948 AUB, Max. Bibliografía mexicana. TORRE, Rio Piedras, 6(23):245-49, jul. /oct. 1958- . Continued in most issues.

1949 BIBLIOGRAFIA mexicana. LIBRO PUEBLO, Méx, 16(1):23-32, en. 1954-(2):23-25, feb. 1954. Covers: 1st-2d semestres 1953.

1950 BIBLIOGRAFIA mexicana; relación de traducciones. Ib., 16(4):43-6, abr. 1954.

1951 BIBLIOGRAFIA potosina del año de 1952. FICHAS BIBLIOGR POTOS, S Luis Potosí, 1(7)12-4, en. /feb. 1953.

1952 FUENTES, Aquiles. Fichas bibliográficas mexicanas, 1955. LIBRO PUEBLO, Méx, 18(21):83-99, en. /feb. 1956.

1953 GONZALEZ, María Isabel. Fichas bibliográficas mexicanas 1956. Ib., 19(31):4-44, sept. /oct. 1957.

1954 LIBROS editados en México. CULT MEX, Méx, (1):19-22, en. /feb. 1942-2(2):105-19, jul. /feb. 1943. Section devoted to latest book production in Mexico.

1955 MENDEZ ARECO, Sergio. Fichas de bibliografía mexicana, 15 de febrero a 15 de mayo de 1940. ABSIDE, Méx, 4(3):68-72, mar. 1940-(8):57-63, ag. 1940.

1956 MEXICO. Biblioteca Nacional. Bibliografía mexicana. BOL (Bibl Nac) Méx, 14(3/4):105-46, jul. /dic. 1963-16(1/2): 63-167, en. /jun. 1965. Previously entitled: Obras de reciente adquisición. Ib., 1(1):1950-14(1/2):en. /jun. 1963.

1957 MONTEJANO Y AGUIÑAGA, Rafael. Bibliografía potosina de 1956 [i.e., 1955]. FICHAS BIBLIOGR POTOS, S Luis Potosí, 3(2):63-78, abr. /jun. 1956.

1958 _____. _____, 1956. Ib., 4(2/3):29-40, abr. /sept. 1957.

1959 PESQUEIRA, Fernando. Algunas fichas para la bibliografía del estado de Sonora. YAN, Méx, (1):64, 1953.

1960 PRIEGO DE ARJONA, Mireya. Cedulario de bibliografía yucateca. BOL BIBLIOGR YUCAT, Mérida, (1):5-8, oct. 1938; (2):8-12, nov. 1938; (6):7-16, mar. /abr. 1939; (7):9-16, mayo/jun. 1939; (8):12-6, jul. /ag. 1939; (10):9-16, nov. /dic. 1939.

1961 _____, and BARRERA VAZQUEZ, Alfredo. Anuario bibliográfico de Yucatán, 1938. Ib., (4/5):2-17, en. /feb. 1939.

1962 _____. _____, 1939. Ib., (11):2-15, mayo 1940.

1963 _____. _____, 1940. Ib., (13):2-20, abr. 1941.

1964 _____. _____, 1942. Ib., (17):2-14, abr. /jun. 1943.

1965 RIVAS Sáenz, Arturo. Noticia esquemática del movimiento cultural jalisciense durante el año de 1942. CULT MEX, Méx, 2(1,supl.):13-8, 1943. Book production: p. 13-4.

1966 SANCHEZ VALLE, Manuel. Ensayo de una bibliografía general del estado de Guanajuato. UMBRAL, Guanajuato, (17):32-5, feb. 1944-(21):35-6, jul. /ag. 1944. Incomplete: References numbered: 22-104.

1967 SUAREZ, Víctor M. Bibliografía yucateca de 1951. CUAD ESTUD YUCAT, Mérida, 1:85-101, Primavera 1953.

1968 SUPLEMENTO bibliográfico, julio-agosto-septiembre. LIBRO

PUEBLO, Méx, 3a. ép., 3(1):125-37, jul. /sept. 1959. Mexican imprints during 3d quarter 1959. Continued as a section.

1969 VALLE, Rafael Heliodoro. Bibliografía mexicana. Ib., 11 (1):25-31, en. 1933; 12(1):36-43, en. 1934. Covers years: 1932-1933.

1970 _____. Bibliografía mexicana (1937-1938). HISP AM HIST REV, Durham, 20(2):294-334, May 1940; (4):686-746, Nov. 1940; 21(1):143-81, Feb. 1941.

1971 _____. Mexican bibliography in 1934. Ib., 15(4):523-47, Nov. 1935.

1972 _____. Mexican bibliography, 1935-1936. Ib., 17(3):370-416, Aug. 1937; 18(4):580-99, Nov. 1938.

PANAMA

1973 HERRERA, Francisco A. Bibliografía de Panamá de 1960 a 1963. LOTERIA, Panamá, 2a. ép., 10(118):67-96, sept. 1965.

1974 SUSTO, Juan Antonio. Bibliografía panameña. Ib., 2a. ép., 6(63):60-5, feb. 1961; 7(74):85-96, en. 1962; (75):92-3, feb. 1962. Contents: 1960--Indice de autores; 1961; 1961--Adenda.

PARAGUAY

1975 RAMOS, R. Antonio. Una selección de libros, folletos y artículos por autores nacionales publicados en 1950. INTER-AM REV BIBLIOGR, Wash, D C, 1(3/4):219-21, Jul. /Dec. 1951. Publications issued in Paraguay.

PERU

1976 ACONTECIMIENTOS bibliográficos recientes. Ib., 2(1/2): 105-08, Jan. /Aug. 1952. Publications issued in Peru.

1977 BASADRE, Jorge. La producción bibliográfica del Perú en 1937-38. BOL BIBLI OGR (Bibl, Univ S Marcos) Lima, 8(3/4):237-53, dic. 1938.

1978 FOLLETOS editados en el Perú. REV (Fac Cien Econ Comer) Lima, (46):236-46, en. /jun. 1952.

1979 LIMA. Universidad Mayor de San Marcos. Biblioteca. Libros y folletos peruanos publicados en 1935- . BOL BIBLIOGR (Bibl, Univ S Marcos) Lima, 6(2):39-45, jun. 1936- . Section of the Boletín Bibliográfico. Title varies slightly.

1980 PERU. Biblioteca Nacional. Registro de autores en el
Catálogo peruano. BOL (Bibl Nac) Lima, 10(16):262-
88, dic. 1953; 11/12(17/18):138-57, 1954/1955; 17(29):
26-44, 1o. trim. 1964; (30):96-107, 2o. trim. 1964;
18/19(35/36):30-41, 3o. /4o. trim. 1965.

1981 _____. Registro de propiedad intelectual. Ib.,
1(1):62, oct. 1943- . A regular section of the Boletín.
Title varies, 2o. sem. 1964: Certificados de depósitos
de publicaciones y documentos recibidos.

1982 TAURO, Alberto. Libros y folletos peruanos aparecidos en
el año 1944. Ib., 1(3):270-81, abr. 1944-2(7):257-77,
abr. 1945. Signed: A. T. in 2(5):40, and 2(7):277.

1983 _____, durante el año 1945. Ib., 2(7):278-82, abr.
1945.

1984 VARGAS UGARTE, Rubén. Adiciones a la Biblioteca peruana:
Impresos peruanos publicados en el extranjero. BOL
BIBLIOGR (Bibl, Univ S Marcos) Lima, 28(1/4):3-19,
dic. 1958.

1985 _____. Suplemento a la Biblioteca peruana. Ib., 30(1/4):
3-49, dic. 1960.

1986 _____. BOL (Bibl Nac) Lima, 15(21):3-32, 1o.
trim. 1962. Completion of the Suplemento which began
in the BOL BIBLI OGR, Lima (See item 1985).

1987 _____. Nuevas adiciones a la Biblioteca peruana. BOL
BIBLIOGR, (Bibl, Univ S Marcos) Lima, 32(1/2):105-10,
en./jun. 1962.

1988 _____. Nuevas adiciones a la bibliografía peruana. Ib., 35
(3/4):341-47, jul./dic. 1963.

PUERTO RICO

1989 BIBLIOGRAFIA puertorriqueña 1960. REV (Inst Cult Puertorriq) S Juan, 4(11):59-64, abr./jun. 1961.

1990 _____, 1962. Ib., 5(17):62-9, oct./dic. 1962.

1991 GEIGEL-POLANCO, Vicente. Bibliografía puertorriqueña.
ASOMANTE, S Juan, 2(1):77-81, en./mar. 1946.

1992 VELAZQUEZ, Gonzalo. Bibliografía puertorriqueña. TORRE,
Río Piedras, 1(1):199-204, en./mar. 1953- .

URUGUAY

1993 SCARONE, Arturo. La producción bibliográfica nacional

durante el año 1938. REV NAC, Monte, 2(16):146-60, abr. 1939; (17):315-20, mayo 1939.

1994 _____. _____, el primer semestre del año en curso. Ib., 2(20):313-20, ag. 1939.

1995 _____. _____, el tercer trimestre de 1939. Ib., 2(22): 155-60, oct. 1939; (23):318-20, nov. 1939.

1996 _____. _____ en el cuarto semestre de 1939. Ib., 3(27): 492-93, mar. 1940.

1997 _____. _____ durante el año 1940. Ib., 4(39):474-77, mar. 1941; (40):160, abr. 1940; (42):461-77, jun. 1941.

VENEZUELA

1998 ALONSO, María Rosa. Revista de libros. HUMAN, Mérida, 3(9):299-336, 1961- . Section in which publications of national agencies are recorded. Includes also a summary of non-Venezuelan titles.

1999 BIBLIOGRAFIA venezolana. PERISCOPIO, Caracas, 1(1): 34-7, en. 1952; 1(2/3):56-8, feb./mar. 1952.

2000 CHALBAUD Z., Carlos. Bibliografía merideña. BIBL, Mérida, 3(14/15):29-30, mayo/jun. 1955. Previously compiled by P. N. Tablante Garrido.

2001 RESUMENES bibliográficas nacionales. ACTA CIENTIF VENEZ, Caracas, 1(1):36-40, mayo/jun. 1950- . Section of the periodical.

2002 SANCHEZ, Manuel Segundo. Bibliografía de las ediciones nacionales y de las extranjeras relativas a Venezuela incompletas o truncas. VIEJO RARO, Caracas, (4):34- 7, mar. 1956. To be continued.

2003 TABLANTE GARRIDO, Pedro Nicolás. Bibliografía merideña. BIBL, Mérida, 1(1):8-10, en. 1954-2(8/9):15-8, nov. / dic. 1954. Compilation continued by Carlos Chalbaud Z. (See item 2000).

2004 VENEZUELA. Biblioteca Nacional. Publicaciones venezolanas recibidas. REV NAC CULT, Caracas, 2(17):186- 200, abr. 1940-(20):148-55, jul. 1940. Section became "Libros recibodos."

BIBLIOGRAPHY--PROCEDURE

2005 BOLLIGER, Nelly. Preparo de bibliografia para uma

publicação técnica. BRAGANTIA, Campinas, 13(9):105-32, maio 1954. Bibliogr.: p. 118-20.

2006 FONSECA, Edson Nery da. O preparo de bibliografias especializadas. BOL INFORM (Inst Bras Bibliogr Doc) Rio, 4(3/6):123-28, maio/dez. 1958. Bibliogr. in "Notas": p. 128.

2007 LENDVAYOVA, Olga. Métodos y técnicas usados en la preparación de una bibliografía especializada en el campo de agricultura. BOL BIBLIOGR AGRIC, Turrialba, 1(3): 1-7, jul./sept. 1964. Bibliogr.: p. 6-7.

2008 ZINK, Ernesto Manoel. Como organizar um catálogo e uma bibliografia. BOL AGR, S Paulo, 55:349-81, 1954. Literature: p. 380-81.

BIOGRAPHY (COLLECTIVE)

GENERAL

2009 ALCINA FRANCH, José. Bibliografía de americanistas. REV INDIAS, Madrid, 17(68):287-97, abr./jun. 1957; 18(71):127-44, en./mar. 1958; (72):257-73, abr./jun. 1958. Writings under each americanist.

2010 BIBLIOGRAFIAS de antropólogos. BOL BIBLI OGR ANTROP AM, Méx, 1(3):143-45, jul./sept. 1937. Contents: - George Grant McCurdy. - Mary Butler. - H. L. Shapiro.

2011 _____. Ib., 1(4):245-58, oct./dic. 1937. Contents: - C. C. Uhlenbeck. - Ernst Wilhelm Foerstemann. - Raymond Lenoir. - Louis Baudin. - Chestmir Loukotka. - D. S. Davidson. - Herbert U. Williams. - Marie Louise Gunst. - W. W. Howells. - Lic. Constantine G. Rickards. - Héctor Grestebin.

2012 _____. Ib., 2(4):155-58, oct./dic. 1938. Contents: - Jacques Soustelle.

2013 _____. Ib., 3(1):80-95, en./abr. 1939. Contents: - Edward Sapir. - Walter Lehmann. - Robert Lehmann-Nitsche.

2014 _____. Ib., 3(2):188-94, mayo/ag. 1939. Contents: - S. K. Lothrop. - Donald D. Brand. - John Gillin. - Bruno Oetteking.

2015 _____. Ib., 4(1):84-92, en./abr. 1940. Contents: - J. Alden Mason. - Ernst Antevs.

BIOGRAPHY (Collective)

2016 _____. Ib., 4(2):158-64, mayo/ag. 1940. Contents: - Thomas William Francis Gann. - J. Eric S. Thompson. - Hermann Trimborn.

2017 _____. Ib., 4(3):274-314, sept./dic. 1940. Contents: - Mexican anthropologists.

2018 _____. Bibliografia de antropólogos extranjeros residentes en México. BOL BIBLIOGR ANTROP AM, Méx, 5(1/3): 166-206, en./dic. 1941. Among the bibliographies are those of Hermann Beyer, Juan Comas Camps, Jorge A. Vivó, and Robert J. Weitlaner.

2019 _____. Ib. 6(1/3):195-220, en./dic. 1942. Contains among other anthropologists: Jorge A. Lines, Henri Lehmann, Alfred Métraux, Herbert J. Spinden, and Antonio Serrano.

2020 _____. Ib. 8(1/3):241-82, en./dic. 1945. Contents among others: - Alfred Métraux. - Herbert Baldus. - José Bastos de Avila. - Salvador Canals Frau. - María de las Mercedes Constanzó. - Augusto Raúl Cortázar. - Ralph Linton. - Greta Mostny. - María Julia Pourchet. - Robert Redfield. - Thomas D. Stewart. - Sol Tax. - Luis E. Valcárcel.

2021 _____. Ib., 9:322-49, 1946. Contents among others: - Stanley H. Boggs. - Antonio Goubaud Carrera. - A. V. Kidder. - John M. Longyear, III. - Donald Pierson. - Emilio Willems.

2022 _____. Ib., 10:278-358, en./dic. 1947. Contents among others: - R. H. Barlow. - Adolfo Dembo. - Martin Gusinde. - René Herrera Fritot. - Melville J. Herskovits. - Alfred L. Kroeber. - Margaret Mead. - Arthur Ramos. - Carlos Vega.

2023 _____. Ib., 11:433-44, en./dic. 1948. Contents among others: - Ruth F. Benedict. - Georg Friederici. - Sylvanus G. Morley. - Paul Rivet.

2024 _____. Ib., 12(pte. 2a.):297-306, en./dic. 1949. Contents: - Leonard Bloomfield. - John M. Cooper. - Arthur Ramos. The latter is a continuation of the bibliogr. published in 10:345-53.

2025 _____. Ib., 15/16(pte. 2a.):303-34, 1952/1953. Contents among others: - Wendell Clark Bennet, by Antonio Pompa y Pompa. - Barbero Dahlgren de Jordan. - Johanna Faulhaber. - Eduardo Seler.

2026 BIOGRAPHIAS - Memorias - Epistolarios. BOL BIBLIOGR MEX, Méx, 4(44):15-6, ag. 31, 1943-(47/48):25-6, nov. 30/dic. 31, 1943.

BIOGRAPHY (Collective)

2027 CHAPMAN, Charles E. List of books referring to caudillos in Hispanic America. HISP AM HIST REV, Durham, 13(1):143-46, Feb. 1933.

2028 COLLI, Nestor S. Pueyrredón, San Martín y Artigas; Misión de Cruz y Cavareda ante los caudillos del litoral y Artigas. BOL (Inst Hist Arg) B A, 2a. ser., 1(1/3): 232-64, abr./jun. 1956. Sources: p. 263-64.

2029 CRUZ, Salvador de la. Nuevos novelistas iberoamericanos. LIBRO PUEBLO, Méx, 17(15):5-64, mar. 1955; 19(23): 5-85, mayo/jun. 1956. Writings noted under each novelist.

2030 FLORES, Angel. Four Latin American writers. PANORAMA (PAU) Wash, D C, (18):1-11, Jan. 1942. Continuation of the series: Latin American writers by the same author. Contents with listing of writings and bibliogr.: - Ciro Alegría. - Enrique Gil Gilbert.

2031 JUSTO RAMON (Hermano). Próceres americanos de visión continental. ESTUD, Bucaramanga, 32(266):22-47, jul. 1963. Bibliogr.: p. 46-7.

2032 MARTIN, Percy Alvin. Items on various authors and their publications. HISP AM HIST REV, Durham, 14(4):510-30, Nov. 1934.

2033 MEDINA, José Toribio. Noticias bio-bibliográficas de los escritores americanos celebrados en "El Laurel de Apolo" de Lope de Vega. BOL (Acad Chil) Santiago, 3(9):51-112, 1921; (10):113-52, 1923.

2034 PALOP MARTINEZ, Josefina. Bibliografía americanista española. REV INDIAS, Madrid, 17(68):359-69, abr./ jun. 1957; 18(71):163-72, en./mar. 1958; (72):335-44, abr./jun. 1958.

2035 POMPA Y POMPA, Antonio. Bibliografías - Bibliographies. BOL BIBLIOGR ANTROP AM, Méx, 18(pte. 2a.):295-318, 1955. Contents: - Nicolás León. - Stephan F. Borhegyi. - Eusebio Dávalos Hurtado.

2036 ROMERO, Mario Germán. Papeletas bibliográficas: Cronistas e historiadores del siglo XVIII. BOL CULT BIBLIOGR, Bogotá, 3(5):308-13, mayo 1960.

2037 SÃO PAULO (State). Ministério Público. Serviço de Documentação Jurídico. Biobibliografia de membros de ministérios público das Américas. REV INTERAM (Min Publ) S Paulo, 1(1):212-59, maio 1956.

2038 TORRE REVELLO, José. Los maestros de la bibliografía en

BIOGRAPHY (Collective) 174

América. AN GRAF, B A, 33 [i.e. 32] (11/12, supl.): 11 leaves, nov./dic. 1941. ports.

2039 WILGUS, Alva Curtis. Some sixteenth century histories and historians of America. BULL (Pan Am Un) Wash, D C, 67:558-65, Jul. 1933-75:174-79, Mar. 1941. illus. Issued in 9 parts. Only 2 pts. published in the Portuguese edition of the Bulletin, 37:679-86, nov. 1935-37:749-57, dez. 1935.

ARGENTINA

2040 LOPEZ ROSAS, José Rafael. Poetas santafesinos de la colonia y la montonera. UNIV, Santa Fe, (26):93-150, dic. 1952. Bibliogr.: p. 149-50.

2041 PANE, Remigio Ugo. Three Argentine poets: Jorge Luis Borges, Leopoldo Lugones and Alfonsina Storni. (A bibliography of their poems in English translation with lists of their works). BULL BIBLIOGR, Boston, 18(8):176-78, Sept./Dec. 1945.

2042 ROGGIANO, Alfredo A. Seis poetas del norte de Argentina. NORTE, Tucumán, (6):71-104, abr. 1954. Writings given under name of each poet: p. 75-82. References: p. 74.

2043 SABOR, Josefa Emilia. Las fuentes biográficas para la República Argentina. BIBLIOTEC, B A, 3(1):3-12, sept. 1955. Bibliogr.: p. 11-2.

BRAZIL

2044 ACADEMIA Paulista de Letras, São Paulo. Bio-bibliographia. (Patronos--fundadores--sucessores). REV (Acad Paulista Letr) S Paulo, 1(2):128-34, mar. 1938- . Section appearing in each issue. May have appeared in no. 1. Gives list of members and bio-bibliography of one or more members.

2045 FLEIUSS, Maria Carolina Max. Bio-bibliografia dos socios do Instituto Histórico. REV (Inst Hist Geogr Bras) Rio, 181:173-83, out./dez. 1943. Contents: - Clóvis Beviláqua. - José Carlos Macedo Soares.

2046 _____. _____. Ib., 182:173-202, jan./mar. 1944. Contents: - Nascimento e Silva (Alfredo de). - Cárcano (J. Ramón). - Braz Hermenegildo do Amaral. - Aquino (Capitão de Mar e Guerra), Francisco Radler de. - Taunay (Afonso d'Escaragnolle).

2047 _____. _____. Ib., 183:302-11, abr./jun. 1944. Contents:

175   BIOGRAPHY (Collective)

Levene (Ricardo). - Garcia (Rodolfo Augusto de Amorim). - Peixoto (Julio Afrânio).

2048 _____. _____. Ib., 184:232-40, jul./set. 1944. Contents: - Valadão (Alfredo de Vilhena). - Correia (Francisco de Aquino).

2049 _____. _____. Ib., 185:342-48, out./dez. 1944. Contents: - Oliveira Vianna (Francisco José de). - Ribeiro de Andrada (Antônio Carlos). - Rondon (General Cândido Mariano da Silva). - Roquette Pinto (Edgard).

2050 _____. _____. REV (Inst Hist Geogr Bras) Rio, 186:191-201, jan./mar. 1945. ports. Contents: José Maria da Silva Paranhos (Barão do Rio Branco. Bibliogr.: p. 194-201.

2051 _____. _____. Ib., 187:299-307, abr./jun. 1945. Contents: - Hélio Lôbo (Leite Pereira). - Gustavo Barroso. - Levi Fernandes Carneiro. - José Bonifácio de Andrada e Silva.

2052 _____. _____. Ib., 188:175-77, jul./set. 1945. Contents: - Coutinho (Carlos Viegas Gago). - Serafim Leite, S. J. - Acioli (Hildebrando Pompeu Pinto).

2053 _____. _____. Ib., 189-104-12, out./dez. 1945. Contents: - Ferreira (Fernando Luis Vieira). - Guimarães (Argeu de Segadas Machado). - Aranha (Oswaldo). - Campos (Ernesto de Sousa).

2054 _____. _____. 190:139-44, en./mar. 1946. Contents: - Magalhães (Basílio de). - Senna (Nelson Coelho de).

2055 _____. _____. Ib., 191:346-53, abr./jun. 1946. Contents: - Dantas (Júlio). - Correia (Antônio Augusto Mendes). - Egas (Eugênio de). - Melo (Mário Carneiro do Rêgo).

2056 _____. _____. Ib., 192:253-57, jul./set. 1946. Contents: - Sinzig (Frei Pedro) O.F.M. - Cleven (Nels Andrew Nelson).

2057 _____. _____. REV (Inst Hist Geogr Bras) Rio, 193:153-55, out./dez. 1946. Contents: - Fleming (Thiers). - Bittencourt (Liberato).

2058 _____. _____. Ib., 194:132-34, jan./mar. 1947. Contents: - Braga (Cincinato César da Silva). - Paiva (Ataulpho de). - Martins (Jorge Dodsworth).

2059 _____. _____. Ib., 195:201-04, abr./mar. 1947.

BIOGRAPHY (Collective) 176

Contents: - Figueiredo (Fidelino de). - Lima (Henrique de Campos Ferreira).

2060 _____. _____. Ib., 196:269-73, jul./set. 1947. Contents: - Cernache (D. Henrique Leite Pereira de Cernache). - Spaulding (Walter).

2061 _____. _____. Ib., 197:222-23, out./dez. 1947. Contents: - Monsenhor Federico Lunardo.

2062 _____. _____. Ib., 200:139-43, jul./set. 1948. Contents: - Cordeiro (José Pedro Leite). - Cabral (Oswaldo Rodrigues).

2063 _____. _____. Ib.: 206:286-88, jan./mar. 1950. Contents: - Mendonça (Renato de).

2064 _____. _____. Ib., 207:225-28, abr./jun. 1950. Contents: - Corrêa Filho (Virgílio Alves).

2065 _____. _____. REV (Inst Hist Geogr Bras) Rio, 209: 253-58, out./dez. 1950. Contents: - Sodré (Alcindo de Acevedo). - Rodrigo (Octávio, Filho). - Valladão (Haroldo Teixeira).

2066 _____. _____. Ib., 224:410-27, jul./set. 1954. Contents: - Mozart Monteiro (Francisco Mozart do Rego Monteiro).

2067 _____. _____. Ib., 237:316-38, out./dez. 1957. Contents: - Dr. Heráclides César de Souza-Araújo.

2068 _____. _____. Ib., 239:378-88, abr./jun. 1958. Contents: - Manoel Xavier de Vasconcellos Pedrosa.

2069 _____. _____. Ib., 240:350-51, jul./set. 1958. Contents: - Vicente de Paulo Vicente de Azevedo.

2070 _____. _____. REV (Inst Hist Geogr Bras) Rio, 242:438-63, jan./mar. 1959. Contents: - Adolfo Morales de los Rios, Filho.

2071 _____. _____. Ib., 245:485-91, out./dez. 1959. Contents: - Henrique Carneiro Leão Teixeira, Filho.

2072 _____. _____. Ib., 252:328-31, jul./set. 1961. Contents: - Aluizio Napoleão de Freitas Rêgo.

2073 _____. _____. Ib., 253:269-77, out./dez. 1961. Contents: - Dr. Herbert Canabarro Reichardt.

2074 _____. _____. Ib., 254:423-35, jan./mar. 1962. Contents: - Carlos da Silveira Carneiro.

177 BIOGRAPHY (Collective)

2075 _____._____. Ib., 255:384-85, abr./jun. 1962. Contents: - Edmundo da Luz Pinto.

2076 _____._____. Ib., 256:441-63, jul./set. 1962. Contents: - Ildefonso Mascarenhas da Silva.

2077 _____._____. Ib., 261:305-14, out./dez. 1963. Contents: - Dr. Herbert Canabarro Reichardt.

2078 MOTA, Arthur. Perfis academicos. REV (Acad Bras Letr) Rio, 27(77):57-79, maio 1928 - 50(172):440-54, abr. 1936. A "Who was who," with writings and bibliogr. under names of patrons and members of the Academia. Section does not appear in every issue.

2079 MOYA, Salvador de. Dicionário bibliográfico de apelidos luso-brasileiros. REV (Arquiv Munici) S Paulo, 60: 175-204, ag. 1939-72:91-110, nov./dic. 1940. References to sources under each name.

2080 NEVES, Alvaro. Escritores na penúria. Ib., 139:53-116, abr./maio 1951. Bibliogr.: p. 116.

2081 NOBREGA, Apolônio. Bacharéis paraibanos de Olinda e Recife, de 1832 a 1960. REV (Inst Hist Geogr Bras) Rio, 262:3-240, jan./mar. 1964. Bibliogr.: 237-39.

2082 _____. Chefes do executivo paraibano. Ib., 249:45-145, out./dez. 1960. Bibliogr.: p. 128.

2083 NOTAS bio-bibliográficas. PROV S PEDRO, P Alegre, (3): 170-71, dez. 1945 - (13):187, mar./jun. 1949. Section began with title: "Escreveram neste número" in (2):185.

2084 PRESIDENTES da Câmara dos Deputados. BOL (Bibl, Câm Deputados) Rio, 6(1):9-10, jan./jun. 1957- . A regular section at beginning of each issue with pertinent listing of writings and sources of the presidents of the Câmara dos Deputados: João da Mata Machado in 6(1):9-10. - Bernardino de Campos in 6(2):161-68. - João Lopes Ferreira Filho in 7(1):9-17. - Francisco de Assis Rosa e Silva in 7(2):231-45. - Artur César Rios in 8(1):9-20. - Carlos Vaz de Mello in 8(2):241-43. - Francisco Oliveira Guimarães in 9(1):9-10. - Carlos Peixoto Filho in 9(2):171-81. - Sabino Barroso in 10(1):9-15. - Astolfo Dutra Nicásio in 10(2):215-21. - Bueno Brandão in 11(1): 11-8. - Arnolfo Azevedo in 11(2):241-49. - Sebastião do Rêgo Barros in 12(1):11-6. - Antônio Carlos Ribeiro de Andrada in 12(2):321-40. - Pedro Aleixo in 13(1):11-23. - Honório Monteiro in 13(2):241-49. - Samuel Duarte in 14(1):9-15. - Carlos Cirilo Júnior in 14(2):189-97.

2085 RODRIGUES, Luiz Melo. Associação dos geógrafos brasileiros.

BIOGRAPHY (Collective) 178

REV GEOGR, Rio, 17(43)121-37, 2o. sem. 1955.
Writings listed under each geographer. Covers contributions, 1934-1954.

2086 SPALDING, Walter. Os Abbott no Rio Grande do Sul. REV (Inst Hist Geogr Bras) Rio, 266:41-51, jan./mar. 1965. ports. Bibliogr.: p. 51.

2087 SÃO PAULO (City). Universidade. Faculdade de Direito. Biblioteca. Contribuição para um catálogo bibliográfico dos antigos alunos da Faculdade de Direito de São Paulo. REV (Fac Direit) S Paulo, 30(2):337-75, abr./jun. 1934 -32(2):454-70, maio/ag. 1936. Covers period: 1831-1891.

2088 _____. Universidade Católica. Publicacões dos professores. REV (Univ Catól) S Paulo, 3(5):139-43, mar. 1953. Writings listed under the name of each professor.

2088a TEIXEIRA, Regina Lopes. Indice alfabético e remissivo para o Dicionário bio-bibliográfico cearense de Guilherme Studart. BOL BIBLIOGR, S Paulo, 12:55-108, 1949.

CHILE

2089 CARTILLAS biobibliográficas de autores chilenos. BOL (Inst Lit Chil) Santiago, 3(7/8):7-26, ag. 1964. ports. Contents: - Joaquín Edwards. - Andrés Bello. - Angel C. Cruchaga Santa María.

2090 DURAN CERDA, Julio. Premio nacional de literatura. Ib., 1(1):3-9, sept. 1961. Annotated list of authors winning the national prize in literature for the years, 1942-1961, with writings under each author.

2090a LOOSER, Gualterio. Biografías y bibliografías de naturalistas y antropólogos, principalmente de Chile publicadas por don Carlos E. Porter. REV CHIL HIST GEOGR, Santiago, 113:186-215, en./jun. 1949. Principally a bibliography of 146 entries. Name index: p. 213-15.

2091 LOPEZ L., Guillermo. Indice de seudónimos. AN (Univ Chile) Santiago, 3a. ser., 97(33/34):56-159, 1o./2o. trim. 1939. Sources: p. 57-60. Abbreviations: p. 60-1. Contents: - Pseudonyms not included in Medina's Diccionario de anónimos y seudónimos hispanoamericanos.

2092 MAYORGA URIBE, Luis. Bosquejo de una bibliografía femenina chilena. BOL (Bibl Nac) Santiago, 4(2):27-38, feb. 1933.

2093 VALENZUELA, Víctor M. A new generation of Chilean

novelists and short story writers. HISPANIA, 37(4): 440-42, Dec. 1954. Chilean authors and their writings.

COLOMBIA

2094 ALVAREZ RESTREPO, Mary. Bibliografía de autores antioqueños. UNIV ANTIOQ, Medellín, 37(146):691-837, jul./sept. 1961. Thesis--Escuela Interamericana de Bibliotecología, Medellín.

2095 ARBOLEDA LLORENTE, José María. Payaneses ilustres. BOL HIST ANTIG, Bogotá, 36(411/413):1-22, en./mar. 1949. Bibliogr.: p. 21-2.

2096 ORTEGA TORRES, Jorge. Jurisconsultos de Colombia. UNIVERSITAS, Bogotá, (20):245-50, jun. 1961. Contents: Florentino González. Writings: p. 247-50.

2097 _____. _____. Ib., (20):251-52, jun. 1961. Contents: Justo Arosamena. Writings: p. 252.

2098 _____. _____. Ib., (22):255-58, jul. 1962; (23):285-87, nov. 1962. Contents: - Félix Cortés. - Jesús M. Rivas Sacconi. - Cerbeleón Pinzón. - Pedro Juan Navarro. Writings cited under each jurist.

2099 _____. _____. Ib., (24):286-93, jun. 1963. Contents: - Antonio José Uribe. - Víctor Cock.

2100 _____. _____. UNIVERSITAS, Bogotá, (25):238-45, nov. 1963. Contents: - Adolfo León Gómez. - Luis Felipe Latorre Uriza.

2101 _____. _____. Ib., (26):330-35, jun. 1964. Contents: - Lino de Pombo. - Aníbal M. Osorio.

2102 _____. _____. Ib., (27):268-72, nov. 1964. Contents: - Carlos Lozano y Lozano. - Luis Alzate Noreña.

2103 _____. _____. Ib., (28):257-65, jul. 1965. Contents: - Esteban Jaramillo. - Pedro María Carreño.

2104 _____. _____. Ib., (29):233-41, nov. 1965. Contents: - Arturo Quijano. - Eduardo Rodríguez Piñeres.

2105 OTERO MUÑOZ, Gustavo. Ensayo sobre una bio-bibliografía colombiana. BOL HIST ANTIG, Bogotá, 23(258):169-76, mar. 1936 - (264/265):678, sept./oct. 1936.

2106 RESTREPO, Félix. Autores colombianos para el diccionario histórico de la lengua española. BOL (Acad Col) Bogotá, 8(28):199-217, jul./sept. 1958. The list of authors is based on results of the questionnaire of the Academia

BIOGRAPHY (Collective)

Colombiana for establishing the 50 outstanding Colombian authors. Writings given under each author.

2107 _____. Raza de letrados. Ib., 7(23):133-43, abr./jun. 1957. Bibliogr.: p. 142-43.

2108 SANCHEZ CAMACHO, Jorge. Perfil de los fundadores de la Academia Colombiana (Discurso). Ib., 8(29):319-30, oct./dic. 1958. Bibliogr.: p. 329-30.

COSTA RICA

2109 SOTELA, Rogelio. Panorama de la literatura costarricense. REV (Arch Nac) S José, 4(7/8):406-17, jul./ag. 1940. Writings given under each author.

CUBA

2110 CUBA. Biblioteca Nacional. Catálogo de cartas necrológicas. REV (Bibl Nac) Hav, 1 (1/2):52-60, en./feb. 1909.

2110a LE RIVEREND BRUSONI, Julio J. Carácter y significación de los primeros historiadores de Cuba. REV BIMES CUBANA, Hav, 65(1/3):152-80, en./jun. 1950. Writings of José Martín Félix de Arrate y Acosta, Ignacio Urrutia y Montoya, and Antonio José Valdés: p. 179-80.

2111 NIETO Y CORTADELLAS, Rafael. Documentos sacramentales de algunos cubanos ilustres. REV (Bibl Nac) Hav, 2a. ser., 3(1):182-90, en./mar. 1952 - 7(4):163-66, oct./dic. 1956. Transcription of 120 documents. Index of names: 7(4):163-66.

2112 REMOS Y RUBIO, Juan Nepomuceno José. Historiadores de Cuba. Ib., 2a. ser., 6(1):45-92, en./mar. 1955. Numerous titles by Cuban historians cited in text.

DOMINICAN REPUBLIC

2113 FICHAS bio-bibliográficas de escritores dominicanos. REV EDUC, C Trujillo, 14(75):9-13, jul./sept. 1944. Contents: - José Núñez de Cáceres. - Antonio del Monte y Tejada. - Alejandro Angulo Guridi.

2114 _____. Ib., 14(76):35-9, oct./dic. 1944. Contents: - Francisco Muñoz del Monte. - Javier Angulo Guridi. - Felipe Dávila Fernández de Castro. - Nicolás Ureña de Mendoza.

2115 _____. Ib., 17(82):34-7, abr./jun. 1946. Contents: - Félix María del Monte. - Ulises Francisco Espaillat.

2116 _____. Ib., 17(82):74-80, abr./jun. 1946. Contents: -

181   BIOGRAPHY (Collective)

Manuel de Jesús Galván. - Josefa Perdomo. - José Francisco Pichardo.

2117 _____. Ib., 17(83):79-84, jul. /sept. 1946. Contents: - Fernando Arturo de Merino. - Carlos Tomás Novel y Pierret. - Manuel de Jesús de Peña y Reynoso.

2118 _____. REV EDUC, C Trujillo, 17(84):58-65, oct. /dic. 1946. Contents: - Manuel Nemesio Rodríguez Objío. - Gral. Gregorio Luperón. - Emiliano Tejera.

2119 _____. Ib., 17(85):41-8, en. /mar. 1947. Contents. - Francisco Gregorio Billini. - José Joaquín Pérez. - Casimiro Nemesio de Moya. - Gastón F. Deligne. - César Nicolás Penson.

2120 _____. Ib., 17(87):75-9, jul. /sept. 1947. Contents: - Salomé Ureña de Henríquez. - Aplinar Tejera.

2121 _____. Ib., 17(88):64-5, oct. /dic. 1947. Contents: - César Nicolás Penson. - Emilio Prud'Homme.

2122 _____. Ib., 19(89):35-7, en. /mar. 1948. Contents: - Miguel Angel Garrido.

2123 _____. Ib., 19(90):83-5, abr. /jun. 1948. Contents: - Federico García Godoy.

2124 _____. Ib., 19(92):99-101, oct. /dic. 1948. Contents: - Apolinar Perdomo. - Manuel Arturo Machado.

2125 _____. Ib., 20(93):82-6, en. /dic. 1949. Contents: - José Núñez de Cáceres. - Antonio del Monte Tejada. - Virginia E. Ortea.

2126 FLOREN LOZANO, Luis. Bibliografía de los profesores universitarios. AN (Univ S Dom) S Domingo, 12(41/44): supl., I-LXIII, en. /dic. 1947.

2127 _____. _____ (1947-1948). Ib., 14(49/52):supl., i-x, en. /dic. 1949.

2128 _____. _____ (1949). Ib., 15(53/56):supl., i-ix, en. /dic. 1950.

2129 _____. _____ (1945-51). Ib., 17(63/64):supl., i-lxxviii, jul. /dic. 1952. First cumulation.

ECUADOR

2130 CASTILLO, Abel Romeo. Ecuatorianos ilustres en Costa Rica durante el siglo XIX. CUAD HIST ARQUEOL, Guayaquil, 7(19/20):183-220, dic. 1957. Contents: -

BIOGRAPHY (Collective) 182

José de la Mar. - Juan José Flores. - Eloy Alfaro. - Leonidas Plaza. - Federico Proaño. - Víctor Godoy. - César Borja Lavayen. Bibliogr.: p. 218-20.

2131 _____. _____. REV (Acad Costarricense Hist) S José, 9 (23):5-32, jun. 1958. For contents see previous item. Bibliogr.: p. 31-2.

2132 GUERRERO, Jorge. Relato y relatistas del Ecuador. REV NAC CULT, Caracas, 5(36):82-92, en./feb. 1943. Bibliogr. of writers: p. 86-92.

2133 ROLANDO, Carlos A. Los centenarios de 1950. BOL (Cent Invest Hist) Guayaquil, 8(18/20):167-88, 1950. Contents: - Pedro José Boloña y Roca. - Francisco J. Martínez Aguirre. - Juan Félix Proaño. - Andrés Machado. - Daniel Enrique Proaño. Writings given under each author.

GUATEMALA

2134 AREVALO MARTINEZ, Rafael. Escritores guatemaltecos. BOL (Bibl Nac) Guat, 6(2):74-7, jul. 1937. Writings given under each author.

2135 ESCRITORES del antiguo Reino de Guatemala. AN (Soc Geogr Hist) Guat, 4(3):290-320, mar. 1928; 5(2):211-41, dic. 1928 - (4):454-68, jun. 1929. Writings given under each author.

2136 RODRIGUEZ CABAL, Juan. Catálogo de escritores dominicos en la Capitanía General de Guatemala. Ib., 34(1/4): 106-67, en./dic. 1961. Writings given under each author.

2137 TORUÑO, Juan Felipe. Poetas y prosistas guatemaltecos vivos. CUAD UNIV, León, (18):44-6, ag. 1961. Writings given under each author.

HAITI

2138 UNDERWOOD, Edna Worthley. Writers of Haiti. WEST IND REV, Kingston, 2(4):34-7, Dec. 1935.

MEXICO

2139 COLABORADORES de la Revista Mexicana de Sociología. REV MEX SOCIOL, Méx, 9(3):438-50, sept./dic. 1947. ports. Contents: - Roberto Agramonte. - Antônio Carneiro Leão. - Manuel Gamio. - Alfredo Poviña. - Pitirim Aleksandrovich Sorokin. Writings given under each collaborator.

2140 _____. Ib., 10(1):103-24, en./abr. 1948. ports. Contents: - Francisco Romero. - Angel Modesto Paredes. - Ricardo

183 BIOGRAPHY (Collective)

Levene. - Roberto MacLean y Estenos. - Alfred McClung Lee. - Djacir Menezes. - Carle C. Zimmerman. Writings given under each collaborator.

2141 _____. Ib., 10(2):254-72, mayo/ag. 1948. ports. Contents: - Rodolfo Mondolfo. - Luis Bossano. - Mario Lins. - Jorge Patrón Yrigoyen. - Roger Bastide. - Francisco Walker Linares. Writings given under each collaborator.

2142 _____. Ib., 10(3):395-420, sept./dic. 1948. ports. Contents: - Emilio Willems. - Oscar Alvárez Andrews. - L. L. Bernard. - Rex D. Hopper. - Raúl A. Orgaz. - Luis Recasens Siches. - Richard F. Behrendt. Writings given under each collaborator.

2143 _____. Ib., 11(2):281-90, mayo/ag. 1949. Contents: - Robert C. Jones. - Robert Redfield. Writings under each collaborator.

2144 _____. Ib., 12(1):101-03, en./abr. 1950. Biography and writings of Romano Barreto.

2145 _____. Ib., 14(3):459-62, sept./dic. 1952. Biography and writings of Miguel Figueroa Román.

2146 _____. Ib., 20(2):501-02, mayo/ag. 1958. Writings of Luiz Pinto Ferreira.

2147 COLEGIO Nacional, México, D. F. Miembros fundadores de El Colegio Nacional. MEM (Col Nac) Méx, 1:21-111, 1946. Contents: - Mariano Azuela. - Alfonso Caso. - Antonio Caso. - Carlos Chávez. - Ignacio Chávez. - Ezequel A. Chávez. - Enrique González Martínez. - Isaac Ochoterena. - Ezequiel Ordoñez. - Alfonso Reyes. - Diego Rivera. - Manuel Sandoval Vallarta. - Manuel Uribe Troncoso. - José Vasconcelos. Writings given under each founding member.

2148 _____. Miembros titulares. Ib., 1:111-23, 1946. Contents: - Ignacio González Guzmán. - Manuel Toussaint. Writings given in each biographical sketch.

2149 _____. Nuevos miembros titulares. Ib., 2(2):219-30, 1947 - 3(3):205-09, 1948; 2[sic](8):83-95, 1953; 3(10):121-29, 1955; 4(3):131-223, 1960. Contents: - Silvio Zavala. - Arturo Rosenbleuth. - Antonio Castro Leal. - Jesús Silva Herzog. - Eduardo García Máynez. - Samuel Ramos. - Agustín Yáñez. - Jaime Torres Bodet. - Guillermo Haro. - Manuel Martinez Baez. - Jose Adem. - José Villagrán García. - Víctor L. Urquidi. - Antonio Gómez Robledo.

2150 FUENTES, Aquiles. Bio-bibliografías. LIBRO PUEBLO, Méx, 17(20):106-08, nov./dic. 1955. Contents: - Ali Chumacero. - José Rojas Garcidueñas. - Guadelupe Dueñas.

2151 _____. Escritores contemporáneos. Ib., 17(18):53-8, jun. / ag. 1955. Contents: - Rosario Castellanos. - María Luisa Ocampo. - Luis Spota Saavedra. - Andrés Henestrosa. Writings given under each author.

2152 GAMBOA RICALDO, Alvaro. Poetas y escritores yucatecos contemporáneos. MEM (Acad Nac Hist Geogr) Méx, 11 (5):26-52, 1955. Writings given under each author.

2153 GARIBAY KINTANA, Angel María. Los historiadores del México antiguo en el virreinato de la Nueva España. CUAD AM, Méx, 132(1):129-47, en./feb. 1964. Bibliogr.: p. 147.

2154 GONZALEZ POLO Y ACOSTA, Ignacio. Próceres de nuestra independencia creadores de un pueblo: Polotitlán. BOL BIBLI OGR (Sec Hac Créd Públ) Méx, 11(316):8-11, abr. 1, 1965; (317):12-5, abr. 15, 1965. Bibliogr. notes: (317):14-5.

2155 INSTITUTO de Historia, 1956-1957, Universidad Nacional Autónoma de México. BOL BIBLIOGR ANTROP AM, Méx, 19/20(pte. 1a.):101-06, 1956/1957. Publications by staff members: - Pedro Bosch-Gímpera. - Juan Comas. - Santiago Genovés T. - Paul Kirchhoff. - Mauricio Swadesh. - Pablo Martínez del Río. - José Miranda.

2156 _____, 1958-1959, Universidad Nacional Autónoma de México. Ib., 21/22(pte. 1a.):94-8, 1958/1959. Compiler: Carlos Martínez Marín. Publications by staff members: - Pedro Bosch-Gímpera. - Juan Comas. - Angel Ma. Garibay. - Santiago Genovés. - Paul Kirchhoff. - Miguel León Portilla. - Alberto Ruz Lhuillier. - Mauricio Swadesh.

2157 MONTERDE GARCIA ICAZBALCETA, Francisco. Autores de teatro mexicano, 1900-1950. MEX EN ARTE, Méx, (10/11):39-46, 1951. Authors grouped chronologically with titles of works in italics.

2158 MOORE, Ernest Richard. Catálogo razonado de obras anónimas y seudónimas mexicanas. DIVUL HIST, Méx, 3(10): 530-37, ag. 15, 1942 - (12):632-42, oct. 1942.

2159 OBRAS de autores mexicanos en la Biblioteca de la Escuela Nacional de Bellas Artes. LIBRO PUEBLO, Méx, 4 (4/6):91-6, abr./jun. 1925.

185   BIOGRAPHY (Collective)

2160 OLIVO LARA, Margarita. Biografías de Veracruzanos distinguidos. AN (Mus Nac Arqueol Hist Etnogr) Méx, 4a. ép., 6(1):68-216, en. /dic. 1929; (2):217-400, en. / dic. 1930; 8(1):107-66, en. /mar. 1933. Writings given under pertinent names. References: 6(2):399-400.

2161 PANE, Remigio Ugo. Three Mexican poets: Sor Juana Inés de la Cruz, Manuel Gutiérrez Nájera and Enrique González Martínez; a bibliography of their poems. BULL BIBLIOGR, Boston, 18(10):233-34, May/Aug. 1946.

2162 REFERENCIAS bibliográficas de escritores mexicanos e hispanoamericanos. EURINDIA, Méx, 2(13):72-4, jun. 1931.

2163 RIO, Luis Felipe del. Poetas y escritores de Saltillo. CUADRANTE, S Luis Potosí, 1(4):223-35, Primavera 1953. Bibliogr. notes: p. 234-35.

2164 RIQUELME INDA, Julio. Los presidentes de la Sociedad Mexicana de Historia Natural en su primera época. REV (Soc Mex Hist Nat) Méx, (3/4):303-29, dic. 1948. Bibliogr.: p. 329.

2165 STOWELL, Ernest E. More Mexican writers and pseudonyms. HISP REV, Phila, 11(2):164-74, Apr. 1943. Sources cited in text and in footnotes, especially footnote 9.

2166 VIDAL, Salvador. Corregidores e intendentes de la Provincia de Zacatecas, 1580-1823. MEM (Acad Mex Hist corr Real Madrid) Méx, 23(2):183-211, abr. /jun. 1964. Bibliogr.: p. 211.

2167 YANCY, Myra L. Some Mexican writers and their pseudonyms. HISP REV, Phila, 10(4):347-49, Oct. 1942. Sources of pseudonyms: p. 348-49.

2168 ZUCKERMANN, Conrado. Apuntes bibliográficos de libros médicos escritos por médicos mexicanos. BOL BIBLIOGR (Sec Hac Créd Públ) Méx, 10(296):14-9, jun. 1, 1964.

2169 _____. Apuntes bibliográficos de libros no médicos escritos por médicos mexicanos. Ib., 10(297):12-5, jun. 15, 1964; (298):6-7, jul. 1, 1964.

PARAGUAY

2170 ACADEMICOS del Instituto Paraguayo de Investigaciones Históricas. HIST PARAGUAYA, Asunción, 2:103-09, 1957; 3:127-31, 1958. Contents: - Pablo Max Ynsfran. - Marco Antonio Laconich. - H. Sánchez Quell. - Luis Alberto Herrera. - Mariano Picón Salas. - Juan B. Gill

BIOGRAPHY (Collective)

Aguinaga. - Efraína Cardozo. - Adrián Recinos. - Lewis Hanke. Sketches of other members in subsequent issues. Writings given under the name of each member.

PERU

2171 ANGELES CABALLERO, César Augusto. Diccionario de seudónimos peruanos. BOL BIBLIOGR (Bibl, Univ S Marcos) Lima, 32(1/2):37-90, en. /jun. 1962; 33(3/4): 162-64, jul. /dic. 1962. Basic bibliogr.: 32(1/2): 38-9.

2172 _____. Diccionario de sobrenombres literarias peruanos. Ib., 34(1/2):134-42, en. /jun. 1963.

2173 BARBACCI, Rodolfo. Apuntes para un diccionario biográfico musical peruano. FENIX, Lima, 6:414-510, 2o. sem. 1947. Compositions given under each composer.

2174 BIO-BIBLIOGRAFIAS de autores peruanos contemporáneos. BOL BIBLIOGR (Bibl Univ S Marcos) Lima, 8(1):39-47, abr. 1938. Contents: - Godofredo García. - Enrique López Albújar.

2175 _____. Ib., 8(2):153-62, jul. 1938. Contents: - Carlos Monge. - Clemente Palma.

2176 _____. Ib., 9(1/2):29-33, jul. 1939. Contents: - Manuel Vicente Villarán.

2177 _____. Ib., 9(3/4):208-10, dic. 1939. Contents: Fortunato L. Herrera.

2178 CASTRO, Emma. Seudónimos de autores peruanos. FENIX, Lima, 4:866-93, 2o. sem. 1946. Source given under each of the 866 pseudonyms.

2179 CORNEJO BOURONCLE, Jorge. Algunos pseudónimos de escritores cuzqueños. BOL BIBLIOGR (Bibl, Univ S Marcos) Lima, 10(1/2):1-4, jun. 1940.

2180 DELGADO, Amadeo. Contribución para un catálogo de seudónimos de autores peruanos. Ib., 18(3/4):254-64, dic. 1948. Sources not indicated.

2181 EXPOSICION del libro del catedrático cuzqueno. (Relación alfabética por autores de las producciones de los señores catedráticos de la Universidad Nacional del Cuzco. REV UNIV, Cuzco, 45(110):323-28, 1o. sem. 1956.

2182 FUENTE BENAVIDES, Rafael de la. Autores del primer

siglo de la literatura peruana. BOL BIBLIOGR (Bibl
Univ S Marcos) Lima, 9(3/4):268-332, dic. 1939; 10
(1/2):81-133, jun. 1940.

2183 MORENO FLORES, Jorge. Apuntes para una iconografía
peruana. BOL (Bibl Nac) Lima, 5(11):62-92, dic. 1948;
8(14):425-52, dic. 1951 - 10(16):397-421, dic. 1953.
References given under each name.

2184 MOROTE BEST, Efraín. La enseñanza del folklore en la
Universidad Nacional del Cuzco. FOLK AM, Lima,
3(3):233-48, nov. 1955. Writings: - Navarro del Aguila.
- Efraín Morote Best. - Roca Wallparimachi. - Several
students.

2185 MOSTAJO, Francisco. Contribución al catálogo de pseudónimos. BOL BIBLIOGR (Bibl, Univ S Marcos) Lima,
9(1/2):13-25, jul. 1939. Sources not indicated.

2186 NIETO, Luis Carlos. Poetas y escritores. REV UNIV,
Cuzco, 45(111):21-89, 2o. sem. 1956. Writings given
under each name.

2187 OJEDA, Olivia. Iniciación de una bibliografía biográfica del
Perú. FENIX, Lima, 2:297-311, 1o. sem. 1945.

2188 ROMERO DE VALLE, Emilia. Apuntes para una cronología
peruana. Ib., 3:554-600, 2o. sem. 1945. Biographical
listing with references under each name.

2189 TAURO, Alberto. Contribución al catálogo de seudónimos
peruanos. BOL (Bibl Nac) Lima, 15(23):1-15, 3o. trim.
1962.

2190 _____. _____. LETR, Lima, (64):151-56, 1o. sem. 1960.
Sources cited under each pseudonym.

2191 VARGAS UGARTE, Rubén. Bibliografía de santos y venerables
peruanos. BOL BIBLIOGR (Bibl, Univ S Marcos) Lima,
13(3/4):253-67, dic. 1943.

VENEZUELA

2192 HERNANDEZ d'EMPAIRE, José R. Zulianos en la Academia
Nacional de Medicina. REV (Univ Zulia) Maracaibo, 2a.
ép., 9(29):127-87, en./mar. 1965. Bibliogr. given in
biographical sketches of physicians.

2193 MACHADO, José E. Seudónimos y anónimos en la literatura
y en la política venezolana. VIEJO RARO, Caracas,
(2):16-20, mayo 1955; (4):39-41, mar. 1956.

BIOGRAPHY (INDIVIDUAL)

ABAD, DIEGO JOSE

2194 OSORIO, R., Ignacio. Diego José Abad. BOL (Bibl Nac) Méx, 2a. ép., 14(1/2):71-97, en./jun. 1963. Ser.: Bibliografía, 1.

ABREU, BENEDITO LUIZ RODRIGUES DE

2195 NOTICIA sôbre Rodrigues de Abreu. AUTOR LIVR, Rio, 5(17):257-69, nov. 21, 1943. Writings: p. 263, 265.

ABREU, CASIMIRO JOSE MARQUES DE

2196 LIMA, Henrique de Campos Ferreira. Casimiro de Abreu em Portugal (1853-1857). REV (Arquiv Munici) S Paulo, 58:5-40, jun. 1939. Writings: p. 22-8.

ABREU, JOÃO CAPISTRANO DE

2197 CARMO, José Arimateo Pinto do. Bibliografia de Capistrano de Abreu. REV BRAS GEOGR, Rio, 6(2):305-08, abr./jun. 1944.

2198 CONRAD, Robert. João Capistrano de Abreu, Brazilian historian. REV HIST AM, Méx, (59):149-64, en./jun. 1965. Bibliogr.: p. 163-64.

2199 LACOMBE, Américo Jacobina. Capistrano de Abreu. LEIT LIVR, Rio, 4(13):1-4, jul./set. 1953. Annotated bibliogr.: p. 2-4.

2200 NOTICIA sôbre Capistrano de Abreu. AUTOR LIVR, Rio, 6(5):69-77, fev. 6, 1944. Writings: p. 69.

2201 VIANNA, Hélio. João Capistrano de Abreu (1853-1927); síntese bio-bibliográfica. INTER-AM REV BIBLIOGR, Wash, D C, 4(3):181-90, Jul./Sept. 1954. Bibliogr. note: p. 190.

ABREU GOMEZ, ERMILO

2202 BIBLIOGRAFIA de Ermilo Abreu Gómez. LETR MEX, Méx, 5(108):27-8, feb. 1, 1945.

2203 ERMILO Abreu Gómez (nota biográfica y bibliográfica). ARMAS LETR, Monterrey, 3(1):4, en. 30, 1946.

2204 VALLE, Rafael Heliodoro. Ermilo Abreu Gómez: notas bibliográficas. CENTRO, S L Potosí, 1(2):36-8, en. 1951.

2205 _____ . _____. HISPANIA, Baltimore, 33(3):230-32, Aug. 1950.

ACCIOLY, HILDEBRANDO POMPEU PINTO

2206 TEIXEIRA, Henrique Carneiro Leão. Sócios falecidos: Embaixador Hildebrando Accioly. REV (Inst Hist Geogr Bras) Rio, 255:376-78, abr./jun. 1962. Writings: p. 377-78.

ACEVEDO DIAZ, EDUARDO

2207 FURLONG CARDIFF, Guillermo. Eduardo Acevedo Díaz. AN (Acad Arg Geogr) B A, (3):7-14, 1959. Writings: p. 9-10.

ACOSTA, GASPAR MATEO DE

2208 FERNANDEZ, David W. Gaspar Mateo de Acosta. REV NAC CULT, Caracas, 19(123):106-12, jul./ag. 1957. Bibliogr.: p. 112.

ACOSTA DE SAMPER, SOLEDAD

2209 OTERO MUÑOZ, Gustavo. Doña Soledad Acosta de Samper. BOL HIST ANTIG, Bogotá, 24(271):257-83, mayo 1937. Writings: p. 270-83.

ACZEL, MARTIN L.

2210 WYGODZINSKY, Petr. Martín L. Aczel, 1906-1958. ACTA ZOOL LILLOANA, Tucumán, 17:v-xiii, 1959. port. Aczel, Hungarian, began writing in Argentina in 1949. Writings: p. viii-xiii.

ADAN, MARTIN

2211 RODRIGUEZ, César A. Martín Adán; premio nacional de poesía "José Santos Chocano." MERCUR PERU, Lima, 28(240):123-33, mar. 1947. Writings and bibliogr.: p. 123-24.

AGRAMONTE Y SIMONI, ARISTIDES

2212 LE ROY Y CASSA, Jorge Eduardo. Arístides Agramonte y Simoni. REV BIMES CUBANA, Hav, 30(2):239-68, sept./oct. 1932; (3):450-57, nov./dic. 1932. Writings: 30 (3):450-57.

AGUADO, PEDRO DE

2213 FRIEDE, Juan. Aguado y Fray Antonio Medrano, historiadores

BIOGRAPHY (Individual) 190

de Colombia y Venezuela. REV HIST AM, Méx, (57/ 58):177-32, en./dic. 1964. Bibliogr. and listing of documents: p. 228-32.

2214 ———. Nuevos datos sobre Fray Pedro Aguado. REV COL ANTROP, Bogotá, 5:375-80, 1956. References to documents in the Archivo General de Indias.

2215 MORON, Guillermo. El primer historiador de Venezuela, Fray Pedro Aguado. CULT UNIV, Caracas, (55):5-24, mayo/jun. 1956. Bibliogr.: p. 21-4.

2216 ROMERO, Mario Germán. Dos vidas paralelas: Aguado y Castellanos. BOL CULT BIBLIOGR, Bogotá, 6(2):245-49, 1963. Bibliogr. notes: p. 249.

AGUIAR, RAFAEL TOBIAS DE

2217 ALMEIDA, Aluísio de [pseud]. Rafael Tobias de Aguiar, 1794-1857. REV (Arquiv Munici) S Paulo, 86:119-204, out./nov. 1942. Bibliogr.: p. 204.

ALBA, PEDRO DE

2218 SIERRA, Carlos J. Fuentes para el estudio del pensamiento contemporáneo. BOL BIBLIOGR (Sec Hac Créd Públ) Méx, 10(298, supl.):11 p., jul. 1, 1964. Cover title: Periodistas mexicanos del siglo XX: Pedro de Alba. Listing of articles, 1922-1954, and books by Pedro de Alba.

ALBANO, JOSE DE ABREU

2219 ALDERADO, Mozart Soriano. José Albano, atual e eterno. CLÃ, Fortaleza, 9(18):82-90, maio 1959. Bibliogr. notes: p. 90.

ALBERDI, JUAN BAUTISTA

2220 BIBLIOGRAFIA sobre J. B. Alberdi. CENT, B A, 10:95-102, nov. 1955.

2221 JUAN Bautista Alberdi. GUIA QUIN, B A, 2(24):1-3, 1a. quin. jul. 1948. Writings: p. 3.

2222 KANNER, Leopoldo. Alberdi y el tratado de reconocimiento con España. REV DER INTERN CIEN DIPLOM, Rosario, 8(17/18):55-74, en./dic. 1960. Bibliogr.: p. 74.

2223 POVIÑA, Alfredo. Juan Bautista Alberdi. Rev (Univ) Córdoba, 2a. ser., 2(3):567-85, jul./ag. 1961. Bibliogr.: p. 584-85.

2224 SCHULMAN, Sam. Juan Bautista Alberdi and his influence on immigration policy in the Argentine constitution of 1853. AMS, Wash, D C, 5(1):3-16, Jul. 1948. Bibliogr.: p. 17.

ALBUQUERQUE, JOSE CÂNDIDO DE FREITAS E

2225 SOUZA, Luis de Castro e. O cirurgião de armada, Dr. Freitas e Albuquerque, herói e mártir da guerra do Paraguai. REV (Inst Hist Geogr Bras) Rio, 258:3-10, jan./mar. 1963. Bibliogr.: p. 10.

ALENCAR, JOSE MARTIANO DE

2226 CASTELO, José Alderaldo. Bibliografia a plano das obras completas de José de Alencar. BOL BIBLI OGR, S Paulo, 13:37-57, 1949.

ALESSIO ROBLES, VITO

2227 JIMENEZ MORENO, Wigberto. Vito Alessio Robles (1879-1957). REV HIST AM, Méx, (44):429-34, dic. 1957. Writings: p. 433-34.

2228 VETTE, Robert O. de. Vito Alessio Robles (1879-1957). HISP AM HIST REV, Durham, 38(1):51-7, Feb. 1958. Selected writings: p. 53-7.

ALFARO, ELOY

2229 ITURRALDE P., M. Gustavo. Alfaro y su obra. CASA CULT ECUAT, Quito, 13(23):450-518, 1961/1962. Bibliogr.: p. 518.

ALLENDE, HUMBERTO

2230 CATALOGO cronológico de las obras del compositor chileno: Humberto Allende. BOL MUSIC ART VIS, Wash, D C, (67/68):45-55, sept./oct. 1955. music.

ALMEIDA, ANTÔNIO FERREIRA DE

2231 PROFESSOR Dr. Antonio Ferreira de Almeida Júnior. REV (Fac Direit) S Paulo, 49:25-33, 1954. port. Writings: p. 28-33.

ALMEIDA, JOAQUIM CANUTO MENDES DE

2232 HOMENAGEM: Joaquim Canuto Mendes de Almeida. Ib., 59:7-8, 1964. port. Bibliogr.: p. 8.

BIOGRAPHY (Individual)

ALMEIDA, MANOEL ANTÔNIO

2233 NOTICIA sobre Manoel Antônio de Almeida. AUTOR LIVR, Rio, 4(10):145-53, mar. 21, 1943. Writings: p. 153.

ALMOINA MATEOS, JOSE

2234 TORRE VILLAR, Ernesto de la. José Almoina Mateos (1903-1960). REV HIST AM, Méx, (50):497-99, dic. 1960. Writings: p. 498-99.

ALOMIA ROBLES, DANIEL

2235 HOLZMANN, Rodolfo. Catálogo de las obras de Daniel Alomía Robles (1871-1942). BOL BIBLIOGR (Bibl, Univ S Marcos) Lima, 13(1/2):25-78, jul. 1943.

ALONSO, AMADO

2236 REYES, Alfonso. Amado Alonso. NUEVA REV FILOL HISP, Méx, 7(1/2):1-15, en./jun. 1953. Bibliogr.: p. 3-15.

ALONSO, MANUEL A.

2237 ROSA-NIEVES, Cesáreo. Manuel A. Alonso (1822-1889). Jibaridad, lengua y propósito. PRENSA, S Juan, 2(7): 27-30, abr. 1959. Writings and bibliogr.: p. 30.

ALONZO ROMERO, MIGUEL

2238 CURRICULUM vitae del Doctor Miguel Alonzo Romero. MEM (Acad Nac Hist Geogr) Méx, 2a. ép., 15(4):59-62, 1959. Writings: p. 61-2.

ALTAMIRA Y CREVEA, RAFAEL

2239 GRANIZO, León Martín. Rafael Altamira. REV INDIAS, Madrid, 12(49):647-59, jul./sept. 1952. Writings: p. 655-59.

2240 MALAGON BARCELO, Javier. Altamira en Mexico. HIST MEX, Méx, 1(4):590-602, abr./jun. 1952. Bibliogr.: p. 599-602.

2241 ZAVALA, Silvio Arturo. El americanismo de Altamira. CUAD AM, Méx, 59(5):35-49, sept./oct. 1951. Writings: p. 46-9.

2242 _____. _____. MEM (Col Nac) Méx, 5(4):193-206, 1965. port. Writings: p. 203-06.

ALTAMIRANO, IGNACIO MANUEL

2243 RUISANCHEZ, Julia. Bibliografía de Ignacio Manuel Altamirano. LIBRO PUEBLO, Méx, 12(9):458-62, sept. 1934.

2244 WARNER, Ralph Emerson. Bibliografía de las obras de Ignacio Manuel Altamirano. REV IBEROAM, 3(6):465-512, May 1941.

ALTIERI, RADAMES A.

2245 CONSTANZO, María de las Mercedes. Radamés Altieri. ACTA AM, Los Angeles, 1(1):128-30, en./mar. 1943. Writings: p. 129-30.

ALVARADO, LISANDRO

2246 OBRAS inéditas del Dr. Lisandro Alvarado. BOL (Acad Nac Hist) Caracas, 11(43):298, jul./sept. 1928.

ALVARADO, PEDRO DE

2247 SCHOTTELIUS, Justus Wolfram. Pedro de Alvarado und die Spanische südseefahrt. IBERO-AM ARCH, Berlin, 12(1): 23-67, Apr. 1938. Sources: p. 24-35.

2248 TERMER, Franz. Die marschroute des Pedro de Alvarado durch El Salvador im jahre 1524. BULL (Soc Suisse Am) Geneva, (8):3-13, sept. 1954. Bibliogr.: p. 10-1.

ALVAREZ, JULIAN

2249 GARCIA SERRATO, Nelson. El constituyente Julián Alvarez. REV NAC, Monte, 6(71):244-63, nov. 1943. port. Bibliogr.: p. 263.

ALVAREZ LOPEZ, ENRIQUE

2250 EZQUERRA, Ramón. Enrique Alvarez López. REV INDIAS, Madrid, 22(89/90):521-25, jul./dic. 1962. Writings: p. 523-35.

ALVAREZ SUAREZ, AGUSTIN ENRIQUE

2251 ROIG, Arturo Andrés. Ensayo bibliográfico sobre un positivista argentino: Agustín Alvarez. INTER-AM REV BIBLIOGR, Wash, D C, 12(3):278-98, Jul./Sept. 1962.

ALVES, ANTÔNIO DE CASTRO

2252 BIBLIOGRAFIA de Castro Alves. ARQUIV, Rio, 1(2):188-200, mar./abr. 1947.

BIOGRAPHY (Individual)

2253   HADDAD, Jamil Almansur. Castro Alves e adolescência. REV (Arquiv Munici) S Paulo, 146:17-27, fev. /mar. 1952. Bibliogr.: p. 27.

2254   _____. A linguagem de "Espumas Flutuantes." REV BRAS, S Paulo, (27):100-20, jan. /fev. 1960. Bibliogr. and notes about Antônio de Castro Alves: p. 116-20.

2255   _____. O problema da influência estrangeira em Castro Alves. PROV S PEDRO, P Alegre, (18):30-6, 1953. Bibliogr.: p. 35-6.

2256   NOTICIA sôbre Castro Alves. AUTOR LIVR, Rio, 3(8):113-26, set. 13, 1942. port.

ALVES, ANTÔNIO JOSE

2257   GOMES, Ordival Cassiano. Vida e obra do cirurgião Antônio José Alves (Pai do poeta Castro Alves). REV (Inst Hist Geogr Bras) Rio, 194:39-70, jan. /mar. 1947. Bibliogr.: p. 68-70.

ALZAGA, MARTIN DE

2258   TROSTINE, Rodolfo. Martín de Alzaga; nuevos antecedentes sôbre su actuación colonial (1756-1806). UNIV, Santa Fe, (19):57-87, en. /abr. 1946. Bibliogr.: p. 87.

AMARAL, AMADEU

2259   PACHECO, João. Amadeu Amaral. REV (Arquiv Munici) S Paulo, 129:3-35, nov. /dez. 1949. Bibliogr.: p. 35.

AMBROGI, ARTURO

2260   GALLEGOS VALDES, Luis. Arturo Ambrogi y su obra. CULT, S Salvador, (25):11-6, jul. /sept. 1962. port. Writings: p. 15-6.

AMBROSETTI, JUAN BAUTISTA

2261   CACERES FREYRE, Julián. Juan B. Ambrosetti; contribución a su bio-bibliografía. CUAD (Inst Nac Invest Folk) B A, (2):9-29, 1961. port.

2262   DEBENEDETTI, Salvador. Juan B. Ambrosetti. LIT ARG, B A, 5(60):339, 351-54, ag. 1963. port. on cover. Writings: p. 353-54.

AMEGHINO, CARLOS

2263   CARLOS Ameghino. LIT ARG, B A, 8(92):211-14, ag. 1936. port. Writings: p. 214.

2264 VIGNATI, Milcíades Alejo. Carlos Ameghino. REV (Mus)
La Plata, n.s.:179-83, 1936. Writings: p. 181-83.

AMEGHINO, FLORENTINO

2265 APUNTES bio-bibliográficos de Florentino Ameghino. LIT
ARG, B A, 5(58):283, 295-301, jun. 1933.

2266 CASTELLANOS, Alfredo. Florentino Ameghino. REV (Univ)
Córdoba, 3(7):301-37, sept. 1916; (10):228-75, dic. 1916.
Bibliogr.: 3(10):245-75.

AMENGUAL, RENE

2267 SALAS VIU, Vicente. La obra de René Amengual del neoclasicismo al expresionismo. REV MUSIC CHIL, Santiago, 18(90):62-72, oct./dic. 1964. port. Compositions: p. 70-2.

AMUNATEGUI SOLAR, DOMINGO

2268 FELIU CRUZ, Guillermo. Ensayo de una bibliografía de
Domingo Amunátegui Solar, 1876-1946. AN (Univ Chile)
Santiago, 119(121/122):339-430, 1o./2o. trim. 1961.

ANCHIETA, JOSE DE

2269 HAMILTON, D. Lee. A vida e as obras de José de Anchieta.
HISPANIA, 26(4):407-24, Dec. 1943. Bibliogr.: p. 423-24.

ANDAGOYA, PASCUAL DE

2270 TRIMBORN, Hermann. Pascual de Andagoya como historiador
del descubrimiento. REV INDIAS, Madrid, 18(73/74):579-96, jul./dic. 1958. Bibliogr.: p. 594-96.

ANDRADE, MARIO DE

2271 BIO-BIBLIOGRAFIA de Mário de Andrade. REV (Arquiv
Munici) S Paulo, 106:193-96, jan./fev. 1946.

2272 MIRANDA, Adalmir da Cunha. A esfinge de Mário de Andrade. REV BRAS, S Paulo, (10):130-49, mar./abr.
1957. Bibliogr. and notes: p. 147-49.

ANDRADE, OSWALD DE

2273 BRITO, Mário da Silva. Pensamento e ação de Oswald de
Andrade. REV BRASIL, S Paulo, (16):128-37, mar./
abr. 1958. Bibliogr. notes: p. 136-37.

ANDREU, PEDRO JUAN

2274 FURLONG CARDIFF, Guillermo. Pedro Juan Andreu, 1697-1777. ESTUD, B A, 50(275)374-81, mayo 1934; (276): 448-55, jun. 1934; 51(279):213-21, sept. 1934. Writings: (279):213-21.

ANGHIERA, PIETRO MARTIRE D'

2275 DIAZ DIAZ, Oswaldo. Pedro Martir de Anghiera. BOL HIST ANTIG, Bogotá, 40(468):540-57, oct. 1953. Bibliogr.: p. 557.

2276 SINCLAIR, Joseph H. Bibliografía de Pedro Martir de Anghiera. REV CHIL HIST GEOGR, Santiago, 68(72): 186-219, en./mar. 1931.

ANGULO, DOMINGO

2277 ESPEJO NUÑEZ, Teófilo. Bio-bibliografía del R. P. Domingo Angulo. BOL BIBLIOGR (Bibl, Univ S Marcos) Lima, 24(1/4):73-81, dic. 1954.

ANTUÑO, ESTEVAN DE

2278 QUINTANA, José Miguel. Bibliografía de Estevan de Antuño. REV (Univ) Puebla, 2(5):37-55, mayo 1944.

APARICIO, FRANCISCO DE

2279 FRANCISCO de Aparicio (1892-1951). JOUR (Soc Am) Paris, n. s., 40:246-50, 1951. Writings: p. 247-50.

2280 LAFON, Ciro René. Francisco de Aparicio (1892-1951). Necrología. BOL BIBLIOGR ANTROP AM, Méx, 14 (pte. 1a.):276-81, 1951. Writings during the years: 1922-1948.

APERGER, SEGISMUNDO

2281 FURLONG CARDIFF, Guillermo. Un médico colonial: Segismundo Aperger, 1687-1772. ESTUD, B A, 54(295):117-48, en. 1936. Writings given in text. Bibliogr.: p. 146-48.

AQUINO, FRANCISCO RADLER

2282 FRANCISCO Rádler de Aquino. BOL GEOGR, Rio, 3(25): 108-15, abr. 1945. Writings: p. 110-15.

ARAMBURU Y TORRES, JOAQUIN NICOLAS

2283 DIAZ ORTEGA, Enrique. Joaquín Nicolás Aramburu y Torres.

REV (Bibl Nac) Hav, 2a. ser., 6(3):85-91, jul. /sept. 1955. Newspapers founded and others in which Aramburu y Torres collaborated, as well as his writings: p. 89, 91.

ARANCIBIA, ANDRES JAVIER

2284 CACERES FREYRE, Julián. Biografía de un artesano popular: el Sandero Andrés J. Arancibia. CUAD (Inst Nac Antrop) B A, (5):115-42, 1964/1965. plates. Bibliogr.: p. 142.

ARANCIBIA, ENRIQUE

2285 GARCIA, Fernando. Enrique Arancibia, músico desconocido. REV MUSIC CHIL, Santiago, 19(94):5-28, oct. /dic. 1964. Compositions: p. 24-8.

ARANGO Y PARREÑO, FRANCISCO DE

2286 PONTE DOMINGUEZ, Francisco J. Don Francisco de Arango y Parreño; artífice del progreso colonial en Cuba. REV CUBANA, Hav, 24:284-328, en. /jun. 1949. Bibliogr.: p. 328.

ARANHA, JOSE PEREIRA DA GRAÇA

2287 FLORES, Angel. Latin American writers: Graça Aranha. PANORAMA (PAU) Wash, D C, (19):15-9, May 1942. Writings and bibliogr.: p. 19.

ARARIPE, TRISTÃO DE ALENCAR

2288 COUTINHO, Afrânio. A nacionalização da literatura brasileira no pensamento crítico de Araripe Júnior. REV BRAS, Rio, 9(21/22):68-87, jan. /jun. 1958. Bibliogr. notes: p. 86-7.

ARBOLEDA, JULIO

2289 GARCIA PRADA, Carlos. Julio Arboleda y su "Gonzalo de Oyón." REV IBEROAM, 3(5):39-74, feb. 1941. Bibliogr.: p. 72-4.

2290 ―――――. ―――――. BOL (Univ Catól) Medellín, 9(29):34-70, feb. /mar. 1943. Works consulted: p. 68-70.

ARDEROL, JOSE

2291 CATALOGO cronológico de las obras del compositor cubano: José Ardévol. BOL MUSIC ART VIS, Wash, D C, (29/30):43-53, jul. /ag. 1952.

BIOGRAPHY (Individual)   198

ARDISSONE, ROMUALDO

2292 ROMUALDO Ardissone, datos para su biografía científica.
BOL (Soc Arg Estud Geogr) B A, 50/51:1-10, sept./
dic. 1961. port. Writings: p. 3-6.

ARGÜELLO, SANTIAGO

2293 MOORE, Ernest Richard, REID, John T., and WARNER,
Ralph Emerson. Bibliografía de Santiago Argüello.
REV IBEROAM, 5(10):427-37, oct. 1942.

ARGÜELLO, SOLON

2294 SIERRA, Carlos J. Solón Argüello, un espíritu de Nicaragua
en México. BOL BIBLIOGR (Sec Hac Créd Públ) Méx,
11(328):14-5, oct. 1, 1965. Writings: p. 15.

2295 _____. _____. LIBRO PUEBLO, 5a. ép., (7):23-8, ag.
1965. Writings: p. 17-8.

ARIAS, HARMODIO

2296 SUSTO, Juan Antonio. Bio-bibliografía del Dr. Harmodio
Arias. LOTERIA, Panamá, 2a. ép., 8(86):6-10, en.
1963. port.

ARIZAGA, RODOLFO

2297 CATALOGO cronológico clasificado de las obras del compositor argentino: Rodolfo Arizaga. BOL INTERAM
MUSICA, Wash, D C, (14):35-9, nov. 1959. music.

ARIZMENDI Y DE LA TORRE, JUAN ALEJO

2298 DAVILA, Arturo V. La Pastoral del Obispo Arizmendi sobre
las comedias. REV (Inst Cult Puertorriq) S Juan, 4(12):
27-32, jul./sept. 1961. ports. Bibliogr.: p. 32.

2299 GUTIERREZ DEL ARROYO, Isabel. Juan Alejo de Arizmendi,
primer obispo puertorriqueño (1803-14). Ib., 3(9):36-9,
oct./dic. 1960. port. Bibliogr.: p. 39.

ARLEGUI, JOSEPH

2300 MEADE, Joaquín. Semblanza de Fray Joseph Arlegui.
HUMANITAS, Monterrey, (3):441-62, 1962. illus.,
maps. Bibliogr.: p. 462.

ARMILLAS, PEDRO

2301 PEDRO Armillas (1914-). BOL BIBLIOGR ANTROP AM,

Méx, 17(pte. 2a.):257-59, 1954. Writings for the years: 1944-1954.

ARNOLDSSON, SVERKER

2302 MÖRNER, Magnus. Sverker Arnoldsson (1908-1959). HISP AM HIST REV, Durham, 40(1):72-4, Feb. 1960. Selected writings: p. 73-4.

ARRATE Y ACOSTA, JOSE MARTIN FELIX

2303 MARTIN, Juan Luis. José Martín Félix de Arrate y Mateo de Acosta, el primero que se sintió cubano. REV (Bibl Nac) Hav, 2a. ser., 1(4):32-60, ag. 1950. Bibliogr.: p. 55-60.

ARRIETA, RAFAEL ALBERTO

2304 BIBLIOGRAFIA de Don Rafael Alberto Arrieta. BOL (Acad Arg Letr) B A, 3(11/12):jul./dic. 1935.

ARROYO DIEZ, MIGUEL

2305 OTERO MUÑOZ, Gustavo. Miguel Arroyo Díez. BOL HIST ANTIG, Bogotá, 22(254/255):596-602, sept./oct. 1935. Writings: p. 601-02.

ARRUDA, BRAZ DE SOUSA

2306 PROFESSOR Braz de Sousa Arruda. REV (Fac Direit) S Paulo, 55:9-20, 1960. port. Writings: p. 13-7.

ARRUDA, JOÃO BRAZ DE OLIVEIRA

2307 BIBLIOGRAFIA de João Braz de Oliveira Arruda. Ib., 56 (2):32-47, 1961.

2308 CASTIGLIONE, Teodolindo. Homenagem: João Arruda. Ib., 56(2):9-47, 1961. port. Bibliogr. compiled in the Library of the Faculdade: p. 32-47.

ARTETA Y LARRABEYTIA, JUAN CELEDONIO

2309 SILVA, Rafael Euclides. Un notable americanista, crítico de historia: el P. Juan Celedonio de Arteta y Larrabeytia. CUAD HIST ARQUEOL, Guayaquil, 2(4/5):3-26, ag. 1952. Writings: p. 13-5. Bibliogr.: p. 25-6.

ARTIGAS, JOSE GERVASIO

2310 BEALER, Lewis W. Contribution to a bibliography on Artigas and the beginnings of Uruguay, 1810-1820. HISP AM HIST REV, Durham, 11(1):108-34, Feb. 1931.

BIOGRAPHY (Individual)

2311   BOBB, Bernard F. José Artigas. AMS, Wash, D C, 4(2): 195-222, Jul. 1947. Bibliogr.: p. 221-22.

2312   PAN AMERICAN UNION. Columbus Memorial Library. Bibliografía selecta de José Artigas. AM (OAS) Wash, D C, 16(11):5, Nov. 1964. Published also in the Spanish edition of Americas, 16(11):5, nov. 1964.

ARVELO, RAFAEL

2313   PINTO C., Manuel. Rafael Arvelo y sus homónimos. CRONICA CARACAS, Caracas, 9(45/46):395-400, jul./ dic. 1960. Bibliogr.: p. 400.

ASCASUBI, HILARIO

2314   RODRIGUEZ MOLAS, Ricardo. Contribución a la bibliografía de Hilario Ascasubi (1807-1875). BIBLIOGR ARG ART LETR, B A, (12):51-80, oct./dic. 1961. port.

ASTURIAS, MIGUEL ANGEL

2315   IRVING, Thomas Ballantine. Stifled protest in the city. INTER-AM REV BIBLIOGR, Wash, D C, 15(2):127-41, Apr./Jun. 1965. Bibliogr.: p. 140-41.

ATAHUALLPA (Inca of Peru)

2316   HOLM, Olaf. Atahuallpa y Huáscar, vistos por Felipe Guamán Poma de Ayala. CUAD HIST ARQUEOL, Guayaquil, 6(16-8):188-208, dic. 1956. facsims. Bibliogr.: p. 205-08.

ATTOLINE AGUIRRE, JOSE

2317   SIERRA, Carlos J. Fuentes para el estudio del pensamiento contemporáneo: José Attolini Aguirre. BOL BIBLIOGR (Sec Hac Créd Públ) Méx, 10(303):12-5, sept. 15, 1964. port. Listing of newspaper articles for the years: 1935-1952.

AURY, LOUIS

2318   SAMAYOA GUEVARA, Héctor Humberto. Luis Aury en Centroamérica. ANTROP HIST GUAT, Guat, 16(1):23-50, en. 1964. Bibliogr.: p. 49-50.

AVALOS, ANGEL F.

2319   AVALOS, Julio Alberto. Bibliografía de Don Angel F. Avalos. REV (Univ) Córdoba, 4a. ser., 6(1/2):101-17, mar./jun. 1965.

AVENDAÑO, LEONIDAS

2320 TOVAR Y RAMIREZ, Enrique Demetrio. Apuntes para la biobibliografía del Dr. Leonidas Avendaño. BOL BIBLIOGR (Bibl, Univ S Marcos) Lima, 12(3/4):172-204, dic. 1942.

AVILA, ALONSO DE

2321 GARCIA GUIOT, Silvano. El Capitán Alonso de Avila, primer contador de la Nueva España y primer contador Real de Yucatán. MEM (Acad Mex Hist corr Real Madrid) Méx, 2(1):42-86, en./mar. 1943. Bibliogr.: p. 85-6.

AXAYACATL (Señor de Tenochtitlán)

2322 HERNANDEZ RODRIGUEZ, Rosaura. Axayacatl, señor de Tenochtitlán. Ib., 23(1):50-5, en./mar. 1964. Bibliogr.: p. 55.

AYALA, FRANCISCO

2323 SOLDEVILA DURANTE, Ignacio. Vida en obra de Francisco Ayala. TORRE, Río Piedras, 11(42):69-106, abr./jun. 1963. Bibliogr.: p. 104-06.

AYRES, RAIMUNDO MARANHÃO

2324 BIO-BIBLIOGRAFIA de Raimundo Maranhão Ayres. NOVO MUNDO, Guiratinga, 5(52):3, mar. 1950. port.

AYROSA, PLINIO MARQUES DA SILVA

2325 DRUMOND, Carlos. Professor Plínio Marques da Silva Ayrosa (1895-1961). REV HIST, S Paulo, 29(60):407-18, out./dez. 1964. Writings: p. 409-18.

AZARA, FELIX DE

2326 ALVAREZ LOPEZ, Enrique. Azara y Darwin. REV INDIAS, Madrid, 21(83):63-93, en./mar. 1961. Bibliogr.: p. 93.

AZCARATE ESCOBEDO, NICOLAS

2327 MENENDEZ, Emilio. Nicolás Azcárate Escobedo, el jurista liberal. REV BIMES CUBANA, Hav, 45(3):360-70, mayo/jun. 1940. Bibliogr.: p. 370.

AZEVEDO, ARTUR

2328 REIS, Antônio Simões dos. Fontes para o estudo de Artur Azevedo. BOL BIBLIOGR BRAS, Rio, 6(9):518, out. 1958.

AZEVEDO, MANUEL ANTÔNIO ALVARES DE

2329 LEITE, Manoel Cerqueira. O estudante Manuel Antônio Alvares de Azevedo. REV HIST, S Paulo, 5(12):373-84, out./dez. 1952. Bibliogr.: p. 384.

2330 NOTICIA sôbre Alvares de Azevedo. AUTOR LIVR, Rio, 3(9):129-41, sept. 20, 1942. Writings: p. 130, 140.

AZUELA, MARIANO

2331 FLORES, Angel. Latin American writers: Mariano Azuela. PANORAMA (PAU) Wash, D C, (17):5-9, Apr. 1941. Writings and bibliogr.: p. 8-9.

2332 GONZALEZ, Manuel Pedro. Bibliografía del novelista Mariano Azuela. REV BIMES CUBANA, Hav, 48(1):50-72, jul./ag. 1941. Bibliogr.: p. 60-71.

2333 KERCHEVILLE, Francis M. El liberalismo en Azuela. REV IBEROAM, 3(6):381-98, mayo 1941. Bibliogr.: p. 397-98.

2334 MOORE, Ernest Richard. Biografía y bibliografía de Don Mariano Azuela. ABSIDE, Méx, 4(2):53-62, feb. 1940; (3):50-64, mar. 1940.

AZUELA RIVERA, ANDRES

2335 SIERRA, Carlos J. Fuentes para el estudio del pensamiento contemporáneo. BOL BIBLIOGR (Sec Hac Créd Públ) Méx, 10(304, supl.):11 p., oct. 1, 1964. ports. Cover title: Periodistas mexicanos del siglo XX: Salvador Azuela Rivera, Andrés Henestrosa.

BACHILLER Y MORALES, ANTONIO

2336 PERAZA SARAUSA, Fermín. Bachiller, el padre de la bibliografía cubana. REV (Bibl Nac) S Salvador, ép 5, 4: 149-53, mayo/ag. 1949. Writings: p. 151-53.

BACKHEUSER, EVERARDO ADOLFO

2337 PROFESSOR Everardo Adolfo Backheuser. BOL GEOGR, Rio, 1(1):109-12, abr. 1943. Writings: p. 111-12.

BALBOA, VASCO NUÑEZ DE

2338 SUSTO, Juan Antonio. Bibliografía sobre Vasco Núñez de Balboa. LOTERIA, Panamá, (76):10-1, sept. 1947.

BIOGRAPHY (Individual)

BALIÑO, CARLOS

2339 PLASENCIA, Aleida. Documentos de Carlos Baliño. REV
(Bibl Nac) Hav, 3a. ép., 6(1):57-82, en./mar. 1964.
Bibliogr. notes: p. 75-82.

BALLESTEROS BERETTA, ANTONIO

2340 BALLESTEROS BERETTA, Antonio. Bibliografía de Antonio
Ballesteros Beretta. REV INDIAS, Madrid, 9(37/38):
481-506, jul./dic. 1949. Mostly on themes related to
Spain, however, some references to America occur.

BALLOU, CHARLES HERBERT

2341 DUPOUY, Walter. Dr. Charles H. Ballou (1890-1961). BOL
(Soc Venez Cien Nat) Caracas, 22(100):321-24, dic. 1961.
port. Writings: p. 324.

BANCHS, ENRIQUE

2342 FERNANDEZ, Belisario. Bibliografía de Enrique Banchs.
BIBLIOGR ARG ART LETR, B A, (7):51-100, jul./sept.
1960. port.

BANDEIRA, ANTÔNIO

2343 BANDEIRA, 64; documentário. CLÃ, Fortaleza, 16(20):89-
118, out. 1964. Antônio Bandeira is a Brazilian artist.
Bibliogr.: p. 118.

BANDEIRA, JOÃO CARNEIRO DE SOUZA

2344 NOTICIA sôbre Souza Bandeira. AUTOR LIVR, Rio, 6(17):
261-69, maio 21, 1944. illus., ports. Writings: p.
265.

BANDEIRA, MANUEL

2345 BANDEIRA, Manuel. Poemas, trad por Damoso Alonso y
Angel Crespo. REV CULT BRAS, Madrid, 1(2):89-103,
sept. 1962. Compiler of bibliogr.: Terezhina F.
Spinola, in 1(3):251-55, dic. 1962.

2346 BIBLIOGRAFIA da poesia de Manuel Bandeira. AUTOR LIVR,
Rio, 4(1):14, 16, jan. 3, 1943. Sources: p. 16.

2347 MOSER, Gerald M. A sensibilidade brasileira de Manuel
Bandeira. REV IBEROAM, 20(40):322-36, abr./sept.
1955. Bibliogr.: p. 336.

BIOGRAPHY (Individual)

BANDELIER, ADOLPH FRANCIS ALPHONSE

2348   HODGE, Frederick Webb. Biobibliografía de Bandelier. BOL BIBLIOGR (Bibl, Univ S Marcos) Lima, 1(8/9):120-23, mayo/jun. 1924.

2349   NAVILLE, René. Adolphe Bandelier. BOL BIBLIOGR ANTROP AM, Méx, 23/25(pte. 1a.):251-53, 1960/1962. Writings: p. 252-53.

BAQUIJANO Y CARRILLO, JOSE

2350   MATICORENA ESTRADA, Miguel. La proscripción del "Eligio" de Baquíjano y Carrillo. MAR SUR, Lima, 3(18):95-101, jul./ag. 1951. Index of documents published in v.3 of La imprenta en Lima by José Toribio Medina with reference to Baquíjano y Carrillo: p. 100-01.

BARALT, RAFAEL MARIA

2351   EL CENTENARIO de la muerte de Don Rafael María Baralt. BOL (Acad Nac Hist) Caracas, 43(169):5-136, en./mar. 1960. port. Writings of Baralt: p. 91-136.

2352   GRASES, Pedro. Bibliografía de Rafael María Baralt. Ib., 43(169):79-90, en./mar. 1960.

2353   _____. Ficha bio-bibliográfica de Rafael María Baralt. REV NAC CULT, Caracas, 21(136):131-38, sept./oct. 1959. port.

2354   _____. Sobre las publicaciones de Baralt en España. Ib., 22(138):22-8, en./feb. 1960.

BARATA, FREDERICO

2355   FIGUEIREDO, Napoleão. O arqueólogo Frederico Barata. SOCIOLOGIA, S Paulo, 25(3):277-82, set. 1963. Bibliogr. and writings: p. 281-82.

BARATA, MANUEL

2356   GANNS, Claudio. Manuel Barata--amigos do Instituto Histórico. REV (Inst Hist Geogr Bras) Rio, 233:79-98, out./dez. 1956.

BARBOSA, JANUARIO DA CUNHA

2357   PAIVA, Tancredo de Barros. Cônego Januario de Cunha Barbosa (1780-1846); bibliografia cronológica compilada por "Um bibliógrafo carioca." Ib., 190:130-38, jan./mar. 1946.

BIOGRAPHY (Individual)

BARBOSA, RUY

2358 RIBEIRO, Adelberto Mário. A casa de Ruy Barbosa. REV SERV PUBL, Rio, ano 6, 4(1):73-101, oct. 1943. illus., ports. Bibliogr.: p. 99-101.

BARLOW, ROBERT HAYWARD

2359 BERNAL, Ignacio. Robert H. Barlow (1918-1950). BOL BIBLIOGR ANTROP AM, Méx, 13(pte. 2a.):249-51, en./ dic. 1950. Writings for the years: 1947-1950.

BARNOYA, IGNACIO

2360 BARNOYA GALVEZ, Francisco. Fray Ignacio Barnoya; un prócer ignorado. AN (Soc Geogr Hist) Guat, 19(2): 84-102, dic. 1943. Bibliogr.: p. 102.

BAROJA Y NESSI, PIO

2361 URIBE ECHEVARRIA, Juan. Pío Baroja: técnica, estilo, personajes. AN (Univ Chile) Santiago, 114(103):151-205, 3o. trim. 1956. Bibliogr.: p. 201-05, includes references to works published in Chile, p. 204-05.

BARRETO, AFONSO HENRIQUES DE LIMA

2362 NOTICIA sôbre Lima Barreto. AUTOR LIVR, Rio, 4(13): 193-203, abr. 18, 1943. Writings: p. 195.

BARRETO, HENRIQUE LAHMEYER DE MELLO

2363 RENNO, Lair Remusat. Henrique Lahmeyer de Mello Barreto, 1892-1962. KRITERION, Belo Horizonte, 18(65):267-77, jan./dez. 1965. Writings: p. 274.

BARRIENTOS, SANTIAGO

2364 VAZQUEZ DE ACUÑA, Isidoro. El defensor de la Reina o ventura y desventura del chilote Barrientos. BOL (Acad Chil Hist) Santiago, 31(70):67-133, 1o. trim. 1964. Bibliogr.: p. 129-33.

BARRIOS, EDUARDO

2365 CARTILLAS biobibliográficas de autores chilenos: Eduardo Barrios Hudtwalcker, Valparaíso, 1884. Novelista, cuentista y dramaturgo. BOL (Inst Lit Chilena) Santiago, 2(3):14-24, oct. 1962. port.

BARRIOS, JUSTO RUFINO

2366 BIOGRAFIA sintética del General Justo Rufino Barrios. BOL

(Bibl Nac) Guat, 4(14):579-83, ag. 1935. Bibliogr.: p. 580-83.

BARROS ARANA, DIEGO

2367 CHIAPPA, Víctor M. Bibliografía de Don Diego Barros Arana. REV CHIL HIST GEOGR, Santiago, 66(70):227-341, jul. /sept. 1930.

2368 FELIU CRUZ, Guillermo. Notas bibliográficas inéditas de Barros Arana. AN (Univ Chile) Santiago, 116(109/110): 41-6, 1o. /2o. trim. 1958.

2369 RUIZ URBINA, Antonio. Barros Arana, educador. Ib., 116(109/110):127-244, 1o. /2o. trim. 1958. Bibliogr.: p. 243-44.

BARROS BORGOÑO, LUIS

2370 SILVA CASTRO, Raúl. Don Luis Barros Borgoño (1858-1943). REV CHIL HIST GEOGR, Santiago, (104):5-51, en. /jun. 1944. Writings and bibliogr.: p. 18-51.

BARZANA, ALONSO

2371 FURLONG CARDIFF, Guillermo. Alonso Barzana, S. J., apóstol de la América meridional. ESTUD, B A, 49 (270):450-59, dic. 1933 - 50(273):211-22, mar. 1934. Editions of writings cited in text. Bibliogr.: 50(273): 220-22.

BASADRE, JORGE

2372 DELPAR, Helen. Las ideas históricas de Jorge Basadre. REV CHIL HIST GEOGR, Santiago, (131):225-48, 1963. Bibliogr. notes and writings of Jorge Basadre: p. 242-48.

2373 RAEZ PATIÑO, Sara. Bio-bibliografía del Doctor Jorge Basadre. BOL (Bibl Nac) Lima, 6(12):284-308, dic. 1949.

2374 STEWART, Watt. Jorge Basadre and Peruvian historiography. HISP AM HIST REV, Durham, 29(2):222-27, May 1949.

BATTAGLIA, FELICE

2375 MANTILLA PINEDA, Benigno. La filosofía del derecho de Felice Battaglia. ESTUD DER, Medellín, 2a. ép., 21 (62):423-45, sept. 1962. port. Bibliogr.: p. 444-45.

BAYLE, CONSTANTINO

2376 MATEOS, Francisco. P. Constantino Bayle. REV INDIAS,

Madrid, 13(51):193-202, en./mar. 1953. Writings: p. 196-202.

BECERRA, FRANCISCO

2377 CASTRO MORALES, Efraín. Francisco Becerra, en el Valle de Puebla, México. AN (Inst Art Am Invest Estét) B A, (13):11-26, 1960. illus. Bibliogr. notes: p. 25-6.

2378 HARTH-TERRE, Emilio. La obra de Francisco Becerra en las catedrales de Lima y Cuzco. Ib., (14):18-57, 1961. plates. Bibliogr. notes: p. 54-7.

BELALCAZAR, SEBASTIAN DE

2379 DELGADO GALLEGO, Gabriel. De la conquista y colonización de América. Notas para la biografía de don Sebastián de Belalcázar, conquistador de Quito y Popayán. BOL HIST VALLE, Cali, (32):477-611, jul. 1936. Sources about Sebastián de Belalcázar: p. 508-22.

BELAUNDE, VICTOR ANDRES

2380 BIBLIOGRAFIA de escritores peruanos: Víctor Andrés Belaúnde. BOL BIBLIOGR (Bibl Cent, Min Trab Asunt Indíg) Lima, (7):3-4, nov. 1956.

BELLEGARDE, DANTÈS

2381 COOK, Mercer. The writings of Dantès Bellegarde. BKS ABRD, Norman, 23(3):233-35, Summer 1949.

BELLEGARDE, PEDRO DE ALCÂNTARA

2382 RIOS, Adolfo Morales de los. Centenário do falecimento do Marechal de Campo e Conselheiro Pedro de Alcântara Bellegarde. REV (Inst Hist Geogr Bras) Rio, 265:194-226, out./dez. 1964. Bibliogr.: p. 222-26.

BELLO, ANDRES

2383 BECCO, Horacio Jorge. Contribución a la bibliografía de Andrés Bello. CUAD IDIOMA, B A, 1(3):149-66 [1965].

2384 BIBLIOGRAFIA de estudios sobre Bello. CULT UNIV, Caracas, (4):209-30, nov./dic. 1947.

2385 BIO-BIBLIOGRAFIA de Bello. Ib., (4):9-24, nov./dic. 1947.

2386 BRUSILOFF, Constant. Don Andés Bello, significado fundamental de los tiempos del indicativo. REV NAC CULT, Caracas, 12(85):127-42, mar./abr. 1951. Bibliogr.: p. 142.

BIOGRAPHY (Individual)

2387 CARTILLAS biobibliográficas de autores chilenos. BOL (Inst Lit Chil) Santiago, 3(7/8):7-26, ag. 1964. ports. Contents: - Andrés Bello. - Angel Cruchaga Santa María.

2388 CHILE. Biblioteca Nacional. Catálogo de la exposición bibliográfica, iconográfica y de objetos personales de Andrés Bello. MAPOCHO, Santiago, 4(3):355-77, 1965.

2389 FELIU CRUZ, Guillermo. Andrés Bello y la redacción de los documentos oficiales del gobierno de Chile. REV NAC CULT, Caracas, 12(84):132-69, en./feb. 1951. illus.

2390 GRASES, Pedro. Bibliografía de Andrés Bello. Ib., 28 (172):152-69, nov./dic. 1965.

2391 _____. Bibliografía sumaria de Andrés Bello. MAPOCHO, Santiago, 4(3):332-54, 1965.

2392 _____. Contribución al estudio de la bibliografía caraqueña de Don Andrés Bello. BOL (Acad Venez corr Española) Caracas, 10(40):245-86, oct./dic. 1943.

2393 _____. Don Andrés Bello y el poema de Cid. Ib., 8(30): 127-82, abr./jun. 1941. Bibliogr.: p. 181-82.

2394 _____. _____. REV IBEROAM, 9(18):243-86, mayo 1945. Bibliogr.: p. 285-86.

2395 MARQUEZ BRETON, Bernardo, and GAMBOA CORREA, Jorge. Andrés Bello en la guerra de la Confederación Perú-Boliviana. MAPOCHO, Santiago, 4(3):264-87, 1965. Bibliogr.: p. 287.

2396 MARTINEZ BAEZA, Sergio. Bello, Infante y la enseñanza del derecho romano. REV CHIL HIST GEOGR, Santiago, (132):196-229, 1964.

2397 ORREGO VICUÑA, Eugenio. Don Andrés Bello. AN (Univ Chile) Santiago, 3a. ser., 93(17):5-307, 1o. trim. 1935. Titles of poems: p. 231, footnote 8. Writings: p. 255-67.

2398 ORREGO VICUÑA, Francisco. La labor internacional de Don Andrés Bello. MAPOCHO, Santiago, 4(3):141-62, 1965. Bibliogr.: p. 147-62.

2399 SILVA, Raúl Hernán. El pensamiento de Bello en el discurso de instalación. BOL (Univ Chile) Santiago, (35):28-32, nov. 1932. illus. Bibliogr.: p. 32.

2400 SILVA CASTRO, Raúl. La edición chilena de las obras de Bello. BOL (Acad Chil Hist) Santiago, 28(65):134-69,

2o. sem. 1961. Editions, 1881-1893, with lengthy comment: p. 154-68.

2401 VALLE, Rafael Heliodoro. El centenario de la Grámatica de Bello. REV IBEROAM, 12(23):39-47, feb. 1947. Bibliogr.: p. 42-7.

BELMONTE BERMUDEZ, LUIS DE

2402 FUENTE BENAVIDES, Rafael de la. Luis de Belmonte Bermúdez; contribución a una bibliografía del primer siglo de la literatura peruana. BOL BIBLIOGR (Bibl, Univ S Marcos) Lima, 10(4):347-62, dic. 1940.

BELTRAN, ENRIQUE

2403 BIBLIOGRAFIA de Enrique Beltrán, 1924-1949. REV (Soc Mex Hist Nat) Méx, 10(1/4):7-15, dic. 1949.

BELTRAN GUERRERO, LUIS

2404 ELECCION del Dr. Luis Beltrán Guerrero para Individuo de Número. BOL (Acad Nac Hist) Caracas, 46(181):165-87, en./mar. 1963. Writings: p. 167.

BELTRAN RODRIGUEZ, ALONSO

2405 HARTH-TERRE, Emilio. Alonso Beltrán, arquitecto y la Iglesia de Santiago Apóstol, en Lima. AN (Inst Art Am Invest Estét) B A, (13):63-81, 1960. Bibliogr. notes: p. 79-81.

BENITEZ, JUSTO PASTOR

2406 VELAZQUEZ, Rafael Eladio. Justo Pastor Benítez en la vida cultural del Paraguay. INTER-AM REV BIBLIOGR, Wash, D C, 15(1):35-43, Jan./Mar. 1965. Bibliogr.: p. 40-3.

BENNETT, WENDELL CLARK

2407 WENDELL Clark Bennett: 1905-1953. REV (Mus Nac) Lima, 22:270-76, 1953. Writings: p. 272-75.

BENOIT, PEDRO BENITO

2408 PANDO, Horacio J. Los Benoit: dos generaciones de arquitectos. AN (Inst Art Am Invest Estét) B A, (18):125-32, 1965. plates, plan. Bibliogr.: p. 132.

BENTHAM, JEREMY

2409 VALLE, Rafael Heliodoro. Cartas de Bentham a José del

BIOGRAPHY (Individual)

Valle. CUAD AM, Méx, 4(4):127-43, jul. /ag. 1942.
Bibliogr.: p. 132-33.

BERGSON, HENRI LOUIS

2410 CASAS, Manuel Gonzalo. Bergson y el sentido de su influencia en América. HUMANITAS, Tucumán 7(12):95-108, 1959. port. Bibliogr. of Bergson relative to Latin America: p. 103-08.

2411 ROMANELL, Patrick. Bergson en México: un tributo a José Vasconselos. HUMANITAS, Monterrey, 1(1):247-66, 1960. Trans. by Alberto García Gómez. References: p. 265-66.

2412 VITA, Luis Washington. O bersonismo na filosofia latinoamericana. REV BRAS, S Paulo, (25):137-45, set. /out. 1959. Bibliogr. notes: p. 144-45.

BERISTAIN Y SOUZA, JOSE MARIANO

2413 CRUZ, Salvador. Don Mariano Beristain y Souza; noticia bio-bibliográfica, patria y familia. BOL BIBLIOGR MEX, Méx, 16(198/199):3-11, jul. /ag. 1956. Writings: p. 7-9.

2414 MILLARES CARLO, Agustín. Sobre Don José Mariano de Beristain y Souza. BOL (Bibl Nac) Méx, 2a. ép., 10 (3):58-69, jul. /sept. 1959.

BERMUDEZ, GONZALO

2415 LEE LOPEZ, Alberto. Gonzalo Bermúdez, primer catedrático de la lengua general de los Chibchas. BOL HIST ANTIG, Bogotá, 51(594/597):183-217, abr. /jul. 1964. Bibliogr.: p. 212-17.

BERNAREGGI, FRANCISCO

2416 PRO, Diego F. Francisco Bernareggi; su vida biográfica: el hombre y el artista. UNIV, Santa Fe, (46):87-136, oct. / dic. 1960. Bibliogr.: p. 134-36.

BERTONI, MOISES SANTIAGO

2417 HAMMERLY DUPUY, Daniel. Moisés Bertoni; su labor científica en Argentina y Paraguay. CIEN INVEST, B A, 14 (2):66-74, feb. 1958; (3):114-21, mar. 1958. port. Writings: 14(3):120-21.

BERTONIO, LUDOVICO

2418 POSNANSKY, Arturo. Las obras del padre jesuita Ludovico

Bertonio (año 1612). El vocabulario de la lengua Aymara. BOL (Soc Geogr) La Paz, 56(68):202-11, dic. 1945.

BESNARD, WLADIMIR

2419 NOMURA, Hitoshi. Wladimir Besnard. REV BRAS GEOGR, Rio, 25(4):475-78, out./dez. 1963. port. Writings: p. 476-78.

BEVILAQUA, CLOVIS

2420 BIBLIOGRAFIA de Clóvis Beviláqua. AUTOR LIVR, Rio, 6(18):288, jun. 4, 1944.

2421 BRAZIL. Congresso. Câmara dos Deputados. Biblioteca. Clóvis Beviláqua - Bibliografia. BOL (Bibl, Câm Deputados) Rio, 7(2):371-527, jul./dez. 1958; 8(2):409-29, jul./dez. 1959. port.

BIEDMA, JOSE JUAN

2422 CANTER, Juan de la. Bio-bibliografía de José Juan Biedma. BOL (Inst Invest Hist) B A, 17(58/60):603-792, oct. 1933/jun. 1934. port.

BILBAO, FRANCISCO

2423 CABELLO REYES, Carlos. Semblanza de Francisco Bilbao. El centenario de "Socialbilidad chilena" (1844-1944). REV EDUC, Santiago, 4(24):304-08, sept. 1944. port. Bibliogr.: p. 308.

BINETTI, MARIO

2424 PRO, Diego F. Vida y poesía en Mario Binetti. UNIV, Santa Fe, (47):121-86, en./mar. 1961. Bibliogr.: p. 185-86.

BITTENCOURT, AGNELO

2425 PROF. AGNELO Bittencourt. BOL GEOGR, Rio, 3(28):342-48, jul. 1945. Writings: p. 643-48.

BLEST GANA, ALBERTO

2426 CASTILLO, Homero, and SILVA CASTRO, Raúl. Las novelas de Don Alberto Blest Gana. REV HISP MOD, N Y, 23 (3/4):292-304, jul./oct. 1957.

2427 PHILLIPS, Walter T. Chilean customs in Blest Gana's novels. HISPANIA, 26(4):397-406, Dec. 1943. Bibliogr.: p. 404-06.

2428 SILVA CASTRO, Raúl. Blest Gana y su novela "Durante la reconquista." REV CHIL HIST GEOGR, Santiago, 75(81): 5-52, en./abr. 1934; (82):365-411, mayo/ag. 1934. Bibliogr.: 75(82):409-11.

BOAS, FRANZ

2429 SPIER, Leslie. Franz Boas and some of his views. ACTA AM, Los Angeles, 1(1):108-27, en./mar. 1943. Writings: p. 125-27.

BODENBENDER, GUILLERMO

2430 SCHILLER, Walther. Guillermo Bodenbender. REV (Mus) La Plata, n.s.:143-48, 1941. port. Writings: p. 144-48.

2431 SPARN, Enrique. Nómina de los trabajos publicados por Guillermo Bodenbender. BOL (Acad Nac Cien) Córdoba, 30:xi-xv, 1927.

BOGGIANI, GUIDO

2432 AMARAL, Raúl. Guido Boggiani y la generación paraguaya del novecientos. ALCOR, Asunción, (12):6-7, 11, mayo/ jun. 1961. port. Bibliogr. notes: p. 11.

BOGGS, RALPH STEELE

2433 BOGGS, Ralph Steele. Bibliography of R. S. Boggs through 1950. FOLK AM, Coral Gables, 11(2):1-13, Dec. 1951.

BÖHM, JOÃO HENRIQUE

2434 OBERACKER, Carlos H. João Henrique Böhm, o fundador do exército brasileiro. REV HIST, S Paulo, 18(38):339-57, abr./jun. 1959. map. Bibliogr.: p. 356-57.

BOLINDER, GUSTAV

2435 ORTIZ, Sergio Elías. Gustav Bolinder (1888-1957). REV COL ANTROP, Bogotá, 6:315-16, 1957. Bibliogr. of Bolinder's writings in Colombia: p. 316.

BOLIVAR, SIMON

2436 ALJURE CHALELA, Simón. Bibliografía bolivariana. BOL CULT BIBLIOGR, Bogotá, 3(11):761-69, nov. 1960. Included are entries of authors in the letter, V, of the alphabet.

2437 ———. [Bibliografía bolivariana] proclamas del Libertador. Ib., 4(1):60-83, en. 1961.

2438 ARCHILA, Ricardo. Contribución al Indice bibliográfico referente a la patobiografía del Libertador. BOL (Acad Nac Venez) Caracas, 46(181):119-27, en. /mar. 1963.

2439 BEAUJON, Oscar. La última enfermedad del Libertador. REV (Soc Bolivar Venez) Caracas, 24(82):44-50, abr. 1965. Bibliogr.: p. 50.

2440 BIBLIOGRAPHICAL list relative to Simón Bolívar, the Liberator. HISP AM HIST REV, Durham, 10(4):525-43, Nov. 1930. Compiled in the Library of the Pan American Union from sources in the Library and in the Library of Congress, and from Bibliografía venezolana by Manuel Segundo Sánchez.

2441 BIERCK, Harold A. Bolívar y la esclavitud. BOL (Acad Nac Hist) Caracas, 36(142):117-37, abr. /jun. 1953. Bibliogr. notes: p. 133-37.

2442 BOLIVAR, periodista. REV (Soc Bolivar Venez) Caracas, 21(70):53-9, abr. 19, 1962. Bibliogr.: p. 58-9.

2443 BRICE, Angel Francisco. La supuesta enemistad entre Bolívar y Urdaneta. Ib., 21(73):717-41, dic. 1962. Bibliogr. notes: p. 740-41.

2444 BRUNICELLI, Blas. Vargas, bolivariano. Ib., 14(43):111-17, jul. 24, 1954. Bibliogr.: p. 117.

2445 CARDOZO SERRANO, Antonia. La educación para el Libertador. ESTUD, Bucaramanga, (264/265):13-32, sept. 1962. Bibliogr.: p. 32.

2446 ESCALONA ESCALONA, José Antonio. Significado de la actuación de Bolívar en Angostura. REV (Soc Bolivar Venez) Caracas, 20(68):592-606, oct. 28, 1961. Bibliogr.: p. 606.

2447 FELDMAN, Moisés. Los estudios psicopatológicas sobre Simón Bolívar. Ib., 20(67):244-56, jul. 24, 1961. Bibliogr.: p. 255-56.

2448 FORZAN-DAGGER, S. T. Bolívar en el oriente venezolano. BOL CULT BIBLIOGR, Bogotá, 6(8):1179-90, 1963. Bibliogr.: p. 1190.

2449 GARCIA ROSELL, César. Bolívar no fué responsable de la guerra entre Perú y Colombia de 1829. REV (Soc Bolivar Venez) Caracas, 20(68):556-67, oct. 28, 1961. References: p. 556.

2450 _____. Bolívar no le quitó Guayaquil al Perú. Ib., 21(70): 117-30, abr. 1962. Bibliogr. notes: p. 130.

BIOGRAPHY (Individual)

2451 GREZ PEREZ, Carlos E. Bolívar, la historia y la leyenda en sus actuaciones. BOL (Acad Nac Hist) Caracas, 31 (124):344-53, oct./dic. 1948. Bibliogr.: p. 351-53.

2452 GUATEMALA. Biblioteca Nacional. Lista de las obras de bibliografía bolivariana, que la Legación de Venezuela donó a la Biblioteca Nacional. BOL (Bibl Nac) Guat, 8(2):58-9, jul. 1939.

2453 GUIA bibliográfica bolivariana. LIBRO PUEBLO, Méx, 6a. ép., (11):42-5, dic. 1965.

2454 HARKER VALDIVIESO, Roberto. Conferencia. ESTUD, Bucaramanga, (264/265):33-48, sept. 1962. Lecture on the interview of San Martín and Bolívar at Guayaquil, 1822. Bibliogr.: p. 48.

2455 HERNANDEZ YEPES, Santiago. Amistad de Bolívar y Camilo Torres. REV (Soc Bolivar Venez) Caracas, 22(74):46-52, abr. 1963. Bibliogr.: p. 52.

2456 _____. Bolívar, periodista. Ib., 21(70):53-9, abr. 1962. Bibliogr.: p. 58-9.

2457 INSTITUTO Colombiana de Estudios Históricos, Bogotá. Biblioteca. Bibliografía bolivariana. HIST, Bogotá, 1(2/4):283-89, abr./oct. 1955. Acquisitions of the Library.

2458 IRIBARREN CELIS, Lino. Urdaneta en el pensamiento militar de Bolívar durante la campaña de Carabobo. REV (Soc Bolivar Venez) Caracas, 23(81):756-76, dic. 1964. Bibliogr.: p. 776.

2459 LEON HELGUERA, José. El impacto de Bolívar en la conciencia grancolombiana, 1830-1863. Ib., 17(57):575-95, dic. 17, 1958. Documentation: p. 592-95.

2460 MORALES, Ricardo A. Bolívar y el Congreso de Panamá. Ib., 22(76):579-89, oct. 1963. Bibliogr.: p. 589.

2461 _____. Bolívar y el sueño de una América unida. LOTERIA, Panamá, 2a. ép., 8(91):51-7, jun. 1963. Bibliogr.: p. 57.

2462 MUÑOZ SANZ, Juan Pablo. El poder moral en el concepto del Libertador. REV (Soc Bolivar Venez) Caracas, 20 (69):749-825, dic. 20, 1961. Bibliogr.: p. 823-25.

2463 OTERO, Gustavo Adolfo. Bolívar y Bentham. AM, Quito, 25(93/100):104-39, en. 1949/dic. 1950. Bibliogr.: p. 138-39.

215   BIOGRAPHY (Individual)

2464 PARDO, Ricardo C. Bolívar y el proceso de abolición de la esclavitud. REV (Soc Bolivar Venez) Caracas, 19(64): 529-44, oct. 28, 1960. Bibliogr. notes: p. 544.

2465 PERAZZO, Nicolás. Bolívar en el terremoto de 1812. Ib., 21(70):102-16, abr. 1962. Bibliogr.: p. 116.

2466 PINTO C., Manuel. Bolívar y las masas. Ib., 21(73):768-815, dic. 1962. Bibliogr.: p. 793-94.

2467 PORRAS TROCONIS, Gabriel. Los pasos de Bolívar en Cartagena. Ib., 24(85):742-48, dic. 1965. Bibliogr. notes: p. 748.

2468 QUINTA de Bolívar. BOL HIST ANTIG, Bogotá, 32(367/368): 385-413, mayo/jun. 1945. Inventory of books: p. 399-405.

2469 SANCHEZ MONTENEGRO, Víctor. Bolívar, generalísimo de la Federación de América. BOL CULT BIBLIOGR, Bogotá, 5(4):420-26, abr. 1962. Bibliogr. notes: p. 426.

2470 SILVA ALVAREZ, Alberto. Los médicos del Libertador. BOL (Acad Nac Hist) Caracas, 46(184):620-26, oct. /dic. 1963. Bibliogr.: p. 626.

2471 TISNES, Roberto María. Páginas bolivarianas. UNIV ANTIQ, Medellín, 34(132):60-110, en. /mar. 1958. Bibliogr.: p. 76, 110.

2472 VALLE, Rafael Heliodoro. Bibliografía mínima de Bolívar. EURINDIA, Méx, (7/8):563-75, nov. /dic. 1930.

BOLTON, HERBERT EUGENE

2473 HAMMONG, George Peter. In memoriam: Eugene Bolton, 1870-1953. AMS, Wash, D C, 9(4):391-98, Apr. 1953. port. Writings: p. 395.

BOMAN, ERIC

2474 GRESLEBIN, Héctor. La obra científica del arqueólogo Eric Boman. CUAD (Inst Nac Antrop) B A, (5):9-30, 1964/1965. Writings and bibliogr.: p. 28-30.

BONPLAND, AIMÉ JACQUES ALEXANDRE GOUJAUD

2475 CASTELLANOS, A. Bonpland en los países del Plata. REV (Acad Col Cien Exáct Fís Nat) Bogotá, 12(45):57-85, nov. 1963. illus., ports., map. Bibliogr.: p. 84-5.

2476 CONDE JAHN, Franz. Amadeo Bonpland, médico y

BIOGRAPHY (Individual)

naturalista. BOL (Acad Nac Hist) Caracas, 44(173):47-60, en. /mar. 1961. Bibliogr.: p. 60.

2477 FURLONG CARDIFF, Guillermo. En el centenario de Aimé Bonpland, 1858-1958. AN (Acad Arg Geogr) B A, (2): 58-77, 1958. Bibliogr.: p. 75-7.

BORGES, JORGE LUIS

2478 LUCIO, Nodier, and REVELLO, Lydia. Contribución a la bibliografía de Jorge Luis Borges. BIBLIOGR ARG ART LETR, B A, (10/11):43-111, abr./jun. 1961. port.

BORJA PEREZ, LUIS FELIPE

2479 BARRERA, Isaac J. Luis Felipe Borja Pérez. BOL (Acad Nac Hist) Quito, 30(76):157-61, jul./dic. 1950. Writings: p. 160.

BOTTO, CARLOS

2480 RIESCO, Carlos. Impresiones sobre la música de Carlos Botto. REV MUSIC CHIL, Santiago, 18(89):79-86, jul. / sept. 1964. Compositions: p. 86.

BRACESCO, RENZO

2481 CATALOGO cronológico de las obras del compositor peruano: Renzo Bracesco. BOL MUSIC ART VIS, Wash, D C, (35): 31-3, en. 1953. Music.

BRASIL, TOMAZ POMPEU DE SOUZA

2482 ANDRADE, Francisco Alves de. A propósito do centenário do Dr. Tomaz Pompeu de Souza Brasil. REV (Inst Ceará) Fortaleza, 66:5-29, 1952. Writings and bibliogr.: p. 25-9.

BRAUN, OTTO PHILIPP

2483 GRUBE, Otto. Otto Philipp Braun, Divisions-General der Heere von Peru und Bolivien, Grosz-Marschall von Monte-Negro. IBERO-AM ARCH, Berlin, 12(3):372-84, Okt. 1938. List of letters in the Braun archives.

BRAZIL, VITAL

2484 GONZALEZ RINCONES, R. Resumen suscinto de la vida de Vital Brazil. BOL (Acad Cien Fís Mat Nat) Caracas, 14(44):61-8, abr./ag. 1951. port. Writings: p. 65-8.

BRICEÑO IRAGORRY, MARIO

2485 BIBLIOGRAFIA de Mario Briceño Iragorry (1897-1958).
ANUAR (Inst Antrop Hist) Caracas, 2:381-95, 1965.

2486 FICHA bio-bibliográfica de Mario Briceño-Iragorry. REV NAC CULT, Caracas, 21(134):28-37, mayo/jun. 1959.

2487 GARCIA CHUECOS, Héctor. Mario Briceño-Iragorry (1897-1958). HISP AM HIST REV, Durham, 40(1):75-8, Feb. 1960. Selected writings: p. 76-8.

BRITO, FRANCISCO SATURNINO RODRIGUES DE

2488 CÔRREA, Virgílio. O centenário de Francisco Saturnino Rodrigues de Brito. REV (Inst Hist Geogr Bras) Rio, 265:153-71, out./dez. 1964. Bibliogr.: p. 164-71.

BRITO, RAYMUNDO DE FARIAS

2489 GIORDANI, Mário Curtis. Farias Brito, o apóstolo da filosofia. VOZES, Petrópolis, 58(11):812-20, nov. 1964. Bibliogr.: p. 820.

2490 MATTOS, Carlos Lopes de. Bibliografia do centenário de Farias Brito. REV BRAS FILOS, S Paulo, 14(56):603-14, out./dez. 1964.

2491 STURM, Fred Gillette. Farias Brito: Brazilian philosopher of the spirit. INTER-AM REV BIBLIOGR, Wash, D C, 13(2):176-201, Apr./Jun. 1963. Writings: p. 201-04.

2492 TEJADA, Francisco Elías de. Raimundo de Farias Brito na filosofia do Brasil. REV BRAS FILOS, S Paulo, 12(48): 463-85, out./dez. 1962. Bibliogr. footnotes.

BROWN, GUILLERMO

2493 ETCHEPAREBORDA, Roberto. Apuntes bibliográficos sobre el Almirante Brown. HIST, B A, 2(7):79-100, en./mar. 1957.

BRUCH, CARLOS

2494 BIRABEN, Max. Carlos Bruch. REV (Univ) La Plata, n.s.: 109-32, 1943. port.

2495 PROFESOR Dr. Carlos Bruch, 1873-1943. AN (Soc Científ Arg) B A:169-83, abr. 1944. port.

BRÜGGEN, JOHANNES OTTO

2496 GUN-BAYER, Francisco. El Doctor Juan Brüggen, 1887-1953,

BIOGRAPHY (Individual)

vice-presidente de la Academia Chilena de Ciencias Naturales. REV UNIV (Univ Catól) Santiago, 38(1):5-11, 1953. port. Writings: p. 10-1.

2497 PUGA, Luis A. El Dr. Juan Brüggen. REV CHIL HIST GEOGR, Santiago, (121):164-72, en./jun. 1953. Writings: p. 166-72.

BRÜGGEN MESSDORF, JUAN

2498 CONCHA M., Manuel. El Dr. Juan Brüggen Messdorf. INFORM GEOGR, Santiago, 3(3/4):68-72, dic. 1953. port. Reports in the archives of the Instituto de Geografía: p. 70-2, for the years, 1915-1950.

BRUNER BOYDEN, STEPHEN COLE

2499 ZAYAS, Fernando de. El doctor Stephen Cole Bruner Boyden. BOL HIST NAT (Soc "F Poey") Hav, 2(7):111-22, ag. 1951. Writings: p. 113-22.

BUEN Y LOZANO, FERNANDO DE

2500 DON FERNANDO de Buen y Lozano (1895-1962). NOTICIARIO MENS, Santiago, 6(70):[1-8] mayo 1962. port. Writings on marine biology in Latin America: p. [6-8].

BULLON Y FERNANDEZ, ELOY

2501 EZGUERRA, Ramón. Obituary note: Eloy Bullón y Fernández, 1879-1957. HISP AM HIST REV, Durham, 39(2): 245-48, May 1959. Writings: a select bibliogr., p. 246-48.

BURGIN, MIRON

2502 WHITAKER, Arthur Preston. Miron Burgin, 1900-1957. HISP AM HIST REV, Durham, 37(3):340-45, Aug. 1957. Writings: p. 342-45.

BUSTAMANTE CISNEROS, RICARDO

2503 BIBLIOGRAFIA de escritores peruanos: Ricardo Bustamante Cisneros. BOL BIBLIOGR (Bibl Cent, Min Trab Asunt Indig) Lima, (12):9-12, abr. 1957.

BUSTAMANTE Y SEPTIEM, MIGUEL

2504 MALDONADO KOERDELL, Manuel. La vida y la obra de don Miguel Bustamante Septiem. REV (Soc Mex Hist Nat) Méx, 1(3):203-13, ag. 1, 1940. Bibliogr.: p. 13.

CABALLERO CALDERON, EDUARDO

2505 KRÜGER, Helga. Manuel Pacho ante la crítica estructural y objetiva. BOL CULT BIBLIOGR, Bogotá, 8(3):389-405, 1965. Bibliogr.: p. 405.

CABALLERO Y GONGORA, ANTONIO

2506 FRANKL, Víctor. La estructura barroca del pensamiento político, histórico y económico del Arzobispo-Virrey de Nueva Granda, Antonio Caballero y Góngora. BOLIVAR, Bogotá, 5:805-73, nov./dic. 1951. Bibliogr. and notes: p. 860-73.

2507 ———. La filosofía social tomista del Arzobispo-Virrey Caballero y Góngora y la de los Comuneros colombianos. Ib., 14:595-626, oct. 1952. Bibliogr. and notes: p. 623-26.

CABALLERO Y RODRIGUEZ, JOSE AGUSTIN

2508 GONZALEZ DEL VALLE Y RAMIREZ, Francisco, and ROIG DE LEUCHSENRING, Emilio. Bibliografía de José Agustín Caballero y Rodríguez. REV BIMES CUBANA, Hav, 35(2):177-83, mar./abr. 1935.

2509 ROIG DE LEUCHSENRING, Emilio, and GONZALEZ DEL VALLE Y RAMIREZ, Francisco. Bibliografía de José Agustín Caballero y Rodríguez. REV CUBANA, Hav, 2(4/6):62-7, abr./jun. 1935.

CABELLO VALBOA, MIGUEL

2510 VALCARCEL, Luis Eduardo. Miguel Cabello Valboa y la "Miscelanea Antártica." MAR SUR, Lima, 3(17):3-24, mayo/jun. 1951. Bibliogr.: p. 19-24.

CABEZAS, JOAQUIN

2511 MOLINA, Julio. Evolución y herencia de don Joaquín Cabezas. REV EDUC, Santiago, 8(47):50-6, abr./mayo 1948. Bibliogr. essay: p. 55-6.

CABRAL, ALFREDO DO VALE

2512 RODRIGUES, José Honório. Alfredo do Vale Cabral, 1851-1894. INTER-AM REV BIBLIOGR, Wash, D C, 8(1): 3-30, Mar. 1958. port. Bibliogr.: p. 27-30.

CABRAL, JORGE

2513 CAILLET-BOIS, Ricardo R. Contribución a la bibliografía de

Jorge Cabral. BOL (Inst Invest Hist) B A, 17(58/60): 796-99, oct. 1933/jun. 1934.

CABRERA, ANTONIO

2514 ALCORTA GUERRERO, Ramón. Antonio Cabrera (1847-1925). FICHAS BIBLIOGR POTOS, S Luis Potosí, 4(1):3-7, en. / mar. 1957. port., map.

CABRERA, PABLO

2515 CABRERA DOMINGUEZ, Antonio. Bibliografía del Monseñor Pablo Cabrera. BOL (Acad Arg Letr) B A, 4(13):50-1, en./mar. 1936.

CABRERA, RAFAEL

2516 MORENO, Ovidio. Biografía y bibliografía de Rafael Cabrera. REV (Univ) Puebla, 1(4):75-8, feb. 1944.

CACERES, ANDRES ALFREDO

2517 LEGUIA, Jorge Guillermo. Cáceres, el héroe. BOL BIBLIOGR (Bibl, Univ S Marcos) Lima, 1(5):37-50, nov. 1923. Bibliogr.: 47-50.

CALAMANDREI, PIERO

2518 ALCALA-ZAMORA Y CASTILLO, Niceto. Bibliografía de Piero Calamandrei. REV (Fac Der) Méx, 6(24):17-37, oct./dic. 1956.

CALANCHA, ANTONIO DE LA

2519 NOTAS bibliográficas sobre fray Antonio de la Calancha. MUS HIST, Quito, 12(35/36):202-18, abr. 1960.

CALARCA (Cacique de los Piajos)

2520 LUCENA SALMORAL, Manuel. Calarcá no murió a manos de Baltasar. BOL CULT BIBLIOGR, Bogotá, 5(10): 1265-69, 1962. Bibliogr. notes: p. 1269.

CAMACHO MORALES, JOSE

2521 RIVERA MENA, Rogelio. Fuentes para el estudio del pensamiento contemporáneo. BOL BIBLIOGR (Sec Hac Créd Públ) Méx, 10 (308, supl.):1-34, dic. 1, 1964. port. Cover-title: Periodístas mexicanos del siglo XX: José Camacho Morales. List of newspaper articles for the years, 1945-1958.

CÂMARA, JOÃO PEDRO

2522 REIS, Arthur César Ferreira. João Pedro da Câmara, um
fronteiro olvidado. REV HIST, S Paulo, 15(32):463-90,
out./dez. 1957. Bibliogr.: p. 489-90.

CAMARILLO Y ROA DE PEREYRA, MARIA ENRIQUETA

2523 MEXICO. Biblioteca Nacional. Colección María Enriqueta.
BOL (Bibl Nac) Méx, 2a. ép., 1(1):45-64, en./mar.
1950.

CAMBACERES, EUGENIO

2524 BLANCO AMORES DE PAGELLA, Angela. La lengua en la
obra de Eugenio Cambacérès. UNIV, Santa Fe, (45):
97-115, jul./sept. 1960. Bibliogr.: p. 115.

CAMINHA, ADOLPHO FERREIRA

2525 NOTICIA sôbre Adolpho Caminha. AUTOR LIVR, Rio, 4(14):
209-20, maio 2, 1943. Writings: p. 209.

CAMINHOA, JOAQUIM MONTEIRO

2526 BARROSO, Geraldo. Estudo bio-bibliográfico e elogio histórico do conselheiro professor Doutor Joaquim Monteiro
Caminhoá. REV MARIT BRAS, Rio, 70(10/12):705-27,
abr./jun. 1951. illus., ports.

CAMPECHE, JOSE

2527 DAVILA, Arturo V. José Campeche, maestro de la música.
REV (Inst Cult Puertorriq) S Juan, 3(8):14-6, jul./sept.
1960. illus., port. Bibliogr.: p. 16.

CAMPO VALLE, ANGEL DE

2528 OLEA, Héctor R. Bio-bibliografía de Angel de Campo (Micrós). BOL BIBLIOGR (Sec Hac Créd Públ) Méx, (129),
supl.):1-2, 11-4, mar. 15, 1958. ports.

CAMPOS, JOSE ANTONIO

2529 HUERTA MONTALVO, Francisco. Don José Antonio Campos,
"abuelo espiritual" de la novela vernácula ecuatoriana.
REV (Col Nac V Rocafuerte) Guayaquil, 35(66):85-94, dic.
1958. Bibliogr.: p. 94.

CANABARRO, DAVID

2530 SPALDING, WALTER. David Canabarro - Mestre brasilidade.

BIOGRAPHY (Individual)

REV (Inst Hist Geogr Bras) Rio, 197:3-62, out. /dez. 1947. Bibliogr.: p. 60-2.

CANALS FRAU, SALVADOR

2531 CACERES FREYRE, Julián. Dr. Salvador Canals Frau. AN (Acad Arg Geogr) B A, (2):7-11, 1958. port. Writings: p. 9-11.

2532 _____. Salvador Canals Frau (1893-1958). BOL BIBLIOGR ANTROP AM, Méx, 21 /22(pte. 1a.):221-22; (pte. 2a.): 367-70, 1958/1959.

2533 LAFON, Ciro René. Salvador Canals Frau; bibliografía. RUNA, B A, 9(pte. 1a. /2a.):405-13, 1958/1959. port. Writings: p. 408-13.

2534 PEDROSA, Carlos. Prof. Canals Frau. REV GEOGR, Rio, 25(51):186-87, 2o. sem. 1959. Writings: p. 187.

2535 SALVADOR Canals Frau. CHIMOR, Trujillo, 7 /9(no. único): 48-50, 1959/1961. Writings: p. 48-50.

CAÑAS, JOSE MARIA

2536 GRILLO DE CHAVARRIA, Clara Luz. El general José María Cañas. REV (Arch Nac) S José, 24(7/12):5-126, jul. / dic. 1960. port. Bibliogr.: p. 124-26.

CANDIDO, FRANCISCO DE PAULA

2537 FRANÇA, Mário Ferreira. Vida e obra do conselheiro Francisco de Paula Cándido. REV (Inst Hist Geogr Bras) Rio, 264:171-94, jul. /set. 1964. Bibliogr.: p. 190-92.

CAÑETE Y DOMINGUEZ, PEDRO VICENTE

2538 MENDOZA L., Gunnar. El Doctor Don Pedro Vicente Cañete y su historia física y política de Potosí. UNIV S FRAN XAVIER, Sucre, 17(41/42):183-302, en. /dic. 1952. Writings: p. 271-88. Sources: 289-302.

CANGOTENA Y JIJON, CRISTOBAL DE

2539 LARREA, Carlos Manuel. Bibliografía de Cristóbal de Gangotena y Jijón, individuo de número de la Academia Nacional de Historia. MUS HIST, Quito, 6(19):17-28, mar. 1954.

CAPDEVILA, ARTURO

2540 VILLACORTA CALDERON, José Antonio. "El Popol-Vuh para

todos" de Arturo Capdevila. BOL (Bibl Nac) Guat, 7(3): 128-32, oct. 1938. Writings of Arturo Capdevila: p. 31-2.

CAPDEVILA, VICTOR JOSE

2541 FERNANDEZ LATOUR, Olga. Un poeta glosador que vivió en Jáchal (San Juan) en el siglo XIX: Don Víctor José Capdevila. CUAD (Inst Nac Antrop) B A, (4):185-226, 1963. Bibliogr.: p. 225-26.

CAPDEVILLE, AGUSTO

2542 LOOSER, Gualterio. El arqueólogo don Agusto Capdeville. BOL (Bibl Nac) Santiago, 3(16):244-46, oct. 1932. Writings: p. 245-46.

CAPENEMA, GUILHERME SCHUCH, Barão de

2543 NETTO, Américo R. Bio-bibliografia rodoviária. (O Barão de Capenema - Guilherme Schuch de Capenema). RODOVIA, Rio, 9(74):40-2, mar. 1946. Bibliogr.: p. 42.

CAPOCHE, LUIS

2544 HANKE, Lewis. Luis Capoche y la historia de Potosí, 1545-1585. CUAD (Seminario Hist) Lima, 3(5):5-42, oct. 1959. Bibliogr. notes: p. 27-42.

2545 _____. _____. NOESIS, La Paz, 2(2):16-49, sept. 1960. Bibliogr. notes: p. 36-49. Trans. by Gunnar Mendoza.

CARBO, ALEJANDRO

2546 ORTIZ DE MONTOYA, Celia. Alejandro Carbó; la esencia de su personalidad y de su pensamiento educativo. UNIV, Santa Fe, (57):5-80, jul./sept. 1963. Bibliogr.: p. 79-80.

CARBONELL, DIEGO

2547 D. DIEGO Carbonell. REV (Inst Hist Geogr Bras) Rio, 238: 462-64, jan./mar. 1958. Bibliogr.: p. 463-64.

CARCANO, RAMON JOSE

2548 BIBLIOGRAFIA de Don Ramón J. Cárcano. BOL (Acad Arg Letr) B A, 15(56):407-18, jul./sept. 1946.

2549 SOLER JARDON, Fernando. Ramón J. Cárcano (1860-1946). REV INDIAS, Madrid, 7(24):421-24, abr./jun. 1946.

BIOGRAPHY (Individual)

CARDOSA, LUCIO

2550 BIBLIOGRAFIA de Lúcio Cardosa. AUTOR LIVR, Rio, 6(6): 93-5, fev. 13, 1944. Sources: p. 93.

CARILLA, EMILIO

2551 PROFESORES de la Facultad de Filosofía y Letras: bibliografía de Emilio Carilla. BOL INFORM (Bibl, Fac Filos Letr) Tucumán, 3(3):99-197, dic. 1960. Series to have been continued.

CARO, MIGUEL ANTONIO

2552 RIVAS SACCONI, José Manuel. Los escritos latinos de Miguel Antonio Caro. ABSIDE, Méx, 12(1):21-43, en. / mar. 1948. Writings given in notes: p. 35-43.

CARPENTIER, ALEJO

2553 LASTRA SALAZAR, Pedro. Notas sobre la narrativa de Alejo Carpentier. AN (Univ Chile) Santiago, 120(125): 94-101, 1o. trim. 1962. Writings: p. 101.

CARRASQUILLA, TOMAS

2554 MANGO, Nancy. Tomás Carrasquilla; una bibliografía. INTER-AM REV BIBLIOGR, Wash, D C, 9(3):249-54, Jul. /Sept. 1959.

CARREÑO, ALBERTO MARIA

2555 CARREÑO, Alberto María. Alberto María Carreño; adiciones. BOL (Bibl Nac) Méx, 2a. ép., 9(2):15-20, abr. /jun. 1958. Ser.: Bibliografías mexicanas contemporáneos, no. 8.

2556 RUBIO MAÑE, Jorge Ignacio. Nota necrológica: Dr. Alberto María Carreño, 1875-1962. BOL (Arch Gen Nac) Méx, 2a. ser., 3(3):595-600, jul. /sept. 1962. Writings: p. 599-600.

2557 TORRE VILLAR, Ernesto de la. Alberto María Carreño, in memoriam. REV INDIAS, Madrid, 23(91/92):243-56, en. /jun. 1963. Writings: p. 255-56.

CARRERA, JOSE MIGUEL

2558 LAVAL, Ramón Arminio. Adiciones. REV CHIL HIST GEOGR, Santiago, 40(44):458-90, 4o. trim. 1921. Additions to the bibliography of José Miguel Carrera by José Toribio Medina.

BIOGRAPHY (Individual)

2559 MEDINA, José Toribio. Bibliografía de Don José Miguel
  Carrera. Ib., 326-71, 4o. trim. 1921.

2560 _____. Ensayo de una bibliografía de las obras de Don José
  Miguel Carrera. REV (Mus) La Plata, 4:53-96, 1892.

CARRERA ANDRADE, JORGE

2561 CARRERA ANDRADE, Jorge. Entrevista con Jorge Carrera
  Andrade. ALCOR, Asunción, (11):4, 9, mar./abr.
  1961. Writings: p. 4.

2562 PANE, Remigio Ugo. Jorge Carrera Andrade, Ecuador, b.
  1903; a bibliography of his poems in English translation together with a list of his works. BULL BIBLIOGR,
  Boston, 18(7):147-48, May/Aug. 1945.

CARRILLO, JULIAN

2563 OSCOY CARDENAS, Manuel. Julián Carrillo. BOL (Bibl
  Nac) Méx, 2a. ép., 10(1):51-9, en./mar. 1959. Ser.:
  Bibliografías mexicanas contemporáneas, 8.

CARRION, DANIEL A.

2564 LASTRES, Juan B. Daniel A. Carrión. UNIV S CARLOS,
  Guat, (12):123-32, jul./sept. 1948. Bibliogr.: p. 132.

CARRIZO, JUAN ALFONSO

2565 CACERES FREYRE, Julián. Juan Alfonso Carrizo; contribución a su bio-bibliografía. CUAD (Inst Nac Invest
  Folk) B A, (1):19-25, 1960. port.

CARVAJAL DE LA CUEVA, LUIS DE

2566 MEADE, Joaquín. Luis de Carvajal de la Cueva, Capitán
  en la Huasteca y Gobernador del Nuevo Reino de León.
  ESTILO, S Luis Potosí, (4):201-06, 1946. Bibliogr.:
  p. 206.

CARVALHO, CARLOS DELGADO DE

2567 PROFESSOR Carlos Delgado de Carvalho. BOL GEOGR,
  Rio, 2(13):57-64, abr. 1944. Writings: p. 63-4.

CARVALHO, LUIZ PINTO DE

2568 ESBOÇO bio-bibliográfico do Dr. Luiz Pinto de Carvalho.
  REV (Acad Letr Bahia) Salvador, 11:287-93, 1950.

BIOGRAPHY (Individual)

CARVALHO, RONALD DE

2569 NOTICIA sôbre Ronald de Carvalho. AUTOR LIVR, Rio, 2 (18):279-91, jun. 7, 1942. Writings: p. 281.

CARVALHO, VICENTE AUGUSTE DE

2570 NOTICIA sôbre Vicente de Carvalho. Ib., 3(4):49-61, ag. 8, 1942. Writings: p 51.

CASAL, JULIAN DEL

2571 CABRERA SAQUI, Mario. Julián del Casal y el modernismo. REV BIMES CUBANA, Hav, 57(1):28-53, en./feb. 1946. Bibliogr.: p. 49-53.

2572 DUPLESSIS, Gustavo. Julián del Casal. Ib., 54(1):31-75, jul./ag. 1944-(3):241-86, nov./dic. 1944. Bibliogr.: 54(3):283-86.

2573 _____. Julián del Casal. UNIV HABANA, Hav, 27(164):7-134, nov./dic. 1963. Bibliogr.: p. 131-34.

CASAS, BARTOLOME DE LAS

2574 BATAILLON, Marcel. Estas Indias ... Hipótesis lascasianas. CULT UNIV, Caracas, (66/67):97-104, en./jun. 1959. References in "Notas": p. 103-04.

2575 FRIEDE, Juan. Fray Bartolomé de las Casas, exponente del movimiento indigenista español del siglo XVI. REV INDIAS, Madrid, 13(51):25-55, en./mar. 1953. Bibliogr.: p. 55.

2576 _____. Las Casas y el movimiento indigenista en España y América en la primera mitad del siglo XVI. REV HIST AM, Méx, (34):339-411, dic. 1952. Bibliogr.: p. 409-11.

2577 MORALES PATIÑO, Oswaldo. Fray Bartolomé de las Casas. REV BIMES CUBANA, Hav, 60(1/3):5-46, jun./dic. 1947. illus.

CASO, ANTONIO

2578 ALBA, Pedro de. Antonio Caso, el maestro. In memoriam, 1883-1946. BOL (Un Pan, Span) Wash, D C, 80:394-98, jul. 1946. Some books by Caso in the Columbus Memorial Library of the Pan American Union: p. 397-98.

2579 _____. _____. BULL (Pan Am Un) Wash, D C, 80:425-28, Aug. 1946. Some books by Caso in the Columbus Memorial Library of the Pan American Union: p. 428.

2580 CAMPOS, Jorge. Antonio Caso (1893-1946). REV INDIAS,
Madrid, 7(26):1041-43, oct./dic. 1946. Writings: p.
1042-43.

2581 ESCOBAR PEÑALOZA, Edmundo Félix. Antonio Caso. REV
FILOS, Méx, 1(2):9-19, jun. 1962. port. Bibliogr.:
p. 19.

2582 REINHARDT, Kurt F. Antonio Caso, Mexican philosopher.
BKS ABRD, Norman, 20(3):239-42, Summer 1946.
Writings: p. 242.

CASTAÑEDA, CARLOS EDUARDO

2583 CASTAÑEDA, Carlos Eduardo. Why I chose history. AMS,
Wash, D C, 8(4):475-92, Apr. 1952. Writings of the
author: p. 485-92.

2584 MECHAM, John Lloyd. Carlos Eduardo Castañeda, 1896-
1958. HISP AM HIST REV, Durham, 38(3):383-88,
Aug. 1958. Writings: p. 385-88.

2585 PACHECO MORENO, Manuel. El Dr. Carlos E. Castañeda;
las relaciones internacionales. LECTURA, Méx, 123(3):
92-6, jun. 1, 1958. Writings: p. 96.

CASTAÑEDA PAGANINI, RICARDO

2586 SAMAYOA GUEVARA, Héctor Humberto. Licenciado Ricardo
Castañeda Paganini. ANTROP HIST GUAT, Guat, 17(1):
66, en. 1965. Writings: p. 66.

CASTELLANOS, ALFREDO

2587 ALFREDO Castellanos. BOL BIBLIOGR ANTROP AM, Méx,
14(pte. 2a.):260-63, en./dic. 1951.

CASTELLANOS GARCIA, GERARDO

2588 RODRIGUEZ FUENTES, Lorenzo. Bibliografías contemporáneas: Gerardo Castellanos G. REV BIBLIOGR
CUBANA, Hav, 1(3):172-75, mayo/jun. 1936.

CASTELLO MONTEFIORE, DAVID

2589 ORTIZ, Sergio Elías. David Castello Montefiore, amigo de
Bolívar y promotor de empresas de cultura y de industria en Colombia. BOL CULT BIBLIOGR, Bogotá, 7(2):
223-26, 1964. Bibliogr. notes: p. 226.

CASTELLVI, MARCELINO DE

2590 HUERTAS, Gustavo. Fray Marcelino de Castellví y su método

BIOGRAPHY (Individual)　　　228

　　　　panantropológico. AMAZON COL AM, Sibundoy, 4(12/
　　　　16):99-107, 1946/1950. Sources: p. 107.

CASTILLO, RAMON

2591　RAEZ PATIÑO, Sara. Ensayo de una bibliografía Castillista.
　　　FENIX, Lima, 10:157-87, 1954.

CASTILLO, RICARDO

2592　CATALOGO cronológico de las obras del compositor Guate-
　　　malteco: Ricardo Castillo. BOL MUSIC ART VIS,
　　　Wash, D C, (32):31-2, oct. 1952.

CASTILLO VELASCO, FLORENCIO MARIA DEL

2593　SIERRA, Carlos J. Ensayo hemerográfico de Florencio
　　　María del Castillo Velasco. BOL BIBLIOGR (Sec Hac
　　　Créd Públ) Méx, 9(281, supl.):6-12, oct. 15, 1963.
　　　Writings in Monitor republicano, Méx, 1856-1863: p.
　　　8-12.

CASTILLO Y RADA, JOSE MARIA

2594　CRUZ SANTOS, Abel. Castillo y Rada, hacendista y hombre
　　　de estado. BOL CULT BIBLIOGR, Bogotá, 6(11):1722-
　　　27, 1963. Bibliogr.: p. 1727.

CASTRO, FIDEL

2595　HILTON, Ronald. Castrofobia en los Estados Unidos. FORO
　　　INTERN, Méx, 4(4):498-516, abr./jun. 1964. Bibliogr.
　　　notes: p. 514-16.

CASTRO, IGNACIO DE

2596　ROMERO, Carlos Alberto. Paliquas bibliográficas. Algunos
　　　documentos inéditos sobre idolatrías de los indios.
　　　Clamores Ayacuchanos. Un libro limeño impreso dos
　　　veces en 1616. Un sabio peruano del siglo XVIII. REV
　　　HIST, Lima, 10(2):192-228, 1936. The "sabio peruano"
　　　is Ignacio de Castro whose writings are listed: p. 226-
　　　28.

2596a VALCARCEL ESPARZA, Carlos Daniel. Ignacio de Castro,
　　　humanista tacneño y egrégico cusqueñista. DOCUMENTA,
　　　Lima, 3(1):11-128, 1951/1955. Bibliogr.: p. 118-28.

CASTRO, JOÃO JOSE PEDREIRA DE

2597　STULZER, Aurélio. Frei João José Pedreira de Castro.
　　　VOZES, Petrópolis, 56(7):534-38, jul. 1962. Bibliogr.:
　　　p. 537-38.

CASTRO, JUAN JOSE

2598 CATALOGO cronológico clasificado de las obras del compositor argentino: Juan José Castro. BOL INTERAM MUSICA, Wash, D C, (4):67-73, mar. 1958.

CASTRO, MANUEL ANTONIO DE

2599 ROMERO DEL PRADO, Víctor Nicolás. El Doctor Manuel Antonio de Castro y la independencia del Alto Perú (Bolivia). REV (Univ) Córdoba, 28(7/8):799-814, sept. / oct. 1941. Bibliogr.: p. 814.

2600 TROSTINE, Rodolfo. Contribución a la bibliografía de Manuel Antonio de Castro. REV (Inst Hist Der) B A, 1:47-58, 1949.

CASTRO, WASHINGTON

2601 CATALOGO cronológico clasificado de las obras del compositor argentino: Washington Castro. BOL INTERAM MUSICA, Wash, D C, (5):57-9, mayo 1958. music.

CASTRO BARROS, PEDRO IGNACIO DE

2602 ARAÑA, Enrique (hijo). El doctor Pedro Ignacio de Castro Barros; rasgos de su actuación política; bio-bibliografía. ESTUD, B A, 57(312):171-244, jun. 1937. Annotated list of writings: p. 193-244.

CASTRO POZO, HILDEBRANDO

2603 BIBLIOGRAFIA de escritores peruanos: Hildebrando Castro Pozo. BOL BIBLIOGR (Bibl Cent, Min Trab Asunt Indíg) Lima, (15/17):3-4, jul. /sept. 1957.

2604 BIO-BIBLIOGRAFIA de Hildebrando Castro Pozo. LETR, Lima, (35):557-84, 3o. cuatrim. 1946.

CASTRO VELEZ, FRANCISCO DE ASIS

2605 MONTEJANO Y AGUIÑAGA, Rafael. Dr. Francisco de Asís Castro (1860-1933). FICHAS BIBLIOGR POTOS, S Luis Potosí, 3(1):3-17, en. /mar. 1956. Writings: p. 10-7.

CATURELLI, ALBERTO

2606 FERNANDEZ SABATE, Edgardo. La obra filosófica de Alberto Caturelli a través de sus últimos libros. REV (Univ) Córdoba, 2a. ser., 3(1/2):313-59, mar./jun. 1962. Writings: p. 314-19; bibliogr.: p. 353-59.

BIOGRAPHY (Individual)

CAULIN, ANTONIO

2607 MORON, Guillermo. En torno a la obra de Caulín. REV NAC CULT, Caracas, 18(115):68-82, mar. /abr. 1956. Bibliogr.: p. 78-9.

CAYMI, DORIVAL

2608 TAPHANEL, Víctor. Dorival Caymi y la canción popular en Bahía. REV CULT BRAS, Madrid, 1(3):216-30, dic. 1962. Bibliogr.: Música popular y general del Brasil por Terezhina F. Spinola: p. 263-66.

CELSO, MARIA EUGÊNIA

2609 BIBLIOGRAFIA de Maria Eugênia Celso. AUTOR LIVR, Rio, 5(12):188, out. 10, 1943. Sources: p. 188.

CERVANTES SAAVEDRA, MIGUEL DE

2610 COSTAGLIOLA C., Sergio. Cervantes en la Biblioteca Nacional. AN (Univ Chile) Santiago, 108(75/76):11-151, 3o. /4o. trim. 1949.

2611 NALLIM, Carlos Orlando. Sobre la estructura del Quijote. PALABRA HOMBRE, Xalapa, (31):365-87, jul. /sept. 1964. Bibliogr.: p. 385-87.

2612 ORTEGA TORRES, José J. Cervantes en la literatura colombiana. BOL (Inst Caro Cuervo) Bogotá, 5:447-77, 1949. Bibliogr.: p. 448-77.

2613 TORRES QUINTERO, Rafael. Cervantes en Colombia; ensayo de bibliografía crítica de los trabajos cervantinos producidos en Colombia. Ib., 4(1):29-89, en. /abr. 1948.

2614 VALLE, Rafael Heliodoro. Bibliografía cervantina en Hispanoamerica. REV INDIAS, Bogotá, 2a. ép., 24(76):87-114, abr. 1945. illus. To have been continued.

2615 _____. Cervantes en la América española. CUAD HISP, Madrid, (93):369-81, sept. 1957. Bibliogr.: p. 379-81.

CERVERA MOLINA, JOSE TIBURCIO

2616 SUAREZ, Víctor M. Don José Tiburcio Cervera Molina. REV ESTUD YUCAT, Mérida, (3):27-34, dic. 1949. Writings: p. 29-34.

CESAR, CORNELIO ADRIAN

2617 STOLS, Alexander Alphonso Marius. Cornelio Adrián César, imprsor holandés en México. (Apuntes para la historia de la imprenta mexicana). BOL (Bibl Nac) Méx, 2a. ép., 8(3):3-25, jul./sept. 1957. Titles printed by César: p. 17-24. Bibliogr.: p. 24-5.

CESARINO, ANTÔNIO FERREIRA

2618 ANTÔNIO Ferreira Cesarino Junior. REV (Fac Direit) S Paulo, 34(3):83-5, set./dez. 1938. Writings: p. 84-5.

2619 ANTÔNIO Ferreira Cesarino Júnior. Ib., 58:24-8, 1963. port. Bibliogr.: p. 27-8.

CHAPMAN, FRANK MICHLER

2620 PHELPS, William H. La contribución del Dr. Frank M. Chapman a la ornitología venezolana. BOL (Soc Venez Cien Nat) Caracas, 10(64):99-106, jul./sept. 1945. port. Writings: p. 103-06.

CHAVERO, ALFREDO

2621 GURRIA LACROIX, Jorge. Alfredo Chavero; estudio historiográfico de su libro "La Conquista" tomo I de "México a través de los siglos," obra publicada bajo la dirección de Don Vicente Riva Palacio. BOL (Bibl Nac) Méx, 2a. ép., 3(1):3-16, en./mar. 1952. Sources used by Chavero: p. 8-10. Bibliogr.: p. 15-6.

CHAVEZ, CARLOS

2622 CATALOGO cronológico de las obras del compositor mexicano: Carlos Chávez. BOL MUSIC ART VIS, Wash, D C, (71/73):37-44, en./mar. 1956. music.

CHAVEZ, EZEQUIEL ADEODATO

2623 RODRIGUEZ, Horacio. Magisterio y doctrina de Ezequiel A. Chávez. BOL (Bibl Nac) Méx, 2a. ép., 11(2):5-36, abr./jun. 1960. Ser.: Bibliografías mexicanas contemporáneas, 11.

CHI, GASPAR ANTONIO

2624 BLOM, Frans Ferdinand. Gaspar Antonio Chi, interpreter. AM ANTHROP, n.s., 30(2):250-62, Apr./Jun. 1928. Biblogr.: p. 262.

CHIAPPORI, ATILIO MANUEL

2625 BIBLIOGRAFIA de Don Atilio Chiáppori. BOL (Acad Arg Letr) B A, 16(59):213-14, abr./jun. 1947.

CHICO GOERNE, LUIS

2626 RIO GOVEA, Manuel del. Luis Chico Goerne. CRIMINAL, Méx, 26(7):509-16, jul. 1960. Bibliogr.: p. 516.

CHILDE, VERE GORDON

2627 CHILDE, Vere Gordon. Retrospección. UNIV S CARLOS, Guat, (60):39-149, mayo/ag. 1963. port. Bibliogr. of the author: p. 149.

CHOCANO, JOSE SANTOS

2628 PANE, Remigio Ugo. José Santos Chocano, Peru, 1875-1934. A bibliography of his poems in English translation together with a list of his works. BULL BIBLIOGR, Boston, 18(4):81-3, May/Aug. 1944.

2629 ROSENBAUM, Sidonia C. José Santos Chocano, bibliografía. REV HISP MOD, 1(3):191-93, abr. 1935.

CHOQUEHUANCA, JOSE DOMINGO

2630 PUERTAS CASTRO, Néstor. La investigación histórica acerca de Choquehuanca. PERU INDIG, Lima, 5(12): 76-99, dic. 1953. illus., port. Bibliogr.: p. 90-9.

2631 _____. La personalidad de José Domingo Choquehuanca y su estirpe incarial. REV HIST AM, Méx, (55/56):158-77, en./dic. 1963. Bibliogr.: p. 168-77.

CLAVIJERO, FRANCISCO JAVIER

2632 CUEVAS, Mariano. Francisco Javier Mariano Clavigero (Veracruz, 9 septiembre 1731--Bolonia, 5 abril 1787. BOL BIBLIOGR MEX, Méx, 8(88):3-8, abr. 30, 1947. Bibliogr. note by Rubén García: p. 5-8.

2633 GARCIA GRANADOS, Rafael. Clavijero: estudio bibliográfico. UNIV MEX, Méx, 3(14):158-72, dic. 1931. Bibliogr.: p. 164-72.

2634 _____. Noticia bibliográfica de las obras del Abate Francisco Javier Clavijero. AN (Mus Nac Arqueol Hist Etnogr) Méx, 4a. ép., 7(2):407-21, en./dic. 1932.

CODAZZI, GIOVANNI BATTISTA AGOSTINO

2635 ACEVEDO LATORRE, Eduardo. Codazzi en Colombia. REV (Acad Col Cien Exáct Fís Nat) Bogotá, 10(41):xxv-xxxiii, ag. 1959. Writings of Codazzi compiled by Andrés Soriano Lleras: p. xxxii-xxxiii.

2636 SORIANO LLERAS, Andrés. Bibliografía sobre Codazzi.
BOL (Soc Geogr) Bogotá, 18(68):203-05, 4o. trim. 1960.

2637 _____. Complemento a la bibliografía de Codazzi. Ib.,
20(73/76):62-3, 1o./2o. sem. 1962.

2638 VILA, Pablo. Agustín Codazzi: el hombre y su obra. ACTA
CIENTIF VENEZ, Caracas, 10(1):3-9, mar. 1959. port.

COELHO NETTO, HENRIQUE

2639 FARIA, Octavio de. Coelho Netto na literatura brasileira.
INTER-AM REV BIBLIOGR, Wash, D C, 15(2):95-110,
Apr./Jun. 1965. Bibliogr.: p. 108-10.

2640 GONÇALVES, Lopes. Coelho Neto; o centenário de um
mestre. REV TEATRO, Rio, (337):9-12, jan./fev.
1964. port. Writings: p. 11-2.

2641 LAPA, José Roberto do Amaral. Coelho Netto em Campinas
(1901-1904). REV HIST, S Paulo, 21(43):15-48, jul./set.
1960. Bibliogr.: p. 46-8.

COESTER, ALFRED LESTER

2642 TO ALFRED Coester, editor, 1927-1941. HISPANIA, 25(3):
259-83, Oct. 1942. Special issue contains: - Bibliography
of the works of Alfred Coester, by John T. Reid. -
Progress in providing the bibliographical background for
Spanish American studies, by E. Herman Hespelt.

COLETY, JUAN DOMINGO

2643 GIRALDO JARAMILLO, Gabriel. El Padre Juan Domingo
Colety y su Diccionario histórico-geográfico de la
América Meridional. BOL (Soc Geogr) Bogotá, 10(1):
6-22, 1o. trim. 1952. Bibliogr.: p. 21-2.

COLL, PEDRO EMILIO

2644 BRICEÑO IRAGORRY, Mario. Apuntes para un retrato de
Pedro Emilio Coll. CULT UNIV, Caracas, (1):9-41,
mayo/jun. 1947. Bibliogr.: footnote 3, p. 17-9. Includes writings of E. Coll.

COLMO, ALFREDO

2645 ALFREDO Colmo. LIT ARG, B A, 7(83):259-60, jul. 1935.
port. on cover. Writings: p. 260.

COLON, FERNANDO

2646 JOS, Emilio. Investigaciones sobre la vida y obras iniciales de Don Fernando Colón. ANUAR ESTUD AM, Sevilla, 1:525-698, 1944. Bibliogr.: p. 673-98.

2647 TORRE REVELLO, José. Don Hernando Colón; su vida, su biblioteca, sus obras. REV HIST AM, Méx, (19):1-59, jun. 1945. Contains writings of Fernando Colón.

COLUMBUS, CHRISTOPHER

2648 ABOAL AMARO, José Alberto. Apuntes bibliográficos sobre Cristóbal Colón y el descubrimiento de América. REV NAC, Monte, 16(176):250-302, ag. 1953-(180):383-419, dic. 1953.

2649 FLOREN LOZANO, Luis. Bibliografía colombina, catálogo de los libros de Colón o acerca de Colón que se pueden encontrar en bibliotecas de la República Dominicana. FARO COLON, C Trujillo, 4(8):109-29, en./jun. 1953.

2650 GANDIA, Enrique de. Tres interrogantes colombinos. REV GEOGR AM, B A, 12(70):23-9, jul. 1939. Bibliogr.: p. 29.

2651 GARRIDO, Fernando Arturo. Nuestra estatua de Colón. FARO COLON, C Trujillo, 6(11):70-95, en./abr. 1955. Bibliogr.: p. 86.

2652 GUIA bibliográfica colombina. LIBRO PUEBLO, Méx, 6a. ép., (9):38-42, oct. 1965.

2653 JANE, Lionel Cecil. The letter of Columbus announcing the success of his first voyage. HISP AM HIST REV, Durham, 10(1):33-50, Feb. 1930. Eight versions of letter listed with comparisons.

2654 SCARANO, Paolo. Ancora sulla questione colombiana. ITALIA-AM LAT, Napoli, 2(3/4):3-10, jul./dic. 1960. port, map. Bibliogr. notes: p. 8-10.

2655 STECK, Francis Borgia. Christopher Columbus and the Franciscans. AMS, Wash, D C, 3(3):319-41, Jan. 1947. Bibliogr.: p. 338-41.

2656 TEJERA, Bertha de la. La bibliografía de Colón en la Biblioteca de Coronado. BOL (Asoc Cubana Bibl) Hav, 7(2):47-50, jun. 1955.

2657 VALLE HERRERA, Ramona del, PELLEGRINI, Adele F., and others. Bibliografía colombiana existente en Mendoza. REV HIST AM ARG, Mendoza, 1(1/2):437-445, 1956/1957.

BIOGRAPHY (Individual)

CONTRERAS, FRANCISCO

2658 CONTRERAS, Francisco. La zorra bruja (cuento). ANTARTICA, Santiago, 2a. ép., (17):74-82, abr. 1946. Writings of the author: p. 82.

CONTRERAS Y VALVERDE, VASCO DE

2659 HERRERA, Fortunato L. Dr. Vasco de Contreras y Valverde, botanista cuzqueño. REV UNIV, Cuzco, 2a. ép., 21:3-251, 1o. sem. 1932. Bibliogr.: p. 25.

CONY, LUIS GONZAGA

2660 ALTAMIRA GARCIA, Luis Roberto. Luis Gonzaga Cony y el Aula Academica de la Concepción en Córdoba. AN (Inst Art Am Invest Estét) B A, (5):67-84, 1952. port. Bibliogr. notes: p. 81-4.

CORBACHO, JOSE MARIA

2661 BACA Y CORZO, Gustavo. José María Corbacho, prócer arequipeño. REV (Univ S Agustín) Arequipa, 27(41/42): 173-203, 1o./2o. trim. 1955. port. Bibliogr. notes: p. 201-03.

CORDOVA, MATIAS DE

2662 SAMAYOA GUEVARA, Héctor Humberto. Fray Matías de Córdova, educador centroamericano. ANTROP HIST GUAT, Guat, 16(2):21-35, dic. 1964. Bibliogr.: p. 34-5.

COREAL, FRANCISCO

2663 GIRALDO JARAMILLO, Gabriel. Francisco Coreal y su viaje a las Indias Occidentales. BOL (Soc Geogr) Bogotá, 11(1):27-59, 1o. trim. 1953. Bibliogr.: p. 60-2.

CORONADO, MARTIN

2664 EL POETA y su obra dramática. BOL ESTUD TEATRO, B A, 8(29/30):71-2, abr./sept. 1950. Writings of Martín Coronado.

CORPANCHO, MANUEL NICOLAS

2665 ROMERO DE VALLE, Emilia. Bibliografía literaria de Corpancho en México. BOL BIBLIOGR (Bibl, Univ S Marcos) Lima, 18(1/2):39-43, jun. 1948.

CORREA, LUIS

2666 GRASES, Pedro. Contribución a la bibliografía de Don Luis Correa. REV NAC CULT, Caracas, 2(18):108-14, mayo 1940.

CORTES, HERNAN

2667 CARRERA STAMPA, Manuel. Algunas fichas bibliográficas de Don Hernando Cortés. REV IBEROAM, 16(32):423-36, ag. 1950/en. 1951.

2668 DAVALOS HURTADO, Eusebio. Los restos de Hernán Cortés. MEM REV (Acad Nac Cien) Méx, 57(3/4):431-57, 1955. illus. Bibliogr.: p. 445-46.

2669 HERNAN Cortés (1485-1547). BOL BIBLIOGR MEX, Méx, 8(95/96):15-6, nov. 30/dic. 31, 1947.

2670 TOUSSAINT, Manuel. El criterio artístico de Hernán Cortés. ESTUD AM, Sevilla, 1(1):59-96, sept. 1948. ports. Bibliogr.: p. 105.

2671 VALLE, Rafael Heliodoro. Bibliografía referente a Hernán Cortés. DIVUL HIST, Méx, 1(2):55, dic. 15, 1939-(5):208-11, mar. 15, 1940. Bibliogr. contains 100 items.

2672 _____. _____, (parte segunda). Ib., 2(2):95-7, dic. 15, 1940; (9):462-63, jul. 15, 1941; (10):509-11, ag. 15, 1941. Bibliogr. contains 100 items.

2673 _____. _____. Ib., 3(10):538, ag. 15, 1942-(11):590-92, sept. 15, 1942.

CORTINAS, CESAR

2674 MULLER, María V. de. César Cortinas. REV NAC, Monte, 2(21):387-402, sept. 1939. Compositions: p. 402.

COSME, LUIZ

2675 CATALOGO cronológico de las obras del compositor brasileño: Luiz Cosme. BOL MUSIC ART VIS, Wash, D C, (61/62):21-6, mar./abr. 1955. music.

2676 COSME, Zilda. Panorama da composição musical do Brasil: Cosme. REV LIVRO, Rio, 6(21/22):239-46, mar./jun. 1961. port. Compositions and bibliogr.

COSTA, CLAUDIO MANOEL DA

2677 CARVALHO, Jarbas Sertório de. O homicídio do desembargador Cláudio Manoel da Costa. REV (Inst Hist Geogr)

S Paulo, 61:43-79, 1953. References in chronological order: p. 58-67.

COSTA, FERNANDO

2678 NETTO, Américo R. Bio-bibliografia rodoviária. RODOVIA, Rio, 9(73):16-8, feb. 1946. References to Fernando Costa: p. 18.

COSTA, JOÃO BAPTISTE DE OLIVEIRA JUNIOR

2679 NOVO titular da cátedra de medicina legal, Dr. João Baptista de Oliveira e Costa Júnior. REV (Fac Direit) S Paulo, 58:347-65, 1963. port. Bibliogr.: p. 349-51.

COUTO, RUI RIBEIRO

2680 ALGUMAS fontes bibliográficas relativas a obra poética de Ribeiro Couto. AUTOR LIVR, 4(12):189, abr. 11, 1943.

COUTURE, EDUARDO JUAN

2681 ALCALA-ZAMORA Y CASTILLO, Niceto. Bibliografía da Eduardo J. Couture. REV (Fac Der) Méx, 6(24):41-60, oct./dic. 1956.

2682 _____. Homenaje a Eduardo J. Couture. INTER-AM REV BIBLIOGR, Wash, D C, 9(4):363-76, Oct./Dec. 1959.

2683 PEIRANO FACIO, Jorge. Eduardo J. Couture. - Ficha biográfica de E. J. Couture. - Bibliografía de Eduardo J. Couture. REV DER JURIS ADMIN, Monte, 54(3/10):49-62, mar./oct. 1956.

COVARRUBIAS, MIGUEL

2684 MILLER, Evelyn G. A bibliography of Miguel Covarrubias. BULL BIBLIOGR, Boston, 18(7):159-60, May/Aug. 1945; (8):184-87, Sept./Dec. 1945.

CRESPO, ANGEL

2685 ANDRADE, Mário de. Poemas; traducidos por Angel Crespo. REV CULT BRAS, Madrid, 2(4):5-11, mar. 1963. Writings: p. 78-9, compiled by Terezinha F. Spinola.

CRUCHAGA SANTA MARIA, ANGEL

2686 SOLER, Hernán del. Angel Cruchaga Santa María. ANDEAN QUART, Santiago, [1]:15-20, Fall 1946. Writings: p. 20.

CRUZ FERNANDEZ, ANTONIO

2687 VIDAL, Guillermo. D. Antonio Cruz Fernández, teniente de protomédico en la Intendencia del Paraguay. AN (Fac Cien Méd) Asunción, 5(22):429-44, dic. 1945. Bibliogr.: p. 443-44.

CUELLAR, JOSE TOMAS

2688 PEREZ MARTINEZ, Héctor. Facundo en su laberinto. LIBRO PUEBLO, Méx, 12(3):115-22, mar. 1934. Bibliogr. of José Tomás de Cuellar (Facundo): p. 121-22.

CUERVO, LUIS AUGUSTO

2689 CURRICULUM vitae del Dr. Luis Augusto Cuervo. BOL HIST ANTIG, Bogotá, 41(475):316-20, mayo 1954. Writings: p. 317-20.

CUESTA PORTE PETIT, JORGE

2690 SIERRA, Carlos J. Fuentes para el estudio del pensamiento contemporáneo: Jorge Cuesta Porte Petit. BOL BIBLIOGR (Sec Hac Créd Públ) Méx, 10(304):8-10, oct. 1, 1964. port. Listing of newspaper articles for the years, 1932-1953.

CUEVAS, MARIANO

2691 BRAVO UGARTE, José. El P. Mariano Cuevas, S. J. (1879-1949). REV HIST AM, Méx, (27):103-07, jun. 1949. Writings: p. 104-07.

2692 MARIANO CUEVAS, S. J. REV INDIAS, Madrid, 10(36): 457-59, abr./jun. 1949. Writings: p. 459.

CUNHA, EUCLIDES DA

2693 NOTICIA sôbre Euclides da Cunha. AUTOR LIVR, Rio, 3(5): 65-76, ag. 16, 1942. Writings: p. 68.

2694 RIEDEL, Dirce Côrtes. O poeta Euclides da Cunha. LEIT LIVR, Rio, 3(11):145-61, jan./mar. 1953. Bibliogr. and writings: p. 146-61.

2695 SOUSA, J. Galante de. Algumas fontes para o estudo de Euclides da Cunha. REV LIVRO, Rio, 4(15):183-219, set. 1959.

CUNHA, TRISTÃO LEITÃO DA

2696 NOTICIA sôbre Tristão da Cunha. AUTOR LIVR, Rio, 3(18): 269-78, dez. 13, 1942. Writings: p. 277.

DABENNE, ROBERT

2697 MacDONAGH, Emiliano J. Doctor Roberto Dabenne. REV

239   BIOGRAPHY (Individual)

(Mus) La Plata, n.s.:135-42, 1938. port. Writings: p. 140-42.

DANIEL, JUAN BAUTISTA

2698   MESA, José de, and GISBERT, Teresa. Otras obras de Juan Bautista Daniel en Bolivia. AN (Inst Art Am Invest Estét) B A, (14):97-8, 1961. plates. Bibliogr. note: p. 98.

2699   _____. _____. El pintor Juan Bautista Daniel. Ib., (13): 91-5, 1960. plates. Bibliogr. note: p. 94-5.

DAQUILMA, FERNANDO

2700   COSTALES SAMANIEGO, Alfredo. Fernando Daquilma. LLACTA, Quito, 2(2):9-138, nov. 1956. facsims. Bibliogr.: p. 137-38.

DARIO, RUBEN

2701   ALBIZUREZ PALMA, Francisco. Versión de la vida en dos sonetos de Darío. UNIV S CARLOS, Guat, (65):129-35, en./abr. 1965. Bibliogr.: p. 135.

2702   CAILLET-BOIS, Julio. Rubén Darío; apuntes para una bibliografía de sus obras malogradas. SUR, B A, 16(162): 101-09, abr. 1948.

2703   DARIO, Rubén. Poesías y prosas raras compilades y anotadas por Julio Saavedra Molina. An (Univ Chile) Santiago, 3a. ser., 96(29/30):96-197, 1o./2o. trim. 1938. Writings not included in Dario's Obras completas, together with list of poems and prose: p. 192-97.

2704   FERRERO ACOSTA, Luis. Presencia de Rubén Darío en "Repertorio americano," 1919-1956. BOL (Asoc Costa Bibl) S José, 1(7/8):34-9, en./mayo 1957. port.

2705   MOLINA NUÑEZ, Julio. Una incompleta bibliografía sobre Rubén Darío en Chile. ATENEA, Concepción, 35 (134):285-93, ag. 1936. Additions, with comment, to the bibliography of Rubén Darío by Raúl Silva Castro.

2706   PANE, Remigio Ugo. Rubén Darío, Nicaragua, 1867-1916; a bibliography of his poems and short stories in English translation together with a list of his works. BULL BIBLIOGR, Boston, 18(3):60-2, Jan./Apr. 1944.

2707   RUBEN Darío. LOTERIA, Panamá, (69):1-28, feb. 1947. illus., ports. Contains: Historia de mis libros, by Rubén Darío.

2708   SAAVEDRA MOLINA, Julio. Bibliografía de Rubén Darío,

REV CHIL HIST GEOGR, Santiago, (105):114-32, jul. / dic. 1944; (106):177-219, en. /dic. 1945; (107):339-86, en. /jun. 1946.

2709 SILVA CASTRO, Raúl. Bibliografía de Rubén Darío en Chile. BOL (Bibl Nac) Santiago, 1(13):14-6, jul. 1930; (14):13-6, ag. 1930. To have been continued.

DARWIN CHARLES ROBERT

2710 FUENZALIDA GRANDON, Alejandro. Darwin en Chile. A cien años de un viaje famoso. AN (Univ Chile) Santiago, 3a. ser., 91(12):82-114, 4o. trim. 1933. port. Bibliogr.: p. 108-14.

2711 PI SUÑER, Santiago. Charles Darwin; el hombre y su obra vistos cien años después. UNIV, Panamá, (38):225-67, 1960. Bibliogr.: p. 265-67.

2712 SCHILLER, Walther. Primer centenario de la salida de Charles Darwin en el bergantín "Beagle" con bibliografía geográfico-geológica. REV (Mus) La Plata, 33:299-325, 1932. Bibliogr.: p. 300-25.

2713 VARGAS C., César. Darwin en el Perú. REV UNIV, Cuzco, 2a. ép., 24(69):155-60, 2o. sem. 1935. Bibliogr.: p. 160.

DAUS, FEDERICO ALBERTO

2714 FOCHLER HAUKE, Gustavo. Federico A. Daus. HUMANITAS, Tucumán, 2(4):347-51, 1954. Writings: p. 350-51.

DAVALOS Y FIGUEROA, DIEGO

2715 SANCHEZ, Luis Alberto. Diego Dávalos y Figueroa. BOL BIBLIOGR, (Bibl, Univ S Marcos) Lima, 1(7):89-95, abr. 1924. Bibliogr.: p. 89.

DAWSON, BERNARD H.

2716 EL DR. Bernard H. Dawson. AN (Acad Arg Geogr) B A, (4):7-18, 1960. port. Writings: p. 14-8.

DEBENEDETTI, SALVADOR

2717 DOCTOR Salvador Debenedetti; homenaje a su memoria. REV (Mus) La Plata, 33:251-71, 1932. port. Writings of an archaeological content: p. 265-69.

2718 RIVET, Paul. Salvador Debenedetti. JOUR (Soc Am) Paris, n.s., 22(2):375-78, 1930. port. Writings: p. 376-77.

DECROLY, OVIDE

2719 HALCONRUY, René. Tres aspectos de la personalidad del Dr. Ovidio Decroly. FILOS LETR EDUC, Quito, 4(10): 23-41, en./abr. 1951. Bibliogr.: p. 40-1.

DELGADILLO, LUIS A.

2720 CATALOGO cronológico de las obras del compositor nicaragüense: Luis A. Delgadillo. BOL MUSIC ART VIS, Wash, D C, (49/50):25-30, mar./abr. 1954. music.

DELGADO, HONORIO

2721 BIO-BIBLIOGRAFIA del Dr. Honorio Delgado. BOL (Bibl Nac) Lima, 2(5):10-6, oct. 1944. List of 189 writings.

DELGADO, RAFAEL

2722 ALLEMAND, Paul. Rafael Delgado, costumbrista mexicano. AN (Mus Nac Arqueol Hist Etnogr) Méx, 4a. ép., 7(1): 147-236, en./dic. 1931. Writings and bibliogr.: p. 233-36.

2723 MOORE, Ernest Richard, and BICKLEY, James G. Rafael Delgado; notas bibliográficas y críticas. REV IBEROAM, 6(11):155-202, feb. 1943.

DELGADO PALACIOS, GUILLERMO

2724 RÖHL, Eduardo. Doctor Guillermo Delgado Palacios. BOL (Soc Venez Cien Nat) Caracas, (1):31-6, 1931. Writings: p. 32-4.

DELIGNE, RAFAEL A

2725 FICHAS bio-bibliográficas de escritores dominicanos: Rafael A. Deligne. REV EDUC, C Trujillo, 19(91):95-6, jul./sept. 1948.

DELLEPIANE, ANTONIO

2726 TORRE REVELLO, José, and CANTER, Juan de la. Bibliografía de significado social de Antonio Dellepiane y Ernesto Quesada. BOL (Inst Sociol) B A, (1):177-200, 1942.

DENIS, LORIMER

2727 BIBLIOGRAPHIE de M. Lorimer Denis. BULL (Bur Ethnol) Port-au-Prince, 3(14):15-8, jan. 1958.

BIOGRAPHY (Individual)

DERBY, ORVILLE ADELBERT

2728 CENTENARIO de nasimento de Orville Derby. REV BRAS GEOGR, Rio, 13(2):151-52, abr./jun. 1951. Writings given.

DERISI, OCTAVIO NICOLAS

2729 PADILHA, Tarciso M. Nicolas Derisi. VERBUM, Rio, 13(2/3):299-323, jun./set. 1956. Writings: p. 303-23.

DESCARTES, RENE

2730 BIBLIOGRAFIA sumaria de los estudios cartesianos (1925-1936). ESTUD, B A, 57(314):548-56, ag. 1937.

2731 FRANKL, Víctor. Descartes e Hispanoamérica. REV INDIAS, Bogotá, 36(114):285-316, jul./ag. 1950. Bibliogr.: p. 313-16.

DESSALINES, JEAN JACQUES

2732 DUVALIER, François. Le drapeau dessalinien. REV (Soc Hait HIST GEOGR GEOL) Port-au-Prince, 30(104):7-38, juil./oct. 1957. illus. Bibliogr.: p. 22.

2733 PATTEE, Richard. Jean Jacques Desalines, fundador de Haiti. REV BIMES CUBANA, Hav, 38:67-97, 2o. sem. 1936.

DIAS, ANTONIO GONÇALVES

2734 ACKERMANN, Fritz. A obra poética de Antonio Gonçalves Dias. REV (Arquiv Munici) S Paulo, 64:213-48, fev. 1940. Writings and bibliogr.: p. 245-48.

2735 _____. Bibliografia de Gonçalves Dias. BOL BIBLIOGR, S Paulo, 1:53-6, oct./dez. 1943.

2735a GONÇALVES, Lopes. Antônio Gonçalves Dias. REV TEATRO, Rio, (340):38-47, jul./ag. 1964. Writings and bibliogr.: p. 43-7.

DIAZ, JUAN

2736 BIBLIOGRAFIA sobre el Capitán Juan Díaz. REV (Arch Nac) Bogotá, 3(22):45-6, en. 1939.

DIAZ, SEVERO

2737 DAVILA GARIBI, José Ignacio. Don Severo Díaz, veterano de la antigua Sociedad Científica "Antonio Alzate," hoy

BIOGRAPHY (Individual)

Academia Nacional de Ciencias. MEM REV (Acad Nac Cien) Méx, 57(3/4):547-60, 1955. Writings: p. 555-57.

DIAZ ALBORNOZ, JOSE JAVIER

2738 SEGRETI, Carlos S. A. La gobernación de José Javier Díaz en 1820. REV HUMAN, Córdoba, 1(3):57-95, abr. 1960. Bibliogr.: p. 94-5.

DIAZ DE GAMARRA Y DAVALOS, JOSE BENITO

2739 RAMIREZ, Esteban. Biobibliografía del Dr. D. José Benito Díaz de Gamarra y Dávalos. MEM REV (Acad Nac Cien) Méx, 59(3/4):255-333, 1964. Writings: p. 331.

DIAZ DEL CASTILLO, BERNAL

2740 CARDOZA Y ARAGON, Luis. Notas sobre Bernal Díaz del Castillo. LIBRO PUEBLO, Méx, 10(9):1-10, nov. 1932. Editions of the Verdadera Historia de la Conquista de la Nueva España: p. 9-10.

1741 CHINCHILLA AGUILAR, Ernesto. De Beranl Díaz y Fuentes y Guzmán, en lo que toca a cuestiones historigráficas. UNIV S CARLOS, Guat, (30):61-101, jul./sept. 1954. Works consulted by Fuentes y Guzmán: p. 94-7.

2742 VILLACORTA CALDERON, Jose Antonio. Notas bibliográficas de la obra de Bernal Díaz del Castillo. AN (Soc Geogr Hist) Guat, 10(4):478-89, jun. 1934. Editions: 483-86; references: p. 487-89.

2743 WAGNER, Henry Raup. Three studies in the same subject: Bernal Días del Castillo - The family of Bernal Díaz del Castillo - Notes on writings by and about Bernal Díaz del Castillo. HISP AM HIST REV, Durham, 25(2): 155-211, May 1945. Notes on the writings: p. 199-211.

DIAZ GARCES, JOAQUIN

2744 MUNDY, E. Evangeline. Joaquín Díaz Garcés (Angel Pino); su vida y su obra (1878-1921). AN (Univ Chile) Santiago, 4a. ser., 100(47/48):5-186, 3o./4o. trim. 1942. This is only pt. 1, the bibliography. Pt. 2 in preparation.

DIAZ MIRON, SALVADOR

2745 GALLEGOS VALDES, Luis. Notas sobre la poesía de Díaz Mirón. CULT, S Salvador, (30):24-39, oct./dic. 1963. Bibliogr.: p. 39.

DIAZ RODRIGUEZ, MANUEL

2746 DUNHAM, Lowell. Manuel Díaz Rodríguez, maestro del estilo.

BIOGRAPHY (Individual)

BOL (Acad Venez corr Española) Caracas, 16(61/62):1-105, en./jun. 1949. Writings and bibliogr.: p. 103-05.

2747 VANNINI, Maritza. Bibliografía de Manuel Díaz Rodríguez. TEMAS BIBLIOTEC, Caracas, 1(2):23-5, nov. 1956.

DICKENS, CHARLES

2748 BOSSMANN, Reinaldo. Bibliografía dickensiana. LETR, Curitiba, (11):159-68, 1960.

DIEZ-CANEDO, ENRIQUE

2749 BIBLIOGRAFIA de Enrique Díez-Canedo. LETR MEX, Méx, 4(20):11, ag. 1, 1944.

DIHIGO Y MESTRE, JUAN MIGUEL

2750 DIHIGO Y LOPEZ-TRIGO, Ernesto. Bibliografía del Dr. Juan Miguel Dihigo y Mestre. BOL (Acad Cubana Leng) Hav, 11(1):130-217, nov. 1964/sept. 1965.

DOBLES SEGREDA, LUIS

2751 MARCHENA VALLERRIESTRA, Julián. Luis Dobles Segreda (bibliógrafo) 1890-1956. BOL (Asoc Costa Bibl) S José, 1(7/8):30-3, en./mayo 1957. port. Listing of the 9 volumes, 1927-1936, of the Indice bibliográfico by Dobles Segreda.

DOMEYKO, IGNACIO

2752 DOMEYKO, Ignacio. Bibliografía de Don Ignacio Domeyko confecionada por él mismo en sus Memorias inéditas. AN (Univ Chile) Santiago, 112(90/92):163-69, 2o./4o. trim. 1953. Further writings cited in the author's Reseña de los trabajos de la Universidad desde 1855 hasta el presente, pt. 2, p. 235-76.

2753 POBLETE MUÑOZ, Olfa. Un servidor de la enseñanza: Ignacio Domeyko. Ib., 112(90/92):277-351, 2o./4o. trim. 1953. Bibliogr.: p. 349-51.

DONAT, ARTURO

2754 LOOSER, Gualterio. El Dr. Arturo Donat. REV UNIV (Univ Catól) Santiago, 23(2):183-86, 1938. Writings: p. 185-86.

DUBLE URRUTIA, DIEGO

2755 CARTILLAS biobibliográficas de autores chilenos: Diego Dublé Urrutia, Angol, 1877. Poeta. BOL (Inst Lit Chil) Santiago, 2(4/5):21-6, jul. 1963. port.

DUCKE, ADOLPHO

2756 RESUMO dos trabalhos de botánica realizados pelo naturalista Adolpho Ducke. No período de janeiro a maio de 1942 na região amazónica. RODRIGUÊSIA, Rio, 7(16):81-3, set./dez. 1943. Writings: p. 83.

DUNBAR TEMPLE, ELLA

2757 DRA. Ella Dunbar Temple. REV (Inst Geogr) Lima, (1): 14-8, 1954. Writings: p. 17-8.

DUNNE, PETER MASTEN

2758 BANNON, John Francis. Peter Masten Dunne, S. J., 1889-1957. HISP AM HIST REV, Durham, 37(2):227-33, May 1957. Writings: p. 229-33.

DURAND, LUIS

2759 DECKER, Donald M. Bibliografía de Luis Durand. MAPOCHO, Santiago, 2(2):272-75, 1964.

2760 _____. Bibliografía de y sobre Luis Durand. REV IBERO-AM, 30(58):313-17, jul./dic. 1964.

DUVALIER, ARMANDO

2761 DUVALIER, Armando. La poesía de José Emilio Grajales, autor del himno a Chiapas. ICACH, Tuxtla Gutiérrez, (6/7):59-84, en./dic. 1961. port. Writings of the author: p. 84.

EARLE, AGUSTUS

2762 JAMES, David. Un pintor inglês no Brasil do primeiro reinado. REV (Patrim Hist Artist Nac) Rio, (12):151-65, 1955. Catalog of Brazilian art works by Augustus Earle: p. 166-69. Publications: p. 169.

EÇA DE QUEIROZ, JOSE MARIA DE

2763 CASTAÑEDA ESCARRA, Humberto. Días habaneros de José María Eça de Queiroz. UNIV HABANA, Hav, 27(163): 71-101, sept./oct. 1963. Also concerns Asiatic immigration to Cuba. Bibliogr.: p. 101.

ECHAGÜE, JUAN PABLO

2764 BIBLIOGRAFIA de Don Juan Pablo Echagüe. BOL (Acad Arg Letr) B A, 19(73):302-06, jul./sept. 1950.

BIOGRAPHY (Individual)

ECHEVERRIA, ESTEBAN

2765 JOSEF, Bella. Echeverría, poeta romántico. KRITERION, Belo Horizonte, 13(53/54):463-78, jul. /dez. 1960. Bibliogr.: p. 477-78.

2766 POVIÑA, Alfredo. Esteban Echeverría, precursor de la sociología argentina. REV MEX SOCIOL, Méx, 17(2/3): 561-79, mayo/dic. 1955. Writings and bibliogr.: p. 578-79.

2767 WEINBERG, Félix. Contribución a la bibliografía de Esteban Echeverría. UNIV, Santa Fe, (45):159-226, jul. /sept. 1960.

EDWARDS, AGUSTIN

2768 CRUCHAGA TOCORNAL, Miguel. Elogio de don Agustín Edwards. AN (Univ Chile) Santiago, 3a. ser., 99(44): 136-62, 4o. sem. 1941. Writings: p. 160-62.

EDWARDS, ALBERTO

2769 SILVA CASTRO, Raúl. Don Alberto Edwards. REV CHIL HIST GEOGR, Santiago, 74(78):5-64, en. /abr. 1933. Writings and bibliogr.: p. 24-64.

EGAÑA, JUAN

2770 SILVA CASTRO, Raúl. Don Juan Egaña, 1768-1836; estudio bibliográfico. Ib., (112):51-102, jul. /dic. 1948; (113): 95-161, en. /jun. 1949.

EGUIGUREN ESCUDERO, LUIS ANTONIO

2771 BIBLIOGRAFIA de escritores peruanos: Luis Antonio Eguiguren Escudero. BOL BIBLIOGR (Bibl Cent, Min Trab Asunt Indíg) Lima, (25):3-5, mayo 1958.

EGUREN, JOSE MARIA

2772 [JOSE María Eguren, 1874-1942] LETR, Lima, (47):1-105, 1952. port. Bio-bibliogr.: p. 67-105.

2773 NUÑEZ, Estuardo. José María Eguren: vida y obra. REV HISP MOD, N Y, 27(3/4):197-298, jul. /oct. 1961. illus., ports. Bibliogr.: p. 291-98.

EKHOLM, GORDON FREDERICK

2774 GORDON F. Ekholm (1909-). BOL BIBLIOGR ANTROP AM, Méx, 14(pte. 2a.):226-67, en. /dic. 1951. Writings during the years: 1939-1949.

ELBERS, JUAN BERNARDO

2775 PIZANO DE ORTIZ, Sophy. Don Juan Bernardo Elbers, fundador de la navegación por vapor en el río Magdalena. BOL HIST ANTIG, Bogotá, 29(335/336):866-82, sept./ oct. 1942. Bibliogr.: p. 882.

ELHUYAR Y DE ZUBICE, FAUSTO DE

2776 ARNAIZ Y FREG, Arturo. D. Fausto de Elhuyar y de Zubice. REV HIST AM, Méx, (6):75-96, ag. 1939. Bibliogr.: p. 87-96.

2777 WHITAKER, Arthur Preston. More about Fausto de Elhuyar. Ib., (10):125-30, dic. 1940. Additions to the bibliogr. by Arnaiz y Freg: p. 125-26.

ELIADE, MIRCEA

2778 VAZQUEZ, Juan Adolfo. Para una biobibliografía de Mircea Eliade. UNIV, Santa Fe, (59):357-74, en./mar. 1964.

EMPARAN, VICENTE

2779 PARRA MARQUEZ, Héctor. El Mariscal Vicente Emparan, último Gobernador y Capitán General de Venezuela y su dudosa conducta política. CUL UNIV, Caracas, (33):82-117, sept./oct. 1952. ports. Bibliogr.: p. 116-17.

ENCINA, FRANCISCO ANTONIO

2780 MOGOLLON, José Vicente. Francisco Antonio Encina: su personalidad y sus ideas sobre la raza, la economía y la educación. Escenario: Chile, 1910. ATENEA, Concepción, 155(405):3-21, jul./sept. 1964. Bibliogr.: p. 21.

ENCINAS, DIEGO DE

2781 LEMMO, Angelina. El indio americano y el cedulario indiano de Diego de Encinas. ANUAR (Inst Antrop Hist) Caracas, 1:43-61, 1964; 2:85-98, 1965. Bibliogr.: 1:60-1; 2:98.

ENCINAS FRANCO, JOSE ANTONIO

2782 BIBLIOGRAFIA de escritores peruanos: José Antonio Encinas Franco. BOL BIBLIOGR (Bibl Cent, Min Trab Asunt Indíg) Lima, (22):3, feb. 1958.

ERCILLA Y ZUÑIGA, ALONSO DE

2783 MEDINA, José Toribio. El preceptor de Ercilla; ilustraciones

BIOGRAPHY (Individual) 248

históricas de "La Araucana." Nota bio-bibliográfica de
Juan Cristóbal Calvete de la Estrella. BOL (Acad Chil)
Santiago, 2(7):265-86, 1919.

ERNST, ADOLFO

2784 BIBLIOGRAFIA del Dr. A. Ernst. - 1865-1899. BOL (Soc
Venez Cien Nat) Caracas, (9):344-79, nov. 1932.

ERRAZURIZ VALDIVIESO, CRESCENTE

2785 SILVA CASTRO, Raúl. Bibliografía de Don Crescente Errázuriz. REV CHIL HIST GEOGR, Santiago, 72(76):83-163, mayo/ag. 1932.

ERRO SOLER, LUIS ENRIQUE

2786 RUBLUO ISLAS, José Luis. Homenaje al escritor Luis Enrique Erro. BOL BIBLIOGR (Sec Hac Créd Públ) Méx, 10(306):7-9, nov. 1, 1964. port. Writings: p. 9.

ESCOBAR, RAMON

2787 ROSELL, Avenir. Noticia sobre Escobar y su obra. REV NAC, Monte, 14(150):421-41, jun. 1951. Contains: Adeptos y bibliografía del sistema Escobar, p. 426-28. - Bibliogr., p. 440-41.

ESPEJO NUÑEZ, TEOFILO

2788 TEOFILO Espejo Núñez (1921-1956). BOL BIBLIOGR ANTROP AM, Méx, 19/20(pte. 1a.):218-22, 1956/1957. Writings: p. 220-22.

ESPINEL, VICENTE

2789 PARDO TOVAR, Andrés. Perfil y semblanza de Vicente Espinel. REV MUSICAL CHIL, Santiago, 16(79):6-30, en./mar. 1962. Bibliogr.: p. 29-30.

ESPINOSA, AURELIO M.

2790 JUBILACION del profesor Aurelio M. Espinosa. REV INDIAS, Madrid, 7(25):722-33, jul./sept. 1946. Writings: p. 724-33.

ESQUIVEL OBREGON, TORIBIO

2791 BRAVO UGARTE, José. Esquivel Obregón, gran sociólogo mexicano. MEM (Acad Mex Hist corr Real Madrid) Méx, 6(1):5-44, en./mar. 1947. Writings: p. 28-44.

ESTRADA, CIRILO

2792 ALCORTA GUERRERO, Ramón. Cirilo Estrada (1888-1953). FICHAS BIBLIOGR POTOS, S Luis Potosí, 3(3/4):123-24, jul./dic. 1956. port. Writings: p. 124.

ESTRADA, FRANCISCO JAVIER

2793 PENILLA LOPEZ, Salvador. El Dr. Francisco J. Estrada y la imprenta en San Luis y Zacatecas. CUADRANTE, S Luis Potosí, 1(4):249-80, Primavera 1953. Bibliogr. and notes: p. 279-80.

ESTRADA, GENARO

2794 MARISCAL, Mario. Genaro Estrada; escritor, traductor, editor y difusor de libros. LIBRO PUEBLO, Méx, 12(5): 244-47, mayo 1934. Writings: p. 245-47.

2795 VALLE, Rafael Heliodoro. A contribution toward the bibliography of Genaro Estrada. HISP AM HIST REV, Durham, 18(2):243-48, May 1938; (3):424-25, Aug. 1938.

ESTRADA YCAZA, EMILIO

2796 LEON BORJA DE SZASZDI, Dora. Emilio Estrada Icaza (1916-1961). REV INDIAS, Madrid, 22(89/90):485-87, jul./dic. 1962. Principal writings: p. 486-87.

2797 REICHEL DOLMATOFF, Gerardo. Emilio Estrada Ycaza. REV COL ANTROP, Bogotá, 10:373-74, 1961. Writings: p. 374.

FABELA Y ALFARO, ISIDRO

2798 MARIN, Miguel A. Isidro Fabela. FORO INTERN, Méx, 5(2):151-82, oct./dic. 1964. Writings and notes: p. 179-82.

FABILA, ALFONSO

2799 CASCO MONTOYA, María del Rosario, and AVILES FABILA, René. El indigenismo, el indígena y Alfonso Fabila (Breve estudio y bibliografía. BOL BIBLIOGR ANTROP AM, Méx, 26/28(pte.1a.):89-95, 1963-1965. Writings: p. 92-5.

FABINI, EDUARDO

2800 CATALOGO cronológico de las obras del compositor uruguayo: Eduardo Fabini. BOL MUSIC ART VIS, Wash, D C, (67/68):57-61, sept./oct. 1955. music.

BIOGRAPHY (Individual)

FARIÑA NUÑEZ, ELOY

2801 AMARAL, Raúl. Fariña Núñez y el modernismo poético. ALCOR, Asunción, (9):6-7, en. 1960. Writings and bibliogr.: p. 7.

FAVARO, EDMUNDO J.

2802 NARANCIO, Edmundo M. Edmundo J. Favaro (1907-1957). HISP AM HIST REV, Durham, 38(1):58-9, Feb. 1958. Selection of writings: p. 58-9.

FEDERMANN, NICOLAS

2803 GRATERON, Daniel. Hombres de la conquista: Nicolás de Federmann. BOL (Cent Hist Larense) Barquismeto, 3(10):82-9, abr./jun. 1944. Bibliogr.: p. 89.

FELIPE, LEON

2804 ARENAL DE RODRIGUEZ, Electa. Bibliografía de León Felipe. CUAD AM, Méx, 131(6):274-91, nov./dic. 1963.

FERNANDES, JOÃO RIBEIRO

2805 LEÃO, Múcio. Bibliografia de poesia de João Ribeiro. AUTOR LI VR, Rio, 5(18):283, 287, dez. 5, 1943.

2805a _____ . _____ . BOL BIBLIOGR, S Paulo, 1:107-12, out./dez. 1943.

2806 NOTICIA sôbre João Ribeiro. AUTOR LIVR, Rio, 3(2):17-29, jul. 12, 1942. Bibliogr.: p. 27.

FERNANDES, JORGE

2807 SANTOS, Lycurgo de Castro, Filho. Um médico na contenda entre bispo D. Pero Fernandes Sardinha e o Governador Duarte da Costa. REV HIST, S Paulo, 5(11):47-53, jul./set. 1952. Bibliogr.: p. 53, pertains to Jorge Fernandes.

FERNANDEZ, OSCAR LORENZO

2808 CATALOGO cronológico clasificado de las obras del compositor brasileño: Oscar Lorenzo Fernández. BOL INTERAM MUSICA, Wash, D C, (28):23-30, mar. 1962. music.

FERNANDEZ DE LA PASTORA, FRANCISCO

2809 COTO CONDE, José Luis. Un personaje de la colonia. REV (Arch Nac) S José, 17(7/12):222-60, jul./dic. 1953.

Article is about Francisco Fernández de la Pastora.
Bibliogr.: p. 258-60.

FERNANDEZ DE LIZARDI, JOSE JOAQUIN

2810 DAVIS, Jack Emory. Picturesque "americanismos" in the works of Fernández de Lizardi. HISPANIA, 44(1):74-81, Mar. 1961. Bibliogr. in Key to abbreviations, p. 80-1.

2811 GONZALEZ OBREGON, Luis. Bibliografía del Pensador Mexicano. LIBRO PUEBLO, Méx, 4(1/3):21-39, en. / mar. 1925.

2812 MONTERDE GARCIA ICAZBALCETA, Francisco. Adiciones a la bibliografía del Pensador. LETR, Méx, (4):7, mar. 15, 1937.

2813 MOORE, Ernest Richard. Una bibliografía descriptiva: "El periquillo sarniento" by José Joaquín Fernández de Lizardi. REV IBEROAM, 10(20):383-403, mar. 1946.

2814 RADIN, Paul. An annotated bibliography of the poems and pamphlets of Fernández de Lizardi (1824-1827). HISP AM HIST REV, Durham, 26(2):284-91, May 1946.

2815 YAÑEZ, Agustín. Rutas e influencias en "El Pensador." LIBRO PUEBLO, Méx, 10(3):1-3, mayo 1933. Writings and bibliogr. of Joaquín Fernández de Lizardi.

FERNANDEZ FERRAZ, VALERIANO

2816 FERNANDEZ FERRAZ, Valeriano. Memorias. REV FILOS, S José, 4(14):211-52, en./jun. 1964. Writings and bibliogr.: p. 219-21.

FERNANDEZ GUARDIA, RICARDO

2817 CAVALLINI QUIROS, Ligia. Ricardo Fernández Guardia, historiador. REV (Arch Nac) S José, 14(1/6):4-9, en./jun. 1950. Writings: p. 6-9.

2818 NUÑEZ, Francisco María. Biografía cronológica. MEM (Acad Geogr Hist) S José, 2(6):38-40, mayo 1950. Article is on Ricardo Fernández Guardia. Writings of Fernández Guardia: p. 40.

FERNANDEZ LINDO, JUAN NEPOMUCENO

2819 DURON Y GAMERO, Rómulo Ernesto. Juan Lindo; bibliografía corta. CORREO HOND, Tegucigalpa, 2(26):3-6, abr. 1957.

BIOGRAPHY (Individual)

FERNANDEZ MacGREGOR, GENARO

2820 SIERRA, Carlos J. Fuentes para el estudio del pensamiento contemporáneo. BOL BIBLIOGR (Sec Hac Créd Públ) Méx, 10(295, supl.):1-12, mayo 15, 1964. port. Article is about Genaro Fernández MacGregor. Listing of newspaper stories: 1920-1959, and writings.

FERNANDEZ MORENO, BALDOMERO

2821 BIBLIOGRAFIA de Don B. Ferández Moreno. BOL (Acad Arg Letr) B A, 19(73):285-87, jul./sept. 1950.

2822 BIBLIOGRAFIA del Señor B. Fernández Moreno. Ib., 3(11/12):364-65, jul./dic. 1935.

FERNANDEZ OLGUIN, EDUARDO

2823 CAILLET-BOIS, Ricardo R. Bio-bibliografía de Eduardo Fernández Olguín. BOL (Inst Invest Hist) B A, 19:932-39, abr./dic. 1935. port.

FERNANDEZ ROMERO, JOSE

2824 FERNANDEZ, David W. José Fernández Romero y la fundación de Montevideo. REV HIST, Monte, 29(85/87): 201-04, jul. 1959. Bibliogr.: p. 204.

FERRANDO, JOSE D.

2825 BIOBIBLIOGRAFIA de José D. Ferrando. BOL (Bibl Nac) Lima, 11/12(17/18):179-93, 1954/1955.

FERREIRA, J. ALFREDO

2826 FERREIRA, J. Alfredo (hijo). Bibliografía de Don J. Alfredo Ferreira. BOL (Acad Arg Letr) B A, 6(21/22):25-8, en./jun. 1938.

FERREIRA, WALDEMAR MARTINS

2827 A OBRA jurídica do Professor Waldemar Ferreira (1913 a 1950). REV (Fac Direit) S Paulo, 40:29-106, 1950. Annotated bibliogr.: 117 numbered entries and writings in periodicals.

FERREZ, MARC

2828 FERREZ, Gilberto. A fotografia no Brasil e um de seus mais dedicados servidores: Marc Ferrez (1843-1943). REV (Patrim Hist Artist Nac) Rio, (10):169-297, 1946. Bibliogr.: p. 292-97.

BIOGRAPHY (Individual)

FICHER, JACOBO

2829 CATALOGO cronológico de las obras del compositor argentino: Jacobo Ficher. BOL MUSIC ART VIS, Wash, D C, (69/70):45-54, nov./dic. 1955. music.

FIELD, THOMAS

2830 FURLONG CARDIFF, Guillermo. Un precursor de la cultura rioplatense, Tomás Field, S. J., 1549-1625. ESTUD, B A, 56(308):139-52, feb. 1937 - (311):403-12, mayo 1937. Bibliogr.: 56(311):411-12.

FIERRO Y SOTOMAYOR, MANUEL DEL SACRAMENTO

2831 FERNANDEZ, David W. El Brigadier Fierro. BOL (Acad Nac Hist) Caracas, 41(161):41-55, en./mar. 1958. Bibliogr.: p. 54-5.

2832 [no entry]

FIGAROLA-CANEDO, DOMINGO

2833 DIHIGO Y MESTRE, Juan Miguel. Bibliografía de Domingo Figarola-Caneda. REV (Bibl Nac) Hav, 2a. ser., 3(1): 89-107, en./mar. 1952.

FIGUEIREDO, JACKSON DE

2834 IGLESIAS, Francisco. Estudo sôbre o pensamento reaccionário: Jackson de Figueiredo. REV BRAS CIÊN SOC, Belo Horizonte, 2(2):3-52, jul. 1962. Bibliogr.: p. 52.

FIGUEIREDO, JOSE DE LIMA

2835 GENERAL José de Lima Figueiredo. REV GEOGR, Rio, 18(44):159-60, 1o. sem. 1956. Writings: p. 160.

FIGUEROA, ANDRES A.

2836 CAILLET-BOIS, Ricardo R. Contribución a la bibliografía de Andrés A. Figueroa. BOL (Inst Invest Hist) B A, 14: 724-29, oct./dic. 1930.

FINLAY, CARLOS JUAN

2837 CASTRO Y BACHILLER, Raimundo de. Finlay como el genio precursor del descubrimiento de enfermedades por medio de insectos chupadores de sangre. REV BIMES CUBANA, Hav, 32(3):198-209, nov./dic. 1933. Bibliogr.: p. 208-09.

2838 DELGADO, Claudio, and LE ROY Y CASSA, Jorge Eduardo. Informe acerca de los trabajos científicos del Dr. Carlos

BIOGRAPHY (Individual)

J. Finlay. Ib., 19(2):134-55, mar./abr. 1924. Writings: p. 151-52.

FLEURY CUELLO, EDUARDO

2839 DUPOUY, Walter. Dr. Eduardo Fleury Cuello, 1904-1954. BOL INDIG VENEZ, Caracas, 2(1/4):157-61, en./dic. 1954. Writings: p. 160-61.

FLORES DE LEON, DIEGO

2840 DEODAT, Leoncio S. M. Diego Flores de León y el descubrimiento del lago Nahuel Huapi; una rectificación histórica. REV GEOGR AM, B A, 43(253):2-8, jun. 1959. illus. Bibliogr.: p. 8.

FLORESTA, NISIA

2841 DE VIDA e obra de patronos: Nísia Floresta, brasileira augusta. REV (Acad Letr) Rio, 2(4):114-17, mar. 1938. Writings: p. 117.

FLOREZ ESTRADA, ALVARO

2841a PEREZ DE CASTRO, José Luis. Influencia del ideario militar de Alvaro Flórez Estrada en el Uruguay. REV HIST, Monte, 29(85/87):205-58, jul. 1959. port. Bibliogr.: p. 257-58.

FLORIT, EUGENIO

2842 ROSENBAUM, Sidonia C. Eugenio Florit: bibliografía. REV HISP MOD, N Y, 8(5):222-23, jul. 1942.

FOCHLER HAUKE, GUSTAVO

2843 GONZALEZ, Pedro José. Gustavo Fochler Hauke. HUMANITAS, Tucumán, 2(5):365-73, 1954. Writings: p. 373.

FONSECA, JULIO

2844 CATALOGO cronológico de las obras del compositor costarricense: Julio Fonseca. BOL MUSIC ART VIS, Wash, D C, (60):23-6, feb. 1955. music.

FONTES, HERMES

2845 NOTICIA sôbre Hermes Fontes. AUTOR LIVRO, 5(11):161-71, 176, out. 3, 1943. Writings: p. 161, 167.

FORD, JEREMIAH DENIS MATTHIAS

2846 DOYLE, Henry Grattan. Jeremiah Denis Matthias Ford.

HISPANIA, 19(2):153-62, May 1936. Writings: p.
160-62.

FRANCO, AFONSO ARINOS DA MELO

2847 NOTICIA sôbre Alfonso Arinos. AUTOR LIVR, Rio, 2(19):
295-303, jun. 14, 1942. Writings: p. 295.

FRANCO DAVILA, PEDRO

2848 CASTILLO, Abel Romeo. Don Pedro Franco Dávila, un
sabio guayaquileño olvidado. BOL (Cent Invest Hist)
Guayaquil, 9(21/22):9-61, 1952. plates. General index
of the papers of Pedro Franco Dávila: p. 62-76.

FRANKLIN, BENJAMIN

2849 ENGLEKIRK, John Eugene. Franklin en el mundo Hispano.
REV 21(41/42):319-71, en./dic. 1956. Bibliogr.: p.
360-71.

FREIRE, LUIZ JOSE JUNQUEIRA

2850 NOTICIA sôbre Junqueira Freire. AUTOR LIVR, Rio, 5(2):
17-28, jul. 11, 1943. Writings: p. 27-8.

FREYRE, GILBERTO

2851 AZEVEDO, Aroldo de. A obra de Gilberto Freyre examinada
a luz da geografia. BOL PAULISTA GEOGR, S Paulo,
(36):74-82, out. 1960. Writings: p. 82.

2852 CHACON, Vamireh. Revisão crítica de Gilberto Freyre.
CAD BRAS, Rio, 7(27):5-29, jan./fev. 1965. Bibliogr.
notes: p. 26-9.

2853 HANKE, Lewis. Gilberto Freyre: historiador social
brasileño. REV HISP MOD, N Y, 5(2):97-120, abr.
1939. port. Bibliogr.: p. 119-20.

FRIAS, HERIBERTO J.

2853a SIERRA, Carlos J. Heriberto J. Frías y la Convención.
BOL BIBLIOGR (Sec Hac Créd Públ) Méx, (308):8-9,
dic. 1, 1964. Writings in the Convención de Aguascalientes.

FRIAS Y JACOTT, FRANCISCO DE

2854 RODRIGUEZ RIVERO, Luis. Francisco Frías Jacott, un precursor de la reforma agraria. HUMANISMO, Hav,
8(58/59):82-93, nov. 1959/feb. 1960. Bibliogr.: p. 93.

BIOGRAPHY (Individual)

FRIEDERICI, GEORG

2855 BALDUS, Herbert. Georg Friederici, 1866-1947. REV (Mus Paulista) S Paulo, n.s., 3:465-71, 1949. Bibliogr.: p. 467-71.

FROMM, ERICH

2856 MANSE, W. R. de. La psicología social de Erich Fromm. REV MEX SOCIOL, Méx, 27(1):219-40, en./abr. 1965. Bibliogr.: p. 240.

FRUTTERO, ARTURO

2857 FRUTTERO, Arturo. La poesía de Carlos Sabat Ercasty. UNIV, Santa Fe, (6):117-48, abr./jun. 1964. Writings of Arturo Fruttero by Ricardo Orta Nadal: p. 118-19.

FUENTE, ANDRES DIEGO

2858 PEÑALOSA, Joaquín Antonio. Andrés Diego Fuente, humanista del XVIII y cantor de Guadalupe. ESTILO, S Luis Potos, (40):193-202, oct./dic. 1956. Bibliogr.: p. 201-02.

FUENTES, CARLOS

2859 JACKSON, Richard L. Hacia una bibliografía de y sobre Carlos Fuentes. REV IBEROAM, 31(60):297-301, jul./dic. 1965.

FUENTES DAVILA, ALBERTO

2860 ROMERO CERVANTES, Arturo. Alberto Fuentes D., primer gobernador revolucionario de Aguascalientes. BOL BIBLIOGR (Sec Hac Créd Públ) Méx, 10(307):6-10, nov. 20, 1964. ports. Bibliogr.: p. 10.

FUENTES Y GUZMAN, FRANCISCO ANTONIO

2861 CHINCHILLA AGUILAR, Ernesto. Francisco Antonio de Fuentes y Guzmán. UNIV S CARLOS, Guat, (66):161-69, mayo/ag. 1965. Bibliogr.: p. 168-69.

FURLONG CARDIFF, GUILLERMO

2862 MOLINA, Raúl Alejandro. La Comisión Nacional de Cultura otorga el premio nacional de historia al padre Guillermo Furlong, S. J. HIST, B A, 2(8):143-52, abr./jun. 1957. Writings of padre Furlong: p. 149-51.

GAGINI CHAVARRIA, CARLOS

2863 GREÑAS DE GUTIERREZ, Rosa. Don Carlos Gagini Chavarría;

filólogo y profesor insigne. REV (Acad Costarricense Hist) S José, 8(20):7-49, abr. 1957. Writings: p. 46-9.

GALINDO, BLAS

2864 CHAVEZ, Carlos. Blas Galindo. NUESTRA MUSICA, Méx, 1(1):7-13, mar. 1946. Compositions: p. 11-3.

GALLARDO, ANGEL

2865 BIBLIOGRAFIA de Don Angel Gallardo. BOL (Acad Arg Letr) B A, 1(2):199-224, abr./sept. 1933.

GALLEGOS, ROMULO

2866 DUNHAM, Lowell. Rómulo Gallegos: creador de la literatura nacional venezolana. REV NAC CULT, Caracas, 26(164):32-8, mayo/jun. 1964. Bibliogr.: p. 38.

2867 FLORES, Angel. Latin American writers: Rómulo Gallegos. PANORAMA (PAU) Wash, D C, (14):11-5, Jul. 1940. Writings and bibliogr.: p. 14-5.

2868 MONTILLA, Ricardo. Ficha bio-bibliográfica de Rómulo Gallegos. REV NAC CULT, Caracas, 21(135):19-28, jul./ag. 1959. port.

2869 MORON, Guillermo. Sobre Rómulo Gallegos; noticias para extranjeros. BOLIVAR, Bogotá, (50):221-73, mar./ mayo, 1958. ports. References in "Notas": p. 267-72. Bibliogr.: p. 272-73.

GALVAN, MANUEL DE JESUS

2870 ANDERSON IMBERT, Enrique. El telar de una novela histórica: Enriquillo de Galván. REV IBEROAM, 15 (30):213-29, ag. 1949/en. 1950. Bibliogr.: p. 226-28.

GALVÃO, ROBERTO FLAVIO CRISTOFORO

2871 ROBERTO Flávio Cristóforo Galvão (1927-1957). BOL GEOGR, Rio, 16(142):124-25, jan./fev. 1958. Writings: p. 125.

GALVEZ, MARIANO

2872 BUCARO SALAVERRIA, Salvador. El Doctor Gálvez en nuestra educación. UNIV S CARLOS, Guat., (34):41-54, jul./sept. 1955. Bibliogr.: p. 54.

GALVEZ, PEDRO

2873 GARCIA RAMOS, Dagoberto. Pedro Gálvez, primer decano de la Facultad de Derecho. REV DER CIEN POL,

BIOGRAPHY (Individual)

Lima, 17(1/3):95-142, 1o. /3o. cuatrim. 1953. Bibliogr.: p. 140-42.

GALVEZ BARRENECHEA, JOSE

2874 BIBLIOGRAFIA de escritores peruanos: José Gálvez Barrenechea. BOL BIBLIOGR (Bibl Cent, Min Trab Asunt Indíg) Lima, (9):4, en. 1957.

GALVEZ Y GALLARDO, JOSE DE

2875 VAZQUEZ DE ACUÑA, Isidoro. El Ministro de Indias don José de Gálvez, Marqués de Sonora. REV INDIAS, Madrid, 19(77/78):449-73, jul./dic. 1959. ports. Bibliogr.: 472-73.

GAMA, VALENTIN

2876 FICHAS bio-bibliográficas de geógrafos mexicanos contemporáneos: Ing. Geógrafo D. Valentín Gama. REV MEX GEOGR, Méx, 1(1):99-102, jul./sept. 1940. Writings: p. 100-02.

GAMBOA, FEDERICO

2877 MOORE, Ernest Richard. Bibliografía de obras y crítica de Federico Gamboa, 1864-1930. REV IBEROAM, 2(3): 271-79, abr. 1940.

2878 SIERRA, Carlos J. Federico Gamboa; bio-bibliografía. LIBRO PUEBLO, Méx, 5a. ép., (1):27-8, feb. 1965. Writings: p. 28.

GAMIO, MANUEL

2879 COMAS, Juan. Bibliografía del Dr. Manuel Gamio. BOL BIBLIOGR ANTROP AM, 17(pte. 2a.):259-65, 1954.

1880 ———. Homenaje al Dr. Manuel Gamio. REV INTERAM CIEN SOC, Wash, D C, 2a. ép., 1(1):29-36, 1961. Writings: p. 31-6.

2881 ———. La vida y la obra de Manuel Gamio (1883-1960). AM INDIGENA, Méx, 20(4):245-71, oct. 1960. ports. Bibliogr.: p. 263-71.

2882 GARIBAY KINTANA, Angel María. La obra de Gamio en Teotihuacán. NICA INDIG, Managua, 2a. ép., (32):7-14, en./jun. 1961.

2883 OLIVERA DE VASQUEZ, Mercedes. Notas sobre la obra del Doctor Manuel Gamio. AM INDIG, Méx, 25(4):365-81, oct. 1965. Writings: p. 379-81.

BIOGRAPHY (Individual)

GANA Y GANA, FEDERICO

2884   CARTILLAS biobibliográficas de autores chilenos: Federico Gana. Santiago, 1867-1926. Cuentista. BOL (Inst Lit Chil) Santiago, 1(2):9-13, mayo 1962.

GARAY DIAZ, NARCISO

2885   NARCISO Garay Díaz. LOTERIA, Panamá, 2a. ép., 4(48): 18-24, nov. 1959. port. Writings: p. 18-21.

GARCIA, BASILEU

2886   PROFESSOR Dr. Basileu Garcia. REV (Fac Direit) S Paulo, 60:9-14, 1965. port. Writings: p. 10-4.

GARCIA, JUAN AGUSTIN

2887   RAVIGNANI, Emilio. Bibliografía de Juan Agustín García. BOL (Inst Sociol) B A, (2):196-202, 1943.

GARCIA, JUAN FRANCISCO

2888   CATALOGO cronológico de las obras del compositor dominicano: Juan Francisco García. BOL MUSIC ART VIS, Wash, D C, (63/64):35-8, mayo/jun. 1955. music.

GARCIA, JULIO CESAR

2889   ORTEGA RICAURTE, Enrique. Doctor Julio César García. BOL HIST ANTIG, Bogotá, 46(537/539):436-40, jul. / sept. 1959. Writings: p. 437-40.

GARCIA, RODOLPHO

2890   RODOLFO Garcia. REV BRAS GEOGR, Rio, 11(4):633-34, out./dez. 1949. Includes writings.

GARCIA BACCA, JUAN DAVID

2891   OBRAS del Dr. Juan David García Bacca. ARMAS LETR, Monterrey, 2(9):6, sept. 30, 1945.

GARCIA CALDERON, FRANCISCO

2892   VALLE, Rafael Heliodoro. Bibliografía de Francisco García Calderón. MERCUR PERU, Lima, 34(316):301-02, jul. 1953.

GARCIA GACHE, ROBERTO G.

2893   ARISSONE, Romualdo. Fallecimiento del profesor Roberto G.

García Gache. BOL (Soc Arg Estud Geogr) B A, (47/48):15-7, dic. 1960/mar. 1961. port. Writings: p. 16-7.

GARCIA GRANADOS, RAFAEL

2894 BORGENIO G., Guadalupe. Biblio-hemerografía de Rafael García Granados (1893-1956). BOL BIBLIOGR (Sec Hac Créd Públ) Méx, (140, supl):1-8, sept. 1, 1958. illus., ports.

2895 _____. _____. BOL (Bibl Nac) Méx, 2a. ép. 8(1):7-15, en./mar. 1957. Ser.: Bibliografías mexicanas contemporáneas, 4.

2896 DIBBLE, Charles E. Rafael García Granados (1893-1955). HISP AM HIST REV, Durham, 36(3):381-84, Aug. 1956. Writings: p. 383-84.

2897 PEREZ SAN VICENTE, Guadalupe. Rafael García Granados. REV HIST AM, Méx, (41):92-4, jun. 1956. Writings: p. 93-4.

2898 RAFAEL García Granados. AN (Soc Geogr Hist) Guat, 29 (1/4):140-41, en./dic. 1956. Writings: p. 141.

GARCIA GUTIERREZ, JESUS

2899 BRAVO UGARTE, José. García Gutiérrez, periodista, catedrático e historiador critíco y de combate (1875-1958). MEM (Acad Mex Hist corr Real Madrid) Méx, 18(2):97-103, abr./jun. 1959. Writings: p. 100-01.

2900 IGUINIZ, Juan Bautista. Bodas de oro literarias. Ib., 6(1):90-5, en./mar. 1947. Writings of Jesús García Gutiérrez: p. 93-5.

GARCIA ICAZBALCETA, JOAQUIN

2901 GALINDO Y VILLA, Jesús. Don Joaquín García Icazbalceta; su vida y sus obras. LIBRO PUEBLO, Méx, 4(7/9):46-75, jul./sept. 1925; (10/12):82-94, oct./dic. 1925.

2902 GARCIA, Demetrio S. Don Joaquín García Icazbalceta. HEMISFERO, Méx, 4:37, jul. 1943. Bibliogr.: p. 37.

2903 GONZALEZ, Juan Natalico. Icazbalceta y su obra. HIST MEX, Méx, 3(3):367-90, en./mar. 1954.

2904 MARTINEZ, Manuel Guillermo. Don Joaquín García Icazbalceta. INTER-AM REV BIBLIOGR, Wash, D C, 1(2):81-8, Apr./Jun. 1951. port. Bibliogr.: p. 87-8.

GARCIA LORCA, FEDERICO

2905 CROW, John Armstrong. Bibliografía hispanoamericana de Federico García Lorca. REV IBEROAM, 1(2):469-73, nov. 1939.

GARCIA MAYNEZ, EDUARDO

2906 FICHAS para una bibliografía de Eduardo García Máynez. BOL BIBLIOGR (Sec Hac Créd Públ) Méx, (133):5, mayo 15, 1958.

GARCIA MORENO, GABRIEL

2907 MARY LOYOLA (Sister). García Moreno of Ecuador. AMS, Wash, D C, 1(3):317-29, Jan. 1945. Bibliogr.: p. 328-29.

GARCIA PRADA, CARLOS

2908 CARPIO, Campio. García Prada: un incansable trabajador de la cultura. POLIT, Caracas, 3(29):75-86, dic. 1963. Writings: p. 86.

GARCIA TORRES, VICENTE

2909 RUBLUO ISLAS, José Luis. Vicente García Torres, apóstol del periodismo mexicano. BOL BIBLIOGR (Sec Hac Créd Públ) Méx, 9(274):10-1, jul. 1, 1963. Bibliogr. and notes: p. 11.

GARCIA VELLOSO, ENRIQUE

2910 URQUIZA, Juan José de. Bibliografía de Don Enrique García Velloso. BOL (Acad Arg Letr) B A, 6(21/22):13-20, en./jun. 1938.

GARCILASO DE LA VEGA (El Inca)

2911 BIBLIOGRAFIA de Garcilaso de la Vega. BOL BIBLIOGR MEX, Méx, 8(88):11-3, abr. 30, 1947.

2912 HERRERA, Fortunato L. El Inca Garcilaso de la Vega, primer botanista cuzqueño. REV UNIV, Cuzco, 2a. ép., 20:5-42, 1o. sem. 1931. Bibliogr.: p. 42.

2913 TAURO, Alberto. Bibliografía del Inca Garcilaso de la Vega. DOCUMENTA, Lima, 4:393-437, 1965.

2914 VALCARCEL, Luis Eduardo. Garcilaso el Inca. REV (Mus Nac) Lima, 8(1):3-60, 1o. sem. 1939. Bibliogr.: p. 55-9.

BIOGRAPHY (Individual)

GARGARO, ALFREDO

2915 GARCES, Julián. Alfredo Gargaro (1893-1963). REV HIST AM, Méx, (55/56):183-84, en./dic. 1963. Writings: p. 183-84.

GARIBAY KINTANA, ANGEL MARIA

2916 RUBLUO, Luis. Angel María Garibay K. (estudio bibliohemerográfico). BOL BIBLIOGR ANTROP AM, Méx, 23/25(pte. 2a.):461-96, 1960/1962.

GARROUX, ANATOLE LOUIS

2917 REZENDE, Carlos Penteado de. Anatole Louis Garroux. REV (Inst Hist Geogr) S Paulo, 59:139-44, 1961. Bibliogr.: p. 144.

GAVIDIA, FRANCISCO ANTONIO

2918 BIO-BIBLIOGRAFIA del maestro Francisco Gavidia. ATENEO, S Salvador, 4a. ép., 43/44(206/208):2o. sem. 1955/1o. trim. 1956. Reprinted from Diccionario biográfico de El Salvador.

2919 MARROQUIN, Víctor. Bibliografía general para el estudio de la obra de Francisco Gavidia. UNIV, S Salvador, 90 (3/4):353-68, mayo/ag. 1965.

2920 TRESSERRAS, Buenaventura. Año Gavidia. ATENEO, S Salvador, 4a. ép., 53(245):15-25, jul./dic. 1965. Bibliogr. review: p. 25.

GAY, CLAUDIO

2921 COOPER, Donald B. Claudio Gay, científico e historiador. REV CHIL HIST GEOGR, Santiago, (127):228-45, en./ dic. 1959. Note on sources: p. 244-45.

GAY, JOÃO PEDRO

2922 RODRIGUES, José Honório. Padre Gay. PROV S PEDRO, P Alegre (19):75-93, 1954. Writings: p. 87-93.

GERCHUNOFF, ALBERTO

2923 BLONDET TUDISCO, Olga. Alberto Gerchunoff: bibliografía. REV HISP MOD, N Y, 23(3/4):257-59, jul./oct. 1957.

GIANNEO, LUIS

2924 CATALOGO cronológico clasificado de las obras del compositor argentino: Luis Gianneo. BOL INTERAM MUSICA, Wash, D C, (9/10):51-7, en. /mar. 1959. music.

GIESECKE, ALBERTO A.

2925 PONCE DE LEON, Federico. El doctor Alberto A. Giesecke. REV UNIV, Cuzco, 30(80):245-47, 1o. sem. 1941. Writings: p. 246-47.

GIL, MARTIN

2926 BIBLIOGRAFIA de Don Martín Gil. BOL (Acad Arg Letr) B A, 21(79):21-2, en. /mar. 1956. port.

GILIJ, FILIPPO SALVADORE

2927 GIRALDO JARAMILLO, Gabriel. Notas bio-bibliográficas sobre el padre F. S. Gilij y su "Saggio di Storia Americana." BOL HIST ANTIG, Bogotá, 38(444/446):696-713, oct. /dic. 1951.

GINER DE LOS RIOS, FRANCISCO

2928 ALTAMIRA Y CREVEA, Rafael. Nuestros grandes hombres. Tres capítulos de un libro. BOL (Acad Nac Hist) Quito, 30(76):162-71, jul. /dic. 1950. Article concerns Francisco Giner de los Ríos. Writings: p. 167-68.

2929 GINER DE LOS RIOS, Francisco. Bibliografía de Francisco Giner de los Ríos. CUAD AM, Méx, 139(2):146-60, mar. /abr. 1965.

GODOY, JUAN GUALBERTO

2930 FERNANDEZ PELAEZ, Julio. El primer poeta mendocino. REV (Junt Estud Hist) Mendoza, 2a. ép., 2(2):63-101, 1962. List of poems and stories by Juan Gualberto Godoy: p. 70-2.

GODOY PALACIOS, PEDRO

2931 HERRERA RIVERA, Domingo. Un civilista con espada, Don Pedro Godoy Palacios, militar y periodista. AN (Univ Chile) Santiago, 4a. ser., 104(65/66):327-412, 1o. /2o. trim. 1947.

GOEJE, C. H. DE

2932 PHILIPSON, Jürn Jacob. Um novo centro de estudos etnológicos sulamericanos. SOCIOLOGIA, S Paulo, 8(4):309-16, 1946. Center attached to the University of Leiden under the direction of Prof. C. H. de Goeje. Writings of Prof. Goeje: p. 314-16.

BIOGRAPHY (Individual)

GOETHE, JOHANN WOLFGANG VON

2933 BOPP, Marianne O. de. Contribución a una bibliografía de Goethe en México. ANUAR LETR, Méx, 2:271-88, 1962.

GOMES, CARLOS

2934 REZENDE, Carlos Penteado de. O ano de 1859 na vida de Carlos Gomes. REV BRAS, Rio, 6(20):91-110, abr. 1948. Bibliogr.: p. 110.

GOMES, EUGÊNIO

2935 REIS, Antônio Simões dos. Eugênio Gomes. BOL BIBLIOGR BRAS, Rio, 6(10):615, nov. 1958.

GOMES, JUAN GUALBERTO

2936 CATURLA BRU, Victoria de. Trayectoria ideológica de Juan Gualberto Gómez. UNIV HABANA, Hav, (130/132):120-62, en./jun. 1957. Bibliogr.: p. 160-62.

GOMEZ CARRILLO, ENRIQUE

2937 ABREU GOMEZ, Ermilo. Enrique Gómez Carrillo (1873-1927). BOL (Bibl Nac) Guat, 4a. ép., 1(2):93-107, 1949. Writings: p. 97-107.

GOMEZ DE AVELLANEDA, GERTRUDIS

2938 KELLY, Edith L. Bibliografía de la Avellaneda. REV BIMES CUBANA, Hav, 35(1):107-39, en./feb. 1935; (2):261-95, mar./abr. 1935.

GOMEZ DE OROZCO, FEDERICO

2939 QUINTANA, José Miguel. Bibliografía de Federico Gómez de Orozco (1891-1962). BOL BIBLIOGR (Sec Hac Créd Públ) Méx, 9(264, supl.):1-6, feb. 1, 1963.

GOMEZ DIAZ, RODOLFO

2940 RUBIO MAÑE, Jorge Ignacio. Nota necrológica: Rodolfo Gómez Díaz. BOL (Arch Gen Nac) Méx, 30(3):515-17, jul./sept. 1959. Index of articles by Rodolfo Gómez Díaz that appeared in the Boletín del Archivo General de la Nación: p. 516-17.

GOMIDE, ANTÔNIO GONÇALVES

2941 ALVIM, Clóvis de Faria. Um precursor mineiro da psiquiatria brasileira. REV (Univ Minas Gerais) Belo Horizonte,

(12):234-50, jan. 1962. Article is on Antônio Gonçalves Gomide. Bibliogr.: p. 249-50.

GONÇALVES, PAULO

2942 DONATO, Mário. Bio-bibliografia de Paulo Gonçalves. BOL BIBLIOGR, S Paulo, 2:73-82, jan. /mar. 1944.

GONGORA Y ARGOTE, LUIS DE

2943 SANCHEZ, Luis Alberto. Góngora en América. BOL (Bibl Nac) Quito, n.s., (12):287-324, sept. /oct. 1927. Bibliogr.: p. 323-24.

GONZALEZ, ELOY GUILLERMO

2944 LOLLET C., Carlos Miguel. Contribución a la hemero-bibliografía de Eloy G. González. VIEJO RARO, Caracas, (3):22-3, jul. 1955.

GONZALEZ, FLORENTINO

2945 MOUCHET, Carlos. Florentino González, un jurista de América: sus ideas sobre el régimen municipal. JOUR INTER-AM STUD, Gainesville, 2(1):83-101, Jan. 1960. Bibliogr.: p. 99-101.

GONZALEZ, JOAQUIN VICTOR

2946 CONDE MONTERO, Manuel. Bibliografía de Joaquín V. González. BOL (Inst Sociol) B A, (5):175-82, 1947.

2947 PETTORUTI, Eduardo. Síntesis cronológica de la vida y la obra de Joaquín V. González. REV (Univ) La Plata, (17):177-215, en. /dic. 1963. Bibliogr.: p. 214-15.

GONZALEZ, JUAN VICENTE

2948 NUESTRO patrimonio: Juan Vicente González. REV SHELL, Caracas, 11(43):4-6, jun. 1962. port. Writings: p. 5-6.

GONZALEZ, PEDRO ANTONIO

2949 ESCUDERO, Alfonso M. Pedro Antonio González. MAPOCHO, Santiago, 1(3):84-102, oct. 1963. Bibliogr.: p. 94-102.

GONZALEZ BOCANEGRA, FRANCISCO

2950 PEÑALOSA, Joaquín Antonio. F. González Bocanegra; su vida y su obra. ESTILO, S Luis Potosí, (33):37-53, en. /mar. 1955. List of poems not in collected works: p. 37-8.

GONZALEZ DE LA CALLE, PEDRO URBANO

2951 FLOREZ, Luis. Pedro Urbano González de la Calle. REV INDIAS, Bogotá, 35(111):429-32, oct. /dic. 1949. Contributions in Colombia: p. 430-32.

GONZALEZ DE HERMOSILLO, JOSE MARIA

2952 GURRIA LACROIX, Jorge. El insurgente José María González de Hermosillo. MEM (Acad Mex Hist corr Real Madrid) Méx, 19(3):215-46, jul. /sept. 1960. Bibliogr.: p. 224.

GONZALEZ GARAÑO, ALEJO B.

2953 TORRE REVELLO, José. Contribución a la biobibliografía de Alejo B. González Garaño. SAN MARTIN, B A, 5(18):85-92, nov. /dic. 1947. Bibliogr.: p. 87-92.

GONZALEZ MARTINEZ, ENRIQUE

2954 SANCHEZ, Ana María. Enrique González Martínez (1871-1952). BOL (Bibl Nac) Méx, 2a. ép., 8(2):17-72, abr. / jun. 1957. Ser.: Bibliografías mexicanas contemporáneas, 5.

GONZALEZ OBREGON, LUIS

2955 BIBLIOGRAFIA de Luis González Obregón, 1865-1926. LIBRO PUEBLO, Méx, 4(7/9):83-93, jul. /sept. 1925; (10/12): 34-40, oct. /dic. 1925.

2956 HEREDIA CORREA, Roberto. D. Luis González Obregón, en el centenario de su nacimiento. BOL (Arch Gen Nac) Méx, 2a. ser., 6(3):591-605, jul. /sept. 1965. port. Writings: p. 598-605.

2957 RUBLUO ISLAS, José Luis. Homenaje bibliográfico a Luis González Obregón. BOL BIBLIOGR (Sec Hac Créd Púbi) Méx, 11(325):9-11, ag. 15, 1965. port.

2958 WARNER, Ralph Emerson. A bibliography of the works of Luis González Obregón. HISP AM HIST REV, Durham, 19(4):577-94, Nov. 1939.

GONZALEZ PRADA, MANUEL

2959 FERRER CANALES, José. González Prada y Darío. HISPANIA, 41(4):465-70, Dec. 1958. Bibliogr.: p. 469-70.

2960 GONZALEZ PRADA, Alfredo. Manuel González Prada: bibliografía. REV HISP MOD, N Y, 4(1):27-39, oct. 1937.

2961 MANUEL González Prada. PANORAMA (PAU) Wash, D C, (22):15-22, Jun. 1943. Writings and bibliogr.: p. 20-2.

2962 SANCHEZ, Luis Alberto. González-Prada, escritor político. UNIV HABANA, Hav, (55/57):13-22, jul./dic. 1944. Bibliogr.: p. 21-2.

2963 VAL, Encino del. Manuel González Prada. REV UNIV, Cuzco, 28(77):175-79, 2o. sem. 1939. Writings: p. 76-7. Bibliogr.: p. 78.

GONZALEZ ROA, FERNANDO

2964 BIBLIOGRAFIA de Fernando González Roa. LIBRO PUEBLO, Méx, 10(1):19, mar. 1932.

GONZALEZ SUAREZ, FEDERICO

2965 SAVILLE, Marshall Howard. Federico González Suárez. AM ANTHROP, n.s., 20(3):318-21, Jul./Sept. 1918. Writings of González Suárez of Ecuador: p. 320-21.

GONZALEZ VALENZUELA, PEDRO ANTONIO

2966 CARTILLAS biobibliográficas de autores chilenos: Pedro Antonio González Valenzuela, Coipué, 1863-1903, Santiago. Poeta. BOL (Inst Lit Chil) Santiago, 2(4/5): 6-13, jul. 1963. port.

GONZALEZ VIGIL, FRANCISCO DE PAULA

2967 LEGUIA, Jorge Guillermo. Francisco de Paula González Vigil. BOL BIBLIOGR (Bibl, Univ S Marcos) Lima, 1(2/3):4-10, ag./sept. 1923.

GONZALEZ Y RUFIN, AMBROSIO JOSE

2968 CASTAÑEDA ESCARRA, Humberto. Ambrosio José González, conspirador y expedicionario de Cárdenas. UNIV HABANA, Hav, 29(172):129-55, mar./abr. 1965. Bibliogr.: p. 154-55.

GONZALEZ ZELEDON, MANUEL

2969 ARCE, José M. Manuel González Zeledón: vida y obra. REV HISP MOD, N Y, 12(3/4):193-16, jul./oct. 1946. Bibliogr.: p. 216.

GONZALEZ ZULETA, FABIO

2970 CATALOGO cronológico clasificado de las obras del compositor colombiano: Fabio González-Zuleta. BOL INTERAM MUSICA, Wash, D C, (21):47-50, en. 1961. music.

GORCEIX, HENRI

2971 BIBLIOGRAFIA de Henri Gorceix. REV BRAS GEOGR, 5(4): 703-06, out. /dez. 1943.

GOROSTIZA, CELESTINO

2972 LAMB, Ruth. Celestino Gorostiza y el teatro experimental en México. REV IBEROAM, 23(45):141-45, en. /jun. 1958. Bibliogr.: p. 145.

GOROSTIZA, JOSE

2973 JOSE Gorostiza. JUSTICIA, Méx, 24(409):4-7, mayo 1964. port. Writings, translations and bibliogr.: p. 5-7.

GORRIÑO Y ARDUENGO, MANUEL MARIA DE

2974 ALCORTA GUERRERO, Ramón. Bibliografía de D. Manuel María de Gorriño y Arduengo. ESTILO, S Luis Potosí, (29/30):65-70, en. /jun. 1954.

GORRITI, JUANA MANUELA

2975 JUANA Manuela Gorriti (1818-1892). GUIA QUIN, B A, 3(43): 1-3, 2a. quin. mayo 1949. Writings: p. 3.

2976 MONTIVEROS, María Delia Gática. Juana Manuela Gorriti; aspectos de su obra literaria. UNIV, Santa Fe, (12): 135-97, oct. 1942. Writings and bibliogr.: p. 195-97.

GOUBAUD CARRERA, ANTONIO

2977 GILLIN, John. Antonio Goubaud Carrera, 1902-1951. AM ANTHROP, 54(1):71-3, Jan. /Mar. 1952. Writings: p. 72-3.

GOVIN Y TORRES, ANTONIO

2978 CORDOVA, Federico. Antonio Govín y Torres. UNIV HABANA, Hav, (104/111):187-218, en. /dic. 1953. port. Bibliogr.: p. 217-18.

GRAETZER, GUILLERMO

2979 CATALOGO cronológico clasificado de las obras del compositor argentino: Guillermo Graetzer. BOL INTERAM MUSICA, Wash, D C, (2):59-64, nov. 1957.

BIOGRAPHY (Individual)

GRAHAM, ROBERT CUNNINGHAM

2980 ARCE, José M. Robert Cunningham Graham: bibliografía. REV HISP MOD, N Y, 13(1/2):15-22, en./abr. 1947.

2981 CARILLA, Emilio. La Argentina de Cunningham Graham. HUMANITAS, Tucumán, 1(1):99-119, 1953. Bibliogr. notes: p. 118-19.

GRAMAJO GUTIERREZ, ALFREDO

2982 ESPEL, Ofelia B. El pintor argentino Alfredo Gramajo Gutiérrez. CUAD (Inst Nac Invest Folk) B A, (2):79-91, 1961. illus. Bibliogr.: p. 90-1.

GRASES, PEDRO

2983 INCORPORACION del Profesor Pedro Grases como miembro honorario de la Facultad de Filosofía y Educación. Discurso de recepción, por Guillermo Feliú Cruz; discurso de incorporación, por Pedro Grases. AN (Univ Chile) Santiago, 113(99):197-203, 3o. trim. 1955. Bibliogr. of Pedro Grases: p. 204-08.

GREGORY, HERBERT E.

2984 PONCE DE LEON, Federico. Herbert E. Gregory y la geología del Cuzco. REV UNIV, Cuzco, 2a. ép., 14:88-130, 1o. sem. 1930. Bibliogr.: p. 123-30.

GREVE SCHLEGEL, ERNESTO

2985 DONOSO, Ricardo. Don Ernesto Greve Schlegel. REV CHIL HIST GEOGR, Santiago, (127):5-66, en./dic. 1959. port. Writings: p. 57-62.

GRIECO, AGRIPPINO

2986 REIS, Antônio Simões dos. Agrippino Grieco: primeiras críticas. BOL BIBLIOGR BRAS, Rio, 6(7):420, ag. 1958. Writings: p. 420.

GRIJALVA, JUAN DE

2987 AGUILA FIGUEROA, Bernardo del. El descubrimiento de Tabasco en los historiadores de Indias. Breve biografía de D. Juan de Grijalva. MEM (Acad Nac Hist Geogr) Méx, 2a. ép., 16(7):11-30, 1960. Bibliogr. notes: p. 27-30.

GRIMARD, LUC

2988 LALEAU, León. Hommage a Luc Grimard. CONJONCTION,

BIOGRAPHY (Individual)	270

Port-au-Prince, (54):5-16, dec. 1954. Writings: p. 15-6.

GROUSSAC, PAUL

2989   PAUL Groussac desaparece del escenario argentino lleno de méritos y escaso de reconocimientes. LIT ARG, B A, 1(11):3-11, jul. 1929. Writings: p. 11.

2990   RONZE, Raymond. Paul Groussac. JOUR (Soc Am) Paris, n.s., 22(2):378-81, 1930. port. Writings: p. 380.

GUAL, PEDRO

2991   NUCETE SARDI, José. Centenario de la muerte de Don Pedro Gual, discurso. BOL (Acad Nac Hist) Caracas, 45(178):175-90, abr./jun. 1962. Bibliogr.: p. 190.

2992   _____. La lección del prócer Pedro Gual. POLIT, Caracas, (21):16-33, abr./mayo 1962. Bibliogr.: p. 33.

GUANES RECALDE, ALEJANDRO

2993   RODRIGUEZ ALCALA, Hugo. Alejandro Guanes: vida y obra. REV HISP MOD, N Y, 14(1/2):1-50, en./abr. 1948. Bibliogr.: p. 50.

GUARNIERI, CAMARGO

2994   CATALOGO cronológico clasificado de la obra del compositor brasileño: Camargo Guarnieri. BOL INTERAM MUSICA, Wash, D C, (14):41-62, nov. 1959. music.

GUASTAVINO, CARLOS

2995   CATALOGO cronológico de las obras del compositor argentino: Carlos Guastavino. BOL MUSIC ART VIS, Wash, D C, (44):15-9, oct. 1953. music.

GÜELL Y RENTE, JOSE LORENZO BUENAVENTURA

2996   CASTAÑEDA, Orlando. José Güell y Renté, una figura de leyenda de nuestra historia. REV (Bibl Nac) Hav, 2a. ser., 6(2):195-207, abr./jun. 1955. Bibliogr.: p. 207.

GUIGNARD, ALBERTO DA VEIGA

2997   LEITE, José Roberto Teixeira. Guignard. CAD BRAS, Rio, 4(3):37-46, jul./set. 1962. Bibliogr. note: p. 46.

GUILLEN, NICOLAS

2998   GUILLEN en la Biblioteca. REV (Bibl Nac) Hav, 3a. ser.,

3(1/4):173-77, en. /dic. 1961. Writings, and translations into other languages: p. 174-77.

GUIMARAENS, HENRIQUES DA AFONSO

2999 NOTICIA sôbre Alphonsus de Guimaraens. AUTOR LIVR, Rio, 3(13):189-99, nov. 1, 1942; (14):205-19, nov. 8, 1942. Writings: 3(13):193.

GUIMARÃES, BERNARDO

3000 NOTICIA sôbre Bernardo Guimarães. Ib., 4(9):129-39, mar. 14, 1943. Writings: p. 129.

GÜIRALDES, RICARDO

3001 FLORES, Angel. Latin American writers: Ricardo Güiraldes. PANORAMA (PAU) Wash, D C, (16):11-4, Dec. 1940. Writings and bibliogr.: p. 13-4.

GUITARTE, GUILLERMO LUIS

3002 EL PROFESOR Guillermo L. Guitarte. THESAURUS, Bogotá, 18(2):541-43, mayo/ag. 1963. Writings: p. 542-43.

GUMILLA, JOSEPH

3003 BRICEÑO IRAGORRY, Mario. Historiadores de Indias: P. José Gumilla. BOL (Acad Nac Hist) Caracas, 14(53): 1-6, en./mar. 1931. Sources: p. 6.

GUSMÃO, ALEXANDRE DE

3004 PIVETTA, Idibal Almeida. Alexandre de Gusmão, o diplomata de espírito bandeirante. REV (Univ Catól) S Paulo, 13(23):369-79, set. 1957. Bibliogr.: p. 379.

GUTIERREZ, JUAN MARIA

3005 BECCO, Horacio Jorge. Bibliografía de Juan María Gutiérrez. REV (Univ) B A, 5a. ép., 4(4):604-20, oct./dic. 1959.

3006 CARILLA, Emilio. Juan María Gutiérrez y Jorge Tickner. BOL LIT HISP, Santa Fe, (2):23-37, 1960. Writings of Juan María Gutiérrez in the Ticknor collection of the Boston Public Library: p. 27-8.

GUTIERREZ, RAMON

3007 LOOSER, Gualterio. El entomólogo Don Ramón Gutiérrez. REV UNIV (Univ Catól) Santiago, 38(1):13-6, 1953. Writings: p. 15-6.

GUTIERREZ DAVILA, JULIAN

3008 MENDEZ PLANCARTE, Alfonso. La "Historia mythológica" de Gutiérrez Dávila. ABSIDE, Méx, 5(5):306-19, mayo 1941; (6):370-87, jun. 1941. References: 5(5):18-9; (6):385-87.

GUTIERREZ NAJERA, MANUEL

3009 CANDANO, Martha. Manuel Gutiérrez Nájera. LIBRO PUEBLO, Méx, 12(3):123-36, mar. 1934. port. Bibliogr., critical study, and iconography compiled by Gustavo Pérez Trejo: p. 129-36.

3010 CARTER, Boyd. Backflash on the centennial of Manuel Gutiérrez Nájera. HISPANIA, 44(4):675-82, Dec. 1961. Recent writings: p. 680-82.

3011 CONTRERAS GARCIA, Irma. Manuel Gutiérrez Nájera, 1859-1895; apuntes para una biobibliografía. BOL (Bibl Nac) Méx, 2a. ép., 13(1/2):32-8, en./jun. 1962.

3012 MAPES, Erwin Kempton. Manuel Gutiérrez Nájera: seudónimos y bibliografía periodística. REV HISP MOD, N Y, 19(1/4):132-204, en./dic. 1953.

3013 MARTINEZ, José Luis. Gutiérrez Nájera, ensayista y crítico. HIST MEX, Méx, 12(1):73-87, jul./sept. 1962. Bibliogr. notes: p. 86-7.

GUTIERREZ NORIEGA, CARLOS

3014 RAEZ PATIÑO, Sara. Bio-bibliografía de Carlos Gutiérrez Noriega. BOL (Bibl Nac) Lima, 8(14):256-85, dic. 1951.

GUZMAN, ANTONIO LEOCADIO

3015 DAVILA, Vicente. Papeles de Don Antonio Leocadio Guzmán. BOL (Acad Nac Hist) Caracas, 11(44):408-20, oct./dic. 1928. This entry is a listing of v.2 of the "Papeles." The listing of v.1 appeared in 8(31):19-38, sept. 1925, under the title: El millón de pesos del Perú.

GUZMAN, DAVID JOAQUIN

3016 DAVID J. Guzmán; datos biográficos recopilados de varias publicaciones por sus descendientes. AN (Mus Nac Guzmán) S Salvador, 1(4):16-23, oct./dic. 1950. Writings: p. 20-1.

GUZMAN, MARTIN LUIS

3017 HOUCK, Helen Phipps. Las obras novelescas de Martín Luis

273   BIOGRAPHY (Individual)

Guzmán. REV IBEROAM, 3(5):139-58, feb. 1941. Bibliogr.: p. 158.

GUZMAN CRUCHAGA, JUAN

3018 CARTILLAS biobibliográficas de autores chilenos: Juan Guzmán Cruchaga, Santiago, 1895. Poeta y dramaturgo. BOL (Inst Lit Chil) Santiago, 2(3):7-14, oct. 1962.

HAAS, ALBERT

3019 FITTBOGEN, GOTTFRIED. Dr. Albert Haas zum gedächtnis. IBERO-AM ARCH, Berlin, 5(2):125-37, Jul. 1931. Writings: p. 128-36.

HABICH, EDUARDO I. DE

3020 LOSADA Y PUGA, Cristóbal de. Notas para una bibliografía científica de Habich. FENIX, Lima 6:375-77, 1949.

HACKETT, CHARLES WILSON

3021 CUMBERLAND, Charles Curtis. The writings of Charles Wilson Hackett: a bibliography. HISP AM HIST REV, Durham, 32(1):145-52, Feb. 1952.

HAËNKE, THADDEUS

3022 LOOSER, Gualterio. Los documentos de la expedición Malespina relativos a Chile, y el naturalista Tadeo Haënke. REV UNIV (Univ Catól) Santiago, 43:133-37, 1958. Bibliogr.: p. 137.

HALFFTER, RODOLFO

3023 CATALOGO cronológico de las obras del compositor mexicano: Rodolfo Halffter. BOL MUSIC ART VIS, Wash, D C, (55/56):31-5, sept./oct. 1954. music.

HANSSEN, FRIEDRICH LUDWIG CHRISTIAN

3024 SAAVEDRA MOLINA, Julio. Bibliografía de D. Federico Hanssen. AN (Univ Chile) Santiago, 115(107/108):115-18, 3o./4o. trim. 1957.

HARING, CLARENCE HENRY

3025 CLINE, Howard Francis. In memoriam: Clarence Henry Haring, 1885-1960. AMS, Wash, D C, 17(3):292-97, Jan. 1961. Writings: p. 296-97.

3026 WHITAKER, Arthur Preston. Clarence Henry Haring (1885-

BIOGRAPHY (Individual) 274

1960). HISP AM HIST REV, Durham, 41(3):419-23, Aug. 1961. Bibliogr.: p. 420-23.

HARRISSE, HENRY

3027 GOFF, Frederick R. Henry Harrisse: Americanist. INTER-AM REV BIBLIOGR, Wash, D C, 3(1):3-10, Jan. /Apr. 1953. port. Bibliogr.: p. 10.

HEINE, HEINRICH

3028 BOPP, Marianne O. de. Heinrich Heine: bibliografía en México. ANUAR LETR, Méx, 1:181-90, 1961.

3029 RUKSER, Udo. Heine en el mundo hispánico. MAPOCHO, Santiago, 1(1):202-49, mar. 1963. Bibliogr.: p. 234-49.

HEIREMANS, LUIS ALBERTO

3030 MacHALE, Tomás P. Notas sobre Luis Alberto Hieremans. Ib., 3(1):59-66, 1965. Writings: p. 65-6.

HENRIQUEZ, CAMILO

3031 SANTANA, Francisco. Ensayo bio-bibliográfico sobre Camilo Henríquez y notas biográficas. ATENEA, Concepción, 52(154):92-118, abr. 1938.

HENRIQUEZ, JUAN ANTONIO

3032 SUSTO, Juan Antonio. Bibliografía de Juan Antonio Henríquez. LOTERIA, Panamá, 2a. ép., 5(53):21-2, abr. 1960.

HENRIQUEZ UREÑA, PEDRO

3033 CAMPOS, Jorge. Pedro Henríquez Ureña (1884-1946). REV INDIAS, Madrid, 7(25):671-75, jul. /sept. 1946. Writings: p. 672-75.

3034 A MODERN humanist--Pedro Henríquez Ureña. PANORAMA (PAU) Wash, D C, (30):1-13, Dec. 1947. Writings and bibliogr.: p. 10-3.

3035 RODRIGUEZ DEMORIZI, Emilio. Dominicanidad de Pedro Henríquez Ureña. AN (Univ S Domingo) S Domingo, 10(37/38):22-88, en. /jun. 1946. Writings and bibliogr.: p. 55-88.

3036 SPERATTI PIÑERO, Emma Susana. Crono-bibliografía de Don Pedro Henríquez Ureña. REV IBEROAM, 21(41/42):195-42, en. /dic. 1956.

BIOGRAPHY (Individual)

3037 WÜRSCHMIDT, Enrique. Pedro Henríquez Ureña. HUMANITAS, Tucumán, 2(6):353-63, 1955. Writings: p. 362-63.

HEREDIA, ALEJANDRO

3038 LAZARO, Orlando. Heredia, gobernador de Tucumán. REVISION HIST, Tucumán, 1(1):47-51, mayo 1960. Bibliogr.: p. 51.

HEREDIA, JOSE MARIA

3039 SPELL, Jefferson Rea. The Mexican periodicals of José María Heredia. HISPANIA, 22(2):189-94, May 1939.

3040 PLASENCIA, Aleida. Los manuscritos de José María Heredia en la Biblioteca Nacional. REV (Bibl Nac) Hav, 3a. ser., 1(1/4):9-17, en./dic. 1959.

3041 VALLE, Rafael Heliodoro. Amigos mexicanos de Heredia. REV BIMES CUBANA, Hav, 43(3):348-53, mayo/jun. 1939. Bibliogr.: p. 352-53.

HEREDIA, JOSE MARIA DE

3042 BONZON, Alfred. A mensagem dos "Troféus" (A propósito do centenário de Heredia). REV (Arquiv Munici) S Paulo, 94:9-142, jan./mar. 1944. Bibliogr.: p. 141-42.

3043 LOPES, Ernani. O centenário de José María de Heredia. AUTOR LIVR, Rio, 3(16):250-51, nov. 22, 1942. Bibliogr.: p. 251.

HEREDIA, NICOLAS

3044 COLLADO Y LOPEZ, Olga. Nicolás Heredia; vida y obra. REV (Bibl Nac) Hav, 2a. ser., 5(3):103-97, jul./sept. 1954. Bibliogr. and writings: p. 190-97.

HERNANDEZ, FRANCISCO

3045 BENITEZ MIURA, José Luis. El Dr. Francisco Hernández: 1514-1578 (cartas inéditas). ANUAR ESTUD AM, Sevilla, 7:367-409, 1950. Bibliogr.: p. 409.

3046 POZO, Efrén C. del. La azaroza historia editorial de la "Historia natural de Nueva España" por Francisco Hernández. UNIVERS, B A, 2a. ser., 2(6):72-84, oct./dic. 1961. Bibliogr.: p. 82-4.

3047 SOMOLINOS D'ARDOIS, Germán. Bibliografía del Dr. Francisco Hernández, humanista del siglo XVI. INTER-AM

REV BIBLIOGR, Wash, D C, 7(1):1-76, Jan. /Mar. 1957.

HERNANDEZ, JOSE

3048 ARRIOLA GRANDE, F. Maurilio. Martín Fierro, una epopeya de América. LETR, Lima, 40/41:165-238, 2o. / 3o. cuatrim. 1948. Thesis: - Universidad Mayor de San Marcos. Bibliogr.: p. 238-41.

3049 CORTAZAR, Augusto Raúl. José Hernández, "Martín Fierro" y su crítica. Aportes para una bibliografía. BIBLIOGR ARG ART LETR, B A, (5/6):51-129, en. /jun. 1960. illus., port.

HERNANDEZ GALVAN, GOMEZ

3050 MESA, José de, and GISBERT, Teresa. El renacimiento en la Audiencia de Charcas: Hernández Galván y el maestro de Ancoraimes. AN (Inst Art Am Invest Estét) B A, (12):52-66, 1959. plates. Bibliogr. notes: p. 71-4.

HERRAN, SATURNINO

3051 REYES, Alfonso. Un gran pintor de Aguascalientes: Saturnino Herrán. ARMAS LETRAS, Monterrey, 2a. ép., 1(2):25-36, abr./jun. 1958. Bibliogr.: p. 36.

HERRERA, DIONISIO DE

3052 VALLE, Rafael Heliodoro. Bibliografía de Dionisio de Herrera. PAJARITA PAPEL, Tegucigalpa, 2(7/8):85-91, mar. /jun. 1950.

3053 _____. _____. REV (Arch Bibl Nac) Tegucigalpa, 28(11/12):600-07, mayo/jun. 1950.

HERRERA, FLAVIO

3054 ESTRADA, Ricardo. Flavio Herrera; su novela. UNIV S CARLOS, Guat, (46):9-135, sept./dic. 1958. Bibliogr.: p. 131-35.

HERRERA, FORTUNATO L.

3055 HOMENAJE al Dr. Fortunato L. Herrera. REV UNIV, Cuzco, 33(87):1-211, 2o. sem. 1944. illus., port. Writings: p. 202-11.

HERRERA CARRILLO, PABLO

3056 MENDIRICHAGA Y CUEVA, Tomás. El extraordinario Pablo

Herrera Carrillo; índice de artículos dispersos. ABSIDE, Méx, 29(3):342-59, jul. /sept. 1965.

3057 ———. Indice de artículos del historiador Lic. D. Pablo Herrera Carrillo. HUMANITAS, Monterrey, (6):329-42, 1965. port.

HERRERA SEVILLANO, DEMETRIO

3058 RICORD, Elsie Alvarado de. Notas sobre la poesía de Demetrio Herrera Sevillano. UNIV, Panamá, 29/30: 175-230, 1o. sem. 1951. Bibliogr.: p. 230.

HERRERA VEGAS, MARCELINO

3059 ARCE, José. Marcelino Herrera Vegas, profesor honorario en la Universidad de Buenos Aires. CULT UNIV, Caracas, (51):40-6, sept./oct. 1955. Writings: p. 44-6.

HERRERA Y REISSIG, JULIO

3060 BULA PIRIZ, Roberto. Herrera y Reissig; vida y obra. REV HISP MOD, N Y, 17(1/4):1-93, en./dic. 1951. ports. Bibliogr.: p. 83-93.

3061 CALCAGNO, Miguel Angel. El modernismo y Julio Herrera y Reissig. ORGANON, P Alegre, 5(5):95-150, 1o. sem. 1961. Bibliogr.: p. 147-50.

3062 PEREIRA RODRIGUEZ, José. Las revistas literarias de Julio Herrera y Reissig. REV NAC, Monte, 44(132): 345-52, dic. 1949; 48(143):178-89, nov. 1950; 53(161): 205-16, mayo 1952.

HERSKOVITS, MELVILLE JEAN

3063 BIBLIOGRAFIA de Melville J. Herskovits. ANUAR (Inst Antrop Hist) Caracas, 1:425-27, 1964. Taken from: AM LAT, Rio, 6(1):122-23, jan. /mar. 1963.

3064 COELHO, Ruy. Melville Jean Herskovits. REV ANTROP, S Paulo, 11(1/2):97-100, jun./dez. 1963. Writings: p. 99-100.

3065 MELVILLE J. Herskovits (1895-1963). AM LAT, Rio, 6(1): 121-23, jan./mar. 1963. Writings: p. 122-23.

3066 RIBEIRO, René. Melville J. Herskovits: o estudio da cultura e a factor humano. REV (Mus Paulista) S Paulo, n.s., 14:377-422, 1963. port. Writings: p. 398-422.

HIDALGO, BARTOLOME

3067 FALCAO ESPALTER, Mario. El poeta oriental Bartolomé

BIOGRAPHY (Individual)

Hidalgo. REV NAC, Monte, 9(105):396-423, 1947.
Writings: p. 420-21.

HIDALGO Y COSTILLA, MIGUEL

3068 DAVILA GARIBI, Jose Ignacio. Sucinta relación genealógica acerca de la ascendencia materna de D. Miguel Hidalgo y Costilla por la línea Villaseñor, escrita a luz de nuevos documentos. MEM (Acad Mex Hist) Méx, 13(2): 147-72, abr./jun. 1954. Notes and bibliogr.: p. 169-72.

3069 RAMOS, Roberto. Libros que leyó Don Miguel Hidalgo. FILOS LETR, Méx, 24(47/48):233-45, jul./dic. 1952. Catálogo de las obras de la Biblioteca de Don Miguel Hidalgo: p. 241-45.

3070 _____. _____. INTER-AM REV BIBLIOGR, Wash, D C, 4(1/2):3-8, Jan./Jun. 1954. Catálogo: p. 5-8.

3071 ROMERO DE VALLE, Emilia. Bibliografía sobre Don Miguel Hidalgo y Costilla. BOL (Bibl Nac) Méx, 2a. ép., 11(1): 25-33, en./mar. 1960. Additions to the bibliogr. by Rafael Heliodoro Valle.

3072 VALLE, Rafael Heliodoro. Bibliografía sobre Don Miguel Hidalgo y Costilla. BOL (Bibl Nac) Méx, 2a. ép., 10 (1):3-24, en./mar. 1959 - (4):9-22, oct./dic. 1959. Emilia Romero de Valle joint-compiler in 10(4).

3073 ZERMEÑO GARCIA, Sofía. Breve bibliografía de Hidalgo. BOL (Escuela Nac Bibl Arch) Méx, 1(2):7-17, nov./dic. 1953.

HODGE, FREDERICK WEBB

3074 ANDERSON, Arthur J. O. Frederick Webb Hodge, 1864-1956. HISP AM HIST REV, Durham, 38(2):263-67, May 1958. Select bibliogr.: p. 265-67.

HOFFMANN, WILHELM H.

3075 PICAZA Y PINO, Saturnino. La vida estoica del Profesor Wilhelm H. Hoffmann. AN (Acad Cien Méd Fís Nat) Hav, 93(1):162-93, 1954/1955. port. Writings: p. 190-93.

HOLZMANN, RODOLFO

3076 CATALOGO cronólogico clasificado de las obras del compositor peruano: Rodolfo Holzmann. BOL INTERAM MUSICA, Wash, D C, (3):59-64, en. 1958.

HORN, WALTHER

3077 PORTER, Carlos Emilio. El Doctor Walter Horn, fallecido el

279   BIOGRAPHY (Individual)

10 de julio de 1939 en Berlin.   REV UNIV (Univ Catól)
Santiago, 25(3):35-7, 1940. Writings: p. 36.

HOSTOS Y BONILLA, EUGENIO MARIA DE

3078 BIBLIOGRAFIA de Eugenio María de Hostos.   BOL (Bibl Am
      Bellas Art) Méx, (2):8-17, en. 1939.

3079 GONZALEZ, José Emilio. Sentido americano de la obra de
      Hostos. REV CIEN SOC, Río Piedras, 6(3):307-20,
      sept. 1962. Titles of the Obras completas de E. M. de
      Hostos: p. 320.

3080 ROSENBAUM, Sidonia C. Eugenio María de Hostos: bibliografía. REV HISP MOD, N Y, 5(4):319-23, oct. 1939.

HRDLIČKA, ALÉS

3081 RUBIN DE LA BORBOLLA, Daniel Fernando. Bibliografía del
      Dr. Alés Hrdlička. BOL BIBLIOGR ANTROP AM, Méx,
      2(1/3):53-70, en. /sept. 1938.

3082 WELLS, J. Robert. Alés Hrdlička. REV (Mus Nac) Lima,
      12(2):265-70, 2o. sem. 1942. Writings: p. 269-70.

HUDSON, WILLIAM HENRY

3083 ROSENBAUM, Sidonia C. William Henry Hudson: bibliografía.
      REV HISP MOD, N Y, 10(3/4):222-30, jul. /oct. 1944.

HUGO, VICTOR

3084 BACH, Marcus. Quelques remarques sur les intentions historiques et l'influence de Bug-Jargal. REV (Soc Hist
      Geogr Geol) Port-au-Prince, 27(97):64-8, avr. 1955.
      Bug-Jargal is a work of Victor Hugo (1825). Bibliogr.:
      p. 68.

HUIDOBRO, VICENTE

3085 BARY, David. Vicente Huidobro y la literatura social.
      CUAD AM, Méx, 124(5):271-79, sept. /oct. 1962.
      Writings: p. 279.

3086 GOIC, Cedomil. La poesía de Vicente Huidobro. AN (Univ
      Chile) Santiago, 113(100):21-61, 4o. trim. 1955; 114
      (101):61-119, 1o. trim. 1956. Writings and bibliogr.:
      p. 114-19.

HUIZAR GARCIA, CANDELARIO

3087 GALINDO, Blas. C. Huizar. NUESTRA MUSICA, Méx, 1(2):
      57-64, mayo 1946. port., music. Compositions: p. 64.

3088 ROMERO, Jesús C. Candelario Huizar. NUESTRA MUSICA, Méx, 7(25):45-61, 1o. sem. 1952. Compositions: 58-61.

HUMBOLDT, ALEXANDER, Baron von

3089 ACOSTA GOMEZ, José Estiliano. Humboldt, la ciencia y su tiempo. CULT, Tunja, (109):128-45, oct. 1959. maps. Bibliogr.: p. 143-45.

3090 BRAND, Donald Dilworth. El "Ensayo político sobre el Reino de la Nueva España" de Humboldt. PALABRA HOMBRE, Xalapa, (11):351-71, jul./sept. 1959. map. Bibliogr.: p. 364-65.

3091 BRANLY, Miguel A. Presencia de Humboldt en Cuba. REV BIMES CUBANA, Hav, 76:7-50, en./jun. 1959. plates. Bibliogr.: p. 48-9.

3092 BURKART, Arturo. Alejandro de Humboldt (1769-1859) en el centenario de su muerte. CIEN INVEST, B A, 15(6): 145-58, jun. 1959. illus., port., map. Bibliogr.: p. 157-58.

3093 CATALOGO de la exposición bibliográfica e iconográfica de Alejandro de Humboldt con motivo del centenario de su muerte 1859 - 6 - V - 1959. AN (Univ Chile) Santiago, 117/118 (no. extraord.):68-92, 1960.

3094 CONROY, Victoria. Bibliografía de Humboldt. INTER-AM REV BIBLIOGR, Wash, D C, 12(4):418-56, Oct./Dec. 1962.

3095 MONGE MEDRANO, Juvenal. Discurso pronunciado ... en la ceremonia de homenaje al sabio Alejandro de Humboldt. REV CIEN, Lima, 61(507/510):41-57, 1o./4o. trim. 1959. Bibliogr.: p. 56-7.

3096 NIETO, Manuel R. Humboldt y la Corriente del Perú. REV MARINA, Callao, 259(3):315-30, mayo/jun. 1959. Bibliogr.: p. 330.

3097 NUÑEZ JIMENEZ, Antonio. Humboldt, espeleólogo precursor. REV BIMES CUBANA, Hav, 76:51-88, en./jun. 1959. Bibliogr.: p. 88.

3098 ORTIZ FERNANDEZ, Fernando. Alejandro de Humboldt en Cuba. REV BIMES CUBANA, Hav, 30(3):420-39, nov./ dic. 1932 - 33(1):124-35, en./feb. 1934. Writings: 32 (3):295-98.

3099 PENNA, Odete Senna de Oliveira. Frederico Henrique Alexandre de Humboldt; noções bibliográficas à sua obra. REV BRAS GEOGR, Rio, 22(4):678-703, out./dez. 1960. ports.

3100 RÖHL, Eduardo. Alejandro Humboldt. BOL (Soc Venez Cien Nat) Caracas, 6(44):153-84, abr./mayo 1940. Writings: p. 173-76.

3101 SABOYA DO ARAGÃO, Jorge Assis. A vida e a obra de Humboldt. REV BRAS GEOGR, RIO, 22(3):465-77, jul./ set. 1960. illus., port. Bibliogr.: p. 477.

3102 SCHNEIDER, Hans Karl. La idea de la emancipación de América en la obra de Alexander von Humboldt. REV NAC CULT, Caracas, 23(147):73-96, jul./ag. 1961. Bibliogr.: p. 96.

3103 STEVENS-MIDDLETON, Rayfred Lionel. Bibliografía Humboldtiana. UNIV, Panamá, (38):208-16, 1960. Bibliogr. accompanies article on Humboldt by Angel Rubio y Muñoz Bocanegra.

3104 _____. La obra de Alexander von Humboldt en México. BOL (Soc Mex Geogr Estad) Méx, 81(2):v-xxi, 1-269, mar./abr. 1956. Bibliogr.: p. 255-69.

3105 VARESCHI, Volkmar. La bifurcación del Orinoco. Observaciones hidrográficas y ecológicas de la expedición conmemorativo de Humboldt del año 1958. ACTA CIENTIF VENEZ, Caracas, 14(4):98-106, ag. 1963. illus., maps. Bibliogr.: p. 105-06.

3106 VENEZUELA. Biblioteca Nacional. Bibliografía de Alejandro Humboldt existente en la Biblioteca Nacional. BOL (Bibl Nac) Caracas, 3a. ép., (2/3):21-3, 29, mar./jun. 1959. port.

3107 ZAPATA, Ramón. Humboldt en Colombia. ING ARQUITEC, Bogotá, 13(147):8-15, mayo/jun. 1959. Bibliogr.: p. 15.

HUSSEY, ROLAND DENNIS

3108 SHAFER, Robert Jones. Roland Dennis Hussey (1897-1959). HISP AM HIST REV, Durham, 40(1):79-82, Feb. 1960. Writings: p. 80-2.

IBARBOUROU, JUANA DE

3109 ESCHER, Cristina E. de. "Chico Carlo" de Juana de Ibarbourou y "Tierra de infancia" de Claudia Lars. CULT, S Salvador, (28):25-41, abr./jun. 1963. Writings of each author and bibliogr.: p. 41.

IBARGUREN, CARLOS

3110 IBARGUREN, Carlos (hijo). Bibliografía: trabajos,

conferencias, artículos y discursos de Don Carlos Ibarguren (1897-1956). BOL (Acad Arg Letr) B A, 21(80): 187-207, abr./jun. 1956.

IBERICO RODRIGUEZ, MARIANO

3111 BIBLIOGRAFIA de escritores peruanos: Mariano Ibérico Rodríguez. BOL BIBLIOGR (Bibl Cent, Min Trab Asunt Indíg) Lima, (26):3-4, jun. 1958.

3112 RAEZ PATIÑO, Sara. Bio-bibliografía del Doctor Mariano Ibérico Rodríguez. BOL (Bibl Nac) Lima, 9(15):20-8, dic. 1952.

ICAZA, FRANCISCO A. DE

3113 ABREU GOMEZ, Ermilo. Notas para una bibliografía de D. Francisco A. de Icaza. LIBRO PUEBLO, Méx, 11(4): 136-40, abr. 1933.

ICAZA, JORGE

3114 GALERIA de los más notables escritores vivientes del Ecuador. NUEVA ERA, Quito, 23:168-69, 1955. In this issue: Jorge Icaza with bibliogr.

3115 GARRO, J. Eugenio. Jorge Icaza; vida y obra. REV HISP MOD, N Y, 13(3/4):193-235, jul./oct. 1947. Bibliogr.: p. 234-35.

IDUARTE FOUCHER, ANDRES

3116 SIERRA, Carlos J. Periodistas mexicanos del siglo XX: Andrés Iduarte Foucher. BOL BIBLIOGR (Sec Hac Créd Públ) Méx, 11(318, supl.):12 p., mayo 1, 1965. port. Title from issue cover. Listing of newspaper articles for the years, 1921-1963. Books: p. 4.

IMBELLONI, JOSE

3117 MALES, Branimiro. José Imbelloni. HUMANITAS, Tucumán, 2(5):375-82, 1954. Notes and writings: p. 379-82.

3118 MARTINEZ SOLER, Benigno. Bibliografía de José Imbelloni. BOL BIBLIOGR ANTROP AM, Méx, 8(1/3):100-17, en./ dic. 1945.

IRIBARREN CHARLIN, JORGE

3119 FELIU CRUZ, Guillermo. Discurso de recepción del Académico Don Jorge Iribarren Charlín. BOL (Acad Chil Hist) Santiago, 31(70):174-87, 1o. trim. 1964. Writings: p. 180-87.

IRISARRI, ANTONIO JOSE DE

3120 VELA, David. Antonio José de Irisarri. REV CONSERV
PENS CENTROAM, Managua, 9(49):33-44, oct. 1964.
Writings and bibliogr.: p. 44.

JACEGUAI, ARTUR

3121 NOTICIA sôbre Artur de Jaceguai. AUTOR LIVR, Rio, 5(1):
1-10, jul. 4, 1943. Writings: p. 2. Sources: p. 2.

JACOME, MANUEL FERREIRA

3122 MELLO, José Antonio Gonsalves de. Manuel Ferreira Já-
come: "Arquiteto, juiz do oficio de Pedreiro." REV
(Escola Belas Art Pernam) Recife, 1(1):19-28, 1957.
illus. Bibliogr. notes: p. 27-8.

JAHN, ALFREDO

3123 BIBLIOGRAFIA del Dr. Alfredo Jahn. BOL (Acad Nac Hist)
Caracas, 23(90):183-86, abr./jun. 1940.

JAMMES, FRANCISCO

3124 BOGGIO AMAT DE LEON, René. Francisco Jammes. REV
(Univ Catól) Lima, 4(22):103-11, 1936. Writings: p.
110-11.

JARA TRONCOSO, MAX

3125 QUIÑONEZ ORNELLA, Guillermo. Evolución del estilo en
la poesía de Max Jara. AN (Univ Chile) Santiago, 119
(124):95-126, 4o. trim. 1961. Bibliogr.: p. 125-26.

JAYME, JOSE

3126 MONTEJANO Y AGUIÑAGA, Rafael. José Jayme, pintor y
poeta. FICHAS BIBLIOGR POTOS, S Luis Potosí, 1(4):
2-3, en./feb. 1950. Writings: p. 3.

JIJON Y CAAMAÑO, JACINTO

3127 BUITRON, Aníbal. Jacinto Jijón y Caamaño (1890-1950).
BOL BIBLIOGR ANTROP AM, Méx, 13(pte. 2a.):
251-52, 304-05, en./dic. 1950. Writings: p. 304-
05.

JIMENEZ, JOSE DE JESUS

3128 ALCORTA GUERRERO, Ramón. Lic José de Jesús Jiménez
(1851-1919). FICHAS BIBLIOGR POTOS, S Luis Potosí
1(7):2-3, en./feb. 1953. Writings: p. 3.

JIMENEZ DE LA ESPADA, MARCOS

3129 CARRERAS, José Urbano M. Bio-bibliografía de D. Marcos Jiménez de la Espada. REV INDIAS, Madrid, 25(99/100):221-51, en./jun. 1965. port.

JIMENEZ RUEDA, JULIO

3130 MONTERDE GARCIA ICAZBALCETA, Francisco. Julio Jiménez Rueda. REV IBEROAM, 25(50):303-08, jul./dic. 1960. Writings: p. 307-08.

JONES, CECIL KNIGHT

3131 CHILDS, James Bennett. Cecil Knight Jones, 1872-1945. HISP AM HIST REV, Durham, 25(4):411-12, Nov. 1945.

JOS PEREZ, EMILIANO

3132 PEREZ BUSTAMANTE, Ciriaco. Emiliano Jos (1897-1961). REV INDIAS, Madrid, 21(83):145-49, en./mar. 1961. Writings: p. 147-49.

JOSE BERNARD (Padre)

3133 SCHNEIDER, Roque, and MUNAIZ, Henrique. Faleceu nosso autor Pe. José Bernard, S. J. VOZES, Petrópolis, 56 (7):531-34, jul. 1962. Writings: p. 534.

JOYCE, THOMAS ATHOL

3134 THOMPSON, John Eric. Thomas Athol Joyce (1878-1942). BOL BIBLIOGR ANTROP AM, Méx, 13(pte. 2a.):252-58, en./dic. 1950. Writings for the years: 1905-1939.

JUANA INES DE LA CRUZ (Sor)

3135 ABREU GOMEZ, Ermilo. Iconografía de Sor Juana Inés de la Cruz. AN (Mus Nac Arqueol Hist Etnogr) Méx, 5a. ép., 1:169-87, en./mar. 1934. Sources given for each item of iconography.

3136 _____. Sor Juana Inés de la Cruz en el tercer centenario de su nacimiento: vida y obra. HISPANIA, Baltimore, 34 (4):321-26, Nov. 1951. Select bibliogr. by Bernice Matlowsky: p. 324-26.

3137 CORRIPIO RIVERO, Manuel. ¿Una minucia en El Sueño de Sor Juana Almone o Alcione? ABSIDE, Méx, 29(4):472-81, oct./dic. 1965. Bibliogr.: p. 480-81.

3138 HECKEL, Ilse. Los sainetes de Sor Juana Inés de la Cruz. REV IBEROAM, 13(25):135-40, oct. 1947. Bibliogr.: p. 139.

3139 HENRIQUEZ UREÑA, Pedro. Bibliografía de Sor Juana Inés de la Cruz. LIBRO PUEBLO, Méx, 12(2):72-8, feb. 1934 - (9):436-41, sept. 1934.

3140 IGUINIZ, Juan Bautista. Catálogo de las obras de y sobre Sor Juana Inés de la Cruz existentes en la Biblioteca Nacional. BOL (Bibl Nac) Méx, 2a. ép, 2(4):9-18, oct./ dic. 1951.

3141 MENDEZ PLANCARTE, Alfonso. Tríptico de la Fénix. AB-SIDE, Méx, 15(4):453-89, oct./dic. 1959. port. Notes and references: p. 477-89.

JUAREZ, BENITO PABLO

3142 BELTRAN MARTINEZ, Román. Fichas para la bibliografía del benemérito Don Benito Juárez. BOL BIBLIOGR (Sec Hac Créd Públ) Méx, (63, supl.):1-12, jul. 15, 1956. illus., ports.

KAFKA, FRANZ

3143 RANGEL GUERRA, Alfonso. Para una bibliografía de Franz Kafka. ARMAS LETR, Monterrey, 2a ép., 1(1):73-9, en./mar. 1958.

KARSTEN, HERMANN

3144 RÖHL, Eduardo. Hermann Karsten, Dr. Fil. y Med. y Prof. de botánica (1817-1908). BOL (Acad Cien Fís Mat Nat) Caracas, 8(25):991-1027, 2o. sem. 1944. Writings: 1026-27.

KEIDEL, JUAN

3145 BIBLIOGRAFIA del Doctor Juan Keidel. BOL (Soc Arg Estud Geogr) B A, (11):10-1, ag. 1944.

KENNEDY, JOHN FITZGERALD

3146 BRAZIL. Congresso. Câmara dos Deputados. Biblioteca. John Fitzgerald Kennedy (Bibliografia brasileira). BOL (Bibl, Câm Deputados) Rio, 12(2):691-700, jul./dez. 1963.

3147 GROPP, Arthur Eric. Bibliografía sobre Kennedy. AM (OEA, Span) Wash, D C, 16(2):40-1, feb. 1964. References by and about John F. Kennedy related to Latin America.

3148 _____. Books: a Kennedy bibliography. AM (OAS) Wash, D C, 16(1):40-1, Jan. 1964. References by and about John F. Kennedy related to Latin America.

3149 _____. _____. LIST BKS ACCESS PD ART INDEX, Wash,

BIOGRAPHY (Individual)

D C, 1-8, Nov. 1963. References by and about John F. Kennedy related to Latin America.

KEY AYALA, SANTIAGO

3150 SANTIAGO Key-Ayala. BOL (Bibl Nac) Caracas, 3a. ép., (4/5):17/8, jul./oct. 1959. Writings: p. 17-8.

KINO, EUSEBIO FRANCISCO

3151 IVES, Ronald L. Cosmographer to His Majesty. EXPLORERS JOUR, N Y, 41(1):2-16, Mar. 1963. port., maps. Bibliogr.: p. 16.

KORN, ALEJANDRO

3152 CORSICO, Rubén. La actividad psiquíatrica de Alejandro Korn. REV (Univ) La Plata, (11):77-88, mayo/ag. 1960. Bibliogr.: p. 88.

3153 TORCHIA-ESTRADA, Juan Carlos. Alejandro Korn visto por sus críticos. REV IBEROAM, 28(54):245-86, jul./dic. 1962. Bibliogr.: p. 274-86.

KORSI, DEMETRIO

3154 SUSTO, Juan Antonio. Bibliografía de Demetrio Korsi. LOTERIA, Panamá, 2a. ép., 2(24):81-2, nov. 1957.

LABARCA, GUILLERMO

3155 CERDA CUITIÑO, Mario. Extensión, jerarquías y valoraciones del mundo en "Mirando al Océano" de Guillermo Labarca. ESTUD FILOL, Valdivia, (1):41-61, 1965. Bibliogr.: p. 61.

LABARCA HUBERTSON, AMANDA PINTO DE

3156 ROGGIANO, Alfredo A. Amanda Labarca. HUMANITAS, Tucumán, 1(2):449-52, 1954. Writings: p. 449-50.

LA BARRE, WESTON

3157 WESTON La Barre (1911-). BOL BIBLIOGR ANTROP AM, Méx, 13(pte. 2a.):258-60, en./dic. 1950. Writings for the years: 1938-1949.

LABRA Y MARTINEZ, RAFAEL MARIA DE

3158 OLIVA BULNES, Juana H. Rafael María de Labra en las Cortes españoles. REV BIMES CUBANA, Hav, 65(1/3):190-262, en./jun. 1960 - 67(1):65-89, en./feb. 1951. Bibliogr.: 67(1):88-9.

LABRADOR RUIZ, ENRIQUE

3159 FEBRES CORDERO, Julio. Enrique Labrador Ruíz; contribución a una bibliografía. REV (Bibl Nac) Hav, 2a. ser., 3(2):93-135, abr./jun. 1952.

LACUNZA Y DIAZ, MANUEL

3160 ANZOATEGUI, Víctor, and SANHUEZA BELTRAN, Enrique. Vulgarización de Lacunza y el lacuncismo. MAPOCHO, Santiago, 3(3):81-106, 1965. Bibliogr.: p. 106.

3161 DONOSO, Ricardo. La prohibición del libro del P. Lacunza. BUENOS AIRES, B A, 1(1):31-54, sept. 1961. Title of prohibited book: Venida del Mesías en gloria y majestad. Bibliogr.: p. 54.

3162 SCHAIBLE, CARL H. Las primeras ediciones de la obra del P. Lacunza. REV CHIL HIST GEOGR, Santiago, (111): 205-73, en./jun. 1948. Editions and bibliogr.: p. 244-72.

3163 SILVA CASTRO, Raúl. En torno a la bibliografía de Lacunza. Ib., (105):167-82, jul./dic. 1944.

3164 VAUCHER, Alfredo Félix. Una celebridad olvidada: Manuel Lacunza y Díaz. Ib., (117):65-108, en./jun. 1951. Editions in Spanish and translations into other languages: p. 77-96.

LAET, CARLOS MAXIMILIANO PIMENTA DE

3165 NOTICIA sôbre Carlos de Laet. AUTOR LIVR, Rio, 4(1):1-12, 16, jan. 3, 1943. Writings: p. 1.

LAFERRERE, GREGORIO DE

3166 GREGORIO de Laferrère. BOL ESTUD TEATRO, B A, 2(5): 30-2, abr. 1944. Bibliogr.: p. 32.

LAFONE QUEVEDO, SAMUEL A.

3167 DR. SAMUEL A. Lafone Quevedo, director del Museo (1906-1920); noticia bio-bibliográfica. REV (Mus) La Plata, 25:ix-xxiv, 1921. port. Writings: p. xvii-xxiv.

3168 HOMENAJE a Samuel A. Lafone Quevedo. CUAD (Inst Nac Invest Folk) B A, (3):9-34, 1962. ports. Writings: p. 25-34.

LAHILLE, FERNANDO

3169 BIRABEN, Max. Fernando Lahille. REV (Mus) La Plata, n.s.:133-48, 1940. port. Writings: p. 139-48.

LAHITTE, CARLOS DE

3170 VILARDI, Julián A. Bio-bibliografía de Carlos de Lahitte. UNIV, Santa Fe, (30):393-95, mayo 1955.

LAM, WILFREDO

3171 ORTIZ FERNANDEZ, Fernando. Las visiones de Lam. REV BIMES CUBANA, Hav, 66(1/3):254-76, jul./dic. 1950. Bibliogr.: p. 274-76.

LAMEGO, ALBERTO RIBEIRO

3172 ENGENHEIRO Alberto Ribeiro Lamego. BOL GEOGR, Rio, 1(6):105-14, set. 1943. Writings: p. 110-14.

LANDAETA ROSALES, MANUEL

3173 INDICE de las publicaciones de Manuel Landaeta Rosales en libros, folletos y periódicos. CRONICA CARACAS, Caracas, 5(24/25):361-93, jul./dic. 1955.

LANDARECH, ALFONSO MARIA

3174 BETANCOURT, Alfredo. Presentación del nuevo miembro activo del Ateneo de El Salvador, Alfonso María Landarech. ATENEO, S Salvador, 4a. ép., 49(229/230):41-3, jul./dic. 1961. Writings: p. 42-3.

LANDIVAR, RAFAEL

3175 ALEMAN G., José María. El ganado menor en Varrón, Virgilio y Landívar. UNIV S CARLOS, Guat, (42):61-91, jul./set. 1957. Bibliogr.: p. 90-1.

3176 ANDUEZA, María de la Concepción. Amor en la Rusticatio mexicana. Ib., (61):7-33, sept./dic. 1963. Bibliogr.: p. 33.

3177 BENDFELDT ROJAS, Lourdes. Tópicos en la bibliografía landivariana. Ib., (61):69-171, sept./dic. 1963.

3178 CARBONI, Angelo. Estudio histórico documentado sobre el descubrimiento de los restos del poeta D. Rafael y Caballero. Ib., (22):1-161, en./mar. 1951. illus. Prólogo de Carlos Martínez Durán. Ser.: Estudios landivarianos, 2. Bibliogr. of Landívar: p. 139-61.

3179 FRASSETTO, Fabio. Los restos mortales del poeta Rafael Landívar. Ib., (42):7-32, jul./sept. 1957. illus. Bibliogr.: p. 31-2.

3180 VALLE, Rafael Heliodoro. Bibliografía de Rafael de Landívar.
THESAURUS, Bogotá, 8(1/3):35-80, en. /dic. 1952.

3181 VILLACORTA CALDERON, José Antonio. Estudios bio-bibliográficos sobre Rafael Landívar. AN (Soc Geogr Hist) Guat, 8(2):160-205, dic. 1931 - (4):466-520, jun. 1932. Bibliogr.: p. 516-20.

3182 ZIPPEL Y GARCIA, Carlos. El agua en Landívar. UNIV S CARLOS, Guat, (35):37-113, oct./dic. 1955. Bibliogr.: p. 112.

LARA, JORGE SALVADOR

3183 BIBLIOGRAFIA histórica del Doctor Jorge Salvador Lara. BOL (Acad Nac Hist) Quito, 46(103):132-33, en. /jun. 1964.

LARCO HERRERA, RAFAEL

3184 VALCARCEL ESPARZA, Carlos Daniel. Bibliografía de Rafael Larco Herrera. REV UNIV, Trujillo, 3a. ép., 9(17/18):43-66, 1960.

LARRAÑAGA, DAMASO ANTONIO

3185 MARTINEZ VIGIL, Carlos. Dámaso Antonio Larrañaga; apuntaciones bio-bibliográficas. REV NAC, Monte, 3(36): 328-37, dic. 1940. Writings: p. 332-33.

LARRETA, ENRIQUE

3186 BECCO, Horacio Jorge. Bibliografía de Don Enrique Larreta. BOL (Acad Arg Letr) B A, 26(101/102):585-91, jul./dic. 1961. port.

LARROUY, ANTONIO

3187 TORRE REVELLO, José. Bio-bibliografía del P. Antonio Larrouy. BOL (Inst Invest Hist) B A, 19:656-92, abr. / dic. 1935.

LASO, BENITO

3188 LEGUIA, Jorge Guillermo. Biobibliografía de Don Benito Laso. BOL BIBLIOGR (Bibl, Univ S Marcos) Lima, 3 (6):294-311, dic. 1928.

LASSO DE LA VEGA, RAFAEL

3189 ARIZA, Alberto E. El Illmo. Sr. D. Rafael Lasso de la

BIOGRAPHY (Individual)

Vega. BOL HIST ANTIG, Bogotá, 51(600/602):525-48, oct./dic. 1964. Bibliogr. and notes: p. 545-48.

3190 CASTILLERO REYES, Ernesto de Jesús. Vida ejemplar de un ilustre prelado panameño Rafael Lasso de la Vega. LOTERIA, Panamá, 2a. ép., 9(107):25-35, oct. 1964 ports. Bibliogr.: p. 34.

LASTARRIA, JOSE VICTORINO

3191 PAPELES inéditos de don José Victorino Lastarria. REV CHIL HIST GEOGR, Santiago, 21(25):465- , 1o. trim. 1917. Contains list of books in the library of Lastarria, and a list with comments on his own writings. Compilation by Lastarria.

LATCHAM, RICARDO A.

3192 ARANEDA BRAVO, Fidel. Perfil humano de Ricardo A. Latcham. ATENEA, Concepción, 158(408):24-57, abr./jun. 1965. Writings: p. 56-7.

3193 ROJAS PIÑA, Benjamín. Don Ricardo A. Latcham en las páginas de "Atenea"; bibliografía. Ib., 158(408):106-31, abr./jun. 1965.

LATCHAM, RICARDO EDUARDO

3194 BIBLIOGRAFIA de peruanistas extranjeros: Ricardo E. Latcham. BOL BIBLIOGR (Bibl, Univ S Marcos) Lima, 10(1/2):5-12, jun. 1940.

3195 FUENZALIDA, Humberto. Don Ricardo E. Latcham. REV CHIL HIST GEOGR, Santiago, (104):53-101, en./jun. 1944. Writings: p. 80-101.

3196 MONTANE M., Julio C. Bibliografía de Ricardo E. Latcham (5 de mayo de 1869 - 16 de octubre de 1943). REV UNIV (Univ Catól) Santiago, 48(26):263-73, 1963.

3197 RIVEROS ZUÑIGA, Francisco. Don Ricardo E. Latcham Cartwright, el propulsor y renovador de la ciencia arqueológica en Chile. REV CHIL HIST NAT, Santiago, 46/47:247-70, 1942/1943. Writings: p. 254-70.

3198 SCHWAB, Federico. Ricardo E. Latcham - 16 de octubre de 1943. REV (Mus Nac) Lima, 12(2):271-79, 2o. sem. 1943. Writings: p. 274-79.

LATORRE, MARIANO

3199 ARCE, Magda. Mariano Latorre, novelista chilena

contemporáneo. REV IBEROAM, 5(9):121-30, mayo 1942 - (12):303-34, mayo 1943. Writings: 5(10):360-61.

3200 _____. and ROSENBAUM, Sidonia C. Mariano Latorre: bibliografía. REV HISP MOD, N Y, 9(1/2):53-8, en. / abr. 1943.

3201 CASTILLO, Homero. Proyecciones de la crítica y la obra de Mariano Latorre. ATENEA, Concepción, 139(389): 80-9, jul. /sept. 1960. Writings and bibliogr.: p. 84-9.

3202 _____. Trayectoria bibliográfica de los cuentos de Latorre. INTER-AM REV BIBLIOGR, Wash, D C, 9(4):341-55, Oct. /Dec. 1959.

LAVAL, RAMON ARMINIO

3203 BIBLIOGRAFIA de Ramón A. Laval. REV CHIL HIST GEOGR, Santiago, 63(67):48-62, oct. /dic. 1967.

LAVALLE Y ARIAS SAAVEDRA, JOSE ANTONIO

3204 PORRAS BARRENECHEA, Raúl. José Antonio de Lavalle y Arias de Saavedra (1833-1893). BOL BIBLIOGR (Bibl, Univ S Marcos) Lima, 1(1):2-5, jul. 1923.

LAVIN, CARLOS

3205 CATALOGO cronológico clasificado de las obras del compositor chileno: Carlos Lavín. BOL INTERAM MUSICA, Wash, D C, (8):25-8, nov. 1958. music.

LAWRENCE, DANIEL HERBERT

3206 FAY, Eliot G. D. H. Lawrence en Oaxaca. REV IBEROAM, 16(31):91-9, feb. /jul. 1950. Bibliogr.: p. 99.

LAZO BAEZA, OLEGARIO

3207 CARTILLAS biobibliográficas de autores chilenos: Olegario Lazo Baeza, San Fernando, 1878. Cuentista y novelista. BOL (Inst Lit Chil) Santiago, 2(4/5):14-21, jul. 1963. port.

LECUNA, VICENTE

3208 GRASES, Pedro. El Doctor Vicente Lecuna, historiador. REV NAC CULT, Caracas, 12(82/83):76-91, sept. /dic. 1950. Bibliogr.: p. 88-91.

3209 VARGAS SIVILA, Enrique. Lecuna, guardián de la verdad histórica. BOL (Soc Geogr) Sucre, 45(442):314-36, 1955. Notes and references: p. 333-36.

BIOGRAPHY (Individual) 292

LEGUIA, JORGE GUILLERMO

3210 ROMERO DE VALLE, Emilia. Bibliografía de Jorge Guillermo Leguía. BOL BIBLIOGR (Bibl, Univ S Marcos) Lima, 10(3):159-224, oct. 1940.

LEHMANN, WALTER

3211 DR WALTER Lehmann. REV (Mus Nac) Lima, 8(1):167-72, 1o. sem. 1939. Writings: p. 169-72.

LEHMANN-NITSCHE, ROBERT

3212 BIBLIOGRAFIA de Robert Lehmann Nitsche. Ib., 7(1): 144-49, 1o. sem. 1938.

LEITE, CASSIANO RICARDO

3213 BIBLIOGRAFIA de Cassiano Ricardo. AUTOR LIVR, Rio, 5(1):13, jul. 4, 1943. Sources: p. 13.

LELONG, JOHN MATHURIN LOUIS

3214 EL "ALBUM Río de la Plata" de M. John Mathurin Louis Le Long. REV HIST, Monte, 13(37):233-75, ag. 1941. plates, ports. Bibliogr. of Le Long: p. 241-49. Index of the Album: p. 250-70.

LEME, ERNESTO DE MORAES

3215 PROFESSOR Ernesto de Moraes Leme. REV (Fac Direit) S Paulo, 54(1):9-12, 1959. Writings: p. 11-2.

LEME, LINO DE MORAES

3216 PROFESSOR Dr. Lino de Morais Leme. Ib., 49:17-8, 1954. Writings: p. 18.

LENZ, RODOLFO

3217 ESCUDERO, Alfonso M. Rodolfo Lenz. THESAURUS, Bogotá, 18(2):445-84, mayo/ag. 1963. Writings and bibliogr.: p. 471-84.

LEON, NICOLAS

3218 CHAVEZ, Ezequiel Adeodato. Nicolás León (1859-1929). BOL BIBLIOGR MEX, Méx, 8(85):3-10, en. 31, 1947. port. Writings: p. 6-10.

LEON BARANDIARAN, AUGUSTO

3219 BIOBIBLIOGRAFIA de Augusto León Barandiarán. BOL (Bibl Nac) Lima, 11/12(17/18):194-96, 1954/1955.

BIOGRAPHY (Individual)

LEON BARANDIARAN, JOSE

3220 BIBLIOGRAFIA de escritores peruanos: José León Barandiarán. BOL BIBLIOGR (Bibl Cent, Min Trab Asunt Indíg) Lima, (23):3-4, mar. 1958.

LEON PINELO, ANTONIO RODRIGUEZ DE

3221 LOHMANN VILLENA, Guillermo. Fuentes bibliográficas del Epítome de Pinelo. INTER-AM REV BIBLIOGR, Wash, D C, 5(3):153-62, Jul. /Sept. 1955.

LEON PINELO, DIEGO DE

3222 GERBI, Antonello. Diego de León Pinelo contra Justo Lipsio. FENIX, Lima, 1(2):188-231, 1o. sem. 1945; 3:601-27, 2o. sem. 1945. Bibliogr.: 1(2):228-31.

LEON VILLAFAÑE, DIEGO

3223 FURLONG CARDIFF, Guillermo. El jesuita Diego León Villafañe, ESTUD, B A, 54(298):293-308, abr. 1936 - (300): 447-63, jun. 1936. Writings: (300):450-62. Bibliogr.: (300):463.

LEONARD, EMILE-G.

3224 SALUM, Isaac Nicolau. O Prof. Emile-G. Léonard e o Brasil. REV HIST, S Paulo, 25(52):463-83, out. /dez. 1962. Bibliogr.: p. 475-83.

LEOPOLDINA, Consort of Pedro I, Emperor of Brazil.

3225 BRAGANÇA, Carlos Tasso de Saxe-Coburgo e. A formação artística da Imperatriz Dona Leopoldina. REV (Patrim Hist Artist Nac) Rio, (15):109-12, 1961. plates, ports. Bibliogr.: p. 112.

LERY, JEAN DE

3226 LEITE, Francisco Rodrigues. Iean de Lery, viajante de singularidades. REV (Arquiv Munici) S Paulo, 108:23-112, maio/jun. 1946. Notes and bibliogr.: p. 81-112.

LESSA, PEDRO AUGUSTO CARNEIRO

3227 PEDRO Augusto Carneiro Lessa (1859-1921). REV (Fac Direito) S Paulo, 54(2):9-11, 1959. port. Writings: p. 11.

LETELIER LLONA, ALFONSO

3228 CATALOGO cronólogico de las obras del compositor chileno:

Alfonso Letelier-Llona. BOL MUSIC ART VIS, Wash, D C, (65/66):31-4, jul./ag. 1955.

LETURIA, PEDRO DE

3229 MATEOS, Francisco. El padre Pedro de Leturia y Mendía (1891-1955). REV INDIAS, Madrid, 15(61/62):613-22, jul./dic. 1955. Americanist writings: p. 620-22.

LEVENE, RICARDO

3230 BIBLIOGRAFIA del Dr. Ricardo Levene. ARTES GRAF, B A, 1(3):41-2, 100, en. 1942.

3231 GARCES, Julián. Ricardo Levene (1885-1959). REV HIST AM, Méx, (47):168-74, jun. 1959. Writings: p. 171-73.

3232 MARILUZ URQUIJO, José M. Ricardo Levene, 1885-1959. HISP AM HIST REV, Durham, 39(4):643-46, Nov. 1959. Selected bibliogr.: p. 645-46.

LIENDO Y GOICOECHEA, JOSE ANTONIO DE

3233 MELENDEZ CHAVERRI, Carlos. Algunos detalles familiares sobre Fray José Antonio de Liendo y Goicoechea. REV FILOS, S José, 3(9):69-77, en./jun. 1961. Writings and bibliogr.: p. 76-7.

LILLO, BALDOMERO

3234 DURAN CERDA, Julio. Un comentario estilístico sobre "El Chiflón del diablo." ATENEA, Santiago, 136(386):108-36, oct./dic. 1959. Author of El Chiflón del diablo: Baldomiro Lillo.

LILLO, SAMUEL A.

3235 ARANEDA BRAVO, Fidel. Don Samuel A. Lillo y el Ateneo de Santiago. Ib., 39(397):141-86, jul./sept. 1962. Writings: p. 185-86.

3236 PREMIO nacional de literatura. BOL INFORM, Santiago, 3(13):8-9, mayo/jun. 1947. port. Bibliogr. of Samuel A. Lillo: p. 9.

LIMA, ALCEU AMOROSO

3237 BIBLIOGRAFIA de Alceu Amoroso Lima. AUTOR LIVR, Rio, 4(17):269, maio 23, 1943.

LIMA, MANOEL OLIVEIRA DE

3238 PATTEE, Richard. Manoel de Oliveira Lima, Embajador

intelectual del Brasil. REV (Univ Catól) Lima, 7(4/5):
258-73, jul. /ag. 1939; (6/7):351-79, sept. /oct. 1939.
Bibliogr.: (6/7):379.

LINTON, RALPH

3239 GILLIN, John. Ralph Linton, 1893-1953. SOCIOLOGIA, S
Paulo, 16(3):293-304, ag. 1954. Writings: p. 300-04.

LISBÔA, ANTÔNIO FRANCISCO

3240 MAURO, Eugênio Luis. A anatomia na obra de Aleijadinho.
ANHEMBI, S Paulo, 39(115):69-89, jun. 1960. illus.
Bibliogr.: p. 89. Name of Aleijadinho is Antônio
Francisco Lisbôa.

LISBÔA, ARROJADO

3241 PEREIRA, José Veríssimo da Costa. Arrojado Lisbôa (1872-
1932). REV BRAS GEOGR, Rio, 6(4):539-42, out. /dez.
1944. port. Bibliogr.: p. 584-86.

LISBÔA, HENRIQUETA

3242 BIBLIOGRAFIA de Henriqueta Lisbôa. AUTOR LIVR, Rio,
5(7):109, ag. 22, 1943. Sources: p. 109.

LISBÔA, JOÃO FRANCISCO

3243 NOTICIA sôbre João Francisco Lisbôa. Ib., 6(3):37-44, jan.
16, 1944. Writings: p. 43. Sources: p. 41.

LLAMAS Y RIVAS, JUAN DE

3244 REQUENA DIAZ, Fermín. El ilustre antequerano fray Juan de
Llamas y Rivas, Obispo y Gobernador de Panamá.
LOTERIA, Panamá, 2a. ép., 10(120/121):47-56, nov. /
dic. 1965. illus. Bibliogr.: p. 56.

LLANO Y ZAPATA, JOSE EUSEBIO DE

3245 SCHWAB, Federico. Las "Obras varias" de José Eusebio de
Llano y Zapata. BOL BIBLIOGR (Bibl, Univ. S Marcos)
Lima, 16(3/4):309-19, dic. 1946.

3246 TORRE REVELLO, José. Noticia sobre José Eusebio de Llano
Zapata, historiador peruano del siglo XVIII. REV HIST
AM, Méx, (13):5-39, dic. 1941. Writings, annotated:
p. 27-39.

LLAVARIAS Y MARTINEZ, JOAQUIN

3247 HILL, Roscoe R. Joaquín Llaverías Martínez, 1875-1956.

BIOGRAPHY (Individual)

HISP AM HIST REV, Durham, 37(3):346-55, Aug. 1957. Writings: p. 348-55.

3248 SANTOVENIA Y ECHAIDE, Emeterio Santiago. Elogio del Capitán Joaquín Llaverías y Martínez. BOL (Arch Nac) Hav, 56:5-25, en./dic. 1957. Writings: p. 18-25.

LLES Y BERDAYES, FERNANDO

3249 RODRIGUEZ RIVERO, Luis. Noticia bibliográfica de Fernando Lles y Berdayes. REV CUBANA, Hav, 27:111-22, jul./dic. 1950.

LLONA, VICTOR

3250 NUÑEZ, Estuardo. Víctor Llona, bio-bibliografía. BOL (Bibl Nac) Lima, 17/18(33/34):3-6, 1o./2o. trim. 1965.

LLORENS TORRES, LUIS

3251 ALEGRIA, Félix L. Luis Lloréns Torres: bibliografía. REV HISP MOD, N Y, 19(1/4):85-7, en./dic. 1953.

LLORENTE, SEBASTIAN

3252 ZULEN, Pedro S. Bibliografía de Llorente. BOL BIBLIOGR (Bibl, Univ S Marcos) Lima, 1(6):77-80, dic. 1923.

3253 _____. _____, addenda. Ib., 1(7):107, abr. 1924.

LOBATO, JOSE BENTO MONTEIRO

3254 LACERDA, Virginia Côrtes de. Monteiro Lobato e a literatura infantil. LEIT LIVR, Rio, 2(5):30-41, jul./set. 1951.

LOMBARDO, GUILLEN DE

3255 MENDEZ PLANCARTE, Gabriel. Don Guillén de Lámport y su "Regio Salterio" - MS. latino inédito de 1655. ABSIDE, Méx, 12(2):123-92, abr./jun. 1948; (3):285-372, jul./sept. 1948. Bibliogr.: 12(3):368-72.

LONG, RICHARD CHARLES EDWARD

3256 THOMPSON, John Eric. Richard Ch. E. Long (1872-1951). BOL BIBLIOGR ANTROP AM, Méx, 14(pte. 1a.):300-02, en./dic. 1951. Writings for the years: 1912-1948.

LOPES, BERNARDINO DA COSTA

3257 NOTICIA sôbre B. Lopes. AUTOR LIVR, Rio, 3(12):177-86, out. 18, 1942. Writings: p. 179.

LOPEZ, ATANASIO

3258 P. ATANASIO López, O. F. M. REV INDIAS, Madrid, 5(15): 179-92, en./mar. 1944. Americanist writings: p. 186-91.

LOPEZ, JUAN MANUEL

3259 FURLONG CARDIFF, Guillermo. Juan Manuel López, arquitecto e ingeniero. AN (Inst Art Am Invest Estét) B A, (3):72-101, 1950. plates. Bibliogr. notes: p. 96-101.

LOPEZ ALBUJAR, ENRIQUE

3260 ARIAS LARRETA, Abraham. Don Enrique López Albújar. NUEVA DEM, N Y, 41(1):98-101, en. 1961. Writings: p. 101.

LOPEZ PORTILLO Y ROJAS, JOSE

3261 WARNER, Ralph Emerson. Aportaciones a la bibliografía de Don José López Portillo y Rojas. REV IBEROAM, 13 (25):165-98, oct. 1947.

LOPEZ RUIZ, SEBASTIAN JOSE

3262 SUSTO, Juan Antonio. El médico naturalista panameño Dr. Sebastián José López Ruiz. LOTERIA, Panamá, 2a. ép., 6(67):54-69, jun. 1961. Bibliogr. in footnote 48, p. 67-9: List of manuscripts at the National Library, Bogotá.

LOPEZ VELARDE, RAMON

3263 ARCE, David N. Apuntes para la bibliografía de y sobre Ramón López Velarde. LIBRO PUEBLO, Méx, 4a. ép., (2):16-22, 30, jun. 1963.

3264 ———. Obra y glosario de Ramón López Velarde. BOL (Bibl Nac) Méx, 14(3/4):85-103, jul./dic. 1963. Ser.: Bibliografías mexicanas contemporáneas, 14.

3265 CONTRIBUCIONES a la bibliografía de estudios sobre López Velarde. MEX EN ARTE, Méx, (7):83-6, Primavera 1949.

3266 ESQUIVEL, Fernando. La mujer en la poesía de López Velarde. ABSIDE, Méx, 24(2):206-32, abr./jun. 1960. Bibliogr.: p. 231-32.

3267 JIMENEZ MONTELLANO, Bernardo. Baudelaire y Ramón López Velarde. REV IBEROAM, 11(22):295-309, oct. 1946. Bibliogr.: p. 309.

BIOGRAPHY (Individual)

3268 LOPEZ CARBALLO, Ramón. Velarde en Guadalajara. ET CAETERA, Guadalajara, 3(9/10):5-59, en. /sept. 1952. Bibliogr notes and listing of poems and prose: p. 47-59.

3269 PHILLIPS, Allen W. Otra vez López Velarde. CUAD BELL ART, Méx, 4(10):25-42, oct. 1963. Bibliogr.: p. 31-41.

LORENA, ANTONIO

3270 ESTRADA, A. F. Dr. Antonio Lorena: datos bio-bibliográficos. REV (Mus Nac) Lima, 2(1):74-5, 1933.

LOSADA Y PUGA, CRISTOBAL DE

3271 BIBLIOGRAFIA de autores peruanos: Cristóbal de Losada y Puga. BOL BIBLIOGR (Bibl Cent, Min Trab Asunt Indíg) Lima, (10):3-4, feb. 1957.

3272 BIO-BIBLIOGRAFIA del Ing. Cristóbal de Losada y Puga. BOL (Bibl Nac) Lima, 2(6):180-88, en. 1945.

LOTHROP, SAMUEL KIRKLAND

3273 EASBY, Dudley T. Samuel Kirkland Lothrop, 1892-1965. AM ANTIQ, 31(2):256-61, Oct. 1965. Writings: p. 258-61.

LOWIE, ROBERT HARRY

3274 PHILIPSON, J. Robert H. Lowie e o Brasil. SOCIOLOGIA, S Paulo, 20(3):422-25, ag. 1958. Writings: p. 424-25.

LUCERO, MANUEL

3275 ALLENDE, Juan Martín. Discurso. REV (Univ) Córdoba, 2a. ser., 6(3/5):549-68, jul. /dic. 1965. port. Address on Manuel Lucero, Rector of the University of Córdoba. Bibliogr.: p. 584-85.

LUEDERWALDT, HERMANN

3276 TAUNAY, Affonso de Escragnolle. In memoriam: Hermann Luederwaldt (1865-1934). REV (Mus Paulista) S Paulo, 21:31-48, 1937. Writings: p. 43-8.

LUGONES, LEOPOLDO

3277 LERMON, Miguel. Contribución a la bibliografía de Leopoldo Lugones. BOL (Acad Arg Letr) B A, 25(98):501-41, oct. /dic. 1960.

3278 ROGGIANO, Alfredo A. Bibliografía de y sobre Leopoldo

Lugones. REV IBEROAM, 28(53):155-213, en. /jun. 1962.

LUROS FLORU, PABLO

3279 LASCARIS COMNENO, Constantino. Pablo Luros. REV FILOS, S José, 3(11):355-58, en. /jun. 1962. Writings and bibliogr.: p. 355-58.

LUTZ, ADOLFO

3280 BIRABEN, Max. Adolfo Lutz. REV (Mus) La Plata, n. s.: 149-57, 1940, port. Writings: p. 152-57.

LUZ, ANTÔNIO BATISTA DA

3281 TRIGUEIRINHO, José Hippólito. Coronel Antônio Batista da Luz. REV (Arquiv Munici) S Paulo, 133:23-41, abr. / jun. 1950. Sources: p. 41.

LUZ Y CABALLERO, JOSE CIPRIANO DE

3282 PAEZ, Alfonso E. José de la Luz y Caballero, desde el punto de vista científico. AN (Acad Hist Cuba) Hav, 19: 107-21, en. /dic. 1937. Bibliogr.: p. 121.

LYNCH, BENITO

3283 BECCO, Horacio Jorge, and NASON, Marshall R. Bibliografía de Benito Lynch. BIBLIOGR ARG ART LETR, B A, (8):51-82, oct. /dic. 1960.

LYNCH ARRIBALZAGA, ENRIQUE

3284 BIRABEN, Max. Enrique Lynch Arribálzaga. REV (Mus) La Plata, n. s.:83-5, 1935. Writings: p. 84-5.

LYRA, AUGUSTO TAVARES DE

3285 [AUGUSTO Tavares de Lyra] trabalhos publicados. REV (Inst Hist Geogr Bras) Rio, 228:142-44, jul. /set. 1955.

3286 LYRA, Carlos Tavares de. Bibliografia do Ministro Augusto Tavares de Lira. Ib., 246:355-63, jan. /mar. 1960. port.

MABILLE, PIERRE

3287 MARTINY, M. L'oeuvre du Docteur Pierre Mabille. CONJONCTION, Port-au-Prince, (42):10-5, dec. 1952. Writings: p. 17-21.

MacDONAGH, EMILIANO JOSE

3288 FURLONG CARDIFF, Guillermo. Emiliano J. MacDonagh (1o. de agosto de 1961). AN (Acad Arg Geogr) B A, (5):9-23, 1961. port. Writings: p. 16-23.

MACEO, ANTONIO

3289 CUBA. Archivo Nacional. Semana Maceista; las huellas de Maceo, desde su muerte (1896) impresas en los papeles de este Archivo. Relación de las piezas incluidas en esta exposición. BOL (Arch Nac) Hav, 46:261-67, en./dic. 1957.

MACHADO, ANTÔNIO DE ALCÂNTARA

3290 NOTICIA sôbre Antônio de Alcântara Machado. AUTOR LIVR, Rio, 4(16):241-52, maio 16, 1943. illus., ports. Writings: p. 245.

MACHADO, JOSE DE ALCÂNTARA

3291 NOTICIA sôbre Alcântara Machado. Ib., 6(7):101-10, fev. 20, 1944. Writings: p. 101.

MACHADO DE ASSIS, JOAQUIM MARIA

3292 LACERDA, Virginia Côrtes de. Machado de Assis. LEIT LIVR, Rio, 2(6):74-91, out./dez. 1951. Bibliogr.: p. 83-91.

3293 POST, H. Houwens. El autor brasileño Machado de Assis y el Mito de Sisifo. REV CULT BRAS, Madrid, 1(3):185-95, dic. 1962. Writings and bibliogr.: p. 259-62.

3294 REIS, Antônio Simões dos. Machado de Assis [bibliografia] BOL BIBLIOGR BRAS, Rio, 6(6):320-21, jul. 1958; (8): 488, set. 1958.

MACHADO Y RUIZ, ANTONIO

3295 GUERRERO RUIZ, Juan, and CASAMAYOR, Enrique. Bibliografía de Antonio Machado. CUAD HISP, Madrid, (11/12):703-20, sept./dic. 1949.

MADERO, FRANCISCO INDALECIO

3296 RIO GOVEA, Manuel del. Reminiscencias históricas. "La caída del Presidente Don Francisco I. Madero, la 'decena trágica' y sus consecuencias políticas." MEM (Acad Nac Hist Geogr) Méx, 2a. ép., 15(1):5-35, 1959. Bibliogr.: p. 33-5.

MAGALHÃES, JOÃO BATISTA

3297 CARVALHO, Estevão Leitão de. Coronel João Batista Magalhães. REV (Inst Hist Geogr Bras) Rio, 260:420-25, jul. /set. 1963. Writings: p. 424-25.

MAGALLANES MOURE, MANUEL

3298 CARTILLAS bibliográficas de autores chilenos: Manuel Magallanes Moure. La Serena, 1878-1924. Poeta, comediógrafo, cuentista y crítico de arte. BOL (Inst Lit Chil) Santiago, 1(2):13-8, mayo 1962.

MAGDALENA, DIEGO DE LA

3299 MEADE, Joaquín. Fray Diego de la Magdalena. ESTILO, S Luis Potos, (29/30):49-56, en./jun. 1954. Bibliogr.: p. 56.

MAGDALENO, MAURICIO

3300 SIERRA, Carlos J. Fuentes para el estudio del pensamiento contemporáneo. BOL BIBLIOGR (Sec Hac Créd Púbí) Méx, 10(301, supl.):1-12, ag. 15, 1964; (302, supl.): 1-12, sept. 1, 1964. ports. Cover-title: Periodistas mexicanos del siglo XX: Mauricio Magdaleno. Listing of newspaper articles, 1932-1953, and of books.

MAILLEFERT, ALFREDO

3301 ARCE, David N. Presencia y prosa de Alfredo Mailffert, 1889-1941. BOL (Bibl Nac) Méx, 1(3):13-41, jul. /sept. 1950. Bibliogr. note of writings: p. 41.

MALLEA, EDUARDO

3302 EDUARDO Mallea, voice of Argentina. PANORAMA (PAU) Wash, D C, (21):10-3, Dec. 1942. Writings: p. 13.

3303 PINKERTON, Marjorie J. Eduardo Mallea: suplemento a una bibliografía. REV IBEROAM, 30(58):319-23, jul. / dic. 1964.

3304 TOPETE, José Manuel. Eduardo Mallea y el laberinto de la agonía; historia de una pasión argentina. REV IBEROAM, 20(39):117-51, oct. 1954/mar. 1955. Writings: p. 150-51.

MALUENDA LABARCA, RAFAEL

3305 CARTILLAS biobibliográficas de autores chilenos: Rafael Maluenda, Santiago de Chile, 1885. Novelista, cuentista,

BIOGRAPHY (Individual)

dramaturgo y periodista. BOL (Inst Lit Chil) Santiago, 2(3):24-34, oct. 1962. port.

MANRIQUE, ISABEL

3306 MACHADO DE ARNAO, Luz. Doña Isabel Manrique: primera gobernadora de la provincia venezolana. BOL (Acad Nac Hist) Caracas, 45(180):567-71, oct./dic. 1962. Bibliogr.: p. 571.

MANRIQUE, JORGE

3307 MARTINEZ VILLADA, Jorge. Jorge Manrique. REV (Univ) Córdoba, 39(4/5):1063-90, sept./dic. 1952. Bibliogr.: p. 1089-90.

MANRIQUE DE LARA, FELIPE MANUEL DE TRINIDAD

3308 MEADE, Joaquín. Felipe Manrique de Lara (1863-1909). FICHAS BIBLIOGR POTOS, S Luis Potosí, 4(2/3):41-60, abr./sept. 1957. port. Writings: p. 48-9.

MANZANO, TEODOMIRO

3309 EL PROFESOR Don Teodomiro Manzano. BOL BIBLIOGR (Sec Hac Créd Públ) Méx, 10(285):30-1, dic. 15, 1963. Review of Bibliografía del estado de Hidalgo by Teodomiro Manzano. Review includes bibliogr. of Manzano.

MANZONI, ALEXANDRE

3310 CASTAGNOLA, Luigi. Os noivos de Alexandre Manzoni no Brasil. LETR, Curitiba, (10):1-14, 1959. Bibliogr. notes: p. 13-4.

MAPES, ERWIN KEMPTON

3311 ROGGIANO, Alfredo A. Erwin Kempton Mapes (1884-1961). HISPANIA, 44(3):461-64, Sept. 1961. Bibliogr.: p. 463-64.

3312 _____. _____. REV IBEROAM, 26(51):137-46, en./jun. 1961. Writings: p. 143-46.

MARAÑON, GREGORIO

3313 LASTRES, Juan B. Elogio del Profesor Gregorio Marañón. UNIV S CARLOS, Guat, (10):63-109, en./mar. 1948. Bibliogr.: p. 109.

3314 OLAYA RESTREPO, Max. Gregorio Marañón, el español, el médico, el sabio. ESTUD, Bucaramanga, (264/265): 51-90, sept. 1962. Bibliogr.: p. 89-90.

3315 _____. Valor universal de Gregorio Marañón. UNIV PONTIF BOLIVAR, Medellín, 24(86):226-35, abr./jul. 1960. Bibliogr.: p. 235.

MARCEL, GABRIEL

3316 GIORDANI, Mário Curtis. Gabriel Marcel, o filósofo do problema e do mistério. VOZES, Petrópolis, 56(11): 815-30, nov. 1962. Bibliogr.: p. 829-30.

MARGIL DE JESUS, ANTONIO

3317 LAMADRID, Lázaro. The letters of Margil in the Archivo de la Recolección in Guatemala. AMS, Wash, D C, 7(3):323-55, Jan. 1951. Extracts of 46 letters of which 8 are transcriptions in full.

MARIA Y CAMPOS, ARMANDO DE

3318 VIRUEGAS HERNANDEZ, Alfredo. Periodismo y libros de Armando de María y Campos. BOL (Bibl Nac) Méx, 2a. ép., 11(3):9-17, jul./sept. 1960. Ser.: Bibliografías mexicanas contemporáneas, 12.

MARIANO, OLEGARIO

3319 BIBLIOGRAFIA da poesia de Olegario Mariano. AUTOR LIVR, Rio, 4(4):61, jan. 24, 1943.

MARIATEGUI, JOSE CARLOS

3320 CUNEO, Dardo. Noticia conmemorativa sobre José Carlos Mariátegui (1930-1955). REPER AM, S José, 49(3): 33-4, 47, mar./abr. 1955. port. Writings: p. 47.

3321 MEAD, Robert G. Bibliografía crítica de José Carlos Mariátegui. Nota preliminar. REV HISP MOD, N Y, 27(2):138-42, abr. 1961.

3322 ROUILLON, Guillermo. Bio-bibliografía de José Carlos Mariátegui. BOL BIBLIOGR (Bibl, Univ S Marcos) Lima, 22(1/4):102-212, dic. 1952.

MARIN, JUAN

3323 MERINO REYES, Luis. Juan Marín, médico, cuentista, novelista. INTER-AM REV BIBLIOGR, Wash, D C, 14(1):3-20, Jan./Mar. 1964. Bibliogr.: p. 17-20.

MARIÑO, IGNACIO

3324 ARIZA, Alberto E. El fraile militar. BOL CULT BIBLIOGR, Bogotá, 7(4):560-69, 1964. Article is about Fr. Ignacio Mariño. Notes and bibliogr.: p. 568-69.

MARKHAM, CLEMENTS ROBERT

3325 BERNSTEIN, Harry, and DIFFIE, Bailey W. Sir Clements R. Markham as a translator. HISP AM HIST REV, Durham, 17(4):546-57, Nov. 1937. Chroniclers and their writings which Markham translated are cited.

3326 OLIVAS, Antonio. Contribución a la bibliografía de Sir Clements Robert Markham (julio 20 de 1830 - enero 30 de 1916). BOL BIBLIOGR (Bibl, Univ S Marcos) Lima, 11(1/2):69-91, jul. 1942.

MARMOL, JOSE OTILIO

3327 BELLOSO, Nerio. Anotaciones para una biografía: Dr. José Otilio Mármol. REV (Univ Zulia) Maracaibo, 4(13): 35-43, en./mar. 1961. Writings: p. 42-3.

MARMOL, LUIS ENRIQUE

3328 FABBIANI RUIZ, José. Motivos e imágenes en Luis Enrique Mármol. REV NAC CULT, Caracas, 12(87/88):155-71, jul./oct. 1951. Bibliogr.: p. 71.

MARQUES, ANTÔNIO MARIANO DE ACEVEDO

3329 COSTA, Moacyr Lobo da. Traços biográficos de Antônio Mariano de Acevedo Marques. REV (Arquiv Munici) S Paulo, 63:77-102, jan. 1940. Bibliogr.: p. 101-02.

MARQUES, XAVIER

3330 MIRANDA, Adalmir da Cunha. Introdução ao estudo de Xavier Marqués. REV BRAS, S Paulo, (40):147-69, mar./abr. 1962. Writings and bibliogr.: p. 166-69.

MARQUEZ MIRANDA, FERNANDO

3331 ALCINA FRANCH, José. Fernando Márquez Miranda (1897-1961). REV INDIAS, Madrid, 22(89/90):489-506, jul./dic. 1962. port. Bibliogr.: p. 493-506.

3332 BIBLIOGRAFIA de Fernando Márquez Miranda. ANUAR (Inst Antrop Hist) Caracas, 1:428-43, 1964. Taken from REV (Mus Nac) Lima, 31:325-34, 1963.

3333 COMAS, Juan. Fernando Márquez Miranda: 1897-1961. REV (Mus Nac) Lima, 31:316-34, 1962. port. Writings: p. 325-34.

3334 LAFON, Ciro René. Recordación del Doctor Fernando Márquez Miranda. RUNA, B A, 10:7-51, 1960/1965. port. Writings: p. 25-51.

BIOGRAPHY (Individual)

MARROQUIN, FRANCISCO

3335 CHINCHILLA AGUILAR, Ernesto. El Licenciado Don Francisco Marroquín, primer Obispo de Guatemala. ANTROP HIST GUAT, Guat, 14(2):57-65, jul. 1962. Bibliogr.: p. 65.

MARTI, JOSE

3336 BARRIAL DOMINGUEZ, José. Relación de lo publicado, durante 50 años, por Don Federico Henríquez i Carvajal sobre José Martí. REV (Bibl Nac) Hav, 2a. ser., 4(3): 88-95, jul./sept. 1953.

3337 BERNAL, Emilia. Martí por sí mismo. REV BIMES CUBANA, Hav, 33(3):445-73, mayo/jun. 1934; 34(1):125-44, jul./ag. 1934. Bibliogr.: 34(1):144.

3338 BLONDET TUDISCO, Olga. José Martí; vida y obra. REV HISP MOD, N Y, 18(1/4):151-61, en./dic. 1952. ports.

3339 CARILLA, Emilio. Perfil moral de José Martí. HUMANITAS, Tucumán, 1(2):317-35, 1953. Bibliogr. notes: p. 334-35.

3340 CORBITT, Duvon C. Historical publications of the Martí centennial. HISP AM HIST REV, Durham, 34(3):399-405, Aug. 1954.

3341 FERNANDEZ CONCHESO, Aurelio. José Martí, filósofo. IBERO-AM ARCHIV, Berlin, 11(1):107-21, Apr. 1937. Bibliogr.: p. 119-21.

3342 LIZASO, Félix. Una bibliografía y una carta inédita ... Ensayo de bibliografía Martiana. REPER AM, S José, 26(638):339-41, jun. 10, 1933.

3343 _____. Nuestro Martí. POLIT, Caracas, 3(34):31-52, mayo 1964. Bibliogr. notes: p. 51-2.

3344 MASO Y VAZQUEZ, Calixto. Ideas de José Martí sobre las universidades. REV MEX SOCIOL, Méx, 26(2):451-56, mayo/ag. 1964. Bibliogr.: p. 455-56.

3345 NASSIF, Ricardo. Aproximación a José Martí como pedagogo y educador. HUMANITAS, Tucumán, 1(2):379-400, 1953. Bibliogr. notes: p. 399-400.

3346 OROZ, Rodolfo. Los chilenismos de José Martí. BOL FILOL, Santiago, 10:161-203, 1958. Bibliogr.: p. 200-03.

3347 PALADINI, María Delia. José Martí, vida y literatura.

BIOGRAPHY (Individual)

HUMANITAS, Tucumán, 1(2):337-50, 1953. Bibliogr. notes: p. 349-50.

3348 PERAZA SARAUZA, Fermín. Bibliografía martiana. ARCH J MARTI, Hav, 1(2):104-15, dic. 1940.

3349 _____. _____ de 1941. Ib., 3(1):166-88, en./dic. 1942.

3350 _____. Martí, los libros y sus libros. INTER-AM REV BIBLIOGR, Wash, D C, 3(3):245-51, Sept./Dec. 1953.

3351 PONTE RODRIGUEZ, Francisco J. Pensamiento laicista de Martí. LIBERALIS, B A, (27):4-16, en./mar. 1954. Bibliogr.: p. 14-6.

3352 ROGGIANO, Alfredo A. Poética y estilo de José Martí. HUMANITAS, Tucumán, 1(2):351-77, 1953. Bibliogr. notes: p. 376-77.

3353 ROIG DE LEUCHSENRING, Emilio. Una biblioteca mínima de Martí. REV BIBLIOGR CUBANA, Hav, 1(2):72-7, mar./abr. 1936. Minimum Martí library of 10 volumes.

3354 VALLE, Rafael Heliodoro. Bibliografía de Martí en México. LIBRO PUEBLO, Méx, 10(9):28-31, nov. 1932.

3355 _____. Honduras en Martí. REV (Soc Geogr Hist) Tegucigalpa, 39(1/3):26-9, jul./sept. 1959. Bibliogr.: p. 29.

3356 WEBER, Frida. Martí en "La Nación" de Buenos Aires (1885-1890). REV CUBANA, Hav, 10(28/30):71-105, oct./dic. 1937. References in text. Bibliogr.: p. 105.

MARTIN, EDGARDO

3357 CATALOGO cronológico clasificado de las obras del compositor cubano: Edgardo Martín. BOL INTERAM MUSICA, Wash, D C, (27):39-41, en. 1962. music.

MARTINEZ, ENRICO

3358 PFERDEKAMP, Wilhelm. Enrico Martínez oder die wassersnot von Mexiko. IBERO-AM ARCHIV, Berlin, 11(4): 423-34, Jan. 1938. Bibliogr.: p. 433-34.

MARTINEZ, ISIDRO

3359 MOYSSEN ECHEVERRIA, Xavier. Isidro Martínez, un pintor académico desconocido. AN (Inst Invest Estét) Méx, 8 (30):97-100, 1961. illus. Bibliogr.: p. 100.

MARTINEZ, JOSE AGUSTIN

3360 MASAVEU, Jaime. La personalidad científica del Doctor

José Agustín Martínez. CRIMINAL, Méx, 15(5):178-85, mayo 1949. Writings: p. 180-81, 184-85.

MARTINEZ COMPAÑON Y BUJANDA, BALTASAR JAIME

3361 GARRIDO, José Eulogio. Un obispo humanista en Trujillo a fines del siglo XVIII, REV UNIV, Trujillo, 3a. ép., 2 (3/4):1-30, 1953. Bibliogr.: p. 29-30.

MARTINEZ DE CASTRO, ANTONIO

3362 PEÑA Y PALACIOS, Javier. El penalista mexicano Antonio Martínez de Castro (apuntes para su biografía). CRIMINAL, Méx, 14(2):484-98, dic. 1948. Bibliogr. and iconography: p. 497-98.

MARTINEZ DEL RIO, PABLO

3363 CASO, Alfonso. Pablo Martínez del Río, 1892-1963. AM ANTIQ, 29(2):221-27, Oct. 1963. Writings: p. 224-27.

3364 MALDONADO KOERDELL, Manuel, and BORGONIO G., Guadalupe. Obra y bibliografía de Don Pablo Martíez del Río. ANUAR (Inst Antrop Hist) Caracas, 2:397-405, 1965. Taken from: "Homenaje a Pablo Martínez del Río" in Los Onígenes americanos (México, D. F., 1961).

MARTINEZ ESTRADA, EZEQUIEL

3365 OBRAS publicadas. CASA AM, Hav, (33):129, nov./dic. 1965. Writings of Ezequiel Martínez Estrada.

3366 PRIOR, Aldo. Bibliografía de Martínez Estrada. SUR, B A, (295):73-8, jul./ag. 1965.

MARTINEZ GRACIDA, MANUEL

3367 BIBLIOGRAFIA de Don Manuel Martínez Gracida. BOL (Bibl Nac) Méx, 2a. ép., 4(4):48-72, oct./dic. 1955.

3368 ITURRIBARRIA, Jorge Fernando. Fichas bibliográficas de Manuel Martínez Gracida; historiógrafo oaxaqueño. BOL BIBLIOGR (Sec Hac Créd Públ) Méx, (60):4-5, jun. 1, 1956. port.

MARTINEZ HERNANDEZ, JUAN

3369 THOMPSON, John Eric. Juan Martínez Hernández, 1866-1959. REV (Univ Yucatán) Mérida, 2(8):109-13, mar./abr. 1960. Writings: p. 111-13.

MARTINEZ TRONCOSO, FRANCISCO

3370 GERMAN RIBON, Segundo. Francisco Martínez Troncoso.

BIOGRAPHY (Individual) 308

BOL HIST ANTIG, Bogotá, 32(367/368):478-502, mayo/
jun. 1945. Bibliogr.: p. 502.

MARTINEZ Y MARTINEZ, MAXIMINO

3371 RUBLUO ISLAS, José Luis. Noticia biblio-hemerográfica:
Maximino Martínez y Martínez. BOL BIBLIOGR (Sec
Hac Créd Públ) Méx, 10(308):12-4, dic. 1, 1964. port.

3372 [no entry]

MARTINEZ ZUVIRIA, GUSTAVO ADOLFO

3373 BIBLIOGRAFIA de Don Gustavo A. Martínez Zuviría. BOL
(Acad Arg Letr) B A, 27(103):7-13, en./mar. 1962. port.

3374 GUSTAVO Martínez Zuviría. GUIA QUIN, B A, 3(44):23-5,
1a. quin., jun. 1949. Writings: p. 25.

3375 SEDGWICK, Ruth. Hugo Wast, Argentina's most popular
novelist. HISP AM HIST REV, Durham, 4(1):116-26,
Feb. 1929. Titles cited in text. Bibliogr. footnotes.

MARTINS, JOSE ISIDORO (Junior)

3376 NOTICIA sôbre Martins Junior. AUTOR LIVR, Rio, 6(16):
245-53, maio 14, 1944. Writings: p. 253.

MARTIUS, KARL FREDERICH PHILIPP VON

3377 ARAUJO, Carlos da Silva. Um Cristo a que devemos brasileiros,
dobrada devoção. ESTUD BRAS, Rio, 6(18):
305-29, maio/jun. 1941. Biographical data of Karl
Frederico Felipe von Martius. Bibliogr.: p. 321-22.

MARULL, FRANCISCO SALVIO

3378 LICEAGA, Jorge A. I. La botica de Marull en la conspiración
de Alzaga. HIST, B A, 7(27):45-67, abr./jun. 1962.
Bibliogr.: p. 65-7.

3378a _____. Para la historia de la farmacia en la colonia: Francisco
Salvio Marull, boticario catalán. REV (Univ) B A,
5a. ép., 2(4):567-79, oct./dic. 1957.

MASAGÃO, MARIO

3379 PROFESSOR Dr. Mário Masagão. REV (Fac Direit) S Paulo,
49:13-5, 1954. port. Writings: p. 14-5.

MASCARO Y SOSA, PEDRO

3380 SPERONI VENER, Julio. Pedro Mascaró y la bibliografía

uruguaya. INTER-AM REV BIBLIOGR, Wash, D C, 10 (4):343-55, Oct. /Dec. 1960.

MATAMOROS DEL VALLE, MERCEDES

3381 PICHARDO VIÑALE DE PORTUONDO, Hortensia. Mercedes Matamoros, su vida y su obra. REV BIMES CUBANA, Hav, 68(1/3):21-90, jul./dic. 1951. References to poems: p. 83-5. Bibliogr. and notes: p. 85-90.

MATEOS, JUAN A.

3382 RIVERA MENA, Rogelio. Ensayo hemerográfico de Juan A. Mateos. BOL BIBLIOGR (Sec Hac Créd Públ) Méx, 10 (285):16-21, dic. 15, 1963. List of contributions, 1856-1875, to several newspapers: p. 17-21.

MATHIEZ, ALBERT

3383 CAILLET-BOIS, Ricardo R. Bibliografía de Albert Mathiez. BOL (Inst Invest Hist) B A, 16:268-453, en./jun. 1932. port.

MATIENZO DE PERALTA, ADOLFO

3384 OTERO, Gustavo Adolfo. El Licenciado Don Juan Matienzo de Peralta, Oidor de la Audiencia de Charcas. MERCUR PERU, Lima, 25(212):499-519, nov. 1944. Sources: p. 519.

MATIS, FRANCISCO JAVIER

3385 URIBE URIBE, Lorenzo. Francisco Javier Matis. (En el segundo centenario de su nacimiento). REV (Acad Col Cien Exact Fís Nat) Bogotá, 12(45):89-92, nov. 1963. port., facsims. Bibliogr.: p. 92.

MATTE PEREZ, CLAUDIO

3386 MUÑOZ DE EBENSPERGER, Gertrudis. Claudio Matte. AN (Univ Chile) Santiago, 115(107/108:9-62, 3o./4o. trim. 1957. port. Bibliogr.: p. 61-2.

MATTOS, JOSE VERISSIMO DIAS DE

3387 NOTICIA sôbre José Veríssimo. AUTOR LIVR, Rio, 2(17): 263-73, mayo 31, 1942. port. Writings: p. 263.

MAUA, IRINEU EVANGELISTA DE SOUSA

3388 NETTO, Américo R. Bio-bibliografia rodoviaria. RODOVIA, Rio, 8(70/71):28-30, nov./dez. 1945. port. References to Irineu Evangelista de Sousa Mauá.

MAULL, OTO

3389 LIMA, Arnaldo Vieira. Oto Maull. REV GEOGR, Rio, 23 (49):132-33, 2o. sem. 1958. Includes references to writings.

MAXIMILIAN, Emperor of Mexico

3390 VAZQUEZ MACHICADO, José. La diplomacia boliviana y la tragedia de Maximiliano de México. KOLLAS, La Paz, 3(25):26-39, en. 1941; (26):112-28, feb. 1941. Bibliogr.: 3(26):127-28.

MAZA Y CUADRA, ANTONIO DE LA

3391 MONTEJANO Y AGUIÑAGA, Rafael. Dr. Antonio de la Maza y Cuadra (1905-1956). FICHAS BIBLIOGR POTOS, S Luis Potosí, 4(4):81-3, oct./dic. 1957. port. Writings: p. 82-3.

MEANS, PHILIP AINSWORTH

3392 BIBLIOGRAFIA de peruanistas extranjeros: Philip Ainsworth Means. BOL BIBLIOGR (Bibl, Univ S Marcos) Lima, 10(4):277-85, dic. 1940.

3393 LOTHROP, Samuel Kirkland. Philip Ainsworth Means, 1892-1944. AM ANTIQ, 11(2):109-12, Oct. 1945. Writings: p. 110-12.

MEDINA, JOSE TORIBIO

3394 BIO-BIBLIOGRAFIA [de Jose Toribio Medina]. REV CHIL HIST GEOGR, Santiago, 47(51):403-52, 3o. trim. 1923.

3395 CASTRO DE MORALES, Lilia. Homenaje de la Biblioteca Nacional a la memoria de Don José Toribio Medina. REV (Bibl Nac) Hav, 2a. ser. 3(4):3-18, oct./dic. 1952. Writings of Medina in the Biblioteca Nacional: p. 14-8.

3396 CHIAPPA, Víctor M. Bibliografía de Medina, rectificada y puesto al día por Pedro S. Zulen. BOL BIBLIOGR (Bibl, Univ S Marcos) Lima, 1(7):96-101, abr. 1924.

3397 _____. Catálogo de las publicaciones de Don José Toribio Medina (1873-1914). REV CHIL HIST GEOGR, Santiago, 47(51):333-82, 3o. trim. 1923.

3398 COESTER, Alfred. Bibliography of Medina. HISPANIA, 11 (1):13-24, Feb. 1928.

3399 FELIU CRUZ, Guillermo. Bibliografía de D. José Toribio

311   BIOGRAPHY (Individual)

Medina (1929-1930). BOL (Bibl Nac) Snatiago, 2(1):12-6, jul. 1931; (2):16-28, ag. 1931.

3400 _____. Bibliografía de D. José Toribio Medina. BOL (Inst Invest Hist) B A, 15:220-492, jul. /dic. 1931.

3401 _____. Continuación de la Bibliografía de D. Víctor M. Chiappa. REV CHIL GEOGR HIST, Santiago, 47(51):383-402, 3o. trim. 1923. Bibliogr. of José Toribio Medina.

3402 _____. Medina y la historiografía americana. ATENEA, Concepción, 24(100):350-79, ag. 1933. Bibliogr.: p. 366-78 arranged in 19 groups.

3403 FERNANDEZ, Ariosto. José Toribio Medina y el Uruguay. INTER-AM REV BIBLIOGR, Wash, D C, 2(3):166-73, Sept. /Dec. 1952.

3404 FURLONG CARDIFF, Guillermo. José Toribio Medina y la bibliografía argentina. Ib., 2(3):155-65, Sept. /Dec. 1952.

3405 IGUINIZ, Juan Bautista. José Toribio Medina; su vida y su obra. BOL (Bibl Nac) Méx, 2a. ép., 3(4):3-15, oct. / dic. 1952.

3406 PERAZA SARAUSA, Fermín. José Toribio Medina en la bibliografía cubana. INTER-AM REV BIBLIOGR, Wash, D C, 2(3):152-54, Sept. /Dec. 1952.

3407 RAMOS, Roberto. Bibliografía de Don José Toribio Medina. BOL (Bibl Nac) Méx, 2a. ép., 3(4):31-64, oct. /dic. 1952.

3408 RIVET, Paul. José Toribio Medina. JOUR (Soc Am) Paris, n.s., 23(1):244-47, 1931. Writings: p. 245-47.

3409 ZAMUDIO, José. Medina y la bibliografía. ATENEA, Concepción, 107(327/328):421-514, sept. /oct. 1952.

MELGAR, MARIANO LORENZO

3410 PANORAMA bibliográfico de las poesías de Melgar. REV (Univ S Agustín) Arequipa, 25(38):144-51, 2o. sem. 1953.

3411 TAMAYO VARGAS, Augusto. Melgar y Olmedo. LETR, Lima, (38):301-07, 3o. cuatrim. 1947. Bibliogr.: p. 307-10.

MELO, PEDRO AMERICO DE FIGUEIREDO E

3412 NOTICIA sôbre Pedro Américo. AUTOR LIVR, Rio, 5(18): 273-81, dez. 5, 1943. Writings: p. 276.

BIOGRAPHY (Individual) 312

MENDEZ, JULIO

3413 HOMENAJE al Doctor Julio Méndez en celebración de sus
bodas de oro con la medicina. LIT ART, B A, 7(76):
93-4, 111-12, dic. 1934. port.

MENDEZ PEREIRA, OCTAVIO

3414 SUSTO, Juan Antonio. Bibliografía del Doctor Octavio
Méndez Pereira. LOTERIA, Panamá, 2a. ép., 4(45):
41-8, ag. 1959.

3415 _____. (bio-bibliografía). UNIV, Panamá, (35):
163-83, 1955/1956. Bibliogr.: p. 167-79.

MENDEZ PLANCARTE, ALFONSO

3416 ARCE, David N. Caudal y herencia del padre Alfonso Méndez
Plancarte. BOL (Bibl Nac) Méx, 2a. ép., 6(2):28-58,
abr./jun. 1955. Bibliogr.: p. 53-8.

MENDIETA, JERONIMO DE

3417 GONZALEZ CARDENAS, Luis. Fray Jerónimo de Mendieta,
pensador político e historiador. REV HIST AM, Méx,
(28):331-76, dic. 1949. Bibliogr.: p. 373-76.

MENDIZABAL, LUIS DE

3418 PEÑALOSA, Joaquín Antonio. Luis de Mendizábal, fabulista
de la independencia. ESTILO, S Luis Potosí, (38):69-92,
abr./jun. 1956. Bibliogr.: p. 91-2.

MENDONÇA, JOSE XAVIER CARVALHO DE

3419 GIL, Oto de Andrade. Comemoração do centenário do nasimento
de José Xavier Carvalho de Mendonça. REV (Fac
Direit) S Paulo, 56(1):26-94, 1961. Bibliogr. compiled
from sources in the Library of the Faculdade: p. 95-151.

MENDOZA, CARLOS ANTONIO

3420 RIOS, Ana G. de. El Dr. Carlos A. Mendoza. LOTERIA,
Panamá, 2a. ép., 4(49):27-31, dic. 1959. port. Bibliogr.: p. 31.

MENDOZA, VICENTE T.

3421 BIANCHI DE PEREZ ALMADA, Angélica. Aportes a la bibliografía
de Vicente T. Mendoza. CUAD (Inst Nac Antrop)
B A, (5):284-92, 1964/1965.

BIOGRAPHY (Individual)

MENENDEZ, CARLOS R.

3422 RUBIO MANE, Jorge Ignacio. Nota necrológica: Don Carlos R. Menéndez, 1872-1961. BOL (Arch Gen Nac) Méx, 2a. ser., 3(1):107-15, en./mar. 1962. Writings: p. 114.

MENENDEZ Y PELAYO, MARCELINO

3423 WOODBRIDGE, Hensley C. An American bibliography of Marcelino Menéndez y Pelayo. INTER-AM REV BIBLIOGR, Wash, D C, 6(4):329-50, Oct./Dec. 1956.

MENESES ECHANES, JUAN FRANCISCO

3424 ARANEDA BRAVO, Fidel. El canónigo Juan Francisco Meneses, primer Vicerrector de la Universidad de Chile. AN (Univ Chile) Santiago, 119(123):172-82, 3o. trim. 1961. Bibliogr.: p. 181-82.

MENEZES, TOBIAS BARRETO DE

3425 NOTICIA sôbre Tobias Barreto. AUTOR LIVR, Rio, 6(14): 213-23, abr. 23, 1944. illus., ports. Includes bibliogr.

MENGHIN, OSVALDO FRANCISCO AMBROSIO

3426 DATOS biográficos sobre O. F. A. Menghin (1888-1948). RUNA, B A, 9(1a./2a. pte.):7-8, 1958/1959. Writings: p. 9-18.

MERCANTE, VICTOR

3427 NASSIF, Ricardo. Víctor Mercante. HUMANITAS, Tucumán, 1(3):439-43, 1954. Bibliogr.: note 6, p. 442. Writings: note 14, p. 443.

3428 VICTOR Mercante. LIT ARG, B A, 7(84):287-89, 301-02, ag. 1935. port. Writings: p. 302.

MERCERAT, ALCIDES

3429 VIGNATI, Milciades Alejo. Alcides Mercerat. REV (Mus) La Plata, n.s.:75-7, 1935. Writings: p. 76-7.

MERINO REYES, LUIS

3429a MERINO REYES, Luis. Vigilia entre mis libros. ATENEA, Concepción, 39(397):187-206, jul./sept. 1962. Writings of the author: p. 206.

MESQUITA, JOSE JOAQUIM EMERICO LÔBO DE

3430 LANGE, Francisco Curt. Os compositores na Capitania Geral das Minas Gerais. ESTUD HIST, Marilia, (3/4): 33-111, dic. 1965. plates, facsims. Article on José Joaquim Emerico Lôbo de Mesquita. Compositions: p. 98-9.

MESQUITA, TEOFILO DIAS

3431 NOTICIA sôbre Teófilo Dias. AUTOR LIVR, Rio, 5(16):241-52, nov. 14, 1963. Writings and sources: p. 245.

MESTRE GHIGLIAZZA, MANUEL

3432 GURRIA LACROIX, Jorge. La obra del Dr. Manuel Mestre Ghigliazza. BOL (Bibl Nac) Méx, 2a. ép., 5(3):38-45, jul./sept. 1954.

METRAUX, ALFRED

3433 BALDUS, Herbert. Métraux e a etnologia brasileira. REV (Mus Paulista) S Paulo, n.s., 14:45-59, 1963. Writings: p. 50-9.

3434 COELHO, Ruy. Alfred Métraux (1903-1963). REV ANTROP, S Paulo, 11(1/2):95-7, jun./dez. 1963. Writings: p. 96-7.

3435 WAGLEY, Charles. Alfred Métraux, 1902-1963. AM ANTHROP, 66(3, pt. 1):603-13, Jun. 1964. Writings: p. 607-13.

MEYER, AUGUSTO

3436 DAVID, Carlos. A educação do poeta. REV LIVRO, Rio, 2(6):193-98, jun. 1957. Writings of Augusto Meyer: p. 197-98.

MEZA Y SUAREZ INCLAN, JULIAN RAMON

3437 EL DOCTOR Ramón Meza y Suárez Inclán (noticia bio-bibliográfica). REV (Bibl Nac) Hav, 1(1/2):31-47, en./feb. 1909. Contains list of 131 items.

3438 RODRIGUEZ LENDIAN, Evelio. Elogio del Doctor Ramón Meza y Suárez Inclán. AN (Acad Hist Cuba) Hav, 1:24-63, 1919; 1(2):14-40, en./jun. 1920. Bibliogr. begins: 1:59-63, and continues through next issue.

MIDDENDORF, ERNEST W.

3439 NUÑEZ, Estuardo. La obra peruanista de Middendorf. LETRAS, Lima, (63):7-20, 2o. sem. 1959.

MIER Y NORIEGA Y GUERRA, JOSE SERVANDO TERESA DE

3440 ARTEAGA Y SANTOYO, Armando. Bibliografía del Padre Mier. ARMAS LETR, Monterrey, 1(4):5, abr. 30, 1944 - (11):2, nov. 30, 1944; 2(1):2, en. 30, 1945; (3):2, mar. 1945 - (6):2, jun. 30, 1945.

3441 BIBLIOGRAFIA de Fray Servando. LIBRO PUEBLO, Méx, 11(7):262-65, jul. 1933. port.

MIGLIORINI, CARLOS IPPOLITO

3442 CECIONI, Giovanni. Migliorini, un renovador de la geología. Correlación entre los Apeninos y los Andes. BOL (Univ Chile) Santiago, (44):29-43, nov. 1963. illus., port. Writings: p. 43.

MILLAU Y MARAVAL, FRANCISCO

3443 TORRE REVELLO, José. Francisco Millau y Maraval, geógrafo y cartógrafo que actuó en el Río de La Plata. AN (Acad Arg Geogr) B A, (4):107-18, 1960. Maps drawn by Millau y Maraval: p. 116-18.

MIRA Y LOPEZ, EMILIO

3444 EMILIO Mira y López. ARQUIV BRAS PSICOTEC, Rio, 16 (2/3):7-220, abr./set. 1964. port. Writings: p. 17-44.

3445 LEON PORRAS, Fernando de. Vida y obra del profesor doctor Emilio López. UNIV S CARLOS, Guat, (63):39-50, mayo/ag. 1964. Writings: p. 48-9.

MIRANDA, FAUSTINO

3446 [EL DR. Faustino Miranda] BOL (Soc Botán) Méx, (23):1-9, dic. 1958. Writings: p. 5-9.

MIRANDA, FRANCISCO DE

3447 BAYLEN, Joseph O., and WOODWARD, Dorothy. Francisco de Miranda in Russia. AMS, Wash, D C, 6(4):431-49, Apr. 1950. Bibliogr.: p. 447-49.

3448 BORJAS SANCHEZ, José Antonio. La actuación de Miranda en el extranjero en pro de la libertad. LETR ART, Caracas, 3(6):7-75, en./mar. 1951. Bibliogr.: p. 76.

3449 KEY AYALA, Santiago. Contribución a la bio-bibliografía Mirandina. BOL (Acad Nac Hist) Caracas, 33(129):9-19, en./mar. 1950.

BIOGRAPHY (Individual)

MIRO QUESADA, OSCAR

3450 GUERRA, Jesús Lorenzo. Bio-bibliografía del Dr. Oscar Miró Quesada. BOL BIBLIOGR (Bibl, Univ S Marcos) Lima, 24(1/4):27-42, dic. 1951.

MIRO QUESADA SOSA, AURELIO

3451 BIBLIOGRAFIA de Aurelio Miró Quesada Sosa. BOL BIBLIOGR (Bibl Cent, Min Trab Asunt Indíg) Lima, (2):7, jun. 1956.

MISTRAL, GABRIELA

3452 ALEGRIA, Fernando. Gabriela Mistral awarded the 1945 Nobel Prize for literature. BULL (Pan Am Un) Wash, D C, 80:29-33, Jan. 1946. port. Selected bibliogr.: p. 32-3.

3453 ESCUDERO, Alfonso M. La prosa de Gabriela Mistral; fichas de contribución a su inventario. AN (Univ Chile) Santiago, 115(106):250-65, 2o. trim. 1957.

3454, 3455 [no entry]

3456 FERNANDEZ JUANES, Carmen. La poesía de Gabriela Mistral. ISLAS, S Clara, 3(2):255-78, en./abr. 1961. Writings and bibliogr.: p. 276-78.

3457 GABRIELA Mistral Nobel Prize for literature 1945. PANORAMA (PAU) Wash, D C, (27):1-6, Apr. 1946. Writings and bibliogr.: p. 4-6.

3458 HAVERBECK O., Erwin. Gabriela Mistral: el sentimiento de maternidad en Desolación. ESTUD FILOL, Valdivia, (1):137-52, 1965. Bibliogr.: p. 151-52.

3459 PANE, Remigio Ugo. Gabriela Mistral (Lucila Godoy Alcayaga), Chile, b. 1889. (A bibliography of her poems in English translation together with a list of her works). BULL BIBLIOGR, Boston, 18(5):104-05, Sept./Dec. 1944.

3460 [no entry]

3461 ROSENBAUM, Sidonia C. Gabriela Mistral: bibliografía. REV HISP MOD, N Y, 3(2):135-40, en. 1937.

3462 SAAVEDRA MOLINA, Julio. Gabriela Mistral; vida y obra. AN (Univ Chile) Santiago, 104(63/64):23-104, 3o./4o. trim. 1946. Bibliogr.: p. 102-04.

MITRE, BARTOLOME

3463 WEISS, Ignacio. Mitre entre armas y letras italianas.

BIOGRAPHY (Individual)

HISTONIUM, B A, 6(61):400-05, jun. 1944. ports. Bibliogr.: p. 405.

MOLINA, JOAQUIN DE

3464 GARCIA, Flavio A. El Comisionado Joaquín de Molina (1808-1809). BOL (Inst Hist Arg) B A, 2a. ser., 6(10):84-205, 1961. Transcription of many of the 75 documents used: p. 124-205. Documentary sources: p. 120-23.

MOLINA, JUAN RAMON

3465 HIDALGO, Carlos F. Juan Ramón Molina, the poet of Honduras. PAJARITA PAPEL, Tegucigalpa, 4(28/29):94-105, mayo/jul. 1953. Bibliogr.: p. 104-05.

3466 VELA, David. Rastros de Juan Ramón Molina. CULT, S Salvador, (11):99-118, sept./dic. 1956. Bibliogr. note: p. 118.

MOLINA ENRIQUEZ, ANDRES

3467 BONFIL BATALLA, Guillermo. Andrés Molina Enríquez y la Sociedad Indianista Mexicana. AN (Inst Nac Antrop Hist) Méx, 18(47):217-32, 1965. Bibliogr.: p. 231-32.

MOLINA GARMENDIA, ENRIQUE

3468 BIBLIOGRAFIA de Don Enrique Molina. ATENEA, Concepción, 128(376, núm. extraord.):296-97, 1957.

MOLL, BRUNO

3469 BIO-BIBLIOGRAFIA del Dr. Bruno Moll. BOL BIBLIOGR (Bibl, Univ S Marcos) Lima, 24(1/4):23-33, dic. 1954.

MONCLOA Y COVARRUBIAS, MANUEL

3470 UGARTE CHAMORRO, Guillermo. Don Manuel Moncloa y Covarrubias, ilustre hombre de teatro, 1859-1959. LETRAS, Lima, (62):44-57, 1o. sem. 1959. Bibliogr.: p. 56-7.

MONCONILL, GASPAR M.

3471 BIBLIOGRAFIA americanista y pastoral del ... Fray Gaspar M. Monconill. AMAZON COL AM, Sibundoy, 1(1):25-44, 1o. sem. 1940. Pt. 1: - Printed works, compiled by Anastasio de Monchart. - Pt. 2: Manuscripts, compiled by Marcelino de Castellví.

MONGE ALFARO, CARLOS

3472 HERRA, Rafael Angel. Carlos Monge Alfaro: la filosofía de la educación y la universidad. REV FILOS, S José, 5 (17):63-78, jul./dic. 1965. Writings and bibliogr.: p. 76-8.

MONGE MEDRANO, CARLOS

3473 BIBLIOGRAFIA de escritores peruanos: Carlos Monge Medrano. BOL BIBLIOGR (Bibl Cent, Min Trab Asunt Indíg) Lima, (21):3-7, en. 1958.

MONROS, FRANCISCO DE ASIS

3474 WYGODZINSKY, Petr. Francisco de Asís Monrós, 1922-1958. ACTA ZOOL LILLOANA, Tucumán, 17:xv-xxi, 1959. port. Writings: p. xvi-xxi.

MONSALVE, JOSE DOLORES

3475 OTERO MUÑOZ, Gustavo. José Dolores Monsalve. BOL HIST ANTIG, Bogotá, 23(257):1-5, feb. 1936. port. Writings: p. 3-5.

MONTALVO, FRANCISCO ANTONIO DE

3476 CORDERO, Luis Agustín. Una bibliografía selectiva (S. XVII). BOL (Bibl Nac) Lima, 18/19(35/36):22-4, 3o./4o. trim. 1965. Bibliogr. on Francisco Antonio de Montalvo.

MONTE, DOMINGO DEL

3477 COESTER, Alfred. Hallazgo de un regalo desconocido de Domingo del Monte a José María Heredia. REV BIMES CUBANA, 43(3):354-57, mayo/jun. 1939. Rare edition of Cuban poetry.

MONTE, RAMON DEL

3478 RAMON del Monte. REV (Bibl Nac) Hav, 1(1/2):66-9, en./feb. 1909. Writings: p. 68-9.

MONTEIRO, ANTÔNIO PEREGRINO MACIEL

3479 REIS, Antônio Simões dos. Maciel Monteiro, poeta-diletante. BOL BIBLIOGR BRAS, Rio, 6(4):188, maio 1958. Bibliogr.: p. 188.

MONTEIRO, JOÃO

3480 GUIMARÃES, João Nery. João Monteiro. REV (Arquiv Munici) S Paulo, 95:7-48, abr. 1944. Bibliogr.: p. 46-8.

BIOGRAPHY (Individual)

MONTERDE GARCIA ICAZBALCETA, FRANCISCO

3481 ZELSON, Louis G. Francisco Monterde (1894-); his life, interests and works. AMS, Wash, D C, 10(2):159-78, Oct. 1953. Writings and bibliogr.: p. 169-78.

MONTES, ANIBAL

3482 ANIBAL Montes. BOL BIBLIOGR ANTROP AM, Méx, 21/22 (pte. 1a.):222-23; (pte. 2a.):370-72, 1958/1959. Writings: 21/22(pte. 2a.).

MONTES, MOISES

3483 MONTEJANO Y AGUIÑAGA, Rafael. Moisés Montes (1913-1959). ESTILO, S Luis Potosí, (59/60):127-31, jul. / dic. 1961. Writings: p. 129-30.

3484 _____. _____. FICHAS BIBLIOGR POTOS, S Luis Potosí, 6(1/2):3-6, en./jun. 1960. Writings: p. 6.

MONTESINOS, FERNANDO DE

3485 IMBELLONI, José. La capaccuna de Montesinos; después de cien años de discusiones e hipótesis (1840-1940). AN ARQUEOL ETNOL, Mendoza, 2:259-354, 1941. Bibliogr.: p. 351-54.

MONTIEL, TRINIDAD

3486 HERNANDEZ YEPES, Santiago. Trinidad Montiel, un precursor de la Universidad del Zulia. REV (Univ Zulia) Maracaibo, 2a. ép., 2(5):167-83, en./mar. 1959. port. Bibliogr.: p. 182-83.

MONTT, MANUEL FRANCISCO ANTONIO JULIAN

3487 WAGNER DE REYNA, Alberto. La misión de Manuel Montt y el Congreso de Lima de 1864. AN (Univ Chile) Santiago, 116(109/110):440-79, 1o./2o. trim. 1958. Bibliogr.: p. 473-79.

MOQUIHUIX

3488 HERNANDEZ RODRIGUEZ, Rosaura. Moquihuix. ANUAR HIST, Méx, 1:69-73, 1961. Bibliogr.: p. 72-3.

MORA, JOSE MARIA LUIS

3489 HOMENAJE a la memoria del Dr. José María Luis Mora. LIBRO PUEBLO, Méx, 4a. ép., (2):4, jun. 1963. port. Bibliogr.: p. 5.

MORAES, VINICIUS

3490 PALLOTTINI, Renata. Vinicius de Morais; aproximação. REV BRAS, S Paulo, (16):138-65, mar./abr. 1958. Bibliogr.: p. 164-65.

MORAIS, LUCIANO JACQUES DE

3491 PROFESSOR Luciano Jaques de Morais. BOL GEOGR, Rio, 1(9):179-85, dez. 1943. Writings: p. 181-85.

MORALES, EUSEBIO ANTONIO

3492 CASTILLERO REYES, Ernesto de Jesús, and SUSTO, Juan Antonio. Bibliografía de y sobre Eusebio A. Morales. LOTERIA, Panamá, 2a. ép., 10(111):91-5, feb. 1965.

MORELOS Y PAVON, JOSE MARIA TECLO

3493 CARDENAS DE LA PEÑA, Enrique. Morelos, visionario social. REV (Univ) Méx, 16(1):9-12, sept. 1961. ports. Bibliogr. notes: p. 12.

3494 GONZALEZ POLO Y ACOSTA, Ignacio. Morelos y su familia. BOL BIBLIOGR (Sec Hac Créd Públ) Méx, 10(303):10-1, sept. 15, 1964. port. Bibliogr. notes: p. 11.

MORENO, FRANCISCO JOSUE PASCASIO

3495 LIEBERMANN, José. Francisco P. Moreno y la conservación de la naturaleza en la República Argentina. REV (Fac Cien Econ) B A, 5(43):377-402, mayo 1952. Bibliogr.: p. 400-02.

3496 TORRES, Luis María. Dr. Francisco P. Moreno; noticia bio-bibliográfica. REV (Mus) La Plata, 26:1-16, 1922. Writings: p. 11-5.

MORENO, MARIANO

3497 BIBLIOGRAFIA de Mariano Moreno. INFORM BIBLIOGR, B A, 14(138):53-7, abr./jun. 1961.

3498 PETERSON, Harold F. Mariano Moreno; the making of an insurgent. HISP AM HIST REV, Durham, 14(4):450-76, Nov. 1934. Bibliogr. footnotes.

3499 WAIT, Eugene M. Mariano Moreno: promoter of enlightenment. HISP AM HIST REV, Durham, 45(2):359-83, Aug. 1965. Bibliogr. footnotes.

MORLEY, SYLVANUS GRISWOLD

3500 HARRISON, Margaret W. Bibliografía de Sylvanus Griswold Morley. ANTROP HIST GUAT, Guat, 1(1):73-6, en. 1949.

3501 ROYS, Ralph Loveland, and HARRISON, Margaret W. Sylvanus Griswold Morley, 1883-1948. AM ANTIQ, 14(3): 215-21, Jan. 1949. port. Writings: p. 219-21.

MOROTE BEST, EFRAIN

3502 BIBLIOGRAFIA de escritores peruanos: Efraín Morote Best. BOL BIBLIOGR (Bibl Cent, Min Trab Asunt Indíg), Lima, (14):3, jun. 1957.

MOSCOSO Y PERALTA, JUAN MANUEL

3503 TORRES MUÑOZ, Manuel de. El Arzobispo Don Juan Manuel Moscoso y Peralta (Un arequipeño en España). REV (Univ S Agustín) Arequipa, 22(32):45-70, 2o. sem. 1950. Bibliogr.: p. 68-70.

MOSCOTE, JOSE DOLORES

3504 SUSTO, Juan Antonio. Bio-bibliografía del Dr. José Dolores Moscote (1879-1956). UNIV, Panamá, (37):195-98, 1958. Bibliogr.: p. 196-98.

3505 _____. _____. LOTERIA, Panamá, 2a. ép., 4(42):68-72, mayo 1959.

MOSK, SANFORD ALEXANDER

3506 KING, James P. Sanford A. Mosk (1904-1960). HISP AM HIST REV, Durham, 41(3):413-18, Aug. 1961. Writings: p. 415-18.

MOSTAJO, FRANCISCO

3507 FICHERO bibliográfico. REV (Univ S Agustín) Arequipa, 25 (38):287-300, 2o. sem. 1953. First part of a bibliographical study on the work of Francisco Mostajo.

MOYA, SALVADOR DE

3508 COLONEL Salvador de Moya, São Paulo. REV GENEAL LAT, S Paulo, (1):273-76, 1949. port. Text in English and Portuguese. Bibliogr.: p. 276.

MÜLLERRIED, FRIEDERICH KARL GUSTAV

3509 MALDONADO KOERDELL, Manuel. La contribución de

Federico K. G. Müllerried a la geología y paleontología mexicanas. REV (Soc Mex Hist Nat) Méx, 14(1/4):169-90, dic. 1953. Writings: p. 182-90.

MUÑOZ, BARTOLOME DE

3510 GARCIA, Flavio A. Bartolomé de Muñoz, diarista y cartógrafo de la revolución. BOL HIST, Monte (88/91):61-83, 1961. illus. Bibliogr.: p. 82-3.

3511 _____. Bartolomé de Muñoz; memorista y cartógrafo de la revolución. HIST, B A, 7(26):113-46, en./mar. 1962. Bibliogr.: p. 128-29.

MUÑOZ, JUAN BAUTISTA

3512 MURO OREJON, Antonio. Juan Bautista Muñoz; las fuentes bibliográficas de la historia del Nuevo Mundo. ANUAR ESTUD AM, Sevilla, 10:265-337, 1953. Manuscripts: (I-CLX), p. 286-337. Bibliogr.: p. 272-84.

MUÑOZ LUMBIER, MANUEL

3513 LA INVESTIGACION científica en México. LIBRO PUEBLO, Méx, 12(8):403-10, ag. 1934. Writings of Manuel Munoz Lumbier: p. 406-10.

MURGA, ROMEO

3514 TEILLIER, Jorge. Romeo Murga, poeta adolescente. ATENEA, Concepción, 145(395):151-72, en./mar. 1962. Writings and bibliogr.: p. 171-72.

MURILLO, PEDRO DOMINGO

3515 OTERO, Gustavo Adolfo. El mundo social y político de Don Pedro Domingo Murillo. BOL (Soc Geogr) La Paz, 54 (65):55-75, jun. 1943. port. Bibliogr.: p. 73-5.

MURUA, MARTIN DE

3516 MENDIZABAL LOSACK, Emilio. Las dos versiones de Murúa. REV (Mus Nac) Lima, (32):153-85, 1963. illus. Bibliogr.: p. 174.

NABUCO, JOAQUIM

3517 PINHEIRO, Péricles da Silva. O republicanismo de Joaquim Nabuco. REV (Arquiv Munici) S Paulo, 148:51-108, jun. 1952. Bibliogr.: p. 106-08. Includes writings by Joaquim Nabuco.

NABUCO, MANOEL FERNANDES

3518 GOMES, Ordival Cassiano. Manoel Fernandes Nabuco, cirurgião e profesor da Bahia no século XVIII. REV (Inst Hist Geogr Bras) Rio, 208:37-92, jul./set. 1950. Bibliogr.: p. 91-2.

NANDINO, ELIAS

3519 ARCE, David N. Poesía y mensaje de Elías Nandino. BOL (Bibl Nac) Méx, 2a. ép., 10(3):70-82, jul./sept. 1959. Ser.: Bibliografías mexicanas contemporáneas, 9.

NARIÑO, ANTONIO

3520 CUERVO, Luis Augusto. La esposa de Nariño. REV (Arch Nac) Bogotá, 4(40):295-301, jun. 1942. Bibliogr.: p. 301.

3521 _____. Nariño. REV (Col Boyacá) Tunja, 2a. ép., (13/14): 37-64, mayo 1944. Bibliogr.: p. 63-4.

3522 PEREZ SILVA, Vicente. Antonio Nariño: precursor de la libertad de pensamiento y de imprenta. BOL CULT BIBLIOGR, Bogotá, 8(4):495-501, 1965. Bibliogr.: p. 501.

NARVAEZ Y LA TORRE, ANTONIO

3523 ORTIZ, Sergio Elías. A propósito de un gran economista colonial, Don Antonio de Narváez y La Torre. Ib., Bogotá, 5(9):1130-34, 1962. Bibliogr. notes: p. 1134.

NASCENTES, ATENOR

3524 HAMPEJS, Zdenek. Atenor Nascentes. KRITERION, Bela Horizontes, 14(55/56):274-80, jan./jun. 1961. Writings: p. 279-80

NAVARRO, NICOLAS EUGENIO

3525 SENSIBLE fallecimiento del Individuo de Número Nicolás E. Navarro. BOL (Acad Hac Hist) Caracas, 43(172):621-37, oct./dic. 1960. Writings: p. 632-37.

NAVARRO DEL AGUILA, VICTOR

3526 ROWE, John Howland. Victor Navarro del Aguila (1910-1948). REV COL FOLK, Bogotá, (4):77-80, en. 1949. Writings: p. 78-80.

NERUDA, PABLO

3527 ESCUDERO, Alfonso M. Fuentes para el conocimiento de Neruda. MAPOCHO, Santiago, 2(3):249-79, 1964.

3528 LOYOLA, Hernán. Summa bibliográfica de la obra Nerudiana. Ib., 3(3):178-213, 1965.

3529 PANE, Remigio Ugo. Pablo Neruda (Neftalí Ricardo Reyes), Chile, b. 1904; a bibliography of his poems in English translation. BULL BIBLIOGR, Boston, 20(1):6-7, Jan./Apr. 1950.

3530 ROSENBAUM, Sidonia C. Pablo Neruda: bibliografía. REV HISP MOD, N Y, 3(1):32-4, oct. 1936.

3531 SANHUEZA, Jorge. Contribución a la bibliografía de Pablo Neruda. BOL (Inst Lit Chil) Santiago, 3(7/8):3-7, ag. 1964.

3532 VALBUENA BRIONES, Angel. La aventura poética de Pablo Neruda. CUAD AM, Méx, 115(2):205-23, mar./abr. 1961. Bibliogr.: p. 233.

NERVO, AMADO

3533 MENDEZ PLANCARTE, Alfonso. Arte y alma de Nervo. ABSIDE, Méx, 2(5):3-16, mayo 1938. Bibliogr.: p. 15-6.

3534 PANE, Remigio Ugo. Amado Nervo, Mexico, 1870-1917 (A

bibliography of his poems in English translation together with a list of his works). BULL BIBLIOGR, Boston, 18 (6):126-28, Jan. /Apr. 1945.

NIMUENDAJU, CURT

3535 BALDUS, Herbert. Curt Nimuendajú. BOL BIBLIOGR, S Paulo, 8:91-9, jul. /set. 1945. port. Writings: p. 97-9.

3536 _____. _____. SOCIOLOGIA, S Paulo, 8(1):45-52, 1946. Writings: p. 49-52.

3537 CURT Nimuendajú. REV BRAS GEOGR, Rio, 7(4):675-77, out. /dez. 1945. Bibliogr.: p. 676-77.

NODA, TRANQUILINO SANDALIO DE

3538 FEBRES CORDERO, Julio. Las cosas de Noda. REV (Bibl Nac) Hav, 2a. ser., 4(2):190-276, abr. /jun. 1953. Notes and bibliogr.: p. 205-76.

NOGUEIRA, ATALIBA

3539 PROFESSOR Ataliba Nogueira. REV (Fac Direit) S Paulo, 60:15-24, 1965. port. Writings: p. 22-4.

NOGUEIRA, BAPTISTA CAETANO DE ALMEIDA

3540 PHILIPSON, J. Em abono de Baptista Caetano. BOL BIBLIOGR, S Paulo, 11:49-71, 1948. Bibliogr.: p. 70-1.

NORDENSKIÖLD, ERLAND, Friherre

3541 RIVET, Paul. Nils Erland Herbert Nordenskiöld. JOUR (Soc Am) Paris, n.s., 24(2):295-307, 1932. Writings: p. 300-07.

NOVO, SALVADOR

3542 ARCE, David N. Nómina bibliográfica de Salvador Novo. BOL (Bibl Nac) Méx, 13(4):61-89, oct. /dic. 1962. Ser.: Bibliografías mexicanas contemporáneas, 13.

3543 BIBLIOGRAFIA de Salvador Novo. LIBRO PUEBLO, Méx, 10(10):7, dic. 1932.

3544 LUNA ARROYO, Antonio. Salvador Novo. JUSTICA, Méx, 15(419):4-8, mar. 1965. port. Plays: p. 5-8.

NUÑEZ, ENRIQUE BERNARDO

3545 INDICE de los trabajos de E. B. Núñez, Cronista de la ciudad, desde 15 de enero de 1945, cuando se hizo cargo de sus funciones, hasta 1o. de septiembre de 1950 y desde el 22 de julio 1953 hasta la fecha. CRONICA CARACAS, Caracas, 6(32):565-71, en. /mar. 1957.

3546 INDICE de los trabajos de Enrique Bernardo Núñez, durante el tiempo que ha ejercido las funciones de Cronista de la ciudad. Ib., 10(51/54):134-40, en. /dic. 1962.

3547 INDICE de los trabajos de Enrique Bernardo Núñez, Cronista de la ciudad, publicados en la revista "Crónica de Caracas." Ib., 11(62):475-87, oct. 1964.

BIOGRAPHY (Individual)

NUÑEZ, IGNACIO

3548 GARCIA, Flavio A. La misión de Ignacio Núñez a la provincia Oriental. BOL HIST, Monte, (77/79):79-212, jul./dic. 1958. Inventory of documents: p. 209-12.

3549 VILARDI, Julián. Las "Noticias" de Núñez; estudio bibliográfico. UNIV, Santa Fe, (26):277-89, dic. 1952.

NUÑEZ Y DOMINGUEZ, JOSE DE JESUS

3550 CARRERA STAMPA, Manuel. José de Jesús Núñez y Domínguez (1887-1959). REV HIST AM, Méx, (47):185-87, jun. 1959. Writings: p. 186-87.

OBERHAUSER BUND, FERNANDO

3551 GUNCKEL LÜER, Hugo. El profesor doctor Fernando Oberhauser Bund (1895-1964). REV UNIV (Univ Catól) Santiago, 49(27):181-86, 1964. port. Bibliogr.: p. 182-86.

OBLIGADO, CARLOS

3552 BIBLIOGRAFIA de Carlos Obligado. BOL (Acad Arg Letr) B A, 1(4):383, oct./dic. 1933.

3553 _____.. Ib., 18(67):17-8, en./mar. 1949.

OBREGON LIZANO, MIGUEL

3554 ROJAS ROJAS, Efraim. Miguel Obregón Lizano, iniciador del momimiento bibliotecario nacional. BOL (Asoc Costa Bibl) S José, 2(13):7-21, oct. 1961. Bibliogr.: p. 21.

O'DONELL, CARLOS ALBERTO

3555 DESCOLE, Horacio R. Carlos Alberto O'Donell. BOL (Soc Arg Botán) B A, 5(3):160-65, oct. 1954. Writings: p. 162-65.

ODRIOZOLA, MANUEL DE

3556 ROMERO DE VALLE, Emilia. Indice de los "Documentos de Odriozola." BOL BIBLIOGR (Bibl, Univ S Marcos) Lima, 15 (3/4):258-300, dic. 1945; 16(1/2):1-148, jun. 1946. tables.

O'GORMAN, EDMUNDO

3557 BLANQUEL, Eduardo. Dos ideas sobre América; Edmundo O'Gorman y Leopoldo Zea. ANUAR HIST, Méx, 1:143-59, 1961. Writings of Leopoldo Zea: p. 158; of Edmundo O'Gorman: p. 158-59. Bibliogr.: p. 159.

BIOGRAPHY (Individual)   326

O'HIGGINS, BERNARDO

3558 WUNDER, G. O'Higgins, ein sudamerikanisches lebensbild.
      IBEROAM ARCH, Berlin, 7(1):1-19, Apr. 1933. Bibliogr.: p. 18-9.

3559 ZAMUDIO, José. Fuentes bibliográficas para el estudio de
      la vida y de la época de Bernardo O'Higgins. BOL
      (Acad Chil Hist) Santiago, 10(25):19-69, 2o. sem. 1943 -
      (27):95-104, 4o. trim. 1943; 11(29):71-96, 2o. sem.
      1944 - 12(33):103-22, 2o. trim. 1945. Bibliogr. contains 745 items.

OLAGUIBEL, FRANCISCO MODESTO DE

3560 RUBLUO ISLAS, José Luis. A cien años de la muerte de
      Francisco Modesto de Olaguíbel. BOL BIBLIOGR (Sec
      Hac Créd Públ) Méx, 11(319):4-7, mayo 15, 1965. Bibliogr.: p. 7.

OLARTE, TEODORO

3561 LASCARIS COMNENO, Constantino. Teodoro Olarte. REV
      FILOS, S José, 3(11):279-83, en./jun. 1962. Writings
      and bibliogr.: p. 282-83.

3562 PACHECO, Francisco Antonio. El pensamiento de Teodoro
      Olarte a través de sus escritos. Ib., 4(15/16):361-404,
      jul. 1964/jul. 1965. Writings and bibliogr.: p. 403-04.

OLIVEIRA, ARMANDO DE SALES

3563 NETTO, Américo R. Bio-bibliografia rodoviária. RODOVIA,
      Rio, 9(81):9-11, out. 1946. port. References are to
      Armando de Sales Oliveira.

OLIVEIRA, AVELINO INACIO DE

3564 AVELINO Inácio de Oliveira. BOL GEOGR, Rio, 1(3):137-
      40, jun. 1943. Writings: p. 138-40.

OLIVEIRO, MANUEL LOPES DE

3565 AZEVEDO, Bueno de (filho). Lopes de Oliveira. REV
      (Arquiv Munici) S Paulo, 135:37-55, set. 1950. Bibliogr.: p. 54-5.

OLIVER SCHNEIDER, CARLOS

3565a YAÑEZ A., Parmenio. El profesor Carlos Oliver Schneider;
      un precursor de la biología marina en Chile. REV
      BIOL MAR, Valparaíso, 2(2/3):97-116, en. 1950. port.
      Writings and bibliogr.: p. 107-16.

BIOGRAPHY (Individual)

OLMOS, ANDRES DE

3566 MEADE, Joaquín. Fray Andrés de Olmos. MEM (Acad Mex Hist corr Real Madrid) Méx, 9(4):374-463, oct./dic. 1950. plates. Bibliogr.: p. 450-52.

ORDOÑEZ CEBALLOS, PEDRO

3567 HERNANDEZ DE ALBA, Guillermo. El clérigo agradecido. BOL HIST ANTIG, Bogotá, 31(351/352):1-6, en./feb. 1944. Writings of Pedro Ordóñez Ceballos: p. 5-6.

ORIBE, MANUEL

3568 GARCIA, Flavio A. Papeles de Oribe. BOL HIST, Monte, (68): 76-100, en./mar. 1956. Inventory of 268 items: p. 77-83. Transcription of documents continued in subsequent issues.

OROSZ, LADISLAO

3569 FURLONG CARDIFF, Guillermo. Ladislao Orosz, ex-profesor y ex-rector de la Universidad de Córdoba. ESTUD, B A, 55(305):325-47, nov. 1936. Writings: p. 336-46. Bibliogr.: p. 346-47.

OROZ, RODOLFO

3570 CONTRERAS, Lidia. Bibliografía analítica-crítica de las obras del Dr. Rodolfo Oroz. BOL FILOL, Santiago, 8:481-516, 1954/1955.

OROZCO, JOSE CLEMENTE

3571 BRENNER, Anita. Un rebelde pintor mexicano. LIBRO PUEBLO, Méx, 11(4):113-20, abr. 1933. Article on José Clemente Orozco. Books and references on painting in Mexico: p. 120.

3572 [no entry]

3573 GONZALEZ GUERRERO, Francisco. José Clemente Orozco, y su autobiografía. BOL BIBLIOGR MEX, Méx, 10(117/118):5-7, sept./oct. 1949.

3574 HOLMES, Jack D. L. A selected bibliography on José Clemente Orozco. INTER-AM REV BIBLIOGR, Wash, D C, 10(1):26-36, Jan./Mar. 1960.

3575 JOSE Clemente Orozco. REPRODUC CAMPECH, Campeche, 5: 56-63, sept./oct. 1949. illus., port. Bibliogr.: p. 57-63.

OROZCO Y BERRA, MANUEL

3576 GARCIA, Rubén. Biografía, bibliografía e iconografía de Don

Manuel Orozco y Berra. BOL (Soc Mex Geogr Estad) Méx, 44:151-294, oct. 1934. plates, ports., facsims.

3577 SOTO, Jesús S. Orozco y Berra; poeta y dramaturgo. LIBRO PUEBLO, Méx, 12(3):105-14, mar. 1934. Writings: p. 109-14.

ORREGO SALES, JUAN A.

3578 CATALOGO cronológico de las obras del compositor chileno: Juan Orrego Salas. BOL MUSIC ART VIS, Wash, D C, (28):35-9, jun. 1952.

ORSUA Y VELA, BARTOLOME DE

3579 CHACON TORRES, Mario. Documentos en torno de Orsúa y Vela. REV (Inst Invest Hist) Potosí, 1(2):275-87, 1962. Bibliogr.: p. 285-87.

ORTEGA RICAURTE, DANIEL

3580 DOCTOR Daniel Ortega Ricaurte. BOL HIST ANTIG, Bogotá, 48(555/556):5-20, en./feb. 1961. Writings: p. 9-20.

ORTEGA RICAURTE, ENRIQUE

3581 HOMENAJE a la memoria del Académico Don Enrique Ortega Ricaurte. Ib., 49(567/569):3-34, en./mar. 1962. port. Writings: p. 11-23.

ORTEGA Y GASSET, JOSE

3582 HOMENAJE a José Ortega y Gasset. TORRE, Río Piedras, 5(15/16):1-594, jul./dic. 1956. ports. Bibliogr. by A. R. H.: p. 581-90.

3583 TEJERA, María Josefina. Referencias bibliográficas venezolanas sobre José Ortega y Gasset. ANUAR (Escuela Bibl Arch) Caracas, 1:63-7, 1965.

ORTIZ, JUAN LAURENTINO

3584 VEIRAVE, Alfredo. Estudio preliminar para una antología de la obra poética de Juan L. Ortiz. UNIV, Santa Fe, (63): 67-106, en./mar. 1965. Bibliogr.: p. 106.

ORTIZ FERNANDEZ, FERNANDO

3585 BECERRA DE LEON, Berta. Bibliografía de Fernando Ortiz. REV BIMES CUBANA, Hav, 74:141-65, en./jun. 1958.

3586 COMAS, Juan, and BECERRA DE LEON, Berta. La obra escrita de Don Fernando Ortiz. INTER-AM REV

BIBLIOGR, Wash, D C, 7(4):347-71, Oct./Dec. 1957. Bibliogr.: p. 355-71.

3587 GONZALEZ, Manuel Pedro. Cuba's Fernando Ortiz. BKS ABRD, Norman, 20(1):9-13, Winter 1946. Writings: p. 12-3.

OSORIO, MANOEL LUIZ

3588 SPALDING, Walter. Osório, um nome de legenda na guerra e na paz. REV (Inst Hist Geogr Bras) Rio 260:133-52, jul./set. 1963. Bibliogr.: p. 151-52.

OSORIO, MIGUEL ANGEL

3589 POSADA MEJIA, Germán. El pensamiento poético de Porfirio Barba-Jacob. THESAURUS, Bogotá, 12:81-132, 1957. Writings and bibliogr.: p. 129-32.

3590 _____. Porfirio Barba-Jacob, poeta de la muerte. BOLIVAR, Bogotá, 13(55/58):145-66, en./dic. 1960. Bibliogr. notes: p. 163-66.

3591 VALLE, Rafael Heliodoro. Bibliografía de Porfirio Barba-Jacob. THESAURUS, 15:71-173, 1960.

OSORIO LIZARAZO, JOSE ANTONIO

3592 STAUBACH, Charles N. The novels of J. A. Osorio Lizarazo. HISPANIA, 32(2):172-80, May 1949.

OSPINA, DIEGO DE

3593 PLAZAS, Francisco de Paula. Genealogía de Don Diego de Ospina fundador de Neiva. BOL HIST ANTIG, Bogotá, 51(600/602):491-500, oct./dic. 1964. Bibliogr.: p. 500.

OTERO, GUSTAVO ADOLFO

3594 ARNADE, Charles W. Gustavo Adolfo Otero (1896-1958). HISP AM HIST REV, Durham, 40(1):85-9, Feb. 1960. Selected writings: p. 86-9.

OTERO D'COSTA, ENRIQUE

3595 DON ENRIQUE Otero D'Costa. BOL HIST ANTIG, Bogotá, 52(603):5-28, en. 1965. Writings: p. 9-28.

3596 SALDANHA, E. de. Don Enrique Otero D'Costa. Ib., 52 (603):5-28, en. 1965. Writings: 9-28.

OTHON, MANUEL JOSE

3597 ESCAMILLA, Gloria. Manuel José Othón. BOL (Bibl Nac) Méx, 2a. ép., 9(2):5-6, abr./jun. 1958.

3598 JIMENEZ RUEDA, Alberto. Una bibliografía de Manuel José Othón. LIBRO PUEBLO, Méx, 11(6):223-26, jun. 1933.

3599 LEAL, Luis. Los sonetos de Manuel José Othón. PALABRA HOMBRE, Xalapa, (6):183-98, abr./jun. 1958. List of 103 sonnets: p. 193-98.

3600 MEADE, Joaquín. Othón en periódicos potosinos. ABSIDE, Méx, 22(4):441-69, oct./dic. 1958.

3601 MONTEJANO Y AGUIÑAGA, Rafael. Lo que escribió Manuel José Othón; bibliografía esencial. FICHAS BIBLIOGR POTOS, S Luis Potosí, 5(1):5-24, en./mar. 1959. port. Writings and notes: p. 6-24.

3602 NUMERO dedicado a Manuel José Othón con motivo del XLIII aniversario de su muerte y de la adquisición que de sus manuscritos acaba de hacer esta Biblioteca. Ib., 1(3): 1-12, dic. 1949. illus., ports. Manuscripts acquired by the Library of the Universidad de San Luis Potosí.

3603 UDICK, Bernice. Bibliografía de Manuel José Othón (1858-1906). REV IBEROAM, 11(22):351-78, oct. 1946.

3604 _____. Adiciones. ABSIDE, Méx, 15(2):279-94, abr./jun. 1951.

OTHON ROBLEDO, MIGUEL

3605 SIERRA, Carlos J. Miguel Othón Robledo. BOL BIBLIOGR (Sec Hac Créd Públ) Méx, (149):3, 7, feb. 15, 1959. Writings: p. 7.

OURO PRETO, AFFONSO CELSO DE ASSIS FIGUEIREDO

3606 NOTICIA sôbre Affonso Celso. AUTOR LIVR, Rio, 5(15): 225-37, nov. 7, 1943. Writings: p. 230, 237.

OVIEDO, MARTIN DE

3607 MESA, José de, and GISBERT, Teresa. El escultor y arquitecto Martín de Oviedo. REV (Inst Invest Hist, Univ T Frías) Potosí, 1(2):224-43, 1962. illus. Bibliogr. notes: p. 239-43.

OVIEDO Y VALDES, GONZALO FERNANDEZ DE

3608 ACOSTA SAIGNES, Miguel. Fernández de Oviedo y el caso

de Francisco Martín. REV HIST, Caracas, 1(1):49-60, abr. 1960. Bibliogr.: p. 60.

3609 CASTILLERO REYES, Ernesto Jesús. Gonzalo Fernández de Oviedo y Valdés, veedor de Tierra Firme. REV INDIAS, Madrid, 17(69/70):521-40, jul./dic. 1957. Bibliogr.: p. 540.

3610 CHINCHILLA AGUILAR, Ernesto. Algunos aspectos de la obra de Oviedo. REV HIST AM, Méx, (28):303-30, dic. 1949. Bibliogr.: p. 330.

OYARZUN NAVARRO, AURELIANO

3611 LOOSER, Gualterio. El Doctor Don Aureliano Oyarzún, antropólogo y naturalista, 1858-1947. REV CHIL HIST GEOGR, Santiago, (109):5-17, en./jun. 1947. Writings: p. 17-25.

OYUELA, CALIXTO

3612 BIBLIOGRAFIA de Don Calixto Oyuela. BOL (Acad Arg Letr) B A, 3(10):117-22, abr./jun. 1935.

PABLOS, JUAN

3613 ESCALANTE, Hildamar. Juan Pablos, primer impresor de América. REV NAC CULT, Caracas, 5(37):76-84, mar./abr. 1943.

PACHECO, JOSE RAMON

3614 VILLASEÑOR, Ramiro. Bibliografía de José Ramón Pacheco. ET CAETERA, Guadalajara, 4(13):50-3, en./mar. 1953.

PAGANO, JOSE LEON

3615 BIBLIOGRAFIA de Don José León Pagano. BOL (Acad Arg Letr) B A, 29(114):365-67, oct./dic. 1964.

PAIVA, MANUEL DE OLIVEIRA

3616 MONTENEGRO, Braga. Oliveira Paiva. LUSO-BRAZ REV, Madison, 2(2):3-28, Winter 1965. Writings and bibliogr.: p. 27-8.

3617 SIMÕES, Roberto. Coordenadas de Oliveira Paiva. REV BRAS, S Paulo, (36):64-73, jul./ag. 1961. Writings and bibliogr.: p. 72-3.

PALACIOS, ENRIQUE JUAN

3618 BIBLIOGRAFIA de Don Enrique Juan Palacios Mendoza. AN (Soc Geogr Hist) Guat, 29(1/4):134-39, en./dic. 1956.

BIOGRAPHY (Individual) 332

3619 ZAVALA, Lauro José. Contribución a la bibliografía del
Prof. Enrique Juan Palacios. YAN, Méx, (2):127-34,
1953.

PALACIOS, LUCILA, pseud.

3620 LAREDO, Inés. Lucila Palacios una voz de amor por Venezuela. REV (Univ Zulia) Maracaibo, 2a. ép., 9(32):
181-95, oct./dic. 1965. Bibliogr.: p. 194-95.

PALACIOS, PEDRO BONIFACIO

3621 ALMAFUERTE. GUIA QUIN, B A, 2(21):1-2, 1a. quin., jun.
1948. Writings of Almafuerte, pseudonym of Pedro Bonifacio Palacios: p. 2.

3622 BILLONE, Vicente Atilio. Vida y obra de Almafuerte.
HUMANITAS, Tucumán, 3(7):95-120, 1956. Bibliogr.
notes: p. 120.

PALACIOS FAJARDO, MANUEL

3623 GRASES, Pedro. Las ediciones de la obra de Manuel Palacios
Fajardo (1784-1819). BOL (Bibl Nac) Caracas, 3a. ép.,
(1):8, en./feb. 1959.

PALES MATOS, LUIS

3624 BIBLIOGRAFIA de Luis Palés Matos. TORRE, Río Piedras,
8(29/30):331-36, en./jun. 1960.

3625 ONIS, Federico de. Luis Palés Matos. ISLAS, S Clara,
1(3):593-664, mayo/ag. 1959. illus., ports. Writings
and bibliogr.: p. 639-44.

PALMA, RICARDO

3626 BIBLIOGRAFIA sintética de Ricardo Palma, 1855-1939. BOL
BIBLIOGR (Bibl, Univ S Marcos) Lima, 9(1/2):26-8, jul.
1939. Compilation by R. P. B.

3627 TOVAR Y RAMIREZ, Enrique Demetrio. Ricardo Palma, su
bibliografía. REV CHIL HIST GEOGR, Santiago, 74(79):
435-39, mayo/ag. 1933.

3628 VARGAS UGARTE, Rubén. Cartas inéditas de D. Ricardo
Palma a D. Nicolás de Pierola. BOL BIBLIOGR (Bibl,
Univ S Marcos) Lima, 27(1/4):3-17, dic. 1957.

PALOMEQUE, ALBERTO

3629 PALOMEQUE, Rafael Alberto. Alberto Palomeque; notas para su bio-bibliografía. REV NAC, Monte, 9(114):365-401, jun. 1948; (118):27-42, oct. 1948.

PARAMO, FRANCISCO DE

3630 GIRALDO JARAMILLO, Gabriel. Francisco de Páramo miniaturista y calígrafo santafereño del siglo XVII. BOLIVAR, Bogotá, 45:1075-92, nov. /dic. 1955. plates. Miniatures of choral books in the Cathedral. Sources: p. 1092.

PARDO, MANUEL

3631 SUSTO, Juan Antonio. Manuel Pardo, panameño, prócer de la independencia de Colombia (en el segundo centenario de su nacimiento), 1763 - 8 de noviembre - 1963. LOTERIA, Panamá, 2a. ép., 8(96):19-21, nov. 1963. Bibliogr.: p. 21.

PARDO Y ALIAGA, FELIPE

3632 TAURO, Alberto. Felipe Pardo y Aliaga, periodista. INTER-AM REV BIBLIOGR, Wash, D C, 12(1/2):89-137, Jan. / Jun. 1962.

3633 _____. La Nariz, por Felipe Pardo y Aliaga. FENIX, Lima 11:94-125, 1955. ports. Sources: p. 124-25.

PAROISSIEN, JAMES

3634 CIGNOLI, Francisco. Semblanza del Doctor Paroissien, cirujano mayor y organizador de la sanidad del ejército libertador. SAN MARTIN, B A, 7(24):173-85, abr. /jun. 1949. Bibliogr.: p. 185.

PARRA, TERESA DE LA

3635 GONZALEZ, Clara Isabel. Teresa de la Parra. REV (Inst Pedag Nac) Caracas, 2(1):89-98, en. 1945; (2/3):221-35, abr. /jun. 1945. Bibliogr.: 2(2/3):235.

3636 ROSENBAUM, Sidonia C. Teresa de la Parra: bibliografía. REV HISP MOD, N Y, 3(1):35-8, oct. 1936.

PASO Y TRONCOSO, FRANCISCO DEL

3637 GALINDO Y VILLA, Jesús. Don Francisco del Paso y Troncoso; su vida y sus obras. AN (Mus Nac Arqueol Hist Etnogr) Méx, 4a. ép., 1:305-579, jul. /dic. 1922. Fifty writings reviewed: p. 356-566. Unpublished writings: p. 567-68.

PATROCINIO, JOSE CARLOS DE

3638 NOTICIA sôbre José de Patrocínio. AUTOR LIVR, Rio, 4(2): 17-25, jan. 10, 1943. Writings: p. 22.

PAUL, EMMANUEL C.

3639 ALEXIS, Gerson. In memoriam: Emmanuel C. Paul. BULL (Bur Ethnol) Port-au-Prince, 4(29):11-29, nov. 1963. port. Writings: p. 28-9.

PAUL Y VERGARA, JOSE TELESFORO

3640 PERDOMO ESCOBAR, José Ignacio. Discurso pronunciado el 26 de agosto de 1955, día de su recepción en calidad de miembro numerario de la Academia Colombiano de Historia. BOL HIST ANTIG, Bogotá, 42(493/494):631-55, nov./dic. 1955. Subject of address: Arzobispo José Telésforo Paúl y Vergara (1884-1889). Bibliogr.: p. 655.

3641 VARGAS PAUL, Guillermo. El Arzobispo Paúl y la transformación política de 1886. Ib., 50(588/590):539-52, oct./dic. 1963. Bibliogr.: p. 552.

PAYRO, ROBERTO JORGE

3642 NOTICIA sobre Roberto J. Payró. BOL ESTUD TEATRO, B A, 2(5):20-2, abr. 1944.

PAZ, JOSE MARIA

3643 GENERAL José María Paz. LIT ARG, B A, 6(69):255-56, mayo 1934. port. (on cover of issue). Bibliogr.: p. 256.

PAZ, JUAN CARLOS

3644 CATALOGO cronológico de las obras del compositor argentino: Juan Carlos Paz. BOL MUSIC ART VIS, Wash, D C, (48):17-22, feb. 1948. music.

PAZ SOLDAN, MATEO

3645 ZULEN, Pedro S. Un manuscrito de Mateo Paz Soldán. BOL BIBLIOGR (Bibl, Univ S Marcos) Lima, 1(5):50-2, nov. 1923. Writings and bibliogr.: p. 52.

PEDERNEIRAS, MARIO

3646 NOTICIA sôbre Mário Pederneiras. AUTOR LIVR, Rio, 3 (16):237-48, nov. 22, 1942. Writings: p. 237, 247.

BIOGRAPHY (Individual)

PEDRO I, Emperor of Brazil

3647 NETTO, Américo R. Bio-bibliografia rodoviaria. RODOVIA, Rio, 8(69):28-32, out. 1945. References are to Pedro I, Emperor of Brazil.

PEDRO II, Emperor of Brazil

3648 SODRE, Alcindo. Dom Pedro II no pacificação de Rio Grande do Sul. REV (Inst Hist Geogr Bras) Rio, 188:41-54, jul./set. 1945. Bibliogr.: p. 54.

PEIXOTO, AFRÂNIO

3649 BIBLIOGRAFIA de Afrânio Peixoto. AUTOR LIVR, Rio, 126-27, 132, mar. 5, 1944. port. Sources: p. 127.

3650 COSTA, Dante. Presença de Afrânio Peixoto. ARQUIV, Rio, 1(1):77-82, jan./fev. 1947. port. Writings: p. 81-2. Sources: p. 80.

PELLEGRINI, CARLOS

3651 ETCHEPAREBORDA, Roberto. Acción opositora durante la presidencia de Carlos Pelligrini (1890-1892). BOL (Inst Hist Arg) B A, 2a. ser., 3(7):1-51, 1958. Bibliogr.: p. 50-1.

PEÑA, DAVID

3652 CAILLET-BOIS, Ricardo R. Contribución a la bibliografía de David Peña. BOL (Inst Invest Hist) B A, 14:679-716, oct./dic. 1930.

PEÑA, FRANCISCO

3653 MONTEJANO Y AGUIÑAGA, Rafael. Francisco Peña (1821-1903). FICHAS BIBLIOGR POTOS, S Luis Potosí, 7 (1/2):3-10, en./jun. 1961. Writings and notes: p. 6-10.

PEÑAFIEL, ANTONIO

3654 RUBLUO YSLAS, José Luis. Notas para la bio-bibliografía del Doctor Antonio Peñafiel. BOL (Bibl Nac) Méx, 2a. ép., 16 (3/4):39-49, jul./dic. 1965.

PEÑALOSA, JOAQUIN ANTONIO

3655 BIBLIOGRAFIA de Joaquín Antonio Peñalosa. ESTILO, S Luis Potosí, (59/60):133-52, jul./dic. 1961. In this issue: Items no. 285-714 of writings, and 30 items of bibliogr.

PEON Y CONTRERAS, JOSE

3656 GAMBOA GARIBALDI, Arturo. La obra dramática de José Peón y Contreras. REV (Univ Yucatán) Mérida, 5(25): 60-83, en./feb. 1963. Titles cited in text in bold-face type.

3657 PRIEGO DE ARJONA, Mireya, and BARRERA VAZQUEZ, Alfredo. Datos para una bibliografía de José Peón y Contreras. BOL BIBLIOGR YUCAT, Mérida, (6):2-6, mar./abr. 1939.

PERALTA, MANUEL DE

3658 VERNEAU, René. Marquis Manuel de Peralta. JOUR (Soc Am) Paris, n.s., 22(1):381-84, 1930. Writings: p. 383.

PERALTA BARNUEVO ROCHA Y BENAVIDES, PEDRO

3659 LIBROS de Pedro Peralta Barnuevo en la Biblioteca Nacional. BOL (Bibl Nac) Lima, 17(30):94-5, 2o. trim. 1964.

PEREIRA, DUARTE PACHECO

3660 CARVALHO, Joaquim Barradas de. As fontes de Duarte Pacheco Pereira no "Esmeraldo de situ orbis." REV HIST, S Paulo, 30(62):347-62, abr./jun. 1965 - 31(64): 329-39, out./dez. 1965. Article continued. Bibliogr.: 32(68):332-45.

PEREIRA, JOSE VERISSIMO DA COSTA

3661 PROF. JOSE Veríssimo da Costa Pereira (1904-1955). BOL PAULISTA GEOGR, S Paulo, (21):3-10, out. 1955. Writings: p. 9-10.

PEREIRA DE SOUSA, WASHINGTON LUIS

3662 VIEIRA, Francisco Isabel Schurig. O pensamento político-administrativo e a política financeira de Washington Luis. REV HIST, S Paulo, 20(41):105-46, jan./mar. 1960. Bibliogr.: p. 141.

PEREYNS, SIMON

3663 MAZA, Francisco de la. Simón Pereyns, el primer gran pintor colonial. REV UNIV, Guadalajara, 1(2):75-7, mayo/jul. 1943. Bibliogr.: p. 77.

PEREYRA, CARLOS

3664 BRAVO UGARTE, José. Carlos Pereyra el historiador de la hispanoamericanidad. (Discurso de recepción). MEM

(Acad Mex Hist corr Real Madrid) Méx, 4(3):231-53, jul./sept. 1945. Writings of Carlos Pereyra: p. 249-53.

3665 RUBIO MAÑE, Jorge Ignacio. Carlos Pereyra, 1871-1942. REV HIST AM, Méx, (15):325-30, dic. 1942. Writings: p. 328-30.

PEREZ, UDON

3666 CUENCA, Héctor. Apuntes bibliográficos: las obras de Udón Pérez. CIEN CULT, Maracaibo, 2(8):97-104, oct./dic. 1957.

PEREZ BONALDE, JUAN ANTONIO

3667 JOHNSON, Ernest A. Unos datos más sobre Juan A. Pérez Bonalde. BOL (Acad Venez corr Española) Caracas, 24(90/92):31-74, abr./dic. 1956. Writings and bibliogr.: p. 59-74.

PEREZ CANTO, CLODOMIRO

3668 BUEN Y LOZANO, Fernando de. Los tiburones en la obra de Pérez Canto (1186). INVEST ZOOL CHIL, Santiago, 5:5-30, nov. 2, 1959. Bibliogr.: p. 26-30.

3669 [no entry]

PEREZ DE VARGAS, JOSE

3670 TAURO, Alberto. José Pérez de Vargas, maestro y poeta. FENIX, Lima, 1:104-20, 1o. sem. 1944 - 4:839-65, 2o. sem. 1946. Bibliogr.: (4):839-65.

PEREZ MARTINEZ, HECTOR

3671 QUINTAL MARTIN, Fidelio. La obra histórica de Héctor Pérez Martínez. REV (Univ Yucatán) Mérida, 4(19):44-50, en./feb. 1962. Writings: p. 49-50.

3672 SIERRA, Carlos J. Homenaje a Héctor Pérez Martínez; biblio-hemerografía. BOL BIBLIOGR (Sec Hac Créd Públ) Méx, (unnumb. supl.):2-15, n.d. Issue appeared in 1964.

PEREZ ORTIZ, RUBEN

3673 DELGADO TELLEZ, Ismael Enrique. Rubén Pérez Ortiz; bosquejo bio-bibliográfico. NOTICIAS CULT, Bogotá, (53):1-7, jun. 1, 1965.

3674 POSADA DE GREIFF, Luz. Rubén Pérez Ortiz, 1914-1964. COLEGIO BIBL COL, Medellín, 2(2):55-7, jun. 1964. Writings and bibliogr.: p. 56-7.

BIOGRAPHY (Individual)

PEREZ RAMIREZ, PONCIANO

3675 MONTEJANO Y AGUIÑAGA, Rafael. Pbro. Ponciano Pérez (1851-1922). FICHAS BIBLIOGR POTOS, S Luis Potosí, 2(6):103-11, nov. /dic. 1955. port.

PEREZ ROSALES, VICENTE

3676 CHILE. Biblioteca Nacional. I. Homenaje de la Biblioteca Nacional a Vicente Pérez Rosales. - II. Nota biográfica sobre V. Pérez R. por Luis Montt. - III. V. Pérez R. escritor. Estudio bibliográfico sobre su labor literaria, por Guillermo Feliú Cruz. BOL (Bibl Nac) Santiago, 4(12):198-205, dic. 1933 - 5(3):35-9, mar. 1934.

3677 VICENTE Pérez Rosales, adventurous Chilean writer. PANORAMA (PAU) Wash, D C, (29):13-7, May 1947. Writings and bibliogr.: p. 16-7.

PEREZ SALAZAR, FRANCISCO

3678 FRANCISCO Pérez Salazar. REV (Univ) Puebla, 2(5):31-5, mayo 1944. Writings: p. 33-5.

3679 TOUSSAINT, Manuel. Francisco Pérez Salazar, 1889-1941. AN (Inst Invest Estét) Méx, 2(8):2 1. between 44-5, 1942. port.

PEREZ ZELEDON, PEDRO

3680 MELENDEZ CHAVERRI, Carlos. El Licdo. Don Pedro Pérez Zeledón. REV (Acad Costarricense Hist) S José, 8(19):7-23, en. 1957. Bibliogr.: p. 18. Writings: p. 19-23.

PETION, ALEXANDRE SABES

3681 TOVAR Y RAMIREZ, Enrique Demetrio. Petion, Haiti y la América Bolivariana. BOL (Acad Chil Hist) Santiago, 8(19):123-35, 4o. trim. 1941. Bibliogr.: p. 135.

PEZA, JUAN DE DIOS

3682 VALLE, Rafael Heliodoro. Bibliografía de Juan de Dios Peza. BOL (Bibl Nac) Méx, 2a. ép., 5(3):3-20, jul./sept. 1954.

PEZOA VELIZ, CARLOS

3683 PINILLA, Norberto. Bibliografía crítica sobre Carlos Pezoa Véliz. REV IBEROAM, 4(8):473-82, feb. 1942.

PICADO TWIGHT, CLOROMIRO

3684 VILLA, Jaime D. Clorito, el humilde. EDUC, S José, 9 (36):53-5, mar. /jun. 1964. Article is on Cloromiro Picado Twight. Bibliogr.: p. 55.

PICANÇO, JOSE CORRÊA

3685 VASCONCELLOS, Ivolino de. O conselheiro doutor José Corrêa Picanço, fundador do ensino médico no Brasil. REV (Inst Hist Geogr Bras) Rio, 227:237-61, abr. /jun. 1955. Bibliogr.: p. 260-61.

PICON SALAS, MARIANO

3686 GRASES, Pedro. Contribución a la bibliografía de Mariano Picón Salas. REV NAC CULT, Caracas, 27(167/169): 112-17, en. /jun. 1965.

3687 LOVELUCK, Juan. Mariano Picón-Salas. REV IBEROAM, 31(60):263-76, jul. /dic. 1965. Writings: p. 270-71.

3688 ZERPA D., Luis E. Escritores merideños: Mariano Picón Salas. BIBL, Mérida, 1(5):25-7, mayo 1954. Writings: p. 27.

PIEDRAHITA, VICENTE

3689 TORRE REYES, Carlos de la. Breve boceto de Vicente Piedrahita. REV (Casa Cult Ecuat, Núcleo Guayas) Guayaquil, 2(5):9-16, en. /abr. 1965. Bibliogr.: p. 16.

PIETRI, ALEJANDRO

3690 ESCRITOS del Doctor Alejandro Pietri. REV DER LEGIS, Caracas, 48:311-19, 1959.

PINEDA DUQUE, ROBERTO

3691 CATALOGO cronológico clasificado de las obras del compositor colombiano: Roberto Pineda-Duque. BOL INTERAM MUSICA, Wash, D C, (26):21-3, nov. 1961. music.

PIÑEYRO, ENRIQUE

3692 PIÑEYRO, Enrique. Bibliografía de Enrique Piñeyro, con una introducción, notas y un complemento por Domingo Figarola-Caneda. AN (Acad Hist Cuba) Hav, 1:64-91, 1919; 1(2):236-69, sept. /dic. 1919; 2(1):41-75, en. / jun. 1920.

PINHEIRO, JOAQUIM CAETANO FERNANDES

3693   BRAGA, Osvaldo Melo. Cônego Dr. J. C. Fernandes Pinheiro (ensaio bibliográfico). REV (Inst Hist Geogr Bras) Rio, 240:232-77, jul./set. 1958.

3694   PINHEIRO, Mário Portugal Fernandes. Cônego Fernandes Pinheiro. (Vida e obra). Ib., 238:179-296, jan./mar. 1958. port. Sources: p. 269-74.

3695   _____. Esboço bio-bibliográfico sôbre a Cônego Fernandes Pinheiro. Ib., 217:109-30, out./dez. 1952. port.

PINTO, EDGARD ROQUETTE

3695a FARIA, Luis de Castro. Edgard Roquette-Pinto, 1884-1954. REV (Mus Paulista) S Paulo, n.s., 10:295-305, 1956/1958. port. Bibliogr.: p. 303-05.

3696   GOUVÊA, Pedro. E. Roquette Pinto--antropólogo e educador. REV BRAS ESTUD PEDAG, Rio, 24(59): jul./set. 1955. Writings: p. 56-7.

PIRATININGA, JOAQUIM ANTÔNIO, Barão de Rosas

3697   NOGUEIRA, Amadeu. Barão de Piratininga. REV (Arquiv Munici) S Paulo, 55:75-106, mar. 1939. Bibliogr.: p. 104-06.

PIRION, ANASTASIO

3698   GUNCKEL LÜER, Hugo. El R. P. Anastasio Pirion. REV UNIV (Univ Catól) Santiago, 44/45:229-30, 1959/1960. Writings: p. 230.

PITTIER, HENRI FRANÇOIS

3699   HOMENAJE al Dr. H. Pittier. BOL (Soc Venez Cien Nat) Caracas, 8(52):1-33, jul./sept. 1942. Venezuelan botanical bibliography by J. Saer D'Heguert: p. 17-33. Pittier writings: p. 20-8.

3700   JAHN, Alfredo. Prof. Dr. Pittier: esbozo biográfico. Ib., 4(30):1-43, sept./oct. 1937. Writings: p. 25-43.

PLAZA, JUAN BAUTISTA

3701   FUSTER, Miguel Angel. Juan Bautista Plaza. FAROL, Caracas, 16(213):2-4, abr./jun. 1965. ports. Compositions: p. 4.

BIOGRAPHY (Individual)

POE, EDGAR ALLAN

3702 VALLE, Rafael Heliodoro. Fichas para la bibliografía de Poe en Hispanoamérica. REV IBEROAM, 16(31):199-214, jul. 1950.

POMA DE AYALA, FELIPE GUAMAN

3703 LOBSIGER, Georges. Felipe Guaman Poma de Ayala. BULL (Soc Suisse Am) Geneva, 11(19):6-31, mars. 1960. Bibliogr.: p. 29-31.

3704 _____. Quelques aspects de l'erudition et de l'esprit polémique chez Felipe Guaman Poma de Ayala. Ib., 12(21): 11-29, mars 1961. Bibliogr.: p. 28-9.

3705 MENDIZABAL LOSACK, Emilio. Don Phelipe Guaman Poma de Ayala. Señor y Príncipe último quellqacamayoq. REV (Mus Nac) Lima, 30:228-330, 1961. illus. Bibliogr.: p. 328-30.

3706 NAVARRO DEL AGUILA, Víctor. Don Felipe Wamán Puma. REV UNIV, Cuzco, 29(79):108-35, 2o. sem. 1940. Annotated bibliogr.: p. 115-27.

3707 POMA DE AYALA, Felipe Gumán. Diez páginas en "imprenta" del libro "Primer nueva corónica y buen gobierno." Extractos y notas por Victor Navarro del Aguila. Ib., 30(80):205-22, 1o. sem. 1941. Bibliogr. about Poma de Ayala: p. 220-22.

POMBO, JOSE FRANCISCO DA ROCHA

3708 NOTICIA sôbre Rocha Pombo. AUTOR LIVR, Rio, 6(8):117-24, 131, mar. 5, 1944. Writings: p. 117.

POMBO, RAFAEL

3709 ENGLEKIRK, John Eugene. El epistolario Pombo--Longfellow. THESAURUS, Bogotá, 10(1/3):1-58, en./dic. 1954. Chart of Longfellow's writings, original editions and translations: p. 46-7.

POMBO Y ANTE, MANUEL DE

3710 MARTIN-TESORERO, María Isabel. El patriota colombiano Manuel de Pombo. Su proceso. REV INDIAS, Madrid, 22(87/88):61-106, en./jun. 1962. Bibliogr.: p. 105-06.

PONCE, MANUEL MARIA

3711 ROMERO, Jesús C. Efemérides de Manuel M. Ponce.

BIOGRAPHY (Individual) 342

NUESTRA MUSICA, Méx, 5(18):164-202, 2o. trim. 1950. Compositions: p. 190-95; writings and bibliogr.: p. 195-202.

PONCE DE LEON, JUAN

3712 BOYRIE MOYA, Emile de. La casa de piedra de Ponce de León en Higüey. CLIO, S Domingo, 32(121):30-52, en. / dic. 1964. Bibliogr.: p. 52.

PORRAS BARRENECHEA, RAUL

3713 BIBLIOGRAFIA de escritores peruanos: Raúl Porras Barrenechea. BOL BIBLIOGR (Bibl Cent, Min Trab Asunt Indíg) Lima, (5):3-4, sept. 1956.

3714 LOHMAN VILLENA, Guillermo. Raúl Porras Barrenechea (1897-1960). REV INDIAS, Madrid, 21(83):131-44, en. / mar. 1961. Writings: p. 135-44.

3715 ROMERO DE VALLE, Emilia. Raúl Porras Barrenechea (1897-1960). REV HIST AM, Méx, (50):512-15, dic. 1960. Writings: p. 514-15.

PORTER, CARLOS EMILIO

3716 PIMSTEIN LAMM, Abraham. El sabio chileno Carlos E. Porter. AN (Univ Cent) Quito, 57(297):279-84, jul. / sept. 1936. port. Writings: p. 283-84.

PORTINARI, CÂNDIDO

3717 PORTINARI: A Brazilian modern. PANORAMA (PAU) Wash, D C, (16):1-6, Dec. 1940. Bibliogr.: p. 5-6.

PORTOCARRERO, JUAN N.

3718 INGENIERO Juan N. Portocarrero y C. REV (Inst Geogr) Lima, (1):50-1, 1954. Includes writings.

POSADA, EDUARDO

3719 ACADEMIA Colombia de Historia, Bogotá. Homenaje a la memoria del doctor Eduardo Posada, miembro fundador de la Academia y su primer presidente. BOL HIST ANTIG, Bogotá, 30(341):227-365, mar. 1943. Analysis of writings: p. 251-326. Bibliogr. by Sergio Elías Ortiz: p. 357-65.

3720 ORTIZ, Sergio Elías. Bibliografía de Eduardo Posada. BOL ESTUD HIST, Pasto, 5:31-24, mayo 30, 1934.

3721 _____. _____ (1862-1942). REV HIST AM, Méx, (16):123-
32, dic. 1943.

POSADA, JOSE GUADALUPE

3722 MENENDEZ PAZ, Arturo. Posada en el arte y en la vida
de México. REV (Univ Yucatán) Mérida, 5(27):110-21,
mayo/jun. 1963. Bibliogr.: p. 121.

3723 ZARATE, Armando. Posada o el testigo de la superioridad
de la muerte. REV (Univ) Córdoba, 2a. ser., 3(3):491-
525, jul./ag. 1962. illus. Bibliogr.: p. 524-25.

POST, FRANS JANSZOON

3724 GUIMARÃES, Argeu. Na Holanda, com Frans Post. REV
(Inst Hist Geogr Bras) Rio, 235:85-95, abr./jun. 1957.
Catalog of art works relative to Brazil: p. 238-87.
Bibliogr.: p. 288-95.

PRADO, EDUARDO PAULO DA SILVA

3725 NOTICIA sôbre Eduardo Prado. AUTOR LIVR, Rio, 6(6):85-
92, fev. 13, 1944. Writings: p. 85.

PRADO, ELADIO

3726 SOTELA, Rogelio. Eladío Prado, un místico, un creyente,
un ciudadano. REV (Arch Nac) S José 5(7/8):417-21,
jul./ag. 1941. Writings: p. 420-21.

PRADO, PEDRO

3727 BLONDET TUDISCO, Olga. Pedro Prado: bibliografía.
REV HISP MOD, N Y, 26(1/2):81-4, en./abr. 1960.

3728 PEDRO Prado. ANDEAN QUART, Santiago,:29-34, Fall
1947. Writings of Pedro Prado: p. 34.

PRAT, ARTURO

3728a ESPINOSA MORAGA, Oscar. Arturo Prat, agente confidencial
de Chile en Montevideo (5 de noviembre de 1878 - 16 de
febrero de 1879). BOL (Acad Chil Hist) Santiago, 16
(42):65-80, 1o. sem. 1950. Bibliogr.: p. 80.

PRATA, RANULFO DA HORA

3729 VIEIRA, Primo. Ranulfo Prata, quasi esquecido. REV
(Univ Catól) S Paulo, 23(40/41):21-49, dez. 1961/mar.
1962. Bibliogr.: p. 46-9.

PRESCOTT, WILLIAM HICKLING

3730　GARDINER, Clinton Harvey.　Los vínculos de Prescott con México.　BOL (Bibl Nac) Méx, 2a. ép., 11(1):3-23, en. / mar. 1960.　Bibliogr. of 77 items: p. 16-23.

3731　LOHMANN VILLENA, Guillermo.　Notes on Prescott's interpretation of the conquest of Peru.　HISP AM HIST REV, Durham, 39(1):46-80, Feb. 1959.　Listing of documents, manuscripts and letters: p. 51-69.

3732　PATTERSON, Jerry E.　A checklist of Prescott manuscripts. Ib., 39(1):116-28, Feb. 1959.

3733　WOODBRIDGE, Hensley C.　William Hickling Prescott; a bibliography.　INTER-AM REV BIBLIOGR, Wash, D C, 9(1):48-77, Jan. /Mar. 1959.

3734　WRIGHT, Edith A.　Letters and manuscripts of William H. Prescott.　BOSTON PUBL LIBR QUART, Boston, 11(3): 115-30, Jul. 1959.　port.　References in "Notes": p. 130.

PRESSOIR, JACQUES CATTS

3735　BUTTERLIN, Jacques.　Le Docteur Jacques Catts Pressoir (1892-1954).　CONJONCTION, Port-au-Prince, (55):26-31, fev. 1955.　Writings: p. 30-1.

PRESTES, JULIO

3736　NETTO, Américo R.　Bio-bibliografia rodoviaria.　RODOVIA, Rio, 9(75):56-8, abr. 1946.　References are to Julio Prestes: p. 58.

PRICE, PAUL H.

3737　MARCONDES, J. V. Freitas.　O sociólogo Paul H. Price (1919-1958).　SOCIOLOGIA, S Paulo, 21(1):98-103, mar. 1958.　Writings: p. 99-102.

PRIETO, GUILLERMO

3738　ORTIZ VIDALES, Salvador.　Una bibliografía de Guillermo Prieto.　LIBRO PUEBLO, Méx, 11(10):379-83, oct. 1933.　port.

PRIM Y PRATS, JUAN

3739　OLIVAR BERTRAND, Rafael.　Prim, un archivarón del siglo XIX.　CUAD AM, Méx, 108(1):208-24, en. /feb. 1960. Bibliogr.: p. 223-24.

PRINCE, CARLOS

3740 TOVAR Y RAMIREZ, Enrique Demetrio. Carlos Prince (1839-1919). BOL BIBLIOGR (Bibl, Univ S Marcos) Lima, 1(4):26-8, oct. 1923.

PROBST, JUAN C.

3741 ALBRECHT, Hellmuth F. G. Juan C. Probst. HUMANITAS, Tucumán, 2(4):353-56, 1954. Writings: p. 356.

PROUST, MARCEL

3742 NAVA, José. Brasileiros nos caminhos de Proust. REV LIVRO, Rio, 5(17):109-26, mar. 1960. Bibliogr.: p. 125-26.

PUEYRREDON, JUAN MARTIN DE

3743 ARIAS, Juan Carlos. La misión de Juan Martín de Pueyrredón a España. REV INDIAS, Madrid, 25(99/100):71-114, en./jun. 1965. Bibliogr.: p. 114.

QUESADA, ERNESTO

3744 BIBLIOGRAFIA de Ernesto Quesada. LIBRO PUEBLO, Méx, 5(1/6):70-5, en./jun. 1926.

3745 CANTER, Juan de la. Bio-bibliografía de Ernesto Quesada. BOL (Inst Invest Hist) B A, 19:343-722, en./jun. 1936. port.

3746 ERNESTO Quesada (1858-1934). GUIA QUIN, B A, 4(63):1-3, 2a. quin., abr. 1950.

3747 HAGEN, Hermann B., and OEHLKE, Hedda. Bibliographie der schriften Ernesto Quesadas (1877-1933). IBEROAM ARCH, Berlin, 7(2):207-37, Jun. 1933.

QUIJANO, ARTURO

3748 OTERO MUÑOZ, Gustavo. Arturo Quijano. BOL HIST ANTIG, Bogotá, 22(251):321-52, jun. 1935. port. Writings: p. 323-26.

QUIJANO, MANUEL DE JESUS

3749 SUSTO, Juan Antonio. Don Manuel de Jesús Quijano; bio-bibliografía. LOTERIA, Panamá, 2a. ép., 7(85):22-3, dic. 1962. port.

QUINTANA, MIGUEL A.

3750 BIBLIOGRAFIA de Don Miguel A. Quintana. BOL BIBLIOGR

BIOGRAPHY (Individual) 346

(Sec Hac Créd Públ) Méx, (83, suppl.):1-4, dic. 2, 1956. port.

QUINTANILLA, ANTONIO DE

3751 QUINTANILLA, Antonio de. Autobiografía del Mariscal de Campo Don Antonio de Quintanilla. AN (Univ Chile) Santiago, 113(100):115-57, 4o. sem. 1955. References to documents of Antonio de Quintanilla are to those published in v. 1-34 of Coleccion de Historia de Chile.

QUINTANILLA, JORGE DE

3752 PEREZ, Santiago. Jorge de Quintanilla, un precursor del Canal del Atrato. BOL CULT BIBLIOGR, Bogotá, 7(9): 1595-1600, 1964. Bibliogr.: p. 1600.

QUIROGA, HORACIO

3753 FLORES, Angel. Latin American writers: Horacio Quiroga. PANORAMA (PAU) Wash, D C, (25):18-22, Nov. 1944. Writings and bibliogr.: p. 21-2.

3754 HORACIO Quiroga. LIT ARG, B A, 9(100/102):47-8, 86, abr./jun. 1937. Writings: p. 86.

3755 RODRIGUEZ MENEGAL, Emir. Horacio Quiroga en el Uruguay: una contribución bibliográfica. NUEVA REV FILOL HISP, Méx, 11(3/4):392-94, jul./dic. 1957.

3756 SPERATTI PIÑERO, Emma Susana. Hacia la cronología de Horacio Quiroga. Ib., 9(4):367-82, oct./dic. 1955. Bibliogr. of 267 entries.

QUIROGA, VASCO DE

3757 GARIBAY KINTANA, Angel María. Normas educativas de Don Vasco. LIBRO PUEBLO, Méx, 5a. ép., (2):8-13, mar. 1965. Bibliogr.: p. 13.

3758 _____. _____. LECTURA, Méx, 165(3):76-82, jun. 1, 1965. Bibliogr.: p. 82.

RABASA, EMILIO

3759 WOOLRICH B., Manuel A. Notas para la bibliografía de Don Emilio Rabasa. BOL (Bibl Nac) Méx, 2a. ép., 7(3):23-24, jul./sept. 1956. Ser.: Bibliografías mexicanas contemporáneas, 2.

RAMIREZ, CARLOS MARIA

3760 GROS ESPIELL, Héctor. Carlos María Ramírez y la cátedra

de derecho constitucional. REV NAC, Monte, 10(223/
224):13-38, en./jun. 1965. Bibliogr. notes: p. 27-38.

RAMIREZ, IGNACIO

3761 MAGDALENO, Mauricio. Dos cabezas indias. LIBRO
PUEBLO, Méx, 12(1):1-12, en. 1934. ports. Biographical notes on Ignacio Ramírez and Ignacio Manuel Altamirano. Bibliogr.: p. 12.

3762 TORRES, Víctor Manuel. El pensamiento político de Ignacio Ramírez. HIST MEX, Méx, 12(2):190-228, oct./dic. 1962. Bibliogr. notes: p. 225-28.

RAMOS, ARTHUR

3763 CARVALHO, Paulo de (Neto). Arthur Ramos y su obra (1903-1949). BOL BIBLIOGR ANTROP AM, Méx, 15/16(pte. 1a.):227-32, 1952/1953. Writings: p. 230-32.

3764 FERNANDES, Florestan, EDUARDO, Octávio da Costa, and BALDUS, Herbert. Arthur Ramos, 1903-1949. REV (Mus Paulista) S Paulo, n.s., 4:439-58, 1950. port. Writings: p. 454-58.

RAMOS, JOSE ANTONIO

3765 PERAZA SARAUSA, Fermín. Bibliografía de José Antonio Ramos. REV IBEROAM, 12(24):335-400, jun. 1947.

3766 _____. _____. UNIV HABANA, Hav, 23(70/72):116-83, en./jun. 1947.

RAMOS, JUAN PEDRO

3767 BIBLIOGRAFIA de Don Juan P. Ramos. BOL (Acad Arg Letr) B A, 25(95):15-37, en./mar. 1960. Compilation by Juan P. Ramos used as basis for this bibliogr.

RAMOS, SAMUEL

3768 BASAVE FERNANDEZ DEL VALLE, Agustín. Pensamiento y trayectoria de Samuel Ramos. HUMANITAS, Tucumán, 11(16):123-46, 1963. Writings: p. 146.

RAMOS VIGUERAS, ROBERTO

3770 BIO-BIBLIOGRAFIA de Roberto Ramos Vigueras. BOL BIBLIOGR (Sec Hac Créd Públ) Méx, 11(325):16-7, ag. 15, 1965. port.

BIOGRAPHY (Individual)

RAVIGNANI, EMILIO

3771 BIBLIOGRAFIA del Doctor Emilio Ravignani. BOL (Inst Hist Arg) B A, 2a. ser., 2(4/6):315-539, 1957.

REALE, MIGUEL

3772 STRENGER, Irineu. Contribuição de Miguel Reale a teoria do direito e do estado. REV BRAS FILOS, S Paulo, 11 (42):234-47, abr./jun. 1961. Writings and bibliogr.: p. 243-47.

REBOLLEDO, EFREN

3773 MONTERDE GARCIA ICAZBALCETA, Francisco. La obra de Efrén Rebolledo. LIBRO PUEBLO, Méx, 10(2):24-6, abr. 1932. Writings and bibliogr.: p. 26.

REBOLLEDO, JUAN CLIMACO

3774 GARCIA GUIOT, Silvano. Don Juan Clímaco Rebolledo; la azarosa vida de un guerrero. BOL (Soc Mex Geogr Estad) Méx, 60(1):59-142, en./feb. 1945. plates, ports. Bibliogr.: p. 140-42.

RECINOS AVILA, ADRIAN

3775 LOPEZ AQUINO, Mauro R. Nota necrológica: Adrián Recinos Avila, 1886-1962. ANTROP HIST GUAT, 15 (2):59-61, dic. 1963. port. Writings: p. 61.

REDFIELD, ROBERT

3776 COLE, Fay-Cooper, and EGGAN, Fred. Robert Redfield, 1897-1958. AM ANTHROP, 61(4):652-62, Aug. 1959. port.

3777 GUITERAS HOLMES, C. Robert Redfield (1897-1958). BOL BIBLIOGR ANTROP AM, Méx, 21/22(pte. 1a.):223-25; (pte. 2a.):372-79, 1958/1959. Writings: 21/22 (pte. 2a.).

REIS, ARTUR CESAR FERREIRA

3778 APONTAMENTOS bio-bibliográficos: Artur César Ferreira Reis. BOL GEOGR, Rio, 5(52):472-75, jul. 1947.

RENAULT, ABGAR

3779 BIBLIOGRAFIA de Abgar Renault. AUTOR LIVR, Rio, 5(8): 125, set. 1943.

RENE-MORENO, GABRIEL

3780 FELIU CRUZ, Guillermo. Bibliografía de los libros, folletos
y artículos de revistas publicados por D. Gabriel René-
Moreno (1835-1908). BOL (Bibl Nac) Santiago, 1(11):6-
8, mayo 1930.

3781 MENDOZA L., Gunnar. Gabriel René Moreno, bibliógrafo
boliviano. UNIV S FRAN XAVIER, Sucre, 16(39/40):553-
613, jul./dic. 1951. Bibliogr.: 607-13.

3782 SANABRIA FERNANDEZ, Hernándo. Gabriel René Moreno.
INTER-AM REV BIBLIOGR, Wash, D C, 11(1):25-54,
Jan./Mar. 1961. port. Writings and bibliogr.: p. 48-54.

3783 SILES GUEVARA, Juan. Apuntes para la historia del primer
folleto de Gabriel René Moreno. CULT BOLIVIANA,
Oruro, 1(7):3, dic. 1964. Bibliogr. notes: p. 3.

3784 SOTOMAYOR, Ismael. Breve bibliografía de René-Moreno.
BOL (Un Pan, Span) Wash, D C, 68:264-67, abr. 1934.

RESTREPO, FELIX

3785 KIMSA, Antanas. Bibliografía del R. P. Félix Restrepo,
S. J. BOL (Inst Caro Cuervo) Bogotá, 5:478-548, 1949.

RESTREPO SAENZ, JOSE MARIA

3786 BIBLIOGRAFIA del historiador colombiano Don José María
Restrepo Sáenz. REV INDIAS, Madrid, 10(41):682-90,
jul./sept. 1950.

3787 RESTREPO POSADA, José. Bibliografía del Señor José
María Restrepo Sáenz. BOL HIST ANTIG, Bogotá, 39
(449/450):207-21, mar./abr. 1952.

REVEREND, ALEJANDRO PROSPERO

3788 CONDE JAHN, Franz. Alejandro Próspero Reverend, médico
del ocaso del Libertador Simón Bolívar. BOL (Acad Nac
Hist) Caracas, 45(177):23-36, en./mar. 1962. port.
Bibliogr.: p. 34-6.

REVUELTAS, SILVESTRE

3789 CATALOGO cronológico de las obras del compositor mexicano:
Silvestre Revueltas. BOL MUSIC ART VIS, Wash, D C,
(40):23-4, jun. 1953. music.

REYES, ALFONSO

3790 ALFONSO Reyes: datos biográficos. BOL BIBLIOGR MEX,
Méx, 7(76):3-8, abr. 30, 1946. Writings: p. 6-8.

3791 ALFONSO Reyes, wins national prize. PANORAMA (PAU) Wash, D C, (27):7-15, Apr. 1946. Bibliogr.: p. 11-5.

3792 ARCE, David N. Estos y "aquellos días" de Alfonso Reyes. BOL (Bibl Nac) Méx, 2a. ép., 7(4):7-51, oct./dic. 1956. Ser.: Bibliografías mexicanas contemporáneas, 3.

3793 ARIAS ROBALINO, Augusto. Alfonso Reyes. FILOS LETR CIEN EDUC, Quito, 13(28):65-85, jul./dic. 1959-en./jun. 1960. Bibliogr.: p. 85.

3794 BIBLIOGRAFIA de Alfonso Reyes. ARMAS LETR, Monterrey, 2a. ép. 3(1):79-85, en./mar. 1960.

3795 BIBLIOGRAFIA de Alfonso Reyes. NUEVA DEM, N Y, 35(1): 103-13, en. 1955.

3796 BLONDET TUDISCO, Olga. Alfonso Reyes: bibliografía. REV HISP MOD, N Y, 22(3/4):248-69, jul./oct. 1956.

3797 GONZALEZ, Manuel Pedro. Ficha biobibliográfica de Alfonsy Reyes. REV IBEROAM, 15(29):13-28, jul. 1949.

3798 MELENDEZ, Concha. Alfonso Reyes, flechador de ondas. REV BIMES CUBANA, Hav, 34(2/3):164-86, sept./dic. 1934. Bibliogr.: p. 185-86.

3799 MONTERDE GARCIA ICAZBALCETA, Francisco. Notas sobre Alfonso Reyes. LIBRO PUEBLO, Méx, 10(5):17-9, jul. 1932. Writings: p. 19.

3800 ROBB, James Willis. The promise and fulfillment of Alfonso Reyes. INTER-AM REV BIBLIOGR, Wash, D C, 11(1): 3-24, Jan./Mar. 1961. Writings: p. 19-24.

REYES, JOSE TRINIDAD

3801 VALLE, Rafael Heliodoro. Bibliografía de José Trinidad Reyes. AMS, Wash, D C, 11(3):285-94, Jan. 1955.

3802 _____. Biobibliografía de José Trinidad Reyes. REV (Soc Geogr Hist) Tegucigalpa, 34(1/9):466-72, jul. 1955/mar. 1956.

3803 _____. Los Pastorales de José T. Reyes. UNIV, Monterrey, (8/9):23-48, jul. 1950. Bibliogr.: p. 47-8.

3804 _____. El poeta de los Pastorales. AN (Soc Geogr Hist) Guat, 4(2):123-28, dic. 1927. Biography of José Trinidad Reyes. Bibliogr.: p. 125-28.

REYES, RAFAEL

3805 CRUZ SANTOS, Abel. La administración Reyes. BOL

CULT BIBLIOGR, Bogotá, 7(10):1778-97, 1964. Bibliogr.: p. 1797.

REYLES, CARLOS

3806 ALLEN, Martha E. La personalidad literaria de Carlos Reyles. REV IBEROAM, 13(25):91-115, oct. 1947. Bibliogr.: p. 115.

3807 GONZALEZ, Hipólito. Carlos Reyles. BOL FILOL, Santiago. 17:5-223, 1965. Writings and bibliogr.: p. 220-23.

REZENDE, GABRIEL JOSE RODRIGUES DE

3808 PROFESSOR Dr. Gabriel José Rodrigues de Rezende Filho. REV (Fac Direit) S Paulo, 49:9-12, 1954. port. Writings: p. 10-2.

RIBEIRO, BARATA

3809 MACEDO, Roberto. Barata Ribeiro. REV (Inst Hist Geogr Bras) Rio, 216:95-114, jul./set. 1952. Sources and writings: p. 110-12.

RIBEIRO, JULIO CESAR

3810 NOTICIA sôbre Julio Ribeiro. AUTOR LIVR, Rio, 4(11): 162-70, abr. 4, 1943. Writings: p. 163.

RICLA, Conde de (Ambrosio Funes de Villapando)

3811 DELGADO, Jaime. El conde de Ricla, Capitán General de Cuba. REV HIST AM, Méx, (55/56):41-138, en./dic. 1963. Bibliogr.: p. 135-38.

RIO, ANDRES MANUEL DEL

3812 ARNAIZ Y FREG, Arturo. Don Andrés del Río, descubridor del Eritronio (Vanadio). Ib., (25):27-68, jun. 1948. Bibliogr. includes manuscript sources: p. 55-68.

RIO BRANCO, JOSE MARIA DA SILVA PARANHOS, Visconde do

3813 BIBLIOGRAFIA do Barão do Rio Branco no Instituto Histórico e Geográfico Brasileiro. BOL GEOGR, Rio, 3(25):124-27, abr. 1945.

3814 BURNS, E. Bradford. A bibliographical essay on the Baron of Rio-Branco and his ministry. INTER-AM REV BIBLIOGR, Wash, D C, 14(4):406-14, Oct./Dec. 1964.

3815 FONTES, Armando Ortega. Trabalhos do Barão do Rio-

BIOGRAPHY (Individual)

Branco. REV (Inst Hist Geogr Bras) Rio, 189:113-22, out. /dez. 1945.

3816 PRIMEIRO centenário do nascimento do Barão do Rio Branco. REV BRAS GEOGR, Rio, 7(2):322-27, abr. /jun. 1945. Writings: p. 323-27.

3817 RIBEIRO, Adalberto Mário. O centenário do Barão do Rio Branco. REV SERV PUBL, Rio, ano 8, 2(3):69-90, jun. 1945. Bibliogr.: p. 85-90.

RIOJA, ENRIQUE

3818 CASO, María Elena. La labor de Don Enrique Rioja como investigador, maestro y amigo de México. REV (Soc Mex Hist Nat) Méx, 25:77-96, dic. 1964. Writings: p. 87-96.

RITTER, CARL

3819 MÜLLER, Nice Lecocq. Carl Ritter, o homem e o geógrafo. BOL PAULISTA GEOGR, S Paulo, (33):78-88, out. 1959. port. Bibliogr.: p. 88.

RIVA-AGÜERO, JOSE DE LA

3820 BIO-BIBLIOGRAFIA de J. de la Riva-Agüero. DOCUMENTA, Lima, 1(1):199-298, 1948; 2(1):437-542, 1949/1950; 3(1): 183-346, 1951/1955. Bibliogr. contains 3,910 items.

RIVA PALACIO, VICENTE

3821 MAGDALENO, Mauricio. La novela del general. LIBRO PUEBLO, Méx, 12(5):209-18, mayo 1934. Bibliogr. of Vicente Riva Palacio: p. 218.

RIVADAVIA, BERNARDINO

3822 PICCIRILLI, Ricardo. Rivadavia estadista. UNIV, Santa Fe, (17):185-206, jul. /sept. 1945. Bibliogr.: p. 206.

RIVAROLA, RODOLFO

3823 RIVAROLA, Rodolfo. Notas autobibliográficas del Dr. Rodolfo Rivarola para "La Literatura Argentina." LIT ARG, B A, 8(85):7-11, en. 1936.

RIVAS, MARTIN

3824 MARTIN Rivas, bibliografía de ediciones y referencias. BOL (Inst Lit Chil) Santiago, 2(3):4-5, oct. 1962.

RIVERA, JOSE EUSTASIO

3825 FLORES, Angel. Latin American writers: José Eustasio Rivera, Colombian novelist. PANORAMA (PAU) Wash, D C, (24):1-8, May 1944. Writings and bibliogr.: p. 7-8.

3826 NEALE SILVA, Eduardo. José Eustasio Rivera, polemista. REV IBEROAM, 14(28):213-50, oct. 1948. Bibliogr.: p. 246-48.

3827 OLIVERA, Otto. El romanticismo de José Eustasio Rivera. Ib., 18(35):41-61, feb. /dic. 1952. Notes and bibliogr.: p. 58-61.

RIVERA Y USTARIZ, MARIANO EDUARDO DE

3828 ALCALDE MONGRUT, Arturo. El "Memorial de ciencias naturales," Lima, 1827-1828. Contribución a la bibliografía de Mariano E. de Rivero y Ustariz. BOL BIBLIOGR (Bibl, Univ S Marcos) Lima, 24(1/4):83-150, dic. 1954. map. Bibliogr. and notes: p. 133-39.

RIVET, PAUL

3829 BIBLIOGRAFIA de Paul Rivet. ANUAR (Inst Antrop Hist) Caracas, 1:444-73, 1964. Taken from Miscellanea Paul Rivet--Octogenario (México, D. F., Univ. Nac. Auton. de México, 1958. p. xxix-lxii).

3830 BLIXEN, Olaf. Bibliografía lingüística de Paul Rivet. REV (Inst Estud Super) Monte, 4(6):507-14, en./jun. 1959.

3831 CHEVALIER, François. Paul Rivet (1876-1958). REV HIST AM, Méx, (46):498-518, dic. 1958. Writings: p. 500-18.

3832 HARCOURT, Raoul d'. Paul Rivet, 1876-1958. JOUR (Soc Am) Paris, n.s., 47:7-11, 1958. port. Writings: p. 11-20.

3833 HOMENAJE a Paul Rivet (7 mayo 1876--21 marzo 1958). CUADERNOS, Lima, 1(2/3):52-74, dic. 1958/en. 1959. Writings: p. 52-74.

3834 SAENZ DE SANTAMARIA, Carmelo. Paúl Rivet (1876-1958). REV INDIAS, Madrid, 18(72):245-55, abr./jun. 1958. Writings: p. 246-55.

ROA BARCENA, JOSE MARIA

3835 ROSALDO, Renato. Notas bibliográficas sobre la obra poética de D. José María Roa Bárcena. REV IBERO-AM, 9(18):381-89, mayo 1945.

ROA BASTOS, AUGUSTO

3836 RODRIGUEZ ALCALA, Hugo. Augusto Roa Bastos, novelista del Paraguay. ALCOR, Asunción, 20:6-7, 9, sept./oct. 1962. Bibliogr. notes: p. 9.

ROBLEDO, EMILIO

3837 DATOS bio-bibliográficos del Doctor Emilio Robledo. BOL HIST ANTIG, Bogotá, 48(566):745-50, dic. 1961.

ROBLES RAMOS, RAMIRO

3838 VIVO ESCOTO, Jorge A. La obra geográfica y geológica de Ramiro Robles Ramos. BOL (Soc Mex Geogr Estad) Méx, 91(1/3):7-33, en./jun. 1961. Includes references to writings.

ROCA, DEODORO

3839 SANGUINETTI, Horacio J. Pensamiento y trayectoria de Deodoro Roca. UNIV, Santa Fe, (65):47-72, jul./sept. 1965. Bibliogr.: p. 69-72.

BIOGRAPHY (Individual)

ROCHA, JUSTINIANO JOSE DE

3840 CARDIM, Elmano. Justiniano José da Rocha. REV (Inst Hist Geogr Bras) Rio, 257:8-121, out./dez. 1962. Bibliogr.: p. 120-21.

RODO, JOSE ENRIQUE

3841 FLORES, Angel. Latin American writers: José Enrique Rodó of Uruguay. PANORAMA (PAU) Wash, D C, (20): 6-9, Oct. 1942. Writings and bibliogr.: p. 9.

RODRIGUES, ANTÔNIO

3842 FERREIRA, Hertí Hoeppner. O primeiro mestre escola de Piratininga. REV (Univ Catól) S Paulo, 20(36):694-706, dez. 1960. Article is on Antônio Rodrigues. Bibliogr.: p. 706.

RODRIGUES, JOÃO BARBOSA

3843 NOTICIA sôbre Barbosa Rodrigues. AUTOR LIVR, Rio, 3(3): 33-40, jul. 19, 1942. Writings: p. 34.

3844 RELAÇÃO bibliográfica de Barbosa Rodrigues. RODRIGUÉSIA, Rio, 6(15):13-5, jun. 1942.

RODRIGUES, JOSE HONORIO

3845 RODRIGUES, Lêda Boechat. Bibliografia de José Honório Rodrigues. REV (Inst Hist Geogr Bras) Rio, 227:361-91, abr./jun. 1955.

RODRIGUES, SILVIO

3846 NOVO titular da cátedra de direito civil, Dr. Sílvio Rodrigues. REV (Fac Direit) S Paulo, 58:366-79, 1963. port. Bibliogr.: p. 367.

RODRIGUEZ, FRANCISCO ANTONIO

3847 SAMPER PIZANO, Daniel. Un De Greiff del siglo XVIII. BOL CULT BIBLIOGR, Bogotá, 8(1):64-72, 1965. Article relates to Francisco Antonio Rodríguez. Bibliogr.: p. 72.

RODRIGUEZ, JUAN BAUTISTA

3848 GRATERON, Daniel. Vida del General Juan Bautista Rodríguez. BOL (Cent Hist Larense) Barquisimeto, 2(5):17-32, en./mar. 1943. Bibliogr.: p. 30.

RODRIGUEZ, MANUEL DEL SOCORRO

3849 GIRALDO JARAMILLO, Gabriel. Estampa de Don Manuel del Socorro Rodríguez. BOL HIST ANTIG, Bogotá, 40(459/461): 129-40, en./mar. 1953. Bibliogr. and writings: p. 136-40.

3850 TORRE REVELLO, José. Ensayo de una biografía del bibliotecario y periodista Don Manuel del Socorro Rodríguez. BOL (Inst Caro Cuervo) Bogotá, 3(1/3):1-35, en./dic. 1947. List of writings compiled by Rodríguez: p. 31-5.

3851 _____. REV BIMES CUBANA, Hav, 71:250-77, en./jun. 1956.

BIOGRAPHY (Individual)

RODRIGUEZ, SIMON

3852 RUIZ, Gustavo Adolfo. Don Simón Rodríguez, educador.
EDUC, Caracas, etapa 2, 15(70):41-56, mar. 1954.
Writings and bibliogr.: p. 53-6.

RODRIGUEZ GALVAN, IGNACIO

3853 MOORE, Ernest Richard. Bibliografía de Ignacio Rodríguez Galvañ (1816-1842). REV IBEROAM, 8(15):167-91, mayo 1944.

RODRIGUEZ MENDOZA, EMILIO

3854 ROJAS PIÑA, Benjamín. Tres novelas de Emilio Rodríguez Mendoza. ATENEA, Concepción, 140(390):157-68, oct. /
dic. 1960. Writings: p. 167-68.

RODRIGUEZ PEREZ, JOSE FRANCISCO

3855 LAGE, Guillermo. Recordación: Dr. José F. Rodríguez
Pérez (1902-1958). SALUB ASIST SOC, Hav, 61(1/2):
3-10, en./dic. 1958. Writings: p. 4-10.

RÖHL, EDUARDO

3856 FALLECIMIENTO del Académico Doctor Eduardo Röhl.
Acuerdo de duelo. BOL (Acad Nac Hist) Caracas, 42
(168):425-28, oct./dic. 1959. Books by Röhl published
in the series, Biblioteca de Académicos: p. 427-28.
Writings recorded in Ib., 28(112):530, oct./dic. 1945.

ROJAS, ARISTIDES

3857 CARBONELL, Diego. Aristides Rojas. BOL (Soc Venez
Cien Nat) Caracas, 4(31):203-24, nov./dic. 1937.
Writings and bibliogr.: p. 222-24.

ROJAS, RICARDO

3858 ALFONSO M. Escudero, Ricardo Rojas (1882-1957). AN
(Univ Chile) Santiago, 115(106):358-60, 2o. trim. 1957.
Review article of Escudero's Ricardo Rojas. Writings
of Rojas: p. 359-60.

3859 BECCO, Horacio Jorge. Bibliografía de Ricardo Rojas.
REV IBEROAM, 23(46):335-50, jul./dic. 1958.

3860 ENSAYO de bibliografía de Ricardo Rojas. REV (Univ) B A, 3(8):
479-90, jul./sept. 1958. The bibliogr. follows the article
"Ricardo Rojas y el espiritú puro" by Oscar Masotta.

ROJO DEL RIO LAFUENTE Y VIEYRA, MANUEL ANTONIO

3861 MEADE, Joaquín. Semblanza de Manuel A. Rojo del Río,
fundador del Colegio de Abogados de México. MEM
(Acad Mex Hist corr Real Madrid) Méx, 19(2):125-66,
abr./jun. 1960. Bibliogr.: p. 165-66.

ROKHA, PABLO DE

3862 LAMBERG, Fernando. Vida y obra de Pablo de Rokha.

BIOGRAPHY (Individual)

MAPOCHO, Santiago, 1(1):145-85, mar. 1963. Writings: p. 184-85.

ROLDAN, AMADEO

3863 CATALOGO cronológico de las obras del compositor cubano: Amadeo Roldán. BOL MUSIC ART VIS, Wash, D C, (38):19-21, abr. 1953. music.

ROLDAN MARTINEZ, ANTONIO

3864 MIGUEL (Hermano). Antonio Roldán. ESTUD, Bucaramanga, 33(268):11-28, jul. 1964. Notes and bibliogr.: p. 27-8.

ROMERO, FRANCISCO

3865 LARROYO, Francisco. En memoria de Francisco Romero. DIANOIA, Méx, 9(9):187-202, 1963. Bibliogr.: p. 201-02.

3866 RODRIGUEZ ALCALA, Hugo. Francisco Romero: vida y obra. REV HISP MOD, N Y, 20(1/2):1-44, en./abr. 1954. ports. Bibliogr.: p. 39-44.

ROMERO, JOSE RUBEN

3867 LAFARGA, Gastón. José Rubén Romero. BOL BIBLIOGR MEX, Méx, 7(77):3-11, mayo 31, 1946. Writings: p. 10-1.

3868 MOORE, Ernest Richard. José Rubén Romero: bibliografía. REV HISP MOD, N Y, 12(1/2):35-40, en./abr. 1946.

3869 STANTON, Ruth. José Rubén Romero, costumbrista of Michoacán. HISPANIA, 24(4):423-28, Dec. 1941. Writings: p. 428.

ROMERO, SILVIO

3870 LEITE, Roberto de Paula. Notas sôbre Sílvio Romero. REV (Arquiv Munici) S Paulo, 168:209-40, jul./set. 1960. Bibliogr.: p. 239-40.

ROMERO DE TERREROS, PEDRO RAMON, 2o. Conde de Regla

3871 ROMERO DE TERREROS Y VINENT, Manuel. El segundo Conde de Regla. MEM (Acad Mex Hist corr Real Madrid) Méx, 1(4):349-68, oct./dic. 1942. Bibliogr.: p. 368.

ROMERO DE TERREROS Y VINENT, MANUEL

3872 QUINTANA, José Miguel. Bibliohemerografía: Manuel Romero de Terreros. BOL BIBLIOGR (Sec Hac Créd

Públ) Méx, 11(330), supl.):1-15, nov. 1, 1965. port.
Writings for the years: 1905-1964.

ROMERO PADILLA, EMILIO

3873 BIBLIOGRAFIA de escritores peruanos: Emilio Romero
Padilla. BOL BIBLIOGR (Bibl Cent, Min Trab Asunt
Indíg) Lima, (24):3-4, abr. 1958.

3874 DR. EMILIO Romero Padilla. REV (Inst Geogr) Lima, (1):
12-3, 1954. Writings: p. 13.

RONDON, CÂNDIDO MARIANO DA SILVA

3875 AZEVEDO, Aroldo de. Rondon, o geógrafo. BOL PAULISTA
GEOGR, S Paulo, (42):51-63, jul. 1965. Bibliogr.:
p. 63.

3876 RIBEIRO, Darcy. Cândido Mariano da Silva Rondon. REV
ANTROP, S Paulo, 6(2):97-103, dez. 1958. Writings
and bibliogr.: p. 100-03.

3877 _____. A obra indigenista de Rondon. AM INDIG, Méx,
19(2):85-113, abr. 1959. Writings and bibliogr.: p.
107-13.

ROSA, AGUSTIN DE LA

3878 IGUINIZ, Juan Bautista. El Dr. Don Agustín de la Rosa.
Esbozo biográfico y bibliográfico. ABSIDE, Méx, 3(5):
42-53, mayo 1939. port. Writings: p. 45-53.

ROSA, FRANCISCO OCTAVIANO DE ALMEIDA

3879 NOTICIA sôbre Francisco Octaviano. AUTOR LIVR, Rio,
5(7):97-105, ag. 22, 1943.

ROSADO VEGA, LUIS

3880 TATUM, J. C. Las leyendas de Luis Rosado Vega. REV
(Univ Yucatán) Mérida, 7(37):49-58, en./feb. 1965.
Writings: p. 57-8.

ROSALES, DIEGO DE

3881 LATCHAM, Ricardo A. Diego de Rosales y el Flandes
Indiano. BOL (Inst Lit Chil) Santiago, 3(7/8):26-9,
ag. 1964. Bibliogr.: p. 29.

ROSARIO, FRANCISCO ANTONIO

3882 FEBRES CORDERO, Julio. El Padre Rosario. REV NAC

CULT, Caracas, 9(66):53-64, en./feb. 1948. Bibliogr.: p. 64.

ROSAS, JUAN MANUEL JOSE DOMINGO ORTIZ DE

3883   RESNICK, Enoch F. Expresiones nacionalistas de Don Juan Manuel de Rosas. TRAB COMUNIC, La Plata, (14): 164-88, n.d. Issue printed, Nov. 1965. Bibliogr.: p. 187-88.

3884   RODRIGUEZ MOLAS, Ricardo. Luis Pérez y la biografía de Rosas escrita en verso en 1830. HIST, B A, 2(6):99-137, oct/dic. 1956. Newspapers, leaflets: p. 131-37.

ROSAS CADENA, JUVENTINO

3885   ROMERO, Jesús C. Biobibliografía de Juventino Rosas, músico y compositor mexicano. BOL (Bibl Nac),Méx, 2a. ép., 7(1):3-16, en./mar. 1956.

3886   _____. _____. (En ocasión del nonagésimo aniversario del nacimiento del artista). MEM (Acad Nac Hist Geogr) Méx, 14(5):31-49, 1958. Bibliogr.: p. 49.

ROSEMBERG, TOBIAS

3887   CACERES FREYRE, Julián. Bio-bibliografía del Prof. Tobías Rosemberg (1911-1960). CUAD (Inst Nac Invest Folk) B A, (1):295-98, 1960.

ROUGES, ALBERTO

3888   BREVE biografía de Alberto Rouges. BOL INFORM (Fac Filos Letr) Tucumán, 1(1):27-36, nov. 1958. Partial bibliogr.: p. 35-6.

ROUSE, IRVING

3889   IRVING Rouse (1913-). BOL BIBLIOGR ANTROP AM, Méx, 14(pte. 2a.):273-76, en./dic. 1951. Writings for the years: 1936-1951.

ROUSSEAU, JEAN JACQUES

3890   LASTRES, Juan B. El pensamiento de Rousseau en el Perú. UNIV S CARLOS, Guat, (45):155-60, mayo/ag. 1958. Bibliogr.: p. 160.

3891   SPELL, Jefferson Rae. Rousseau in Spanish America. HISP AM HIST REV, Durham, 15(2):260-67, May 1935.

ROWE, JOHN HOWLAND

3892 JOHN Howland Rowe. BOL BIBLIOGR ANTROP AM, Méx, 17(pte. 2a.):265-73, 1954. Writings for the years: 1940-1954.

ROXO, MATIAS GONSALVES DE OLIVEIRA

3893 MUSSO, Antônio José de Mattos. Matias Gonsalves de Oliveira Roxo. BOL GEOGR, Rio, 2(16):517-22, jul. 1944. Writings: p. 519-22.

ROYS, RALPH LOVELAND

3894 CANTO LOPEZ, Antonio. Ralph L. Roys. REV (Univ Yucatán) Mérida, 4(24):104-06, nov./dic. 1962. Writings: p. 106.

RUBIO Y MUÑOZ BOCANEGRA, ANGEL

3895 ISAZA CALDERON, Baltazar. Angel Rubio: el hombre, el catedrático, el investigador. LOTERIA, Panamá, 2a. ép., 9(98):72-86, en. 1964. port. Bibliogr. notes: p. 86.

RUELAS, JULIO

3896 QUINTANA, José Miguel. Fichas para la bibliografía de Julio Ruelas. BOL BIBLIOGR (Sec Hac Créd Públ) Méx, (118):5, oct. 1, 1957. ports.

RUGELES, MANUEL FELIPE

3897 RODRIGUEZ, Carlos César. La poesía de Manuel Felipe Rugeles. HUMAN, Mérida, 5/6(11/12):201-21, 1963/1964. Bibliogr.: p. 220-21.

RUGENDAS, JOHANN MORITZ

3898 KELLER, Carlos. El pintor Rugendas y Doña Carmen Arriagada. BOL (Acad Chil Hist) Santiago, 25(59):98-134, 2o. sem. 1958. plates. Bibliogr.: p. 134.

RUIZ PEREZ, FLAMINIO

3899 BELTRAN B., Inocencio. El entomólogo Hno. Flaminio Ruiz. REV UNIV (Univ Catól) Santiago, 44/45:131-45, 1959/1960. port. Writings: p. 144-45.

RUTTEN, LUIS MARTIN ROBERTO

3900 HUMMELNICK, P. Wagenaar. En memoria del Profesor L.

Rutten. BOL (Soc Venez Cien Nat) Caracas, 10(67):252-54, abr./jun. 1946. Writings: p. 254.

3901 PLANAS, Juan Manuel. La vida y la ciencia del Profesor Luis M. R. Rutten. AN (Acad Cien Méd Fís Nat) Hav, 89(1):17-30, 1950/1951. Writings: p. 28-9.

SABIN, JOSEPH

3902 GOFF, Frederick R. Joseph Sabin, bibliographer (1821-1881). INTER-AM REV BIBLIOGR, Wash, D C, 12 (1/2):39-53, Jan./Jun. 1962. port.

SACO, JOSE ANTONIO

3903 CAMACHO, Pánfilo. José Antonio Saco; estudio biográfico. REV BIMES CUBANA, Hav, 35(3):424-69, mayo/jun. 1935 - 37(2):228-37, mar./abr. 1936. Bibliogr. under footnote 208: 37(1):134-36.

SAENZ PEÑA, ROQUE

3904 ROQUE Sáenz Peña; sintesis de su vida y de su obra. (19 de marzo 1851 - 9 de agosto 1914). REV (Escuela Militar) Chorrillos, 26(303):213-39, mar. 1951. Bibliogr.: p. 239.

SAHAGUN, BERNARDINO DE

3905 LEAL, Luis. El libro XII de Sahagún. HIST MEX, Méx, 5(2):184-210, oct./dic. 1955. illus. References in "Notas": p. 207-10.

SALAS, BENITO

3906 PAULA PLAZAS, Francisco de. El prócer Don Benito Salas y su descendencia. BOL HIST ANTIG, Bogotá, 42(487/488):347-56, mayo/jun. 1955. Bibliogr.: p. 356.

SALAS, MANUEL

3907 CELIS MUÑOZ, Luis. El pensamiento político de Manuel Salas. AN (Univ Chile) Santiago, 110(87/88):5-92, 3o./4o. trim. 1952. Bibliogr.: p. 92.

SALAZAR, ADOLFO

3908 ADOLFO Salazar (1890-1958). INTER-AM MUSIC BULL, Wash, D C, (12):3-6, Jul. 1959. Bibliogr of writings and compositions.

SALES, ALBERTO

3909 VITA, Luis Washington. Ensaio bibliográfico sôbre Alberto

Sales. INTER-AM REV BIBLIOGR, Wash, D C, 15(1): 17-28, Jan. /Mar. 1965.

SALGADO, LUIS H.

3910 CATALOGO cronológico de las obras del compositor ecuatoriano: Luis H. Salgado. BOL INTERAM MUSIC, Wash, D C, (1):45-50, sept. 1957.

SALINAS, PEDRO

3911 ALVAREZ MORALES, Manuel. Pedro Salinas: maestro y creador. REV LYCEUM, Hav, 8(30):67-90, mayo 1952. Bibliogr.: p. 89-90.

SAMPAIO, ALBERTO JOSE DE

3912 PROFESSOR Alberto José de Sampaio. BOL GEOGR, Rio, 1(5):179-90, ag. 1943. Writings: p. 183-90.

SAMPAIO, TEODORO FERNANDES

3913 BIBLIOGRAFIA de Teodoro Sampaio. REV BRAS GEOGR, Rio, 4(4):920, out. /dez. 1942.

SAN MARTIN, JOSE DE

3914 BARRIONUEVO IMPOSTI, Víctor. El Libertador Don José de San Martín y la provincia de Córdoba. REV (Univ) Córdoba, 41(1 /2):191-354, mar. /jun. 1954. Sources: p. 344-54.

3915 BAS, Jorge. Notas referentes a la salida de San Martín del Perú. Ib., 2a. ser., 4(1 /2):199-259, mar. /jun. 1963. Bibliogr.: p. 258-59.

3916 BINAYAN, Narciso. Bibliografía Sanmartiniana. INTER-AM REV BIBLIOGR, Wash, D C, 1(3/4):210-12, Jul. / Dec. 1951.

3917 CORTAZAR, Augusto Raúl. Por el centenario de San Martín. Ib., 1(1):38-40, Jan. /Mar. 1951. Publications with 1950 imprint.

3918 GRAY, William H. San Martiniana, 1950. HISP AM HIST REV, Durham, 32(2):293-97, May 1952.

3919 IROS, Mariano. El Gral. José de San Martín. Sus padecimientos físicos y energía espiritual. REV (Univ) Córdoba, 2a. ser., 3(3):651-86, jul. /ag. 1962. Bibliogr.: p. 686.

3920 PUENTE CANDAMO, José Agustín de la. San Martín en la

historiografía peruana. REV HIST AM, Méx, (30):341-67, dic. 1950.

3921 TERRE, María Teresa. San Martín visto por Sarmiento. UNIV, Santa Fe, (35):97-115, ag. 1957. Bibliogr.: p. 115.

3922 TORRE REVELLO, José. San Martín y la primera imprenta que funcionó en Mendoza. SAN MARTIN, B A, 9(30):31-8, abr./jun. 1952. port.

3923 ZABALA, Rómulo. La "Historia de San Martín" de Barolomé Mitre. Ib., 4(10):41-50, ag. 1946. Lists of documents and correspondence: p. 46-50.

SANCHEZ, FLORENCIO

3924 FLORES, Angel. Latin American writers: Florencio Sánchez, Uruguayan playwright. PANORAMA (PAU) Wash, D C, (23):1-9, Jan. 1944. Writings and bibliogr.: p. 7-9.

3925 WOGAN, Daniel Spelman, and BARABINO, Américo. Los americanismos de Florencio Sánchez. REV IBEROAM, 14(27):145-97, jun. 1948. Bibliogr.: p. 193-97.

SANCHEZ, LUIS ALBERTO

3926 GALINDO VERA, Vidal, and POZO M., Luis Alberto del. Contribución a la bibliografía de Luis Alberto Sánchez. BOL BIBLIOGR (Bibl, Univ S Marcos) Lima, 33(3/4): 7-86, jul./dic. 1962.

SANCHEZ, MANUEL SEGUNDO

3927 GRASES, Pedro. Don Manuel Segundo Sánchez (1868-1945). BOL (Acad Nac Hist) Caracas, 29(113):25-40, en./mar. 1946. Writings by Sánchez: 45 titles.

SANCHEZ, PEDRO CELESTINO

3928 FICHAS bio-bibliográficas de geógrafos mexicanos contemporáneos: Ing. D. Pedro C. Sánchez. REV MEX GEOGR, Méx, 1(2):263-70, oct./dic. 1940.

3929 PEDROSA, Carlos. Pedro C. Sánchez. REV GEOGR, Rio, 18(44):115-16, 1o. sem. 1956. Writings cited.

3930 VIVO ESCOTO, Jorge A. Bibliografía de Pedro C. Sánchez. BOL (Soc Mex Geogr Estad) Méx, 89(1/3):143-56, en./jun. 1960.

SANCHEZ DE MOLINA, JUAN CAYETANO

3931 JAUREGUY, Miguel A. Vida de Juan Cayetano Sánchez de Molina. REV NAC, Monte, 17(186):407-55, jun. 1954. Bibliogr.: p. 454-55.

SANCHEZ GARCIA, DANIEL

3932 VALLE, Rafael Heliodoro. Sánchez García en Honduras. REV (Arch Bibl Nac) Tegucigalpa, 32(3/4):133-50, sept. / oct. 1953. Franciscan writings of Sánchez García: p. 136-50.

SANCHEZ RUBIO, ELIAS

3933 CUENCA, Héctor. Apuntes bibliográficos: obras de Elías Sánchez Rubio. CIEN CULT, Maracaibo, 1(3):153-58, jul. /sept. 1956.

SANCHEZ SORONDO, MATIAS GUILLERMO

3934 BIBLIOGRAFIA principal de Don Matías G. Sánchez Sorondo. BOL (Acad Arg Letr) B A, 24(91/92):15, en. /jun. 1959.

SANDOVAL, ALONSO DE

3935 BLEDSOE, Thomas A. El precursor y el santo. BOLIVAR, Bogotá, (55/58):85-100, en. /dic. 1960. Article is on Alonso de Sandoval. Bibliogr.: p. 98-9.

SANDOVAL Y ZAPATA, LUIS DE

3936 MENDEZ PLANCARTE, Alfonso. Don Luis de Sandoval y Zapata. ABSIDE, Méx, (1):37-54, en. 1937. List of 29 unpublished poems: p. 53-4.

SANIN CANO, BALDOMERO

3937 HEBBLETHWAITE, Frank P. Bibliografía de Baldomero Sanín Cano. INTER-AM REV BIBLIOGR, Wash, D C, 11(4):320-28, Oct. /Dec. 1961.

3938 ROBB, James Willis. Baldomero Sanín Cano, misionero de la comunicación cultural. Ib., 11(4):305-09, Oct. /Dec. 1961. Writings: p. 306.

3939 ROMERA, Antonio R. Baldomero Sanín Cano. ATENEA, Concepción, 130(379):72-88, en. /mar. 1958. Bibliogr.: p. 87-8.

3940 [no entry]

SANTA CRUZ, DOMINGO

3941 CATALOGO cronológico de las obras del compositor chileno: Domingo Santa Cruz. BOL MUSIC ART VIS, Wash, D C, (36/37):17-21, feb./mar. 1953. music.

SANTA CRUZ Y ESPEJO, FRANCISCO JAVIER EUGENIO DE

3942 ASTUTO, Philip L. Eugenio Espejo: nombre de la ilustración en el Ecuador. BOL (Arch Nac Hist) Quito, 5 (9/10):113-39, dic. 1959. Trans. from English. Bibliogr. notes: p. 135-39.

SANTACILIA, PEDRO

3943 PEDRO Santacilia. REV (Bibl Nac) Hav, 2(3/6):175-83, mar./jun. 1910. Writings: p. 178-83.

SANTANDER, FRANCISCO DE PAULA

3944 AGUILERA, Miguel. El regreso del General Santander en 1831. REPER BOYACENSE, Tunja, 51(242/243):2379-92, sept./dic. 1965. Bibliogr.: p. 2392.

SANTISTEBAN OCHOA, JULIAN

3945 VILLANUEVA URTEAGA, Horacio. Bio-bibliografía de Julián Santisteban Ochoa. REV UNIV, Cuzco, 43(106):207-11, 1o. sem. 1954.

SANTIVAN, FERNANDO

3946 CARTILLAS biobibliográficas de autores chilenos: Fernando Santiván. Arauco, 1886. BOL (Inst Lit Chil) Santiago, 1(2):4-8, mayo 1962.

SANTOS, JOÃO ANTÔNIO DOS

3947 NEVES, José Teixeira. Aspectos do século XIX na vida do um prelado mineiro; atividades e influência de Dom João Antônio dos Santos, 1o. Bispo de Diamantina. REV LIVRO, Rio, 5(20):49-59, dez. 1960. illus., ports. Writings and pastoral letters: p. 59.

SANTOS, LUIZ DELFINO DOS

3948 NOTICIA sôbre Luiz Delfino. AUTOR LIVR, Rio, 2(16):247-60, maio 17, 1942. Writings: p. 247, 253.

SANTOS DUMONT, ALBERTO

3949 INSTITUTO Histórico e Geográfico, São Paulo. Número

comemorativo do 50o. aniversário do vôo de Santos-
Dumont em Paris em 1906, e que constitui o primeiro
número dos Anais da Fundação Santos-Dumont ... REV
(Inst Hist Geogr) S Paulo, 56: 336p. 1959. Contains
biographical chronology of Santos Dumont with references
to publications under events.

SANTOVENIA Y ECHAIDE, EMETERIO SANTIAGO

3950 CASTRO DE MORALES, Lilia. Bibliografía activa del Doctor
Emeterio S. Santovenia, con notas adicionales sobre las
obras relacionadas. REV (Bibl Nac) Hav, 2a. ser.,
8(4):95-108, oct. /dic. 1957.

3951 RELACION de artículos publicados por el Dr. Emeterio S.
Santovenia desde 1907 hasta 1958. Ib., 8(4):53-93, oct. /
dic. 1957.

SAPPER, KARL THEODOR

3952 TERMER, Franz. Bibliografía de Carlos Sapper. AN (Soc
Geogr Hist) Guat, 29(1/4):102-30, en. /dic. 1956.

SARMIENTO, DOMINGO FAUSTINO

3953 ABADIE SORIANO, Roberto. La vocación de Sarmiento. AN
INSTR PRIM, Monte, 2a. ép., 25(7/12):3-33, jul. /dic.
1962. Bibliogr.: p. 32-3.

3954 ARA, Guillermo. Las ediciones del Facundo. REV IBERO-
AM, 23(46):375-94, jul. /dic. 1958.

3955 BIBLIOGRAFIAS especiales: Domingo Faustino Sarmiento.
INFORM BIBLIOGR, B A, 14(139):65-71, jul. /sept. 1961.

3956 MARTINEZ GALVEZ, Miguel A. Antepasados americanos de
Domingo Faustino Sarmiento. HIST, B A, 6(23):11-24,
abr. /jun. 1961. Sources: p. 23.

3957 MASSINI CORREAS, Carlos. La estatua de Sarmiento por
Augusto Rodin. CUAD HIST ART, Mendoza, (3):19-40,
1963. illus. Bibliogr.: p. 39-40.

3958 MAURIN NAVARRO, Juan S. Sarmiento y la salud pública.
REV HIST, S Juan, 5(11):5-14, jul. /dic. 1961. Bibliogr.: p. 13-4.

3959 MOSQUERA, Alberto Gerónimo. Designación de Sarmiento
como profesor de derecho constitucional de la Universidad de Buenos Aires. Ib., 5(11):89-96, jul. /dic. 1961.
Bibliogr. notes: p. 93-6.

3960 _____. Sarmiento y la codificación mercantil argentina.

BIOGRAPHY (Individual) 366

Ib., 7(13/14):5-8, jul. 1962/jun. 1963. Bibliogr.
notes: p. 8.

3961 PAEZ, Mirta Alicia. Personalidad y obra de Domingo F.
Sarmiento. MONIT EDUC COMUN, B A, 71(937/938):
70-83, abr. /mayo 1961. Bibliogr.: p. 83.

3962 STEWART, Watt, and FRENCH, William Marshall. The influence of Horace Mann on the educational ideas of Domingo Faustino Sarmiento. HISP AM HIST REV, Durham, 20(1):12-31, Feb. 1940. Bibliogr. footnotes.

3963 STUARDO ORTIZ, Carlos. El "Método de lectura gradual" de Domingo F. Sarmiento; datos para su historia y bibliografía. REV CHIL HIST GEOGR, Santiago, (112): 126-92, jul. /dic. 1948. Bibliogr. of editions, 1845-1913: p. 132-56.

3964 VILLAVERDE S., Rina E. Sarmiento, el maestro. ESTUD, Panamá, (2):187-99, ag. 1962. Bibliogr.: p. 199.

SAS ORCHASSAL, ANDRES

3965 CATALOGO cronológico de las obras del compositor peruano: Andrés Sas Orchassal. BOL MUSIC ART VIS, Wash, D C, (59):23-9, en. 1955. music.

SCHÄFER, ERNESTO

3966 PEÑA Y CAMARA, José de la. Ernesto Schäfer (1872-1946). REV INDIAS, Madrid, 7(26):1045-58, oct. /dic. 1946. Writings: p. 1056-58.

SCHILLER, JOHANN CHRISTOPH FRIEDRICH VON

3967 BOPP, Marianne O. de. Schiller y sus traductores en México. MAPOCHO, Santiago, 1(2):123-36, jul. 1963. Bibliogr.: p. 131-36.

SCHILLER, WALTHER

3968 FOSSA-MANCINI, Enrique. Walther Schiller. REV (Mus) La Plata, n. s.:193-223, 1944. port.

SCHMIDT, MAX

3969 BALDUS, Herbert. Max Schmidt, 1874-1950. REV (Mus Paulista) S Paulo, n.s., 5:253-60, 1951. port. Writings: p. 258-60.

SCHMIDT, WILHELM

3970 SCHADEN, Egon. Bibliografia do P. Wilhelm Schmidt.

BOL BIBLIOGR, S Paulo, 1:21-39, out./dez. 1943. port.

SECKT, HANS

3971 SAYAGO, Marcelino. Hans Seckt. BOL (Soc Arg Botán) B A, 5(4):221-27, abr. 1955. port. Writings: p. 223-27.

SENILLOSA, FELIPE

3973 PAULA, Alberto S. J. de. Don Felipe Senillosa. AN (Inst Art Am Invest Estét) B A, (18):48-90, 1965. plates, plans. Transcription of 10 documents.

SEVEZ, FRANÇOIS F.

3974 ALFAU DURAN, Vetilio. François F. Sévez h.; apuntaciones bibliográficas. CLIO, C Trujillo, 25(110):195-206, abr./ jun. 1957.

SHAKESPEARE, WILLIAM

3975 LOPEZ, Matilde Elena. Una cala en la obra de Shakespeare. UNIV, S Salvador, 89(3/4):65-127, jul./dic. 1964. Bibliogr.: p. 126-27.

3976 SCHAEFFER, Enrico. Shakespeare no Brasil. REV HIST, S Paulo, 29(59):149-54, jul./set. 1964. Bibliogr.: p. 154.

SICCARDI, HONORIO

3977 CATALOGO cronológico de las obras del compositor argentino: Honorio Siccardi. BOL MUSIC ART VIS, Wash, D C, (63/64):41-8, mayo/jun. 1955. music.

SIERRA, JUSTO

3978 JUSTO Sierra, Campeche, 26 enero 1848 - Madrid, 13 septiembre 1912; bibliografía. BOL BIBLIOGR MEX, Méx, 8 (93/94):23, sept. 30/oct. 31, 1947.

SIERRA, MANUEL J.

3979 SIERRA, Carlos J. Fuentes para el estudio del pensamiento contemporánea. BOL BIBLIOGR (Sec Hac Créd Públ) Méx, (307, supl.):1-32, nov. 20, 1964. port. Covertitle: Periodistas mexicanos del siglo XX: Doctor Manuel J. Sierra. Newspaper writings for the years: 1924-1964.

SIERRA O'REILLY, JUSTO

3980 SIERRA, Carlos J. Aportación para una bibliografía de Don Justo O'Reilly. Ib., (141, supl.):1-6, sept. 15, 1958. illus., port.

3981 _____. Justo Sierra O'Reilly y el Código Civil de Veracruz de 1861. PALABRA HOMBRE, Xalapa, (17):35-52, en. / mar. 1961. Bibliogr.: p. 52.

SIGÜENZA, JOSE DE

3982 GONZAGA MENGER, María (Sor.). Fray José de Sigüenza, poeta e historiador, 1544-1606. Versión española y prólogo de Gabriel Méndez Plancarte. ABSIDE, Méx, 8(2):179-225, abr./jun. 1944. Bibliogr.: p. 223-25.

SIGÜENZA Y GONGORA, CARLOS DE

3983 FRIAS, Valentín F. Noticia bibliográfica de los escritores Dr. D. Carlos de Sigüenza y Góngora y Presbítero José M. Zelaá e Hidalgo. MEM REV (Acad Nac Cien) Méx, 24:131-57, 1906.

3984 POSADA, Germán. Sigüenza y Góngora, historiador. REV HIST AM, Méx, (28):377-406, dic. 1949. Bibliogr.: p. 405-06.

SILVA, ALFONSO

3985 HOLZMANN, Rodolfo. Catálogos de las obras de Alfonso de Silva y Vicente Stea. BOL BIBLIOGR (Bibl, Univ S Marcos) Lima, 13(3/4):242-52, dic. 1943.

SILVA, ARIAS DE

3986 LUCENA SALMORAL, Manuel. El desconocido fundador de Nóvista: Arias de Silva. BOL CULT BIBLIOGR, Bogotá, 5(7):796-801, jul. 1962. Bibliogr. notes: p. 801.

SILVA, ARTUR ORLANDO DA

3987 NOTICIA sôbre Artur Orlando. AUTOR LIVR, Rio, 6(18): 277, 285, jun. 4, 1944. Writings: p. 277, 285.

SILVA, JOSE BONIFACIO ANDRADA E

3988 BARBOSA, Francisco de Assis. José Bonifácio e a política internacional. REV (Inst Hist Geogr Bras) Rio, 260: 258-84, jul./set. 1963. Bibliogr.: p. 283-84.

3989 BRAZIL. Congresso. Câmara dos Deputados. Biblioteca.

BIOGRAPHY (Individual)

José Bonifácio (1763-1838). BOL (Bibl, Câm Deputados) Brasília, 12(1):169-215, jan./jun. 1963. port.

3990 CARNEIRO, Montenegro. José Bonifácio, um sábio brasileiro, que nunca deixou de ser português. OCIDENTE, Lisbon, 68(325):251-56, maio 1965. Writings and bibliogr.: p. 253-56.

3991 CORRÊA, Virgílio. José Bonifácio de Andrada e Silva. REV BRAS GEOGR, Rio, 24(1):105-08, jan./mar. 1962. port. Bibliogr.: p. 108.

3992 TOLEDO, Júlio Sauerbronn de. José Bonifácio de Andrada e Silva. KRITERION, Belo Horizonte, 16(63):223-53, jan./dez. 1963. Bibliogr.: p. 252-53.

SILVA, MANUEL CICERO PEREGRINO DA

3993 MANUEL Cícero Peregrino da Silva. BOL INFORM (Inst Bras Bibliogr Doc) Rio, 2(5):235-52, set./out. 1956. Writings and bibliogr.: p. 241-52.

SILVA CASTRO, RAUL

3994 DECKER, Donald M. Raúl Silva Castro, historiador-crítico de las letras chilenas. MAPOCHO, Santiago, 3(3):214-25, 1965. Writings: p. 220-25.

SILVA XAVIER, JOAQUIM JOSE DA

3995 SPALDING, Walter. Tiradentes, herói e mártir. REV (Inst Hist Geogr Bras) Rio, 256:55-67, jul./set. 1962. Tiradentes is pseud. of Joaquim José da Silva Xavier. Bibliogr.: p. 66-7.

SILVA Y ACEVES, MARIANO

3996 TORRI, Julio. Mariano Silva y Aceves. - El cuentista. BOL BIBLIOGR (Sed Hac Créd Públ) Méx, (122):5, dic. 1, 1957. port. Includes writings.

SKOTTSBERG, CARL

3997 LOOSER, Gualterio. Las publicaciones referentes a Chile del naturalista sueco Dr. Carl Skottsberg. BOL (Bibl Nac) Santiago, 2(13):153-57, jul. 1932.

SOARES, ANTÔNIO JOAQUIM DE MACEDO

3998 DA VIDA e da obra de patronos: Antônio Joaquim de Macedo Soares. REV (Acad Letr) Rio, 2(3):113-20, fev. 1938. Writings: p. 118-20.

SODRE, ALCINDO

3999 GANNS, Claudio. Alcindo Sodré, jornalista petropolitano. REV (Inst Hist Geogr Bras) Rio, 235:395-404, abr. / jun. 1957. Writings: p. 401-04.

SOLANO, FRANCISCO (Saint)

4000 RECIO, Alejandro. Ensayo bibliográfico sobre San Francisco Solano. ARCH IBERO-AM, Madrid, 9(36):473-532, oct. / dic. 1949. Bibliogr. relative to beatification: p. 486-87.

SOLAR CORREA, EDUARDO

4001 ARANEDA BRAVO, Fidel. Eduardo Solar Correa. ATENEA, Concepción, 138(388):120-55, abr./jun. 1960. Bibliogr.: p. 153-55.

SOLARES, ENRIQUE

4002 CATALOGO cronológico clasificado de las obras del compositor guatemalteco: Enrique Solares. BOL INTERAM MUSIC, Wash, D C, (11):37-46, mayo 1959. music.

SOLER, MARIANO

4003 PEREIRA PEREZ, Ramón J. El Doctor Don Mariano Soler, primer Arzobispo de Montevideo. REV NAC, Monte, 4:64-121, en. 1941. Bibliogr.: p. 117-21.

SORO, ENRIQUE

4004 CATALOGO cronológico de las obras del compositor chileno: Enrique Soro. BOL MUSIC ART VIS, Wash, D C, (34): 25-32, dic. 1952.

SOSA, FRANCISCO

4005 FERRER, Gabriel. Bibliografía de Don Francisco Sosa. BOL BIBLIOGR YUCAT, Mérida, (2):2-7, nov. 1938.

4006 _____. DIVUL HIST, Méx, 3(8):424-28, jun. 15, 1942.

SOTO HALL, MAXIMO

4007 BIBLIOGRAFIA de las obras en prosa y verso de Soto Hall. BOL (Bibl Nac) Guat, 4a. ép., 1(2):31-2, 1949.

4008 BIBLIOGRAFIA de Máximo Soto Hall. Ib., 7(3):135, oct. 1938.

SOTO Y CALVO, FRANCISCO

4009 BIBLIOGRAFIA de Don Francisco Soto y Calvo. BOL (Acad Arg Letr) B A, 4(15):393-94, jul./sept. 1936.

SOULOUQUE, FAUSTO

4010 BAUR, John E. Faustin Soulouque, Emperor of Haiti: his character and his reign. AMS, Wash, 6(2):131-66, Oct. 1949. Bibliogr.: p. 162-66.

SOUSA, BERNARDINO JOSE DE

4011 MINISTRO Bernardino José de Sousa. BOL GEOGR, Rio, 1(2):111-18, maio 1943. Writings: p. 117-18.

SOUSA, INGLÊS DE

4012 LACERDA, Virgínia Côrtes de. Centenário de Inglês de Sousa. LEIT LIVR, Rio, 4(15):144-46, jan./mar. 1954. Annotated bibliogr.: p. 145-46.

SOUSA, JOÃO DA CRUZ E

4013 MURICY, Andrade. O cisne negro, Cruz e Sousa. INTER-AM REV BIBLIOGR, Wash, D C, 12(1/2):15-38, Jan./Jun. 1962. Bibliogr.: p. 38.

SOUSA, OCTAVIO TARQUINIO DE

4014 RODRIGUES, José Honório. Octávio Tarquinio de Sousa, (1889-1959). HISP AM HIST REV, Durham, 40(3):431-34, Aug. 1960. Writings: p. 433-34.

4015 _____. Otavio Tarquinio de Souza. REV HIST AM, Méx, (49):201-04, jun. 1960. Bibliogr.: p. 203-04.

SOUSA, QUINTINO FERREIRA DE

4016 NOTICIA sobre Quintino Bocayuva. AUTOR LIVR, Rio, 4(4): 49-60, jan. 24, 1943. Quintino Bocayuva is pseud. of Quintino Ferreira de Sousa. Writings: p. 51.

SOUTO, ANTONIO FERREIRA

4017 LIMA, Nestor Luiz dos Santos. Notas bibliográficas norte riograndense. REV GENEAL LAT, S Paulo, (1):29-31, 1949. Writings of Antonio Ferreira Souto: p. 30.

SOUZA, ANTONIO GONÇALVES TEIXEIRA E

4018 ANTONIO Gonçalves Teixeira e Souza. AUTOR LIVR, Rio,

4(18):273-81, jun. 6, 1943. illus., ports. Bibliogr.: p. 273.

SOUZA, GABRIEL SOARES DE

4019 GANNS, Cláudio. O primeiro historiador do Brasil em espanhol. REV (Inst Hist Geogr Bras) Rio, 238:144-68, jan./mar. 1958. Article is about Gabriel Soares de Souza. Bibliogr.: p. 161-68.

SOUZA, JOÃO DA CRUZ E

4020 NOTICIA sôbre Cruz e Souza. AUTOR LIVR, Rio, 3(11):161-74, out. 11, 1942. Writings: p. 174.

SPEGAZZINI, CARLOS

4021 MOLFINO, José F. Carlos Spegazzini. LIT ARG, B A, 9(97/99):3-6, 37-9, en./mar. 1937. port on cover. Writings: p. 5-6, 37-8, Bibliogr.: p. 38-9.

4022 ———. ———, su vida y su obra. AN (Soc Científ Arg) B A, 108(1):7-77, jul. 1929. Writings and bibliogr.: p. 66-77.

SQUIER, GEORGE EPHRAIM

4023 VALLE, Rafael Heliodoro. George Ephraim Squier. HISP AM HIST REV, Durham, 5(4):777-89, Nov. 1922. Trans into English: p. 784-89. Writings: p. 778-83, 785-88.

STADEN, HANS

4024 ANDRÄ, Helmut. Hans Staden e sua época. REV HIST, S Paulo, 20(42):289-307, abr./jun. 1960. plates. Bibliogr.: p. 306-07.

4025 BARBOSA, A. Lemos. Teodoro Sampaio e Hans Staden. REV (Arquiv Munici) S Paulo, 67:225-36, jun. 1940. Bibliogr.: p. 236.

4026 FOUQUET, C. Bibliografia de "Verdadeira historia" de Hans Staden. BOL BIBLIOGR, S Paulo, 4:7-31, jul./set. 1944.

STEFFEN, HANS

4027 DONOSO, Ricardo. El Dr. Hans Steffen. AN (Univ Chile) Santiago, 3a. ser., 94(22/23):5-18, 2o./3o. trim. 1936. Writings: p. 12-8.

STEGGERDA, MORRIS

4028 COUNT, Earl W. Morris Steggerda (1900-1950). BOL BIBLIOGR ANTROP AM, Méx, 13 (pte. 2a.):282-87, en./dic. 1950. Writings for the years: 1925-1950.

STEINEN, KARL VON DEN

4029 NORDENSKIÖLD, Erland. Karl von den Steinen. JOUR (Soc Am) Paris, n.s., 22(1):221-27, 1930. port. Writings: p. 223-27.

STOLL, OTTO

4030 GOUBAUD, CARRERA, Antonio. Bibliografía guatemalteca; obras del Doctor en Medicina Otto Stoll (1849-1922) que vino a Guatemala en el año de 1878 y partió en el año de 1883. MAYA RES, 2(3):304-07, Jul. 1935.

4031 OBRAS sobre Guatemala, escritas por Otto Stoll. AN (Soc Geogr Hist) Guat, 12(1):78-9, sept. 1935.

STONE, DORIS ZEMURRAY

4032 DORIS Stone (Doris Zemurray de Stone). BOL BIBLIOGR ANTROP AM, Méx, 17(pte. 2a.):273-76, 1954. Writings for the years: 1932-1954.

STORNI, ALFONSINA

4033 ALFONSINA Storni (1892-1948). GUIA QUIN, B A, 3(52):1-3, 1a. quin., oct. 1949. Writings: p. 3.

STRONG, WILLIAM DUNCAN

4034 MATOS, Ramiro M. William Duncan Strong y su obra peruanista (1899-1962). REV (Mus Nac) Lima, 31:335-40, 1962. port. Writings: p. 340.

SUBIETA SAGARNAGA, LUIS

4035 OVANDO SANZ, Guillermo, and CHACON TORRES, Mario. Bibliografía preliminar de Luis Subieta Sagárnaga. REV (Inst Invest Hist, Univ T Frías) Potosí, 2(1):289-310, 1962. ports.

SUCRE, ANTONIO JOSE DE

4036 HERNANDEZ, Juan C. Homenaje a un prócer excelso. (El Mariscal Sucre). REPER BOYACENSE, Tunja, 33(134/135):1111-19, feb. 1945. Bibliogr.: p. 1119.

SUPERVIELLE, JULES

4037 BIBLIOGRAFIA de las obras de Jules Supervielle. CUAD BELL ART, Méx, 4(6):27-8, jun. 1963.

SUSTAITA ZAVALA, ALBERTO

4038 MONTEJANO Y AGUIÑAGA, Rafael. Bibliografía de Alberto Sustaita. FICHAS BIBLIOGR POTOS, S Luis Potosí, 7(3):76-7, jul. /sept. 1965.

SUSTO, JUAN ANTONIO

4039 CURRICULUM vitae de Juan Antonio Susto. LOTERIA, Panamá, 2a. ép., 5(55):8-17, jun. 1960. port. Writings and bibliogr.: p. 14-7.

TABLADA, JOSE JUAN

4040 PAZ, Octavio. Estela de José Juan Tablada. LETR MEX, Méx, 5(116):145-46, 159, oct. 1, 1945. Writings: p. 159.

TACON Y ROSIQUE, MIGUEL

4041 SAIZ DE LA MORA, Santiago. Consideraciones sobre el

gobierno del General Tacón en Cuba. REV BIMES CUBANA, Hav, 52(2):293-303, sept. /oct. 1943; (3):384-457, nov. /dic. 1943. Bibliogr.: 52(3):455-57.

TALAMANTES SALVADOR Y BAEZA, MELCHOR DE

4042 ROMERO DE VALLE, Emilia. Bibliografía de Fray Melchor Talamantes. HIST MEX, Méx, 11(3):443-86, en. /mar. 1962.

4043 ———. Talamantes, prócer de América (1765-1809). (Su vida, su obra y su bibliografía). FENIX, Lima, 1:46-86, 1o. sem. 1944. Writings and bibliogr.: p. 66-85.

TASTERA, JACOBO DE

4044 CHAUVET, Fidel. Fray Jacobo de Tastera. AN (Prov Francis S Evan Méx) Méx, 5(1):17-68, en. /mar. 1948. Bibliogr.: p. 67-8.

TAUNAY, AFONSO D'ESCRAGNOLLE

4045 AFONSO d'Escragnolle Taunay. BOL GEOGR, Rio, 5(49):92-5, abr. 1947. Writings: p. 93-5.

4046 ———. REV (Inst Hist Geogr Bras) Rio, 238:456-62, jan. / mar. 1958. Bibliogr.: p. 458-62.

4047 RODRIGUES, José Honório. Afonso d'Escragnolle Taunay, 1876-1958. HISP AM HIST REV, Durham, 38(3):389-93, Aug. 1958. Writings: p. 391-93.

4048 ———. Afonso Taunay e o revisionismo histórico. REV HIST AM, Méx, (51):125-35, jun. 1961. Bibliogr.: p. 133-35.

TECHO, NICOLAS DEL

4049 FURLONG CARDIFF, Guillermo. Nicolás del Techo. ESTUD B A, 83(443):17-30, en. /mar. 1950; (444):163-88, abr. / jun. 1950. Bibliogr.: 83(444):163-88.

TEIXEIRA, BENTO

4050 SOUSA, J. Galante de. Bento Teixeira e a "Prosopopéia." REV LIVRO, Rio, 2(5):55-68, mar. 1957. Bibliogr.: p. 66-8.

TEJA ZABRE, ALFONSO

4051 CARRERA STAMPA, Manuel. Alfonso Teja Zabre, 1888-1962. MEM (Acad Mex Hist corr Real Madrid) Méx, 21(2):105-08, abr. /jun. 1962. Writings: p. 106-07.

4052 ———. ———. REV HIST AM, Méx, (53/54):232-34, jul. / dic. 1962. Writings: p. 233-34.

4053 ———. Recordando a Alfonso Teja Zabre. BOL BIBLIOGR (Sec Hac Créd Públ) Méx, (244):5, abr. 1, 1962.

TEJERA, APOLINAR

4054 ALFAU DURAN, Vetilio. Doctor Don Apolinar Tejera. CLIO, C Trujillo, 23(102):15-29, en. /mar. 1955. Writings: p. 21-5.

TELLES, JERONYMO JOSE

4055 FONSECA, Edson Nery da. As memórias de Telles Júnior. PROV S PEDRO, P Alegre, (16):115-17, dez. 1951. Bibliogr.: p. 117.

TELLO, JULIO CESAR

4056 BIBLIOGRAFIA de escritores peruanos: Julio C. Tello. BOL BIBLIOGR (Bibl Cent, Min Trab Asunt Indíg) Lima, (18/20):3-4, oct. /dic. 1957.

4057 ESPEJO NUÑEZ, Julio. Bibliografía del Dr. Julio C. Tello (1880-1947). BOL BIBLIOGR (Bibl, Univ S Marcos) Lima, 18(1/2):13-20, jun. 1948.

4058 _____. _____. LETR, Lima (39):112-25, 1o. cuatrim. 1948.

4059 _____. _____, índice cronológico. REV (Mus Nac Antrop Arqueol) Lima, 2(1):62-6, 1o. sem. 1948.

4060 _____. Julio C. Tello (1880-1947). BOL BIBLIOGR ANTROP AM, Méx, 13(pte. 2a.):287-90, en./dic. 1950. Writings for the years: 1908-1948.

TELLO, RAFAEL J.

4061 ROMERO, Jesús C. Rafael J. Tello. NUESTRA MUSICA, Méx, 2(5):33-9, en. 1947. Compositions: p. 36-8.

TERAN, JUAN BAUTISTA

4062 TERAN, Juan B. (hijo), and TERAN ETCHECOPAR, Gastón. Bibliografía de Don Juan B. Terán. BOL (Acad Arg Letr) B A, 6(23/24):377-81, jul./dic. 1938.

TERMER, FRANZ

4063 CURRICULUM vitae del Doctor Franz Termer. AN (Soc Geogr Hist) Guat, 36(1/4):17-8, en./dic. 1963. Writings on Guatemala: p. 18.

TERNAUX COMPANS, HENRI

4064 WAGNER, Henry Raup. Henri Ternaux Compans: a bibliography. INTER-AM REV BIBLIOGR, Wash, D C, 7(3):239-54, Jul./Sept. 1957.

THAYER OJEDA, TOMAS

4065 ESCUDERO, Alfonso M. Don Tomás Thayer Ojeda. REV CHIL HIST GEOGR, Santiago, (132):230-55, 1964. Writings and bibliogr.: p. 248-55.

THEYE LHOSTE, CARLOS

4066 ESTEVEZ SEGUIN, Antonio, and LE ROY Y GALVEZ, Luis Felipe. Contribución a la historia de la química en Cuba; biografía de químicos cubanos: Carlos Theye Lhoste. AN (Acad Cien Méd Fís Nat) Hav, 83(4):168-83, 1944/1945. Writings: p. 179-83.

BIOGRAPHY (Individual)

THOMPSON, JOHN ERIC

4067 BIBLIOGRAFIA del Dr. J. Eric S. Thompson. REV (Univ Yucatán) Mérida, 1(2):20-5, mar./abr. 1959.

THOMSON, AUGUSTO GOEMINE

4068 SMITH, George E. Bibliografía de las obras de Augusto d'Halmar. REV IBEROAM, 28(54):365-82, jul./dic. 1962.

TIO, LOLA RODRIGUEZ DE

4069 ALGARIN FELICIANO, Luz María. Lola Rodríguez de Tío: su personalidad y su obra. REV BIMES CUBANA, Hav, 62(4/6):244-50, jul./dic. 1948. Bibliogr. footnotes.

TISCHAUER, CARLOS

4070 RODRIGUES, José Honório. Novas cartas de Capistrano de Abreu. REV HIST, S Paulo, 15(31):79-91, jul./set. 1957. Article pertains to Padre Carlos Tischauer. Bibliogr.: p. 89-91.

TISCORNIA, ELEUTERIO FELIPE

4071 BIBLIOGRAFIA de Don Eleuterio F. Tiscornia. BOL (Acad Arg Letr) B A, 14(52):373-74, jul./sept. 1945. References to books and pamphlets only.

TORO, DAVID

4072 KLEIN, Herbert S. David Toro and the establishment of "military socialism" in Bolivia. HISP AM HIST REV, Durham, 45(1):25-52, Feb. 1965. Bibliogr. footnotes.

TORO, FERMIN

4073 CASTILLO LARA, Lucas G. Don Fermín Toro. BOL (Acad Venez corr Española) Caracas, 10(39):82-200, jul./sept. 1943. Bibliogr.: p. 199-200.

4074 SCHACHT ARISTEGITA, Efrain. Fermín Toro, ensayo biográfico. Ib., 11(41):3-56, en./mar. 1944. Bibliogr.: p. 55-6.

TORRE, CARLOS DE LA

4075 AGUAYO, Carlos Guillermo, and JAUME, Miguel L. Bibliografía malacológica de Don Carlos de la Torre. AGONIA, Hav, (no. post. extraord.):119-29, mayo/dic. 1950.

4076 _____, and PEREZ FARFANTE, Isabel. Bibliografía general de Don Carlos de la Torre y Huerta. Ib., (no. post. extraord.):98-118, mayo/dic. 1950.

4077 ALVAREZ CONDE, José. Síntesis biográfica y apuntes bibliográficos del Dr. Carlos de la Torre y Huerta. REV (Bibl Nac) Hav, 2a. ser., 2(2):105-42, abr./jun. 1951. port. Rodolfo Tró and Julio Febres Cordero assisted in the preparation of the bibliogr.

TORRE REVELLO, JOSE

4078 LEONARD, Irving Albert. Bibliography of José Torre Revello. HISP AM HIST REV, Durham, 14(2):262-68, May 1934.

4079 SABOR VILA, Sara. José Torre Revello (1893-1964). REV HIST AM, Méx, (55/56):189-90, en./dic. 1963. Writings: p. 189.

TORRES, LUIS MARIA

4080 TORRE REVELLO, José. Bio-bibliografía de Luis María Torres. BOL (Inst Invest Hist) B A, 20:645-78, jul. 1936/jun. 1937.

TORRES BODET, JAIME

4081 ARCE, David N. "Sin tregua" y con "Fervor"; la obra de Jaime Torres Bodet. BOL (Bibl Nac) Méx, 2a. ép., 9(1):25-32, en./mar. 1958. Ser.: Bibliografías mexicanas contemporáneas, 7.

4082 COLIN, Eduardo. Jaime Torres Bodet. LIBRO PUEBLO, 10(1):6-12, mar. 1932. Writings: p. 12.

TORRES NORRY, JOSE

4083 BIOGRAFIA y bibliografía de autores tucumanos: José Torres Norry. BOL INFORM (Bibl, Fac Filos Letr) Tucumán, 2(2):53-62, sept. 1959.

TORRES SALDAMANDO, ENRIQUE

4084 ESPEJO NUÑEZ, Teófilo. El historiador Enrique Torres Saldamando (1846-1896). LETR, Lima, (50/53):230-43, 1o./2o. sem. 1954. Bibliogr.: p. 242-43.

4085 LOSTAUNAU, Alejandro. Enrique Torres Saldamando, historiador y bibliógrafo olvidado. FENIX, Lima, 12:183-213, 1956/1957. Bibliogr.: p. 210-13.

BIOGRAPHY (Individual)

TOSAR, HECTOR A.

4086   CATALOGO cronológico clasificado de las obras del compositor uruguayo: Héctor A. Tosar. BOL INTERAM MUSICA, Wash, D C, (21):41-4, en. 1961. music.

TOSTA, VIRGILIO

4087   DR VIRGILIO Tosta, nuevo Individuo de Número de la Academia. BOL (Acad Nac Hist) Caracas, 46(181):168-71, en./mar. 1963. Writings: p. 168-71.

TOUSSAINT, MANUEL

4088   CARRERA STAMPA, Manuel. Don Manuel Toussaint y Ritter, 1890-1955. BOL (Bibl Nac) Méx, 2a. ép., 7(2):3-52, abr./jun. 1956. Ser.: Bibliografías mexicanas contemporáneas, 1.

4089   MANTECON, José Ignacio. Bibliografía de Manuel Toussaint. AN (Inst Inves Estét) Méx, (25, supl. 1):36 p., 1957. port.

TOUSSAINT L'OUVERTURE, FRANÇOIS DOMINIQUE

4090   HEALY, Mary Aquinas (Sister). The contributions of Toussaint L'Ouverture to the independence of the American Republics, 1776-1826. AMS, Wash, D C, 9(4):413-51, Apr. 1953. Bibliogr.: p. 450-51.

TOVAR MORQUECHO, PATALEON

4091   BRABATA, Justo. Periodistas del siglo XIX: Pataleón Tovar Morquecho. BOL BIBLIOGR (Sec Hac Créd Públ) Méx, 8(258):12-5, nov. 1, 1962. Bibliogr. notes: p. 15.

TOZZER, ALFRED MARSTON

4092   ALFRED M. Tozzer (1877-   ). BOL BIBLIOGR ANTROP AM, Méx, 13(pte. 2a.):290-95, en./dic. 1950. Writings for the years: 1901-1950.

4093   PHILLIPS, Philip. Alfred Marston Tozzer--1877-1954. AM ANTIQ, 21(1):72-80, Jul. 1955. Writings: p. 76-80.

TRELLES Y GOVIN, CARLOS MANUEL

4094   ACOSTA ESPINOSA, María de los Angeles. Carlos Manuel Trelles y Govín. Breves datos biográficos. La Biblioteca geográfica cubana. La Biblioteca histórica cubana y la Biblioteca científica cubana. CUBA BIBLIOTEC, Hav, 4(4):73-82, oct./dic. 1959. Writings: p. 77-82.

4095 MOLINER, Israel M. Indice bibliográfico de Carlos M.
Trelles. REV CUBANA, Hav, 28:202-14, en./jun. 1951.

4096 PERAZA SARAUSA, Fermín. Carlos M. Trelles: 1866-1951.
CUBA BIBLIOTEC, Hav, 1(4):16-22, oct./dic. 1953.
Writings cited in text.

4096 _____. INTER-AM REV BIBLIOGR, Wash, D C,
1(3/4):169-73, Jul./Dec. 1951. Bibliogr.: p. 171-73.

TRESGUERRAS, FRANCISCO EDUARDO

4098 ROMERO DE TERREROS Y VINENT, Manuel. El arquitecto
Tresguerras (1745-1833) segunda edición. AN (Mus Nac
Arqueol Hist Etnogr) Méx, 5(1):326-45, en./dic. 1927.
Bibliogr.: p. 345.

TRUJILLO MOLINA, RAFAEL LEONIDAS

4099 FLOREN LOZANO, Luis. La bibliografía del pensamiento
político de un estadista. RENOVACION, C Trujillo,
1(2):156-67, abr./jun. 1953.

4100 RODRIGUEZ DEMORIZI, Emilio. Contribución a la bibliografía de Trujillo, 1926-1937. Ib., 1(4):68-80, oct./dic.
1953.

TSCHUDI, JOHANN JACOB VON

4101 NAVILLE, René. Sur les traces de J. J. de Tschudi dans
le désert d'Atacama. BULL (Soc Suisse Am) Geneva,
8(12):18-30, sept. 1956. Bibliogr.: p. 28-30.

4102 NUÑEZ, Estuardo. La perspectiva centenaria de un insigne
americanista: J. J. von Tschudi. CUAD AM, Méx,
133(2):176-87, mar./abr. 1964. Bibliogr.: p. 187.

TUMBURUS, JUAN

4103 HERNANDEZ, Horacio H., and SUAREZ, Reinaldo José. Juan
Tumburus y su contribución a la bibliotecología médica
argentina. UNIV, Santa Fe, (59):209-33, en./mar. 1964.
Writings and bibliogr.: p. 223-33.

TUPAC AMARU (Inca)

4104 VALCARCEL ESPARZA, Carlos Daniel. Indice de documentos
referentes al juicio sobre ligítima descendencia del
último Inca Túpac Amaru. LETR, Lima, (39):100-06,
1o. cuatrim. 1948 - (42):48-110, 1o. sem. 1949. tables.
Documents are in possession of the Universidad Nacional
de San Antonio, Cuzco. Bibliogr.: (42):110.

TUPAC AMARU, JOSE GABRIEL

4105 VALCARCEL ESPARZA, Carlos Daniel. Documentos sobre la rebelión del cacique Túpac Amaru. BOL BIBLIOGR (Bibl, Univ S Marcos) Lima, 14(3/4):202-17, dic. 1944.

4106 ———. La familia del Cacique Túpac Amaru. LETR, Lima, (36):44-89, 1o. cuatrim. 1947. Bibliogr.: p. 47-70. Publications on Túpac Amaru: p. 89.

4107 VILLANUEVA URTEAGA, Horacio. Documentos inéditos sobre la sublevación de Tupaj Amaru. REV UNIV, Cuzco, 36(93):112-53, 2o. sem. 1947. Seven annotated documents acquired by the Library of the Universidad del Cuzco: p. 113-14. Transcription of documents: p. 117-53.

TURNBULL, DAVID

4108 CASTAÑEDA ESCARRA, Humberto. El caso de Mr. David Turnbull, el cónsul inglés. UNIV HABANA, Hav, 28 (168/169):127-53, jul./oct. 1964. Bibliogr.: p. 152-53.

UGARTE, FLORO M.

4109 CATALOGO cronológico de las obras del compositor argentino: Floro M. Ugarte. BOL MUSIC ART VIS, Wash, D C, (42/43):21-4, ag./sept. 1953. music.

UHLE, MAX

4110 BIBLIOGRAFIA del Professor Max Uhle. REV (Mus Nac) Lima, 4(1):i-xi, 1935.

4111 LARREA, Carlos Manuel. Homenaje a la memoria del sabio americanista Profesor Max Uhle, en el centenario de su nacimiento. CUAD HIST ARQUEOL, Guayaquil, 6(16/18):107-35, dic. 1956. port. Writings of Dr. Max Uhle: p. 130-35.

UNAMUNO Y JUGO, MIGUEL

4112 ALEMAN G., José M. Sintiendo a Unamuno. UNIV S CARLOS, (15):24-50, abr./jun. 1949. Bibliogr.: p. 49-50.

4113 ENGLEKIRK, John Eugene. Unamuno, crítico de la literatura hispanoamericana. REV IBEROAM, 3(5):19-37, feb. 1941. Bibliogr. of Unamuno on Ibero-American literature: p. 35-7.

4114 FOSTER, David William. Adiciones y suplemento a la bibliografía de Unamuno. TORRE, Río Piedras, 12(48): 165-72, oct./dic. 1964.

4115 GARCIA MOREJON, Julio. Bibliografía Unamuniana. CUAD IDIOMA, B A, 1(1):149-57, [1965].

4116 HOMENAJE a Don Miguel de Unamuno. TORRE, Río Piedras, 9(35/36):1-636, jul./dic. 1961. ports. Bibliografía Unamuniana, por Federico de Onís: p. 601-36.

4117 MALAVASSI V., Guillermo. Bibliografía costarricense sobre Unamuno: Repertorio americano. REV FILOS, S José, 2(5):92-6, en./jun. 1959.

4118 _____. Bibliografía de Unamuno aparecida en Costa Rica. Ib., 3(10):219-30, jul./dic. 1961. References only to writings of Unamuno.

URBANO FONSECA, JOSE

4119 SOLIS SOLIS, Alfonso. Ensayo del esbozo del Lic. Don José Urbano Fonseca. MEM (Acad Nac Hist Geogr) Méx, 2a. ép., 19(2, [or] 193):5-25, 1963. Bibliogr.: p. 24-5.

URBINA, LUIS GONZAGA

4120 CASTRO LEAL, Antonio. Luis G. Urbina (1864-1934). MEM (Col Nac) Méx, 5(2):83-124, 1963. Writings: p. 123-24.

URDIÑOLA, FRANCISCO DE

4121 GURRIA LACROIX, Jorge. El proceso de Don Francisco de Urdiñola. Discurso de ingreso a la Academia Mexicana de la Historia ... 17 de noviembre de 1958. MEM (Acad Mex Hist corr Real Madrid) Méx, 18(3):203-20, jul./sept. 1959. Bibliogr.: p. 220.

4122 NAKAYAMA A., Antonio. Urdiñola en Sinaloa. HUMANITAS, Monterrey, (4):543-54, 1963. Bibliogr.: p. 553-54.

URETA, ALBERTO

4123 CORCUERA, Arturo. Bio-bibliografía de Alberto Ureta. REV PERUANA CULT, Lima, (3):15-7, oct. 1964.

URIBE, JOAQUIN ANTONIO

4124 POSADA, Marceliano. Don Joaquín Antonio Uribe. UNIV ANTIOQ, Medellín, 34(134):497-501, jul./sept. 1958. Writings: p. 499-500.

URIBE HOLGUIN, GUILLERMO

4125 CATALOGO cronológico de las obras del compositor colombiano: Guillermo Uribe Holguín. BOL MUSIC ART VIS, Wash, D C, (31):35-41, sept. 1952. music.

URRIOLA, CIRO LUIS

4126 WENDEHAKE, José Rafael. El Doctor Ciro Luis Urriola.
LOTERIA, Panamá, 2a. ép., 7(74):18-33, en. 1962.
Writings: p. 33.

URTEAGA, HORACIO H.

4127 PAREDES, Manuel Rigoberto. Las obras de Don Horacio H.
Urteaga. BOL (Soc Geogr) La Paz, 29(53/54):186-209,
sept. 1921.

VAILLANT, GEORGE CLAPP

4128 KIDDER, Alfred Vincent. George Clapp Vaillant: 1901-1945.
AM ANTHROP, n. s., 47(4):589-602, Oct./Dec. 1945.

VAÏSSE, EMILIO

4129 YUTRONIC CRUZ, Marina. Presencia de Omer Emeth en
la literatura chilena. AN (Univ Chile) Santiago, 113(99):
11-117, 3o. trim. 1955. Bibliogr. of Emilio Vaïsse
(Omer Emeth): p. 37-117.

VALADES, DIEGO

4130 MAZA, Francisco de la. Fray Diego Valadés, escritor y
grabador franciscano del siglo XVI. AN (Inst Invest
Estét) Méx, 4(13):15-44, 1945. illus., plates, port.
Bibliogr.: p. 43-4.

VALCARCEL, LUIS EDUARDO

4131 BIBLIOGRAFIA de escritores peruanos: Luis E. Valcárcel.
BOL BIBLIOGR (Bibl Cent, Min Trab Asunt Indíg) Lima,
(3):5-6, jul. 1956.

VALCARCEL, THEODORO

4132 HOLZMANN, Rodolfo. Catálogo de las obras de Theodoro
Valcárcel. BOL BIBLIOGR (Bibl, Univ S Marcos) Lima,
12(3/4):135-40, dic. 1942.

VALCARCEL ESPARZA, CARLOS DANIEL

4133 BIBLIOGRAFIA de Daniel Valcárcel. Ib., 30(1/4):277-86,
dic. 1960.

VALDES, GABRIEL DE LA CONCEPCION

4134 BIBLIOGRAFIA esquemática de Plácido. REV (Bibl Nac) Hav,
6(3/4):125-29, jul./dic. 1964. Plácido is pseudo. of
Gabriel de la Concepción Valdés.

4135 CERVANTES, Carlos A. Bibliografía Placidiana. REV CUBANA, Hav, 8(22/24):157-86, abr./jun. 1937.

4136 PLASENCIA, Aleida. Bibliografía activa de Gabriel de la Concepción Valdés, Plácido. REV (Bibl Nac) Hav, 3a. ser., 6(3/4):77-116, jul./dic. 1964.

4137 PLACIDO: Bibliografía pasiva (selección). Ib., 6(3/4):117-24, jul./dic. 1964. Detailed description of contents of 29 writings.

VALDES, GERONIMO DE

4138 PEREZ CABRERA, José Manuel. El maestro Fray Gerónimo de Valdés, Obispo de Cuba. REV BIMES CUBANA, Hav, 35(2):249-60, mar./abr. 1935. Bibliogr.: p. 259-60.

VALDES, JOSE MANUEL

4139 ROMERO, Fernando. José Manuel Valdés, gran mulato del Perú. Ib., 43(2):178-209, mar./abr. 1939. Writings and bibliogr.: p. 202-09.

VALDES RODRIGUEZ, MANUEL

4140 ABASCAL, Horacio. El Dr. Valdés Rodríguez en la Academia de Ciencias. Ib., 66(1/3):57-93, jul./dic. 1950. Bibliogr.: p. 93.

VALDIVIA, LUIS DE

4141 SCHWAB, Federico. Los textos Millcayas del P. Luis de Valdivia y la antigua biblioteca de los jesuitas del Cuzco. BOL BIBLIOGR (Bibl, Univ S Marcos) Lima, 13(3/4): 268-77, dic. 1943.

VALDIVIA, PEDRO DE

4142 CHIAPPA, Víctor Manuel. Anotaciones bibliográficas sobre Pedro de Valdivia. REV CHIL HIST GEOGR, Santiago, 64(68):228-79, en./mar. 1930; 65(69):144-80, abr./jun. 1930.

4143 PICHARDO, Hortensia. Valdivia, conquistador de Tierra Firme, no fué muerto por los indios de Cuba. UNIV HABANA, Hav, (158):133-42, sept./dic. 1962. Bibliogr.: p. 142.

VALE, LEONARDO DE

4144 NOTICIA sôbre Leonardo do Vale. AUTOR LIVR, Rio, 9(11): 125-28, out. 24, 1948. Writings: p. 125.

BIOGRAPHY (Individual)

VALENCIA, ANTONIO MARIA

4145 CATALOGO cronológico de las obras del compositor colombiano: Antonio María Valencia. BOL INTERAM MUSIC, Wash, D C, (6):31-3, jul. 1958. music.

VALENTINI, PHILIPP JOHANN JOSEF

4146 SANABRIA M., Víctor. Don Felipe J. J. Valentini (Apuntes biográfico y bibliográfico). REV (Arch Nac) S José, 7(7/8):344-52, jul./ag. 1943.

VALLADÃO, ALFREDO DE VILHENA

4147 BIO-BIBLIOGRAFIA Valladão (Alfredo de Vilhena). REV (Inst Hist Geogr Bras) Rio, 228:152-59, jul./set. 1955.

VALLE, JOSE CECILIO DEL

4148 SALVADOR, Francisco. Bibliografía general de Valle. UNIV HOND, Tegucigalpa, 1(3):7, oct. 1958. port.

VALLE, JUVENCIO

4149 CARTILLAS bibliográficos de autores chilenos. BOL (Inst Lit Chil) Santiago, 4(11):6-17, dic. 1965. Contents: - Max Jara, 1886-1965. - Juvencio Valle, 1900- .

VALLE, RAFAEL HELIODORO

4150 ANDINO, Manuel. Cincuenta años de vida literaria de Rafael Heliodoro valle. PAN-AM, Tegucigalpa, 14(168):9-10, abr. 1958. port. Writings cited in text.

4151 ARNAIZ Y FREG, Arturo. Rafael Heliodoro Valle (1891-1959). REV HIST AM, Méx, (48):615-19, dic. 1959. Writings: p. 617-19.

4152 CASTAÑEDA BATRES, Oscar. Rafael Heliodoro Valle y la historiografía de Honduras. HOND LIT, Tegucigalpa, (4):3-4, jul./ag. 1963. port. Bibliogr. notes: p. 4.

4153 ROMERO DE VALLE, Emilia. Rafael Heliodoro Valle y sus seudónimos. BOL (Bibl Nac) Méx, 2a. ép., 13(4):35-60, oct./dic. 1962.

4154 _____. _____. HOND LIT, Tegucigalpa, 10-2 ff., nov./ dic. 1963. Sources cited under each pseudonym.

4155 _____. Los seudónimos de Rafael Heliodoro Valle. THE-SAURUS, Bogotá, 20(2):297-324, mayo/ag. 1965. Writings cited under each pseudonym.

4156 SPELL, Lota May. Rafael Heliodoro Valle (1891-1959).
HISP AM HIST REV, Durham, 40(3):425-30, Aug. 1960.
Writings: p. 428-30.

4157 WOOLRICH B., Manuel A. Fichas para una bibliografía de
Rafael Heliodoro Valle. BOL BIBLIOGR (Sec Hac Créd
Públ) Méx, (160):4-6, ag. 1, 1959. port.

VALLEJO, CESAR

4158 COYNE, André. Nota bibliográfica sobre Vallejo. MAR
SUR, Lima, 4(11):69-78, mayo/jun. 1950.

4159 MONGUIO, Luis. César Vallejo; vida y obra. REV HISP
MOD, N Y, 16(1/4):1-98, en./dic. 1950. illus., port.
Bibliogr.: p. 83-98.

VARELA, HECTOR FLORENCIO

4160 HECTOR Florencio Varela. LIT ARG, B A, 8(96):307-08, 318,
dic. 1936. port. on cover. Writings: p. 308, 318.

VARELA Y MORALES, FELIX

4161 CUBA. Biblioteca Nacional. Relación de obras del Pbro.
Don Félix Varela y Morales existentes en la Biblioteca
Nacional. REV (Bibl Nac) Hav, 2a. ser., 4(3):23-5,
jul./sept. 1953. port.

VARGAS, PEDRO FERMIN DE

4162 ARIAS, Juan de Dios. El precursor sangileño Pedro Fermín
de Vargas. ESTUD, Bucaramanga, 29(258/262):31-43,
nov. 1960. Bibliogr.: p. 43.

VARGAS UGARTE, RUBEN

4163 BIO-BIBLIOGRAFIA del R. P. Rubén Vargas Ugarte. BOL
BIBLIOGR (Bibl, Univ S Marcos) Lima, 24(1/4):216-
38, dic. 1954.

4164 RAEZ PATIÑO, Sara. Bio-bibliografía del R. P. Rubén
Vargas Ugarte S. J. BOL (Bibl Nac) Lima, 5(11):48-
61, dic. 1948.

VARNHAGEN, FRANCISCO ADOLFO DE

4165 LESSA, Clado Ribeiro de. Colaboração de Varnhagen no
"O Panorama"; notas bibliográficas. REV (Inst Hist
Geogr Bras) Rio, 193:105-09, out./dez. 1946.

VARONA, ENRIQUE JOSE

4166 PERAZA SARAUSA, Fermín. Bibliografía de Enrique José

BIOGRAPHY (Individual) 386

Varona. REV BIMES CUBANA, Hav, 26(1):161-77, 2o. sem. 1930 - 30(2):302-07, sept. /oct. 1932. Contains 1,832 entries and 48 additional entries in an appendix.

4167 _____. _____ (complemento). Ib., 39(2):240-72, mar. /abr. 1937 - 42(1/2):113-22, jul. /oct. 1938. Contains 570 entries.

4168 _____. Iconografía de Enrique José Varona. Ib., 44(1):129-44, jul. /ag. 1939 - 50(3):444-56, nov. /dic. 1942. illus., ports.

4169 _____. La muerte de Varona; fichas bibliográficas. UNIV HABANA, Hav, 1(2):145-57, mar. /abr. 1934.

VASCONCELOS, JOSE

4170 ARCE, David N. José Vasconcelos. BOL (Bibl Nac) Méx, 2a. ép., 8(4):31-44, oct. /dic. 1957. Ser.: Bibliografías mexicanas contemporáneas, 6.

4171 FERRAZZANO, Eugenio A. José Vasconcelos. HUMANITAS, Tucumán, 1(3):433-38, 1954. Writings and bibliogr.: p. 437-38.

4172 _____. José Vasconcelos y el pensamiento mexicano actual. Ib., 2(5):135-66, 1954. Writings, bibliogr., and notes: p. 162-66.

4173 REINHARDT, Conrad Francisco. José Vasconcelos. MERCUR PERU, Lima, 26(222):375-84, sept. 1945. Bibliogr.: p. 384.

4174 ROMANELL, Patrick. Bergson no México; um tributo a José Vasconcelos. REV BRAS FILOS, S Paulo, 10(3): 373-86, jul. /set. 1960. Bibliogr.: p. 385-86.

4175 SIERRA, Carlos J. Fuentes para el estudio del pensamiento contemporáneo. BOL BIBLIOGR (Sec Hac Créd Públ) Méx, 11(311, supl.):1-34, en. 15, 1965. port. Cover title: Periodistas mexicanos del siglo XX: José Vasconcelos. List of newspaper articles for the years: 1920-1959.

VASSALLO, ANGEL

4176 CASAS, Manuel Gonzalo. Angel Vassallo. HUMANITAS, Tucumán, 2(4):329-36, 1954. Writings: p. 336.

VAZ FERREIRA, CARLOS

4177 ALBANELL MacCOLL, Norah. Bibliografía de Vaz Ferreira.

INTER-AM REV BIBLIOGR, Wash, D C, 8(3):245-55, Jul. /Sept. 1958.

4178 CAMPOS S., M. A. El escepticismo de Carlos Vaz Ferreira. REV FILOS, S José, 3(10):151-59, jul. /dic. 1961. Bibliogr.: p. 159.

4179 ROSELL, Avenir. Vaz Ferreira y la taquigrafía. REV NAC, Monte, 2a. cic., 4(200):242-59, abr. /jun. 1959. Bibliogr.: p. 259.

4180 SEGURA DE SCHILLER, Lidia E. Carlos Vaz Ferreira. HUMANITAS, Tucumán, 2(6):339-52, 1955. Writings and bibliogr.: p. 352.

VAZQUEZ DE TAPIA, BERNARDINO

4181 GURRIA LACROIX, Jorge. La Crónica de Bernardino Vázquez de Tapia. BOL (Bibl Nac) Méx, 2a. ép., 3(3):49-62, jul. /sept. 1952. Bibliogr.: p. 61-2.

VAZQUEZ MACHICADO, HUMBERTO

4182 ARNADE, Charles W. Humberto Vázquez-Machicado, 1904-1957. HISP AM HIST REV, Durham, 38(2):268-72, May 1958. Selected bibliogr. of writings: p. 270-72.

VEGA, AURELIO DE LA

4183 CATALOGO cronológico clasificado de las obras del compositor cubano: Aurelio de la Vega. BOL INTERAM MUSIC, Wash, D C, (24):23-7, jul. 1961. music.

VEGA, CARLOS

4184 VEGA, Carlos. El canto de los trovadores en una historia integral de la música. BOL INTERAM MUSIC, Wash, D C, (35):3-19, mayo 1963. Writings of the author: p. 19.

VEGA Y CARPIO, LOPE FELIX DE

4185 ARCE, David N. Lope entre nosotros: Catálogos de las obras de y sobre Lope de Vega que existen en la Biblioteca Nacional. BOL (Bibl Nac) Méx, 2a. ép., 13(3): 11-36, jul. /sept. 1962.

VELASCO, JOSE MARIA

4186 O'GORMAN, Edmundo. Velasco: painter of time and space. MAG ART, N Y, 36(6):203-07, Oct. 1943. port., illus. Bibliogr.: p. 206.

VELAZQUEZ RODRIGUEZ, PRIMO FELICIANO

4187 MEADE, Joaquín. Datos biográficos del Licenciado Don Primo Feliciano Velázquez. MEM (Acad Mex Hist corr Real Madrid) Méx, 13(1):44-55, en./mar. 1954. Writings: p. 51-5.

4188 MONTEJANO Y AGUIÑAGA, Rafael. Biobibliografías potosinas: Lic. Primo Feliciano Velázquez. FICHAS BIBLIOGR POTOS, S Luis Potosí, 2(1):3-10, en./feb. 1955.

VELEZ SARSFIELD, DALMACIO

4189 DIAZ BIALET, Agustin. El derecho romano en la obra de Vélez Sársfield. BOL (Fac Der Cien Soc) Córdoba, 12(2/5, pte, 2a.):513-806, mayo/dic. 1948; 13(3/4): 513-750, jul./dic. 1949; 14(4):703-1382, oct./dic. 1950. Six of the seven chapters of pt. I contain appendix of references to: philosophical and juridical studies; classical literature on Roman and canonical law, concordances and manuscripts on civil law. Five chapters of pt. II, p. 562-750, contain bibliographical comments and references. The entire pt. III is devoted to examination of manuscripts on Roman law.

4190 GONZALEZ, Joaquín Víctor. Vélez Sarsfield y su obra. REV (Univ) Córdoba, 13(7/9):110-18, jul./sept. 1926. Writings: p. 117-18.

VELLOZO, JOSE MARIANO DA CONCEIÇAO

4191 RENNO, Lair Remusat. Frei José Mariano da Conceição Velloso, a "Flora Fluminesis." KRITERION, Belo Horizonte, 14(57/58):521-38, jul./dez. 1961. Writings: p. 533-38.

VENÂNCIO, FRANCISCO

4192 PINTO, Edgard Roquette. Saudade de Francisco Venâncio Filho. ARQUIV, Rio, 1(2):89-98, mar./abr. 1947. port. Writings: p. 90-8.

VERACRUZ, ALONSO DE LA

4193 MILLARES CARLO, Agustín. Sobre el "speculum coniugiorum" de Fray Alonso de Veracruz. FILOS LETR, Méx, 8(15):69-74, jul./sept. 1944. Description of four editions of the Speculum coniugiorum.

4194 VALLE, Rafael Heliodoro. Bibliografía sobre Fray Alonso de la Veracruz. BOL (Bibl Nac) Méx, 2a. ép., 2(3):35-8, jul./sept. 1951.

VERISSIMO, ERICO

4195 BARRETT, Linton Lomas. Erico Veríssimo and the creation of novelistic character. HISPANIA, 29(3):323-38, Aug. 1946. Writings: p. 338.

4196 LACERDA, Virginia Côrtes de. Erico Veríssimo e o romance brasileiro. LEIT LIVR, Rio, 3(9):15-20, jul./ set. 1952. Writings: p. 16-20.

VIANA, FRANCISCO JOSE DE OLIVEIRA

4197 MINISTRO Francisco José de Oliveira Viana. BOL GEOGR, Rio, 1(4):151-58, jul. 1943. Writings: p. 156-58.

4198 MACIEIRA, Anselmo. Oliveira Viana: historiador social a serviço do Brasil. SOCIOLOGIA, S Paulo, 14(3):223-43, ag. 1952. Writings and bibliogr.: p. 238-43.

VIANNA, FRUCTUOSO

4199 CATALOGO cronológico clasificado de las obras del compositor brasileño: Fructuoso Vianna. BOL INTERAM MUSIC, Wash, D C, (3):66-70, en. 1958. music.

VICTORICA VIVANCO, BERNARDO CORNELIO

4200 MARILUZ URQUIJO, José M. Un pintor argentino olvidado: Bernardo C. Victorica (1830-1870). AN (Inst Art Am Invest Estét) B A, (4):75-82, 1951. ports., plates. Bibliogr. notes: p. 82.

VICUÑA CIFUENTES, JULIO

4201 DINAMARCA, Salvador. Julio Vicuña Cifuentes: bibliografía. REV HISP MOD, N Y, 4(2):117-20, en. 1938.

4202 ESCUDERO, Alfonso M. Don Julio Vicuña Cifuentes (1865-1936). ATENEA, Concepción, 160(410):229-56, oct./dic. 1965. Writings and bibliogr.: p. 248-56.

VICUÑA MACKENNA, BENJAMIN

4203 FELIU CRUZ, Guillermo. Bibliógrafos y bibliografías de Vicuña Mackenna. AN (Univ Chile) Santiago, 3a. ser., 1:426-92, 3o./4o. trim. 1931.

4204 _____. Ensayo de una bibliografía de las obras de Don Benjamín Vicuña Mackenna. BOL (Bibl Nac) Santiago, 2(3):26-48, sept. 1931.

4205 _____. Las obras de Vicuña Mackenna. AN (Univ Chile) Santiago, 3a. ser., 1:301-400, 3o./4o. trim. 1931.

BIOGRAPHY (Individual)

4206 ORREGO VICUÑA, Eugenio. Vicuña Mackenna en la Universidad de Chile. Ib., 92(15):160-201, 3o. trim. 1934. Bibliogr. and writings: p. 193-201.

4207 VICUÑA MACKENNA, Carlos. Bibliografía parlamentaria de Vicuña Mackenna. Ib., 1:401-25, 3o. /4o. trim. 1931.

VICUÑA SUBERCASEAUX, BENJAMIN

4208 ORREGO VICUÑA, Francisco. En el cincuentenario de Benjamín Vicuña Subercaseaux. ATENEA, Concepción, 144 (394):156-61, oct./dic. 1961. Writings: p. 161.

VIDAURRE Y ENCALADA, MANUEL LORENZO DE

4209 LEGUIA, Jorge Guillermo. Contribución a la bibliografía de Manuel Lorenzo de Vidaurre y Encalada. BOL BIBLIOGR (Bibl, Univ S Marcos) Lima, 3(5):266-75, sept. 1928.

VIEIRA, ANTÔNIO

4210 FROTA, Guilherme de Andréa. Padre Antônio Vieira; ensayo bibliográfico relativo ao Brasil. VERBUM, Rio, 15(3): 435-55, set. 1958.

VIGIL, JOSE MARIA

4211 SIERRA, Carlos J. Apuntes hemerográficos de José María Vigil. BOL BIBLIOGR (Sec Hac Créd Públ) Méx, 8 [i.e. 10] (289):12-9, feb. 15, 1964 - (291):12-7, mar. 15, 1964. Contributions to newspapers for the years: 1853-1878. Writings: 10(291):17.

VIGNATI, MILCIADES ALEJO

4212 MILCIADES Alejo Vignati. BOL BIBLIOGR ANTROP AM, Méx, 14(pte. 2a.):267-81, en./dic. 1951. Writings for the years: 1916-1947.

VIGNAUD, HENRI

4213 SISO MARTINEZ, J. M. La leyenda colombiana y la crítica de Henry A. Vignaud. REV NAC CULT, Caracas, 6(45): 58-66, jul./ag. 1944. Bibliogr.: p. 66.

VILA, MARCO AURELIO

4214 LIBROS y folletos del Profesor Marco Aurelio Vila. CUAD INFORM ECON, Caracas, 10(6):105-07, nov./dic. 1958.

VILLA, FRANCISCO

4215 VELAZQUES TELLEZ, Maximiliano. Estudio criminológico

de Francisco Villa. CRIMINAL, Méx, 30(6):344-61, jun. 1964. Bibliogr.: p. 361.

VILLA-LOBOS, HEITOR

4216 ORREGO SALAS, Juan A. Heitor Villa-Lobos, figura, obra y estilo. REV MUSIC CHIL, Santiago, 19(93):25-62, jul./sept. 1965. Bibliogr.: p. 61-2.

4217 SANCHEZ PEDROTE, Enrique. Héctor Villalobos, arquetipo de una forma cultural. REV CULT BRAS, Madrid, 1(1): 52-7, jun. 1962. Bibliogr.: p. 80-2.

VILLAGRAN, JULIAN

4218 RUBLUO ISLAS, José Luis. Julián Villagrán. BOL BIBLIOGR (Sec Hac Créd Públ) Méx, 9(272):6-7, jun. 1963. Bibliogr. and notes: p. 7.

VILLARAN, MANUEL VICENTE

4219 LOSTAUNAU, Alejandro. Bio-bibliografía de Manuel Vicente Villarán. MERCUR PERU, Lima, 39(374):249-54, jun. 1958.

VILLARROEL, GASPAR DE

4220 LATCHAM, Ricardo A. Fray Gaspar de Villarroel en las letras chilenas. FINIS TERR, Santiago, 2(8):16-23, 4o. trim. 1955. Bibliogr.: p. 22-3.

4221 ROMEO CASTILLO, Abel. Fray Gaspar de Villarroel, ilustre quiteño, Arzobispo de Charcas en el siglo XVII. BOL (Cent Invest Hist) Guayaquil, 12(29/30):95-109, 1960. Bibliogr.: p. 106-09.

VILLAURRUTIA, XAVIER

4222 ALGUNOS comentarios bibliográficos sobre Xavier Villaurrutia. LIBRO PUEBLO, Méx, 10(8):7, oct. 1932.

4223 GRANADOS, Gabriel. Xavier Villaurrutia. BOL (Bibl Nac) Méx, 2a. ép., 2(1):7-12, en./mar. 1951. Writings, prologues, compilations, and translations: p. 8-12.

VILLAVERDE, CIRILO

4224 XIMENO, José Manuel de. Papeletas bibliográficas de Cirilo Villaverde. REV (Bibl Nac) Hav, 2a. ser., 4(2):133-53, abr./jun. 1953.

VIRGIL (Publius Virgilius Maro)

4225 PEÑALOSA, Joaquín Antonio. Virgilio en México.

HUMANITAS, Monterrey, 1(1):373-86, 1960. Translations: p. 375-76. Bibliogr.: p. 376-86.

VIVES, JUAN LUIS

4226 CUCCORESE, Horacio Juan. Juan Luis Vives y la concepción de la historiografía integral. REV (Univ) La Plata, (16):109-31, en./dic. 1962. Bibliogr.: p. 131.

VIZCARDO Y GUZMAN, JUAN PABLO

4227 VARGAS UGARTE, Rubén. Bibliografía de la "Carta a los Españoles Americanos" de D. Juan Pablo Vizcardo y Guzmán. BOL (Mus Bolivar) Lima, 1(11):401-02, jul. 1949.

VOLIO J., JORGE

4228 ESCRITOS de Jorge Volio J. REV FILOS, S José, 4(13): 135-37, jul./dic. 1963.

VON HAGEN, VICTOR WOLFGANG

4229 BIBLIOGRAFIA etnológica de Víctor Wolfgang von Hagen. BOL ARQUEOL, Bogotá, 2(3):299-300, jul./sept. 1946.

VOPELIUS, GASPAR

4230 KOCH, Herbert. Gaspar Vopelius, geógrafo y cartógrafo de colonia (1511-1561). BOL (Inst Invest Hist) B A, 21: 30-52, jul. 1937/jun. 1938. Bibliogr.: p. 50-2.

WAGLEY, CHARLES

4231 CHARLES Wagley (1913-). BOL BIBLIOGR ANTROP AM, Méx, 14(pte. 2a.):281-83, en./dic. 1951. Writings for the years: 1940-1952.

WAGNER, HENRY RAUP

4232 HAMMOND, George Peter, and PATTERSON, Jerry E. Henry Raup Wagner, 1862-1957. HISP AM HIST REV, Durham, 37(4):486-94, Nov. 1957. Writings: p. 489-94.

WALKER, WILLIAM

4233 CARR, Albert Z. El mundo y William Walker. REV CONSERV PENS CENTROAM, Managua, 9(50, supl.):1-46, nov. 1964; 10(51, supl.):47-114, dic. 1964. illus., ports. Bibliogr.: 10(51):112-14.

4234 MELENDEZ CHAVERRI, Carlos. Ideario de Walker y su

influencia en la guerra de Nicaragua. REV (Acad Costarricense Hist) S José, 7(18):9-18, oct. 1956. Bibliogr.: p. 18.

WASSEN, S. HENRY

4235 TORRES DE IANNELLO, Reina. ¿La americanista? Panamá, y un etnólogo sueco. LOTERIA, Panamá, 2a. ép., 4 (38):64-75, en. 1959. Writings of Henry Wassén on Panamá: p. 73-5.

WEISMANN, FRANZ

4236 MORENO GALVAN, José María. La nueva forma de Franz Weismann. REV CULT BRAS, Madrid, 1(1):30-4, jun. 1962. illus. Bibliogr.: p. 79-80.

WERDERMANN, ERICH

4237 LOOSER, Gualterio. El botánico Dr. Erich Werdermann. REV UNIV (Univ Catól) Santiago, 44/45:231-34, 1959/1960. port. Writings: p. 232-33.

WESTENHÖPER, MAX

4238 SIEVERS WICKE, Hugo K. Max Westenhöfer (1871-1957). AN (Univ Chile) Santiago, 116(112):47-93, 4o. trim. 1958; 117(113):129-63, 1o. sem. 1959. Writings include those based on Westenhöfer's work in Chile: (112):74-8.

WHITMAN, WALT

4239 ALGERIA, Fernando. Walt Whitman en Hispanoamérica. REV IBEROAM, 8(16):343-56, nov. 1944. Bibliogr.: p. 352-54.

WIED-NEUWIED, MAXIMILIAN ALEXANDER PHILIPP

4240 AMARAL, Afrânio do. Maximiliano, Principe de Wied; ensaio bio-bibliográfico. BOL (Mus Nac) Rio, 7(3): 187-210, set. 1931. plates, map. Development of natural history research in Brazil. Writings: p. 193.

WILDE, OSCAR

4241 BOTERO, Ebel. Versiones colombianas de la "Bala de la Cárcel de Reading." UNIV PONTIF BOLIVAR, Medellín, 27(95):88-95, 2o. sem. 1964. Citations in text. Additional references: p. 95.

WILLIAMS, ADOLFO T.

4242 BONTEMPI, Luis A. La obra de Adolfo T. Williams.

CIEN INVEST, B A, 9(9):393-99, sept. 1953. Writings: p. 396-97.

WILLIAMS, ALBERTO

4243 CATALOGO cronológico de las obras del compositor argentino: Alberto Williams. BOL MUSIC ART VIS, Wash, D C, (45/46):37-49, nov./dic. 1953. music.

XAMMAR, LUIS FABIO

4244 DELGADO PASTOR, Amadeo. Bio-bibliografía de Luis Fabio Xammar. BOL (Bibl Nac) Lima, 4(10):123-52, jun. 1947.

XAVIER, GRACILIANO VICENTE

4245 PERETTO, Benedicto Lacorte. Pintor Graciliano Vicente Xavier. INVEST, S Paulo, 2(19):7-21, jul. 1950. illus., port. Bibliogr.: p. 20-1.

YAÑEZ, AGUSTIN

4246 LEIVA, Raúl. El realismo en las novelas de Agustín Yáñez. CUAD BELL ART, Méx, 5(8):15-32, ag. 1964. Writings: p. 31-2.

4247 MENDEZ PLANCARTE, Gabriel. Yáñez, el silencioso. ABSIDE, Méx, 6(2):212-17, abr./jun. 1942. Bibliogr.: p. 217.

4248 SIERRA, Carlos J. Fuentes para el estudio del pensamiento contemporáneo: Agustín Yáñez Delgadillo. BOL BIBLIOGR (Sec Hac Créd Públ) Méx, 10(305):12-7, oct. 15, 1964. Newspaper writings: p. 14-7.

YAÑEZ, ELIODORO

4249 EDWARDS, Agustín. El espíritu de Don Eliodoro Yáñez. BOL (Acad Chil) Santiago, 5(19/20):201-62, 1936. Titles of newspapers: p. 240-42.

YEPES, JESUS MARIA

4250 HOMENAJE a la memoria del Académico Numerario Don Jesús María Yepes. BOL HIST ANTIG, Bogotá, 49 (576/578):563-76, oct./dic. 1962. port. Writings: p. 567-69.

YEPES DEL POZO, JUAN

4251 CURRICULUM vitae del Dr. Juan Yepes del Pozo. ATENEO, S Salvador, 4a. ép., 48(227/228):33-4, en./jun. 1961. Writings: p. 33-4.

BIOGRAPHY (Individual)

ZALDUMBIDE, GONZALO

4252 ZALDUMBIDE, Gonzalo. Juan Montalvo. LIBRO PUEBLO, Méx, 10(6):1-34, ag. 1932. Writings of the author: p. 33-4.

ZAPATA DE MENDOZA, PEDRO

4253 HERRAEZ S DE ESCARICHE, Julia. Don Pedro Zapata de Mendoza, Gobernador de Cartagena de Indias. ANUAR ESTUD AM, Sevilla, 3:377-515, 1946. maps. Bibliogr.: p. 511-15.

ZARATE, AGUSTIN DE

4254 PORRAS BARRENECHEA, Raúl. El contador Agustín de Zárate (1514-?). (Del libro inédito Los Cronistas de la Conquista del Perú). MERCUR PERU, Lima, 23 (174):499-505, sept. 1941. Writings: p. 504-05.

ZARCO MATEOS, FRANCISCO

4255 BIBLIOGRAFIA y hemerografía de Francisco Zarco. 4 de diciembre de 1829 - 22 de diciembre de 1869. BOL BIBLIOGR (Sec Hac Créd Públ) Méx, (123, supl.):1-14, dic. 15, 1957. illus. ports.

ZARUR, JORGE

4256 PROF. Jorge Zarur (1916-1957). REV GEOGR, Rio, 20(46): 109-11, 1o. sem. 1957. Writings: p. 111.

ZEA, LEOPOLDO

4257 RODRIGUEZ DE MAGIS, María Elena. El tercer mundo en la obra de Leopoldo Zea. ANUAR HIST, Méx, 2:179-93, 1962. Writings: p. 192-93.

ZEBALLOS, ESTANISLAO SEVERO

4258 CACERES FREYRE, Julián. Estanislao S. Zeballos y la antropología argentina a los cien años de su nascimiento. CIEN INVEST, B A, 10(8):351-56, ag. 1954.

4259 SCIBONA, Francisco. Homenaje al Dr. Estanislao Severo Zeballos en el centenario de su nacimiento. INFORMATIVO BIBLIOGR, Rosario, 24(69):2-32, jul. 1954. Bibliogr. and writings: p. 8-32.

ZENO GANDIA, MANUEL

4260 ARCE DE VAZQUEZ, Margot. Bibliografía de Manuel Zeno Gandia. ASOMANTE, S Juan, 4:72-4, oct./dic. 1955.

BIOGRAPHY (Individual)

ZEQUEIRA Y ARANGO, MANUEL DE

4261   GARCIA MARRUZ, Fina.   Manuel de Zequeira y Arango, en
       su bicentenario (1764?-1846).   REV (Bibl Nac) Hav,
       3a. ser., 5/7(1/2):5-31, en./jun. 1965.   Writings and
       bibliogr.: p. 26-31.

ZERTUCHE, FRANCISCO M.

4262   REYES AURRECOECHEA, Alfonso.   Francisco M. Zertuche.
       ARMAS LETR, Monterrey, 13(5):4, 8, mayo 1956.   port.
       Bibliogr.: p. 2, 5.

ZIMMER, JOHN TODD

4263   AVELEDO HOSTOS, Ramón.   John T. Zimmer y su aporte
       a la ornitología venezolana.   BOL (Soc Venez Cien Nat)
       Caracas, 17(86):149-55, abr. 1957.   Writings: p. 151-55.

ZINNY, ANTONIO

4264   BINAYAN, Narcisco.   Zinny en la bibliografía Argentina.
       INTER-AM REV BIBLIOGR, Wash, D C, 3(2):121-29,
       May/Aug. 1953.   Sources: p. 129.

ZIPOLI, DOMENICO

4265   FURLONG CARDIFF, Guillermo.   Doménico Zipoli, el músico
       en el Río de La Plata.   ESTUD, B A, (548):614-18, oct.
       1963.   Compositions: p. 618.

ZORRILLA DE SAN MARTIN, JUAN

4266   ESCUDERO, Alfonso M.   Zorrilla de San Martín en Chile.
       AN (Univ Chile) Santiago, 114(101):39-59, 1o. trim.
       1956.   Bibliogr.: p. 57-9.

ZUBARAN CAPMANY, RAFAEL

4267   SIERRA, Carlos J.   Hombres de la revolución: Rafael
       Zubaran Capmany.   Bio-hemerografía.   BOL BIBLIOGR
       (Sec Hac Créd Públ) Méx, 9(283):21-35, nov. 20, 1963.
       illus., ports.

ZULAICA Y GARATE, JOSE ROMAN

4268   PERAZA SARAUSA, Fermín.   La obra del P. Zulaica en
       Cuba.   INTER-AM REV BIBLIOGR, Wash, 5(4):275-90,
       Oct./Dec. 1955.   port.   Bibliogr.: p. 289-90.

ZULEN, PEDRO S.

4269   ZULEN, Esther.   [Pedro S. Zulen]: noticia biográfica.   BOL

BIBLIOGR (Bibl, Univ S Marcos) Lima, 2(1):9-19, mar. 1925. Writings: p. 9-19.

ZULOAGA, GABRIEL JOSE DE

4270 PIKAZA, Otto. Don Gabriel José de Zuloaga en la gobernación de Venezuela (1737-1747). ANUAR ESTUD AM, Sevilla, 19:501-695, 1962. Sources: p. 693-95.

ZUMARRAGA, JUAN DE

4271 CARREÑO, Alberto María. The books of Don Fray Juan de Zumárraga. AMS, Wash, D C, 5(3):311-30, Jan. 1949. Titles cited in text.

BIOLOGY

GENERAL

4272 AGUAYO, Carlos Guillermo. Aspectos de la oceanografía biológica. UNIV HABANA, Hav, 15(46/48):273-314, en. / jun. 1943. Bibliogr.: p. 312-14.

4273 DI CASTRI, Francesco. Significado biológico y económico de la fauna del suelo. BOL (Univ Chile) Santiago, (37):25-31, abr. 1963. illus. Bibliogr.: p. 31.

4274 HASE, Albrecht. Beiträge zur geschichte der deutschen biologischen forschung in Iber-Amerika seit Alexander von Humboldts reisen bis 1916. IBER-AM ARCHIV, Berlin, 8(1):34-63, Apr. 1934. Bibliogr.: p. 60, 62-3.

4275 MACHADO-ALLISON, C. E., and BARRERA, Alfredo. Sobre Meganblyopinus, Amblyopinus y Amblyopinodes (Col. Staph.). REV (Soc Mex Hist Nat) Méx, 25:173-91, dic. 1964. Bibliogr.: p. 187.

4276 MONGE MEDRANO, Carlos. Aclimatación en los Andes. Influencia biológica en las guerras de América. REV HIST AM, Méx, (25):1-25, jun. 1948. Bibliogr.: p. 24-5.

4277 PEREZ VIGUERAS, Ildefonso. Notas helmintológicas. UNIV HABANA, Hav, 13(40/42):193-223, en./jun. 1942. illus. Literature cited under each of the seven species descrited.

4278 ———. Notas sobre algunas especies de trematades y sobre otras poco conocidas. Ib., 9(28/29):217-42, en./abr.

1940. plates. Bibliogr. under each of the 10 species described.

4279 SERRANO, Manuel. Morfología y biología de los actinómices como saprófitos y como parásitos. UNIV S CARLOS, Guat, (2):427-540, en./mar. 1946; (3):105-48, abr./jun. 1946. Bibliogr.: (3):145-48.

4280 SOLANO, Juan María. Bibliografía sobre biología de altitud. FENIX, Lima, 6:391-99, 1949.

ANTARCTIC REGIONS

4281 LLAÑA, Alfredo H. Primera expedición antártica chilena. Algas marinas. REV BIOL MAR, Valparaíso, 1(1):19-31, abr. 1948. Bibliogr.: p. 30-1.

ARGENTINA

4282 FREZZI, Mariano J. Las especies de "phytophthora" en la Argentina. REV INVEST AGR, B A, 4(1):47-133, en. 1950. illus. Bibliogr.: p. 130-33.

4283 GARZON MACEDA, Félix. La parasitología humana en la Argentina (antecedentes bibliográficos). REV (Univ) Córdoba, 2(1):3-62, mar. 1916.

4284 SECHT, Hans. Estudios hidrobiológicas en la Argentina. Ib., 11(4/6):55-110, 170-203, abr./jun. 1924 - (10/12):388-97, oct./dic. 1924; 12(10/12):210-14, oct./dic. 1925. Bibliogr.: 11(4/6):105-10. General bibliogr.: 11(4/6):170-203; (7/9):180-203, (10/12):388-97; 12(10/12):210-14.

4285 _____. La ficología en la Argentina. Ib., 12(7/9):162-72, jul./sept. 1925. Bibliogr.: p. 169-72.

BRAZIL

4286 OLALLA, A. M. Notas de campo; observaciones biológicas. REV (Mus Paulista) S Paulo, 23:281-97, 1938. Bibliogr.: p. 297.

4287 SCHUBART, Otto, GOMES, A. Lourenço, and others. A primeira estação experimental brasileira de biología e piscicultura em Pirassununga, estado de São Paulo (1939-1950). REV (Arquiv Munici) S Paulo, 150:13-98, ag. 1942. Bibliogr.: p. 83-96.

CHILE

4288 AVARIA PLACIER, Sergio. Diatomeas y silicoflagelados de la bahía de Valparaíso. REV BIOL MAR, Valparaíso, 12(1/3):61-119, 1965. Bibliogr.: p. 114-18.

4289 ETCHEVERRY DAZA, Héctor. Algas marinas de las islas oceánicos chilenas. Ib., 10(1/3):83-132, sept. 1960. Bibliogr.: p. 128-32.

4290 ———. Bibliografía de las algas chilenas. Ib., 7(1/3): 63-182, abr. 1958.

4291 ———. Géneros algológicos chilenos. Ib., 3(1/2):53-69, en. 1951. Bibliogr.: p. 68-9.

4292 FAGETTI GUAITA, Elda. Investigaciones sobre quetognatos colectados, especialmente, frente a la costa central y norte de Chile. REV BIOL MAR, Valparaíso, 8(1/3): 25-82, sept. 1958. Bibliogr.: p. 78-82.

4293 ———. Salpas colectadas frente a las costas central y norte de Chile. Ib., 9(1/3):201-28, sept. 1959. Bibliogr.: p. 226-28.

4294 LLAÑA, Alfredo H. Algas marinas de Valparaíso. Ib., 1 (2):81-123, sept. 1948. Bibliogr.: p. 122-23.

4295 OEHRENS BERTOSSI, Edgardo. Fitopatología fungosa valdiviana. REV UNIV (Univ Catól) Santiago, 47:43-55, 1962: 48:41-56, 1963. plates. Bibliogr.: 47:55-6. Reference refers to installments 3 and 4 of article.

4296 RIVEROS ZUÑIGA, Francisco. La exploración científica del mar chileno. El viaje del Padre Luis Feuillée. REV BIOL MAR, Valparaíso, 3(1/2):19-52, en. 1951. Bibliogr.: p. 52.

CUBA

4297 PEREZ VIGUERAS, Ildefonso. Un género y cinco nuevas de helmintos cubanos. UNIV HABANA, Hav, 15(46/48):315-29, en./jun. 1943. Literature cited under each species described.

EL SALVADOR

4298 GIERLOFF-EMDEN, H. G. Sobre la morfología de El Salvador. COMUNIC, S Salvador, 5(4):127-35, oct./dic. 1956. maps. Trans. by O. Schuster-Dieterichs. Bibliogr.: p. 135.

4299 KRAMPITZ, Heinz Eberhard. Observaciones acerca de algunos hemoparásitos de mamíferos silvestres de El Salvador. Ib., 8(1/2):5-19, en./jun. 1958.

MEXICO

4300 ALVARIÑO, Angeles. Quetognatos epiplanctónicos del mar de Cortés. REV (Soc Mex Hist Nat) Méx, 24:97-203, dic. 1963. Bibliogr.: p. 141-49.

4301 BASSOLS BATALLA, Angel. Segunda exploración geográfico-biológica en la peninsula de Baja California. BOL (Soc Mex Geogr Estad) Méx, 92(1/3):7-187, jul./dic. 1961. Bibliogr.: p. 179-84.

4302 BELTRAN, Enrique. El panorama de la biología mexicana. REV (Soc Mex Hist Nat) Méx, 12(1/4):69-99, dic. 1951. Bibliogr.: p. 98-9.

4303 BIBLIOGRAFIA mexicana de biología. LIBRO PUEBLO, Méx, 4(4/6):109-10, abr./jun. 1925.

4304 CASO, María Elena. Contribución al conocimiento de los Helioturoideos de México. AN (Inst Biol) Méx, 25 (1/2):417-42, 1954; 26(2):501-25, 1955. illus. Bibliogr.: 25(1/2):441-42; 26(2):524-25.

4305 DAWSON, E. Yale. Resumen de las investigaciones recientes sobre algas marinas de la costa Pacífica de México, con una sinopsis de la literatura, sinonimia y distribución de las especies descritas. REV (Soc Mex Hist Nat) Méx, 13:97-197, dic. 1952. Bibliogr.: p. 167-82.

4306 DUTREM, Wenceslao, and ESQUIVEL MEDINA, E. Ensayo de la actividad de algunas plantas medicinales mexicanas en el paludismo de las aves. AN (Escuela Nac Cien Biol) Méx, 1(2):263-77, en./mar. 1939. plates. Bibliogr.: p. 270-71.

4307 GUZMAN HUERTA, Gastón. Los aspectos biológicos de la explotación en el territorio de Baja California. BOL (Soc Mex Geogr Estad) Méx, 88(1/3):197-276, jul./dic. 1959. illus., map. Bibliogr.: p. 275-76.

4308 HERNANDEZ XOLOCOTZI, Efraím. La biología agrícola en México. REV (Soc Mex Hist Nat) Méx, 22:153-84, dic. 1961. Bibliogr.: p. 183.

4309 ORTIZ H., José J. Biología de la mosca de la fruta (A Ludens Loew) en la región crítica de Nuevo León. UNIV, Monterrey, (18/19):145-64, jun. 1961. Bibliogr.: p. 163-64.

4310 OSORIO TAFALL, Bibiano F. Biodinámica del lago de Pátzcuaro. REV (Soc Mex Hist Nat) Méx, 5(3/4):197-227, dic. 1944. Bibliogr.: p. 225-27.

4311 _____. Los estudios hidrobiológicos en México y la conveniencia de impulsarlos. Ib., 5(1/2):127-53, jun. 1944. References: p. 151-53.

4312 _____. Materiales para el estudio de microplancton del lago de Pátzcuaro (México). AN (Escuela Nac Cien Biol) Méx, 2(2/3):331-83, 1940. Bibliogr.: p. 368-71.

4313 _____. Rotíferos planctónicos de México. REV (Soc Mex Hist Nat) Méx, 3(1/4):23-79, dic. 1942. plates. Bibliogr.: p. 72-4.

4314 PARDIÑAS M., Alicia. Protozoarios hemoparásitos de las aves de Comitán Chis. Ib., 11(1/4):137-39, dic. 1950. Bibliogr.: p. 139.

4315 RAMIREZ GRANADOS, Rodolfo. Estudio ecológico preliminar de las lagunas costeras cercanas a Acapulco, Gro. Ib., 13(1/4):199-218, dic. 1952. Bibliogr.: p. 217-18.

4316 RIOJA, Enrique. Caracteres biogeograficos de México y de Centro América. Ib., 23:27-50, dic. 1962. Bibliogr.: p. 46-50.

4317 SANCHEZ MARROQUIN, Alfredo. Aspectos metabólicos de las levaduras del pulque. Ib., 23:1-20, dic. 1962. tables. Bibliogr.: p. 12-3.

4318 ZARUR MENEZ, Amin. Algunas consideraciones geobiológicas de la laguna de Terminos, Camp. Ib., 23:51-70, dic. 1962. maps. Bibliogr.: p. 61-3.

PANAMA

4319 CABALLERO Y C., Eduardo, GROCOTT, Robert G., and others. Helmintos de la República de Panamá. AN (Inst Biol) Méx, 22(2):491-95, 1951 - 26(2):433-46, 1955. illus. Bibliogr.: 22(2):494-95; 23(1/2):179-80, 199-201; 25(1/2):256-58; 26(1):145-47, 190-91; (2):445-46.

PERU

4320 KOEPEKE, Hans Wilhelm. Contribución a la zoogeografía del mar peruano. BOL (Soc Geogr) Lima, 75:12-22, 3o./4o. trim. 1958. Bibliogr.: p. 22.

PUERTO RICO

4321 GLYNN, Peter W., ALMODOVAR, Luis R., and GONZALEZ, Juan G. Effects of hurricane Edith on marine life in La Parguera, Puerto Rico. CARIB JOUR SC, Mayagüez, 4(2/3):335-45, Jun./Sept. 1964. Bibliogr.: p. 345.

SOUTH AMERICA

4322 BOERGER, Alberto. La genética contemporánea del Río de La Plata. CIEN INVEST, B A, 9(10):435-45, oct. 1953. Bibliogr.: p. 444-45.

4323 SAEZ, Francisco Alberto. Investigaciones sobre los cromosomas de algunos ortópteros de la América del Sur. REV (Mus) La Plata, 32:317-61, 1930. plates. Bibliogr.: p. 354-61.

VENEZUELA

4324 DIAZ UNGRIA, Carlos. Cestodes de Venezuela. MEM (Soc Cien Nat La Salle) Caracas, 15(42):189-244, sept./dic. 1955. Bibliogr.: p. 242-44.

4325 LABRADOR, José Ramón. Estudio de biología y combate del gusano medidor de los pastos. REV (Univ Zulia) Maracaibo, 2a. ép., 8(27):111-44, jul./sept. 1964. Bibliogr.: p. 142-44.

BOOKS

(including Books--Children's; Books--Rare; Books--Textbooks)

GENERAL

4326 DIMITROFF, Demetrio. ¿Qué es el libro? A propósito de la llamada crisis del libro. UNIV, Santa Fe, (40):255-72, abr./jun. 1959. References: p. 270-72.

4327 JONES, Willis Knapp. Spanish and Spanish American "Best books." HISPANIA, 33(2):154-56, May 1950.

4328 PERAZA SARAUSA, Fermín. Libros de América. BOL (Anuar Bibliogr Cubano) Hav, 16(61/64):103-06, oct. 1952/sept. 1953.

4329 SCHEIBER, María Romano. A biblioteca como ambiente ecológico. KRITERION, Belo Horizonte, 14(57/58): 453-74, jul./dez. 1961. Bibliogr.: p. 474.

ARGENTINA

4330 CAJA NACIONAL de Ahorro Posta, Buenos Aires. Los libros más consultados en la Biblioteca Domingo Faustino Sarmiento. INFORM BIBLIOGR, B A, 18(153/154):1-76, en./jun. 1965.

4331 EL CERTAMEN de "Los 20 mejores libros del año."
BIBLOS, B A, 2(11):18-9, 2o. bimes. 1944. Best
books selected by the Cámara Argentina del Libro.

BRAZIL

4332 VITA, Luis Washington. Reedições dos albuns do Brasil antigo. BOL BIBLIOGR, S Paulo, 2:37-44, jan. /mar. 1944.

4333 [no entry]

CUBA

4334 AGUAYO, Jorge. Títulos curiosos en la Biblioteca General.
UNIV HABANA, Hav, 20(61/63):499-505, jul./dic. 1945.

4335 [no entry]

4336 BECERRA DE LEON, Berta. Los libros cubanos más pequeños.
BOL (Asoc Cubana Bibl) Hav, 6(4):82-4, dic. 1954.

4337 UNA ENCUESTA sobre los mejores 25 libros cubanos de este
siglo. Ib., 2(3):81-3, sept. 1950; 2(4):108, dic. 1950.
Lists submitted by Fermín Peraza, Berta Becera, Lilia
Castro de Morales, and José G. Miret.

4338 PERAZA SARAUSA, Fermín. Libros y autores. REV
HABANA, Hav, 7(42):582-84, feb. 1946- . Section appearing in each issue.

4339 LA SEMANA de la Lectura, lea más y mejor. BOL (Asoc
Cubana Bibl) Hav, 10(2):61-6, jun. 1958.

GUATEMALA

4340 HERRERO GARCIA, Miguel. Libros ilustrados de Guatemala. REV INDIAS, Madrid, 5(15):127-29, en./mar.
1944. plates.

4341 SOLANO PEREZ-LILA, Francisco de. Los libros del
misionero en Guatemala (Siglo XVIII). MISSION HISP,
Madrid, 20(60):319-49, sept./dic. 1963. Book collection: p. 326-46.

MEXICO

4342 BERNSTEIN, Harry. Cultura inquisitorial. HIST MEX, Méx,
2(1):87-97, jul./sept. 1952. List of prohibited books:
p. 88-97.

4343 CASTANIEN, Donald G. The Mexican inquisition censors a

private library, 1655. HISP AM HIST REV, Durham, 34(3):374-92, Aug. 1954.

4344 GOMEZ DE OROZCO, Federico. Mexican books in the Sixteenth Century. MEX ART LIFE, Méx, (7):4-6, Jul. 1939.

4345 MIRALLES DE IMPERIAL Y GOMEZ, Claudio. Censura de publicaciones en Nueva España (1576-1591). Anotaciones documentales. REV INDIAS, Madrid, 10(42):817-46, oct./dic. 1950. Nineteen cases listed.

PERU

4346 CISNEROS, Luis Jaime, and LOAYZA, Luis Aurelio. Un inventario de libros del siglo XVII. MERCUR PERU, Lima, 36(339):428-31, 1955.

4347 TORRE REVELLO, José. Libros procedentes de expurgos en poder de la Inquisición de Lima en 1813. BOL (Inst Invest Hist) B A, 16:329-51, oct./dic. 1932.

PUERTO RICO

4348 MORALES PADRON, Francisco. Barcos, libros y negros para Puerto Rico. REV (Inst Cult Puertorriq) S Juan, 3(8):47-52, jul./sept. 1960. port. Lists of books under names of several ships.

BOOKS--Children's

4349 BRAZIL. Secretaria Geral de Educacção e Cultura. Seleção de livros recreativos para bibliotecas infantis. REV EDUC PUBL, Rio, 1(1):73-7, jan./mar. 1943. Bibliogr.: p. 74-7.

4350 COSTA, Fermino. Literatura juvenil. LEIT LIVR, Rio, 3(10):113-22, out./dez. 1952. Bibliogr.: p. 114-22.

4351 CULBERT, Mary Anthony. An annotated reading list for Puerto Rican children. CATHOL LIBR WORLD, Glen Ellyn, 25(6):184-86, Mar. 1954. The list contains titles related to Latin America.

4352 FERRERO ACOSTA, Luis. Literatura infantil costarricense. EDUC, S José, 4(8):1-81, mayo/jun. 1958. Bibliogr. of Costa Rican children's literature: p. 73-81.

4353 GOETZ, Delia. Bibliografía de libros en español para niños. LIST BKS ACCESS PD ART INDEX, Wash, D C, p. 21-5, Sept. 1953.

4354 INTERGUGLIELMO, Martha. Bibliografía de la literatura

infantil-juvenil. LIBRO PUEBLO, Méx, 20(33):91-8, en./feb. 1958.

4355 JOHNSON, Marjorie. Children's books in English with Spanish or Spanish-American background. HISPANIA, 24(2):201-04, May 1941.

4356 KATZENSTEIN, Betti, and FREITAS, Beatriz de. Algo do que crianças gostan de ler. REV (Arquiv Munici) S Paulo, 77:5-95, jun./jul. 1941. Bibliogr.: p. 89-91.

4357 LACERDA, Virginia Côrtes de. Literatura infantil. LEIT LIVR, Rio, 1(3):185-91, jan./mar. 1951. Publications of 1950.

4358 _____, and PEREIRA, M. de Lourdes de Souza. Literatura juvenil. Ib., 1(3):192-210, jan./mar. 1951- . Section continued in subsequent issues.

4359 LIMA, Alceu Amoroso. Literatura infantil. Ib., 3(10):103-11, out./dez. 1952. Annotated list of books published in 1952.

4360 MAZZEI DE GIORGI, Olga. Bibliografía infantil venezolana. INFAN ADOL, Caracas, 3a. ép., 11(19):147-80, 1956.

4361 MENDONÇA, Evangelina. Literatura infantil; no país do faz de conto. LEIT LIVR, Rio, 2(6):104-14, out./dez. 1951; 3(9):35-41, jul./set. 1952.

4362 OLIVAS, Antonio. Hacia la formación de una bibliografía sobre literatura infantil peruana. BOL BIBLIOGR (Bibl, Univ S Marcos) Lima, 10(3):255-74, oct. 1940; (4):389-96, dic. 1940.

4363 ROLDAN, María Antonia. Las formas de la literatura infantil. BOL (Asoc Cubana Bibl) Hav, 10(2):49-54, jun. 1958. Bibliogr.: p. 54.

4364 SANCHEZ Y ESCRIBANO, F. Some recent children's books in English on Hispanic America. HISPANIA, 24(3):309-10, Oct. 1941.

4365 SOUSA, Ruth Vilela Alves de. Os "Clássicos" de literatura infantil. I. Charles Perrault. LEIT LIVR, Rio, 7(25):24-31, jul./set. 1956.

4366 TORRE REVELLO, José. Las cartillas para enseñar a leer a los niños en América Española. THESAURUS, Bogotá, 15:214-34, 1960. List of cartillas, 1542-1816: p. 231-34.

4367 WILGUS, Alva Curtis. Some recent children's stories dealing with Spain and Spanish America published in the United States. REV HIST AM, Méx, (4):97-105, dic. 1938.

4368 WYLER, Rose. Foundation for friendship. GRACE LOG, N Y, 21(2):17-8, Mar./Apr. 1946. illus. Books for young readers on the development of South America.

BOOKS--Rare

4369 AGUAYO, Jorge. Obras curiosas o raras en la Biblioteca General. UNIV HABANA, Hav, 8(24/25):307-12, mayo/ag. 1939.

4370 _____. El tesoro de la Biblioteca General. Ib., 12(38/39): 273-79, sept./dic. 1941.

4371 BURRUS, Ernest J. Two lost Mexican books of the sixteenth century. HISP AM HIST REV, Durham, 37(3):330-39, Aug. 1957. Books by Juan de Tovar and Antonio de Hinojosa.

4372 CARREÑO, Alberto María. Manuscritos, incunables y libros raros en la Biblioteca Nacional de México. BOL (Bibl Nac) Méx, 2a. ép., 1(4):1-74, oct./dic. 1950. illus.

4373 GUATEMALA. Biblioteca Nacional. Algunas valiosas obras de la Biblioteca Nacional de Guatemala. BOL (Bibl Nac) Guat, 1(1):5-6, mayo 1932. Americana with special reference to Guatemala, Mexico, and Central America.

4374 _____. _____. Libros antiguos. Ib., 1(9):312-27, mayo 1934 - 4(13):553-61, abr. 1935. Compiler: Baudilio Torres assisted by Isidoro Corzo Cáceres. Arrangement by country of imprint: Guatemala, Central America, Mexico, South America, Europe.

4375 _____. _____. Obras preciosas que conserva la Biblioteca Nacional de Guatemala. Ib., 5(1):25-32, mayo 1936 - (3):150-60, oct. 1936. Title varies.

4376 GUEVARA PANIAGUA, Arturo. Las grandes obras existentes en la Biblioteca Nacional. Ib., 4a. ép., 1(2):89-91, 1949.

4377 LARREA, Carlos Manuel. Dos incunables ecuatorianos y algunos rarísimos impresos coloniales en Lima. BOL (Acad Nac Hist) Quito, 27(69):91-5, en./jun. 1947.

4378 _____. Más incunables americanos y otros seis impresos coloniales en Lima, desconocidos hasta ahora. Ib., 27 (70):297-305, jul./dic. 1947.

4379 LOHMANN VILLENA, Guillermo. Un libro limeño desconocido. FENIX, Lima, 8:462-66, 1952.

4380 MERIDA, Venezuela (City). Universidad de los Andes. Los libros antiguos de nuestra Universidad. BIBL, Mérida, 1(1):21-8, en. 1954- . Compiler: Terzo Tariffi. Last issue examined: 4(22/23):143-57, abr./mayo 1956, items 321-420. To have been continued.

4381 MEXICO. Secretaría de Hacienda y Crédito Público. Biblioteca. Obras raras y valiosas que posee la Biblioteca. REV HAC, Méx, 1(6):63-7, feb. 1938.

4382 MILLARES CARLO, Agustín. Un libro propriedad de Zumárraga y una obra inédita del chantre Pedraza. FILOS LETR, Méx, 8(15):59-68, jul./sept. 1944.

4383 PERU. Biblioteca Nacional. Relación de adquisiciones valiosas. BOL (Bibl Nac) Lima, 1(2):142-50, en. 1944.

4384 _____. _____. Relación de los libros antiguos catalogados en 1952-1953. Ib., 10(16):422-39, dic. 1953.

4385 STARK, L. M. Branded books from Mexican libraries. BULL (Publ Libr) N Y, 46(8):738-41, Aug. 1942. List of branded books at the New York Public Library: p. 739-41.

4386 TOUSSAINT, Manuel. Mexican books of the XVI century. MEX ART LIFE, Méx, (2):[6-8] Apr. 1938. illus. Titles mentioned in text. Bibliogr.: p. [8].

4387 TRUJILLO, Peru. Universidad Nacional. Biblioteca Central. Catálogo de libros antiguos de la Biblioteca Central. REV UNIV, Trujillo, 3a. ép., 4(7/8):129-34, 1955.

BOOKS--Textbooks

4388 BRAZIL. Comissão Nacional do Livro Didático. Relação dos livros autorizados de 1941 ao 2. semestre de 1958. - Relação dos livros autorizados em 1958. DIARIO OF, Rio, (40, supl.):40, p., fev. 19, 1959.

4389 LISTA de libros para el presente ejercicio lectivo en las escuelas que funcionan conforme al calendario tipo "A." DIARIO OF, Méx, 268(29):9-14, feb. 4, 1965.

BOOKSELLERS AND PUBLISHERS

GENERAL

4390 LEONARD, Irving Albert. Pérez de Montalbán, Tomás Gutiérrez and two book lists. HISP REV, Phila, 12(4): 275-87, Oct. 1944. Book lists: p. 285-87.

4391 _____. A shipment of comedias to the Indias. Ib., 2(1): 39-50, Jan. 1934. Document containing titles and quantity of books in the shipment.

4392 SALVADOR, José Gonçalves. A lei de imprensa e do comércio de livros de Filipe II, e seus reflexos na América luso-espanhola. REV HIST, S Paulo, 23(47):91-124, jul./set. 1961. Bibliogr.: p. 163-64.

ARGENTINA

4393 BECCO, Horacio Jorge. Francisco A. Colombo en la biblioteca argentina. UNIV, Santa Fe, (51):243-56, en./mar. 1956.

COLOMBIA

4393a TESTIMONIO del cuaderno de inventarios del dinero y alhajas pertenicientes a la Universidad de San Javier, que estaba a cargo de este Colegio Máximo de Santafé. REV (Arch Nac) Bogotá, 3(25/27):158-68, abr./jun. 1939. Inventory of the Librería de la Universidad: p. 162-65.

GUATEMALA

4393b GUATEMALA. Universidad de San Carlos. Imprenta Universitaria. UNIV S CARLOS, Guat, (52):207-27, sept./dic. 1960. Catalog of publications, containing 671 items for the period, 1947-1960.

MEXICO

4394 FERNANDEZ DE RECAS, Guillermo S. Libreros y libros de mediados del siglo XVII en México. BOL (Bibl Nac) Méx, 2a. ép., 9(2):7-13, abr./jun. 1958; 10(2):57-84, abr./jun. 1959. List of books in the establishment of Juan de Rivera: 9(2):9-13; in that of Hipólito de Rivera: 10(2):59-84.

4395 _____. _____. Ib., 2a. ép., 12(1/2):51-65, en./jun. 1961; 12(3/4):31-63, jul./dic. 1961. Books of the establishment of Santiesteban and Francisco Lupercio: 12(1/2); in that of Paula Benavides, viuda de Bernardo Calderón: 12(3/4).

4396 GREEN, Otis H., and LEONARD, Irving Albert. On the Mexican booktrade in 1600: A chapter in cultural history. HISP REV, Phila, 9(1):1-40, Jan. 1941. Document of the Archivo General de Indias, containing an author list of 678 items.

4397 LEONARD, Irving Albert. On the Mexican book trade, 1576.

Ib., 17(1):18-34, Jan. 1949. Document containing list of books shipped to Mexico: p. 24-34.

4398 ———. ———, 1683. HISP AM HIST REV, Durham, 27 (3):403-35, Aug. 1947. List of 276 books.

4399 ———. Una venta de libros en México, 1576. NUEVA REV FILOL HISP, Méx, 2(2):174-85, abr./jun. 1948. Bill of sale and list of books sold: p. 180-85.

PERU

4400 LEONARD, Irving Albert. Best sellers of the Lima book trade, 1583. HISP AM HIST REV, Durham, 22(1):5-33, Feb. 1942.

4401 ———. Don Quixote and the book trade in Lima, 1606. HISP REV, Phila, 8(4):285-303, Oct. 1940. A 1606 document in the Protocolos collection of the Archivo Nacional, Lima, listing books contained in 45 boxes of books: p. 294-303.

4402 ———. Guzmán de Alfarache en the Lima book trade, 1613. Ib., 11(3):210-20, Jul. 1943. Document containing list of books: p. 219-20.

4403 ———. On the Cuzco book trade, 1606. Ib., 9(3):359-75, Jul. 1941. Document concerning two shipments of books. Lists: p. 365-72.

4405 ———. On the Lima book trade, 1591. HISP AM HIST REV, Durham, 33(4):511-25, Nov. 1953. List of 150 items.

VENEZUELA

4406 CARROCERA, Cayetano de. La Biblioteca de cultura larense y el cuatricentenario de Barquisimeto. VENEZ MISION, Caracas, 14(161):169-70, jun. 1952. Descriptive of the series and of the volumes published.

BOTANY

GENERAL

4407 BEARD, J. S. The savanna vegetation of northern tropical America. ECOL MONOGR, Durham, 23(2):149-215, Apr. 1953. illus. Literature: p. 213-15.

4408 BIBLIOGRAFIA botánica para la América Latina. BOL (Soc

Arg Botán) B A, 1(1):75-8, nov. 1945- . Section of the Boletín.

4409 BUDOWSKI, Gerardo. The ecological status of fire in tropical American lowlands. BOL (Mus Cien Nat) Caracas, 4/5(1/4):113-27, dic. 1959. Literature: p. 126-27.

4410 CASTELLANOS, Alberto. Las exploraciones botánicas en la época colonial. CURSOS CONF, B A, 23(136/137):411-53, jul./ag. 1943. ports., maps. Bibliogr.: p. 452-53.

4411 ———. Introdução a geobotânica. REV BRAS GEOGR, Rio, 22(4):585-617, out./dez. 1960. illus. Bibliogr.: p. 615-17.

4412 CHARDON, Carlos Eugenio. Exploraciones micológicas de la América tropical: un ejemplo de cooperación interamericana. BOL (Soc Venez Cien Nat) Caracas, 6(45):218-37, jul./sept. 1940. Bibliogr.: p. 234-37.

4413 CHOY, Emilio. Sobre domesticación de plantas en América. REV (Mus Nac) Lima, 29:247-80, 1960. illus. Bibliogr.: p. 379-80.

4414 CLOS, Enrique C. Bibliografía anotada sobre yerba mate (Ilex Paraguariensie Saint-Hilaire). CULTIV INDUS, La Plata, 1(3):1-40, oct. 1947.

4415 CUATRECASAS, José. Introducción al estudio de los manglares. BOL (Soc Botán Méx) Méx, (23):84-98, dic. 1958. illus. Bibliogr.: p. 98.

4416 DEULOFEU, Venancio, DIAZ, M. E., and others. El llamado tanino de la yerba mate. (Ilex Paraguayiensis). Un producto cristalino que da por hidrolisis ácido cafeico. AN (Asoc Quím Arg) B A, 31(99-108, jun. 1943. plate. Bibliogr.: p. 108.

4417 GRANIER-DOYEUX, Marcel. Contribución al estudio histórico, geográfico y etnográfico de los curares. BOL (Acad Cien Fís Mat Nat) Caracas, 13(43):11-146, en./mar. 1951. plates. Bibliogr.: p. 136-46.

4418 HALPERIN, Delia R. de. Selección de levaduras de panificación. REV INVEST AGRIC, B A, 4(3):297-316, jul. 1950. Bibliogr.: p. 315-16.

4419 HERRERO DUCLOUX, Enrique, and HERRERO DUCLOUX, Leopoldo. Datos analíticos de yerba mate y sus falsificaciones. REV (Mus) La Plata, 23:121-63, 1916. Bibliogr.: p. 126-31.

4420 HODGE, Walter Hendricks. La arracacha comestible. REV
(Fac Nac Agron) Medellín, 10(35):232-54, sept. 1949.
illus. map. Literature: p. 254.

4421 LABOURIAU, Maria Lêa Salgado. Palinologia; fundamentos,
técnicas e algumas perspectivas. REV BRAS GEOGR,
Rio, 23(4):695-717, out./dez. 1961. illus. Bibliogr.:
p. 715-17.

4422 MALARET, Augusto. Lexicón de fauna y flora. BOL (Inst
Caro Cuervo) Bogotá, 1(1):68-79, en./abr. 1945. Bibliogr.: p. 68-72. Article continued in subsequent
issues.

4423 _____. _____. UNIV ANTIOQ, Medellín, 13(51):237-54,
mar./abr. 1942. Bibliogr.: p. 237-40. Article continued in subsequent issues.

4424 MUÑOZ PIZZARO, Carlos. Nuevo método en la enseñanza
de las ciencias naturales. BOL (Univ Chile) Santiago,
(41):31-40, ag. 1963. illus. Article is related to flora.
Bibliogr.: p. 32.

4425 OTERO, José I, and COOK, Melville Thurston. A bibliography of mycology and phytopathology of Central and
South America, Mexico and the West Indies. JOUR
AGR (Univ P R) Río Piedras, 21(3):249-486, Jul. 1937.

4426 PAEZ C., Jorge. "El Kudzu." INFORME (Est Exper "La
Molina") Lima, (63):1-19, abr. 1947. illus., tables.
Literature: p. 19.

4427 PATIÑO, Víctor Manuel. El cachipay o pijibay (guilielma
gasipaes Baily), y su papel en la cultura y en la economía de los pueblos indígenas de América intertropical.
AM INDIG, Méx, 18(3):177-204, jul. 1958; (4):299-332,
oct. 1958. illus. Bibliogr.: 18(3):201-04; (4):329-32.

4428 RIQUELME INDA, Julio. El Jonote o Jolocín. CART SEM,
Méx, 9(451):36-8, dic. 29, 1945. illus. Bibliogr.:
p. 38.

4429 SCALA, Augusto César. Contribución al conocimiento histológico de la yerba-mate y sus falsificaciones. REV
(Mus) La Plata, 26:69-165, 1922. illus.

ANTARCTIC REGIONS

4430 FOLLMANN, Gerhard, and WEISSER, Pablo. Botánica
antártica. BOL (Univ Chile) Santiago, (39):26-35, jun.
1963. illus. Bibliogr.: p. 35.

ARGENTINA

4431 BOELCKE, Osvaldo. Comunidades herbáceas del norte de Patagonia y sus relaciones con la ganadería. REV INVEST AGRIC, B A, 11(1):5-98, 1957. plates. Bibliogr.: p. 93-5.

4432 CABRERA, Angel Lulio. Territorios fitogeográficos de la República Argentina. BOL (Soc Arg Botán) La Plata, 4(1/2):21-65, oct. 1951. map. Bibliogr.: p. 65.

4433 _____. La vegetación de la Puna argentina. REV INVEST AGRIC, B A, 11(4):317-412, 1957. plates, maps. Bibliogr.: 411-12.

4434 CASTIGLIONI, Julio A. Lauraceas argentinas. BOL (Soc Arg Botán) La Plata, 4(1/2):66-94, oct. 1951. illus. Bibliogr.: p. 94.

4435 DEULOFEU, Venancio. Bibliografía fitoquímica argentina. BOL (Acad Nac Cien) Córdoba, 41(2):245-82, 1960.

4436 FERNANDEZ, Jorge. La etnobotánica: estado actual de su estudio en la República Argentina. AN ARQUEOL ETNOL, Mendoza, 20:71-106, 1955. Bibliogr.: p. 105-06.

4437 HUNZIKER, Armando T. Catalogo bibliográfico clasificado de las principales publicaciones sobre Cuscuta. REV (Fac Cien Exáct Fís Nat) Córdoba, 13(2):517-64, abr./jun. 1950.

4438 HUNZIKER, Juan Héctor. Las comunidades vegetales de la cordillera de La Rioja. REV INVEST AGRIC, B A, 6(2): 167-96, abr. 1952. plates. Bibliogr.: p. 196.

4439 IBAÑEZ, Francisco M. Vegetación de la provincia de Entre Ríos. NORDESTE, Resistencia, (4):93-127, dic. 1962. Bibliogr.: p. 125-27.

4440 MARTINEZ CROVETTO, Raúl. Algunas plantas interesantes cultivadas en Misiones. REV INVEST AGRIC, B A, 5(3): 281-85, jul. 1951. plate. Bibliogr.: p. 285.

4441 _____. Las malezas de los céspedes en la Capital Federal y alrededores. Ib., 4(1):1-45, en. 1950. plates. Bibliogr.: p. 44.

4442 _____. Las malezas de los montes frutales en el nordeste de Entre Ríos. Ib., 4(4):357-401, oct. 1950. illus. Bibliogr.: p. 399.

4443 _____. Notas sobre plantas indígenas cultivadas en la Argentina. Ib., 2(3):105-16, jul. 1948. Bibliogr.: p. 115-16.

4444 _____. Los "solanum" ornamentales cultivados en la República Argentina. Ib., 2(4):179-95, oct. 1948. Bibliogr.: p. 94-5.

4445 _____. Las umbelíferas cultivadas en la República Argentina, con una clave para su reconocimiento por medio de los frutos. REV INVEST AGRIC, B A 1(1):3-51, en. 1947. Bibliogr.: p. 45-8.

4446 _____, and PICCININI, B. G. La vegetación de la República Argentina. Ib., 4(2):153-242, abr. 1950. plates. Bibliogr.: p. 241-42.

4447 ORBEA, Jorge Raúl. Caracteres anatómicas en raíces de "Taraxacum Kok-Saghyz" y su relación con el rendimiento en caucho. REV (Fac Agron) La Plata, 3a. ép., 27(1):53-96, dic. 1949. illus., tables. Bibliogr.: p. 96.

4448 RAGONESE, Arturo Enrique. Plantas tóxicas para el ganado, en la región central argentina. Ib., 3a. ép., 31:133-336, dic. 1955. illus. Bibliogr.: p. 311-28.

4449 _____. La vegetación de la República Argentina. REV INVEST AGRIC, B A, 5(1/2):1-233, en./abr. 1951. plates.

4450 _____, and CASTIGLIONI, Julio A. Nueva especie del género "Schnopsis" y area geográfica de las especies argentinas. Ib., 1(2):93-100, abr. 1947. plates, map. Bibliogr.: p. 100.

4451 _____, and MARTINEZ CROVETTO, Raúl. Plantas indígenas de la Argentina con frutas o semillas comestibles. Ib., 1(3):147-216, jul. 1947. illus. Bibliogr.: p. 212-16.

4452 RUIZ LEAL, Adrián, and ROIG, Fidel Antonio. Erial de vegetación en montículos. BOL ESTUD GEOGR, Mendoza, 6(25):161-209, oct./dic. 1959. illus., map. Bibliogr.: p. 208-09.

4453 SANTOS BILONI, José. Plantas de nuestra flora veneradas o temidas. REV GEOGR AM, B A, 26(158):259-64, nov. 1946. illus. Bibliogr.: p. 264.

4453a SORIANO, Alberto. Las exploraciones botánicas en la Patagonia argentina. CIEN INVEST, B A, 4(11):443-51, nov. 1948.

BRAZIL

4454 ARAUJO, Paulo Agostinho de Matos. Contribuição ao conhecimento da familia Asclepiadaceae no Brasil. RODRIGUESIA, Rio, 13(25):5-224, dez. 1950. Bibliogr.: p. 219-21.

4455 AZEVEDO, Luiz Guimarães de. Tipos de vegetação do Espíritu Santo. REV BRAS GEOGR, Rio, 24(1):111-15, jan./mar. 1962. illus. Bibliogr.: p. 114-15.

4456 _____. Tipos de vegetação do Sul de Minas e campos da Mantiquera (Brasil). AN (Acad Bras Ciên) Rio, 34(2): 225-34, jun. 1962. Bibliogr.: p. 232-34.

4457 BARROSO, Graziela Maciel. Chave para a determinação de genêros indígenos e exóticos das compositas no Brasil. RODRIGUÊSIA, Rio, 10(21):67-105, dez. 1947. tables, plates. Bibliogr.: p. 104-05.

4458 _____. Flora da cidade do Rio de Janeiro. Ib., 21/22 (33/34):69-156, dez. 1959. Bibliogr.: p. 147.

4459 COLE, M. M. Cerrado, caatinga and pantanal; the distribution and origin of the savanna vegetation of Brazil. GEOGR JOUR, London, 126(pt. 2):168-79, Jun. 1960. illus. References: p. 178-79.

4460 DUCKE, Adolpho. Estudos botânicos no Ceará. AN (Acad Bras Ciên) Rio, 31(2):211-308, jun. 30, 1959. Bibliogr.: p. 307-08.

4461 EGLER, Walter Alberto. Contribuição ao estudo da caatinga pernambucana. BOL GEOGR, Rio, 19(165):772-82, nov./dez. 1961. illus. Bibliogr.: p. 782.

4462 HUECK, Kurt. Distribuição e habitat natural do Pinheiro-do-Paraná (Araucaria angustifolia). Ib., 19(165):709-23, nov./dez. 1961. illus. Bibliogr.: p. 722-23.

4463 JOFFILY, J. M. Cercosporiose da piteira. RODRIGUÊSIA, Rio, 9(19):25-8, set. 1945. plates. Bibliogr.: p. 28.

4464 KUHLMANN, Edgar. Biogeografia do Brasil. BOL GEOGR, Rio, 19(162):381-87, maio/jun. 1961. Bibliogr.: p. 386-87.

4465 _____. Vegetação campestre do Planalto meridional do Brasil. REV BRAS GEOGR, Rio, 14(2):181-98, abr./jun. 1952. Bibliogr.: p. 196.

4466 _____. A vegetação de Matto Grosso--seus reflexos na economia do estado. Ib., 16(1):77-122, jan./mar. 1954. Bibliogr.: p. 118-19.

4467 LABOURIAU, Luiz Gouvéa, OLIVEIRA, José Gerardo Beserra, de, and LABOURIAU, Maria Lea Salgado. Transpiração de Schizolobium parahyba ... Minas Gerais, Brasil. AN (Acad Bras Ciên) Rio, 33(2):237-58, 1961. Bibliogr.: p. 257-58.

4468 LIMA, Dárdano de A. A fitogeografía do Brasil: características, problemas e perspectivas. REV BRAS GEOGR, Rio, 25(4):493-96, out./dez. 1963. Bibliogr.: p. 495-96.

4469 MACHADO, Othon Xavier de Brito. Bicuíba, Virola bicuhyba (Schott) Warb.; contribuição ao estudo das plantas medicinais do Brasil. RODRIGUÊSIA, Rio, 12(24):53-79, dez. 1949. plates. Bibliogr.: p. 75.

4470 ———. Contribuição ao estudo das plantas medicinais do Brasil - "Maytenusobtusifolia" Mart. Ib., 9(18):9-15, abr. 1945. plates. Bibliogr.: p. 15.

4471 ———. Estudos novos sôbre uma planta velha o cajueiro (Anacardium occidentale I. Ib., 8(17):19-48, mar./jun. 1944. Bibliogr.: p. 45-8.

4472 ———. Polygonum acre H. B. K. (Erva de bicho ou Catáia). Ib., 12(24):33-48, dez. 1949. plates. Bibliogr.: p. 48.

4473 ———. Tinguaciba da restinga "Fagara Arenaria Engl." RODRIGUÊSIA, Rio, 12(24):79-118, dez. 1949. plates. Bibliogr.: unnumb. page after p. 118.

4474 ———, and OCCHIONI, Paulo. Contribuição ao estudo das plantas cianogénicas do Brasil. Ib., 7(16):35-44, set./dez. 1943. Bibliogr.: p. 43-4.

4475 MATTOS, A. de (filho). Contribuição ao estudo anatômico do lenho do gênero plathymenia. Ib., 21/22(33/34):45-68, dez. 1959. Bibliogr.: p. 58.

4476 MILANEZ, F. R. Sôbre os laticíferos foliares de ficus retusa. Ib., 16/17(28/29):159-80, dez. 1954. plates. Bibliogr.: p. 178-80.

4477 OCCHIONI, Paulo. Número de cromosômios em "Capsicodendron." RODRIGUÊSIA, Rio 9(18):37-41, mar. 1945. plate. Cover dated: abril 1945. Bibliogr.: p. 41.

4478 OLIVEIRA, José Gerardo Beserra de, and LABOURIAU, Luiz Gouvéa. Transpiração de algumas plantas da caatinga aclimatadas no Jardim Botânico do Rio de Janeiro. AN (Acad Bras Ciên) Rio 33(3/4):351-98, 1961. Bibliogr.: p. 372-73, 384-85, 397-98.

4479 PABST, Guido F. J. Notícas orquidológicas. RODRIGUÊSIA, Rio, 14(26):43-54, dez. 1951; 16/17(28/29):127-58, dez. 1954. plates. Bibliogr.: 14(26):54; 16/17(28/29):140.

4480 PAULA, Ruben Descartes de Garcia. A noz de cola no

Brasil. BOL (Min Trab Indus Com) Rio, 8(92):109-41, abr. 1942. Bibliogr.: p. 141.

4481 PICKEL, Bento José. Etnobotânica do primeiro livro sôbre os ameríndios (Identificações das plantas do livro de Hans Staden. REV HIST, S Paulo, 25(52):351-85, out. / dez. 1961. Bibliogr.: p. 384-85.

4482 _____. Geobotânica do Distrito Federal e de Brasília. Ib., 29(60):383-400, out. /dez. 1964. Bibliogr.: p. 399-400.

4483 PORTO, P. Campos, and BRADE, A. C. Index orchidacearum in Brasília inter MDCCCVI et MDCCCCXXXII explorata sunt. RODRIGUÊSIA, Rio, 1(2):11-76, Primavera 1935. Bibliogr.: p. 73-6.

4484 RAMBO, Balduíno. Die alte südflora in Brasilien. PESQUISAS, P Alegre, (2):177-98, 1958. Bibliogr.: p. 198.

4485 _____. An historical approach to plant evolution. Ib., (2): 199-222, 1958. Literature referring particularly to flora of Rio Grande do Sul: p. 222.

4486 RAWITSCHER, Felix, HUECK, Kurt, and others. Algumas observações sôbre a ecologia da vegetação das caatingas. BOL GEOGR, Rio, 13(129):620-29, nov. /dez. 1955. Bibliogr.: p. 629.

4487 RIZZINI, Carlos Toledo. Nota prévia sôbre a divisão fitogeográfica (florístico-sociológica) do Brasil. REV BRAS GEOGR, Rio, 25(1):3-64, jan. /mar. 1963. Bibliogr.: p. 52-5.

4488 _____. Pars specialis prodromi monographiae loranthacearum Brasiliae terrarumque finitimarum. RODRIGUÊSIA, Rio, 18/19(30/31):87-264, dez. 1956. plates. Bibliogr.: p. 228-34.

4489 _____. Sôbre a distinção e a distribuição das duas espécies de babaçu (Orbignya). REV BRAS GEOGR, Rio, 25(3): 313-26, jul. /set. 1963. Bibliogr.: p. 324.

4490 _____. Sôbre 40 gêneros das Acanthaceae Brasileiras. RODRIGUÊSIA, Rio 16/17(28/29):9-54, dez. 1954. Bibliogr.: p. 52-4.

4491 _____, and PINTO, M. Maia. Areas climático-vegetacionais do Brasil segundo os métodos de Thornthwaite e de Mohr. REV BRAS GEOGR, Rio, 26(4):523-47, out. /dez. 1964. illus. Bibliogr.: p. 544.

4492 ROMARIS, Dora de Amarante. Mapa da vegetação original do estado de Paraná. Ib., 15(4):597-611, out./dez. 1953. illus., maps. Bibliogr.: p. 606-09.

4493 SANTA ROSA, Jayme da Nóbrega. Aproveitamento industrial das plantas xerófitas do Nordeste. BOL GEOGR, Rio, 20(166):58-70, jan./fev. 1962. Bibliogr.: p. 69-70.

4494 SEABRA, Arthur Natividade. Síntese histórica das explorações botânicas no Brasil. LAVOURA, Rio, 53:24-5, set. /dez. 1949. Bibliogr.: p. 25.

4495 SEHNEM, Aloysio. Uma coleção de pteridófitos do Rio Grande do Sul. PESQUISA, P Alegre, (2):223-29, 1958. plates. Literature: p. 229.

4496 SILVEIRA, Fernando. Mangrove. RODRIGUÊSIA, Rio, 3 (10):131-54, set./dez. 1937. Bibliogr.: p. 152-54.

4497 SOARES, Lúcio de Castro. Límites meridionais e orientais da área de ocorrência da floresta amazônica em territorio brasileiro. REV BRAS GEOGR, Rio, 15(1):3-122, jan./ mar. 1953. illus., tables, maps. Anexo 1 (pt. 2) by Ricardo de Lemos Fróis: p. 96-120. Bibliogr.: p. 89-95.

4498 STRAUCH, Lourdes Manhães de Mattos. Contribuição ao estudo geográfico da Erva-Mate. Ib., 17(1):94-106, jan./mar. 1955. Bibliogr.: p. 105-06.

4499 VATTIMO, Ida de. O género ocotea Aubl. no Sul do Brasil. RODRIGUÊSIA, Rio, 18/19(30/31):265-350, dez. 1956. plates. Bibliogr.: p. 317.

4500 ———. Lauraceae do Itatiaia. Ib., 18/19(30/31):39-86, dez. 1956. plates. Bibliogr.: p. 71-2.

4501 VELOSO, Henrique P. Os grandes clímaces do Brasil. BOL GEOGR, Rio, 24(185):173-94, mar./abr. 1965. illus. Bibliogr.: p. 190-94.

4502 VERAS, Carlos dos Santos. A carnaubeira: sua influencia na sociedade e na economia do nordeste. CULT POL, Rio, 2(17):176-84, jul. 1942. Bibliogr.: p. 184.

4503 VIEGAS, A. P. Alguns fungos encontrados em S. Paulo, Minas e Espírito Santo. BRAGANTIA, Campinas, 7(4): 107-24, abr. 1947. Bibliogr.: p. 114.

4504 ———, and TEIXEIRA, A. R. Alguns fungos do Brasil. Ib., 3(8):223-69, ag. 1943 - 6(11):559-65, nov. 1946. illus. Contains 14 installments. Bibliogr. at end of installments 1-13.

4505 _____, and TEIXEIRA, Cyro G. Alguns fungos de Minas Gerais. RODRIGUÉSIA, Rio, 9(19):51-6, set. 1945. plates. Bibliogr.: p. 56.

CARIBBEAN AREA

4506 ASPREY, G. F. Vegetation in the Caribbean area. CARIB QUART, Port of Spain, 5(4):245-63, Jun. 1959. Bibliogr.: p. 263.

4507 CONTRIBUTION a l'etude de l'ethnobotanique precolombienne des Grandes Antilles. BULL (Bur Ethnol) Port-au-Prince, (1):72, fev. 1942. Bibliogr.: p. 7-11,

4508 DIAZ PIFERRER, Manuel. Adiciones a la flora marina de las Antillas Holandesas Curazao y Bonaire. CARIB JOUR SC, Mayagüez, 4(4):513-43, Dec. 1964. Bibliogr.: p. 541-43.

CENTRAL AMERICA

4509 LÖTSCHERT, Wilhelm. Nuevas pteridófitas para El Salvador; contribución a la flora de pteridófitas de América Central. COMUNIC, S Salvador, 3(1):21-32, en./mar. 1954. Bibliogr.: p. 32.

CHILE

4510 ACEVEDO DE VARGAS, Rebeca. Contribución a la flora cordillerana del norte de Chile. BOL (Mus Nac Hist Nat) Santiago, 24:81-91, 1948/1949. Bibliogr.: p. 91.

4511 ALBERDI LAG, Miren, and RAMIREZ, Carlos. Fluctuaciones del valor osmótico del contenido celular de algunas plantas de la pluviselva Valdiviana durante un verano. BOL (Univ Chile) Santiago, (52):53-6, oct. 1964. Bibliogr.: p. 56.

4512 FOLLMANN, Gerhard. Catálogo de los líquenes de Chile. REV UNIV (Univ Catól) Santiago, 46:173-203, 1961; 47: 63-97, 1962; 49:17-65, 1964. plates. Bibliogr.: 46: 202-03; 47:96-7; 49:64-5.

4513 _____, and FOLLMANN-SCHRAG, Ingeborg Ariane. Plantas con periscopios; un nuevo ecotipo de vegetales encontrado en el desierto de Atacama. BOL (Univ Chile) Santiago, (53/54):34-9, nov./dic. 1964. illus. Bibliogr.: p. 39.

4514 _____, and MAHU, Manuel. Huéspedes de "Phrygilanthus Aphyllus" (Miers) Eichl. Ib., (50):39-41, ag. 1964. Bibliogr.: p. 41.

4515 _____, and MATTE H., Ventura. Estepas sin jirafas. Ib., (42):45-8, sept. 1963. illus. Bibliogr.: p. 48.

4516 GODLEY, E. J. Contributions to the plant geography of southern Chile. REV UNIV (Univ Catól) Santiago, 48: 31-9, 1963. Bibliogr.: p. 38-9.

4517 GUNCKEL LÜER, Hugo. Dos especies del género Lychnis (fam. de las Cariofilaceas). Adventicias observadas en Chile Central. Ib., 49:75-9, 1964. Bibliogr.: p. 79.

4518 ———. La presencia de heuchera sanguinea engelm. en la cordillera andina de la Araucania. Ib., 38(1):91-8, 1953. Bibliogr.: p. 96-8.

4519 ———. Revisión de las especies chilenas de la familia de las calitricáceas (Callitrichaceae). BOL (Univ Chile) Santiago, (39):35-8, jun. 1963. illus. Bibliogr.: p. 38.

4520 ———. Se forma una nueva vegetación hidrófila a orillas del terremoto. Ib., (37):32-5, abr. 1963. illus. Bibliogr.: p. 35.

4521 LOOSER, Gualterio. Ensayo sobre la distribución geográfica de los helechos chilenos. REV CHIL HIST GEOGR, Santiago, 71(75):162-98, en./abr. 1932. Contains bibliogr.

4522 ———. El género hypolepis (pteridophyta) en la provincia de Valparaíso. REV UNIV (Univ Catól) Santiago, 48:3-7, 1963. Bibliogr.: p. 7.

4523 ———. Los helechos de la Isla de Pascua. Ib., 43:39-64, 1958. plates. Bibliogr.: p. 63.

4524 ———. La importancia del algarrobo (Prosopis chilensis) en la vegetación de la provincia de Santiago, Chile. Ib., 47:103-16, 1962. Bibliogr.: p. 114-16.

4525 ———. Notas sobre helechos chilenos. Ib., 49:7-65, 1964. illus. This is the 8th installment. Bibliogr.: p. 64-5.

4526 ———. Plantas chilenas estudiadas por Linneo. REV UNIV (Univ Catól) Santiago, 38(1):67-76, 1953. Bibliogr.: p. 74-6.

4527 ———. Los pteridófitos o helechos de Chile. Ib., 46:213-62, 1962; 47:17-31, 1962. plates. Bibliogr.: 47:30-1.

4528 ———. Sinopsis de los helechos chilenos del género Dryopteris. AN (Univ Chile) Santiago, 3a. ser., 1:191-205, 1o. trim. 1931. Bibliogr.: p. 205.

4529 ———. Un trabajo botánico atribuido a María Graham y Don Judas Tadeo de Reyes. REV UNIV (Univ Catól) Santiago, 42(2):37-46, 1957.

4530 MUÑOZ PIZARRO, Carlos. La justificación del hombre Nothofagus Alpina (Poepp. et Endl.) Oersted, para el raulí. BOL (Univ Chile) Santiago, (52):59-61, oct. 1964. illus. Bibliogr.: p. 61.

4531 NAVAS, Eugenia. Monografía sobre las parietarias de Chile. REV UNIV (Univ Catól) Santiago, 48:9-17, 1963. Bibliogr.: p. 16.

4532 PEREZ MOREAU, Román A. Rasgos generales de la provincia botánica antartándica (subprovincia Valdiviana). REV CHILE HIST NAT, Santiago, 48:89-95, 1944. diagrs. Bibliogr.: p. 94-5.

4533 PORTER, Carlos Emilio. Bibliografía chilena razonada de botánica agrícola e industrial. AN (Univ Chile) Santiago, 2a. ser., 7:861-917, 2o. trim. 1929; 7:1265-1451, 3o. trim. 1929.

4534 RAMIREZ B., Filomena. Algunas plantas epifitas de Chile. REV CHIL HIST NAT, Santiago, 48:21-5, 1944. illus. Bibliogr.: p. 25.

4535 REICHE, Karl. Geografía botánica de Chile. REV CHIL HIST GEOGR, Santiago, 62(66):126-205, jul./sept. 1929. Trans from the German by Gualterio Looser. Article continued in subsequent issues. Bibliogr. and list of maps: p. 164-205.

COLOMBIA

4536 BERMUDEZ GARCIA, Luis Armando. Leguminosas espontáneas del Valle del Cauca. REV (Acad Col Cien Exact Fís Nat) Bogotá, 11(42):51-83, jul. 1960. illus. Bibliogr.: p. 82-3.

4537 CUATRECASAS, José. Aspectos de la vegetación natural de Colombia. Ib., 10(40):221-68, nov. 1958. plates. Bibliogr.: p. 261-62.

4538 DUGAND, Armando. Apuntaciones sobre el medio en general y la vegetación en Colombia. UNIV NAC COL, Bogotá, (1):307-43, oct. 1944. illus. Bibliogr.: p. 342-43.

4539 HAMMEN, Thomas van der. Peridicidad climática y evolución de floras suramericanas del Maestrichtiano y del Terciario. (Un estudio basado sobre análisis de polen en Colombia). BOL GEOL, Bogotá, 5(2):5-48, mayo/ag. 1957. illus., maps. Bibliogr.: p. 48.

4540 HERNANDEZ DE ALBA, Guillermo. Bibliografía para el estudio de la Real Expedición Botánica del Nuevo Reino de Granada y su época. BOL CULT BIBLIOGR, Bogotá, 2(5):307-25, jun. 1959.

4541 MEZEY, Kalman. Toxicología y farmacología de las plantas colombianas. UNIV NAC COL, Bogotá, (1):385-92, oct. 1944. Bibliogr.: p. 392.

4542 PATIÑO, Víctor Manuel. Aspectos especiales de la vegetación natural en América equinoccial. Guaduales y manglares. REV COL ANTROP, Bogotá, 6:159-91, 1957. Bibliogr.: p. 188-91.

4543 PINTO-ESCOBAR, Polidoro. Catálogo de los géneros de las gramíneas de Colombia. REV (Acad Col Cien Exact Fís Nat) Bogotá, 12(45):95-117, nov. 1963. map. Bibliogr.: p. 116.

4544 ROBLEDO, Emilio. La expedición botánica y la medicina en Colombia. UNIV PONTIF BOLIVAR, Medellín, 20(73):199-216, feb./abr. 1955. Bibliogr.: p. 216.

4545 SCHULTES, Richard Evans. Una planta estimulante del Putumayo. REV (Fac Nac Agron) Medellín, 5(20):59-79, 1943. illus., map. Bibliogr.: p. 78-9.

4546 SIGALA V., Bolivia. Identidad de la droga "Diente de León." REV JAVER, Bogotá, 29(145):304-08, jun. 1948. Bibliogr.: p. 308.

4547 TRIAS, Ramón. La expedición botánica al Nuevo Reino de Granada. UNIV NAC COL, Bogotá, (5):113-78, en./mar. 1946. Bibliogr.: p. 178.

4548 USCATEGUI MENDOZA, Néstor. Distribución actual de las plantas narcóticas y estimulantes usadas por las tribus indígenas de Colombia. REV (Acad Col Cien Exact Fís Nat) Bogotá, 11(43):215-28, ag. 1961. plates, map.

COSTA RICA

4549 HEISER, Charles B. Los chiles y ajíes (Capsicum) de Costa Rica y Ecuador. CIEN NATUR, Quito, 7(2):50-7, dic. 1964. Bibliogr.: p. 55.

CUBA

4550 DIAZ PIFERRER, Manuel. Adiciones a la flora marina de Cuba. CARIB JOUR SC, Mayagüez, 4(2/3):353-71, Jun./Sept. 1964. Bibliogr.: p. 370-71.

ECUADOR

4551 PAREDES C., Alfredo. Carácter fitoquímico de varias especies medicionales del Ecuador. AN (Univ Cent) Quito, 88(343):5-67, 1959. Bibliogr.: p. 67.

4552 TINAJERO, Jorge R. Lista de las plantas compuestas más conocidas en el Ecuador. Ib., 92(347):213-316, 1963. Bibliogr.: p. 276-77.

EL SALVADOR

4553 LAUER, Wilhelm. Las formas de la vegetación de El Salvador. COMUNIC, S Salvador, 3(1):41-5, en./mar. 1954. Bibliogr.: p. 45.

4554 LÖTSCHERT, Wilhelm. La sabana de moros de El Salvador. Ib., 2(5/6):122-28, dic. 1953. Bibliogr.: p. 128.

4555 _____. La vegetación de El Salvador. Ib., 4(3/4):65-79, jul./dic. 1955. plates. Bibliogr.: p. 78-9.

HAITI

4556 KÉBREAU, Frédéric. Plantas medicinales et toxiques d' Haiti. REV AGRICO, Port-au-Prince, [1(1)]:1-10, 1945. Bibliogr.: p. 9-10.

HONDURAS

4557 GILMARTIN, A. J. Las bromeliacias de Honduras. CEIBA, Tegucigalpa, 11(2):1-81, sept. 1965. Bibliogr.: p. 80-1.

MEXICO

4558 BATALLA DE RODRIGUEZ, María A. Nota acerca de las gramineas de la región de Izucar de Matamoros. AN (Inst Biol) Méx, 14(1):15-27, 1943. Bibliogr.: p. 27.

4559 BELTRAN, Enrique. Plantas usadas en la alimentación por los antiguos mexicanos. AM INDIG, Méx, 9(3):195-202, jul. 1949. References: p. 203-04.

4560 BRAVO HOLLIS, Helia. Algunas observaciones acerca de la vegetación de la región de Escarcega, Campeche, y zonas cercanas. BOL (Soc Botán Méx) Méx, (18):11-24, jul. 1955. Bibliogr.: p. 24.

4561 COX, Don K., HERNANDEZ CORZO, Antonio, and others. Estudio de las Dioscoreas mexicanas. Ib., (22):12-27, en. 1958. Bibliogr.: p. 26-7.

4562 CRUM, H. A. Lista de las especies de musgos del noreste de México. Ib., (12):3-27, jun. 1951. Bibliogr.: p. 21-7.

4563 DOMINGUEZ S., Xorge Alejandro, FRANCO O., Raúl, and others. Determinación de la acción antibiótica de noventa y dos plantas mexicanas tóxicas al ganada o utilizadas con propósitos medicinales. CIEN, Méx, 23(3):99-103, 1964. Bibliogr.: p. 103.

4564 DRESSLER, Robert L. Las plantas cultivadas en el Mexico precolombino. CIEN SOC, 7(40):277-316, dic. 1956. Bibliogr.: p. 307-16.

4565 ESPINOSA GARDUÑO, Judith. Vegetación de una corriente de lava de formación reciente, localizada en el declive meridional de la Sierra de Chichinantzín. BOL (Soc Botán Méx) Méx, (27):67-[116], nov. 1962. Bibliogr.: p. [115-16].

4566 GOMEZ, Palmira, and HERRERA, Teófilo. Sistemática histología y ecología de los hongos del género Helvella del Valle de México. Ib., (29):1-18, jul. 1965. Bibliogr.: p. 13-4.

4567 GOMEZ POMPA, Arturo. La vegetación de México. Ib., (29):76-120, jul. 1965. Bibliogr.: p. 100-01.

4568 GOULD, Frank W. Chromosome numbers in some Mexican grasses. Ib., (29):49-62, jul. 1965. Bibliogr.: p. 55.

4569 GUZMAN HUERTA, Gaston. Macromicetos de las zonas áridas de México. AN (Escuela Nac Cien Biol) Méx, 12(1/4):43-60, dic. 20, 1963. Bibliogr.: p. 59-60.

4570 _____. Sinopsis de los conocimientos sobre los hongos alucinógenos mexicanos. BOL (Soc Botán Méx) Méx, (24):14-34, nov. 1959. Bibliogr.: p. 31-4.

4571 _____, and VELA GALVEZ, Luciano. Contribución al conocimiento de la vegetación del suroeste del estado de Zacatecas (República Mexicana). Ib., (25):46-61, ag. 1960. Contains bibliogr.

4572 HERNANDEZ XOLOCOTZI, Efraím. Estudio botánico de las palmas oleaginosas de México. Ib., (9):13-9, oct. 1949. Bibliogr.: p. 18-9.

4573 HERRERA, Teófilo. Las primeras pteridófitas introducidas al Jardín Botánico de la Universidad Nacional Autónoma de México. Ib., (26):25-52, jul. 1961. Bibliogr.: p. 51-2.

4574 LANGMAN, Ida Kaplan. Ensayo para una bibliografía histórico-biográfica de la botánica en México. MEM REV (Acad Nac Cien) Méx, 57(3/4):373-429, 1955.

4575 _____. Notas adicionales para una bibliografía sobre la vegetación de Chiapas. BOL (Soc Botán Méx) Méx, (23):146-64, dic. 1958.

4576 _____. Works prior to 1800 useful for studies in Mexican botany. INTER-AM REV BIBLIOGR, Wash, D C, 10 (3):219-43, Jul./Sept. 1960.

4577 LEANDER, Birgitte. Mestizaje ecológico en México. (Etnobotania de algunas plantas alimenticias). REV INDIAS, Madrid, 24(95/96):87-136, en./jun. 1964. Bibliogr.: p. 134-36.

4578 LEOPOLD, A. Starker. Zonas de vegetación en México. BOL (Soc Mex Geogr Estad) Méx, 73(1/3):45-93, en./jun. 1952. map. Trans. from English article appearing in Ecology, 31(4), Oct. 1950. Literature: p. 90-3.

4579 LORENZO VILLA, María Isabel, and PINTO PECH, Berta Noemí. Carta de vegetación natural de México. ANUAR GEOGR, Méx, 4:245-361, 1964. Bibliogr.: p. 359-60.

4580 MARTINEZ, Maximino, and ROVIROSA, Gustavo. Bibliografía botánica mexicana. LIBRO PUEBLO, Méx, 2(6/7):177-88, ag./sept. 1923 - 5(7/12):82-9, jul./dic. 1926. Compilation to have been continued in one more issue.

4581 MATUDA, Eizi. Las Labiadas del Valle Central de México. AN (Inst Biol) Méx, 22(1):83-140, 1951. illus. Bibliogr.: p. 139-40.

4582 MIRANDA, Faustino. La botánica en México en el último cuarto de siglo. REV (Soc Mex Hist Nat) Méx, 22:85-111, dic. 1961. Botanical periodicals: p. 89. Botanical studies: p. 93-107.

4583 ORTEGA R., María del Carmen. Estudios realizados en México sobre algas, liquenes, hepáticas y musgos. AN (Inst Biol) Méx, 23(1/2):39-52, 1952. Bibliogr.: p. 50-2.

4584 PENNINGTON, Campbell W. Medicinal plants utilized by the Tepehuán of southern Chichuahua. AM INDIG, Méx, 23 (1):31 47 en. 1963. Bibliogr.: p. 47.

4585 RAMIREZ CANTU, Débora. Flora acuática de Izucar de Matamoros y lugares circunvecinos. AN (Inst Biol) Méx, 14(1):1-13, 1943. illus. Bibliogr.: p. 13.

4586 _____. Nota sobre los helechos de Tepoztlán, Mor. Ib., 18(2):463-72, 1947. illus. Bibliogr.: p. 472.

4587 RZEDOWSKI, J. Contribuciones a la fitogeografía florística e histórica de México. BOL (Soc Botán Méx) Méx, (27): 52-65, nov. 1962. Bibliogr.: p. 63-5.

4588 _____. Relaciones geográficas y posibles orígenes de la flora de México. Ib. (29):121-77, jul. 1965. Bibliogr.: p. 171-77.

4589 ———. Vegetación de las partes áridas de los estados de San Luis Potosí y Zacatecas. REV (Soc Mex Hist Nat) Méx, 18(1/4):49-101, dic. 1957. Bibliogr.: p. 100-01.

4590 VALDES GUTIERREZ, Javier. Contribución al estudio de la vegetación y de la flora en algunos lugares del norte de México. BOL (Soc Botán Méx) Méx, (23):99-145, dic. 1958. illus. Bibliogr.: p. 145.

4591 WELDEN, A. L., and LEMKE, P. A. Notas sobre algunos hongos mexicanos. Ib., (26):1-24, jul. 1961. Bibliogr.: p. 22-4.

PARAGUAY

4592 POLIAKOFF, Jean Boris. Plantas oleaginosas y aceites vegetales en el Paraguay; programa de reorganización y mejoramiento de la producción. PARAGUAY INDUS COMER, Asunción, 18(208):65-89, en. 1962. Bibliogr.: p. 89.

PERU

4593 ANGULO, Nicolás. Mapa fito-geográfico; bibliografía fitoquímica peruana y folklore médico del Norte. REV UNIV, Trujillo, 3a. ép., 1(1/2):57-81, 1952. map.

4594 ———. Mapa fitogeográfico de la distribución de la flora halofila de las playas marítimas de la provincia de Trujillo, del Departamento de la Libertad. Ib., 3a. ép., 4(7/8):21-35, 1955. maps. Bibliogr.: p. 35.

4595 CATALOGO de las polipodáceas cuzqueñas. REV UNIV, Cuzco, 12(55):19-33, 2o. sem. 1927. Bibliogr.: p. 33.

4596 CERRATE V., Emma, and TOVAR SERPA, Oscar. Informe preliminar del estudio botánico de Tupe. REV (Mus Nac) Lima, 23:140-61, 1954. Bibliogr.: p. 160-61.

4597 HERRERA, Fortunato L. Botanistas de fines del siglo XVIII; primeros escritos de vulgarización científica en el Perú. Ib., 6(1):95-124, 1o. sem. 1937. Bibliogr.: p. 124.

4598 ———. La flora en el Departamento del Cuzco. Ib., 4(1): 121-33, 1o. sem. 1935. Bibliogr.: p. 132-33.

4599 ———. Plantas tropicales cultivadas por los antiguos peruanos. Ib., 11(2):179-95, 2o. sem. 1942. illus. Bibliogr.: p. 195.

4600 _____. La quihuicha. REV (Mus Nac) Lima, 9(2):229-35, 2o. sem. 1940. Bibliogr.: p. 235.

4601 INFANTES VERA, Juana G. Estudio taxonómico, histológico y etnobotánico de algunas plantas útiles del Perú. Contribución a la etnobotánica peruana. REV CIEN, Lima, 64(519/520):35-72, 1o. /2o. trim. 1962. plates. Bibliogr.: p. 71-2.

4602 MARIN MORENO, Felipe. Algunas sugerencias para la sistematización de los territorios fitográficas del Peru. REV UNIV, Cuzco, 46(112):253-62, 1o. sem. 1957. Bibliogr.: p. 262.

4603 _____. Notas fenológicas sobre la vegetación de los alrededores del Cuzco. Ib., 39(99):322-37, 2o. sem. 1950. Bibliogr.: p. 336-37.

4604 _____. Panorama fitogeográfico del Perú. Ib., 50(120):9-66, 1o. sem. 1961. illus. Bibliogr.: Unnumb. leaf (verso) at end of article.

4605 _____. Una ronda botánica a las cabeceras del Valle de Lares. Ib., 42(105:223-28, 2o. sem. 1953. Bibliogr.: p. 228.

4606 SAGASTEGUI ALVA, Abundio. Las ciperaceas de la provincia de Trujillo. REV UNIV, Trujillo, 3a. ép., 9 (17/18):153-85, 1960. Bibliogr.: p. 185.

4607 _____. Clave provisional para la determinación de las Juncáceas liberteñas. Ib., 3a. ép., 10(19/20):69-72, 1961. Bibliogr.: p. 72.

4608 VARGAS C., César. Comunidades vegetales de Abancay y sus alrededores. REV UNIV, Cuzco, 46(113):9-35, 2o. sem. 1957. Bibliogr.: p. 35.

4609 YACOVLEFF, Eugenio. La jiquima, raíz comestible extinguida en el Perú. REV (Mus Nac) Lima, 2(1):49-66, 1933. Bibliogr.: p. 66.

4610 _____, and HERRERA, Fortunato L. El mundo vegetal de los antiguos peruanos. Ib., 3(3):241-322, 1934; 4(1):31-102, 1o. sem. 1935. Bibliogr.: 4(1):101-02.

PUERTO RICO

4611 DIAZ PIFERRER, Manuel. Adiciones a la flora marina de Puerto Rico. CARIB JOUR SC, Mayagüez, 3(4):215-35, Dec. 1963. Bibliogr.: p. 234-35.

SOUTH AMERICA

4612 LOURTEIG, Alicia. Ranunculáceas de Sudamérica tropical. MEM (Soc Cien Nat La Salle) Caracas, 16(44):125-228, mayo/ag. 1956. Bibliogr.: p. 216-21.

URUGUAY

4613 CHEBATAROFF, Jorge. Algunos aspectos evolutivos de la vegetación de la provincia fitogeográfica uruguayense. REV NAC, Monte, 2o. cic., 4(201):406-21, jul./sept. 1959. Bibliogr.: p. 421.

4614 ———. La vegetación del Uruguay y sus relaciones fitogeográficas con la del resto de la América del Sur. REV GEOGR, Méx, 2(4/6):49-90, en./sept. 1942. plates, maps. Bibliogr.: p. 89-90.

4615 ———. Vegetación halófila de la costa uruguaya. REV (Fac Human Cien) Monte, 4(5):81-98, jun. 1950. illus.

VENEZUELA

4616 BEEBE, William, and CRANE, Jocelyn. Ecología de Rancho Grande, una selva nublada subtropical en el norte de Venezuela. BOL (Soc Venez Cien Nat) Caracas, 11(73): 217-58, mayo/sept. 1948. Bibliogr.: p. 256-58.

4617 BELLARD PIETRI, Eugenio de. La espeleología en Venezuela, flora y fauna hipogea. Ib., 17(85):25-46, 1956. Bibliogr.: p. 42-4.

4618 CHARDON, Carlos Eugenio, and TORO, Rafael A. Exploraciones micológicas en Venezuela. Ib., (8):281-94, ag. 1932. Prelim. bibliogr.: p. 292-93.

4619 CROIZAT, León. El Buche, el público y la botánica. FAROL, Caracas, 26(211):28-33, oct./dic. 1964. illus. Bibliogr.: p. 33.

4620 FLORULA de la cuenca del Río Negro, Perijá. MEM (Soc Cien Nat La Salle) Caracas, 14(37):9-142, en./abr. 1954. Bibliogr.: p. 139-40.

4621 FOLDATS, Ernesto. Lista de las orquídeas conocidas en Venezuela. AN (Univ Cent) Caracas, 33:227-305, mar. 1953; 34:275-386, jun. 1953. Bibliogr.: 33:386.

4622 LASSER, Tobías, and VARESCHI, Volkmar. La vegetación de los médanos de Coro. BOL (Soc Venez Cien Nat) Caracas, 17(87):223-72, jul. 1957. Bibliogr.: p. 271-72.

4623 MARCUZZI, Giorgio. Notas preliminares sobre la fauna y flora de la Isla de Margarita. MEM (Soc Cien Nat La Salle) Caracas, 10(27):207-56, sept./dic. 1950. illus., diagrs., maps. Bibliogr.: p. 253-56.

4624 RAMIA, Mauricio. Pastos de los llanos de Barinas. BOL, (Soc Venez Cien Nat) Caracas, 17(87):283-311, jul. 1957. Bibliogr.: p. 309-11.

4625 STANDEN, J. H. Indice alfabético de los nombres científicos de huéspedes y patógenos en Venezuela. Ib., 14 (78):53-118, en./jul. 1951. Bibliogr.: p. 115-16.

4626 VARESCHI, Volkmar. Monografías geobotánicas de Venezuela. I. Rasgos geobotánicas sobre el pico de Naiguatá. ACTA CIENTIF VENEZ, Caracas, 6(5/6):180-201, 1955. Bibliogr.: p. 201.

CATALOGS--LIBRARY

ARGENTINA

4627 ALBORNOZ, Alejandro. Bibliografía americana. Fuentes para el estudio de la historia hispano-americana. Documentos y libros existentes en la Biblioteca Nacional, Buenos Aires. REV (Bibl Nac) B A, 6(22):442-56, 2o. trim. 1942 - 9(28):491-500, 4o. trim. 1943. To have been continued.

4628 ARGENTINA. Biblioteca Nacional. Primeras donaciones de libros a la Biblioteca Nacional. Ib., 10(30):493-504, 2o. trim. 1944 - 16(42):487-98, 2o. trim. 1947. Catalog to have been continued.

4629 BAHIA BLANCA, Argentina. Universidad Nacional del Sur. Biblioteca Central. [Catálogo de la Biblioteca de Arturo Marasso Roca] BOL BIBLIOGR, Bahía Blanca, (7):1-154, en./mar. 1961.

4630 BANCO de la Provincia de Córdoba. Biblioteca. Catálogo. REV ECON, Córdoba, 3(5):129-34, en./jun. 1951- . Acquisitions of the Library.

4631 BIBLIOTECA de la Facultad de Ciencias Económicas. REV CIEN ECON, B A, 46(1):114-26, en./mar. 1958- . Acquisitions of the Library.

4632 QUILES, Ismael. Obras de filosofía existentes en la Biblioteca Jesuítica de la Universidad de Córdoba, en la fecha de la expulsión. CIEN FE, S Miguel, 8(29):73-85, en./mar. 1952.

BOLIVIA

4633 INSTITUTO de Sociología Boliviana, Sucre. Biblioteca. Catálogo. REV (Inst Sociol Boliv) Sucre, 3(3):83-103, 1943/1944.

BRAZIL

4634 BRAZIL. Congresso. Câmara dos Deputados. Biblioteca. Relação das obras adquiridas e doadas. BOL (Bibl, Câm Deputados) Rio. Section appearing in each issue. Earlier numbers devoted entire issue to reporting of acquisitions. Title varies.

4635 CONSEJO Nacional de Geografia, Rio de Janeiro. Publicações entradas. BOL GEOGR, Rio, 1(1):143-48, abr. 1943 - (5):230-36, ag. 1943. Acquisitions for the year, 1942.

4636 FRANCO, Maria Eugenia. Bibliografia geral de belas artes. BOL BIBLIOGR, S Paulo, 16:55-72, 1950. Acquisitions of the Biblioteca Pública Municipal, São Paulo.

4637 MACHADO, Erina de Assumpção. Bibliografia de jornais, revistas e folhetos existentes na secção de livros raros da Biblioteca Pública Municipal. Ib., 4:67-80, jul./set. 1944.

4638 SÃO PAULO (City). Biblioteca Pública Municipal. Registro bibliográfico das obras entradas. Ib., 1:121-77, oct./dez. 1943- . Section appearing in each issue.

CHILE

4639 CHILE. Universidad. Facultad de Ciencias Jurídicas y Sociales. Biblioteca. Catálogo. AN (Fac Cien Jur Soc) Santiago, 3(9/10):105-85, en./jun. 1937; (11/12):267-363, jul./dic. 1937. Compiler: Eugenio Orrego Vicuña.

4640 SANTIAGO, Chile. Instituto Nacional. Biblioteca. Catálogo de las obras con que actualmente cuenta este establecimiento. AN (Univ Chile) Santiago, 19:184-243, 1861.

COLOMBIA

4641 ACADEMIA Colombiana de Historia, Bogotá. Biblioteca. Relación de las obras que han ingresado a la Biblioteca. BOL HIST ANTIG, Bogotá, 44(507/509):161-62, en./mar. 1957- . Compiler: Enrique Otero D'Costa. Section continued in subsequent issues. Title varies.

4642 COLOMBIA. Contraloría General. Biblioteca. Nuevas obras catalogados en la Biblioteca. ECON COL, Bogotá, 6 (17):639-41, sept. 1955 - 9(25):411-12, mayo 1956. Listing contains mainly Colombian imprints. Title varies.

COSTA RICA

4643 CATALOGO de la Biblioteca del Colegio de Abogados "Francisco Echeverría García." REV (Col Abogad) S José, 3(34):330, oct. 1948 - (36):445-46, dic. 1948; 5(40):128, abr. 1949 - (41):159-60, mayo 1949.

CUBA

4644 SOCIEDAD Económica y Amigos del País, La Habana. Biblioteca. Catálogo. REV BIMES CUBANA, Hav, 14(6): 234-76, jul./dic. 1919 - 17(4):247-52, jul./ag. 1922. Entries A through Artiga only.

ECUADOR

4645 ESPIN LASTRA, Alfonso R. Libros coloniales de la Universidad Central. CUAD ART POESIA, Quito, (9):105-47, mar. 1960.

4646 QUITO. Universidad Central. Biblioteca General. Biblioteca General de la Universidad Central (Sección de libros coloniales que pertenecieron a la Universidad de San Gregorio Magno y luego a la Biblioteca del Doctor Eugenio Espejo). AN (Univ Cent) Quito, 89(334):363-96, 1960.

4647 _____. _____. Facultad de Derecho. Biblioteca. Catálogo de obras de la Biblioteca. BOL (Inst Der Comp) Quito, 6(6):120-204, feb. 1957. Compilation signed: R.C.R. (Ricardo Cornejo R.).

EL SALVADOR

4648 EL SALVADOR. Biblioteca Nacional. Catálogo general. BOL (Bibl Nac) S Salvador, 2a. ép., (4):48-58, sept. 1932 - (6):47-57, en. 1933.

ENGLAND

4649 CANNING HOUSE, London. Library. Comprehensive catalogue on Mexico. CANNING H LIBR BULL, London, 34:2-8, Oct. 1954. Books in possession of the Library.

GUATEMALA

4650 GAVARRETE, Juan. Catálogo de las obras impresas y

manuscritas de que actualmente se compone la Biblioteca de la Sección Etnográfica del Museo Nacional. BOL (Bibl Nac) Guat, 9(2):47-52, jul. 1940.

4651 GUATEMALA. Biblioteca Nacional. Sección de libros de autores guatemaltecos, libros impresos en Guatemala o que tratan sobre Guatemala. Ib., 1(1):8-28, mayo 1932.

MEXICO

4652 INVENTARIO de la Biblioteca de la Real y Pontificia Universidad de México. BOL (Arch Gen Nac) Méx, 26(3): 519-44, jul./sept. 1955; 27(2):363-72, abr./jun. 1956; 28(1):113-49, en./mar. 1957.

4653 MEXICO. Archivo General de la Nación. Libros y folletos del Archivo Histórico de la Secretaría de Hacienda. Ib., 20(2):319-49, abr./jun. 1949; 21(1):45-114, en./ mar. 1950. Title varies slightly.

4654 _____. Biblioteca Nacional. Fichero; obras de reciente adquisición. BOL (Bibl Nac) Méx, 2a. ép., 1(2):28-36, abr./jun. 1950- . Listing published in each issue.

PANAMA

4655 PANAMA. Universidad. Biblioteca. Catálogo de obras ingresadas a la Biblioteca de la Universidad Nal. UNIV, Panamá, 1(3):53-60, jul. 1936.

PERU

4656 COLEGIO de Abogados, Lima. Biblioteca "Juan José Calle." Catálogo por materias. REV FORO, Lima, 30(1/6): 265-68, en./jun. 1943- . Installments ceased with 31(7/9):345-50, abr./jun. 1944. A note appeared in 52(3):573, sept./dic. 1965, that the Catálogo had been sent to the printer.

4657 LA DONACION de Sá Vianna a nuestra Universidad. BOL BIBLIOGR (Bibl, Univ S Marcos) Lima, 1(4):21-4, oct. 1923.

4658 DONATIVO de libros alemanes a la Biblioteca Nacional. BOL (Bibl Nac) Lima, 11/12(17/18):25-36, 1954/1955.

4659 DONATIVO oficial de Francia. BOL (Bibl Nac) Lima, 7(13): 21-79, Dic. 1950. The list contains 1,686 items.

4660 DUNBAR TEMPLE, Ella. Inventario de las obras recuperadas después del incendio. Ib., 1(1):10-8, oct. 1943; (2):97-109, en. 1944.

4661 INVENTARIO de libros, folletos, revistas y publicaciones periódicas de la Biblioteca de los jueces de Lima, entregados en depósito a la del Colegio de Abogados. BOL (Bibl, Col Abogad) Lima, 2(1):unpaged, en. /feb. 1952.

4662 LIMA. Universidad Católica. Biblioteca Central. Obsequio de libros franceses. REV (Univ Catól) Lima 6(5/6): 230-39, ag. /sept. 1938; (7/9):347-48, oct. /dic. 1948.

4663 _____. Universidad Mayor de San Marcos. Facultad de Ciencias Económicas y Comerciales. Biblioteca del Seminario de Economía y Finanzas. Catálogo. REV (Fac Cien Econ Comer) Lima, (29):151-77, abr. 1944 - (36):166-97, sept. /dic. 1946.

4664 _____. _____. Facultad de Derecho y Ciencias Políticas. Biblioteca de la Facultad. REV DER CIEN POL, Lima, 10(1/3):371-401, 1946- . Books and pamphlets, and periodical publications accessioned. Continued as a section in subsequent issues.

4665 _____. _____. Seminario de Educación. Biblioteca del Seminario de Educación. EDUC, Lima, (2/3):233-51, 3o. catrim. 1946/1o. catrim 1947 - (14/15):163-70, 1951. Holdings of the Library. To have been continued.

4666 PAPELETAS bibliográficas. BOL BIBLIOGR (Bibl, Univ S Marcos) Lima, 3(4):184-95, jun. 1928 - 4(3/4):83-90, dic. 1929. Catalog of "Papeles varios" in the National Library.

4667 PERU. Biblioteca Nacional. Bibliografía de libros y folletos salvados del incendio. BOL (Bibl Nac) Lima, 1(3):201-53, abr. 1944 - 2(6):208-35, en. 1945. The four lists contain 1,343 items saved from the disastrous fire that destroyed the National Library on the night of May 9-10, 1943. See item 4673 for the fifth list. Also item 4660.

4668 _____. _____. El fondo europeo en la antigua Biblioteca Nacional. Ib., 2(8):452-74, dic. 1945. Annotated list of 70 items.

4669 _____. _____. Relación de los "Conocimientos de los Tiempos," "Guías" y "Almanaques peruanos" existentes en la Biblioteca Nacional. Ib., 2(7):322-28, abr. 1945.

4670 _____. _____. Relación de publicaciones periódicas extranjeras ingresadas hasta el año 1953. Ib., 9(15):213-30, dic. 1952.

4671 _____. _____. Museo "Ricardo Palma." Museo "Ricardo Palma." Ib., 6(12):202-41, dic. 1949. Catalog of the Ricardo Palma Library: p. 205-41.

4672 SCHWAB, Federico. Libros en latín de la antigua biblioteca de la Universidad Mayor de San Marcos. BOL BIBLIOGR (Bibl, Univ S Marcos) Lima, 26(1/4):3-42, dic. 1956.

4673 STIMMAN, Ana María, and WESTON, Mary. Relación de libros y folletos salvados del incendio. BOL (Bibl Nac) Lima, 3(9):53-69, sept. 1946. This contains the fifth list of books saved from the fire, bringing the total salvaged to 1,506. See also item 4667.

PUERTO RICO

4674 QUILES DE LA LUZ, Lillian. Breve historia de la Colección Puertorriqueña. BOL (Soc Bibl Puerto Rico) S Juan, 1(3):43-7, [1962]. Enumeration of several rare books, titles of periodicals and microfilm in the General Library of the University of Puerto Rico.

UNITED STATES

4675 BEALER, Lewis W. Some recent additions to the South American collection in the University of California Libraries. HISP AM HIST REV, Durham, 12(1):103-06, Feb. 1932.

4676 BEDELL, Mahlon, and MARTIN, Miguel. Historia del Perú prehispánico y colonial. Catálogo de los fondos existentes en la Biblioteca de la Florida State University. BOL BIBLIOGR (Bibl, Univ S Marcos) Lima, 23(3/4): 263-87, dic. 1950.

4677 JONES, Cecil Knight. Hispano-Americana in the Library of Congress. HISP AM HIST REV, Durham, 2(1):96-104, Feb. 1919.

4678 MATHEWS, Thomas. Documentación sobre Puerto Rico en la "Biblioteca del Congreso." HIST, Río Piedras, 6(2): 89-142, oct. 1956.

4679 NEW YORK (City). Public Library. List of works in the New York Public Library relating to Mexico. BULL (N Y Publ Libr) N Y, 13(10):622-28, Oct. 1909 - (12): 748-829, Dec. 1909.

4680 _____. _____. List of works in the New York Public Library relating to the West Indies. Ib., 16(1):7-49, Jan. 1912 - (8):563-621, Aug. 1912. Continuation of the list did not appear in the Feb. 1912 issue.

4681 PAN American Union. Columbus Memorial Library. Notes. BULL (Pan Am Un) Wash, D C, 62:932-37, Sept. 1928- 72:657-65, Nov. 1938. Notes on acquisitions. Title varies: Library books and notes, - Notes on inter-

CATALOGS--Library

American books and libraries. - Library books and periodical notes. Also published in the Portuguese and Spanish editions of the Bulletin.

4682 [no entry]

URUGUAY

4683 LERENA MARTINEZ, Elvira, and ACERENZA, Ermelinda. Catálogo de obras norteamericanas en traducción española en la Biblioteca Artigas-Washington. Suplemento I. ART WASH, Monte, 3(3):111-15, sept. 1947. The Catálogo was published separately in 1947 listing 1,017 items. See Gropp (1968) item 39. Reprints of the Supplements were issued.

4684 _____. _____. Suplemento II. Ib., 4(3/4):116-31, sept./dic. 1948.

4685 _____. _____. Suplemento III. Ib., 5(2):121-31, dic. 1949.

4686 MONTEVIDEO. Museo y Biblioteca Pedagógicos. Servico de información bibliográfico de la Biblioteca y Museo Pedagógicos. AN INSTR PRIM, Monte. 18(10/12):257-74, oct./dic. 1955; 19(1/3):243-62, en./mar. 1956. Prepared by Carlos A. Pascual and Guillermo Ritter. Contains list of acquisitions.

VENEZUELA

4687 ACADEMIA Nacional de la Historia, Caracas. Catálogo de la Biblioteca Mirandina. BOL (Acad Nac Hist) Caracas, 39(153):87-96, en./mar. 1956.

4688 CARACAS. Biblioteca de los Tribunales del Distrito Federal "Fundación Rojas Astudillo." Catálogo de diccionarios, enciclopedias y repertorios generales y obras de derecho civil y derecho mercantil. BOL (Bibl, Trib D F) Caracas, (3):33-158, en. 1953.

4689 _____. _____. Material bibliográfico de la Biblioteca. Ib., (4):187-292, en. 1954. Contents: - Derecho penal. - Derecho proceso civil. - Derecho proceso penal.

4690 _____. _____. _____. Ib., (5):149-225, en. 1955. Contents: - Derecho constitucional. - Derecho administrativo.

4691 _____. _____. _____. Ib., (6):125-90, en. 1956. Contents: - Derecho internacional privado. - Derecho internacional público.

4692 _____. _____. _____. Ib., (7):165-242, en. 1957. Contents: - Derecho del trabajo. - Obras de Hacienda Pública. - Obras de medicina legal.

4693 _____._____._____. Ib., (8):239-518, en. 1958. Contents: - Derecho civil.

4694 _____._____._____. Ib., (9):219-384, en. 1959. Contents: - Derecho mercantil.

4695 _____._____._____. Ib., (10):215-391, en. 1960. Contents: - Derecho procesal civil. - Derecho internacional privado.

4696 _____._____._____. Ib., (11):179-329, 1961. Contents: - Derecho penal.

4697 FOLLETOS que existen- en la Biblioteca de la Academia Nacional de la Historia que pueden contribuir al estudio de nuestra historia política, de 1811 hasta 1830. BOL (Acad Nac Hist) Caracas, 1(4):251-61, dic. 1912.

4698 LISTA de periódicos y folletos encuadernados en la Escuela de Artes y Oficios. Ib., 5(18):699-706, dic. 1921; (19): 813, abr. 1922.

4699 MACHADO, José E. Catálogo de folletos pertenecientes a la Academia Nacional de la Historia. Ib., 5(20:976-1012, oct. 1922 - 15(55):352, jul./sept. 1931. Not published in all issues. Period covered: 1793-1830, listing 204 pamphlets in 30 v., and 1831-1836, listing 142 pamphlets in v. 31-40.

4700 VENEZUELA. Universidad Central. Facultad de Ciencias Económicas y Sociales. Biblioteca. Lista alfabética de obras venezolanas y relativas a Venezuela existentes en la Biblioteca de la Facultad hasta junio 1950. BIBLIOGR DOC, Caracas, 1(1):1-26, feb./mar. 1951.

4701 _____._____. desde julio de 1950 hasta diciembre de 1951. Ib., 1(2):46-57, dic. 1951.

CHEMISTRY

4702 [no entry]

4703 LEROY Y GALVEZ, Luis Felipe. Breve reseña histórica sobre la primera cátedra de química en Cuba y el primer químico cubano. REV (Bibl Nac) Hav, 2a. ser., 2(2):71-80, abr./jun. 1951. Bibliogr.: p. 79-80.

4704 MOSQUEDA SUAREZ, Alejandro. Evolución de los estudios farmacéuticos y químicos en Venezuela. CULT UNIV, Caracas, (16):25-48, dic. 1949. Bibliogr.: p. 48.

4705 PINTO ALVAREZ, Aníbal. La bromatología en Chile:

COMMERCE

estudio de su evolución desde la colonia hasta nuestros días. ATENEA, Concepción, 132(382):101-25, oct. /dic. 1958. Principal laws and bibliogr.: p. 123-25.

4706 SOCIEDAD Chilena de Química, Concepción. Bibliografía química chilena. BOL (Soc Chil Quím) Concepción, 2(1/2):106-24, dic. 1950 - 7(1/2):52-60, dic. 1955. Works published in Chile. Section of the journal.

COMMERCE AND TRADE

GENERAL

4707 BASADRE, Jorge. El régimen de los galeones. LETR, Lima, (4):186-202, 2o. cuatrim. 1936. Bibliogr.: p. 201-02.

4707a BERLINCK, Manoel Tosta. O Mercado Comúm Latino-Americano e o MEC. ACADEMUS, S Paulo, 5(17):16-9, 2o. tr trim. 1963. Bibliogr.: p. 19.

4708 BONET DE SOTILLO, Dolores. El tráfico ilegal en las colonias españoles. CULT UNIV, Caracas, (48/49):10-35, mar. /jun. 1955. Bibliogr.: p. 35.

4709 BRAZIL. Congresso. Câmara dos Deputados. Biblioteca. Mercado comum latino-americano. BOL (Bibl, Câm Deputados) Rio, 12(1):281-86, jan. /jun. 1963.

4710 BUENO, Gerardo. El financiamiento de las exportaciones y la Zona Latinoamericana de Libre Comercio. COMER EXT, Méx, 10(12):672-75, dic. 1960. Bibliogr.: p. 675.

4711 CORNEJO ROSALES, Ricardo. Las compañías de comercio. BOL (Inst Der Comp) Quito, 11(11):7-98, ag. 1962. Bibliogr.: p. 97-8.

4712 ESCALA BARROS, Enrique. Bibliografía sobre establecimientos de comercio. AN (Fac Cien Jur Soc) Santiago, 1(1/2):243-53, en. /jun. 1935. Annotated.

4713 GUZMAN RIVAS, Pablo. Geographic influences of the galleon trade on New Spain. REV GEOGR, Rio, 27(53):3-81, jul. /dez. 1960. illus. Each chapter contains bibliogr. notes.

4714 LOS INTERCAMBIOS comerciales entre América Latina y la Comunidad Económica Europea. COMER EXT, Méx, 15(9, supl.):1-32, sept. 1965. Bibliogr.: p. 32.

4715 LLORCA Y VILAPLANA, Carmen. Un proceso contra el mercantilismo. Francisco Isnardi. REV INDIAS, Madrid, 10(42):779-98, oct./dic. 1950. Bibliogr.: p. 798.

4716 MANFREDINI, James M. Algunas observaciones sobre el primer comercio de España en América. MEM (Acad Mex Hist corr Real Madrid) Méx, 3(1):92-114, en./mar. 1944. Trans. by Jorge Ignacio Rubio Mañé. Bibliogr.: p. 113-14.

4717 PIMIENTA, Iris. Posibilidades actuales para un mercado común latinoamericano. CUAD LATINOAM ECON HUMAN, Monte, 4(10):43-70, 1961. Bibliogr.: p. 69-70.

4717a STOKES, Charles J. El Mercado Común Latinoamericano, una defensa clásica. REV ECON ESTAD, Córdoba, 4(1/4):55-73, 1o./4o. trim. 1960. Bibliogr.: p. 73.

ARGENTINA

4718 DAGNINO PASTORE, José María. Cambios en la estructura del comercio exterior argentino, estudio de un caso. REV CIEN ECON, B A, 49(15):245-80, jul./sept. 1961. Bibliogr.: p. 277-80.

4719 WILLIAMS, Judith Blow. The establishment of British commerce with Argentina. HISP AM HIST REV, Durham, 15(1):43-64, Feb. 1935. Bibliogr. footnotes.

BRAZIL

4720 COSTA, Vasco Ribeiro da. O comércio Brasil-Estados Unidos e a conquista de novos mercados. REV SERV PUBL, Rio, ano 22, 84(3):259-302, set. 1959. Bibliogr.: p. 302.

4721 FONTES de informação ao comércio internacional. BRAZ AM SURV, Rio, 9(18/19):58-60, jul./dez. 1962.

4722 FREITAS, Gustavo de. A Companhia Geral de Comércio do Brasil (1649-1720). REV HIST, S Paulo, 2(6):307-28, abr./jun. 1951 - (8):313-44, out./dez. 1951. Bibliogr.: 2(8):318-25.

4723 JOVIANO, Rômulo. Problemas de abastecimento do Rio de Janeiro em leite e carne. REV BRAS GEOGR, Rio, 22(3):433-64, jul./set. 1960. Bibliogr.: p. 464.

4724 POLICIA marítima, aérea e de fronteiras. JUS DOC, Rio, 9(10):29-34, out. 1956. References in 3 pts.: legislativa, documentária, bibliográfica.

4725 SHORT, Keith. William Hawkins e as primeiras tentativas de comércio entre a Inglaterra e o Brasil (1530-1542); algumas ideías a propósito das narrativas de Hakluyt e a documentação da alfândega inglêsa. REV HIST, S Paulo, 16(34):343-52, abr./jun. 1958. Bibliogr.: p. 349-50.

4726 TRUDA, Leonardo, CAMINHA, Adrião, and others. Bibliografia; economia açucareira. BRAS AÇUCAR, Rio, 66(6):52-5, dez. 1965.

COLOMBIA

4727 CONCENTRACION inter-americana del comercio exterior de Colombia. PANAM COMER, Wash, D C, 14(6/7):1-55, jun./jul. 1945. Bibliogr.: p. 54-5.

4728 WASSEN, S. Henry. Algunos datos del comercio precolombino en Colombia. REV COL ANTROP, Bogotá, 4:87-109, 1955. illus. Bibliogr.: p. 106-09.

4729 YSITA, Eugene. Inter-American concentration of Colombian commerce, 1940-1944. COMMER PAN AM, Wash, D C, 14(6/7):1-55, Jun./Jul. 1945. Bibliogr.: p. 54-5.

MEXICO

4730 REAL DIAZ, José Joaquín. Las ferias de Jalapa. ANUAR ESTUD AM, Sevilla, 16:167-314, 1959. Bibliogr.: p. 311-14.

URUGUAY

4731 LUISI, Héctor. Uruguay y las rutas marítimas del mundo. REV NAC, Monte, 14(151):100-38, jul. 1951. Bibliogr.: p. 138.

VENEZUELA

4732 VILA, Marco Aurelio. La "Real Compañía de Comercio de Barcelona" en Venezuela (1752-1816). REV HIST, Caracas, 1(2):69-82, jun. 1960; (3):59-99, ag. 1960. Bibliogr.: 1(3):75.

COMMUNICATIONS

4733 AICARDI LARENAS, Raúl. La televisión en Chile. MAPOCHO, Santiago, 1(3):260-70, oct. 1963.

4734 BOSE, Walter Björn Ludovico. Bibliografía filatélica

argentina. BOL (Asoc Filat) Bahía Blanca, 2(4):7-8, oct. /dic. 1933; 3(1):6-8, en. /mar. 1934; (2):7-9, abr. / jun. 1934.

4735 _____. El correo argentino y sus 55 años en la Orcadas del Sur. REV COMUNIC, B A, 22(257/258):43-6, 56, en. /feb. 1959. illus. Bibliogr. notes: p. 56.

4736 _____. El correo en la constitución nacional de 1853. Antecedentes históricos sobre la nacionalización de los servicios postales. REV CORREOS TELEGR, B A, 6(69): 516-26, mayo 1943. Bibliogr.: p. 526.

4737 _____. El establecimiento de correos terrestres y marítimos en Chile; sintesis histórica. Ib., 6(63):150-58, nov. 1942. facsims. Bibliogr. notes: p. 157-58.

4738 _____. La filatélica en la República Argentina. Ib., 4(33) 32-6, mayo 1940. Contains list of philatelic journals published in Argentina.

4739 _____. Indice bibliográfico de la "Literatura filatélica argentina," 1874-1935. BOL (Inst Invest Hist) B A, 20: 90-151, jul. 1936/jun. 1937; 21:70-125, jul. 1937/jun. 1938.

4740 _____. Organización del correo en España y en las Indias occidentales; los correos mayores de España, de las Indias, México, Guatemala y Cuba, y los correos marítimos. (Síntesis histórica). REV CORREOS TELEGR, B A, 5(60):1549-58, ag. 1942. illus., map. Bibliogr.: p. 1557-58.

4741 _____. Orígenes del correo terrestre en México. REV HIST AM, Méx, (23):55-103, jun. 1947. Bibliogr.: p. 103.

4742 DAO, Miguel. El petróleo en las estampillas venezolanas. FAROL, Caracas, 27(214):36-9, jul. /sept. 1965. illus. Bibliogr.: p. 39.

4743 GALVAN MORENO, C. Historia del correo de Mendoza. REV CORREOS TELEGR, B A, 7(76):223-48, dic. 1943 - (78):342-62, feb. 1944. illus., ports., maps. References and notes at end of installment in each issue.

4744 IMPRENSA - Journalistas - Agencia nacional - Telégrafo - Teléfone - Radiodifusão - Televisão - Alto-falantes - Teatro - Cinema - Propriedade literária científica e artística. JUS DOC, Rio, 6(3):19-60, mar. 1953. References in 3 pts.: legislativa, documentária, bibliográfica.

4745 RODRIGUEZ MACIAS, Juana. El correo en Puerto Rico.
ANUAR ESTUD AM, Sevilla, 20:219-312, 1963. Sources:
p. 310-12.

4746 SANCHEZ RODRIGUEZ, Sara. Bibliografía de cine. REV
(Asoc Cubana Bibl) Hav, 8(1):8-12, mar. 1956.

DEFENSE

4747 BARRETO, Castro. Alimentação e defesa nacional. ESTUD
BRAS, Rio, 8(22):5-33, jun./fev. 1942. Bibliogr.:
p. 24-5.

4748 BONALD, Olimpio. Os bacamarteiros. BOL (Inst J Nabuco
Pesq Soc) Recife, (12):35-75, 1963. illus. Bibliogr.:
p. 39, 54-5, 63, 65.

4749 CANTON, Darío. Notas sobre las Fuerzas Armadas argentinas. REV LATINOAM SOCIOL, B A, 1(3):290-313,
nov. 1965. Bibliogr.: p. 313.

4750 CARVALHO, E. Leitão de. Forças armadas. REV (Inst
Hist Geogr Bras) Rio, 195:3-23, abr./jun. 1947. Bibliogr.: p. 22-3.

4751 DUVAL, Paulo. Relação dos documentos navais existentes
no Instituto Histórico Brasileiro, feita em 1942. REV
MARIT BRAS, Rio, 66(4/6):295-315, out./dez. 1946.

4752 HEREDIA HERRERA, Antonia M. Las fortificaciones de la
isla Margarita en los siglos XVI, XVII, y XVIII.
ANUAR ESTUD AM, Sevilla, 15:429-514, 1958. Bibliogr.: p. 513-14.

4753 LANE, Frederico. Arcos e flechas dos índios Kaingáng do
estado de São Paulo. REV (Mus Paulista) S Paulo,
n.s., 11:71-98, 1959. illus. Bibliogr.: p. 92-3.

4754 _____. Armas e técnicas de briga nas regiões rurais de
São Paulo. REV (Arquiv Munici) S Paulo, 161:7-37,
jul./dez. 1958. illus. Bibliogr.: p. 37.

4755 MANDADO de segurança. JUS DOC, Rio, 5(1):19-31, jan.
1952. References in 3 pts.: legislativa, documentária,
bibliográfica.

4756 POLICIA militar do Distrito Federal e corpo de bombeiros
do Distrito Federal, 10(3):25-38, mar. 1957. References in 3 pts.: legislativa, documentária, bibliográfica.

4757 REIS, Antônio Simões dos. Bibliografia militar brasileira. CULT POL, Rio, 2(15):229-34, maio 1942 - (18):272-75, ag. 1942. To have been continued.

4758 RODRIGUEZ DEL VALLE, Mariana. El Castillo de San Felipe del Golfo Dulce. "Historia de las fortificaciones de Guatemala en la Edad Moderna." ANUAR ESTUD AM, Sevilla, 17:1-103, 1960. Bibliogr.: p. 88-90.

4759 SEGURANÇA nacional. JUS DOC, Rio 4(8):29-46, ag. 1951. References in 3 pts.: legislativa, documentária, bibliográfica.

4760 _____. Ib., 13(3):43-56, jul./set. 1960. References in 3 pts.: legislativa, documentaria, bibliográfica.

4761 TRIGUEROS, Roberto. Las defensas estratégicas del Río de San Juan de Nicaragua. ANUAR ESTUD AM, Sevilla, 11:413-513, 1954. plates, map. Sources: p. 422-25.

DOMESTIC SCIENCE

4762 CRAVIOTO, René O. Valor nutritivo de los alimentos mexicanos. AM INDIG, Méx, 11(4):297-309, oct. 1961. Bibliogr.: p. 308-09.

4763 _____. _____. CIEN, Méx, 11(1/2):9-17, feb. 15, 1951. Bibliogr.: p. 17.

4764 CULINARIA. BOL BIBLIOGR MEX, Méx 11(129/130):20-3, sept./oct. 1950. Writings of Josefina Veláquez de León: p. 23.

4765 GUEVARA, Darío. Comidas y bebidas ecuatorianas. FOLK AM, Lima, 8/9(8/9):217-84, 1960/1961.

4766 MONTEIRO, Mário Ypiranga. Alimentos preparadas a base da mandioca. REV BRAS FOLK, Rio, 3(5):37-82, jan./abr. 1963. illus. Bibliogr.: p. 80-1.

Ref
Z
1601
A2
G762
v. 1